U0660711

探秘科学世界，精彩由此展开……

超级彩图馆

科学探秘

任中原　主编

中国華僑出版社

图书在版编目（CIP）数据

科学探秘 / 任中原主编. —北京：中国华侨出版社，2013.5
ISBN 978-7-5113-3558-6

I.①科… Ⅱ.①任… Ⅲ.①科学知识–普及读物 Ⅳ.①Z228

中国版本图书馆CIP数据核字（2013）第089881号

科学探秘

主　　编：任中原
出 版 人：方　鸣
责任编辑：文　志
封面设计：凌　云
文字编辑：李华凯
美术编辑：潘　松
经　　销：新华书店
开　　本：720mm×1020mm　1/16　印张：27.5　字数：800千字
印　　刷：北京市松源印刷有限公司
版　　次：2013年8月第1版　2016年9月第2次印刷
书　　号：ISBN 978-7-5113-3558-6
定　　价：29.80元

中国华侨出版社　北京市朝阳区静安里26号通成达大厦三层　邮编：100028
法律顾问：陈鹰律师事务所
发 行 部：(010) 58815874　传　　真：(010) 58815857
网　　址：www.oveaschin.com
E-mail：oveaschin@sina.com

前言

PREFACE

近现代以来，科学技术一直在以飞快的速度发展着，人类利用科技创造了一个又一个神话：探索宇宙边际，登陆月球，深入地壳，预测天气变化，克隆动植物，攻克多种顽疾，日益便捷的交通工具不断问世，互联网大发展……人类总是在不断尝试着新的东西。可以说，科学包含了世界的全部奥妙，其不断进步更是给人类社会带来了翻天覆地的变化。

然而，科学离我们并不遥远，并非只有在设施完善的实验室里才能接触到它。科学无处不在，它存在于我们的日常生活中，与我们形影相随。可是，说到科学，你究竟了解多少呢？首先可以肯定的一点是，科学绝不仅仅是数理化知识那么简单。如果有人告诉你，科学有着非常神秘、陌生而危险的一面，你相信吗？为了满足青少年在自然科学方面的好奇心，启迪智慧，解疑答惑，我们精心制作了一套精美的科学大餐，就是这本《科学探秘》。

科学领域是暗藏玄机的，是曲折离奇的，是惊心动魄的，是独特另类的，是充满挑战与刺激的，更是充满智慧与想象的：深不可测、无所不吞的黑洞，宇宙中相互“残杀”的星星，神秘的不明飞行物，来历不明的外星人，火山惊天大爆发，从地下升起的死神——地震，横空出世、扫荡一切的龙卷风，动物世界里的凶残捕食者，危机四伏的植物王国，显微镜下渺小却能传播病毒的危险怪物，来自身体的绝密报告，曾夺去无数人生命的传染病，杀伤力巨大的机器人战争，专搞破坏和恶作剧的电脑黑客，暗藏玄机的密码王国，惊心动魄的破案现场……然而，林林总总的科学现象看似怪异，背后却无不隐藏着严谨、准确的科学知识。

从某种程度上来说，科学因其抽象性、复杂性、神秘性和未知性而显得可怕。首先，科学的力量是强大的，它创造了无数的奇迹，例如人类探索太空的梦想早已变为现实；其次，科学技术是一把双刃剑，在造福人类的同时给人类带来了痛苦，在改造世界的过程中也给世界留下了很多潜在的危机，如核武器的出现给人类生存带来了威胁；此外，还有许许多多人类尚未攻克的科学谜题，如神秘的麦田怪圈、癌症的病因等，它们的存在挑战着人类的认知能力和生存极限。然而，一旦我们揭示了种种复杂现象背后隐藏的真相，掌握了足够丰富的科学知识，洞悉了事物运作的原理和规律，很多看似神秘的现象便不攻自破了。何况，从宇宙到地球，从人类社会到动植物王国，从科学到艺术，人类在各个领域中所取得的成就，几乎都是在探索与解答种种神秘现象的过程中创造出来的。诸多曾经让人类恐惧的现象，今天早已不再神秘；而今天的离奇现象，相信随着科技的进步，真相迟早也将浮出水面。

爱迪生曾说过：“惊奇就是科学的种子。”这正是一本让人倍感惊奇、超酷超炫的科学书，包括“奇妙的科学世界”、“精彩纷呈的科学异想”和“离奇的科学未解之谜”三大部分，共计70余万字，500多幅精美插图，囊括了种种复杂的科学现象、数不清的奇知怪谈、奇思妙想和未解谜团。书中涉及宇宙、地球、数学、物理、化学、动物、植物、微生物、人体、机器人、生物技术、战争、互联网、密码、破案术、魔术、电脑特技等多个领域，立足于21世纪的科技发展成果，紧跟时代步伐，以独特的视角、生动的文字、丰富的想象力、精美绝伦的图片，形象地阐述科学知识、揭秘复杂的科学现象、洞悉自然科学规律，让你领略到看似枯燥的科学其实很精彩、很有趣。

面对一本能充分调动你的兴趣、吸引你的眼球、满足你的好奇、拓展你的思维、激发你的想象、颠覆你的认知的科学书，还等什么？翻开来，让我们一起开始一段科学探索之旅吧，说不定下一个被载入史册的科学家就是你呢！

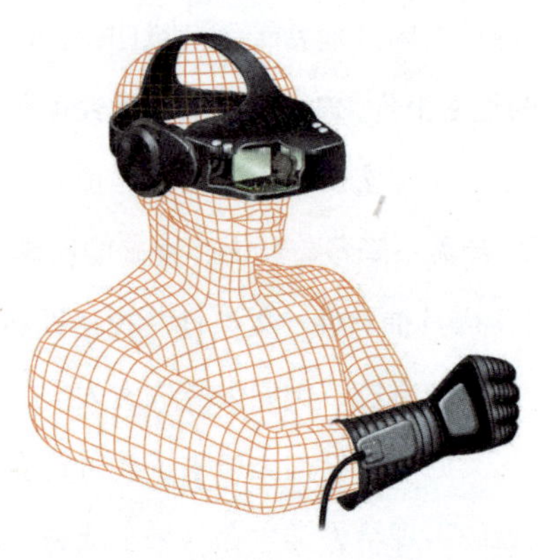

CONTENTS

第一篇 奇妙的科学世界

第一章 神秘的天与地

第二章　要命的数理化

第三章　古怪的生物学

第四章 认识我们的身体

第五章　最前沿的科学新知

第六章　让人惊叹的另类科技

第二篇 精彩纷呈的科学异想

第一章 灿烂星空的遐想——宇宙

第二章 地上地下的神奇——地球

第三章 “老天爷”的戏法——天气与气候

第四章 难以捉摸的物理和化学现象

第五章 伟大的人类智慧——科学技术

第六章 这就是我们人类——生理与心理

第七章 人类以外的生命——生物世界

第三篇 离奇的科学未解之谜

第一章 星外传奇

第二章　地球揭秘

第三章　人体之谜

第四章　动植物探奇

第一篇

奇妙的科学世界

Magical Science

第一章 神秘的天与地

第一节　天体玄机

广阔无边的宇宙

仰望群星璀璨的夜空，我们就足以感受到宇宙的神秘。就连天文学家对宇宙的了解也非常有限，因为我们现有的探测手段对于浩瀚无穷的宇宙来说仍显得较为落后。我们现在认识的宇宙仅仅是我们可以观测到的那部分，而目前观测不到的领域只能借助建立理论模型来加以猜测。

古代，人们把空间称为“宇”，把时间称为“宙”，因此，我们可以说宇宙是空间和时间的总和。而现代的天文探测表明，宇宙是由各种形态的物质构成的，是在不断运动变化的。关于宇宙，科学家给出的定义是：由空间、时间、物质和能量所构成的统一体，是一切空间和时间的总和。一般理解的宇宙指我们所存在的一个时空连续系统，包括其间的所有物质、能量和事件。根据宇宙大爆炸模型推算，宇宙年龄大约为137亿年。也就是说，宇宙在大爆炸之后，又过了137亿年，才演化成今天的样子。

宇宙有多大？现在我们能观测到的宇宙范围约130亿光年远，这意味着，宇宙尽头的一个天体所发出的光和电波要经过130亿年才能到达地球。因此，我们所看到的其实是宇宙130亿光年前的样子。它现在又是什么样子？我们得再过130亿光年才知道。宇宙是怎样诞生的？又

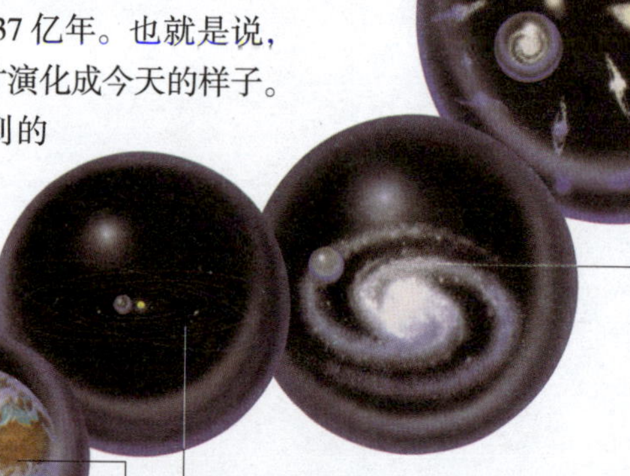

渺无边际的宇宙

是怎样演变成现在这个样子的？……这些问题一直困扰着人们。或许，宇宙远比我们想象的要奇特得多，它以其神秘性和广阔性吸引着我们不断去探索和发现。

银河系是如何被发现的

在古希腊、古罗马的神话故事里解释了银河的起源：万神的主宰宙斯即大神朱比特是一个风流的帝王，他和一位凡间女子生了一个名为赫拉克勒斯的儿子。为了让儿子健康成长，朱比特把私生子悄悄送到熟睡的妻子赫拉身旁，因为赫拉拥有无边的神力，据说吃了她的奶水，孩子的身体就会非常健壮。赫拉克勒斯刚刚吸吮了几口奶水，赫拉就被惊醒了，身体一时失去平衡，乳汁喷射而出，洒向太空，就形成了茫茫银河。

后来，人们通过天文观测知道了银河其实是无数颗星星组成的光带。那么银河系又是怎样被发现的呢？原来，银河系是由天王星的发现者赫歇耳通过数星星数出的一个伟大发现。

英国天文学家威廉·赫歇耳是一位业余天文爱好者。他一生最大的愿望，就是弄明白“宇宙的结构”。为了能数清星星的数目，他热情而又认真地投入了观测。

赫歇耳观测了 1086 次，共数出 117600 颗恒星。在数星星的过程中，他发现愈是靠近银河的地方，恒星分布就愈密集，在银河平面方向上恒星数达到最大值，而恒星数目在银河垂直方向上最少。由此赫歇耳提出，银河系是“透镜”或“铁饼”状的庞大天体系统，由恒星连同银河一起构成。其直径与厚度比大约在 5 ∶ 1 左右。

赫歇耳设想，太阳大约位于银河中心的地方。地球人朝银河系的直径方向看去，可以看到一些流星以及许多较远、较暗的星星，当人们用肉眼看银河时，只能看到白茫茫的光带，像是天上的河流。如果地球人向银河系的平面垂直方向看，恒星就显得很稀薄，而人们的肉眼只能看到比较近的、很亮的恒星。

随着科技的发展，人们逐渐发现：银河系薄薄的中间凸起的银盘中分布了多数物质，它们主要是恒星，也有部分气体和尘埃。银盘的中心平面称为“银道面”，银盘中心凸起的部分称为银河系的“核球”，核球呈椭圆形，其中心很小的致密区叫“银核”。分布在银盘外面的是一个范围广

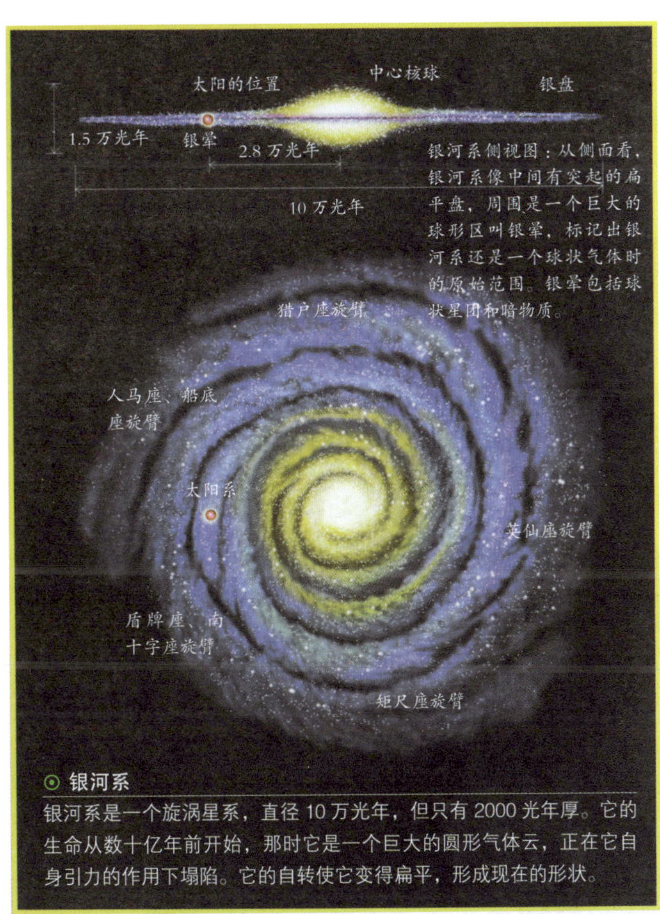

⊙ 银河系

银河系是一个旋涡星系，直径 10 万光年，但只有 2000 光年厚。它的生命从数十亿年前开始，那时它是一个巨大的圆形气体云，正在它自身引力的作用下塌陷。它的自转使它变得扁平，形成现在的形状。

大、近似球状的系统，叫作“银晕”。相对于银盘来说，银晕中的物质密度低得多，外面还有银晕，其物质密度更低，大致呈球形。

从银盘上面俯视的银河系颇似水中的旋涡，银河系核球就是旋涡的中心，它向外伸展出几条旋臂，它们是银盘内年轻恒星、气体和尘埃集中的地方，也是一些气体尘埃凝聚形成年轻恒星的地方。迄今为止，已经发现英仙臂、猎户臂、人马臂等存在于银河系中。太阳就在猎户臂的内侧。一般说来，旋臂内的物质密度比旋臂大约高出 10 倍。恒星约占旋臂内的一半质量，气体和尘埃占另一半。

除了自转外，太阳还携带着太阳系天体以每秒约 250 千米的速度围绕着银心公转，轨道半径约 3 万光年，公转一周约 26 亿年之久。银河系也存在自转，它的旋臂也是绕着银河系的中心旋转。通过观测，人们还发现银河系整体也在朝着麒麟座方向运动着，速度达 214 千米 / 秒。

假如从银河系外很远的地方观察太阳，并将它与别的恒星相比较，会发现，太阳在千亿颗繁星中一点儿也不突出，只是一颗大小中等、亮度一般的恒星。从侧面观察银河系像是一个凸透镜状的、直径很大的圆盘。光线从它的一侧走到另一侧，大约需要 8 万 ~ 10 万年。

人类对银河系的轮廓、结构、运行等方面的发现，是认识宇宙的又一次飞跃。

银河系究竟有多大

银河系究竟有多大？这个问题一直困扰着人类。根据现代的科学研究表明，银河系主要由银盘（包括旋臂）、核球、银晕，以及外围的银冕等部分构成。

> **知识档案**
>
> **光年**
>
> 光年是一种长度单位，一般被用于计算恒星间的距离。宇宙间的距离非常大，所以只能以光年来计量，光线在一年中所走的距离称为一个光年。光速为每秒30万千米，因此，一光年就是94600亿千米。

银河系的主体为银盘，它的外形呈扁盘状，银河系内的大多数星云和恒星都集中在这个扁盘内，银盘的直径大约达到 8 万 ~ 10 万光年，中间部分较厚，厚度约 6000 多光年，周围渐渐变薄，到太阳系附近便只剩一半厚度了。由于巨大的银河系本身也要进行自转，所以银盘中的亿万颗星球环绕银河系中心做着旋转运动，四条旋臂从银盘中心向外弯曲伸展出来，看上去就像急流中的旋涡。这里所说的旋臂实际上是恒星、尘埃和星际气体的集中区域，但这物质密集的旋臂并不是固定不变的，恒星一直在旋臂上进进出出，只是它们能够在运动中基本做到“收支平衡”，所以，旋臂的形状看上去始终保持不变。

银河系的中央部分是一个核球，核球内密集着恒星，核球的直径在 1.2 万 ~ 1.5 万光年之间，略呈椭圆形。由于大量的星云和气体尘埃阻挡住了观测的视线，因而科学家们

⊙美丽的银河系

银河系的外形像一个中间厚、边缘薄的扁平盘状体。圆盘部分称为银盘。银盘由恒星、尘埃和气体组成，是银河系的主要组成部分。在银河系中可探测到的物质中，有九成都在银盘范围以内。银盘外形如薄透镜，以轴对称形式分布于银河系中心周围，其中心厚度约 1 万光年，不过这是微微凸起的核球的厚度，银盘本身的厚度只有 2000 光年，直径近 10 万光年，总体上而言，银盘非常薄。太阳系位于银盘以内，距银河系中心约 2.5 万光年处。

对核球方向的天文观测十分困难，所以，人们至今对它的了解还比较少，但确信无疑的是，核球内的恒星分布是十分密集的。

银晕是在银盘外围的一个巨大包层，由稀疏的恒星和星际介质组成。它的体积至少要比银盘大 50 多倍，但质量却只占银河系的 1/10，由此可见其物质密度非常稀薄。事实上，除了那些极其稀薄的星际气体外，球状星团是银晕中的主要物质。

直到 20 世纪 70 年代中期，科学家们才发现了银冕，银冕处于银河系的最外围，它的范围可远及 50 多万光年以外，比银河系的主体部分还要大。但银冕内基本上没有恒星，而是由极稀薄的气体组成，所以很难准确地测出银冕的真正范围。

河外星系的外形和结构

一般的人在白天或夜晚肉眼所看到的天体，绝大多数都是银河系的成员，那么，是不是说银河系就是宇宙？当然不是！在宇宙中有着数以亿计的星系。所以，银河系并不代表宇宙，它只不过是宇宙海洋里的一个小岛，是无限宇宙中很小的一部分。

根据天文学家估计，在银河系以外约有上千亿个河外星系，每一个星系都是由数万乃至数千万颗恒星组成的。河外星系有的是两个结成一对，有的则是几百乃至几千个星系聚成一团。现在能够观测到的星系团已有 10000 多个，最远的星系团离银河系约 70 亿光年。

河外星系的结构和外形也是各种各样。1926 年，美国天文学家哈勃根据星系的形态，把星系分为旋涡星系、椭圆星系和不规则星系三大类。后来又细分为旋涡、椭圆、透镜、棒旋和不规则星系五个类型。各种星系中，离银河系较近的星系是麦哲伦云星系和仙女座星系。

麦哲伦云星系包括小麦哲伦云和大麦哲伦云两个星系，它们是离银河系最近的星系，也是银河系的两个伴星，离银河系分别为 16 万和 19 万光年。它们在北纬 20° 以南的地区升出地平面，是银河附近肉眼清晰可见的两个云雾状天体。大麦哲伦云星系在剑鱼座和山案座，张角约为 6° ，相当于 12 个月球视直径；小麦哲伦云星系在杜鹃座，张角约为 2° ，相当于 4 个月球视直径。两个星系在天球上相距约 20.5 万光年。

仙女座星系，又被称为仙女座大星云，是位于仙女星座的巨型旋涡星系。用肉眼能够看到它，亮度为 4 度，看上去仿佛是一颗模糊、暗弱的星系。

1786 年，仙女座星系被确认为银河系之外的恒星系统。现经测定它与地球的距离是 220 万光年（670 千秒差距）。直径为 16 万光年（50 秒差距），为银河系的 1 倍，是本星系群中最大的一个。近些年来发现，仙女座星系成员的重元素含量从外围向中心慢慢增加。1914 年探知它有自转运动。根据目前的估计，仙女星系的质量应不小于 3.1×10^{11} 倍太阳质量，是本星系群中质量最大的一个。

旋涡星系也叫旋涡星云，是旋涡形状的河外星系。旋涡星系的中心区域为透镜状，周围围绕着扁平的圆盘。由隆起的核心球两端延伸出若干条螺线状旋臂，迭回在星系盘上。旋涡星系又细分为正常旋涡星系和棒旋星系两种。

⊙ 哈勃发现了很多河外星系，从而证明了宇宙比任何人想象的都要大。

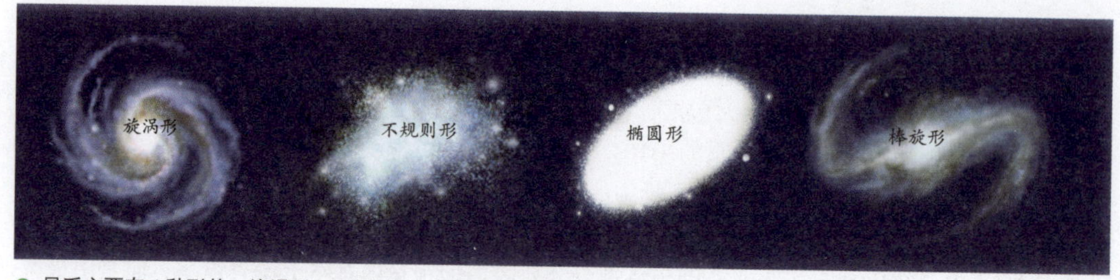

⊙ 星系主要有 4 种形状：旋涡形、不规则形、椭圆形以及棒旋形。

河外星系除了上述几种星系外，还存在大量各种类型的星系。天文学家估计，在最先进的仪器所观测到的这一部分宇宙里，星系的总数可能达到 1000 亿个之多。前不久，美国天文学家宣布发现了迄今为止最大的发光结构——一道由星系组成的至少长 5 亿光年、宽均为 2 亿光年、厚约为 1500 光年、离地球 2 亿 ~ 3 亿光年的“宇宙长城”。这座巨大的“宇宙长城”实际上是一个巨大的河外星系。

梦幻般的星座

很多人都喜欢看星星，因为它总是给人一种梦幻般的感觉。

可是，如果不了解星座的话，恐怕就看不出门道了。

什么是星座呢？人们将天空中的星星，按照它们的位置和方向，划分成不同的区域，每一个区域就是一个星座。由于每一个星座都有自己的形状和特点，人们又给它们起了很多好听的名字，赋予它们美丽的神话传说，这样就形成了一个个鲜活的星座。

现代天文学上共分为 88 个星座。1928 年，国际天文联合会正式公布了这 88 个星座的名称，这其中就包括我们所熟悉的狮子座、天琴座、天鹰座、大熊座、小熊座等星座。

康德曾经说过：“世界上只有两样东西能够深深地震撼人们的心灵，一是我们心中崇高的道德准则，另一个就是我们头顶上的天空。”

天上的星座那么多，我们要怎么识别呢？这可就要费点儿心并充分发挥想象力了。我们说过，星座是人为进行命名的，而命名的根据就是星座本身的形状，如天琴座像一把琴，天鹰座像一只鹰，双子座像两个人，等等。

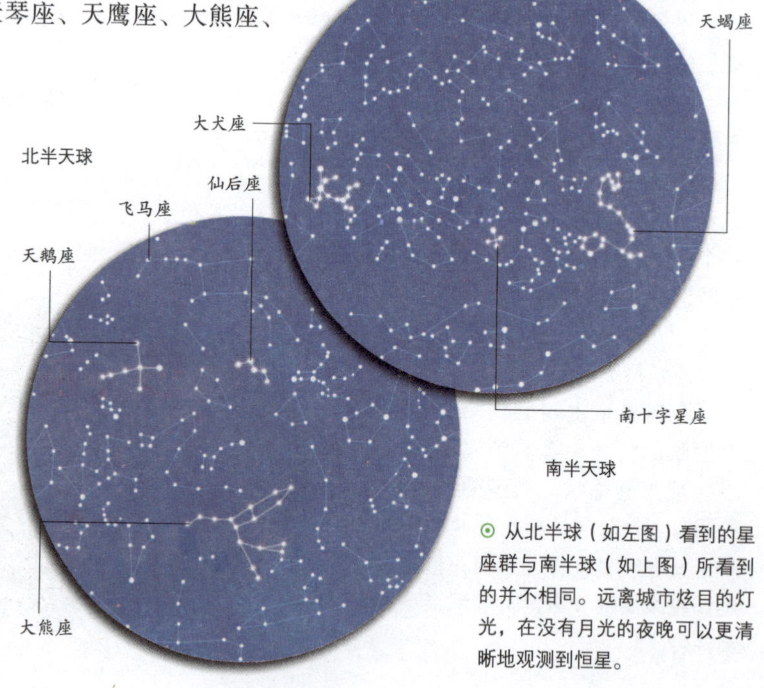

⊙ 从北半球（如左图）看到的星座群与南半球（如上图）所看到的并不相同。远离城市炫目的灯光，在没有月光的夜晚可以更清晰地观测到恒星。

除此之外，还有一种星座的识别方法。每一个星座里面都有一颗特别亮或者是具有代表性的星星，如天琴座有织女星、天鹰座有牛郎星、小熊座有北极星等。只要我们认出了这些特别的星星，就可以快速地识别出整个星座了。

猎户座

这是所有星座中最亮的一个，因为它比其他星座拥有更多较为明亮的星星。因此，在冬季的星空里它格外耀眼。它是一个古老的星座，有很多关于它的故事，其中包括天蝎座的故事。天蝎被派去刺杀猎户，这就是为什么它们最终被放在天空两侧的原因。

事实上，在大多数时间里，参宿七比主星参宿四更为明亮。参宿四实际上是一颗巨大的变星，大约每隔 6 年亮度会有所变化。

在参宿七和参宿四之间，我们会看到有 3 颗星星几乎排成一条直线，形成猎户的腰带。但是它们实际上根本没有任何联系，这样比较容易辨认的图案被称为星群。这 3 颗星星从左至右分别是：参宿一、参宿二和参宿三。

在北天星图中间的地方，我们可以发现猎户正在挥舞着他的大棒。

猎户座星云是一块著名的模糊云状物，位于连成“腰带”的 3 颗星星的正下方，我们用肉眼就能看见。它又被称为猎户之剑，是一个发光的发射星云，由其内部的星星（最显眼的猎户座 θ 星）“激发”所有的气体而形成。目前，大约有 1000 颗星星诞生于这里，是一个真正的星星诞生地。

⊙ 这是经典的猎户座星图。在夜空中，你可以非常清晰地看到猎户的狮子形盾牌，它是由 6 颗星星组成的一条曲线。

金牛座

金牛座是一个极其古老的星座，可能是人们所设计出的最古老星座之一。对埃及人来说，金牛是指牛神奥西里斯。而希腊人关于这个星座的传说是这样的：在金牛把宙斯的情人、美丽的少女欧罗巴安全驮运至克里特岛之后，宙斯便把金牛放置在天空之中。如果我们仔细观察实际的图案，会发现图案上只画出了牛的前半部分。这也很容易解释，因为金牛显然是一路游到克里特岛的，所以它的后半部分当然隐藏在水下，无法看到。

值得注意的是，尽管不同的早期文明之间没有任何关系，但它们竟然在天空中创造出了同一种动物。例如，亚马孙部落（相传曾居住在黑海边的女性民族）把 V 字形的金牛座毕宿星团也描绘成牛的头部形状，正如希腊人所做的那样。

知识档案

黄道十二宫

如果把我们所看到的天空称为天球，那么太阳在天球上所走过的足迹就称之为黄道。黄道上分布着十二个星座，这就是我们所熟悉的十二星座。人们用它们代表不同的月份，称为黄道十二宫。它们的名称，从春分点起，依次为白羊、金牛、双子、巨蟹、狮子、室女、天秤、天蝎、人马、摩羯、宝瓶、双鱼。由于春分点移动，现在十二宫和十二星座的划分已经不一致。

春季夜空中的宝石之一是金牛座红色的主星毕宿五（意为“花朵”），它是天空排名第 14 位的亮星。

在北天星图上，金牛在猎户的右侧。

金牛座昴宿星团是天空的珍宝之一，它实际上包含数百颗恒星，使用双目镜或较低倍数的望远镜就可以看到它的壮观景象。它正在穿越一个星云，这个星云通过反射恒星的光线而发光，但是这只有在照片上才能显示出来。

双子座

冬季夜空的另一个明亮星座是双子座，为首的两颗星是双胞胎北河二（意为“武士”）与北河三（意为“拳击手”），他们是跟随伊阿宋寻找金羊毛的阿尔戈英雄。奇怪的是，北河三（β 星）反而比北河二（α 星）更亮一些。据说是因为在经过了很多世纪以后，北河二已经褪色了。

如果我们透过望远镜来观察，会发现北河二实际上是一颗双星。但是，即便如此，眼见的也并不一定就是事实，在北河二系统里还有好几颗双星。总计共有 6 颗星星（3 对双星）彼此环绕着转动，旋转周期从 9 天 ~ 1 万年不等！

双子座的天樽二（δ 星）是一颗星等为 3.5 的白色星星，非常普通。我们给予它特别的关注，纯粹是历史的原因，正是在这个位置，人们于 1930 年发现了冥王星。

在北天星图上，双子位于左上方。

大熊座

为了帮助美丽的女仆卡利斯托摆脱她讨厌的女主人赫拉，宙斯把她变成了一只熊。在古希腊时代，赫拉是太空、宇宙和所有一切事物的头领，但是她有时爱发点儿小脾气。这个神话的寓意是：拥有一切并不能表示你就是一个善良的好人。

正如前面提到的，大熊座最著名的部分是一组 7 颗的星星，被称为北斗七星。由于它那容易辨认的形状，它在世界各地有很多不同的称谓：在印度天文学里，我们发现它被称为七位圣贤；而在英国，它被称为耕犁。

大熊座有几颗星星的名称非常迷人，它们围绕着整个星座在转动。拉兰德 21185 的星等为 7.5，离我们只有 8.3 光年，可能拥有它自己的“太阳系”和行星。然后是格鲁姆布里奇 1830，它离我们 29 光年，星等亮度为 6.4。如果我们把所有因素都考虑进去，格鲁姆布里奇 1830 每秒自行接近 350 千米！很遗憾，只用肉眼的话，这两颗星连一颗也看不见。

⊙ 约翰·赫维留的星图《星图学》中描绘的小熊座

小熊座

小熊座是由希腊天文学家泰利斯在公元前 600 年前后描绘出来的，它代表著名的大熊座卡利斯托的儿子阿尔克斯。它的主要几颗星组合在一起，成了北斗七星的微缩版，只是在它这里，那个扶手更加弯曲。由于这个原因，很多人常把北斗七星和小熊座的这几颗星混淆。北极二（β 星）和北极一（γ 星）被称为守卫星，因为它们是北极的守护神。

北极星是一颗久负盛名的星星。当然，我们把它称为北方之星或者极星，但是早期的希腊人把它称为“可爱的北方之光”，盎格鲁－撒克逊人称之为“船星”，并且早期的水手把它当作航海之星。这样不同的叫法还有很多很多，表明了历史上这颗星的重要性。

在北天极星图上，小熊正围绕着北天极中心来回运行。

狮子座

在希腊和罗马的传说中，狮子座是较早被定名的星座，代表在尼米亚森林里悠闲漫步的狮子。后来，身负 12 项艰巨任务的赫拉克勒斯杀死了它，经典的故事大体如此。与其他星座不同，狮子座可以说是与人们传说的十分相似：狮子头部就像一个巨大的反写的问号，左边是它的身体。

轩辕十四处在狮子头的底部，非常接近黄道，因此，它是月球和行星能够遮盖到的仅有的 4 颗亮星之一。天文学上的术语称这种现象为星掩。

狮子座 β 星五帝座一与牧夫座的大角星、室女座的角宿一组成一个等边三角形，被称为“春季大三角”。狮子座的另一个亮点是它的流星雨，是天空最美的景观之一。

在北天星图上，狮子座位于大熊座脚部的下方，构成一个独特的形状。

巨蟹座

这是一个古老的星座，像个三明治一样夹在双子座和狮子座中间。这只螃蟹被九头怪蛇派去要干掉赫拉克勒斯，倒霉的是赫拉克勒斯踩在它身上，踩死了它。尽管它不是一个很亮的星座，也很不起眼，在视觉上也缺乏震撼效果，但是了不起的蜂巢星团弥补了它的这些不足。

在北天星图上，位于狮子座的右边，暗弱的巨蟹趴在亮星组成的太空池塘里。

⊙ 巨蟹座

室女座

这是一个古老的星座，与正义女神有关。很显然，她对人类那样对待地球感到有些不满，于是便离开她的肉体，到星星中间寻找幸福，成为了处女，或称室女（因此得名室女座）。我们也许会认为，室女座这个天空中第 2 大星座能在视觉上给我们提供很多东西。但除了那颗为首的亮星角宿一，我们几乎什么也看不到。

东次将（ε 星，意为“采收葡萄的人”）是一颗与喝的东西有关的星星：当它第 1 次升起时，标志着新的葡萄收获季节开始了。

在北天星图上，室女正在左下方小憩呢。

天琴座

这是一个古老的星座，形状像一种乐器。这种乐器是众神的使者赫耳墨斯发明的，后来献给了他同父异母的兄弟、音乐之神阿波罗。

织女星（α 星）是一颗相对来说离我们较近的恒星（距离为 25 光年），在 1.1 万年前一直占据极星的位置；它下一次还会担任同样的角色，时间大约在公元 14500 年。这主要是因为地球不停地旋转，慢慢地移动轴心，倾角将会达到 23.5°，周期为 2.58 万年。北极点和南极点也在以同样的周期改变，因此北极星和南极星也就改变了。在北天星图上，织女星在我们能看到的亮星里排名第 3，排在天狼星和大角星之后。1850 年，织女星成为第 1 颗被照相机拍到的星星。

在北半球的星图上，天琴座是虽然很小但却很优秀的星座，位于天鹅座的右边。其中，织女星是“夏季大三角”里最明亮的一颗星星。

天鹰座

这是个古老的星座，代表宙斯的长羽毛的朋友，经常被描绘成拿着宙斯的闪电，这就是它的工作。漂亮的银河从天鹰的背后流过，使得漆黑夜空中的这一区域很值得一看，尽管这里有些弯弯曲曲。至于说带头闪烁的牛郎星，它离我们只有大约 16 光年，是离我们最近的恒星之一。

在中国的牛郎织女传说中，牛郎与织女隔着银河遥遥相望。每年的农历七月初七，他们会见一次面。

在北天星图上，牛郎正在左下角向下飞翔。

白羊座

当设计者决定把这个星座描绘成一只羊的时候，他们真可谓富有非凡的“想象力”。在希腊神话里，这个星座与金羊毛的故事有关，就是伊阿宋和他的阿尔戈英雄们到处寻找的金羊毛。

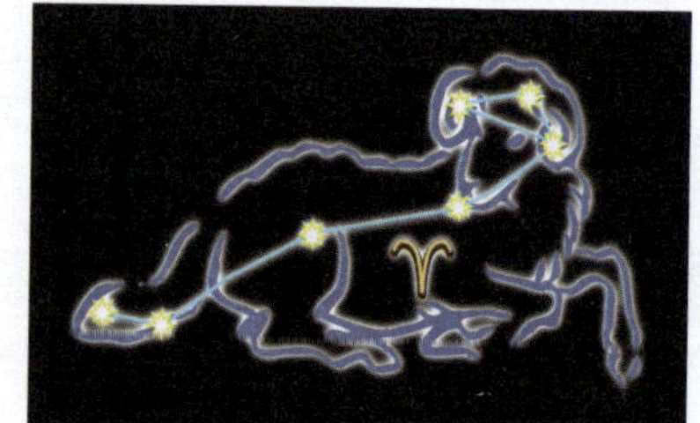

⊙ 白羊座

娄宿三这个名称源自阿拉伯语，意思是绵羊的头。

大约在 2000 年前，因为春分点在白羊座，所以作为黄道第 1 星座，它自古以来就很有名。由于地球岁差运动的关系，现在的春分点已经移至西邻的双鱼座了。但是，人们至今仍把春分点说成“白羊宫的原点”。

在北天星图上，白羊正在西方遥远的草地上啃食着青草。

双鱼座

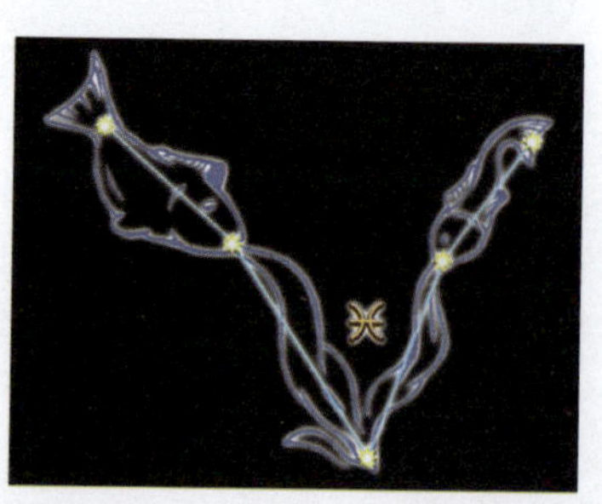

⊙ 双鱼座

这是一个古罗马星座，可能是指维纳斯和她的儿子丘比特。他们把自己变做两条鱼，为的是从海怪堤丰身边游走（他们忍受不了他那难喝的茶水）。

虽然双鱼座没有明亮的星星而不引人注目，但作为黄道第 12 个星座，自古以来它就占有重要地位。春分点原来在白羊座，但是因为岁差运动的关系，现在移到了双鱼座，这使它更加出名。

在北天星图中间偏左的地方，好像有两条鱼正在那里游动。

宝瓶座

这是一个非常古老的星座，可以追溯到古巴比伦时代，它的形状被看成是一个人正在从瓶子里往外倒水。这一点可能与雨季有某种关系，这是因为当宝瓶座在天空中出现得最为壮观的时候，恰好是雨季。天空的这一部分都与水有关，处于宝瓶的控制之中。

宝座旁被人称道的是它的流星雨，共有两处流星雨，分别是宝瓶座艾塔流星雨和宝瓶座伽马流星雨。

在北天星图上，宝瓶的水正在往外流，把星图右下角弄得到处都是。

⊙ 宝瓶座

摩羯座

这是个非常古老的星座，也许来自于东方的半羊半鱼形象。根据可靠的希腊来源，这个形象指的是潘。为了躲避海怪堤丰，他潜入尼罗河里，后来就变得有点儿鱼的形状，但是很显然，只有弄湿的那一小部分变成了鱼形。

看看摩羯座周围的天空，我们会发现那里就是水乡：有宝瓶座、双鱼座、鲸鱼座和南鱼座。古时候，一年中这些星座出现时往往跟下雨和洪水泛滥有联系，现在也是一样。

惊奇的事实：摩羯座是黄道十二宫图里最小的一个星座。

在南天星图的左上方，这只会水的食草动物正在那里游动。

天秤座

在古罗马时代以前，天空中并没有天秤座，它们本来是天蝎座的爪子。后来，罗马人把天蝎的爪子砍了下来，做成了一副精美的秤盘，就这么简单。等到有人注意到这一点的时候，已经过去 1500 年了。

这个星座并没有什么惊人之处，但它还是值得一提，只是因为它那几颗星星的名字很神奇：氐宿一（α 星）、氐宿四（β 星）、氐宿三（γ 星）和氐宿增一（δ 星）。

其中，氐宿四是你能在夜空中看到的颜色最绿的星星。

在南天星图上，天秤座位于右上方。

天蝎座

阿波罗派这只天蝎来对付猎户，这就是为什么猎户座和天蝎座被放在天空正对着的两端的原因，这样猎户就没有麻烦了。

尽管从中北纬度也能看到那颗明亮的心宿二，但除非尽量往南走，否则就看不到天蝎座的壮丽景色。它的整个 S 型曲线只有在低于北纬 40° 的地方才能看到，即下列城市以南：西班牙马德里、意大利那不勒斯、美国纽约和盐湖城、土耳其安卡拉，以及中国北京。

在南天星图上，天蝎位于中间偏右上方。

恒星和行星

什么是恒星？什么是行星呢？

有的人可能会说，恒星是恒久不动的、本身可以发光发热的天体；行星是围绕恒星运动的、本身不会发光的天体。这样的回答是不够全面的。

首先说恒星。没错，以前人们确实认为恒星的位置是永远都不会变的，所以取名为恒星。可事实并非如此，恒星也是会运动的，它也会围绕它所在星系的中心进行运动。我们都知道太阳是恒星，可它不也是在围绕着银河系的中心进行运动吗？

⊙ 宇宙中的绝大部分天体都是恒星。图为无数恒星构成的星系。

恒星的直径小的只有几千米，大的达 10^9 千米。正常恒星的大气化学组成与太阳大气差不多，以氢、氦为主。恒星之所以能发光发热，是由于它的内部温度高达几百万摄氏度乃至数亿摄氏度，在那里进行着不同的反应（一般为热核反应），并向外辐射大量的能量和抛射物质。一般认为恒星是由星云凝缩而成的。恒星也都在不停地运动和变化着，由于它们距我们十分遥远，所以这种变化很难觉察，故而古人称它们为恒星。我们在夜空所看到的点点繁星，大多是恒星，肉眼可看到的恒星，全天有 6000 多颗。借助望远镜目前可看到几十万乃至几百万颗以上的恒星。

知识档案

为什么恒星会发光而行星却不会

物体只有在达到足够的温度时才可能自行发光。恒星的内部温度高达1000万摄氏度以上，所以那里的物质可以进行热核反应，产生出能量。内部的能量再传到外部，以辐射的形式从恒星表面发射到空间，所以我们可以看到恒星的光辉。行星不仅质量比恒星小得多，而且核心的温度也很低，不可能产生热核反应，这样它们的表面温度就更低了，所以行星都不会发光，它们只能发射微弱的红外光和无线电辐射。

接下来我们再来说说行星。关于行星的定义近年来又做了调整，所以冥王星才被排挤在太阳系行星之外。行星的新定义规定：行星是围绕太阳运转、自身引力足以克服固体应力而使天体呈圆球状、能够清除其轨道附近其他物体的天体。由于冥王星的轨道与海王星相交，所以并不符合这一定义，被降为了“矮行星”。不过，这个结论还存在着很多的争议。

另外，行星一定要有足够的质量，并且应该呈圆球状。如果不符合这些条件，也不能称为行星。

恒星的形成

17 世纪，牛顿提出散布于空间中的弥漫物质可以在引力作用下凝聚为太阳和恒星的设想。历代天文学家经过观测发现，星际空间存在着许多由气体和尘埃组成的巨大分子云。这种气体云中

⊙ 恒星的形成过程

1. 庞大的气体云缩小变密，恒星在中间开始形成。

2. 布满恒星的气体云旋转拉平成圆盘状。

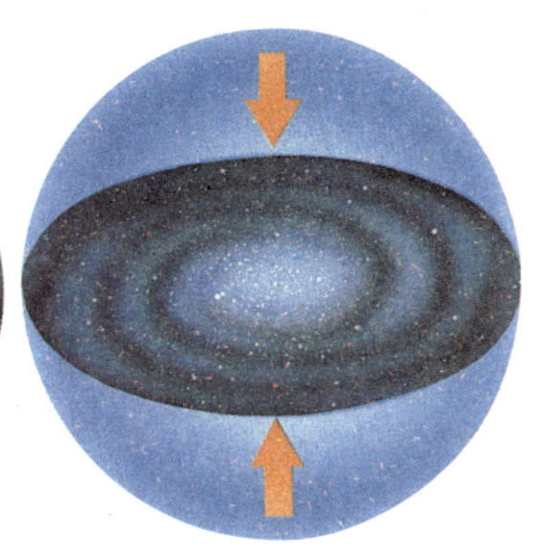

3. 圆盘中的物质聚集，形成更多的恒星。

密度较高的部分在自身引力作用下会变得更密一些。当向内的引力强到足以克服向外的压力时，它将迅速收缩落向中心。如果气体云起初有足够的旋转，在中心天体周围就会形成一个如太阳系大小的气尘盘，盘中物质不断落到称为原恒星的中央天体上。在收缩过程中释放出的引力能使原恒星变热，当中心温度上升到 1000 万摄氏度而引发热核反应时，一颗恒星就诞生了。恒星的质量范围在 0.1 ~ 100 个太阳质量之间。更小的质量不足以触发核反应，更大的质量则会由于产生的辐射压力太大而瓦解。近年来，红外天文卫星探测到成千上万个处于形成过程中的恒星。

恒星的运动和特点

在很长的一段时间内人们认为恒星是不动的。所以，千百年来，我们仍能辨认出它们的星座图形。

但是，据现代学者考证，中国早在公元 8 世纪初的张遂就对天文学很有研究，他把自己测量的恒星位置与汉代星图比较，发现恒星有位移。著名英国天文学家哈雷在 1000 年后，比较古代记载的恒星位置时，发现恒星的位置有明显的变化。哈雷在 1717 年用自己观测到的南天星表，对比 1000 多年前的托勒密星表，得出结论：恒星是在移动的。

以上观测表明，恒星是运动的。科学家们进一步证实所有的恒星都在运动。它们有的向东，有的向西，有的远离太阳，有的接近太阳。恒星的空间运动速度分 2 个分量：视向速度 Vr 和切向速度 Vt。前者在人们视线方向，后者在与视线方向垂直的方向。恒星在切面方向的运动表现为在天球上位移，就是所谓的自转。

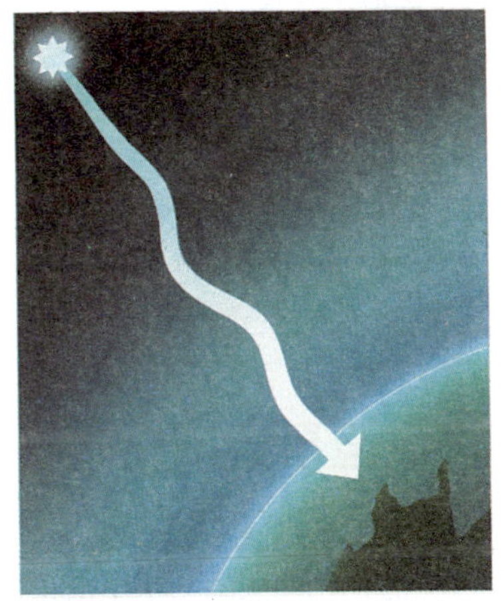

⊙ 闪闪发光的恒星

抬头仰望夜空，我们能看到无数星星闪闪发光，它们似乎总是闪烁着，不能稳定地发光。事实上，恒星是稳定发光的。但是星光经过地球大气层时发生了折射，只有一部分能够到达人们的眼睛，所以地球上的我们感觉恒星似乎总在闪闪发光。

奥地利物理学家多普勒在 1842 年提出了“多普勒效应”。主要内容是，当声源和听者间发生相对运动时，声音会随着运动方向的不同发生变化，声源接近时声音的频率会变高，声音就变尖了；远离时声音的频率减小，声音就变钝。

天文学家根据物理学中的多普勒效应来判定恒星的运

动。1848 年，法国物理学家菲佐根据多普勒效应提出了移动光源的光谱特性：光谱线向红端移动，简称“红移”，代表光源在远离；而光谱线向紫端移动简称“紫移”，代表光源在靠近。20 年后，天文学家运用先进的测量仪器发现，许多恒星的同一条谱线的位置并不相同，是因为它们在运动。

英国天文学家哈金斯 1868 年首先测出天狼星在远离我们。美国天文学家基勒在 1890 年测出大角星在接近我们时的速度是 6 千米 / 秒，现在更正为 5 千米 / 秒。通过观测恒星的自转可以求得恒星的切向速度。

太阳是颗普通的恒星，体积中等大小，愈靠近中心温度愈高。表面温度约 6000℃，到了日核处，温度则在 1500 万 ~ 2000 万摄氏度以上。我们能观测到的 90% 的恒星都和太阳差不多，我们将这类恒星称为主序星。

英国天文学家威廉 · 赫歇耳在 1783 年对当时几颗有自转的恒星运动进行测定时，发现它们有一致的倾向。他认为这是太阳在空间运动的表现，并指出太阳的运动有目标性，目标是武仙座。天文学家进行大量的观测后，指出太阳运动的目标是在天琴座，天琴座在武仙座旁边，在赫歇耳当年确定的位置的附近，太阳运动速度约为 20 千米 / 秒。

我们所说的恒星的温度是指恒星的表面温度。恒星的温度各不相同，尽管大部分的恒星和太阳差不多。有的高达几万度，有的表面温度只有 2500℃左右。质量比太阳小的恒星表面温度要比太阳小，质量比太阳大的恒星表面温度要比太阳高，可达 10000℃ ~ 20000℃。最高的恒星的表面温度可以达到 80000℃。

在恒星的世界中，恒星一般是成双成对出现的，很少有像太阳这样单个的恒星。把天文望远镜对准星空，可看到许多彼此靠得很近的恒星，这就是双星。有的恒星之间还存在吸引力，经过仔细观察，在双星中，可看出有的恒星在围绕另一颗恒星运行，故称为“物理双星”。还有一种光学双星，看上去很靠近，其实相距遥远。

双星的质量通过观测和研究，可以很容易推算出来，单个恒星的质量却很不容易求出。根据双星的运动情况，利用牛顿万有引力定律、开普勒定律可以求出双星的质量。然后通过对比的方法估算出单个恒星的质量。

通常把三四颗以上直到十颗恒星聚集在一起叫作聚星。原来我们一直认为半人马座 α 星离我们很近，后来发现它是三合星，比邻星是其中距离地球最近的一颗恒星。

恒星在太空的分布除了单个恒星、各种双星和聚星等形式外，恒星还有一种奇特的现象，就是它们喜欢“群居”。星团就是许多聚集在一起的恒星集团。

恒星会消失吗

恒星既不像我们想象的不会动，也不能永恒存在。随着时间的推移，恒星也会有消失的一天。但是恒星从诞生到消亡的过程通常都比较漫长，可达几百万年甚至上万亿年。当发展到一定阶段以后，恒星就开始走下坡路，最后那些质量大的恒星会产生强烈的坍塌，发生爆炸，然后形成超新星。也就是说，我们的太阳也会有消失的一天，但是它不会变成超新星，而是会膨

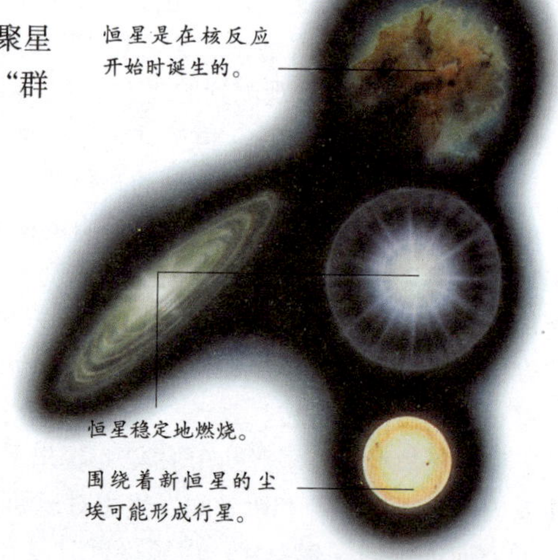

⊙ 恒星源自巨大的星云，有些“老”的恒星会因爆炸而“死”去，然后变成一颗超新星；其他的则会膨胀变大，变得暗淡无光。

⊙ 太阳系的形成

1. 太阳系大约在 50 亿年前形成，那时宇宙中有许多星云物质，而太阳系是由一块原始星云物质凝聚而成的。
2. 原始星云的局部地区开始变稠变密，物质微粒在引力作用下不断结合，逐渐形成球状体。
3. 球状体收缩变热，之后开始慢慢膨胀，大约经过 10 万年形成了一个“幼太阳”。
4. “幼太阳”急速旋转，把自身的大量物质剥离到太空中，自己不断收缩变热。
5. 当“幼太阳”自身达到一定温度，就开始了核反应。核反应产生的强大能量能够让它释放星光和射线。
6. 最早被太阳剥离的物质逐渐结合起来，在距离太阳不同的地方形成了许多越来越大的块状体。
7. 大的聚合物演变成 今天的行星，一些稍微小的聚合物变成行星的卫星，而更小的则形成了小行星。

胀变大，比原来还要亮一万多倍，甚至很可能毁灭地球。太阳的寿命是 100 亿年，现在已经过了 50 亿年，也就是说，再过 50 亿年，这些可怕的事情有可能就会发生。

我们的太阳系

太阳系是一个庞大的家庭，它的家庭成员很多，而这个家庭的领导者就是太阳。太阳是整个太阳系的中心，它的引力控制着整个太阳系，其他天体都在围绕它进行公转。我们的地球就是太阳系中的重要成员，它有众多的兄弟姐妹，其中包括水星、金星、木星、火星、土星、天王星和海王星七个近亲，它们都属于行星家族，也包括众多的小行星、卫星、彗星、流星体和其他星际物质等远方亲戚，它们共同组成了伟大的太阳系。

如此庞大的太阳系，它又是如何形成的呢？这个问题让人比较头疼，因为我们谁都没有那个福气见识到它的形成过程。如果真的有时间飞船，我们就可以飞回到 50 亿年前去一探究竟。只可惜到目前为止，还没有人发明出时间飞船，科学家们也只是凭空猜测，提出了一个又一个假说，但都没有得到公认。也许将来的某一天，这些谜底还要我们来揭开呢！

虽然说现在有关太阳系形成的解释还都是假说，但是有些假说也是有一定的道理的。目前比较普遍的一种说法就是太阳系是由星云形成的，这种星云假说最早是由德国的科学家伊曼努尔·康德提出的。康德在他的著作《自然通史和天体论》中指出，太阳系是由一团星云演变来的。这团星云由大小不等的固体微粒组成，引力最强的中心部位吸收的微粒最多，首先形成了太阳。外面微粒的运动在太阳吸引下向中心体下落时与其他微粒碰撞而改变方向，绕太阳做圆周运动，这些绕太阳运转的微粒逐渐形成几个引力中心，最后凝聚成绕太阳运转的行星。

太阳的结构

太阳是地球上一切生物的能量源泉。它是一颗炽热的发光的恒星，由于太耀眼了，根本无法用肉眼观测其庐山真面目。随着先进的观测仪器的问世，人们才开始慢慢地认识太阳。

太阳被分为几个层次来研究。从太阳中心向外依次为日核、辐射层、对流层和太阳大气。太阳大气包括光球、色球和日冕 3 部分，太阳半径的 15%是由日核构成的，是热核反应区。热核反应发生时，释放出巨大能量的主要形式是氢聚变成氦。日核部分的物质密度是 1.6×10^5 千克 / 米 ^{3}，中心压力达 3300 亿大气压，温度也很高，达 1500 万 ~ 2000 万摄氏度。

日核外面就是辐射层，从 0.15 个太阳半径到 0.86 个太阳半径都是辐射层。这里的温度和密度已急剧下降。密度为 18 千克 / 米 ^{3}，温度为 70 万摄氏度。辐射层最先接收到日核传来的能量，通过吸收和再辐射来自日核的能量极高的光子而实现能量传递，每进行一次吸收和再辐射，高能光子的波长会变长，频率降低，这种再吸收、再辐射的过程反复地进行多次，逐渐将高能光子变为可见光和其他形式的辐射，经过对流层后，再向太阳的表面传播。

对流层厚度约 14 万千米，其起点在距离太阳中心 0.86 个太阳半径处。这里的物质内部的温度、压力和密度的梯度特别大，处于对流状态。对流运动的特性是非均匀性，这样会产生噪音，机械能就是这样通过对流层上面的光球层传输到太阳的外层大气的。

光球是人们平时看到的光彩夺目的太阳表面，厚度约 500 千米。光球层温度约 6000℃。

太阳光球上经常出没的一些暗黑色斑点叫太阳黑子。它是太阳活动的基本标志之一。由于太阳黑子的温度比它周围光球的温度要低 1500℃左右，因此在明亮的光球表面呈暗黑色斑点状。充分发展的黑子是由较暗的核和围绕它的较亮的部分构成的，形状很像一个浅碟，中间凹陷约 500 千米。太阳黑子在日面上的分布有一定的规律，表现为东西分布的不对称性和纬度分布的不均匀性。关于太阳黑子，我国最早在《淮南子》中就有记载，而欧洲人 1610 年才开始用望远镜观测黑子。

了解太阳的自转运动可以通过太阳黑子。英国天文爱好者卡林顿在从 1853 年起的 8 年间通过观察记录日面黑子数目的变化发现，太阳不同日面纬度旋转周期各不相同，并不是像人们想象中那样整块的运动。观测表明，太阳平均自转周期是 27 天，自转速度最快的是太阳赤道附近。

通过对太阳黑子数的长期观测和计数，我们可以知道，太阳黑子有一定的周期规律性，其平均周期约为 11 年。德国业余天文学家、药剂师施瓦贝是最早发现太阳黑子活动周期的人，他连续 15 年对太阳黑子进行观察和记录，获得了这一重要的科学发现。现在，人们把黑子出现少的年份称为太阳活动极小年，把黑子大量出现的年份称为太阳活动极大年。

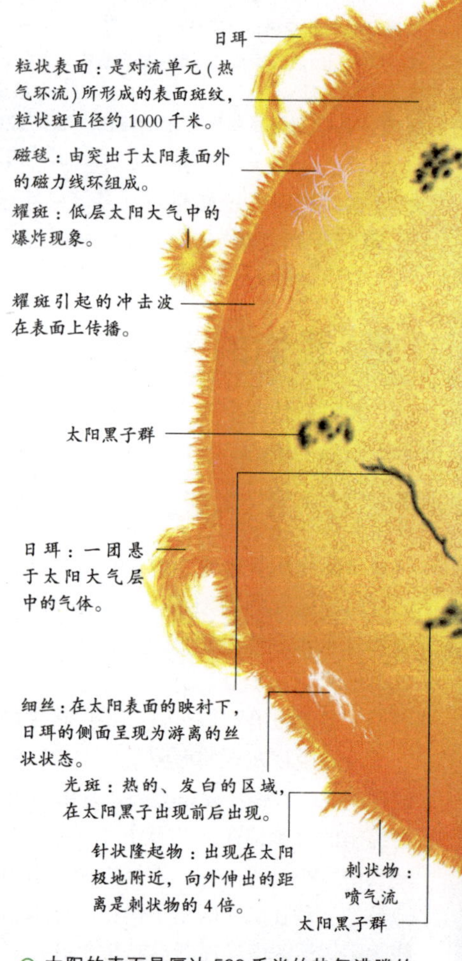

⊙ 太阳的表面是厚达 500 千米的热气沸腾的"海洋"，而不像地球那样坚固。太阳中心核反应释放出的能量，经过几千年缓慢而费力的旅途，最后突破光球层，发出耀眼的光芒。在光球层上，气体开始变得透明，使光线可以射向宇宙空间。

从 1755 年开始的那个 11 年黑子周被现代国际天文界看作是第一个太阳黑子周，人们还规定往后依次排列序号。现在已经排到了第 23 周，这一个黑子周是从 1996 年开始的，达到极大值的时间在 2000 ~ 2001 年。

除了光球以外，太阳表层还有色球层和日冕。通过专门的仪器，可以清晰地看到太阳的色球层，这是一圈环绕太阳光球的厚为 2000 千米的红色大气。观测表明，常有巨大的太阳火舌在日轮边缘升起，这就是日珥。在太空，宇宙飞船曾拍摄到巨大的高达 40 多万千米的日珥！

我们经常看到一些暗黑的长条出现在太阳单色光照片上，这是日珥在日面上的投影，称为“暗条”。此外，色球上更多、更普遍的被称之为“针状物”的许多细小的“火舌”，其高度在 6000 ~ 17000 千米之间，宽度约几百千米，景色非常壮观，被喻为“燃烧的草原”。

色球层中有时会出现“太阳耀斑”，这是一种突然增亮的太阳爆发现象。耀斑是迄今为止我们发现的太阳上最剧烈的爆发现象，强烈影响到日地空间环境。

日冕是在日全食月球遮掩日轮时，日轮周围的青白色光区，它是太阳大气的最外层。日冕的温度非常高，甚至高达 100 万 ~ 200 万摄氏度，因此有许多不断地向外膨胀的日冕气体，它们会产生连续微粒辐射。这种沿太阳磁力线的粒子流被称为“太阳风”。

太阳自转吗

我们知道，地球绕着地轴自转，朝向或背离太阳，形成了白天和黑夜。我们还知道，地球绕太阳公转，周期是 365 天左右，也就是一年。但是我们往往会错误地认为太阳是静止不动的。实际上，太阳是不断运动着的。为了跟得上横穿太空的太阳，它的行星和行星的卫星也需要长途跋涉。

首先，太阳和地球一样，也会自转。其次，天文学家认为太阳会脉动，它的体积有节奏地胀大、缩小。另外，太阳会横穿太空，绕其旋转的行星就像飞蛾绕灯泡飞行一样，也要跟着遨游太空。

太阳之所以自转，原因和行星一样。46 亿年前，太阳同地球和其他行星一起，由旋转的气体和尘埃云团演变而来。整个太阳系生来就是运动的。但是太阳不是固体，而是个闪光的气体球，这与地球有所不同，所以它的自转有其独特的方式。比如，太阳的不同部分可以以不同的速度旋转。在太阳赤道附近，也就是中间部分，自转周期是 25 天。而在顶部和底部，也就是极区，自转周期约为 33 天。而地球是固体，整个地球的自转周期是 24 小时。

有很多关于太阳的奥秘，其中之一就是太阳中心的超热核。天文学家认为，这个热核有特定的自转周期，速度大约是其他部分的 4 倍。

在自转的同时，太阳还会脉动，即大约每 5 秒钟胀大、缩小一次，就仿佛整个巨大的恒星在呼吸。目前还不清楚太阳究竟为什么会脉动，但有人猜测，这种有规律的膨胀和收缩是由穿过太阳气体的复杂的声波引起的。

太阳上还存在另外一种形式的脉动。天文学家认为引力使太阳每半小时脉动一次：太阳中心附近浓稠的炽热气体向周围气体密度较稀薄的区域扩散，使太阳的体积胀大；随即，引力又将气体拉回到中心，于是体积又缩小了。

⊙ 高倍太空望远镜下拍摄到的太阳

怎样测定太阳的温度

最初，人们只是觉得太阳一定无比炽热，谁也无法想象用什么仪器去测量它的实际温度。后来，人们从俄国天文学家采拉斯基教授做的一个实验中受到了启发。他用一个直径1米的凹面镜得到一个1分钱硬币大小的太阳像。该像位于凹面镜的焦点上。当他用这个亮斑照射一个金属片时，金属片很快就弯曲、熔化了。采拉斯基教授测出这个光斑的温度大约有3500℃。他断定，太阳上的温度一定要高于3500℃。

由于太阳一刻不停地以光的形式向宇宙空间辐射巨大的能量，科学家们可以通过专门仪器测定出太阳辐射量，然后根据辐射量与温度之间的关系来测定温度。1879年，物理学家斯特凡推算出了一个重要的定律：物体的辐射量与它的温度的千次方成正比。这样，人们根据测得的太阳辐射数推算出太阳表面温度约为6000℃。

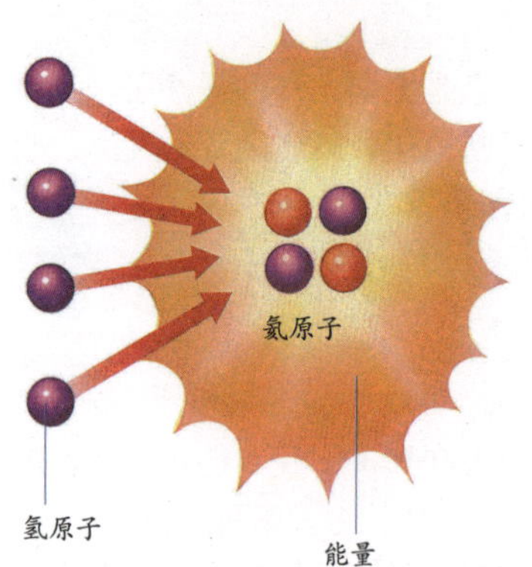

⊙ 保持太阳不断发光的能量来自于它的内部。在太阳内部高温高压的条件下（温度高达15000000℃），氢原子结合形成氦，这个过程称为核聚变，能够产生巨大的能量。

这是一种比较准确的测算方法。随着科学技术的发展，人们在实际研究中发现，物体会随着温度的变化而改变颜色，通常的规律是：600℃时为深红色；1000℃时为鲜红色；1500℃时为玫瑰色；3000℃时为橙黄色；5000℃时为草黄色；6000℃时为黄白色；12000℃～15000℃时为白色；25000℃以上时为蓝白色。因此，我们可以根据太阳的颜色来估算它的温度。

太阳的表面称为光球，是我们平时可以看到的太阳圆轮。光球外面是太阳大气，依次称为色球和日冕。肉眼只能在日全食时才能看到色球和日冕。光球的颜色呈黄白色，因此我们可以估计它的温度大约为6000℃。我们平常看到的太阳因为受到地球大气的影响而显出金黄色或其他颜色。

水星

这个太阳系最靠内的行星公转速度最快，比地球公转的速度快4倍。来自太阳的高温不允许水星存在任何大气层，没有了这个调控体系的存在，水星白天温度可高达400℃，而在晚上温度会一下子降到-170℃。要是那样的话，我们的身体受得了吗？要么被烤得焦脆，要么被冻成碎片，水星可不是个宜居的度假胜地。

⊙ 水星在绕太阳公转的同时，也进行自转，这使得水星上昼夜周期非常长。水星表面上一点面对太阳照射长达6个月。如此近距离和长时间的照射，让水星表面的温度高达430℃，足以熔化锡和铅这样的金属。

水星是一个相当小的行星，我们常用“难以捉摸”来描绘它。我们很难找到它，因为它离太阳最近，从来也不会高出黎明或黄昏的地平线。甚至有些天文学家也没看到过水星！但是，如果我们知道在哪里，确切地说在什么时候观看它，那么还是能够相当容易看到它的。由于太空中存在各种各样的倾角，因此，观测水星的最佳时间是在北半球春季（南半球秋季）的夜空，或者北半球秋季（南半球春季）黎明的天空。

金星

这颗离太阳第二近的行星围绕太阳公转比自转要用更少的时间，意思就是，金星上的一天要比它的一年时间还长！金星比其他任何行星离地球都要近，只有4050万千米，刚好是月球到地球距离的100倍。

金星可能是天空中除太阳和月球之外第三明亮的天体。这就意味着，有时候我们在大白天也能看到它，而在夜晚它也有可能像月球那样投下阴影。金星之所以这样明亮，是因为它表面覆盖着厚厚的白色云朵，这些云朵是由可以致人死亡的二氧化碳组成的，能够把照在它身上的65%的阳光反射出去；再一个原因就是，金星比其他任何行星离地球都要近。无怪乎古人把金星称为长庚星（晚星）或启明星（晨星），当然，这取决于人们什么时候能够看到它。但是，只要人们能看到它，它自然是当之无愧的。

在1990 ~ 1994年间，“麦哲伦”号探测器扫描了金星98%的表面。

在极少数情况下，我们可以看到（要做好防护措施）金星正在从太阳面前经过。这种所谓的“凌日”现象每隔100多年才结对发生一次。

火星

火星曾给我们带来无限的遐思，这里有很多原因：火星具有非常鲜艳的红色，天文学家在火星表面标示出了运河状条纹，H.G.威尔斯写过《星际大战》，还有近年来人们在研究、寻找火星上“消失”的海洋。

1994年有一项广为报道的研究，内容是说在南极发现了一颗陨石，名字叫作ALH84001。根据一些人的观点，这颗陨石来自于火星，上面带有变成化石的细菌生物。但是，自那时候起，其他一些报道则对这种所谓的火星生物“证据”表示了怀疑。随着现在对火星探测活动的展开，有一天我们终将会知道真相，看看我们这个红色的行星邻居上面到底有没有生命存在。

火星有一层薄薄的大气，在火星表面，气流卷起红锈色的火星尘埃，它们被吹浮起来就像沙尘暴一样。

火星可以运行得离地球比较近，距地球5570万千米，也可能离开很远，为4亿千米。这里同样也需要考虑到火星公转轨道的椭圆性。在2003年8月27日那天，火星运行到离我们最近，这可是近 6 万年以来的第一次！这使得它看上去是极为明亮的天体。通常而言，每过 18 个月左右，地球就会赶上并超过火星，此时这个红色的世界就变成了天空中第二明亮的行星（排在金星之后）。

小行星

在火星与木星的公转轨道之间有很多太空岩石，它们被称为小行星，这就是主小行星带。有关它们形成的一个理论认为，这里之所以没有能形成一颗行星，是因为受到附近木星强大引力的影响。

谷神星是这个主要地带最大的小行星，直径为 940 千米，也是 1801 年人们发现的第一颗小行星。随后发现了智神星、婚神星，以及最亮的小行星灶神星。在这些小行星中，有些是以地球上的普通人名来命名的，如希尔达、阿尔伯特和索拉；有些甚至是以摇滚歌星的名字命名的，包括恩雅、克莱普顿、泽帕和雅尔等。

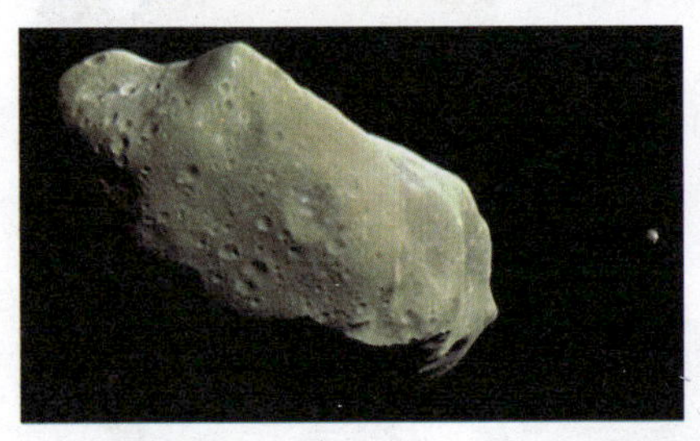

小行星艾达

有一颗小行星我们经常可以用肉眼看到，即灶神星。它看起来就像一颗暗弱的星星，因此需要在比较明朗的夜晚才能看到它，但这也是挑战。

木星

木星是太阳系中最大的行星，也是第一颗气体巨人。谁知道木星有多少颗卫星？它那巨大的引力意味着它可能有几百颗卫星！它的绝大多数卫星都极其微小，因此我们不可能搞清其真实的数量。木星还有著名的大红斑，这是一个已经持续了 300 年的木星风暴。木星大红斑很大，能够把两个地球装到里面。

木星非常大，能够反射很多太阳光，因此，有时候它看上去确实是一颗很亮的星星。我们需要使用望远镜才能观测到木星著名的大气带和大红斑，只需要简易的双目镜就能看到 4 个小点，它们是木星的 4 颗主要卫星。

木卫 3
直径为 5150 千米

木卫 4
直径为 4800 千米

木卫 1
直径为 3630 千米

木卫 2
直径为 3140 千米

木卫图

木星有 16 颗小卫星，其中最大的为木卫 3。

土星

土星是太阳系第二大行星，是一颗带有光环的美丽行星。实际上，所有这 4 颗气体行星——木星、土星、天王星和海王星都带有光环。正是光环使得土星比较明亮，而且它有好多个光环。土星因为是由气体构成的，所以极其轻。如果有个足够大的浴缸，而且里面能灌满足量的水，我们就会发现，土星在里面会漂浮起来！

土星的光环是由冰冷的岩石微粒构成的。这些微粒有的小到沙粒，有的大如一栋房子，它们就像一颗颗小小的卫星绕着土星转动。

同木星一样，土星也是个相当大的天体。当土星与地球同时处于适当的位置时，它看起来非常明亮。我们需要借助一架望远镜才能观测到土星的光环和卫星。

天王星

这颗行星是人们第一次使用望远镜发现的。这应当归功于威廉·赫歇耳，是他在1781年3月13日发现的。虽然此前很多人都看到过这颗星星，但是没有人知道它究竟是什么天体。为了纪念英国国王乔治三世，赫歇耳最初把这个新天体命名为“乔治亚行星”，但是人们最终接受了“天王星”（最早的至上神和天的化身，大地女神的儿子和配偶，提坦神的父亲）这个更为经典的名字。天王星最独特的地方在于它的轴心非常倾斜，以至于整个行星看起来好像在打转，就如同一个圆球在地面上滚动。

⊙ 在地球上我们只能看到天王星的五颗卫星，它们是：天卫五、天卫一、天卫二、天卫三和天卫四。这些较大的卫星是由岩石和冰构成的，它们的表面有许多陨石坑和长裂缝。其他10颗小卫星是被“旅行者”2号空间探测器发现的。天卫三是天王星最大的卫星，直径为1600千米。

当天王星处于最亮的时候，星等为5.5，肉眼刚好可以看见。这的确具有挑战性，即便对那些能在非常明净、漆黑的夜空观测的人们来说，也颇不容易。

海王星

海王星是4个气体球形巨人中最后和最小的一个，但即便如此，它还是要比地球大54倍。由于海王星离地球非常遥远，所以它是一个暗弱的世界，孤零零地呆在太阳系冰冷的边缘。因此，直到1846年人们才认定它，这也就毫不奇怪了，尽管伽利略可能曾在1612年观测过它。

因为海王星离太阳非常远，因此需要使用双目镜才能找到它，它的星等只有7.7。

冥王星

冰冷的冥王星离太阳的距离极其遥远，所以人们以地狱之神的名字来给它命名。2006年，在捷克举行的国际天文学联合会第26届大会上，冥王星被确认为“矮行星”。冥王星比月球要小，再加上它极其遥远，所以直到1930年它才被人们发现。

冥王星环绕太阳公转一周需要248.54年。它的运行轨道非常怪异，它每公转一周，其间有20年是在海王星公转轨道的内侧运行的（最近的一次发生在1979 ~ 1999年间）。

冥王星极其遥远，只有使用高倍望远镜才能在天空发现它那微弱（星等为13.8）的小点儿。如果生活在任何有灯光污染的城市，那就不要费神尝试了。

美丽的流星雨

你们看到过流星吗？遇到流星的时候你们有没有许愿呢？你们一定很想知道，对着流星许愿究竟会不会让愿望实现，相信你看完下面的内容就会知道答案了。

流星虽然也叫作星，但它却并不是一般的星体，而是一种现象。在行星际空间，存在着大量的固体物质和尘粒，这些物质就被称为流星体，是流星在进入地球以前的状态。流星体也是围绕太阳运转的，当它们接近地球时，会受到地球引力的作用，这将使它们的轨道发生改变，从而有可能穿过地球的大气层，闯入地球。这就是我们平常所看到的流星现象。另外，当地球穿越流星体的轨道时，也可能发生流星现象。

⊙ 流星穿越大气层会燃烧，因而会从夜空中一闪而过。

在各种流星现象中，最美丽、最壮观的当然要数流星雨了。流星雨是怎么形成的呢？如果在行星际空间，存在着许多流星体，它们共同组成了“流星群”，当流星群与地球相遇时，就会有大量的流星进入地球，于是就形成了流星雨的壮观场面。流星雨一般都是用其辐射点所在的星座来命名的，如狮子座流星雨、英仙座流星雨、猎户座流星雨等。

关于流星雨的形成，还有另外一种说法，那就是由彗星的碎屑形成的。彗星在运转的时候会将一些碎屑状的物质撒在自己的轨道上，这些物质逐渐脱离了彗星，从而形成了流星群，当与地球相遇的时候就形成了流星雨。比如说在1872年，天文学家曾预测出将有一颗比拉彗星十分接近地球，可是在地球经过比拉彗星轨道的时候，许多地方的人们却看到了一阵极大的流星雨，于是科学家们判断这场流星雨是比拉彗星的残骸所形成的。当然，事实究竟是不是这样的，还有待考证。

探寻彗星活动的周期

据说在1682年的一天夜里，突然有一颗明亮的大彗星划过欧洲的夜空。许多人被这一奇特的自然现象吓坏了，以为世界末日就要来到，每天心惊胆战地过日子。当时英国有一位天文学家也看到了这颗彗星，他就是哈雷，当然他没有像世人那样惊慌失措。

哈雷从小就对天文现象感兴趣，他曾亲眼目睹过1664年和1665年出现的彗星。当时的人都十分迷信，大多数人都认为这两颗彗星的出现是不祥之兆，因为当年欧洲发生了黑死病瘟疫和伦敦大火。在父亲的帮助下，哈雷自己买了一架望远镜来观测天象。17岁时，他进入牛津大学王后学院学习。入学的第二年，哈雷就写信给格林尼治天文台台长、皇家天文学家弗兰提斯德，指出了他绘制的木星图和土星图中的计算错误。弗兰提斯德并没有不高兴，而是虚心接受了哈雷的观测记录。哈雷20岁的时候，依靠印度公司的资助前往圣勒拿岛，他在那里建立了南半球第一座天文台。通过长时间的观测，他编制出了第一个包含341颗南天恒星黄道坐标的南天星表。

哈雷具有良好的科学素养，他不仅勤于观测，而且还善于思考，这些良好品质为他后来研究彗星奠定了坚实的基础。

著名的天文学家开普勒当年曾不辞辛苦地研究火星运动，终于发现了行星运动的三大定律。这件事给了哈雷很大启发。他想，既然行星都按照一定的轨道有规律地运行，那么，彗星运行是否也有什么轨道呢？其中是不是也有某种规律性呢？一想到这些，哈雷就决心解开这个难题。他花了大量时间搜集有关彗星出现的历史记载，并且编制了一张表，把彗星出现的时间、运行路线和在天空中的位置详细地列在表中。由于种种原因，搜集到的资料都很不完整，所以哈雷对每一颗星的记录都要加以整理计算，以便分析研究。

⊙ 彗星是太阳系中的“流浪者”，它们会按时返回。这幅哈雷彗星的照片是1986 年它最近一次靠近地球时被拍摄到的。这颗彗星大约每 76 年才能返回至近地位置（可视范围之内）一次。

经过反复地计算分析，哈雷发现 1682 年的彗星的轨道很像 1531 年、1607 年出现的彗星的轨道，而且前后出现的时间间隔也比较接近，大约都是 76 年。他根据自己的研究分析，认为这 3 颗彗星很可能是同一颗彗星在不同时间里出现了 3 次。1704 年，哈雷升任为牛津大学教授，第二年他就发表了《彗星天文学论说》，书中详细记述了 1337 ~ 1698 年间天文学家观测到的 24 颗彗星及其轨道。他在书中指出 1531 年、1607 年、1682 年出现的 3 颗大彗星的轨道十分相似，由此推断它们是同一颗彗星，每隔 75 ~ 76 年飞临地球一次。他甚至预言：1758 年底或 1759 年初这颗彗星将再度回归近日点。令人遗憾的是，哈雷没有等到亲眼目睹这一天文奇观。1742 年，哈雷病逝于格林尼治。

哈雷虽然去世了，但研究彗星的事业还在继续，哈雷彗星开始向世人展示它的秘密。

1743 年，一位名叫克雷洛的法国数学家根据哈雷的预言，运用万有引力定律，进一步计算了遥远的木星和土星对这颗彗星的引力效应。最后他得出结论，说该彗星届时会在土星和木星的引力作用下，稍微偏离原来的轨道，这样它回归时出现的时间要迟于哈雷原先预测的时间：它很有可能是在 1759 年 4 月出现。

1759 年 3 月，这颗人们期待已久的明亮的大彗星终于如期而至。它比哈雷所预报的时间晚了一些。牛顿万有引力定律的可靠性也再一次得到有力证明。后人为了纪念哈雷在彗星轨道计算方面的伟大贡献，就把这颗彗星以他的名字命名。

彗星的中心部分是彗核，呈固体状，构成彗核的冰冻团块、尘埃在彗星绕太阳运动时都有一部分物质会损失掉。因为彗星在高速行进中，从彗核蒸发出来的气体、尘埃等被吹离彗核，进入到行星际空间。这样一来，彗星总有一天也会“寿终正寝”。彗核中所有的尘埃、气体一次次地蒸发，彗核的结

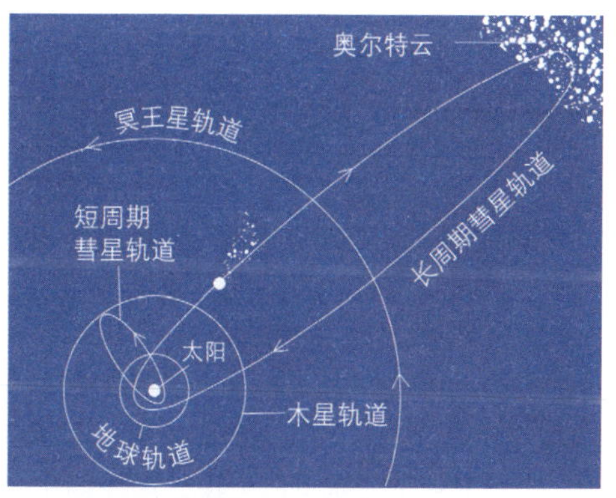

⊙ **彗星的周期及环绕太阳运行图**

我们只能在彗星离开奥尔特云飞向太阳的时候看到它们。其中一些如周期性彗星，它们定期返回到天空中来。有大约 135 个短周期彗星，它们在绕太阳的轨道上运行还不足 200 年。长周期彗星返回来可能需要上千年的时间。

⊙ 1986 年拍摄到的哈雷彗星

这是时隔 76 年，也就是哈雷彗星在一个周期内两次重返地球上空时人们拍摄的照片，它又一次证实了周期的正确性。

构越来越松散，直到有一天它支离破碎，整个地被瓦解，彗星的生命也就终结了。

彗星的外观很庞大，其实它徒有其表，它的密度极小，几乎就是“虚空”的。据说 1000 亿颗彗星的质量合起来才等于地球质量的 1/10，由此可见，它是多么“轻”了。彗核瓦解崩溃后，一部分物质可能成为很小的小行星；另一部分物质变成流星群，游荡在太阳系中。观测表明，地球上常见的流星雨现象和彗星有着十分密切的关系。由于彗星经常游荡在远离太阳的太空中，太阳很少影响到它的活动，许多早期太阳系的信息都保留在它身上，因此彗星在研究天体演化方面具有非常重要的作用。

据史料记载，中国人最早观测到哈雷彗星。中国有一部古书名叫《春秋》，里面清楚地记载着：“鲁文公十四年（公元前 613 年），秋七月，有星孛入于北斗。”这里的“星孛”就是指哈雷彗星。这是世界上第一次关于哈雷彗星的确切文字记载。中国的另一部史书——西汉的《淮南子》中也有对哈雷彗星的文字记载：“武王伐纣……彗星出，而授殷人其柄。”中国现代著名天文学家张钰哲先生经过推算指出，自公元前 240 年起，中国的史书记载了每次哈雷彗星的出现，无论是次数还是详细程度，在世界上都是最完备的。

哈雷彗星最近的一次回归是在 1986 年。现在历史已经跨进了 21 世纪，我们期待着哈雷彗星再次回归。

哈雷彗星是一个“脏雪球”吗

在世界各国都流传着很多关于彗星的传说。每次彗星光临地球时，人们都会以极大的热情去关注它。

彗星为什么这样引人注目呢？这是因为它有奇异的形状：毛茸茸的彗头中间嵌着闪光的彗核，拖着长而透亮的彗尾。另外彗星突然出现，来也匆匆，去也匆匆，有的则从遥远的行星际尽头奔向太阳，随后又扬长而去，如同浪迹太阳系的漂泊者。

在如此众多的彗星里头，最引人注目的明星是哈雷彗星。

在 1986 年时，天文学家已经认识到，彗星实际上是一个由石块、尘埃、氨、甲烷所组成的冰块，外形极像一个深黑色的长马铃薯，就像一个“脏雪球”。它与地球上的小山差不多，假如在上面做“环星旅行”，不到半天就可以完成，这样的小个子，远离太阳时在地球上是无法看到的。但当这个“脏雪球”飞向太阳时，太阳的加热作用让其表面的冰蒸发升华成气体，与尘粒子一起围绕彗核成为云雾状的彗发和彗核。彗发又让阳光射散，这样就形成了有着星云般淡淡光亮的长长的彗尾。这时，彗头直径可以达到几十万千米，彗尾长达好几千万千米，变得好像一个庞然大物，但质量却小得出奇。它的绝大部

⊙ 埃德蒙·哈雷

英国著名天文学家，第一个计算出了哈雷彗星的轨道，并阐明了有些彗星会沿着固定轨道反复绕太阳旋转。

分质量集中在彗核，也只有地球质量的十亿分之一。

那科学家是怎样发现哈雷彗星是一个“脏雪球”的呢？

原来，英法等西欧 10 国科学家花了 5 年时间制造了“乔托”号探测器，用来揭开哈雷彗星的真貌。它深入到离彗核只有 500 多千米的地方，并进入到彗发的深处，从而让人类第一次目睹了彗核的真容。第一，独具特色的喷流高上千千米，喷流核表面粗糙，像煤块般黑，核外都是由非挥发性物质组成的多孔表面层，接近太阳时外表 30℃ ~ 130℃，里层仍为 -70℃，有裂纹和凹坑多处，从里向外喷射气体尘埃流，煞是好看。第二，回照率 4%，比煤炭还黑。

但哈雷彗星也和宇宙中的其他彗星一样，逃不过衰亡的命运，它将一次比一次暗淡，最后将会耗损殆尽并崩解。但是，每隔一段时间，总会有另一颗光耀的彗星出现，作为“生力军”加入人类所发现的彗星名单中去，例如，人们在 20 世纪末发现的百武彗星及海尔—波普彗星，因此人们可以不断目睹彗星的风姿。

神秘的月球

对于月亮，我们是再熟悉不过的了。我们知道，太阳是太阳系里面唯一可以发光的天体，月亮本来就是不会发光的。我们平时所看到的月光，并不是月亮本身发出的，而是太阳光在月球上的反射。也就是说，如果不是太阳把它照亮了，我们是看不到美丽的月亮的。

苏东坡的《水调歌头·明月几时有》中有一句:“人有悲欢离合,月有阴晴圆缺。”为什么说“月有阴晴圆缺”呢?

如果你回答说是因为月亮的形状发生了改变，那就大错特错了。事实上，月亮的圆缺变化是由于太阳、月亮和地球之间的相对位置发生变化所形成的。当月亮处在地球和太阳中心的时候，我们就看不到月亮，此时被称之为新月；接下来，月亮沿着它的轨道慢慢地转过来，我们就会看到弯弯的月牙；等到月亮变成一半的时候，就出现了上弦月；随着月亮的逐渐长胖，我们就看到了满月；满月只可维持一两天，然后就又开始变瘦；剩下一半的时候，即是下弦月；随着月亮越来越瘦，又变成了弯弯的月牙，然后消失不见了，此时的月亮被称之为残月。残月过后，就又会开始新一轮的变化，所以我们看到的月亮是每天都在变化着的。

尽管我们想象中的月球应该是很美的，但事实却并非如此。月球上基本没有水没有空气，因此声音也就无法传播，到处是一片荒凉、寂静的景象。而且月球上几乎没有大气，所以月球上面的昼夜温差很大，白天可高达 127℃，夜晚则可低至 -183℃。不过月球上也有很有趣的事情，我们都知道在太空中会出现失重的现象，在月球上也是如此。月球的引力只有地球的 1/6，也就是说，6 千克重的物体到了月球上就变成 1 千克了。我们在月球上行走会变得很轻松，稍微用力就可以跳起来。半跑半跳的前行方式应该会很有趣。

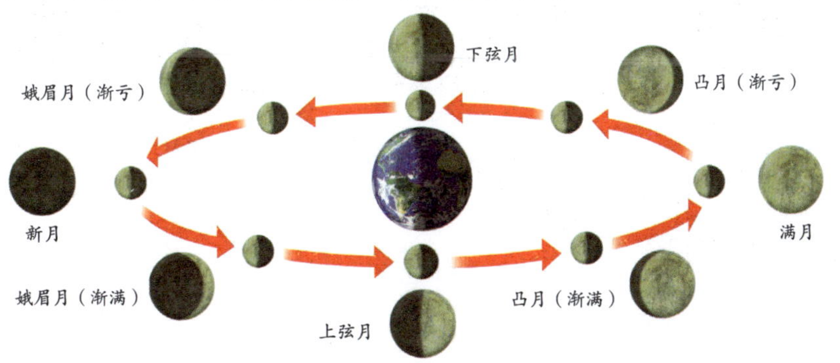

⊙ 从新月到满月周而复始的变化被称为月相。从新月到满月然后再回到新月需要 1 个月的时间。

第二节　地球奥秘

我们的地球

说起地球，我们真是再熟悉不过了，因为这是我们共同的家园！不过我们这个家可真是太神奇、太伟大了，它身上的秘密有很多到现在还都没有解开。而且我们在前面也讲过，我们的地球是整个太阳系中唯一有生命存在的星体。它孕育了如此多姿多彩的生命，又为我们提供了这么好的生存条件，所以我们一定要爱护地球，保卫我们的家园。

⊙ 年轻的地球曾是一颗“暴躁”的星球，是暴雨和火山塑造了它的外形。

要看到地球的全景，就必须走出地球，到太空去看。随着科学技术的发展，这一愿望终于得以实现。只可惜我们现在还不能亲自到太空去看看，据航天员说，在太空放眼望去，我们的地球是最美的。漆黑的天幕衬托着一个蔚蓝的大盘，如同被一个朦胧的淡蓝色玻璃笼罩着，其间还穿插着黄绿相间的花纹和晶莹闪耀的白色珠宝。宇宙辽阔无垠，神秘莫测，而人类生活的地球只是宇宙中的沧海一粟。宇宙不因为地球及生活在地球上的人类而存在，而人类的未来却取决于对宇宙的了解程度。让我们一起走近太阳系中这颗既普通又特殊的行星、我们所赖以生存的家园——地球，去探索这颗母亲星球的种种奥秘。

8.造山运动出现。

7.恐龙在地球上开始出现。

5.无脊椎动物甲壳类(如潮虫等)开始出现。

6.多细胞软体动物出现(如水母和海葵等)。

4.海洋植物繁盛起来。

37.奥陶纪　38.寒武纪

29.第三纪

3.陆地植物(如蕨类植物)开始出现。

36.志留纪

34.石炭纪

2.单细胞生物出现(约35亿年前)，这是生命的早期形式。

23.早期的两栖动物(如鱼石螈)约3.5亿年前出现。

28.第四纪

21.脊椎动物出现(如鱼类)。

22.复杂藻类出现。

24.科罗拉多河开始切割大峡谷。

20.珊瑚礁出现。

1.地球形成时的状态

地球的大小怎样测定

世界上第一个测量地球大小的人是古代希腊天文学家埃拉托色尼，他是在亚历山大城长大的。在亚历山大城正南方的 785 千米处有一个叫塞尼的城市。塞尼城中有一个非常有趣的现象：每到夏至那天的中午 12 点，阳光都能垂直照到城中一口枯井的底部。也就是说，在夏至那天的正午，太阳正好悬挂在塞尼城的天顶。

虽然塞尼城与亚历山大城大致处于同一子午线上，但亚历山大城在同一时刻却不会出现这样的景象，太阳总是处于稍稍偏离天顶的位置。在一个夏至日的正午，埃拉托色尼在城里竖起一根小木棍，测出太阳光线与天顶方向之间的夹角是 7.2°，相当于 360° 的 1/50。

鉴于太阳与地球之间遥远的距离，太阳的光线可以近似地被看作是彼此平行的。埃拉托色尼根据有关平行的定理得出了∠ 1 =∠ 2 的结论。

在几何学里，∠ 2 被称为圆心角。根据圆心角定理，圆心角的度数等于它所对应的弧的度数。因为∠ 2=∠ 1，所以∠ 2 的度数也是 360° 的 1/50，所以，图中表示亚历山大城和塞尼城距离的那段圆弧的长度，应该等于圆周长度的 1/50。也就是说，亚历山大城与塞尼城的实际距离，正好等于地球周长的 1/50。

由此可知，测出亚历山大城与塞尼城的实际距离之后，再乘以 50，就可以得出地球的周长。埃拉托

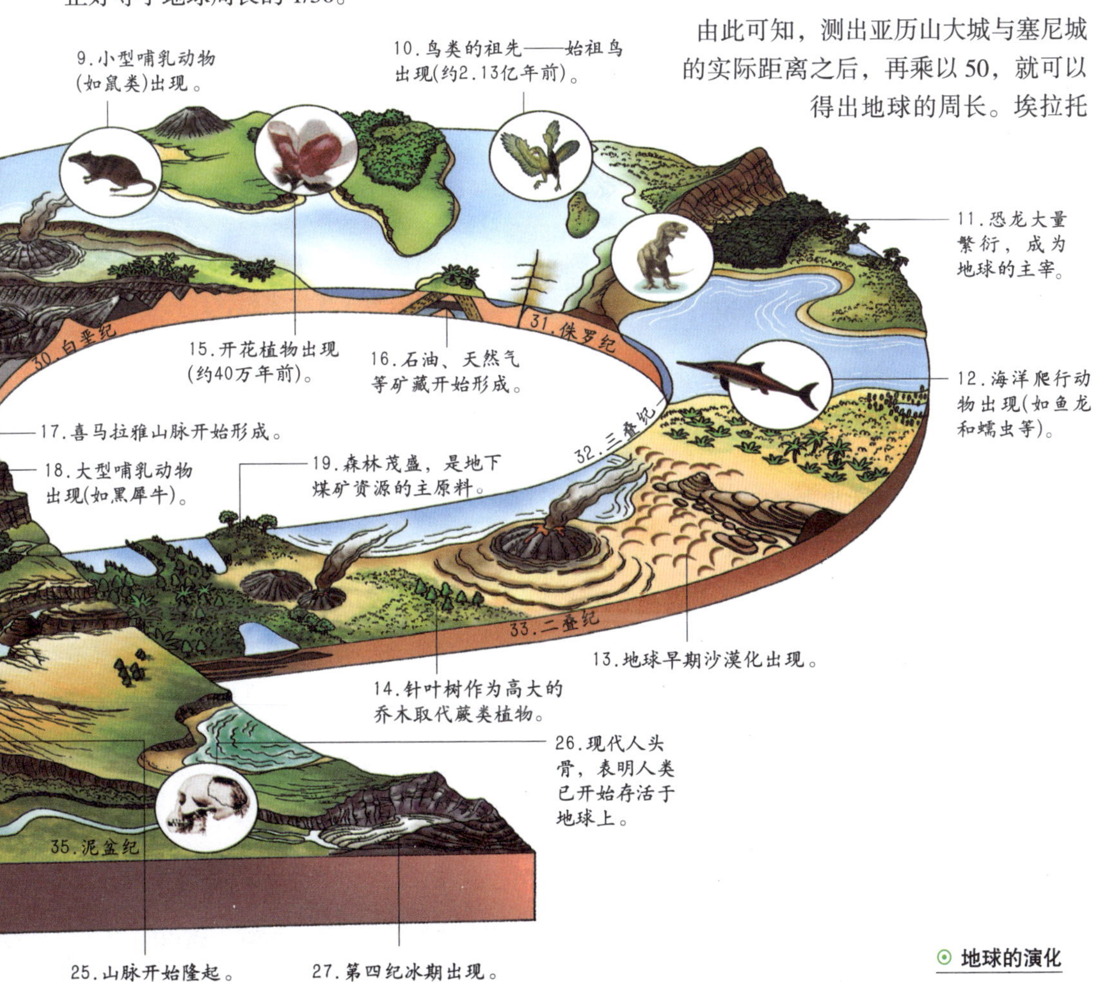

地球的演化

色尼计算的地球周长为 39250 千米。

由于这个计算结果是按照大地是球状的假设来运算的，而且得出的数字大得惊人，所以没有人相信。从此以后，对大地的测量和计算在相当长的一段时间内在欧洲中断了。

公元 8 世纪初，我国唐代天文学家张遂曾亲自指导和组织了一次规模庞大的大地测量。测量的范围北起北纬 51° 附近，南至北纬 17° 附近，围绕黄河南北平地这个中心，在全国 13 个点用传统的圭表测量法对各地冬至、夏至、春分和秋分的正午日影长和漏刻昼夜分差进行了测量。此外，张遂还对各点的北天极高度（即当地的纬度）进行了实地测量。例如，在河南省平原地区，他测得该地一纬度的经线的弧长约为 129.41 千米。它与现代测算的北纬 34° 5′ 地方的子午线一度弧长 110.6 千米相比，相差 20.7 千米，相对误差为 18.7%。

知识档案

地球上存在生命的条件

我们知道，生命的存在是需要非常严格的条件的，而这样的条件，只有地球具备，其他的行星都不具备。所以在太阳系中，生命只能在地球上繁衍生息。如地球与太阳的距离适中，因此它有适宜生命存在的地表温度。另外，地球的外围有一层厚厚的大气层，可以调节白天和夜晚的温度，否则昼夜的温差会更大。地球还是唯11颗在表面存在液态水的行星，这也是生命存在的重要条件。正是因为有了这些生命存在的必备条件，才使得地球孕育了如此众多的生命，包括拥有着无限智慧的人类。

18 世纪时，法国科学院曾派出两个大地测量队，一个队去了南美洲的赤道地区，另一个队到了瑞典的拉普兰，两队分别测定两个区域里的经线一度的长短。结果证实：地球上经线一度的长度在赤道要比在极区略短些，这说明地球是个扁球体。

科学家们从 19 世纪以来又对地球的大小进行了无数次的测量和计算。苏联学者克拉索夫斯基和他的学生在苏联、西欧和美国等地进行弧度重力测量后所得出的数值，在当时是较为精确的。

由于近年来测量技术不断进步，人类已获得了对地球测量的各种方法。特别是利用宇宙飞船和人造卫星进行测量，能够使人们获得更为精确的地球数据：地球的赤道半径是 6378.14 千米，极半径是 6356.755 千米。赤道半径和极半径之差同赤道半径之比是 1∶298.25。如果按照这个扁平率做成一个半径为 298.25 毫米的地球仪，极半径与赤道半径只有 1 毫米之差，这样一来，就像一个真正的圆球了。

运用现代科技测量出的相关数据显示：地球的经线圈周长约为 40000.5 千米，赤道周长大约是 40075.5 千米，整个地球的平均密度约为 5.517 克 / 厘米 ^{3}，表面积约为 5.1 亿千米 ^{2}，体积约为 10832 亿千米 ^{3}。

我们所说的重量是指地球作用于某人或某物之上的重力。所以说探究地球的重量有多少基本是没有意义的，因为只有和其他物体相比较时地球才会有重量。

不过，人们可以通过计算地球作用于一个已知质量的物体上的重力效应，估算出地球的质量（地球所包含的物质的量）。大多数科学家计算得到的地球质量大约为 5.98×10^{24} 千克。

在太空时代到来之前，估计地球质量是件相当复杂的事情。1774 年，内维尔・马斯基林第一个计算出了相对准确的地球质量值。他根据一个钟摆在重力作用下的摆动规律，估算出苏格兰境内一座高山的质量并计算出它的重力效应——相对于地球重力。

现在，通过观察围绕地球旋转的人造卫星的运动，人们可以更准确地估算出地球的质量。

精彩的海洋世界

海洋是地球的主要组成部分，它的面积要远远大于陆地的面积，约占地球表面积的 71%。海底究竟是什么样子的呢？恐怕现在还没有人能给出确切的答案。因为海洋实在是太深了，我

⊙ 从太空中观察，地球是一颗以海洋为主的星球，其表面大约只有 29% 为陆地。

们人类所到达的深度还是非常有限的，至于那些没有涉足过的地方，科学家们就开始发挥他们丰富的想象力，进行假设推理了。

你可千万不要以为海洋就是我们平常所看到的大海。事实上，海和洋并不是一回事，它们之间是不能等同的。洋是海洋的主体，处于海洋的中心部分，它们远离大陆，不受陆地的影响，占海洋总面积的 89%。海则是洋的附属部分，位于洋的边缘，靠近大陆，因此要受到大陆的影响，占海洋面积的 11%。另外，洋都较深，海则较浅。

陆地把广阔的水面分成了四个相通的大洋，它们是太平洋、大西洋、印度洋和北冰洋。太平洋是第一大洋，虽取名太平，但其实并不太平，经常有台风和恶浪兴起；大西洋是第二大洋，它的周围分布着很多发达的国家和地区，因此相关产业也比较发达；印度洋是第三大洋，那里经常发生热带风暴，造成巨大的灾难；北冰洋是第四大洋，位于北极圈内，它的海面和岛屿都被一层厚厚的冰所覆盖。

海洋里面究竟有什么呢？当然，一定会有各种各样的鱼，还有很多海洋生物。那么除此之外呢？会不会有传说中的水晶宫和宝藏呢？这个可不好说，也许真有，只是以人类现有的技术，还无法探知罢了。但是海底有着丰富的能源却是可以肯定的，如果我们好好利用，将会受益无穷。总之，海洋世界绝不会像我们所看到的那样简单，也许在海洋的深处，有着比陆地更为精彩的世界，还有待我们去开发和探索。

去海底探险，绝对是一件刺激而又有趣的事情。在海洋的不同深度，我们可以看到不同的鱼类和海洋生物，它们的分布是很有规律的。下潜得越深，看到珍稀鱼类的可能性就越大。其实，穿着潜水服在海底遨游，看各种各样的鱼从身边游过，本身就是一件很有意思的事情。习惯了陆地的生活，偶尔到海底感受一下鱼的生活，也是很不错的。

在精彩的海洋世界中，我们还可以看到美丽的珊瑚礁。色彩绚丽的珊瑚礁为海洋增添了一道美丽的风景，也为各种鱼类提供了栖息的场所。更让人惊奇的是，这些鱼类会充分利用自身的颜色，与珊瑚礁融为一体，这样我们就很难发现它们。珊瑚礁是海洋中最为复杂的生态系统之一，也是地球上最古老、最珍贵、最多姿多彩的生态系统之一，人们称呼它为“海洋中的热带雨林”、“海上长城”等。

海水是什么颜色的

蓝色的海水，绿色的海水，无色透明的饮用水……水到底是什么颜色的呢？

答案让人出乎意料：纯净的水是蓝色的。但是由于我们喝水的杯子容量有限，很难分辨出水的颜色来。如果将一个像楼房那么大的杯子装满纯净水，我们就能看到它真正的颜色——蓝色。

水的颜色取决于水分子对光的反射和吸收情况。白光，比如阳光，是由七色光混合而成的，

⊙ 当阳光穿过水时，其强度会逐渐减弱。阳光中的红色和橘黄色部分被最先吸收，而蓝色可以照射得最远。在海洋和深的湖泊中，250米以下的水域是漆黑一片的。

也叫光谱。在光谱中，红色到绿色波长范围的光比较易于被水分子吸收，蓝色部分的光则被反射出去，所以我们就看见了蓝色。

但水的颜色并不是一成不变的。在远离海岸的海域中心位置，海水是深蓝色的，甚至有些发紫。然而在靠近陆地的海岸线一带，由远及近，海水的颜色由蓝变绿，再由绿变成黄绿。为什么会发生这样的变化呢？这与水里的浮游物质和水深有关。

在海岸线附近，海水充满了从陆地上冲来的有机物和小植物。其中有一些很小的绿色植物，叫作浮游植物，它们含有一种叫作叶绿素的化学物质。叶绿素能够吸收大部分的红色光和蓝色光，反射绿色光，于是我们看见的海岸边的海水就是绿颜色的了。

在宇宙空间里，海洋的颜色让我们都可以分辨出地球生命的聚集区。绿色的海域好比是陆地上的热带雨林，充满了生命；而深蓝色的水域是很少有生命的地方，这里好比是大陆上无人居住的白色沙漠。

海水和海水里的浮游物对光的吸收方式也决定了水面下的颜色。假设你正在驾驶一辆黄色潜艇，在水面附近，你的潜艇是黄色的，但是随着潜艇慢慢潜入海底，照到潜艇上的光越来越少，当潜艇下降到水下30米的深度时，阳光中的黄色、橙色和红色的光几乎都被水分子吸收了，只有蓝色和绿色的光能到达潜艇表面，这时你的潜艇就变成了蓝绿色。如果再往下降，直到绿色光也消失了，潜艇就变成深蓝色了。

浮游物越多，海水越混浊，对光的吸收量就越多。所以越是混浊的海水，你下降时看到周围环境变暗的速度就越快。

如何让海水变成淡水

我们知道，海水是不能直接饮用的。如此丰富的水资源却不能直接被人类所利用，主要是因为海水中的盐分高达33‰ ~ 38‰，根本无法使用。人类要想解决淡水紧缺的难题，淡化海水不失为一条良策。于是，科学家们迈开了探索的步伐并找到了一些行之有效的途径。

目前，人们已研究出了多种海水淡化方法，但比较常用的实现海水脱盐的方法主要有3种：蒸馏法、冷冻法和反渗透法。

最古老的海水淡化方法是蒸馏法，工艺较成熟，比较适用于处理海水。

这是一个大家都见过的方法，原理特别简单。当海水被烧开时会冒出热气腾腾的水蒸气，

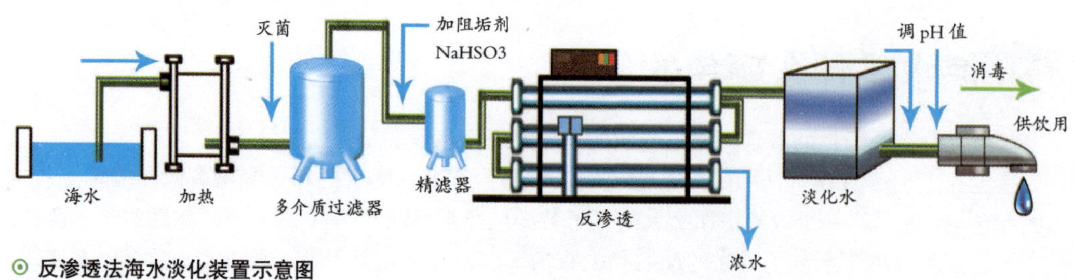

⊙ 反渗透法海水淡化装置示意图

水蒸气没有什么杂质，遇冷会变成水，这一现象启发了人们。海水蒸馏成淡水的方法，也就是首先把海水加热到100℃，使海水冒出热气腾腾的水蒸气。水蒸气里不含盐分，然后让那些水蒸气通过特别的管子跑到专门预备的冷凝装置里。水蒸气到了那里变成了一滴滴的小水珠，这些小水珠聚集在一起就成了淡水。

蒸馏法尽管简单，但它耗时，而且得到的淡水十分有限，所消耗的能源也特别多。

为了减少能源的消耗，人们便创造了水电联产这种把发电与海水淡化结合为一体的、更为先进的办法。这种方法是把大中型海水淡化厂与火力发电厂相结合，利用电厂余热的低压蒸汽作为淡化装置的主要能源。这样，电厂高压、低压的蒸汽能量都得到了充分利用，大大提高了整个工作系统的热效率，大幅度降低了发电与淡化两个系统的设备造价和基本建设费用。因此，海水淡化的成本大为降低。

那冷冻法是怎样的呢？我们知道，在日常生活中，含盐的液体是不结冰的，只有淡水才结冰。海水虽然是咸的，但它依然会结冰，人们对此疑惑不解。后来，人们尝试着把海水冰冻，发现海水不但会结冰，而且结出的冰一点也不咸。原来当海水不完全凝结时，它就分成几乎不含盐的冰和浓缩的盐水。于是人们把冰从盐水中分离出来。就这样冷冻法便诞生了。

冷冻法比较简单，只要使海水温度处在冰点以下，海水中就会结出冰块，然后把冰块取出来融化，就成了淡水。

把海水变淡的另一个主要方法是反渗透法。反渗透法是用一个特殊结构的膜来过滤海水。这种膜和平常有孔的过滤器不同，它是没有孔的。对咸水施加足够的压力，盐分等水合离子留了下来，而水却能穿过膜，变成人们生活所需要的淡水。

⊙ 蒸馏法是海水淡化最古老的方法，图为蒸馏法的简易实验装置。

上述是将海水中的淡水分离出来的3种方法，除了这些方法外，还可以采取离子迁移法和化学法除去海水中的盐。食盐以及大多数其他的盐类的结构是由带相反电荷的离子组成的。水合物是这样形成的：当盐溶于水时，这些离子就与水松散地结合在一起。因此，当晶体结构分解时，能独立移动的离子就产生了。由于这两种离子所带的电荷相反，当它们处于两个带相反电荷的电极中间时，它们的运动方向是相反的。用这种方法使海水脱盐，就是离子迁移法。而化学法则包括离子交换法和沉淀法。

既然有这么多的方法可以用来淡化海水，我们就没必要再为淡水的缺乏而发愁了吧？事实上，以上几种方法虽然可以实现海水的淡化，但是它们都有一个致命的弱点：成本高昂。据估计，用任何方法淡化海水，都需要11.6度电才能生产1000加仑的淡水。为什么耗电如此大呢？我们都知道水是液体，而液态水分子具有紊乱的分枝结构。如果通过离子转换进行淡化，液态水分子的分枝特性仍然是一个障碍。将水合离子推过由分子紧密结合形成的“乱网”一样的液体，就需要能克服阻力的额外的能量。因此，无论采用哪一种淡化方法，淡化成本的控制都是目前最大的难题。

但科学家们为了人类的共同命运，仍在坚持不懈地进行着探索。大家都知道，水的汽化需要消耗热，水蒸气冷凝成液态水则要释放热能。在蒸馏中，这两个过程是同时进行的。这个假设引起了人们的兴趣：如果在同一温度上进行两个过程，热量的释放与消耗正好相等。这样，除了偶然的热量丧失之外，在用蒸馏法进行淡化时，就不需要热能了。这一设想从理论上看起来虽然简单，但实际操作中却没有那么简单方便，因为咸水的蒸汽压略低于淡水。从蒸馏器中释放出来的咸水的蒸汽，在蒸馏器的温度下无法冷凝成液态淡水，除非采用增大其压力和密度的办法将其稍微压缩。如果进行了压缩，在蒸馏的汽化过程中消耗的热量，将在冷凝整齐时在冷凝器中全部释放出来。如果能找到回收所有这种热量的方法,就可将热量再用来蒸发新的咸水。用这种方法回收热量所消耗的唯一能量，是用来压缩咸水产生的蒸汽，直到其压力与蒸馏器温度下淡水的压力相同为止。

科学家在热带和亚热带进行了利用太阳能蒸发盐水的大量实验。太阳能的优点是不需成本，缺点是其能量较弱。随着覆盖在液体上的水蒸气密度不断增大，还没有到达水面，太阳光就被遮掉了。此外，利用太阳能蒸发的最大弱点还在于不能回收蒸发水的过程中消耗的热量。目前，用电热补充太阳能的尝试也不太成功。

为了克服这一缺点，科学家们又研制出新的淡化方式，这种方法是多效蒸发。在多效蒸发过程中，消耗的热能大部分能从冷凝器中回收，而且可以反复使用好几次。因此产生的蒸馏水量至少为原来的 2.5 倍，而在蒸汽压缩蒸馏中，则可能为原来的 10 倍。

此后，又出现了一些更能节约热量的海水淡化法，如真空急骤蒸馏法。这种方法主要是使用低压废蒸汽——蒸汽发生过程中的副产品或工业中产生的蒸汽和电能的副产品进行海水淡化。这种方法，由于预热、热输入和急骤蒸馏的循环被打破，形成许多连续的回路，盐水在回路之间反复循环，因此，和其他方法相比较，蒸发过程需要在温度更高的环境中完成。在回路之间，一部分盐水通过前效应反复循环。和其他方法相比较，这种方法利用热的效率高，因为温度越高，产生的蒸汽越多。现在人们仍对这种方法进行研究，还可能有进一步的突破。

随着研究的加深，向海洋索取淡水已取得了惊人的发展。目前，从事海水淡化工作的国家越来越多，据统计，已有 40 多个国家开始了研究和生产。他们采用的淡化方法各不相同。不过，淡化海水的基本原理不外乎上面所提到的。全世界的海水淡化工厂大约有 7500 多个。在沙特阿拉伯的尤拜尔，有一个淡化厂每天可提供 4.85 亿升淡水，目前是世界上最大的海水淡化厂。在我国南部海疆西沙群岛的永兴岛上的军民也是靠海水淡化来获取大部分的生活用水。有关数据显示，世界上淡化水的日产量已达到 2300 万吨，并以 10% ~ 30% 的年增长率攀升。世界海水淡化市场年成交额已达 10 亿美元。

虽然海水淡化已取得了一定的成效，但前景却不容乐观。世界上还有许多国家在这方面的研究尚处于起步阶段。因此，目前的海水淡化技术还需要世界各国共同努力去进一步完善，从而解决人类的淡水问题。

潮涨潮落

去过海边的人一定知道，海水每天都会有规律地涨落。一般来说是每天两次，早晚各一次。通常情况下，人们把白天那次潮涨潮落称为潮，而把晚上的那次称为汐，以此来进行区分。潮涨时，海水会迅速地把沙滩淹没，使平坦的沙滩变成一片汪洋；潮落时，海水又会迅速地退去，那片宽敞平坦的沙滩又重新露了出来。海水的涨落就是这样神奇，而且海水也很勤快，它从来都不知疲惫，日复一日，年复一年，永不停息地涨涨落落，从不偷懒。正因为这样，我们才能看到这样

⊙ 一次涨潮发生在地球向着月球的地方，此时月球的引力大于离心力，引力起主导作用。

涨潮时，海水上涨，波浪滚滚，景色十分壮丽。

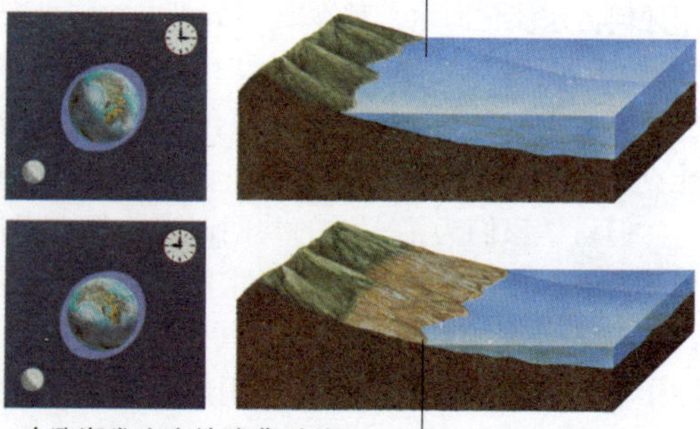

⊙ 一次涨潮发生在地球背对着月球的地方，此时离心力大于地球的引力，离心力起主导作用。

退潮时，海水悄然退去，露出一片海滩。

壮观的景象。

海水的潮汐现象主要是由于月球的引力作用而形成的。你可能觉得月球的引力没有多大，至少比地球的引力要小得多。但实际上，月球的引力也是很大的，大到足以影响地球上海水的活动。我们都知道，月球是围绕地球运转的，因此它的引力会在不同的时间作用到不同的海域，于是也就出现了不同的潮汐。

海水的潮汐现象确实是神奇而又伟大的。在涨潮时，还有一种更为雄伟壮观的景象，那就是涌潮。不过你们要知道，并不是所有的海域都可以出现涌潮的。涌潮是由于特殊的地理环境所造成的，只有在那些水深逐渐变浅，且海岸陡峭、河口呈喇叭口状的海湾才能出现涌潮。在我国的钱塘江口就可以见到涌潮，潮起之时，潮水像一堵高墙一样咆哮前进，怒浪排空，有如万马奔腾，蔚为壮观。

海啸是怎么产生的

人们都说“无风不起浪”，但为什么有时没有风的时候也会波涛汹涌，形成几十米高的巨浪呢？这种现象叫作海啸，海啸发生时会造成严重的破坏。那么，海啸是怎么产生的呢？

海底地壳的断裂是造成海啸的最主要原因，地壳断裂时，有的地方下陷，有的地方抬升，震动剧烈，在这种震动中就会有波长特别长的巨大波浪产生，这种巨大的波浪传至港湾或岸边时，水位就会因此而暴涨，向陆地冲击，产生的破坏作用极其巨大。1923 年 9 月 1 日发生著名的日本大地震时，海浪剧烈地冲击横滨，海水带走了几百所房屋。事后人们发现，那里附近海底的地壳不仅断裂开来，并且发生了巨大的位移，所以会形成 270 米的隆起与下陷的高度差，进而出现海浪滔天的景象。

⊙ 海啸是由于深海地震引起的巨大的、具有极大破坏性的海浪。

有时海啸是由海底的火山喷发造成的。像 1883 年，爪哇附近喀拉喀托岛上的火山喷发时，在海底裂开了一个深坑，深达 300 米，激起高达 30 米以上的海浪，巨浪把 3 万多人卷到海里。火山在水下喷发，海水还会因此沸腾，涌起水柱，难以计数的鱼类和海洋生物死亡，在海面上漂浮。

此外，有时海啸是由海底斜坡上的物质失去平衡而产生海底滑坡造成的。

也有些海啸是由风造成的。当强大的台风从海面通过时，岸边水位会因此而暴涨，波涛汹涌，甚至使海水泛滥成灾，由此造成的损失是巨大的。这种现象被人们称为“风暴海啸”或者“气象海啸”。

但是，并不是所有的海底地震都会引发海啸，一般而言，海啸是否会出现，与沿岸的地貌形态也有很大的关系。

认识大气层

我们知道，空气是我们赖以生存的条件之一，没有了空气，我们就无法呼吸，生命当然也就无法继续。但是你们知道空气是从何而来的吗？

没错，就是令人敬畏的大气层。我们的地球被一层很厚的大气层包围着，它不仅为我们提供生存所必须的空气，而且还为我们提供最适宜生存的温度，并为我们阻挡太阳光中的有害物质。可以说，没有大气层，所有的生命都将消失。看，在地球表面那一层淡蓝色的美丽外衣就是大气层，我们就生活在这个大气层的底部。

因为有了大气层，我们还可以看到很多有趣的天文现象。还记得儿时的那首歌谣吗：“一闪一闪亮晶晶，满天都是小星星。”正如太阳那样，所有的恒星都是能够持续发光的，可为什么我们所看到的星星却会眨眼睛呢？可不要以为真的是星星在闪闪发光，其实这都是大气层搞的鬼。大气是不停地流动着的，而且密度也在不断地变化，因此当星光通过时，就会因为光线折射程度的不断改变而出现闪烁的现象。

根据高度的不同，大气层被分为了对流层、平流层、中间层、热层和外逸层。对流层是最底层，也是人类活动的主要场所；平流层是第二层，这里的空气呈水平流动，总是风平浪静，晴空万里；中间层是第三层，这里可以反射地面发出的无线电波；热层是第四层，这里的温度可达到1200℃左右，经常会出现极光等光学现象；最外面一层是外逸层，这里的大气已经非常稀少，有的则因为很少有分子和它碰撞而一去不复返了。

冰川和冰山是怎样形成的

在一些高山地区或是在两极地区，常见到的那一层雪白无瑕的“外衣”是什么？它们即是冰川。那么，冰川又是如何形成的？冰川是冰雪贮存和运动的一种形式，但在不同地区，其成因略有差别。在高山地区的冰川是由于那里地势高、空气稀薄、不保暖，冰雪在这里不易融化而形成。两极地区分布着的冰川则由于太阳辐射弱，热量少，气候终年寒冷，冰雪被一年四季堆积而形成。全世界冰川的总面积约有 2900 多万平方千米，而 90% 以上分布在两极地区。

作为固体的冰在重力作用下，从高处向低处缓慢流动，冰川之名由此而来。冰川的流动速度极慢，每昼夜一般只能移动 1 米，个别流速快的冰川能流动 20 多米。冰川的流动速度随冰川厚度增加、坡度变大、气温升高而加快。

冰川不是简单地由普通的水凝结而成，构成冰川的冰又称

⊙ 冰川是自然界的一股巨大侵蚀力量，在重力作用下，携带着大量碎石的冰川从山顶缓慢向下滑移，途中毫不留情地侵蚀着地表，是大自然开谷移山的一种壮观景象。

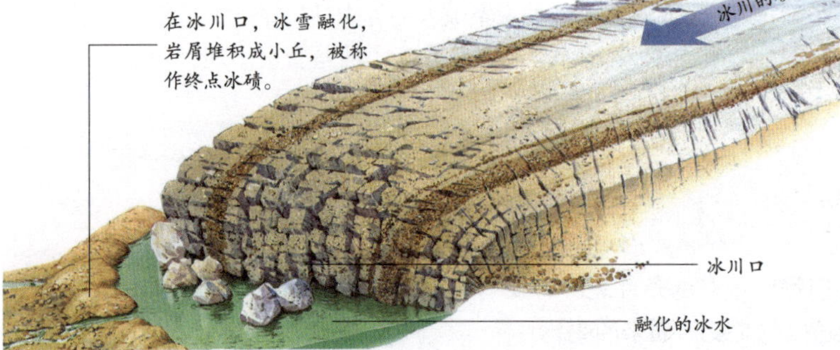

⊙ 被冰川运动搬运的花岗岩

冰川冰。由于雪花越降越多，即使在阳光照射下稍有融解，但随即又冻结起来，这种情况下结成的颗粒状雪粒使得冰川冰密度略小于普通的冰，其进一步结成冰层即构成冰川。

冰川有高山冰川和大陆冰川两种，高山冰川是指存在于高山上的冰川，大陆冰川则指分布在两极地区的冰川。厚度在 1000 米以上的冰川将整个南极大陆和格陵兰岛的极大部分都掩埋在其下。

南极是世界上冰川分布最广的地区，冰川总面积约占地球上冰川总面积的 85%以上，其冰川总体积约有 2800 万立方千米。坡度不大，只在边缘处向外倾斜，将长长的冰舌伸入海中是南极冰川的最大特点。冰山主要有角锥形和桌形两种形状，大的能在海上漂浮 2 ~ 10 年。浮动着的冰川一般只有近 100 米露出海面，而实际往往长达几千米，其他约占冰川体积 6/7 的部分就埋在水面下。冰川的漂浮，对极地航行极为危险，是导致极地航行船只沉没的原因之一。

世界主要冰川

欧亚大陆——喜马拉雅山地区有纳布冰川等 6 条冰川，面积达 1600 平方千米。中国境内的冈底斯山、昆仑山、喀喇昆仑山、唐古拉山、天山山脉、阿尔泰山以及横断山脉也是世界主要高山冰川分布区。帕米尔山脉费德钦科等冰川共有 7042 平方千米。阿乌尔山、堪察加、科里雅克高原、西伯利亚、乌拉尔、兴都库什山脉、高加索山、阿尔卑斯山脉、比利牛斯山脉、斯堪的纳维亚半岛、格陵兰（180.2 万平方千米冰川）、加拿大北极群岛和北极其他岛屿、冰岛等都有冰川。北美洲——阿拉斯加地区有 5.2 万平方千米的冰川，还有海岸山脉、洛基山和加拿大大陆冰川。南美洲——安第斯山脉有 2.5 万平方千米的冰川。大洋洲有 1000 余平方千米，非洲只有 22 平方千米的冰川。而最大的冰川在南极洲，其他地方跟它的量是不能相提并论的。

⊙ 北极和南极分别是地轴的北端和南端。极地地区（包括北极和南极）是地球上最冷的地方，并且常年被冰雪覆盖着。

火山为什么会喷发

火山喷发是地壳中的岩浆向上喷出地面时的现象。一般情况下，地壳把岩浆紧紧地包住。地球内部有相当高的温度，岩浆不甘于寂寞，它老是想要逃离出去。然而，由于地下的压力极大，岩浆无法很轻易地冲出去。地下受到的压力在地壳结合得比较脆弱的部分比周围小一些，这里的岩浆中的水和气体就很有可能分离出来，促使岩浆的活动力加强，推动岩浆喷出地面。当岩浆冲出地面时，原来被约束在岩浆中的水蒸气和气体很快分离出来，体积迅速膨胀，火山喷发就此产生。

岩浆冲出来的通道是否畅通与火山喷发的强弱有很大关系。如果岩浆很黏很稠，有时再加上火山通道不但狭窄而且紧闭，这时就极易被堵塞，这就需要地下的岩浆聚集非常大的力量才能把它冲破。一旦冲开，伴随而来的就是一场威力极猛的大爆炸。有时候，一次火山喷发过程，就可以喷发出来几十亿立方米的火山碎屑物。假如岩浆的黏稠度小，所含气体也不多，通道相对而言比较畅通，经常有喷出活动，那么就不会引起大的爆炸。夏威夷群岛上有一些火山，就是第二种情况。

火山大都分布在那些地壳运动较为强烈，而且相对而言较为薄弱的地方。这种地方陆地上和海里都有。海底的地壳很薄，一般只有几千米，有些地方还有地壳的裂痕，所以在海洋底部分布着很多火山。例如临近大西洋中部亚速尔群岛的卡别林尤什火山，它位于一条巨大的断裂带之上，当它喷发时，炽热的浪涛从深邃的海洋底部涌出，一时间，洋面会沸腾起来。在开始时人们还以为是一条大鲸吐出的水柱呢！它的火山喷发活动持续了13个月，结果一片好几百公顷的新陆地出现了，这块新陆地与亚速尔群岛中的法雅尔岛连接在一起。海洋中有很多像这样的海底火山。

在火山喷发过程中，会有岩浆喷出地面，那些岩浆的活动能力极强，可以时常喷发的火山在地质学中被称为“活火山”。例如，位于太平洋中的夏威夷群岛上的基拉维亚火山，长期以来总有岩浆从中不断地涌出，有时还会发生极为猛烈的爆发，它就属于活火山。有一些火山在喷发之后，需要经过很长一段时间在地下聚集起足够的岩浆才可以再次喷发，当它暂时不再活动的时候，被地质学家称为“休眠火山”。例如在北美洲西部的喀斯喀特山脉中就有很多这样的火山。人类并没有找到它们曾爆发过的历史记载，但根据探测，它们还有活动能力。不过，这一类火山，有的也可能就此一直沉睡下去。还有些火山因为形成时间很早，地下的岩浆已经冷凝固化，不再活动，或是虽然地下还有岩浆存在，但因为那里地壳厚实坚硬，其中差不多所有的裂缝都被以前挤入的岩浆凝结堵塞住，岩浆无法再喷发出来了。地质学上把这些已失去了活动能力的火山叫作“死火山”。例如，非洲坦桑尼亚边境上的乞力马扎罗山，就是一座非常有名的死火山。人们可以从飞机上清晰地看到火山口内堆积着很厚很厚的白雪。

⊙ 火山喷发，岩浆四射，构成了地球上最壮观的风景。火山爆发是由地壳破裂引起的。全世界大约有500处活火山。

火山爆发有规律吗

古罗马人普林尼安是世界上第一个详细记载火山情况并实地考察过火山的人。公元79年，意大利著名的维苏威火山爆发了。这次火山爆发喷出的熔岩流到了附近的城市，并将古罗马的繁华城市——庞贝彻底湮没了。普林尼安对这次火山爆发进行了实地考察，并且记下了爆发的全过程，这样就为后人了解这次灾难留下了珍贵的资料。不幸的是，由于他在做记录时吸入了火山喷发时带出的有毒气体，在做完记录后不久就离开了人世。人们为了纪念他，决定用他的名字来命名这次火山喷发。因此，维苏威型火山喷发的另一个名称就是“普林尼安型火山喷发”。

20世纪以来，伴随着各项科学技术的发展，人们对火山的研究也取得了重大的进展。1944 ~ 1945年，苏联东部堪察加半岛一带的克留赤夫火山开始了大规模的喷发，这次喷发持续了很长时间，而且相当猛烈。当喷发停止后，一支探险队来到深200多米、直径600米的火山口里，对这次火山喷发进行了为期很长的系统研究。他们在这个地方一工作就是将近30年。他们的辛苦劳动并没有白费，他们发现了一些火山活动的规律。这大大推动了人类预测火山爆发的步伐。1955年，苏联科学院的火山研究站综合许多前人研究的成果以及他们自己的经验，对堪察加半岛进行了一番实地考察，预测该岛的另一座火山即将喷发。不出所料，在预报发布后的十多天，这座火山就爆发了。因为事先收到预报，附近的人们采取了许多安全防护措施，所以此次火山爆发没有造成重大损失。

富士山是日本最高峰，它由多次火山爆发喷出的熔岩和灰层堆积而成。它最近一次爆发是在1707年。

在加勒比海东部，有一个小岛名叫瓜德罗普岛，和平宁静，景色怡人。1976年夏天，这个岛上的苏弗里埃尔火山开始喷发，且接连不断，该岛上7.5万名居民的正常生活受到了极大的干扰。

这个消息传出后，世界各地的火山专家不断前来，在对那里进行了全面考察后却提出了两种截然相反的观点。以比利时火山专家哈伦·塔齐耶夫为首的专家小组持乐观态度。在他们看来，苏弗里埃尔火山的内部构造与亚洲的菲律宾、印度尼西亚一带的火山相似，都是由于地下水被加热产生蒸汽，然后从火山口喷出。这就导致每10分钟一次的小规模喷发。因为不会有大规模的喷发，所以岛上的居民应该是安全的，不用逃离家园。

塔齐耶夫坚信自己的推断是正确的。为了让岛上居民相信他，以避免不必要的逃亡，他决定去火山口，在那里对岩石的变化进行实地考察。但这时，因为火山接连喷发，火山口已经很难接近了。

在这种危急的情况下，专家们对塔齐耶夫的决定非常担心，都要求他放弃这个打算，因为这样太危险了。然而，塔齐耶夫毫不动摇，坚决去考察。这位伟大的科学家在以前就曾上百次地进行过火山探险，这次他又率领一支由9人组成的观察小组，于1976年8月30日前往火山口进行实地考察。塔齐耶夫在这次考察中差点失去了宝贵的生命。

塔齐耶夫带领的探险小组以极大的勇气和科学精神从火山口带回了大量的第一手资料。这些资料证明塔齐耶夫的观点是正确的。由于他的正确推断，在瓜德罗普岛上面居住的人在火山的呼啸中坚持了正常的生活与工作，并没有逃离家园。所以，这里的人们对塔齐耶夫的杰出贡献十分感谢，将其誉为“无所畏惧的火神”。

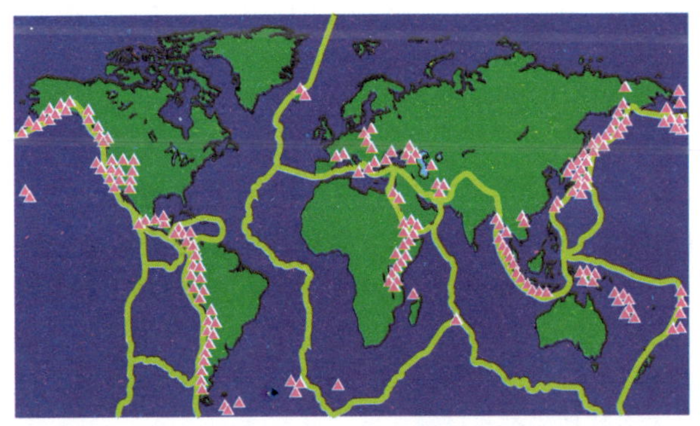

粉色的三角形表示是火山活跃地带，黄色的线表示板块交界处。

1982年3～4月，埃尔奇琼火山一下子爆发了。埃尔奇琼火山海拔高达1134米，将大量的尘土和气体喷射到距地面42千米的高空，然后洒落在南北美洲之间的广大区域。附近村庄全部被如同冰雹一样的熔岩和火山灰所袭击。

埃尔奇琼火山的爆发最早是由美国的卫星探测到的，火山喷发后，地球高层大气中的臭氧、二氧化碳、水汽的含量以及海洋的表面温度都出现了异常。天空中还出现了由几百万吨火山灰和烟气组成的一个厚达 3000 米的巨大云层。科学家对此进行了分析，然后断定，由于大量阳光被厚厚的云层阻挡，使一些地区得不到照射，就造成了地表温度的变化，甚至有些地方出现了干旱、暴雨和热浪等灾害。研究人员如果想更详细地研究这个现象，并仔细地观察它所带来的后果，就需要更多的第一手资料。于是，他们乘飞机来到火山口，进行实地考察。

考察队员来到火山口后发现，这里是一片寸草不生的不毛之地。几个月前，火山就停止了大规模的喷发，但仍有有毒气体和水蒸气从湖水中和地面上那些大大小小的裂缝中不断地冒出，温度高达 93℃。到这里的人如果不戴防护面具，几分钟内就会死亡，即使戴上也只能在那儿待几个小时。环境如此恶劣，使得考察队员不能在此久留，只能把营地建在火山口外。然后，每天冒着生命危险乘直升机进出火山口。但用这种方法也很困难，因为火山口经常有很大的风，使得直升机飞行困难，再加上云层很厚，致使驾驶员很难看清周围的情况，根本无法使直升机安全降落。

地震是怎样发生的

如果从地球表面看，一切似乎都很平静，因此一说到地震，人们总觉得是比较少见的事。事实上，根本不是这样，地球上经常会发生地震。地震是一种非常普遍的自然现象，就像下雨、刮风一样。据科学家们用精确的仪器观测，地球上每年大约发生 500 万次地震，并且平均一天会发生 1 万多次。但是，这些地震大部分都微乎其微，人们不用仪器观测是根本感觉不到的，每一年中这样的小地震大约占当年地震的 99%；人们可以感觉到的，只不过占 1%。

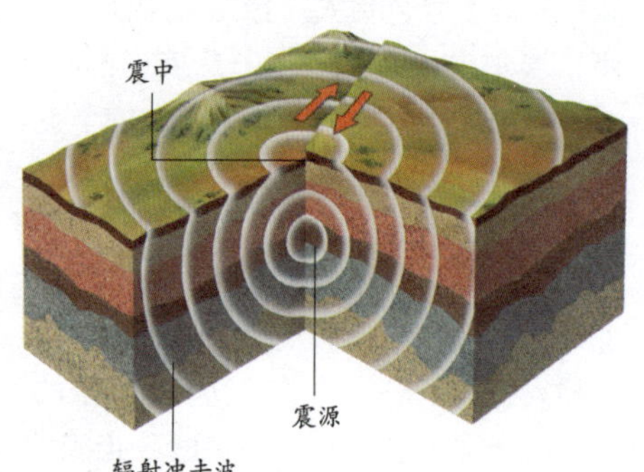

⊙ 发生地震时，压力波会由震中向四周辐射。地震是沿着地壳断层（如箭头所示）反方向运动的两个岩层移动的结果。

地球上为什么会常常发生地震呢？

大多数地震是由地壳运动所引发的。刚硬的岩石在运动中受到力的作用，形状发生改变，有时甚至发生断裂，此时就会发生地震。目前人们虽然对推动地壳发生变动的力量从何而来仍持有异议，对地震产生的根本原因也有许许多多的推测，但大家一致认为某一地区的岩石发生了断裂是该地区发生地震的直接原因。地下的岩石产生了新的断裂，或是原来就有裂缝，再次发生错动是绝大多数地震发生的原因。许多威力极大的地震都发生在地下存在断裂的地方。当地下的岩石因为受到力的作用而将要断裂时，月亮和太阳的引力作用，水（水库）或大气对地面的压力的变化，都有可能促使断裂发生，有触发地震的作用。

其次，地震又常常作为火山爆发的伴侣出现，在地球上存在着大量的火山，火山每次爆发，会从地下喷射出大量炽热的岩浆，体积急速膨胀，对地壳有所冲击，因此一定会引起地震。

既然每年地球上发生如此多的地震，我们为什么感觉到的很少呢？

原来，在地球上发生地震时，震动也有强度的大小，释放出来的能量也有多有少，按照它们大小的不同，大致可以分为微震、弱震和强震等三大类。可使器皿叮当作响，使吊钟和电灯、壁上的挂图发生晃动的地震称为弱震。可以使墙开裂、山石崩落、房屋倒塌的地震称为强震。一些非常强烈的地震还能在眨眼之间把整个城镇摧毁，如 1976 年的唐山地震，在地球上如此强烈的地震平均每年大约发生 10 多次，但有时候并不是发生在像唐山地震这样人口极为稠密的地区，给人类带来的灾害也不会像唐山地震那样严重。除了强震以外，弱震是不会给人类造成危害的，至于微震，就更没有多大影响了。绝大多数地震都是微震。

地震发生时，也不是所有人都可以感觉得到，在一定范围内的人们才能感觉到。地震时，人们把震动的发源处叫作震源。震动自震源起，以波动的形式向四周发散传出，叫震波。在震源处地震波的能量最大，在传播过程中，地震波能量会逐渐消失，传得越远就越微弱，传到一定距离，就可以弱到人一点也感觉不出来。我们住的地方倘若在这次地震中人所能感觉的范围之外，那我们就感觉不出来了。

地球上的煤是怎样形成的

众所周知，煤是从地下开采出来的。可是，为什么地下有这么多煤呢？在回答这一个问题之前，首先需要知道煤是如何形成的。

有人说煤长得像石头，甚至通常把质量不好的煤叫作“石煤”，所以认为煤是由石头变来的。但是，如果你再仔细观察一下会发现有些煤块上会有植物的根茎和叶等形状的痕状。倘若把煤切成薄片，在显微镜下进行观察，有时可以看到相当清晰的植物构造和组织，而且有时像树干一类的东西还保存在煤层之中。在中国著名的抚顺煤矿，大量琥珀含在煤层之中，有的里面甚至包有极为完整的昆虫化石，它是一种相当精美的艺术品。事实上，琥珀就是由树木所分泌出来的树脂演变而成的。这一切都表明煤主要是由植物演变而来的。

古代植物又是如何演变成煤的呢？

原来，在历史上，有一些时期的环境非常有利于煤的形成。由于气候条件适宜，在这些时期，茂密高大的植物到处繁殖，大量高等或低等植物、浮游生物以及水草等生长在沼泽、内陆和海滨地带。由于后来的地壳运动，这些植物就一批一批地被埋藏在地面的低洼地区和海洋或沼泽的边缘地带。这些被泥沙所掩盖的植物，长时间受着压力、细菌和地心热力的作用，原来所含的氮气、氧气以及其他挥发物质等都逐渐地跑掉了，剩下来的大部分就是“炭”(一般称这种作用为“炭化作用”)。这样泥炭就最先形成了，随后泥炭被埋藏得越来越深，碳质的比例在温度和压力的作用之下不断增高，褐煤和无烟煤便逐渐形成了。简单而言，煤就是经过这样的凝胶作用以及炭化作用变来的。

由于各地都有不同的地壳运动特点，有些地区植物遗体的堆积速度和地壳的下降速度大体一致，保持均衡，很可能形成较厚的煤层；有些地方地壳沉降速度变化非常大，许多薄的煤层

⊙ 从右图可知数百万年来煤是如何形成的。很多植物遗体被深深掩藏于岩层的下方，最上方的岩石会挤压下层，使沙子和泥土变为坚硬的岩石，植物的残留物则由泥煤转变为煤。

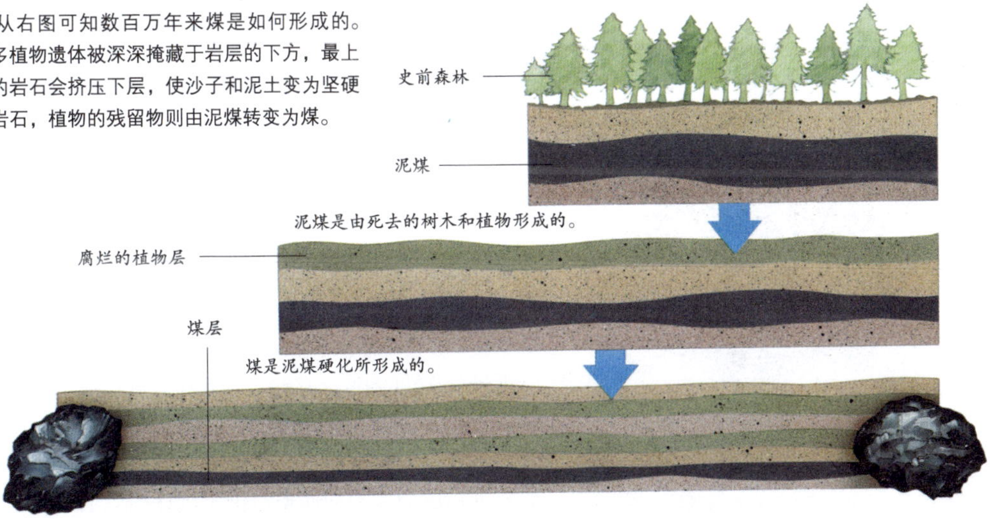

可能会在这里形成。

煤形成之后，在漫漫地质年代中，还不断地经受着各种变化和变动。原来水平的煤层可能会因地壳的构造运动而引发断裂和褶皱，有一些煤层被掩藏到地下更深的地方去了，因此至今还在地下沉睡没有被人们发现；而另一些煤层在一些比较浅的地方埋藏着，而且经过后来的侵蚀、风化的作用而露出地表，根据这些露在地表的“煤苗子”，我们找起煤矿来就会相当容易。目前许多埋藏在地下较深的煤田随着人们对于煤的形成规律的进一步掌握以及矿物勘探与开采技术的改进，而不断地被发现、开采及利用。

地球上的石油是怎样形成的

石油被人们称为“黑色的金子”，它是攸关人类生存的重要能源。

石油是由地质时期的动植物的遗体在地下高压高温及微生物作用下，经过漫长而复杂的化学变化逐渐形成的一种较为黏稠的液体矿藏，它也是原油及原油的加工产品的总称。凡是从油田开采出来还没有经过加工处理的石油叫作原油。原油通常情况下是深褐色、黑色的，但是，也有绿色，甚至无色的原油，这主要由开采地的特质所决定。原油不溶于水，有特殊的气味，密度也比水小，溶、沸点不固定。

石油大多在地下（或海底）深埋着，它属流体矿物，所以通常只需打竖井之后通过采油管开采。在打成一口油井的初期，由于地层下有很大的压力，油层内的石油经常受压力驱使而自动向上喷，这时就可以采用“自喷采油法”采油。自喷采油不但设备简单，管理方便，而且开采经济，产量也高，是当前较为理想的采油方式，一般采用先进技术且条件好的油井可保持几年甚至十几年的自喷形式。已过自喷期的油井或油层压力较低，石油只能够流入井里但却没有能力再往地面上喷射，此时要采用机械采油方法亦即通过安装在井上的俗名叫“磕头机”的抽油泵往上抽油。使用磕头机抽油的油井也可以在相当长的时间内维持一定的产量。

现代生活一刻也离不开石油，它是工业的血液，是最最重要的能源之一，而西亚则是世界上的最重要的石油产区。

根据大陆漂移学说的解释，西亚原本是古地中海的一部分，经过沧海桑田的多次变化之后，古地中海的范围渐渐缩小，幼发拉底河和底格里斯河带来的泥沙也在不断地缩小海湾的面积。以海湾为中心的浅海地区是一片古老台地，这些地区主要进行的是升降运动，它们的褶皱运动非常平缓。升降运动形成 4000 ~ 12000 米的非常厚的沉积层。从结构上看，因为褶皱运动不是十分强烈，所以形成一系列平缓而巨大的简单穹隆或背斜构造，这种构造对贮油贮气极为有利。例如举世闻名的沙特加瓦尔背斜构造，长 240 千米，宽 35 千米，这里形成了原油储量达到 100 亿吨以上的闻名遐迩的加瓦尔油田。

⊙ 石油是一种极为重要的天然资源，我们在日常生活和交通中都会用到它。它储藏于很深的地下或海床之下。海底石油可通过与海床相连且漂浮在海面上的石油钻塔进行开采。

西亚的纬度偏低，它的这一地理条件造成生物数量相当繁多；西亚地区所拥有的“两河”、广阔的浅海的大量泥沙形成相当良好的还原环境；平缓的地质构造和沉积层为原油的储备提供了优良的储油条件，这些就是西亚成为世界储油最丰富的地区的自然原因。

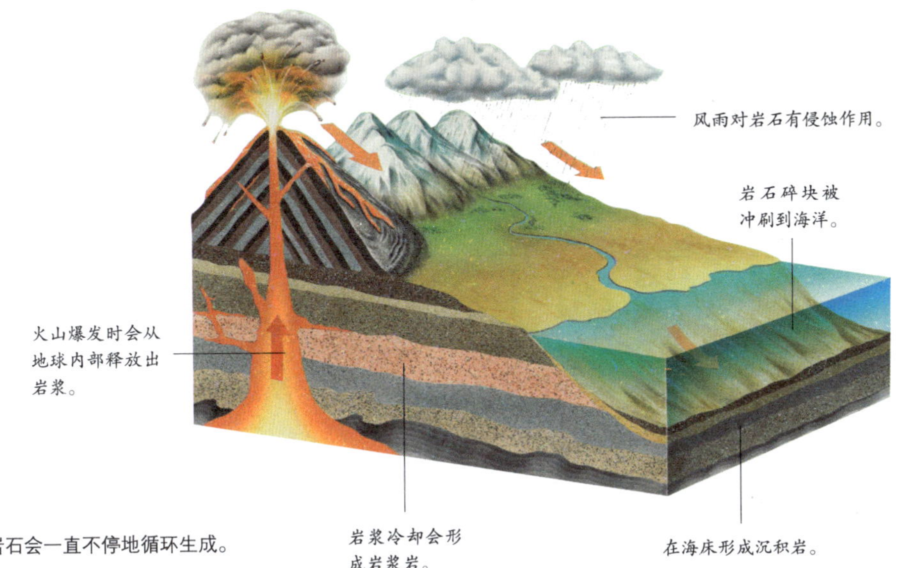

⊙ 岩石会一直不停地循环生成。

地球上的岩石是怎样形成的

岩石分布在地球的各个地方。有些地方虽然从表面上看是泥沙，但下面则是岩石；还有海洋、江河，在水层底下也是岩石。岩石紧紧地裹在地球的外面，人们把它叫作岩石圈。岩石圈最厚之处已超过 100 千米，换言之，不但地壳是由岩石构成的，就连地幔的最上端也是由岩石构成的。

为什么地球上会有如此多的岩石呢？

瑞典著名博物学家林耐曾经说过这样一句名言："岩石并非自古就有，它们是时间的孩子。"的确，地球上每一块岩石都是在地球的演变过程中渐渐形成的。

根据岩石不同的形成方式，我们能够把所有的岩石划分为火成岩、变质岩、沉积岩三大类。

火成岩是地球岩石圈的主要组成部分。地壳中大约 3/4 的岩石以及地幔顶部的全部岩石属于火成岩。火成岩是由炽热熔融的岩浆冷却凝固之后形成的。倘若它们是由火山喷发出来的岩浆冷却凝固而成的，则可被称为火山岩，如安山岩、玄武岩等。今天，我们仍然可以在一些火山活动的地区，观察到火山岩的形成过程。虽然有些地方覆盖着厚达上千米甚至上万平方千米的火山岩，但它所占的比例并不是很大，绝大多数岩石是由那些没有能够喷发到地表的岩浆直接在地下深处冷却凝固而形成的，这叫火成岩，如分布较为广泛的橄榄岩、花岗岩等。

早先形成的包括火成岩、变质岩和沉积岩等在内的岩石，在地面暴露以后，会受到侵蚀和风化作用的破坏，逐渐转化为化学分解物和泥沙。这些化学分解物和泥沙经过水、风或者是冰川等外力的搬运作用，最后在湖海盆地或者其他低洼处堆积，再经过漫长的压紧胶结和地球内部热力的影响，再一次固结成为岩石，形成沉积岩，例如，由泥质堆积而成的页岩以及由沙粒胶结而成的砂岩等。在形成沉积岩的过程中，生物经常葬身其中，故而还可以在沉积岩里找到由古生物遗迹或遗体构成的化石。

岩石在地球的演变过程中，受到强烈的挤压或高温的影响，或者被注入外来物质，从而发生面目全非的变化，一种新的岩石由此产生，我们把这种岩石称为变质岩。例如，花岗岩能够变成片麻岩，页岩和一些砂岩会变成片岩、板岩等。

总之，地球上的所有岩石的形成，都无法脱离以上三种途径。

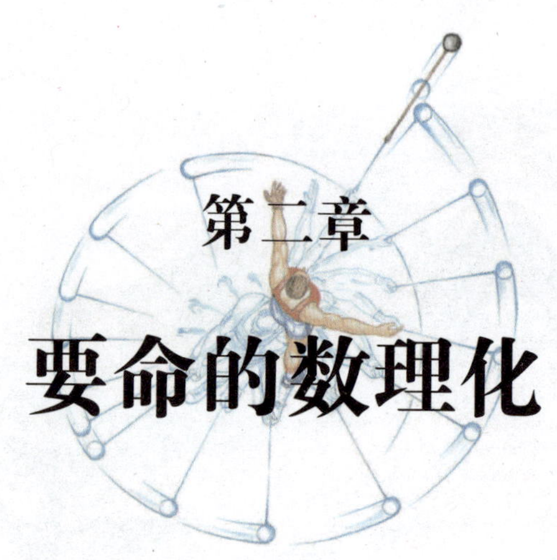

第二章 要命的数理化

第一节　抽象的数学

数的来历

也许有的人会想，如果没有数该多好，那样我们就不用和数学打交道了。当初是谁这么无聊，发明了数这种东西呢?

其实，数是很讨人喜欢的，也是非常重要的，我们一天也离不开它。数是十分伟大的发明，也是人类祖先的一大创造。

在原始社会，数的概念就产生了。为了生存，人类要进行各种活动，比如说狩猎、捕鱼、种树等，在与这些猎物、果实和鱼等实物接触的过程中，人们就有了多和少的概念。也就是说，最早的数是和实物结合在一起的。人们开始懂得一个野果和一只野兔都是一个单位，两只山羊和两条鱼都是两个单位等，这就是人们最早对数的认识，数的概念也就是从这时起开始形成的。

在人们的脑海中已经形成数的概念以后，就开始寻求计数的方法。在最早的时候，就是借助手指、脚趾以及小石子这些工具来计数的。想一想小的时候，你们的父母是不是也教你们用手指计数呢？当父母说“一”的时候，你们就伸出一个手指；数“二”的时候，就伸出两个手指……

不管是用手指、脚趾还是用小石子等物体，它们的计数都是暂时的。你不可能总是举着几个手指不动吧！为了方便计数，聪明的原始人又发明了结绳计数和记号计数。结绳计数就是在绳子上打结，每一件物品打一个结；而记号计数则是在兽皮、树木或石头等物体上划记号，每一件物品划一个记号。这些记号，慢慢地就变成了最早的数学符号。数的概念就是在这一过程中逐渐发展起来的。

现在我们来想一想，我们的生活能不能离开数，我们所进行的各种活动又有哪一项缺少了数的参与？结果我们会发现，数存在于我们生活的各个角落，每一个细微的地方都有它的存在。如果真的没有了它，我们的社会就会急剧倒退，退到人类社会的最初状态——原始社会，那将是多么可怕的一件事呀！

神奇的进制

虽然结绳计数法已经可以解决一些问题，不过这样的计数方式也只能计量少量的物体，物体一多，就忙不过来了。如果遇到 100 个、1000 个物体呢？打上这么多绳结还不得把人累死？随着社会的发展，人们所需要用到的数字肯定也会越来越大。在这种情况下，新的计数方法产生了。

由于数量太多的物体很难表示，所以人们就想到了当物体达到某一个数的时候，就做另外一个记号。以我们现在广泛使用的十进制为例，当有 10 个小石子的时候，就用另外一个大石子表示，依此类推。这样一来，数的表示就简单多了。除了十进制，还有二进制、八进制、十二进制、二十进制、六十进制等。

其他的进制又是怎么来的呢？其实这些进制都是人类通过观察所得到的，比如说二十进制，人的手指和脚趾加在一起正好是二十；又比如说十二进制，是因为在一年之中出现了 12 次月亮的盈亏等。只有二进制的产生是人类抽象思维的结果，是为了研究数的性质而建立的。

这些进制虽然没有十进制应用得那么广泛，可是却仍然很重要。比如说一年有 12 个月、一天有 24 小时，一小时有 60 分，一分钟有 60 秒，都是它们发挥作用的体现。还有在计算机中，应用的可全部都是二进制。

古代的进制比较混乱，各种进制都有，但是应用最多的还是十进制。为什么十进制会受到这么多人的青睐呢？这可能与人的手指有关。我们说过，最早人们是用手指来计数的，但这只能计量 10 个以下的物体。后来，人们就想到了 10 个手指可以用一个小石子代替的办法，发明了十进制。人的手指是最灵活的，用到的地方也最多，所以由它而产生的十进制也是应用最为广泛的。

知识档案

算盘

“算盘”也称“计数盘”，一般认为起源于中国，是一直沿用至今的最古老的算盘形式。它不但能用来加、减、乘、除，还可以进行更为复杂的数学演算，例如计算分数和开平方根。它是由9根棍子固定在一个方形的木框中构成的，一根横木条将木框分为不相等的两部分。每根棍子上都有5颗珠子在下半框，2颗在上半框。任意取一根串珠棍作为个位，它的左边的棍子就依次是十位、百位、千位等等，在它右边的棍子依次就是十分位、百分位、千分位等等。0～4的数字用下半框的珠子表示，其余的5个数字就需要上半框的珠子来表示了(注：上半框的一个珠子代表5)，例如数字8就用上半格1个珠子和下半格3个珠子来表示。

黄金分割

黄金分割是什么？如果你是一个爱美又懂得欣赏美的人，那么你就一定要记住它，因为它实在是太有用了。我们所看到的很多美景，都与黄金分割有着莫大的关联，这其中包括雄伟的建筑、奇妙的图形、雅致的工艺品以及神奇的植物，等等。而且如果你的身体符合黄金分割率，也会显得特别匀称、迷人。

让我们先来画一条线段，然后再在线段的上面寻找一点，将线段分成两段。这一点可不是随便找的，在分割完成以后，你要保证其中一部分与整个线段的比值和另外一部分与这部分的比值相等。

这个比值是 0.618，就是黄金分割点。其实我们所说的黄金分割指的就是这个比值，因为按照这个比例设计出来的造型十分优美，所以才称它为黄金分割。

0.618，这个看似普通的小数，可是世人的宠儿，在很多地方都可以看到它的身影。很多生活用品和工艺品的宽长之比就是 0.618；在建筑物中，也多次采用 0.618 这个数字；就连我们人体也充分利用了它，肚脐以上的部分与整个身体的比值就是 0.618；在绘画作品中，作品的主题都会放在整个画面的 0.618 处；在弦乐器中，艺术家们也会将琴马放在琴弦的 0.618 处。所以说，0.618 在绘画、雕塑、音乐、建筑等领域，以及在管理和工程设计等方面，都起着非常重要的作用。

如果你曾经去看过演出，那么你有没有留意报幕员上台的时候不是站在舞台的中央，而是站在台上的一侧呢？你们知道这其中的原因吗？

对，他站在了黄金分割点，站在那里看上去更美观。不仅如此，站在黄金分割点上，还更有利于声音的传播，使我们听得更清楚。

以帕提农神庙为例，别看它现在只剩下一座石柱林立的外壳，以前它可威风着呢！因为它是希腊全盛时期建筑与雕刻的主要代表，是古希腊雅典卫城中最大的一座神庙，也是人类艺术宝库中一颗璀璨的明珠。而这座伟大的建筑，就充分利用了黄金分割。简单地说，帕提农神庙的正面符合多重黄金分割矩形。而黄金分割矩形的最大特点就是将其再分割以后，还可以得到一个等比的矩形和一个正方形。将最大的黄金分割矩形再分割，就得到了二次黄金分割矩形和一个正方形。二次黄金分割矩形构成楣梁、中楣和山形墙的高度，而正方形则确定了山形墙的高。最小的黄金分割矩形又确定了中楣和楣梁的位置。现在，你们应该清楚黄金分割有多么神奇和伟大了吧！

⊙ 只要你留心，就会发现生活中有很多符合黄金分割律的例子，例如芭蕾舞演员的优美动作、女神维纳斯像。可以说，在生活中哪里有黄金分割，哪里就有美。

勾股定理

勾股定理，听起来似乎很深奥，可实际上不过就是两条直角边的平方之和与斜边的平方相等。

为什么这个定理被称作勾股定理呢？难道发明它的人叫作勾股？当然不是，哪有人会叫那么难听的名字？

其实，勾股定理是我国的叫法。因为在我国的古代，将两条直角边分别叫作勾和股（较长的一条叫作股，较短的一条叫作勾），而将直角的对边叫作弦，所以才将这个定理称为勾股定理，我们所熟悉的“勾 3 股 4 弦 5”就是这么来的。但是外国人将它称为毕达哥拉斯定理，这次你猜对了，由于外国人以为最早发现勾股定理的人是古希腊的数学家毕达哥拉斯，所以才将它称为毕达哥拉斯定理。

勾股定理揭示了直角三角形边之间的关系。例如：直角三角形的两个直角边 a、b 的值分别为 3、4，则斜边 c 的平方 = a 的平方 +b 的平方，9+16=25，即 c=5，则说明斜边为 5。

认识π

π 是什么你们一定都清楚，就是圆周率嘛！我们都知道圆周率应该是一个常数，而关于这个常数的数值，你的数学老师一定会告诉你，它介于 3.1415926 和 3.1415927 之间。在运算的过程中，我们则取值为 3.14。不过也许有些力求精确的人对这样的数值并不满意，因为 3.14 只是一个近似的数值，它的后面明明还有很多位，为什么将它们全部舍掉呢？这当然是为了计算的方便，如果每次运算都要带一大堆的小数，到时你就会讨厌数学了。

知识档案

祖冲之与圆周率

祖冲之是中国南北朝时期著名的数学家、天文学家和机械制造家。就是他推算出圆周率的真值应该在3.1415926和3.1415927之间，这是世界上获得的第一个具有七位小数的圆周率，比西方数学家早了1100多年。另外，祖冲之还确定了π的两个近似分数：22/7和355/113，使计算变得更加简单。

π 的精确数值是多少呢？如果有人问你这个问题，你一定答不出来。事实上你也不可能答出来，因为迄今为止，还没有人可以回答这个问题。我们知道，π 实际上就是圆周与圆的半径的比值，人们虽然知道它应该是一个常数，但是却始终无法算出它的精确值。人们从公元前 2 世纪开始，一直算到今天，虽然已经获得了数亿位，可是却仍然是一个近似值。所以也有人说这是科学史上的“马拉松”，但是这个比赛什么时候能到达终点，现在谁都说不清。

对称图形

我们所生活的世界充满了各种各样的图形，如果你们留心观察就会发现，有很多图形都是存在共同点的。

你能说出闹钟与飞机之间的共同点吗？对，它们都是对称的。

你能说说什么是对称吗？如果一个物体从中间分成两半儿，这两半儿是完全相同的，那它就是对称的。

不过这只是对称的一种情况，它们的共同点是它们都有一条对称轴，如果沿着这条对称轴把它们分成两半儿，那么对称轴两边的图形就是完全一样的。我们把这种有对称轴的对称图形称作轴对称图形。

还有一种对称图形，它没有一条对称轴，但是它有一个对称中心。也就是说，沿着图形的对称中心旋转 180° 以后，可以得到和原来的图形完全相同的图形。我们把这种有对称中心的对称图形称为中心对称图形。

要判断一个图形是轴对称图形还是中心对称图形，方法很简单，只要我们找到它的对称轴和对称中心就可以了。如果一个图形沿着一条线对折后可以完全重合，这个图形就是轴对称图形，这条直线就是它的对称轴。如果一个图形在倒过来以后可以和原来的图形完全重合，这个图形就是中心对称图形，它的中心点就是对称中心。当然，有的图形可能既是轴对称图形，又是中心对称图形；也有的图形可能既不是轴对称图形，也不是中心对称图形。

⊙ 蝴蝶的两个翅膀可以精确地叠合在一起，它是典型的轴对称图形。

现在，人们总是喜欢强调对称美，把什么东西都弄成对称的，事实上，就连我们人体也是对称的。对称虽然很美妙，可它也有可怕的地方。如果你来到了对称的世界，那么你所做的任何事情就必须都是对称的。你别想穿什么新奇的衣服，也别想搞什么新潮的造型，因为那会破坏了你本来的对称性。

不过，我们的生活还真是不能少了对称：如果飞机没有了对称，那么它在空中飞行的时候就会失去平衡，发生事故的几率也将大大增加。如果闹钟没有了对称，表针的走动就不再均匀，这样就难以保证时间的准确性。如果我们人体不再对称，那将变得更为可怕。你有没有想过，如果你的两只眼睛一只长在眉毛下，而另一只长在鼻子上；你的两只耳朵一只长在脑袋的一侧，而另一只长在头顶上……那将是多么可怕的一件事！

仅有的五种正多面体

今天，让我们一起走进多面体的世界，去认识几个特殊的朋友。事实上，我们就生活在一个多面体的世界中，如果你是个善于观察的人，就一定会发现，我们的周围存在着很多多面体，比如说我们的书本、电视、冰箱等。如果让你给多面体下一个定义，你应该怎么下呢？其实这很简单。首先，它必须是一个立体，而且是由多边形所围成的立体。当然，多边形的数量至少应该是四个。那么我们今天的主角是哪几位特殊的朋友呢？它们就是仅有的五种正多面体，即是正四面体、正六面体、正八面体、正十二面体和正二十面体。

所谓正多面体，当然要首先保证它是一个多面体，而它的特殊之处就在于它的每一个面都是正多边形，而且各个面的正多边形都是全等的。也就是说，将正多面体的各个面剪下来，它们可以完全重合。虽然多面体的家族很庞大，可是正多面体的成员却很少，仅有五个。

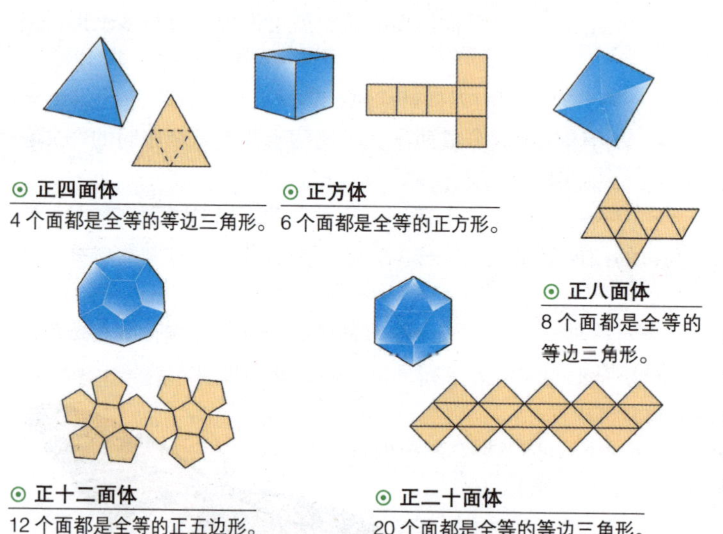

这几个正多面体分别是由什么组成的呢？

正四面体是由四个全等的等边三角形组成的；正六面体是由六个全等的正方形组成的；正八面体是由八个全等的等边三角形组成的；正十二面体是由十二个全等的正五边形组成的；正二十面体是由二十个全等的等边三角形组成的。

圆与球

圆在我们的生活中几乎随处可见：车轮，杯子，皮球，等等。圆的东西不仅样子美观，给人视觉上的享受，而且还很实用。试想一下，如果车轮不是圆的，那车子还能走得这么平稳吗？如果皮球不是圆的，那还拍得起来吗？再想一想，你是不是更喜欢圆圆的月亮呢？圆圆的脸蛋是不是更讨人喜欢呢？所以说，我们偏爱圆也是很有道理的。

球是什么？它和圆又有什么关系呢？很明显，球也是圆的，它们的最大区别就在于圆是平面图形，而球是立体的。换句话说，球是由无数个圆组成的。如果把皮球的气放光，将它压扁，那么它就是一个圆。

为什么自然界有这么多的圆形和球体呢？难道只是为了美观吗？当然不是，它们还有更实用的一面。现在我们来做一个简单的圈地游戏：给你们每个人一条绳子，这条绳子的长度是相等的，都是 1 米。你们可以随意用它圈出一个图形，然后再计算出你所圈图形的面积。

⊙ 汽油桶等装液体的容器大都是圆柱形的，这是因为用同样大的平面材料做成的容器中，圆柱体的容积最大，省钱又省料。

来看看结果吧：如果圈的是正方形，它的边长是 25 厘米，面积就是 625 平方厘米；如果圈的是长方形，长是 30 厘米，宽是 20 厘米，面积就是 600 平方厘米；如果圈的是等边三角形，边长约是 33 厘米，面积就约等于 472 平方厘米；如果圈的是圆形，得到的面积约为 800 平方厘米。分析一下计算结果，我们就可以发现，同样长的绳子，圈出的圆是面积最大的。这是圆的另一个优势，也是它深受人们喜爱的原因之一。既然同样的材料做出的圆面积最大，那么它所能盛的东西自然也就越多，这就是为什么我们平常所见到的杯子、酒桶等物体都是圆柱形的主要原因。

数的家族

数字是一个十分庞大的“家族”。人们最早认识的数是类似 1，2，3，4……这样的自然数。后来又逐渐出现了零、负数、分数和小数。近代以来，科学家又提出了有理数、无理数、虚数和实数等概念。自然数是指用以计量事物的件数或表示事物次序的数，即用数字 0，1，2，3，4……所表示的数。自然数由 0 开始，一个接一个，组成一个无穷集体。自然数集有加法和乘法运算，两个自然数相加或相乘的结果仍为自然数，也可以做减法或除法，但相减和相除的结果未必都是自然数，所以减法和除法运算在自然数集中并不是总能成立的。自然数是人们认识的所有数中最基本的一类，为了使数的系统有严密的逻辑基础，19 世纪的数学家建立了自然数的两种等价的理论，即自然数的序数理论和基数理论，使自然数的概念、运算和有关性质得到严格的论述。

序列……-2，-1，0，1，2……中的数称为整数。整数的全体构成整数集，它是一个环，记做 Z。

在整数系中，自然数为正整数，称 0 为零，称 -1,-2,-3…-n……为负整数。正整数、零与负整数构成整数系。

无限不循环小数和开根开不尽的数叫无理数，比如 π。而有理数恰恰与它相反，整数和分数统称为有理数，包括整数和通常所说的分数，此分数亦可表示为有限小数或无限循环小数。

实数包括有理数和无理数。其中无理数就是无限不循环小数，有理数包括整数、零和分数。

计算工具

说到计算工具，我们首先想到的就应该是计算器。它可是既方便，又快捷，给我们省了不少事儿。不过计算器虽不是什么高科技的产品，但它出现的时间也比较晚。也就是说，在相当长的一段时间内，人类是没有计算器可用的。那么在没有计算器的年代里，人们又是通过什么工具来计算的呢？

⊙ 电子计算器是能进行数学运算的手持器，拥有集成电路芯片，但结构简单，比现代电脑结构简单得多。

人类早期的计算活动其实就是计数，而最早用于计数的工具当然就是我们的手指和脚趾。另外，早期的计数工具还有小石子等。稍晚些时候，还出现了我们前面所提到的结绳计数，也就是通过绳结来计数。在美国纽约的博物馆里面，至今还珍藏着一件从秘鲁出土的打了绳结的绳子。

而在我国古代广泛使用的一种计算工具，则是算筹，使用了将近两千年。这可是我国独创的，而且是一种非常有效的计算工具，由此可见我国古代的数学是非常发达的。算筹出现在春秋时期，可以说是世界上最古老的计算工具。不过，你也不要把它想象得太过神秘，它实际上就是一种小竹签。由于在那个时候造纸术还没有发明，也就是说，那时是没有纸可用的，所以人们就将这些小竹签摆成不同的行列，以此来进行数学运算。

不过，每天都要摆弄这么多小竹签是一件很麻烦的事。竹签的数目一多，就很容易混乱。在这样的情况下，算盘出现了。如果说这个算筹距离我们太远，我们不太熟悉的话，那么算盘对于我们来说就不能算是陌生了。很多人家里现在都还存有算盘，很多学校也都开有珠算课。其实算盘就是我国古代人民在长期使用算筹的基础上发明的，距今已经有六百多年的历史了。我们在学习珠算的时候，都会首先学习珠算口诀，如果能记牢这些口诀并加以灵活运用，算盘绝对是一个很好的计算工具。

再接下来就是计算机了。早在1642年，法国数学家帕斯卡就发明了世界上第一台机械计算机，但是这台计算机只能进行加减法计算，而且操作复杂，因此实用性不大。到了18世纪，人们又在此基础上发明了手摇计算器，这台计算器不但操作比原来简单了，而且还可以进行加减乘除运算了。直到1946年，世界上第一台电子计算机问世了，到如今已经发展到了第四代，也就是我们今天所用的电脑。而那种小型的计算器，如今也已经变得非常普遍了。

数学名题

既然数学的历史那么悠久，而人们对它的研究也从来都没有停止过，为什么我们都觉得无比枯燥的数学会让这么多人萌生如此浓厚的兴趣呢？究竟是什么吸引着他们一直研究下去呢？原来，在学习数学的过程中，也会有很多有趣的问题。一旦你对某个事情产生了兴趣，那么关于它的一切你就再也不会觉得枯燥乏味了。在数学的发展史上，有很多著名的数学名题是很值得探索和研究的，而且也十分有趣。今天就让我们共同来研究几个有趣的问题，也许你会忽然间改变自己对数学的态度。

既然称之为名题，那就应该是有一定的难度的，不然也不会流传这么多年。首先我们来说一说七桥问题。问题发生在18世纪的哥尼斯堡（今属俄罗斯），在这座小城里有七座桥连接着

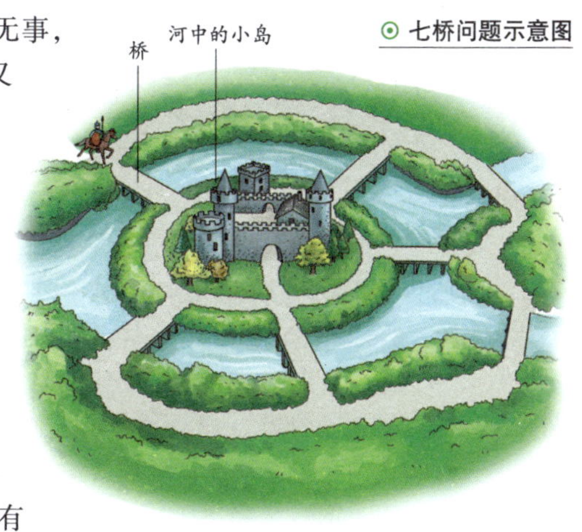

⊙ 七桥问题示意图

大河两岸以及中心的两个小岛。城里的人闲来无事，就想了这么一个问题：一个人能不能既不重复又无遗漏地走完这七座桥，然后再回到原点呢？这听起来好像在走迷宫，不过就是这样一个问题，却难倒了成千上万的市民和游客。

最后是谁那么聪明，解开了这个难题呢？是伟大的数学家欧拉。看了右侧的图你就会明白了，要解决这个问题，只要想一想怎么用一笔将这幅图画出来就可以了。你们可以自己试着画一画，如果能画出来，那你就比欧拉还要聪明了。为什么这么说呢？因为经过欧拉的证明，这样的画法是不存在的。每个点既然有进去的路线，就必须有另外一条出去的路线，这样才能保证我们所走过的路线不重复，也就说明每个点所连接的边数必须是偶数。可是我们看看右图中的这几个顶点，全部都是奇数，所以我们不可能既不遗漏又不重复地走过这七座桥。1736 年，欧拉据此发表了“一笔画定理”：一个图形要能一笔完成必须符合两个条件，即图形是封闭连通的和图形中的奇点(与奇数边相连的点)为 0 或 2。欧拉的研究开创了一门新的几何学分支——位置几何学。

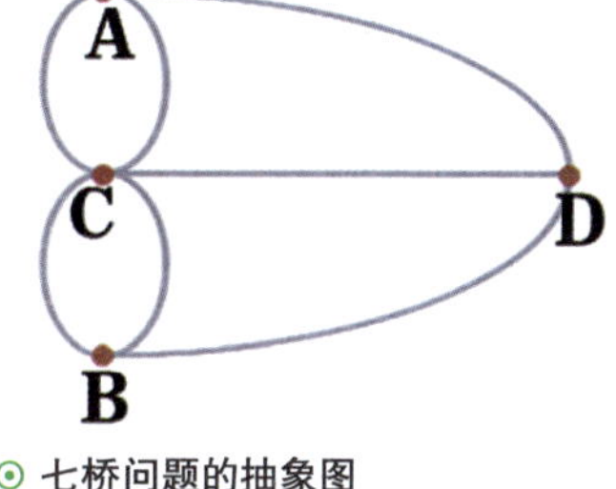

⊙ 七桥问题的抽象图

A、B 分别代表两岛，七条孤线代表七座桥。

接下来要说的这个问题是关于兔子的。别看小白兔那么可爱，但是它也会给我们出难题。在 13 世纪的时候，意大利的数学家斐波那契在《算盘书》中曾提出了一个有趣的兔子问题，问题是这样的：有个人年初的时候抱来了一对小兔子，小兔子一个月后可以长成大兔子，而大兔子在一个月内又会生出一对小兔子。如果我们假设所有的兔子都很健康，那么在年底的时候，这个人可以拥有多少对兔子呢？

这个问题看起来似乎并不难，只要一对一对地算，你就可以得到正确的答案。但是这样的方法是很麻烦的，其实，我们完全可以用更简单的方法来解决它。让我们看一看这其中的奥妙吧！第一个月的时候，当然只有一对兔子；第二个月的时候，兔子长大了，但是仍然是只有一对兔子；到了第三个月，大兔子下了一对小兔子，我们就有了两对兔子；第四个月，原来的大兔子又下了一对小兔子，而原来的小兔子也长成了大兔子，我们就有了三对兔子；第五个月，两对大兔子分别下了一对小兔子，而原来的小兔子也长成了大兔子，于是我们就有了五对兔子……

让我们将每个月的兔子对数写出来：1，1，2，3，5，8，13，21，34……仔细观察这个数列，我们就可以发现，这其中是有规

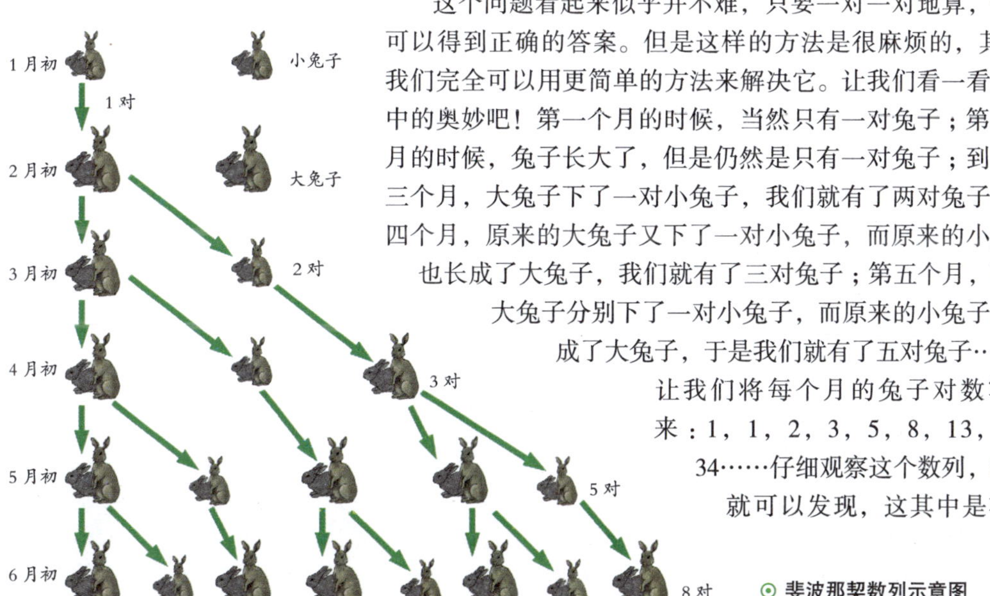

⊙ 斐波那契数列示意图

律可循的，那就是前两个数的和等于后面的数。知道了这个规律，我们就不用这样一点儿一点儿地算了，直接将前两个数相加，得到第十三个数的时候，就是我们想要求得的数字。通过计算，第 13 个数是 233。也就是说，在年底（第二年初）的时候，主人可以拥有 233 对兔子。人们为了纪念斐波那契，也将上面的数列称为斐波那契数列。斐波那契数列在现代物理、准晶体结构、化学等领域都有直接的应用，在自然界中更是广泛存在的。斐波那契数经常与花瓣的数目相结合，例如，延龄草、野玫瑰、南美血根草、大波斯菊、金凤花、百合花、蝴蝶花的花瓣的数目都具有斐波那契数。

斐波那契数还可以在植物的叶、枝、茎等排列中发现。例如，在树木的枝干上选一片叶子，记其为数 0，然后依序点数叶子（假定没有折损），直到到达与那片叶子正对的位置，则其间的叶子数多半是斐波那契数。叶子从一个位置到达下一个正对的位置称为一个循回。叶子在一个循回中旋转的圈数也是斐波那契数。在一个循回中叶子数与叶子旋转圈数的比称为叶序（意即叶子的排列）比。多数的叶序比呈现为斐波那契数的比。

当然，历史上的数学名题是很多的，今天我只举了其中的两个例子。其实这些问题都是非常有趣的，你们可以自己去翻阅一些这方面的书籍，没准你会从此爱上数学呢！

概率的秘密

说实话，概率是非常让人讨厌的，因为它总是充满了不确定。而且它的名声也不太好，因为人们总是喜欢把它和掷色子等赌博活动联系在一起。

⊙ 历史上，古典概率是由研究诸如掷骰子一类赌博游戏中的问题引起的。

现在来回答一个问题，当我们将硬币抛向空中的时候，它落地后是正面还是反面呢？

有的人会说：硬币落下来之后可能是正面，也可能是反面，这让我们怎么猜呢？不过，只要我们不都猜正面或都猜反面，就一定会有人猜中，因为它只有这两种可能性。

那硬币落地的时候有没有可能既不是正面也不是反面呢？当然不能，硬币落地只有两种情况，不是正面就一定是反面。

这就是我们今天所要认识的概率。如果一件事情所产生的结果并不是只有一种情况，那么它所产生的结果就存在一个概率的问题，而且所产生的各种情况的概率的总和一定是 1。像我们刚才所说的硬币问题，显然它的结果就只有两种，那么发生其中一种结果的可能性就是 1/2。也就是说，发生两种情况的几率是均等的，二者各占一半。用一个介于 1（表示一定发生）和 0（表示不发生）之间的数，就可表示某一事件发生的概率。法国人帕斯卡于 1642 年用掷色子的方法研究出了概率的基本原理法则。

知识档案

鸽笼原理

三只鸽子要飞进两个笼子，那么其中一定有一个笼子里面有两只鸽子。道理很简单，如果一个笼子只装一只鸽子，那么两个笼子就只能装下两只鸽子，那么另外的一只怎么办呢？它一定也要飞进笼子，不管它飞进哪一个，都会使那个笼子里面变成两只鸽子。扩展开来，如果有n+1只鸽子要飞进n个笼子，那么至少有一个笼子里面有两只或两只以上的鸽子。鸽笼原理是一个非常简单但却很实用的原理，而且了解鸽笼原理，对于我们研究概率也是很有帮助的。根据鸽笼原理，我们可以解决很多问题。比如说在13个人中，至少有两个人会出生在同一个月份；在32个出生在同一月份的人中，至少有两个人会出生在同一天，等等。

学习了概率的知识以后，你就可以解决生活中的很多实际问题。比如说很多人热衷于买彩票，甚至还通过种种方法来预测下一期的开奖号码，可是这种预测真的有效吗？当然不是。有些人认为很久都没有出现的号码在这一期出现的几率比较大，也有人认为上期已经出现过的号码这期就不会再出现。其实这种想法都是错误的，因为每一个号码在每一期所出现的概率都是相等的，没有什么大小之分。

著名的四色猜想

四色猜想来自英国，被称为是近代世界三大数学难题之一。一位在科研部门搞地图着色工作的大学毕业生在工作中发现了一个有趣的现象，那就是每幅地图都可以用四种颜色来着色，使得拥有共同边界的国家都被染上不同的颜色。

数学家们永远都那么好奇，在此之后，英国的数学家凯利就正式向伦敦数学学会提出了这个猜想：任何地图着色只需要四种颜色就足够了。也曾有科学家对此作出了证明，可遗憾的是，这些证明在后来都被证明是错误的。直到电子计算机问世以后的1976年，两位美国的数学家——阿佩尔和哈肯在两台不同的电子计算机上苦苦奋战了1200个小时，作了1000亿个判断，才完成了四色猜想的证明。

拓扑

拓扑是几何学的一个分支，而且是一门非常有趣的学问。还记得我们在前面讨论过的哥尼斯堡七桥问题吗？它可是为拓扑学的发展做出了很大贡献。

虽然说拓扑学的历史很悠久，可以追述到18世纪的数学家欧拉和高斯的研究，但是其真正的发展，却是从19世纪末才开始的。通常的几何学所研究的内容无非就是物体的长短、大小、面积、体积等度量性质和数量关系，可是拓扑却完全不把这些放在眼里，它特立独行，只做自己喜欢的事情。

既然拓扑不会考虑普通几何学所研究的东西，那它要研究什么呢？

简单地说，拓扑学研究的是物体本身的性质。在拓扑学看来，没有任何物体是不能弯曲的。也就是说，任何物体的形状都是可以发生改变的。而拓扑要研究的就是当有形物体的形状发生一系列的变化时，怎么样才能保持它的性质不变。比如说一块橡皮泥，你可以把它捏成小白兔，也可以把它捏成小鸭子，但不管它的外形是什么，它的本质都是橡皮泥。这就是拓扑所要研究的问题。

看橡皮泥捏成的三个物体，也许你会觉得它们是完全不同的三样东西，可是在认识了拓扑以后，你就不能再这样说了。因为这三样东西虽然摆出了不同的姿态，可是我们经过拓扑的训练，便可以一眼看穿它们的真面目，其实它们是完全相同的。别忘了，在拓扑的世界里，是没有什么正方形、圆形和三角形之分的。

回到前面的七桥问题，欧拉在解决问题的时候不是也没有考虑它的大小和形状吗？他所考虑的只是点和线的个数，所以才画出了那张原理图。这就是拓扑思考问题的出发点。拓扑学就是要训练我们透过事物的表面看本质，这点是非常重要的。

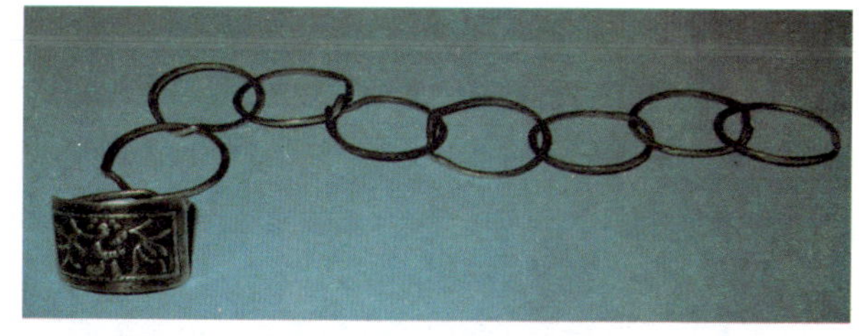

⊙ 我们熟悉的玩具九连环就运用了拓扑学原理，即将平面空间的形状拉抻改变。

分形几何

20世纪70年代，美国的计算机专家曼德罗特创立了一门新的学科，称分形几何，是专门研究不规则曲线图形的。

什么是分形几何？我们首先来观察一下雪花的形状，当然，我所说的雪花是完整的雪花，你必须保证它不会融化。也许你们可能觉得这根本就不用观察，因为我们都知道雪花是六角形的。可是我现在要说的是，这个答案并不是完全正确的。为什么这样说呢？因为雪花有着一种特殊的特性——自相似性。

⊙ 自相似性示意图

先画一个等边三角形，再做一个等边三角形，使其边长为原三角形的1/3。把小等边三角形放在原三角形的三条边上，得到一个六角形。按此方法再选取更小的小三角形放在六角形的边上。如此做下去，你就会得出雪花的形状了。雪花的每一部分经过放大，都与其整体一模一样。

自相似性指的是物体的局部与整体在形态、性质、功能等方面具有统计意义上的相似性。比如磁铁，将磁铁切出一小部分，这部分与原来的磁铁一样，都具有南北极，而且都具有磁性。这种具有自相似性的物体，适当地放大或缩小它的几何尺寸，它的整个结构并不会发生变化。

现在你应该知道雪花的形状了吧！没错，雪花也是这样的。如果将雪花的每一部分放大，就又可以得到一片雪花。一片晶莹剔透的雪花，实际上是由无数个与它完全相同、只是比它小很多倍的小雪花构成的。如果我们人类也具有自相似性，那就是说我们的身体可以分成很多个小的我们，那是多么可怕的一件事呀！

分形几何还有更为神奇的地方，它可以把我们带到分维的世界里面。我们都知道，我们所生活的空间以及我们周围的物体都是有维数的，比如说：点是零维的，一条直线是一维的，一个平面是二维的，一个立体是三维的，等等。可是你们听说过几分之几维吗？这听起来好像很悬，不过分形几何却可以办得到。

比如说一根树干，它要分出很多树枝，而树枝还要再分出很多细枝，那么要测量它的周长，你应该怎么办呢？没错，这个时候我们就要用到分形几何。因为我们既不能把它看成是一维的，也不能把它看成是二维的，要解决这个问题，唯一的办法就是分维。所以说，分形几何是很有用的，自然界的很多物体，我们都可以用分形几何去测量。

麦比乌斯圈

麦比乌斯圈是什么？它是一个圆圈吗？如果你够聪明，就一定可以想到，它应该是一个圆圈，但绝对不会是一个简单的圆圈，要不就不会给它取个名字了。它就是一个被扭曲了的曲面。因为它是被德国的数学家麦比乌斯发现的，所以才叫它麦比乌斯圈。据说曾有人提出这样一个问题：将一个长方形的纸条首尾相连，做成一个纸圈，如何只用一种颜色、在纸圈的一面涂抹，最后将纸圈全部涂上颜色而没有空白呢？这个问题可难倒了不少人，就连大数学家麦比乌斯也一度为它困惑。他百思不得其解，于是决定出去走走，清醒一下大脑。当他走到玉米地时，看到了一片肥大的玉米叶子，弯曲着耷拉下来，他顺手撕下一片，将其对接成一个圆圈，结果他惊喜地发现，这就是他梦寐以求的圆圈。所以说，麦比乌斯圈的发现还有玉米叶的一份功劳呢！

麦比乌斯圈非常有用，我们的立交桥和道路就是根据它的原理而建造的，因为这样可以避免车辆和行人的拥堵，缓解交通压力。

如果我们沿着麦比乌斯圈走上一圈，就可以在不重复的情况下走完所有的地方，然后再回到原点。麦比乌斯圈实际上也属于拓扑学的范畴，主要研究单侧面问题。现在你是不是更喜欢拓扑学了呢？

自己可以制作麦比乌斯圈吗？当然可以，这其实非常简单。别看在发现麦比乌斯圈的时候绞尽了脑汁，可实际上，这种圆圈是很容易做成的。首先，你需要准备一个长纸带，然后将它的一端扭转 180° ，再将两端连接起来，这样麦比乌斯圈就做成了。如果要验证你所做的麦比乌斯圈是否正确，最简单的办法就是拿一只铅笔不离纸带一直画下去，看最后是不是能够画过纸带的所有地方，然后再回到起点。如果是，那么恭喜你，你的麦比乌斯圈就成功了！

错了吗

先仔细观察下面这幅画，然后再告诉我你在画中发现了什么？给你们一个提示，这其中是存在错误的。

我们看，画中的瀑布是从三层的小楼上面倾泻到底层的水池中的，可奇怪的是，画中给人的感觉是这些水在回到底层以后又沿着曲折的渠道流回了三层，这是有悖常理的。所以我们说这幅画的作者一定是一个没有生活常识的人，要不又怎么会出现这种错误呢？好了，现在就我们共同来认识一下这位画家吧！

虽然这幅画画得有些莫名其妙，不过我们还是愿意称它的作者为大画家，因为他的画确实很吸引人。埃舍尔是荷兰的著名画家，他的画都是那么玄妙，所有现实世界中不可能发生的事情，在他的画里都可以找得到。而且他的作品可以激发人的想象力，所以很多数学家也为之痴迷。走进埃舍尔的不可能世界，你绝对会为他的创作而拍手叫绝。

我们所看到的这幅画是埃舍尔最后期的奇异建筑式图画，它的名字就叫作《瀑布》。为什么要把这个问题放在这里讨论呢？因为它也与拓扑有着很大的联系。20 世纪 50 年代以来，拓扑学发展的中心课题是流形理论。一维的流形是曲线，二维的流形是曲面，而三维以上的流形则只能靠它们的投影 (甚至投影的投影) 来认识了。很明显，我们眼前的这幅画是一个三维的流形，而恰恰也就是在这投影的过程中，才给我们造成了视觉上的错误。

⊙《瀑布》的作者埃舍尔依据数学家彭罗斯的不现实的三角形原理，将两个正常三角形以非正常方式连接在一起，组成了不现实的瀑布水流。

为什么埃舍尔可以创作出这样的作品呢？这是因为埃舍尔是一个既精于建筑，又精于数学测量的人。所以，在他的作品中，有时候会改变正常的透视结构，从而创作出非常有趣而又耐人寻味的画面。这幅画的“不可能”主要是由不可能的三角形和不可能的楼梯组成的，这是埃舍尔最非凡的又不可能实现的建筑作品。其实，如果单看这幅画的每一个部分，那都是完全没有问题的。但如果把它作为一个整体来看，问题就出现了——它的秘密就在于用二维的图形来表示并构造一个三维的物体。埃舍尔是根据彭罗斯的三角原理来画这幅画的。数学家彭罗斯曾提出了不可能的三角形，这幅画最吸引人的创意就来源于这个不可能的三角形。在画面中，他三次用到了三角形。可见，埃舍尔是一个非常有创意，而且想象力非常丰富的画家。

第二节 让人头大的物理

时间是什么

你们是不是觉得这个问题很可笑，有谁会连时间都不知道呢？我们每天都按时起床，按时吃饭，按时上学，按时睡觉，提醒我们去做这些事情的不就是时间吗？你们是不是觉得钟表上所显示出来的就是时间呢？这当然不能说是错误的，可事实上，时间并没有我们想象的那么简单。

在钟表发明之前，人类是利用地球的运转规律（通过观看天空中的太阳、月亮和星星的运动情况）来计时的，现在则可以通过钟表表针的变化情况来确定时间。目前人们研制的原子钟是一种极精密的计时器，准确度极高。但是仍有一些科学家和哲学家认为原子钟不能与真实时间完全吻合。科学家们认为时间也是一维的（如同长度和宽度一样），可以上下、前后、左右移动，因而把时间定义为除长度、宽度、高度三维空间外的第四维。但是时间不会倒流：一根蜡烛不会越烧越长，人也不可能越活越年轻。

知识档案

假如时间停滞

千万别想这么可怕的事，尽管这样的事从来都没有发生过，但是我们并不愿意做这样的尝试。如果时间停止了，那世界上的一切事物都会静止下来，因为没有时间就没有变化。也就是说，我们会保持同样的姿势直到时间继续前行，否则你就别想动。世界当然也会变成一个静止的世界，毫无生机。这就像我们在看电影的时候按下了暂停键。当然，这只是我自己的猜测，毕竟还没有人见识过这种场面。不过你应该可以想象得到，那一定会是非常可怕的。

测来测去

你们是如何知道自己的身高和体重的呢？是用身高体重测量仪。

没错。再来思考一个问题，体育老师是怎么测量你们的百米速度的呢？是用秒表，他用秒表记下了我们所跑的时间。

现在让我们把这两样东西联系起来，看看它们有什么共同点呢？也许你可能认为这根本就是毫不相关的两件事，但事实并不是这样的。它们虽然功能和长相不同，但是它们却有一点是相同的，那就是都是用来测量的。换句话说，它们都是测量工具。

上面所说的两样东西是我们生活中最常见的，它们分别是用来测量身高、

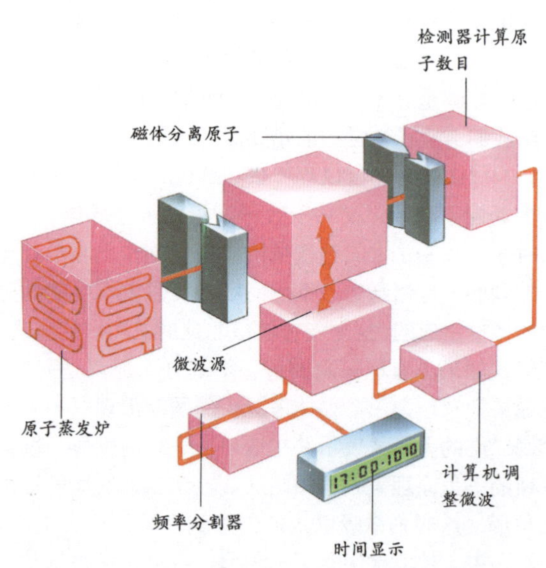

⊙ 原子时间是以原子吸收了多少电磁波为标准进行衡量的。

体重和速度。如果推广开来，其实我们生活中最常见的测量就是对长度、质量和时间的测量，而它们的测量工具也是多种多样的。

虽然说我们现在有先进的电子测量工具，可是在遥远的古代，人们可没见过这样的东西，那么他们是用什么来进行测量的呢？传说我国古代的夏禹，曾经以自己的身长作为基准来测量，并将身长定为一丈；古埃及人把成年人的前臂作为基准来测量，并将其定为一尺；古代的英国人曾以成年男人的脚长作为基准来测量，并将其定为一英尺。

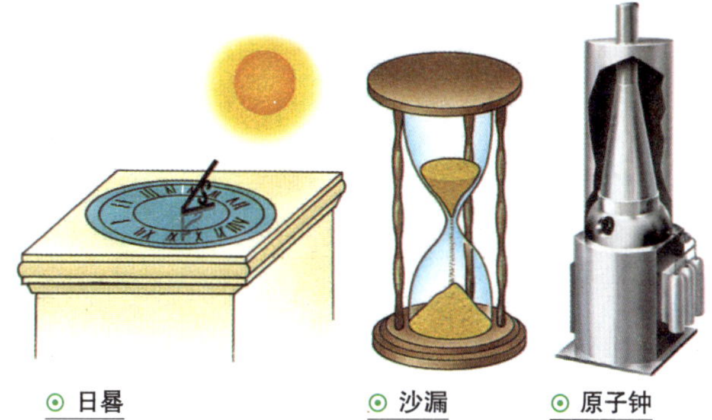

日晷　沙漏　原子钟

说完了长度，我们再来说说时间。同样，在古代，也没有这些机械的或电子的仪表，可是聪明的古代人还是有办法来测量时间的。在最初没有任何测量工具的情况下，人们想到了利用太阳光下物体的投影来确定时间。因为在不同的时间，物体的投影也是有所差异的。所以说这在没有仪器可用的年代，还不失为一个好办法。后来，人们发明了测量时间的仪器，如日晷和沙漏等，更加方便了时间的测量。

日晷是一个像大圆盘一样的东西，它是通过观测太阳的方位角来预报时间的，原理还是我们在上面所提到的投影原理，只不过这个要精确得多。这个大圆盘上是有刻度的，我们通过指针在盘上的投影，就可以知道当时的时间了。此外，古代人们还发明了很多不依赖日光计时的方法。例如，蜡烛可以稳定地燃烧，因此可以利用燃烧时蜡烛的长度来计算时间，即蜡烛计时法。水或者沙子可以很稳定地从一个容器流到另一个容器里面，这也可以作为测量时间的依据。17世纪时，伟大的意大利科学家伽利略发现一定长度的摆（在线或者杆的底端有一重物）在摆动时具有等时性。正是这个发现使得获得准确时间成为可能，把钟摆的一端与表针连在一起，钟表盘就可以显示时间了。

无处不在的力

力是指物体之间的相互作用。一个物体受到力的作用，一定有另一个物体对它施加这种作用，力是不能摆脱物体而独立存在的。

力可是一个非常粘人的家伙，因为它总是喜欢跟着我们，一点儿私人的空间都不给我们。怎么？不信吗？好吧，今天就带领你们去认识一下这些在我们的生活中无处不在的力。

首先，我们一定要认识这位跟我们时刻不离的力——重力。要知道，我们在任何情况下都一定会受到重力的作用。虽然我们不喜欢被别人粘着，不过我们的生活还真不能离开它。因为只要你想安稳地站在地上，不想在空中飘着，就一定要受到重力的作用。

这个弓形降落伞的工作原理是：降落伞因受到强大的空气阻力而张大成图中的弓形，从而能够降低跳伞者在重力作用下的坠落速度。

地球上所有的物体都要受到重力的作用，不止我们人类，其他的生物和物体也同样要受到它的作用，就连高山、流水和

知识档案

摩擦可以用来取火吗

当然可以。还记得我们的祖先钻木取火的故事吗？那就是利用了摩擦生热的原理。在摩擦的过程中，可以产生热量，当这种热量达到一定程度的时候，就会着火。不过你可千万别试图用自己的两只手来摩擦取火，那是一种非常愚蠢的做法。因为我们的皮肤燃点是很高的，不达到一定的温度是不会着火的。而我们的祖先是用干木棍来摩擦取火的，因为木材比较容易燃烧，也比较容易达到燃点。

空气也逃脱不掉。

说到重力，就不得不提起牛顿。一次偶然的机会，牛顿看到苹果落地的现象后陷入了思考：为什么苹果会自己掉到地上来呢？又没有人上去摘。于是，他就发现了重力的存在，是重力的作用促使苹果掉到了地上。

重力还有个好朋友，它们也是形影不离的，那就是支持力。也就是说，我们在受到重力的同时，也同样会受到支持力。那么支持力是谁给我们的呢？是支持我们的物体。如果我们站在桌子上，那么就是桌子给我们支持力；如果我们躺在床上，那就是床给我们支持力；如果我们站在地上，那给我们支持力的就是大地。如果没有其他的力来凑热闹，我们所受到的支持力与我们本身的重力是相等的。其实这也是牛顿说的，即牛顿第三定律：两个物体之间的作用力和反作用力是大小相等、方向相反且作用在一条直线上的两个力。

还有一个力也是很讨厌的，那就是摩擦力，这是一种阻碍相对运动的力。当我们骑着自行车向前行走时，摩擦力就找上门了。本来我们可以骑得很快，可就是因为摩擦力在作怪，所以才限制了我们的速度。不过这样也好，最起码减少了交通事故的发生率。如果没有摩擦力，那还不都成了飞车了？摩擦力是两个互相滑行的物体之间的运动阻力。任何质地的物质表面，或者有起伏的表面，甚至是玻璃上，都会有摩擦力存在，它的表面与沙砾相比，只不过是表面更加光滑而已。物体表面上的起伏对于运动的抵抗效果就如同崎岖不平的道路对于汽车速度的减慢。摩擦力实际上是由于两个物体的分子被虚弱地连接在一起，然后又被分开形成的。摩擦力有一个特点，那就是它只喜欢跟着运动的人，而如果我们老老实实地坐在那里，摩擦力是不会找上门儿的。

机械与传动

机械能够改变力的大小或方向，通过机械，我们能够轻而易举地完成一些徒手很难完成或根本无法完成的任务。机械多种多样，简单的如门把手，复杂的如太空飞船。机械可以划分为6种基本类型：斜面、楔、杠杆、螺旋体、滑轮以及轮轴。所有的机械，包括那些最复杂的机械，都是基于力和位移的关系原理而工作的。

在日常的生活中，我们可以看到很多机械，它们是通过传动的方式来进行运作的，比如说吊车、传送带等。那么，究竟什么是传动呢？其实很简单，就是通过一定的方式把力传给机械。各种活动装置把机械连成了一个整体。

首先让我们来认识伟大的杠杆。古希腊著名的物理学家阿基米德曾说过：“如果给我一个支点，我就能撬起地球。”杠杆其实非常简单，只要有一

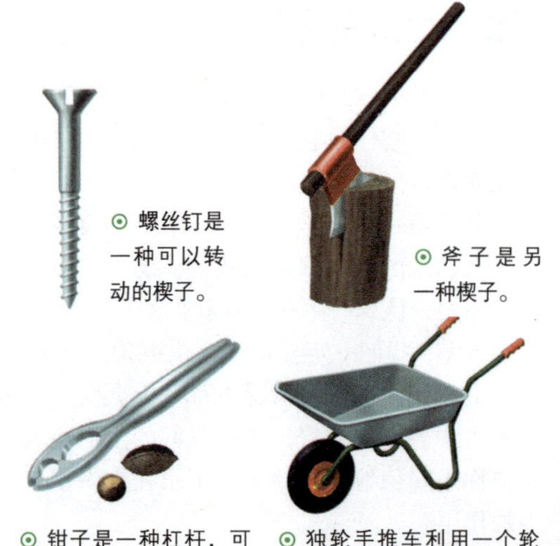

⊙ 螺丝钉是一种可以转动的楔子。

⊙ 斧子是另一种楔子。

⊙ 钳子是一种杠杆，可以产生挤压的力量使硬物破碎。

⊙ 独轮手推车利用一个轮子和一个轴抬起重物，从而减轻摩擦力，使运输更轻松。

个固定的支点和一根可以围绕支点旋转的木棍就行了，就像我们小时候玩的跷跷板那样。如果在杠杆的一端加力，那么在它的另一端就可以产生比这个力大几倍或小几倍的力。当然，在大多数情况下，我们用它都是为了省力，没有人会以这种方式跟自己较劲。所以说我们在移动重物的时候，借助一根木棍就会轻松多了。这个原理就是阿基米德发现的，现在想想他的话似乎也不是不可能的。只要我们所用的杠杆足够长，又足够结实，我们真的可以撬起地球。

⊙ 图中包含有 3 个简单的机械：手推车（杠杆）、轮轴、斜坡（斜面）。

斜面是简单机械的一种，指同水平面呈一向上倾斜角度的平面。沿垂线向上举物体费力，若把物体放在斜面上，沿斜面往上推或拉就可以省力。斜面与平面的倾角越小，斜面较长，则省力，但费距离，机械效率低；斜面与平面的倾角越大，斜面较短，则费力，但省距离，机械效率高。

两个斜面背靠背地放在一起，就构成一个楔。我们用楔，例如斧头，来劈开物体。螺丝钉实际上就是缠绕着一根小硬棒的楔，它可以将旋转力转化为缓慢而稳定的推进力。

接下来再让我们认识一下神奇的滑轮。既然叫作滑轮，那就一定是一个像轮子一样的东西了。滑轮的家族有两个兄弟，老大比较稳重，我们叫它定滑轮；老二比较活泼好动，我们叫它动滑轮。两种滑轮虽然样子长得差不多，不过作用可是完全不一样的。定滑轮可以帮助我们改变力的方向，动滑轮则可以帮助我们节省一半的力。

如果要提起一个重物，我们是应该选择定滑轮还是动滑轮呢？如果选用定滑轮，我们就可以改变力的方向，由向上提改为向下拉，这显然要方便得多，但这样做并不能省力；可如果选择动滑轮，我们虽然省了一半的力，但却不能改变力的方向，还是要向上提，比较麻烦。不管选择哪一种滑轮，都不能让我们完全满意。那么，有没有一种办法既可以改变力的方向，又能省力呢？当然有，那就是将定滑轮和动滑轮组合在一起，组成滑轮组，这样定滑轮和动滑轮的功用全都得以发挥，岂不是两全其美吗？其实，在现实的生活之中，由定滑轮和动滑轮所组成的滑轮组是最常用的，也是最实用的，而且滑轮的个数可以根据自己的需要，随意增加组合。

钟表及汽车等设备上能够转动的部分都有传动装置。传动装置可以改变引擎产生的机械力，从而调整设备运动的方向和速度。传动装置通常由两个相互咬合、同步旋转的齿轮构成。当大齿轮带动小齿轮转动时，需要的力较小，转速较快；当小齿轮带动大齿轮转动时，需要的力较大，转速较慢。

神奇的流体

你们知道流体是什么吗？

当然就是可以流动的物体了。这可不是在和你们开玩笑，我们的生活中确实是存在这样的物体的。如果不相信，你可以想一下，风筝是怎么飞起来的，海上的船又是怎么航行的呢？它们依靠的就是流体的特性。也许你已经想到了，所有的气体和液体都是具有流动性的，所以它们都可以被称为流体。

⊙ 和其他液体一样，无论把水倒入什么容器中它都能和容器保持一样的形状。

流体也是有质量的，它的质量与密度和体积有关。与固体不同的是，流体没有固定的形状，你用手去抓也抓不到它。我们都知道，固体是会对我们产生压力的，那么流体会不会呢？答案是肯定的。而且随着流体深度的增加，压力也会越来越大。比如说我们在潜水的时候，潜入的深度越深，我们所受到的压力就越大，不适感也就越明显。不过流体的“攻击”范围更广，固体只会从一个方向对我们施压，可流体却可以从四面八方对我们造成压力，让我们无处可逃。

你一定会觉得很奇怪，既然随着流体深度的增加，我们所感受到的压力也越大，可为什么我们生活在大气压力最大的底部，却丝毫都感觉不到呢？这主要是由流体的密度决定的。液体的密度比较大，所以压力也就大；而大气的密度则要小得多，所以压力自然也就小得多，而这种压力是不会对我们产生什么影响的，当然也就感受不到了。

流体是可以进行压缩的，这是让固体很嫉妒的地方。但是由于液体的密度比较大，所以它的压缩空间是很小的。相反，气体的压缩空间则比较大。液体虽然也具有流动性，但是它很听话，你如果用一个容器盛着它，它就会乖乖地呆在里面。可是气体就比较淘气，它会充满它所能达到的所有空间。由于各个气体分子之间的距离都很远，所以它们的压缩空间是很大的。

还记得阿基米德吗？就是那个扬言要撬起地球的人。他不仅对杠杆感兴趣，而且对流体也很感兴趣。他在洗澡时，看到水溢出澡盆而受到启发，发现了浮力。他认为，所有浸在流体中的物体，都会受到一个向上的浮力，而这个浮力的大小就等于物体排开流体的重量。这里所说的重量指的可不是流体的质量，而是流体所受到的重力的大小。这就是阿基米德定律。

阿基米德定律同样适用于气体。根据这一定律，如果我们受到的浮力比我们本身的重力大，那我们就可以飘浮起来。比如说水中石头的重力要大于它排开的水的重量，所以说石头不会漂在水面上，而是会下沉到水底。而木头的重力要小于它排开的水的重量，所以木头可以漂浮在水面上。还有氢气球可以飘在空中，也是同样的道理。

⊙ 液体之所以能够迅速地四处流动，像飞流直下的瀑布那样，是因为所有的水分子之间都能自由地相互运动。

看得见看不见的波

波其实就是波动的简称，也就是振动的传播过程。比如说将一个小石子扔到水中，水面上马上会泛起层层的水纹，这就是水波，是我们所能看到的最明显的波。除此之外，大部分波是我们看不到的，可它们是的确存在的，比如说声波、无线电波等。波其实就是能量的一种传递形式，将振动物体的能量传递出去。如果振动停止了，没有了能量的来源，波就会自动消失。

波也有横竖之分吗？当然有。那么我们该如何判断横波和纵波呢？首先我们应该弄清楚波的传播方向和波源的振动方向。波的传播方向和波源的振动方向可能一致，也可能相互垂直。当二者方向一致时，这样的波就是纵波；当二者的方向互相垂直时，这样的波就是横波。你可以试着自己判断一下。

根据上面的定义，我们就可以很快地判断出横波和纵波。举个例子吧：当我们向水面扔石子的时候，石子的振动方向应该是向下的，但我们看到它所形成的波形却是向四周扩散开来，可见它是向四周传播的，所以说水波是横波。再比如说一根绳子，我们拿着它的一端上下抖动，可这时形成的波却呈水平方向向前传播，所以说它也是横波。但是我们在敲鼓的时候，鼓的振动方向与波的传播方向是一致的，所以我们说声波是纵波。

我们对电磁波可能比较陌生，但实际上，电磁波是非常有用的，而且与我们的生活密切相关。比如说，电视机上的影像、手机信号等，都是通过电磁波来传送的。它包括无线电波、微波、紫外线、红外线、X 射线等，我们生活中的很多物品和设备就是利用它们的原理制成的。比如说，我们所使用的微波炉就用到了微波；到医院去做疾病诊断的时候又会用到 X 光；根据红外线的性质，人们又制成了红外线遥感器、红外线烤箱等物品；就连我们都很讨厌的紫外线也具有消毒杀菌的作用，所以我们要经常出去晒晒被子。但是有些电磁波可以产生电磁辐射，对人体是有害的，像我们平常所用的电脑、电视、电热毯等，都可以产生电磁辐射，危害健康。

既然电磁波有这么多种，我们又该怎样进行区分呢？其实，这样的事早就有人想好了，我们只要分享科学家的劳动果实就可以了。由于每种电磁波的波长和频率都是不一样的，所以人们就想到了用这个标准来进行区分，并按照波长或频率的顺序排列起来，列出电磁波谱。其中，

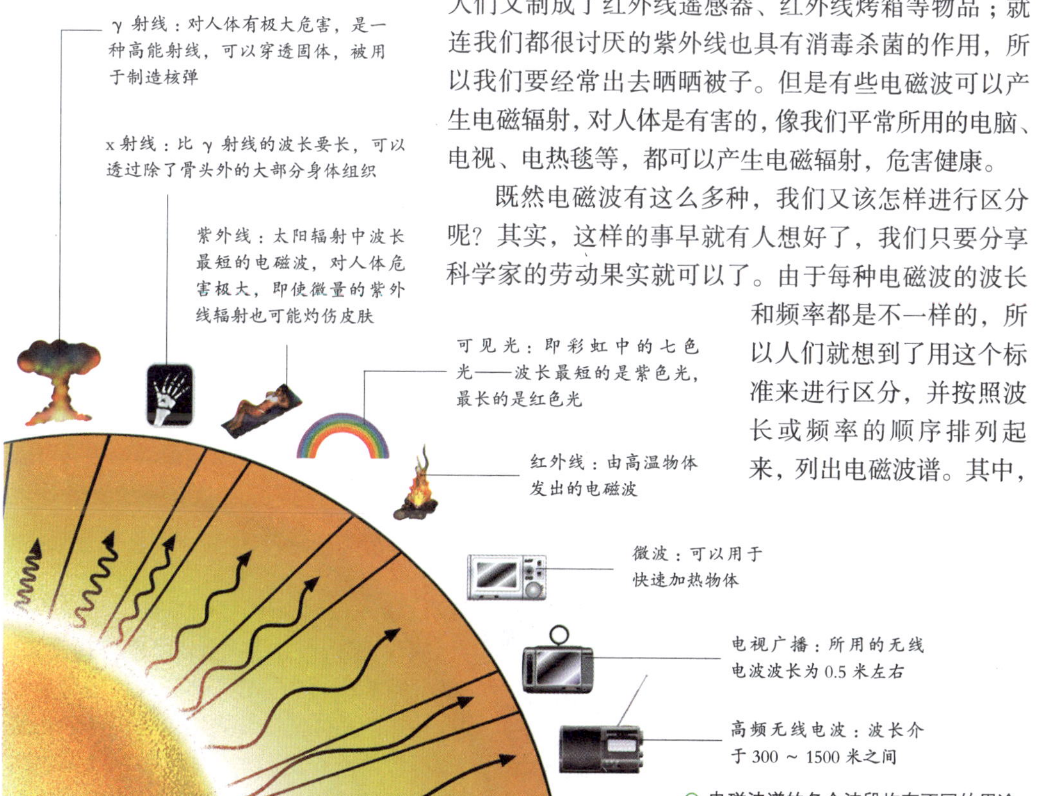

电磁波谱的各个波段均有不同的用途。

⊙ 喷气机在空气中飞行时所发出的声音是由声波产生的，这种声波比光波的传播速度要慢得多，因此光波会先到达人们的眼睛，这就是为什么我们先看到飞机而后才听到声音的原因。

无线电波的波长是最长的，而 γ 射线的波长是最短的。

声音的魔力

声音绝对是一个法力高强的魔法师，因为它可以让平凡的事物变得神奇，让我们的生活更加美好。一个平凡的乐器，因为有了声音，它就会变得不平凡起来，由此它的身价也会倍增。一个普通的人，也很可能因为声音的悦耳而受到大家的喜爱。有了声音，我们可以清楚地表达内心的感受，与人交流；动物们也可以通过它们的语言与同伴交流，并向人类发出特定的信号。比如说小狗会看家、公鸡会叫早等，都是借助它们的声音来向我们传递信息的。

那么，声音是从哪来的呢？

答案是振动。物体的振动会产生声波，而这个正在振动的物体就叫作声源。

人类的声音也是通过振动产生的。我们拥有一个叫作声带的器官，当它振动的时候，声音就会从我们嘴里发出来了。声带就是我们的声源，当我们说话或唱歌的时候，声带就会产生振动，所以我们可以发出声音。

各种声源所发出的声音都是不同的，因为声源不同，振动的频率也不同，发出的声音自然就不相同。

我们可以听见声音，是因为我们拥有健康的听觉器官。也就是说，没有听觉器官的物体是听不见声音的。但是由于听觉器官的功能不同，所以我们所能听到的声音范围也是不同的。比如说我们人类可以听到频率在 20 ~ 20000 赫兹的声波，称为可听声波，低于 20 赫兹的声波称为次声波，而高于 20000 赫兹的声波称为超声波。虽然次声波和超声波我们都听不到，但是有些动物却能听得到。所以说动物通常可以及时发现一些我们人类无法察觉的特殊现象，如地震、台风等。

那么是不是在听觉范围以内的声音，我们就一定可以听到呢？这个也不一定。因为声波发出以后，还必须得传播出去，我们才能听得到。那么声音的传播靠什么呢？靠的是介质。所有能传播声音的物质都可以叫作介质。水、空气、钢铁等物质都可以传播声音。而且不同的介质，传播

⊙ 声音太大会影响听力。大于 130 分贝的声音会使人感到耳朵疼痛难耐；长期暴露在 90 ~ 100 分贝的环境中会导致耳聋；在高噪音的工厂或者车间工作的工人需要佩戴耳朵保护器或者耳塞来防止噪声的侵扰。

声音的速度也不同。也就是说，同一种声音，在不同的介质中传播，你能听到的时间就不同。比如说在钢铁中会快一些，而在空气中则会慢一些。但是如果在真空中，声音就是不能传播的。所以说，即使物体所发出的声音在我们的听觉范围内，在真空中我们也是听不到的。

声音可以柔和也可以高亢，音调可高可低，这主要是由声音的能量和频率决定的。大且高的能量波使耳膜振动幅度变大，人就会听到很响的声音；反之低能量波使耳膜振动的幅度变小，人会听到较轻微的声音。声音的音调是由发声体的振动频率（振动频率是指发声体每秒钟的振动次数）决定的。频率越大，音调越高。每一秒内波的振动次数叫作频率，量度单位是赫兹（Hz）。

知识档案

神奇的回音壁

如果你去过北京天坛的回音壁，就一定会被那里神奇的回音现象所吸引。回音壁是一座圆形的围墙，两个人分别站在墙壁的任意位置，其中一个人斜对着墙壁说话，那么另一个人只要把耳朵贴在墙上，不管相隔多远都可以听到对方的声音。其实，回音壁只是利用了声音的反射原理。当声音在传播的过程中遇到障碍物的时候，就会改变传播方向。回音壁的建造是非常有利于声音的反射的，所以当声音发出后，会经多次反射传到另一个人的耳朵里。

人们用分贝来测量声音的相对响度。0 分贝大约等于人耳通常可觉察响度差别的最小值。人耳对响度差别能察觉的范围，大约包括以最微弱的可闻声为 1 而开始的标度上的 130 分贝。

乐音和噪音

虽然各种各样的声音让我们体会到了声音的美妙，可并不是所有的声音都会让人心情愉快的，有些声音听起来特别刺耳，甚至还会影响我们的身体健康。

跟这些讨厌的声音比起来，有些声音则要顺耳得多。这些声音不仅让我们觉得是一种美的享受，更把我们带入了另一个世界，使我们的身心都得到了完全的放松。这种美妙的声音我们就叫它乐音，而那些嘈杂得让人发疯的声音我们就叫它噪音。乐音和噪音虽然都是声音，但是对我们的影响却完全不同。

在紧张的学习之余，或者是当你很劳累的时候，如果能听一听音乐，就会消除紧张和疲劳感，使你的精神振作起来。不仅如此，美妙的乐音还可以促进我们的健康，并具有辅助治疗疾病的

⊙ 管弦乐队停止演奏后，音乐声仍然会在大厅里回响 2 秒钟左右，这段时间被称为混响时间。

作用。有研究表明，当乐音中的声波振动作用于人体的时候，就可以促使我们体内的各器官之间的生理运动更加协调，并能够激发大脑细胞分泌出有益于健康的激素，改善血液循环和新陈代谢，使我们更年轻。所以在临床上，音乐疗法也有很广泛的应用。

如果你已经决定试一试神奇的音乐疗法，那就一定要注意选择合适的音乐。多选择那些优美动听、舒展流畅的乐曲，不要选择那些悲观凄凉的，那只会让你的意志更消沉。

如果你还没有认识到噪音的危害，那么今天就让我们共同来数一数噪音的罪行。首先，噪音会刺激我们的听觉系统，干扰我们正常的学习和生活。想想如果我们在上课的时候，外面有一台锄草机在不停地叫嚷，那我们还能继续学习吗？如果长期生活在噪音下，我们的听觉系统就会受到破坏，导致我们的听力下降。更严重的是，过强的噪音还会损害我们的健康，导致头痛、失眠等症状，并可引起心血管疾病和消化系统疾病，严重者还可导致耳聋。

所以说，噪音绝对是一个破坏力很强的家伙，而且也不会成为我们的朋友。我们真的就拿噪音没有办法了吗？我们当然有办法减少噪音对我们的伤害，但是却没有办法彻底消除噪音。我们现在所采取的办法就是将一些不可避免的噪音声源与生活区隔离开来，并尽可能地采取无噪音设备，还可以利用吸声系统和隔音系统来降低噪音。

神秘莫测的光

你们觉得光很神秘吗？也许确实是这样的，因为它有着太多美丽的外表，可是我们却始终看不清它的本质。给我们光明的白色太阳光、雨后所出现的七色光，还有交通岗上的红绿灯……这些都是光的化身。我们是离不开光的，因为没有了它，我们就会生活在一片黑暗之中，连太阳光都会远离我们。如果没有了光，我们不仅看不见任何东西，无法继续正常的学习和生活，而且失去太阳照耀的地球还会变成一个大冰窖，我们根本就无法生存。所以说失去光是一件非常可怕的事情。

⊙ 带颜色波段的光带称为光谱，单色光是从白光中分离来的。

光究竟是什么颜色的呢？光可不是只有一种颜色，它是有很多颜色的。看看我们这个五颜六色的世界，这可是有光的一份功劳呢！

为什么光有这么多种颜色呢？

因为光本身是一种电磁波，而这些光的波长是不同的。不同波长的光呈现出来的颜色是不同的，所以我们可以看到五颜六色的光。比如太阳光，它是由七种不同颜色的光组合而成的。这七种颜色就是我们所熟悉的赤、橙、黄、绿、青、蓝、紫，也就是雨后彩虹的颜色。

既然自然界中七种颜色的光可以组合成白色光，那么是不是所有的光都可以由其他颜色的几种光混合得到呢？对此，科学家们发现，将红、绿、蓝三种颜色的光按照一定的比例混合，就可以形成任意颜色的光。所以我们就把红、绿、蓝这三种颜色的光称为三基色，因为所有的光都可以由它们得到。但是，其他颜色的光却没有办法混合成这三种颜色，这也是它们的独特之处。

⊙ 折射使吸管看起来是弯的，这当然并不是吸管真的弯了，而是光线在穿过水时发生了弯曲的缘故。

我们之所以觉得光很神秘，还有一个很重要的原因，那就是光很会欺骗人的眼睛。你可别小看了它，它欺骗人的本事可高着呢！如果我们要去捞鱼，河里面各种各样的鱼真是讨人喜欢，可是当你去抓它的时候，却怎么也抓不到。你们是不是也遇到过这样的烦恼呢？明明看见鱼就在那里，可是伸手一抓，却什么也没抓到。其实这都是光要的小把戏，它欺骗了我们的眼睛，让我们觉得鱼好像就在那里。而实际上，鱼却在我们所看到的“鱼”的下面，所以我们才会抓不到它。

我们的眼睛之所以会被骗，那是因为光在水中发生了折射现象。当光从一种物质进入另一种物质的时候，就会使光的传播方向发生偏折，这种现象就叫作光的折射。在上面的现象中，光是从空气中进入了水中，所以传播方向发生了偏折，我们所看到的鱼还是光沿直线传播时的位置，这就是我们被骗的原因。其实，在我们的生活中有很多光的折射现象，在沙漠或沿海地区所出现的海市蜃楼，也是由于光在大气层中产生折射造成的。

光的性质

早期的科学家通过不断的研究逐步揭示了光的各种特点：光是如何被透镜折射的？光是如何投下阴影的？光的传播速度有多快？然而对于自然光本身的了解则是理解以上所有光学特性的基础。尤其是：光是由微小的粒子流——像机枪射出的子弹那样——组成的，还是由波纹——像涟漪一般穿过无限的真空——组成的？

⊙ 艾萨克·牛顿是最早对光进行科学研究的人之一，他坚信光是由微小粒子组成的，并以极大的速度运动。

我们可以明显地看到平行光线经过透镜后汇聚于一点，而集中的光线可以使得焦点处的温度陡然升高，从而使得放大镜成为“取火镜”。放大镜的这一用途在古希腊时代便为人们所知晓。据说公元前 212 年，希腊科学家阿基米德就曾使用取火镜击退来犯的罗马战船，保卫锡拉库扎。但是在这种情况下光线传播的路线是如何改变的？在其偏转的角度之间又存在着什么性质？这些问题一直没人能够解答，直到 1621 年荷兰数学家威尔布罗德·斯奈尔成为首位研究并测量光线偏转角度的科学家。他发现光线由空气进入玻璃中时，入射角（光线进入玻璃时的角度）与折射角（光线被扭曲偏转后的角度）的关系同玻璃的属性有关，称之为“折射率”。

另一位数学家、法国人皮埃尔·德·费马揭示了光能投影的原理。1640 年，费马指出由于光沿直线传播，因此不可能“绕过障碍物”照亮阴影，这就是“费马原理”。同时，费马也观察到光线在较为稠密的介质中传播速度较慢。

1676 年，丹麦天文学家奥列·罗默首次尝试测定光速。他重新核对了意大利天文学家乔瓦尼·卡西尼观察记录中关于木星卫星发生“星食”（当卫星运动到木星背面看不到时所发生的现象）的时间记载，发现当地球朝木星方向运行时所观测到的“星食”发生的时间比当地球向远离木星方向运动时所观测到的时间要提前很多。罗默因此意识到光一定传播了某段距离，因而光速是有限的，由此入手，他开始计算时间差并测量光速。罗默的计算值为 22.5 万千米 / 秒，大约是光速实际值的约 75%。大约 200 年后，法国物理学家阿曼德·菲索设计出更为精确地测量光速的方法，并测得光速值为 31.5 万千米 / 秒，比光速实际值大了约 5%。随后，美国物理学家阿

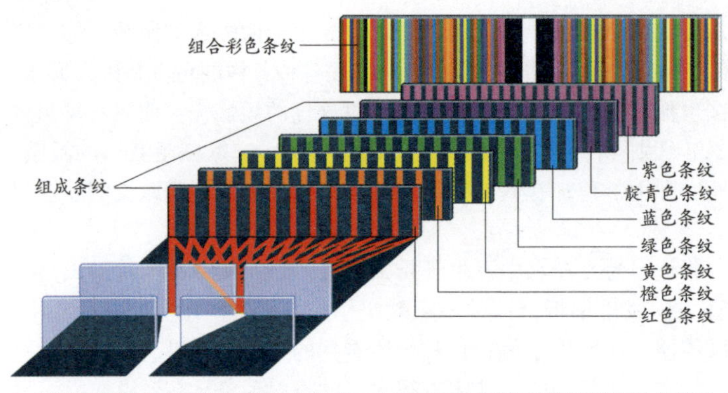

⊙ 干涉现象证明了光拥有“波”的性质。上图展示了白光通过两条平行的狭缝后，被分为其成分色，又组合产生彩色条纹图案的过程。

尔伯特·迈克逊于1882年改进了菲索的方法，重新测量光速为299853千米/秒。当今国际上采用的标准光速值为299793千米/秒。

1675年，英国科学家牛顿认为光是以微小粒子流的方式传播的，因此提出了光的“粒子”理论。数年间，多位科学家均不同程度地质疑过这一理论，而罗伯特·胡克于1665年提出的光的“波”理论就直接挑战着“粒子”理论。胡克根据光线被玻璃折射的现象以及光在密度较大的介质中传播速度较慢的现象等，推断光必然以波的形式传播。1801年，英国物理学家托马斯·扬发现光的干涉现象，这对“粒子”理论是最致命的一击。干涉现象即为白光透过狭缝时，被分成由各种色彩组成的虹，而在当时，只有“波”理论能够解释这一现象。1804年，托马斯·扬将这一成果发表。

但是“粒子”理论与“波”理论的争论仍未停止，直至20世纪初德国物理学家马克思·普朗克提出量子理论之后，才最终将这场争论画上句号。量子理论认为包括光在内的所有形式的能量，在空间中均以有限“量子”（普朗克又称其为“小微粒”）的形式传播，这同牛顿的“粒子”理论非常接近。但随着现代物理的发展，1924年，路易斯·德·波尔提出波尔量子理论，认为所有移动的微粒亦同时表现出“波”的性质，即“波粒二象性”，并证明了这一理论的正确性。因此，牛顿、胡克等人的理论均是正确的，科学上一个伟大的争议话题也最终画上了句号。

揭开能量的面纱

能量是什么？对于这个问题，你可以充分发挥你的想象力，你可以把它想象成一个可爱的小精灵，也可以把它想象成一个庞大的怪物，无论你把它想象成什么样子，它都绝对不会介意。因为它知道，即使我们十分讨厌它，也是绝对离不开它的。如果没有了能量，我们就无法生存。可以说，能量是无处不在的。而且能量的化身也很多，它有很多种存在形式，比如说热能、动能、电能、势能等。

⊙ 当起重机释放举着的物体时，物体的势能转化为动能，物体就可以很快落下来。

你们能说出来有什么是没有能量的吗？

有人说书桌上的书是静止的，所以它应该是没有能量的。

这是不对的。书放在书桌上，本身有一定的高度，所以它至少也是有重力势能的。另外，物体都是有热能的，想想将书本燃烧之后所释放出来的热量就知道了。

有人说寒冷的冰块应该是没有能量的吧，它还需要借助外力才能融化呢！

这也是不对的。别看冰的温度很低，可是它也是具有能量的。也许你会觉得很不可思议，如果将一个冰块里面的所有能量加在一起，还可以点起一个火焰呢！

其实，所有的物体都是具有能量的，而且不同的能量之间是可以相互转化的。比如说一个物体从高空落下，是将重力势能转化为动能；摩擦生热是将动能转化为热能，等等。总之，我们应该明白，我们所生活的世界到处都充满了能量，没有谁能够制造出能量，也没有人能够让能量消失，能量永远都是守恒的。虽然我们不能制造能量，但是我们可以通过能量的转化来得到我们所需要的能量，利用风力发电机风能转化为电能就是一个很好的例子。

再问一个问题，为什么我们每天都要摄入食物呢？

因为食物是我们获得能量的主要来源。我们每时每刻都在消耗能量。人体所进行的任何生理活动都要有能量的支持。换句话说，只要生命还在继续，就必须要不断地补充能量。即使是睡觉的时候，我们体内的生理代谢活动也仍然没有停止。只是如果你做的运动多，消耗的能量就多，整天什么都不干，消耗的能量就少。

有的人可能会担心，万一我们所摄入的能量满足不了身体的需要可怎么办呀？

别担心，我们的身体具有储存能量的功能。如果我们所摄入的能量已经消耗完，那么身体就会动用储存在身体内部的能量，也就是脂肪，这是可以满足我们暂时的需要的。可是千万不要长时间停留在这种状态，因为机体为了满足生命活动的需要，不仅会动用身体内部的脂肪，甚至还有可能消耗自身的组织。一旦我们的体内已经没有什么可消耗的，那么生命活动将无法继续下去，生命也就终止了。

所以，我们必须摄取足够的食物，维持身体的正常运转。

当然，也不能吃得太多，能满足我们的需要就好。如果摄入的能量过多，身体又没有那么大的消耗，剩下的能量就会转化成脂肪在体内堆积起来。如果体内堆积了过多的脂肪，不仅会使人肥胖，而且还会增加机体的负担，引起心脑血管等多种疾病。

热能

热能，又叫内能或者物质内的蓄能。热能是能的一种形式，当两个物体温度不同时，热能会从一个物体传递到另外一个物体。人们可以通过做功或者热传递的方式增加物体的内能。用打气筒给自行车打气时，会感到筒身发热，这是由于每次按下打气筒手柄时，里面的气体被压缩的缘故。压缩空气所做的功使空气获得更多的能，空气分子和原子运动加快。能从一种形式转化为另一种形式时，总有一部分会变为热能，这部分热能会散失到环境中去。这就是为什么电脑、电视机以及其他机器在工作时通常都会发热的缘故。

⊙ 热的液体通过传导把热量传给金属汤匙。

物体被加热时，其中的分子运动越来越快，分子间距离的增加导致物体膨胀；当物体被冷却时，其中的分子运动变慢，分子间的距离减小导致物体收缩。有些固体热胀冷缩的现象并不明显，例如，对钢棒而言，温度每升高 1℃其长度只增加 0.0001%，但是当热量足够大时，这种膨胀的力量也会引发无法意料的后果，会使铁轨扭曲、桥梁断裂等。

热量总是从高温物体自发地向低温物体传递，但是通过压缩机的作用可以使热量反方向传递，即从低温物体传向高温物体。冰箱中食物的热量传递给管内的特殊液体，液体吸收热量蒸发（由液体变为气体），汽化后的特殊液体被压回箱外的冷凝器散热，再重新变为液体，液体再进入冰箱内吸收食物的热量、蒸发，以此循环往复。

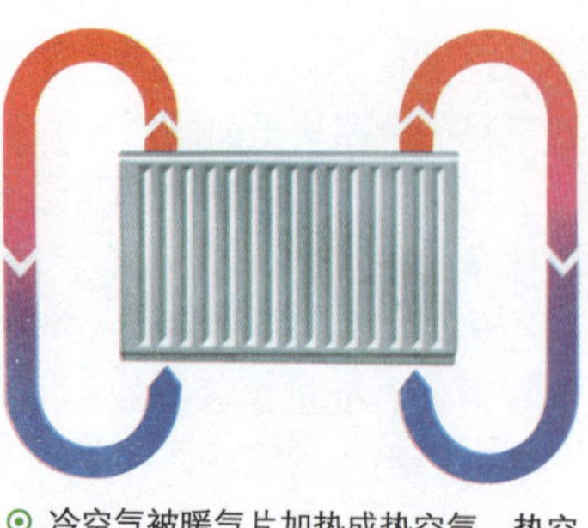

⊙ 冷空气被暖气片加热成热空气，热空气上升与屋内的冷空气形成对流，冷空气又循环到暖气片附近被加热成热空气。

热传递有 3 种形式：传导、对流和辐射。传导是热量从一个原子到另一个原子的传递过程。热物体中的原子之间运动比较快并且相互碰撞，这种碰撞使它将热量传递给与它邻近的原子，邻近的原子再把热量传递给其他原子，如此传递下去。对流是流体（气体、液体）中热传递的主要方式，当流体被加热时，其分子运动加速，分子之间的碰撞更加频繁，这就使得热流体变得比周围的冷流体要轻，于是热流体便向上流动，从而形成对流。热辐射是以不可见的红外线传递热量的。

有些情况下阻止热量在某个空间的流动和散失是非常重要的。冬天给建筑物供暖时，热量有从室内散失到周围环境中以达到相同温度的趋势。玻璃的导热速度要比墙壁和屋顶的导热速度快得多，因而有很大一部分热量都从窗户散失到外界。为了阻止这部分热量的散失，很多建筑物都使用双层玻璃窗，双层玻璃窗装有两层玻璃，中间有不易传热的空气作为隔层，这样就大大减少了热量的散失。

所有的物体都有温度

温度指的就是物体的冷热程度。所有的物体都是具有温度的。在生活中，有很多温度是固定的。比如说蜡烛燃烧时中心的温度是 1400℃，冰水混合物的温度是 0℃，等等。

每一个物体都有最适宜它生存的温度，所以一般的物体都会保持着这个温度。一旦它的温度发生变化，我们就可以判断一定是出现了什么异常状况。比如说人的体温是保持在一定的范围之内的（36℃ ~ 37℃），如果你的体温达到了 39℃，那你一定是发高烧了。

为什么温度会有高有低呢？是什么在影响着温度的变化呢？原来，物体的温度是由它内部分子的运动决定的。如果从这个角度给温度下一个定义的话，温度所反映的就是物体内部分子运动的激烈程度。分子运动得越慢，物体的温度就越低；分子运动得越快，物体的温度就越高。如果你懂得能量守恒，就会觉得这其中的道理很简单。分子运动越激烈，产生的动能就越多，转化成的热能也就越多，温度自然就高。

我们怎么才能知道物体的温度呢？凭我们自己的感觉肯定是靠不住的，所以还是要借助仪器。在日常的生活中，我们只需要借助一个简单的温度计，就可以随时了解自己的体温以及室内外的温度了。当然，我们在日常生活中所使用的温度计测量范围是十分有限的，并不能满足科学研究的需要。所以，科学家们所使用的温度计测量范围更广，以便测量更高或更低的温度。

⊙ 就同其他固体受热会熔化一样，巧克力在受热后也会因为内部的分子在吸收能量后相互脱离而熔化。

我们知道，物体的存在形式有三种：固态、液态和气态。照常理来说，一种物质本来就应该只有一种存在形式，可是有些物质比较贪玩，它们觉得总以一种形态存在太没意思，所以它们总是喜欢变来变去。比如说水，它自己就占了三种形态。常温下的水是液态的，可到了 0℃的时候，它就变成了固态；到了 100℃的时候，它又变成了气态。还有一些物质，不经过液态的转化，就直接变成了固态。比如说地面上的霜，就是由空气中的水蒸气直接结晶而成的。

电的来源

1800 年以前,科学家们只知道电是静态的或固定的,这些静电包括物体上所载的正电荷或负电荷，通常静电都是由摩擦产生的。随着一个意大利贵族制造出电流,电的发展便掀开了新的一页。

1791 年，意大利物理学家、解剖学教授贾法尼报道了“动物电”——在解剖一只死青蛙时，他发现当用两种金属片触到青蛙时，它会抽搐。1800 年，意大利物理学家亚历山德罗·伏特用盐溶液浸泡过的纸板代替动物组织进行实验。纸板一端放一块铜片或银片，另一端放一块锌片，当用导线将两块金属片连接起来时,导线中就有了电流。后来,他把许多这样的板堆叠,以此获得更高的电压，这就是伏特电池，是世界上首个真正的电池。

伏特向拿破仑展示电池

1800 年，伏特向拿破仑·波拿巴和其他科学家们演示了他发明的电池，即由银和锌金属层交替缠在一起的“电池组”。拿破仑对这个发明产生了非常深刻的兴趣，以至于他为伏特颁发了一枚法国荣誉军团勋章，并授予伏特伯爵爵位。

今天，科学家把伏特发明的电池称作原电池，所用的金属片叫作电极，而金属片之间的溶液叫作电解液。1836 年，英国化学家约翰·丹尼尔制造出一种效率更高的原电池，该电池包含一根插入稀硫酸中的锌棒电极，稀硫酸装在多孔的陶罐中。陶罐浸入一个装着硫酸铜溶液的铜质容器（作为另一电极）中。当用金属线连接两个电极后，电流从铜质容器（正极）流向锌棒（负极）。丹尼尔电池可产生较伏特电池更稳定的电流,并解决了电池极化的问题,即在铜质电极上会聚焦大量的氢气气泡群，这会阻止电子的流动，最终使伏特电池停止工作。

法国工程师乔治·勒克朗谢于 1866 年发明了勒克朗谢干电池，同样解决了伏特电池的极化问题。勒克朗谢干电池负极也是锌棒，但锌棒是浸在氯化铵电解液中。正极是被二氧化锰粉末包裹的碳棒。电池产生的电压约有 1.5 伏。今天我们日常生活中用的干电池包含相同的构成，电解液为氯化铵胶糊,外壳为锌筒，二氧化锰包裹的碳棒位于锌筒的中心位置。

德国化学家罗伯特·本生也发明了锌－碳原电池，电池采用酸作电解液，能产生 1.9 伏的电压。1893 年,英裔美国电气工程师爱德华·韦斯顿发明了镉电池,该电池可产生 1.0186 伏的电压,1908 年，科学委员会正式将其作为标准电压。韦斯顿标准电池的负极为汞，正极是镉－汞金属的混合物，电解液是硫酸镉溶液。在这 21 年前，即 1872 年，英国电气工程师约西亚·克拉克发明了克拉克标准电池，该电池负极采用锌代替镉。

原电池放电完全后,就会停止工作,电池也就废掉了。与原电池不同的一类电池,名称很多,比如二次电池、存储电池，或蓄电池，这一类的电池可以通过充电重复使用。1859 年，法国化学家加斯东·普朗特发明了铅酸蓄电池。铅酸蓄电池是最早的蓄电池，今天仍最为常用。铅酸蓄电池电解液为稀硫酸，铅或“铅板”作为负极，另一块覆盖了氧化铅的铅板作为正极。这种铅酸蓄电池被用在大多数汽车上。1900 年，美国发明家托马斯·爱迪生发明了碱性镍铁蓄电池，这是另一种类型的蓄电池。任意蓄电池放电完毕后，可以用直流电源对电池充电。例如，汽车电动机还在运转时，蓄电池就会继续充电。

无论是原电池还是二次电池，它们都是将化学能转化为电能。正是因为此过程的存在，就会不断地消耗电极材料或电解液。1839 年，威尔士物理学家兼法官威廉·格莱夫在一项实验中发现了第一种燃料电池，他通过将水的电解过程逆转而发现了燃料电池的原理，能够从氢气和氧气中获取电能，通过氢和氧的化合生电，其唯一的副产品是无害的水蒸气。燃料电池能够将燃料所含的化学能直接转化为电能。

在所有这些前面介绍的科学家中，我们应该记住这样一个名字——亚历山德罗·伏特。1905年，国际电气学会为纪念他的成就，根据他的名字，将“伏特”作为国际单位制（SI）中电势的基本单位。

神秘的电子

学过现代科学的人都知道什么是电子，电子对我们理解电的本质和原子物理的重要性。然而100多年前，一位英国物理学家发现了构成物质最小的粒子，从那时起，人们对微观世界的认识进一步加深了。

到19世纪末，随着物理学各种各样的发现的增多，许多无法解释的问题也随之出现了，比如：物体可以带上静电电荷，但是电荷是以何种方式存在的？沿着导体流动的电流电荷究竟是什么，与静电电荷不同吗？高压穿过真空管板时会产生阴极射线，但是阴极射线的成分是什么？如果物质是由原子构成的，那么原子是由什么组成的？

上述这些棘手的问题由于真空泵的发明而得到了解决。真空泵可以将实验装置里的空气抽空，密封装置的气压可以达到零压状态。德国吹玻璃工及实验室仪器制造商海因里希·盖斯勒首次在实验中使用了真空泵。大约1850年，盖斯勒将金属板密封在只含有痕量惰性气体（氮气或氩气）的真空玻璃管中，他将高压电连接到金属板上，并产生了漂亮的闪光，就像管中的气体在发光一样。盖斯勒电极管成为了一项人们熟知的发明。但是，真正将之应用到严谨的实验中的是两位德国物理学家：1859年的朱利斯·普吕克尔和1869年的普吕克尔的学生约翰·希托夫。通过实验，他们认为所产生的彩色光是由“射线”引起的，射线从盖斯勒管的阴极被激发出，并沿直线传播到阳极。这个推断在1879年被英国物理学家威廉·克鲁克斯证实，并且他提出了“射线”是由某类粒子构成的观点。6年后，法国物理学家让·佩林用磁场和电场将阴极射线偏转，证明了射线是由带负电荷的粒子组成的。

英国物理学家约瑟夫·约翰·汤姆生揭开了电子的神秘面纱。汤姆生于1856年12月18日生于英国曼彻斯特郊区，父亲是苏格兰人，以卖书为业。汤姆生14岁进入曼彻斯特欧文学院学习铁路工程。1880年，汤姆生进入剑桥大学三一学院，毕业后，进入卡文迪许实验室，在约翰·斯特列特和瑞利爵士的指导下进行电磁场理论的实验研究工作。1884年，年仅28岁的汤姆生便当选为皇家学会会员。同年末，汤姆生又继瑞利之后担任卡文迪许实验室教授。

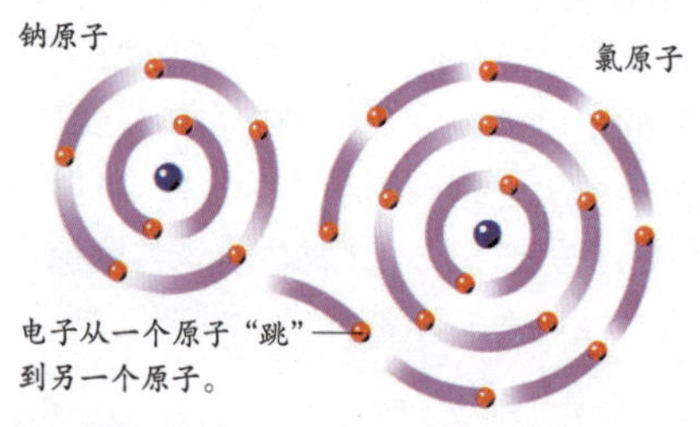

⊙ 在离子键中，一个或一个以上的电子会从一个原子转移到另一个原子。例如氯化钠的分子就是以这种方式形成的。

汤姆生通过阴极射线在电场和磁场中的偏转，测得它们的速度（比光速慢得多）。他进一步测定了这种粒子的荷质比（e/m），与当时已知的电解中生成的氢离子荷质比相比较，得出其约比氢离子荷质比小1000倍的结论。于是汤姆生推测阴极射线是由微小的带负电的粒子构成的。1897年，汤姆生宣布了这些首批亚原子粒子的发现，他称之为“微粒”。两年后，汤姆生发现这些微粒的质量是氢原子质量的1/2000——这个结果早在1874年爱尔兰物理学家乔治·斯托尼就已经预测出来了。1891年，斯托尼将这微小的粒子命名为“电子”。电子成为了科学家们追寻已久的电的基本单位。这样我们就清楚了导体中的电子流动才产生了电流。由于电子是从不带电的真空管的阴极金属板激发产生的，所以电子必然是所有原子最基本的组成部分。

汤姆生继阴极射线的研究之后，开始对阳极射线（由不带电的真空管中的阳极激发产生的）进行实验研究。这项 1912 年研究成果的重大意义就是借助电荷性质的差异，可以分离带有不同电荷的微粒。1919 年，弗朗西斯·阿斯顿应用此原理发明了质谱仪。1919 年，汤姆生退休后，由他的前任助手、新西兰裔英国物理学家欧内斯特·卢瑟福接替了他的位置。卢瑟福最后提出了包含原子核的原子结构。1906 年，汤姆生获得了诺贝尔物理学奖，他的助手中有 7 位也获得了诺贝尔物理学奖。

触电的感觉

你们想知道触电的感觉吗？一定不想知道，因为没有人愿意去做那样的尝试。

虽然触电听起来很可怕，它甚至还可能夺走人的生命，但实际上，我们每个人几乎都曾经被电到过。不相信吗？那么请回想一下你是否有这样的经历：当你去触摸某个物体的时候，会忽然被它打一下，使你不得不赶紧把手缩回来，而且你的手在缩回来以后也还是麻酥酥的。

⊙ 凡·德·格拉夫起电机产生的静电，可以让头发竖起来。因为每根头发获得相同极性的电荷（全部是正电荷或者全部是负电荷）而相互排斥，结果使头发根根竖起，彼此分开。

这种电的力量虽然比较小，但这也是一种与电的“亲密接触”。其实，触电的感觉就是麻酥酥的，只不过要强烈得多。但并不是只要有电流经过人体，就一定会触电。相反，当有微弱的电流经过人体的时候，还会对我们的身体产生积极的影响。比如说医学上的电磁疗法，就是让微弱的电流通过人体，并刺激病人的某些部位，以此来达到治病的目的。

但如果电流很强，再不幸被你撞到，那触电现象就发生了。这样的触电通常都是很致命的，所以我们也通常叫它触电事故。如果这种很强的电流流过人体，而又得不到及时的救援，那后果可就不堪设想了。轻者可能会导致人体的组织损伤和功能障碍，重者就会造成死亡。

生活中的触电一般都是由于人体直接或间接与照明电路的火线相连，致使较强的电流通过人体而引起的。如果一个人的两手分别接触火线和地线，或者是一手接触火线站在地上，都会造成触电。因为人体是可以导电的，当人处在火线和地线之间时，就相当于一根导线，将这两点联通，这时就会有巨大的电流通过人体，触电事故也就发生了。

为什么有的触电只有轻微的感觉，而有的触电却可以致命呢？这主要是因为电流的强度不同所造成的。当通过人体的电流为 1 毫安时，人就会有发麻的感觉；如果通过人体的电流不超过 10 毫安，触电者也可以自己摆脱电源；当电流达到 20 ~ 25 毫安的时候，人就会感到剧痛，甚至神经麻痹，这时是无法自己摆脱电源的，而只能通过别人的救助来脱离危险；但如果电流达到了 100 毫安，生存的希望就很渺茫了，因为这么强的电流在很短的时间内就可以使人窒息，造成死亡。

知识档案

如果有人触电怎么办

最好的办法就是马上关掉电源。当然，如果电源离你很远，或者是你根本就不知道电源在哪，那就千万别钻牛角尖非要去找电源。因为对触电者来说，时间就是生命，如果不能及时施救，反倒会造成更严重的后果。这时你应该找一根木棒或一个绝缘的物体，将电线挑开，这也可以使触电者脱离电源。千万不要用手去拉电线或者触电者本人，那样只会让你也一起触电，别忘了人可是导体呢！

奇妙的电路和电器

电路就是由一些电子元器件相互连接起来，构成的一个环形网络。构成电路的电子元器件包括电阻、电容、用电器、开关等基本元件。你可别小看了它，每一个电器都是离不开电路的。因为没有了电路，就不会产生电流，电器中没有电流通过，当然也就无法工作了。所以说电路是非常神奇的，当电路接通时，电器可以正常工作；当电路断开时，电器就会停止工作。

洗衣机、电冰箱、电视机、日光灯等，这些东西我们一定都再熟悉不过了。因为这些都是家用电器，几乎每个家庭都有，而且它们的出现也为我们的生活提供了很多方便。

我们家中的这些电器，实际上就是由一些巧妙的设备和电路组成的。那么这些电器又是怎么工作的呢？其实这些电器里面的电路是十分复杂的。当电源接通时，电路里面就产生了电流，我们可以根据自己的需求去控制电流的走向，利用电流里面的电子做各种各样的工作。如果你对这个问题很感兴趣，可以将你家中的小电器拆开，仔细研究一下它是怎么工作的。当然，这首先要得到你父母的许可，而且要在确保自己在安全的情况下进行，万一发生了触电，那可是很危险的。

虽然说电器里面的电路很复杂，不过它们也都是由很多个简单的电路构成的，再加上一些奇妙的设备，就可以让电器完成各种功能了。电源、用电器、开关和导线是电路不可或缺的四部分。最基本的两种电路是串联电路和并联电路。

串联电路是指将所有的器件全部串在一起；如果在一个电路里面，两个电器是并列着相连的，我们叫它并联电路。

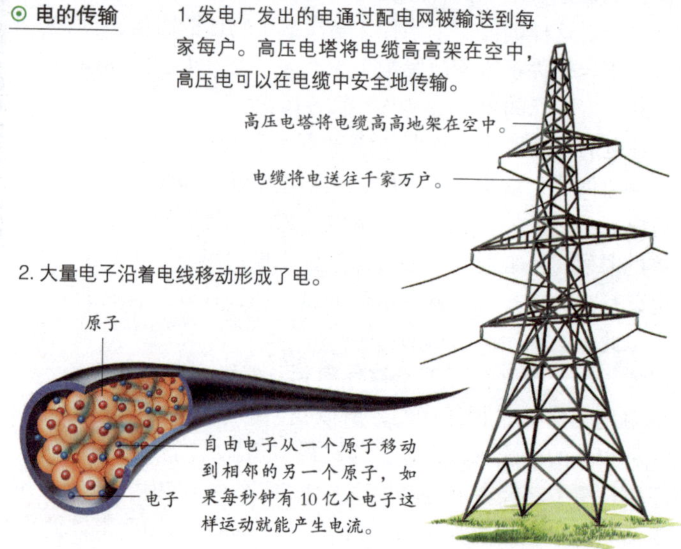

磁力的真相

磁力是什么？它当然也是一种力了。不过磁力可不是普通的力，它是一种很特殊的力。我们既看不到它，也感觉不到它，但是你可千万别小看了它，因为它的影响力非常大，就连我们生活的地球，也要受到它的影响。如果你也对磁力充满了好奇和兴趣，那就让我们一起去探究磁力的真相吧！

磁力既然是一种力，那就一定要有施力的物体，而磁力的制造者就是磁体。大家一定都见过吸铁石吧！吸铁石可以吸引所有的铁制品，而且把两块吸铁石放在一起，它们有的时候互相吸引，有的时候互相排斥。吸铁石的这种性质就叫作磁性，而所有具有磁性的物体都是磁体。

我们都知道，磁体根本不用接触铁，就可以把它吸引过来。但是如果离得太远，这种影响就不存在了。比如说你将一块磁铁放在卧室，而将铁钉放在厨房，这时铁钉是绝对不会被吸引过去的。所以说磁力是有一定的影响范围的，在这个范围之内的铁制品，磁体都会对其产生影响；但如果超出了这个范围，那磁体也是无能为力的。

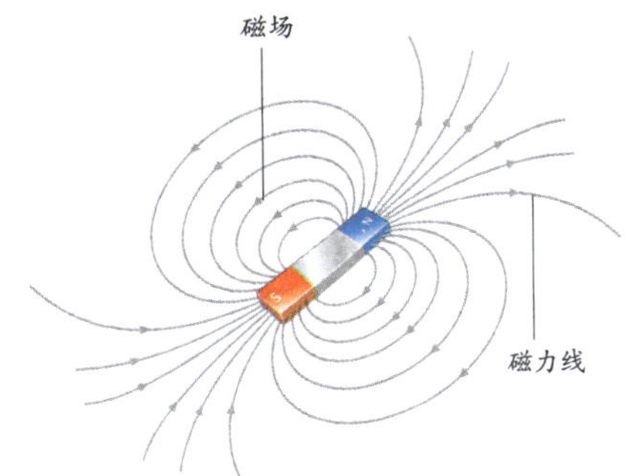

⊙ 只要磁场周围含有铁，如铁钉或者螺丝钉等物质，它们都会受到磁场的作用。

还有一种有趣的现象，那就是当两块磁体距离较近时，它们或者相互排斥，或者相互吸引。这是为什么呢？原来，磁铁是具有极性的。就如同我们人类有男女、动物有雌雄一样，磁体也分为南极和北极。而且所有的磁体都是喜欢异性、排斥同性的，所以当两块磁体的同一极相互靠近时，它们就会相互排斥；而当它们的不同极相靠近时，它们又会互相吸引。

为什么磁体都有一定的作用范围？磁力又是怎么产生的呢？其实，磁力和电子产生的电力是同一种力，所以也经常有人将磁力叫作电磁力。每一个带有电子的原子都有轻微的磁性，而磁体就是将这些原子集合在一起，所以才产生了强大的磁力。磁力从磁体的北极出发，然后再回到南极。在磁体的周围，存在着磁场，就是它将磁力传递出去的。磁体之间的相互作用也是通过磁场发生的。所以说，磁场是传递磁力的媒介。现在，你该明白为什么磁体可以吸引并没有与它接触的铁钉了吧！

电和磁的联系

人类虽然早在几千年前就已经发现了电现象和磁现象，但是却一直都认为它们是风马牛不相及的两回事。直到 19 世纪 30 年代，英国的物理学家法拉第发现了电和磁之间是有联系的，这才使人们的思想得以转变。他不仅发现了很多有趣的电磁现象，而且还大胆提出了“由电产生磁，由磁产生电”的设想。后来，他的研究实践也证明了他的想法是对的。所以说，我们人类能够走进电气化时代，法拉第所作出的贡献是不可磨灭的。

法拉第是怎样证实他的设想的呢？ 1821 年，他发现了电可以产生旋转运动，证实了电可以生磁。我们可以做一个简单的实验：在一根导线的周围放上几根小磁针，当导线通电以后，我们就可以发现，这些磁针发生了偏转，这就说明导线在通电以后，周围产生了磁场。我们还可以将导线缠在铁棒上，通电之后再用一个铁钉去靠近它，发现铁钉可以被铁棒吸引。这说明通电的导线使铁棒磁化，并产生了磁力。我们今天所用的电动机，就是根据这个原理制成的。

1831 年，法拉第又发现了电磁感应现象，证实了磁可以生电。我们同样可以通过实验去验证它：将一根带线圈的导线与电流表相连，然后让一块磁铁通过线圈。这时我们可以发现：当磁铁在线圈中运动的时候，电流表的指针发生了偏移。这就说明导线中产生了电流。而且我们还可以发现，磁铁的运动越快，电流表的指针偏移得越明显，也就是说产生的电流越大。我们今天所用的发电机和变压器，就是根据电磁感应的原理制成的。

⊙ **变压器**

法拉第认为：既然电流能够产生磁效应，那么磁场必然也能够产生电流。1831 年，他通过图中这个简易装置证明了磁能够发电的原理，而这个装置就是世界上第一台变压器。

第三节 复杂的化学

厨房里的化学

你们去过自己家的厨房吗？去拿过碗，去洗过苹果吗？你们能说出厨房里都有什么东西吗？对，有锅，还有精盐、味精、白糖等各种调料。你们知道这些东西都是干什么的吗？

在做菜的时候，我们都会放少量的味精，因为这可以使菜的味道更鲜美。

放了味精的菜为什么会特别鲜美呢？这主要是因为味精中含有可以提鲜的化学成分——谷氨酸钠。其实，如果你留意味精的包装袋，就会发现味精还有另一个名字，那就是谷氨酸钠，我们能够吃到鲜美的菜肴可都是它的功劳。味精在进入人体后会马上变成很容易吸收的谷氨酸，它可以除掉人体内多余的氨，不仅预防了肝昏迷（是严重肝病引起的、以代谢紊乱为基础的中枢神经系统的综合病征）的发生，而且还满足了大脑的需要。

说完了味精，我们再来说说另一种调味品——糖。很多人都喜欢吃甜食，所以糖也是每个家庭都不可缺少的。我们平常所食用的白糖，是从甘蔗或甜菜中提取出来的，因为纯度比较高，所以呈白色。但是在白糖的制作过程中，会产生多种带色的有机化合物，白糖是经过多次脱色处理的，但其中还会存有少量的有色非糖成分。所以，白糖如果存放的时间过长。这些有色非糖成分就会重新渗透出来。不过即使出现这种情况也不必担心，因为这些成分对身体是无害的，所以并不影响我们食用。

⊙ 氯化钠分子构成盐的晶体，例如食用盐、海盐或岩盐。

说完了调味品，我们最后再说说这炒菜用的锅。你们知道用什么样的锅炒出来的菜最好吃，而且最有营养吗？我们所用的锅最常见的有两种，一种是铁的，一种是铝的。那么这两种锅哪一种更适合我们呢？铁和铝都是化学元素，但不同的是，铁对人体有益，而铝却对人体有害。我们人体是需要铁的，因为铁既可以制造血红蛋白，又是血红蛋白的核心。如果体内缺铁，就会造成贫血等疾病。而铁锅可以为我们提供更多的铁，用铁锅炒菜，用油加热以及加上盐和醋后加热，都可以使菜肴本身的含铁量加倍。所以说，为了身体的健康，我们还是应该选择铁锅。

生活中的化学

在日常的生活中，化学现象及其应用也是随处可见的。刷牙用的牙膏、洗衣服用的肥皂以及防蛀虫的樟脑丸等，都跟化学有着密切的联系。其实，我们还是应该感激化学家的，因为他们利用化学知识为我们创造了很多物品，而这些物品又为我们的生活提供了极大方便。

比如说牙膏。你们知道防蛀的牙膏为什么可以防蛀，加氟的牙膏又为什么要加氟吗？

防蛀的牙膏能够防蛀就是因为里面加了氟化物，而牙膏之所以要加氟当然也就是为了防蛀了。那为什么加了氟化物的牙膏就可以防蛀呢？这是因为氟化物与我们的牙齿有很强的亲和力，它们相互作用以后可以使牙齿的保护层更坚硬，耐酸和耐磨的性能也有所提高，这样就保证了牙齿不易被腐蚀，所以加了氟化物的牙膏可以有效地防治蛀牙。

⊙ 糖被溶解在咖啡中时，糖就是溶质，咖啡是溶剂。

我们在洗衣服的过程中，会用到肥皂。你们也许会有这样的疑问：洗衣服的时候为什么一定要用水和肥皂呢？我只用水或只用肥皂行不行呢？

肥皂的主要成分是硬脂酸钠盐，既具有亲水性，又具有亲油性。也就是说，肥皂的一部分溶于水，而另一部分溶于油。将衣服的油污处涂抹上肥皂，肥皂中的亲油部分就会跑去与它互溶。但如果没有水，这些油污就还是会停留在上面。而有了水就不一样了，肥皂中的亲水部分也会随着亲油部分在油污外面的水里溶解。这样，油污就从衣服上被溶解到水里面，衣服上的油污也就去除了。所以说，只有在水和肥皂共同作用的情况下，才能彻底消灭污渍。

在生活中，你可能会遇到这样的麻烦：本来是好好的毛料衣服，在柜子里放了一年之后却忽然出现很多小洞，连穿都没法穿了。更让人生气的是，你根本就找不到这件事情的罪魁祸首，更没有办法惩罚它。看着好好的衣服变成这样，现在连“凶手”都抓不到，谁能不恼火呢？不过现在好了，自从人们发明了一种叫作樟脑丸的小丸子，这样的现象就很少出现了。只要在柜子里放上樟脑丸，保证你的衣服完好无损。衣服上的小洞是被一种叫作蠹鱼的家伙咬出来的，它们经常躲藏在衣柜里，而且专门偷吃羊毛衣物。但是它们却非常害怕樟脑的蒸气，所以在放了樟脑丸的衣柜里，这些小虫就不敢再兴风作浪了。

樟脑是一种天然产物，产量非常有限，需求量又很大，所以我们是很难买到的。而我们在市场上买到的樟脑丸，其实并不是樟脑做的，它是用从煤焦油里面提炼出来的萘制成的。萘也可以用来驱逐蛀虫，所以也有人将它叫作萘丸或卫生球。

食物中的化学

化学真的是无处不在，就连我们的食物也与其息息相关。如果你觉得自己的生活已经很乱了，那么化学一定会让你的生活更乱，因为它实在是太多变了，这让我们多少有些招架不住。比如说当你决定和朋友开怀畅饮的时候，化学就来捣乱了，在你开启啤酒的那一刻，它会喷出大量的泡沫，喷得你满身都是，让你在朋友面前出尽了洋相。再比如说当你决定为家人熬一碗绿豆粥的时候，却发现这些讨厌的绿豆怎么也煮不烂，正在你为此而焦头烂额的时候，化学却在一边偷笑呢！它就是喜欢把我们的生活搅得乱七八糟。啤酒为什么会喷沫呢？这个问题说来话长，具体还要追述到啤酒的生产原料。

⊙ 柠檬汁中的柠檬酸是由氢、氧、碳与水混合而成的物质。

⊙ 鸡蛋是由硫、碳、氮、磷、氢和氧等元素组成的。

⊙ 当鸡蛋、黄油以及糖等食物混合到一起进行烹饪时，热量使不同的物质结合在一起生成一种新的物质。

我们知道，啤酒是用大麦芽制作而成的。如果用来制作啤酒的大麦在成长、收割、储藏的时候雨水较多，就很容易使大麦在脱粒时受到微生物的感染，致使霉菌繁殖，这样生产出来的啤酒就比较容易喷沫。科学家们经过研究发现，霉菌的代谢物就是造成啤酒喷沫的主要原因。

为什么有些绿豆怎么都煮不烂呢？你可能已经猜到了，是坚硬的表皮造成的。绿豆是由种胚和种皮组成的，种皮又可分为内外两层。在这两层种皮之间，有一种栅栏细胞，其主要成分是钙盐和酸盐。如果这两种成分过多，表皮就会很坚硬，这样的绿豆就煮不烂。另外，还有一种绿豆表面被一层厚厚的角质层包着，这种角质层是一种难溶于水的蜡质，所以这样的绿豆也是煮不烂的。当然，化学也不是每次都给我们制造麻烦，有时它也会良心发现，给我们提供一些方便。比如说在蒸馒头的时候，有了它的帮助，我们就可以蒸出松软可口的馒头了。如果你也十分讨厌那些硬邦邦的馒头，那么不妨请化学来帮帮你的忙。其实，你需要做的事情很简单，只要到超市去买一袋酵母就行了。

为什么使用了酵母的馒头会又松又软呢？这主要是因为酵母中含有酵母菌，而酵母菌又会随身带着很多酶，这些酶在糅合到面团里以后，就会使面团发生一系列的化学变化，最后等到馒头出锅的时候，我们就可以吃到香喷喷的馒头了。听起来是不是有些像变魔术？也许你会觉得有些不可思议，不过这就是神奇的化学。如果你不相信，那就亲自试一试吧！

除了这些，生活中还有很多有趣的化学现象。比如说煮熟的螃蟹变成了红色，是什么原因造成的呢？这其实是因为在螃蟹的甲壳真皮层中，分布着各种颜色的色素细胞。当螃蟹被煮熟时，这些色素细胞在高温的条件下就会被分解破坏掉，而红色素细胞比较稳定，所以就留了下来。

元素、原子和分子

也许曾经有人告诉过你，世界是由物质组成的。那么物质又是由什么组成的呢？经过不断地研究，科学家们又告诉我们，物质是由不同的化学元素构成的。那什么又是元素呢？又有人给元素下了这样的定义：元素是具有相同核电荷数的一类原子的总称。其实，元素指的就是自然界中 118 种最基本的金属和非金属物质，就是元素周期表上所列的那些元素。

不要觉得元素周期表只是化学元素的一种简单排列，其实，这样的排列是有一定的道理的。首先，元素周期表上的元素是按照原子量从小到大依次排列的，而且这些元素的性质是具有明显的周期性的。那么是谁那么聪明发现了这个规律呢？那就是俄罗斯的著名化学家门捷列夫，元素周期表和元素周期律都是他在 1869 年发现的，可以说他的发现在化学发展史上是一个非常重要的里程碑。

目前，我们已经确定的化学元素有 118 种，每确定一个化学元素，都会给它一个名称。比如说氧、碳、钠、碘等，都是化学元素的中文名称。体现这些元素的最小微粒是原子，原子是构成元素的最小单元，它非常非常小，所以我们用肉眼是看不见的。不同的原子之间可以发生化学变化，重新进行组合，形成新的物质。

既然原子是化学元素的最小组成单元，那是不是说明原子就是不可分割的呢？事实并不是这样的，原子也是可以再分的。原子可以分为中间带正电的原子核以及周围带负电的电子，所以说原子的内部其实是一个非常丰富的世界。但是，如果原子发生了变化，它就会变成另外一种元素。所以，原子并不一定能保持物质本身的特性。原子核还可以再分吗？当然可以。原子核是由质子和中子组成的，不过中子是不带电的，只有质子带正电荷。在原子核里面，质子和中子是紧紧地堆在一起的，所以原子核的密度很大。如果就质量来说，质子和中子是差不多的，不过中子还要略重一些。

⊙ 德米特里·门捷列夫的元素周期表使无机化学研究领域发生重大变革，为研究原子内部结构奠定了基础。

原子核是非常小的，即使跟已经很小的原子相比，原子核也是非常小的。所以原子的大小主要是由最外层电子的大小决定的。其实原子的大部分空间都是空着的，如果把原子想象成一个足球场，那么原子核就只是足球场中的一颗绿豆，而剩下的空间则全部被电子霸占着。

原子中的电子非常淘气，它们总是喜欢到处乱跑，所以原子是很不稳定的。当遇到其他的原子时，它们之间就会发生化学变化，从而形成一种新的分子。分子是由原子构成的，与原子不同的是，分子一般都比较稳定，所以分子可以表现出各种物质的特性。比如说两个氧原子可以结合为一个氧气分子、两个氢原子和一个氧原子可以结合成一个水分子等。但是也有的分子是由单个原子构成的，比如说碳和金属元素。

既然原子和原子可以互相结合为分子，那么分子和分子是不是也可以相互结合呢？答案是肯定的。分子虽然比较稳定，但是它们也不甘心总是停留在一种状态，所以当有其他的分子到来的时候，它们也会试图改变一下自己。比如说当一个氯气分子遇到了两个钠分子，它们就会化合成两个全新的分子——氯化钠分子。

⊙ **化学元素周期表**

原子序数（与原子核内质子数相同）　8　O　氧　元素符号　元素名称

所有已知的元素都在元素周期表中排列出来。该元素周期表是根据元素的特性和质量进行排列的。最轻的元素位于左上方，而最重的元素位于右下方。不同的颜色代表不同类型的元素。例如，所有惰性气体都显示为青绿色（右边第1列），这一列的每一种元素都是极为稳定的，这意味着它们极难和其他元素发生反应。

1 H 氢																	2 He 氦
3 Li 锂	4 Be 铍											5 B 硼	6 C 碳	7 N 氮	8 O 氧	9 F 氟	10 Ne 氖
11 Na 钠	12 Mg 镁											13 Al 铝	14 Si 硅	15 P 磷	16 S 硫	17 Cl 氯	18 Ar 氩
19 K 钾	20 Ca 钙	21 Sc 钪	22 Ti 钛	23 V 钒	24 Cr 铬	25 Mn 锰	26 Fe 铁	27 Co 钴	28 Ni 镍	29 Cu 铜	30 Zn 锌	31 Ga 镓	32 Ge 锗	33 As 砷	34 Se 硒	35 Br 溴	36 Kr 氪
37 Rb 铷	38 Sr 锶	39 Y 钇	40 Zr 锆	41 Nb 铌	42 Mo 钼	43 Tc 锝	44 Ru 钌	45 Rh 铑	46 Pd 钯	47 Ag 银	48 Cd 镉	49 In 铟	50 Sn 锡	51 Sb 锑	52 Te 碲	53 I 碘	54 Xe 氙
55 Cs 铯	56 Ba 钡		72 Hf 铪	73 Ta 钽	74 W 钨	75 Re 铼	76 Os 锇	77 Ir 铱	78 Pt 铂	79 Au 金	80 Hg 汞	81 Tl 铊	82 Pb 铅	83 Bi 铋	84 Po 钋	85 At 砹	86 Rn 氡
87 Fr 钫	88 Ra 镭		104 Rf 𬬻	105 Db 𬭊	106 Sg 𬭳	107 Bh 𬭛	108 Hs 𬭶	109 Mt 鿏	110 Ds 𫟼	111 Uuu *	112 Uub *						
			57 La 镧	58 Ce 铈	59 Pr 镨	60 Nd 钕	61 Pm 钷	62 Sm 钐	63 Eu 铕	64 Gd 钆	65 Tb 铽	66 Dy 镝	67 Ho 钬	68 Er 铒	69 Tm 铥	70 Yb 镱	71 Lu 镥
			89 Ac 锕	90 Th 钍	91 Pa 镤	92 U 铀	93 Np 镎	94 Pu 钚	95 Am 镅	96 Cm 锔	97 Bk 锫	98 Cf 锎	99 Es 锿	100 Fm 镄	101 Md 钔	102 No 锘	103 Lr 铹

奇妙的化学变化

我们所生活的世界每天都在发生变化，这其中包括物理变化，也包括化学变化。物理变化就是只改变物体的大小、位置、形状等因素，比如，把书包从学校带回了家，书包的位置发生了变化，就是物理变化。把一块橡皮掰成两半，是它的大小和形状发生了变化，也是物理变化。

而化学变化则要求物体本身性质的变化，并且在化学变化的过程中，必须要有新物质生成。比如，如果将铁锹长时间放在外面，被雨淋到以后，上面就会长出铁锈，这其中有新物质生成，所以就属于化学变化。

知识档案

水果催熟是怎么回事

其实，当果实开始成熟的时候，果肉本身就会产生一种叫作乙烯的气体，它可以将水果催熟。但是，如果要将水果运输到外地，已经熟透的水果就很不方便，尤其是像香蕉、柿子等容易腐烂的水果。所以对于要运输的水果，果农采取的办法就是不等它完全成熟就先摘下来，然后再运到销售地，这时再对它们进行催熟。催熟的具体办法就是将它们放在密闭的房间内，然后放进乙烯气体，这样，水果就可以很快成熟了。

其实在我们的生活中，化学变化的例子非常多，从最高等的动物——人类，到大自然中的植物，再到我们的日常用品，都可以找到化学变化的踪迹。比如说我们食用食物来为我们提供能量，这就是发生在我们体内的化学变化；植物通过吸收空气中的二氧化碳来进行光合作用，并释放出氧气，这就是发生在植物体内的化学变化；还有我们经常用到的洗涤剂、肥皂，包括我们小时候的玩具等，都是通过化学变化制成的。

化学变化不仅在我们的生活中非常重要，在现代化的工业生产中也是必不可少的。比如说金属的冶炼、合成橡胶以及合成纤维的制作、塑料、水泥、涂料、燃料、现代化的玻璃等，都离不开奇妙的化学变化。但是，我们也应该清楚，化学变化必须是在一定的条件下才能进行的。比如说植物要进行光合作用，就必须在光照的条件下进行，如果没有阳光，这种化学变化也就无法进行。再比如说金属的冶炼，必须在很高的温度下才能进行，如果达不到这个温度，也是无法进行冶炼的。

有一种物质可以促使化学反应的发生，这就是催化剂。催化剂是非常神奇的，它可以使在正常情况下反应缓慢甚至不能反应的两种物质发生剧烈的化学反应。很多物品都是在催化剂被发现以后才生产出来的，比如说合成纤维、合成橡胶、塑料、农药等。催化剂不是只有一种，不同的化学反应，所需要的催化剂也不同，而且也不是所有的反应都需要催化剂。

⊙烟花的燃放是其内部的物质遇高温发生化学反应，伴随着发光发热的现象。

物质的状态

既然我们所生活的世界是由物质组成的，那么物质在地球上存在就必然有它的存在形式。物质的存在形式有很多种，但是总体来说，都可以归结为三种表现形态，那就是固态、液态和气态。对于物质的这三种状态，我们应该并不陌生，在前面的物理科学中我们也曾提到过，而且在我们的生活中，这三种状态的物质也是随处可见的。

你们能说出在周围的物质中，什么是固态、液态和气态的吗？

我们的桌椅、书本都是固态的，水是液态的，水蒸气就是气态的。

那你们知道它们之间的区别吗？气体和液体都是流体，它们都是可以流动的，而固体不能流动。

确实是这样的。气体是最不安分的，它不仅非常容易流动，而且它没有固定的形状，你把它装入什么容器，它就是什么形状，因为它总是可以充满整个容器。液体则要稳重一些，它虽然也容易流动，但是对于一定量的液体来说，它的体积是不变的，它不会像气体那样充满整个容器。不过液体也没有固定的形状，它总是随着容器的改变而改变自己的形状。最稳重的还是固体，因为它不能流动，所以它总是安安分分地呆在那儿，如果你不去挪动它，它是绝对不会自己跑掉的。而且固体也都有自己的形状，只要你不去破坏它，它就永远都保持原形。幸好世界上还有固体，否则真是要天下大乱了。如果我们的房屋、学校、马路等全都变成液体或气体的，那我们应该怎样生活呢？

固体、液体和气体这三种物质之间还有一个非常明显的区别，那就是分子间的距离。气体分子之间的距离最大，所以气体很容易被压缩；液体分子之间的距离次之，表现为凝聚状态；固体分子之间的距离最小，它们排列得很紧密，而且固体分子之间的吸引力要比液体和气体大得多。所以要破坏固体本来的形状，我们需要对它施加很大的外力。

当然，固体也不是一成不变的，只是它并没有液体和气体那样善变。但是在一定的条件下，固体也会发生变化，而且还可以变成液体，甚至是气体。

虽然说固态、液态和气态是物质的三种主要表现形态，但这并不能说明物质除了这三种状态，

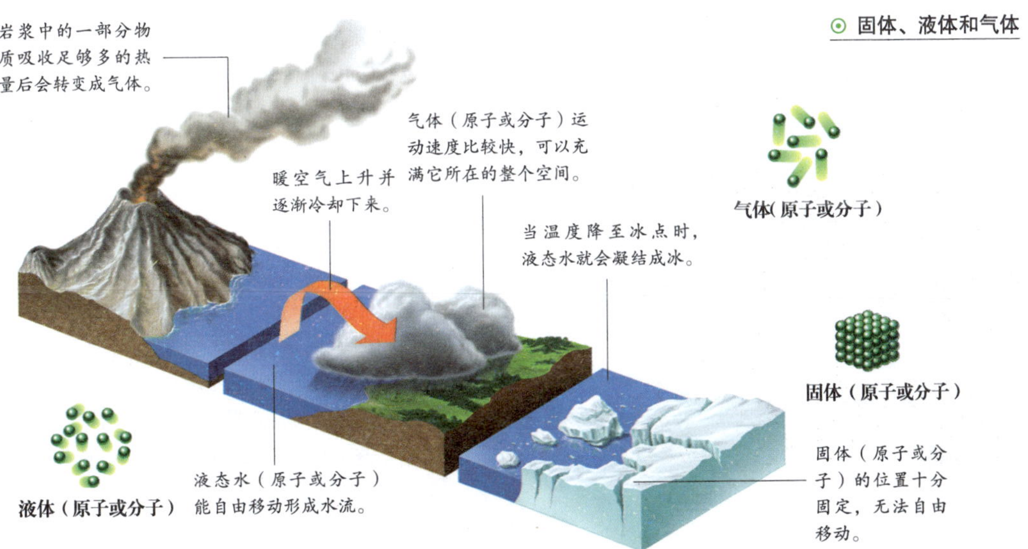

⊙ 固体、液体和气体

就没有其他的状态。等离子体就是一种不同于这三种状态的物质状态，所以也将它称为物质的第四状态。它是由带正电和带负电的离子组成的，其中也包括一些中性的原子和分子。我们前面所提到的极光现象，就是天然的等离子体辐射现象。日光灯中发光的电离气体，则是人造等离子体。

晶体和非晶体

固体可以分为晶体和非晶体两类。晶体有一定的熔点，它的分子结构是十分规则的立方体结构；而非晶体则没有固定的熔点，它的分子结构有点像液体的分子结构，所以也有人叫它流动性很小的液体。在 20 世纪 80 年代，人们又发现了一种人工合成的固体——准晶体，它的结构介于晶体和非晶体之间。

⊙ 钻石是目前所知自然界中最硬的物质，其内部排列是一种由碳原子紧密结合而形成的规则的立方体结构。

晶体可以在固定的温度下融化成液体（晶体融化时的温度就叫熔点），而非晶体是没有这样的温度的。随着温度的升高，非晶体逐渐变软，最后完全变成液体。因为非晶体在加热之后很容易变形，所以我们可以用玻璃、塑料等非晶体制造出各种各样的工艺品。

金属元素

打开元素周期表，你就会发现，在众多的元素中，金属元素占了绝大部分。如果你不认识哪些是金属元素，那就教你一个最简单的办法，一般来说，带有金字旁的元素都是金属元素。在已经发现的 118 种化学元素中，金属元素就占了 80 多种。而且，金属元素在我们的生产生活中也占有非常重要的位置。

仔细观察身边的事物，你就会发现金属真的是无处不在。比如说工厂里的机械设备，都是用钢铁制成的；在城市中随处可见的铁皮房，是用镀了锌的铁板制成的；我们房屋里面的门窗，是用铝合金制成的；我们厨房里的菜刀，是用不锈钢制成的；电路中的导线，一般都是用铜制成的；还有现代的超音速飞机，也是用金属钛的合金制成的。

⊙ 钢铁可以用于制造诸如汽车框架等坚固的支撑结构。

为什么金属元素会得到如此的厚爱呢？这当然是因为它们良好的性能了。大多数金属都具有延展性，所以你可以把它拉成 根金属丝，也可以把它压成薄片；金属也具有很强的可塑性，在一定的条件下，你可以把它塑造成各种各样的金属制品；金属还具有良好的导电性和导热性，所以我们生活中的锅、导线等物品都是金属的。为什么金属具有导电性和导热性呢？因为金属里面的自由电子在外加电场的情况下，就可以定向移动，形成电流，这就是金属导电的原因；而且自由电子还可以与周围的金属原子和离子进行能量交换，所以当金属的一部分受热时，自由电子会很快将热量传递给周围的金属原子和离子，使整块金属都热起来，这就是金属导热性好的原因。

有一类金属非常特殊，它们具有很强的放射性，所以必须要在特殊的容器内进行保存。这类金属可以自己放射出 α、β 和 γ 射线，或者是发生核裂变反应，这样的金属我们就叫它放射性金属，比如铀、镭。它们所放出的射线在石油勘探等领域有很广泛的应用，而且还可以用来治疗恶性肿瘤。但是这种射线对正常人是没什么好处的，因为它会破坏人体的正常细胞，所以你最好离它远点儿。说起放射性元素，我们就必须要提起一个人，因为她不仅是放射性元素的发现者，而且更是将自己的一生都放在了放射性元素的研究工作上，她就是伟大的法国化学家——居里夫人。这是一位非常了不起的女性，她曾经两次获得诺贝尔奖，这在历史上是非常少见的。

金属元素不仅遍布我们生产生活的各个领域，就连我们人体本身，也是离不开金属元素的。有一些金属元素是我们人体不可或缺的，如果缺少了这些元素，就会直接影响我们的健康，导致疾病的发生。比如说缺铁会导致贫血，缺锌会影响儿童发育，缺钙会损害骨骼健康，等等。所以我们可千万不能忽略了这些金属元素，虽然我们对它们的需求量很小，但却依然是不可或缺的。

非金属元素

与金属元素相对的，那就是非金属元素。别看非金属元素的种类没有金属元素那么多，可是它的成员却非常多。毫不谦虚地说，非金属元素是我们所生活的世界最重要的组成部分，它的质量占地球上所有元素总质量的 76%。如果没有了非金属元素，不仅地球上的大部分物质都会消失，就连人类和其他的一切生命物质也都会不复存在，因为构成生物体的主要元素就是碳、氢、氧、氮、磷等非金属元素。

在我们的生活中，非金属元素也发挥着十分重要的作用。我们饮用的自来水，必须要经过氯气的消毒处理才能饮用；我们所摄入的食物，主要是绿色植物以及以绿色植物为食物的家禽和家畜，而绿色植物生长所必需的养料就是氮肥和磷肥；我们身上的衣服，之所以有这么多鲜艳的颜色，就是以硫做染料染成的；我们平常所用的电脑，它的集成电路芯片也是用非金属元素硅制造的。

我们的生命是由非金属元素构成的，我们要延续生命，同样离不开这些非金属元素。比如说我们赖以生存的氧气，是我们一刻也离不开的。我们每时每刻都要从外界吸入氧气，没有氧气，我们就无法生存。硒元素也是人体所必需的微量元素之一，硒对癌症的预防也是非常重要的，它可以破坏人体内的致癌物质。还有一种非金属元素也是我们必不可缺的，那就是碘。缺碘会导致儿童智力低下，并引起地方性甲状腺肿等疾病。

在所有的元素中，氢是最轻的，也许当初给氢元素命名的人就是出于这方面考虑，所以才取名为“氢”的。别看它质量很轻，可是它的地位却一点儿也不轻。因为氢比空气要轻，所以用氢气充满的气球和飞艇可以飞上天。而且氢还是一种很环保的能源，因为它燃烧后会生成水，并不会对环境造成污染。氢在地球上的储备是很丰富的，如果我们能够好好利用，就一定会受益无穷。

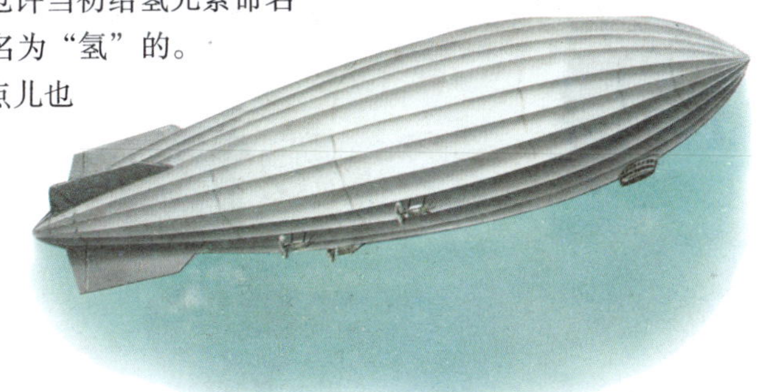

飞艇可以飘浮在空中是因为飞艇里面的气体（如氦气）比外面的空气要轻。

在众多的非金属元素中，最活泼

的一个就是氟了。在常温下，它就可以和几乎所有的元素化合。就连受热以后的黄金也可以在氟气中燃烧。由于氟的化学性质实在是太活泼了，所以在自然界中，我们看不到单体氟，它总是以离子或化合物的形式出现。加氟可以提高产品的性能，比如说含氟的塑料和含氟的橡胶，都具有特别优良的性能。

知识档案

金属元素与非金属元素的区别

非金属元素比较容易得到电子。一般情况下，金属元素最外层的电子数比较少，所以它最外层的电子很容易被掠夺走，最后使其本身失去电子。而非金属元素最外层的电子数比较多，所以它比较容易掠夺其他元素的电子，来满足它本身的需求。

形式多样的碳

虽然每一种元素只有一个化学名称，但是你可千万别以为它们长得都是一个样子。比如说碳元素，它的家族成员就很多。不要觉得碳只能是那种黑乎乎的样子，其实碳也是爱美的，有时也会把自己打扮得很漂亮。虽然它没有孙悟空那么大的本事，有七十二般变化，但是碳的形式也是多种多样的。

铅笔是我们再熟悉不过的东西了，因为我们每天都在用。你们是不是在想，铅笔和碳有什么关系呢？铅笔应该是铅做的才对呀！事实上，铅笔的笔芯是用石墨做成的，而石墨就是碳的存在形式之一。晶莹璀璨的金刚石，单从外表看真的很难把它和碳联系在一起，因为它和我们印象中的碳相差得实在是太多了。不过事实却告诉我们，金刚石就是由碳原子构成的。

石墨的分子结构是一种层状的结构，在同一层中的碳原子结合力比较强，而层与层之间的结合力却比较弱，可以自由地滑动。正是因为石墨具有这一特点，所以我们可以用石墨来制作润滑剂。我们家中很久不用的锁，倒点铅笔屑进去就会特别好开，就是这个道理。而在金刚石分子中，每一个碳原子都被另外的四个碳原子紧紧包围，它们之间以很强的结合力结合在一起，所以金刚石非常坚硬。我们可以用金刚石来切割玻璃，甚至可以在最坚硬的岩石上钻孔。

在碳的家族中，还有一个非常重要的成员，那就是 C_{60}。看它的名字就知道了，它的分子一定是由 60 个碳原子组成的。从外观上看，C_{60} 的分子结构特别像一个足球，所以人们也叫它足球烯。它也可以用来做润滑剂，而且在一定的压力下，它的耐压程度甚至比金刚石还要高。更为重要的是，如果在它的球体内部放入一个钾原子，它又可以成为一个新型的超导体。

⊙ 碳及其化合物的用途极其广泛：汽油燃烧可以驱动车辆；石墨可以作为铅笔芯；钻石是名贵的珠宝；煤炭则是能量的一大来源。

还有更加不可思议的，那就是我们平常所用的高强度的钓鱼竿和网球拍，其实也是由碳制成的。这种碳是纤维状的，所以我们也叫它碳纤维。别看它那么轻，但是它的强度却非常大，据说可以达到钢丝的 8 倍呢！另外，在爱迪生最开始发明电灯的时候，里面的灯丝就是由碳纤维制成的。现在你对碳应该另眼相看了，或者说该为它的神奇多变而鼓掌喝彩了吧！

高分子化合物

高分子化合物是什么？它与一般的化合物又有什么区别呢？如果从字面上看，它应该就是一种由高分子组成的化合物。可问题是我们并不知道什么是高分子！这个所谓的高分子，它又比一般的分子“高”在哪里呢？

⊙ 颜料、纤维以及化妆品等都是人造有机化合产品。

我们已经知道，分子是由原子构成的。构成分子的原子可以是一个单原子，也可以是两种或两种以上的原子。那么高分子是不是由很多种原子构成的呢？事实并不是这样的。构成高分子的原子种类并不多，但是原子的数量却非常多，可达到 100 个以上。所以，高分子要比一般的分子更大，分子量也更大，这就是它的高明之处。

高分子其实是由很多分子量很小的单体聚合而成的，比如说许多乙烯分子聚合在一起之后，就形成了聚乙烯高分子。高分子的聚合有很多种形式，可以是同一种分子聚合在一起；也可以是相同数量的不同单体聚合在一起；还可以是不同数量的不同单体聚合在一起。分子聚合以后，所形成的高分子兼具各种单体的优点，所以高分子的用途很广。金属合金的性能要比单一的金属好得多，原因就在于此。

由高分子所组成的物质，我们就叫它高分子化合物。生活中有很多天然的高分子化合物，比如说纤维素、蛋白质、蚕丝、淀粉等，也有很多以高分子化合物为基础的合成材料，比如说塑料、橡胶、尼龙、涂料等。高分子化合物对我们人体的贡献也是很大的，它可以制成人工角膜、人工骨骼、人工皮肤等，这样就可以替换人体内损坏的组织和器官了。

高分子的内部结构是什么样的？与一般的分子又有什么不同呢？如果说一般分子的结构像一个小球，那么高分子的结构就像是一条长链，将这些小球连在了一起。高分子之间存在引力，每条长链不仅各自卷曲，而且还与其他的链互相缠绕，所以高分子化合物既有一定的强度，又具有不同程度的弹性。

我们所用的高分子化合物是怎么制成的呢？作为材料的高分子化合物是由低分子化合物聚合而成的。这些低分子化合物是以煤、石油、天然气等为原料制成的，它们形成高分子化合物有两种方式：一种是加聚，一种是缩聚。加聚就是将这些单体相互加成，结合为高分子化合物；缩聚是这些单体相互缩和，在生成高分子化合物的同时，还会生成其他的低分子化合物。

爆炸和燃烧

爆炸和燃烧也是化学反应吗？没错，化学就是喜欢到处捣乱，时不时还会给我们制造一些麻烦。爆炸就是一种非常可怕的现象，因为它会夺走我们的生命，即使是轻微的爆炸，也足以把我们吓得半死。如果你不幸见识到这种场面，保证你会终生难忘。

不过，我们也不能把所有的爆炸都算到化学的头上，因为有些爆炸跟它并没有什么关系，而是由物理变化引起的。比如说压力容器由于压强突然增大，使高压气体迅速膨胀，就会造成爆炸，这样的爆炸就是物理爆炸。而化学爆炸则是由化学反应所释放的能量引起的，比如说炸药的爆炸。还有一种爆炸，它的杀伤力更强，它甚至可以将一座城市在顷刻间夷为平地，这就是更为可怕的核爆炸。核爆炸是由于物质核能的释放所引起的，比如说原子弹的爆炸就是核爆炸。

如果有人告诉你说，面粉也会爆炸，你可能会觉得这是一件非常不可思议的事——我们平常所吃的面粉怎么可能爆炸呢？而实际上，面粉厂的爆炸却是屡见不鲜的。实验证明，当干燥的面粉悬浮在空气中，并且周围的环境达到激烈燃烧的条件时，就会发生爆炸。首先，面粉在空气中需要达到一定的浓度；其次，要达到一定的温度。面粉的爆炸温度只有 400℃，相当于一张易燃纸的点火温度。所以在面粉车间，是很容易发生爆炸的，必须要严禁烟火。

⊙ 森林火灾的原因很多，比如闪电和人为纵火等，甚至是太阳光被一个空瓶子聚焦升温都可以引发森林火灾。大火在森林中通常以每分钟两千多米的速度蔓延。消防队员不得不借助直升飞机来喷水灭火。有些森林火灾能持续好几个月，会造成非常严重的损失。火灾会让森林附近大量的房屋被摧毁，方圆数千米的空气被污染。

燃烧虽然不像爆炸那样猛烈，但它也是一种剧烈的化学反应，而且燃烧所持续的时间更长。说起燃烧，我们就会想起那熊熊的烈火。大火对我们的生命和财产安全都构成了极大的威胁，所以我们一定要安全用火，避免火灾的发生。

物质为什么会燃烧呢？燃烧必须要具备一定的条件，只有这些条件都具备了，燃烧才会发生。首先，必须要有可燃物，也就是可以燃烧的物质；其次，必须要有助燃物，也就是燃烧的环境；最后，必须要使可燃物达到燃点，也就是可以燃烧的温度。这三者缺一不可，少了任何一个条件，都无法燃烧。通常所说的助燃物指的都是氧气，因为一般的物质都是在氧气中燃烧的。但是也有例外，比如说氢气可以在氯气中燃烧，镁条可以在二氧化碳中燃烧。

庞大的有机家族

有机家族指的就是有机化合物的大家庭，这可是一个十分庞大的家庭，目前已知的成员就有将近 600 万种。那么，这个大家族中的成员都有什么共同点呢？我们又怎么判断它是不是有机家族的成员呢？其实，有机化合物都含有碳元素和氢元素，此外，还通常含有氧、氮、硫、磷等元素。在我们的生产和生活中，到处都可以见到有机物，像我们所熟悉的蛋白质、淀粉、脂肪、石油、橡胶等都是有机物，所以说它和我们的关系是非常密切的。下面就给大家介绍几个有特色的有机家族成员吧。

⊙ 工业上常用含糖的物质发酵来生产乙醇（主要是酿酒）。

1. 有毒的甲醇

甲醇是一种无色透明的液体，能够溶于水等有机溶剂，且带有类似酒精的气味。你可千万不要被它的表象所蒙蔽，其实甲醇是有毒的，不管是吸入还是误服，都会使人产生中毒反应。中毒者可出现头晕、恶心、视力下降等症状，严重者甚至可以造成失明。我们所听到的假酒中毒事件，其罪魁祸首就是甲醇。有些人为了追求经济利益，用工业酒精兑水来冒充饮用酒，而工业酒精中是含有甲醇的，结果使很多无辜的人受到了伤害，造成了无法挽回的损失。

2. 真正的酒——乙醇

乙醇是以谷物、薯类、果类等物质为原料，经过发酵而酿成的。乙醇也就是我们所说的酒精，食用乙醇经过加水勾兑以后就可以成为醇香的美酒。但工业乙醇却完全是另外一回事，它是以低级烃为原料，在不同的条件和催化剂作用下合成的，成本比较低廉。工业乙醇虽然是重要的工业原料，但是却不能用来配制饮用酒，因为其中都含有不同浓度的甲醇。

3. 神通广大的乙烯

大家对于乙烯一定不陌生，因为我们在前面曾经提到过它，就是那个催熟果实的气体。乙烯非常活泼，所以它也最善于变化，也有人戏称它是化学王国中的“孙悟空”。当它遇到其他的化合物时，很容易与它们发生反应，转变成另一种化合物。比如说乙烯在遇到水的时候酒会变成酒精，与氯化氢相遇又会变成一种镇痛药，乙烯分子之间也可以聚合成聚乙烯，等等。总之，乙烯的各种化身都可以为我们所用，所以我们说它神通广大也是名副其实的。

4. 芳香的苯

苯是一种无色、带有芳香气味的液体，所有与苯结构相似的有机化合物都带有强烈的芳香味，所以也将它们称作芳香族化合物。不过你可千万别贪恋苯的香味，虽然它不会像迷香一样把人迷倒，但是它也是有毒的，而且对人体的危害更大。如果经常接触苯，就会使皮肤因为脱脂而变得干燥，还有可能出现过敏性湿疹，长期吸入苯甚至可以造成再生障碍性贫血。由于苯具有挥发性，所以我们一定要注意远离它。

无色无味的空气

我们人类要生存下去，就不能离开空气。也就是说，你必须一天 24 个小时都让它紧紧跟着你，一刻也不能离开，即使在你睡觉的时候，也绝不能给它放假。我们的地球之所以有这样舒适的环境，空气的功劳绝对要记上一大笔。没有了空气，地球也会变得一片荒凉，地球上的所有生命也就全都不存在了。

虽然我们每个人都知道空气对于我们的重要性，可是却没有人见过它的真实面目，也没有办法跟它说一声谢谢。我们每天都生活在空气之中，可是我们既看不到它，也摸不着它。也就是说，我们根本就感觉不到它的存在。

意大利的科学家伽利略曾做过一个实验：用天平称出一个灌足了空气的玻璃瓶的重量，然后再把玻璃瓶上的活塞打开，他发现玻璃瓶的重量变轻了。这个实验就说明了空气是有重量的，也说明了空气其实也是一种物质。后来，他的学生也用实验证明了空气是有压力的。

既然空气是一种物质，可为什么它的重量和压力我们都感受不到呢？难道它没有对我们产生压力吗？当然不是。事实是这样的：空气不仅对我们的身体产生了压力，而且还产生了很大的压力，但是由于它压在我们身体外部和身体内部的力是相等的，所以我们是感觉不到这种力的存在的。

空气的主要成分有氧气、氮气、二氧化碳、水蒸气、氢气和稀有气体，其中氮气和氧气差不多占 99%，剩下的气体共占 1%。

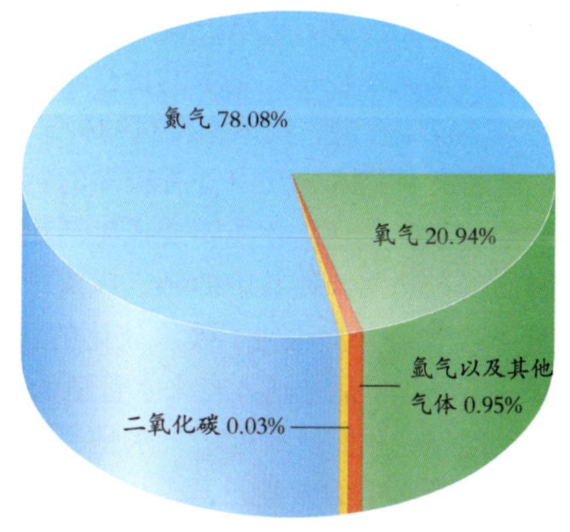

⊙ 空气是一种混合气体，包裹在地球的周围。地球是太阳系中唯一一颗有空气存在的行星。

为什么氮气和氧气占那么大的比例呢？这主要是由自然界经过长期的变化所形成的。在很久以前，地球上是没有绿色植物的，大气的主要成分是一氧化碳、二氧化碳、甲烷和氨。后来，出现了绿色植物，它们要进行光合作用，就要吸收二氧化碳，并释放出氧气，而氧气又可以将一氧化碳氧化成二氧化碳，将甲烷氧化成水蒸气和二氧化碳，将氨氧化成水蒸气和氮气。这种化学反应一直进行下去，空气中的二氧化碳越来越少，氧气逐渐增多，最后就变成了现在的样子。

生命之水

水是地球重要的组成部分，也是地球上分布最广的物质，70%以上的地球表面都是被水覆盖着的。而且你们知道吗？人体内也含有大量的水，如果没有水，人类以及其他的生命物质都没有办法生存。我们可能都有这样的体会，没有水喝比没有饭吃更让人难受。如果我们体内缺水，还会导致各种疾病呢！所以说人们经常把水称为“生命之水”。

⊙ 植物生存和生长都需要水。雨林里之所以生长着大量的植物和动物，是因为每年的雨水都特别充足。在整个生态系统中，任何生物群体都不是孤立的，它们总是相互联系相互作用着。

我们在前面已经提到过，水有三种状态。常温下的水是液态的，当温度到达0℃时，液态的水就会转化成固态的冰；当温度达到100℃时，液态的水又会转化成气态的水蒸气。正是因为水有这三种存在形式，所以大自然中的水才可以循环利用。太阳的热量使江河湖海中的水变成水蒸气蒸发到天空；在天空中，水蒸气遇冷又凝固成云；云不断聚积便形成了降雨，这样就又使水回到了地面，完成了水的循环。

一个水分子是由两个氢原子和一个氧原子所构成的，但是在自然界中，却很少存在真正纯净的水。我们通常所说的水都是酸、碱、盐等物质的溶液，人们经常把蒸馏水看成是纯净水，但实际上，蒸馏水也不过是相对意义上的纯净水，其中也是不可能绝对没有杂质的。纯净水之所以罕见，是因为水是一种非常好的溶剂，很多物质都可以溶解在水里，这也是水容易被污染的主要原因。不过，水良好的溶解性也给我们的生活带来了很多方便，我们可以用它冲咖啡、泡茶、做汤等。

水可以分为重水和轻水，它们之间的主要差别就在于组成水分子的氢原子不同。组成重水的氢原子比普通的氢原子多一个中子，所以比较重，称为重氢，由它与氧结合成的水就是重水。普通的水就是轻水。重水的价格十分昂贵，是原子反应堆中最好的减速剂。但是在重水中的鱼类是不能生存的，用重水浸过的种子也不能发芽。

还有一种水，其中含有较多的钙、镁离子，我们叫它硬水。硬水是不能直接饮用的，必须要经过软化处理，才能转变成生活用水。硬水是怎么软化的呢？这就需要让硬水流经一种叫作沸石的矿物质，使其中的钙、镁离子与沸石中的钠离子互相交换，这样就可以使水中的钙、镁离子大大减少，达到了硬水软化的目的。我们家中的自来水，则是将自然界中的水经过过滤、消毒等处理以后才送入自来水管道的。

此外，我们所喝的矿泉水是一种非常有益于人体健康的饮用水。因为在矿泉水中含有很多种人体所必需的微量元素，如果人体缺乏这些元素，就会导致各种疾病。矿泉水可以为人体提供这些必需的元素，所以具有很好的保健效果。

第三章 古怪的生物学

第一节　动物世界的众生百态

动物的种类

一般而言，人们一提起动物就会想到哺乳动物，其实动物还包括爬行动物、两栖动物、鱼类、鸟类。科学家按照动物的形态结构，把动物分成脊椎动物和无脊椎动物两大类，然后将动物按门、纲、目、科、属、种等单元一一区别开来。具有最基本、最显著的共同特征的生物被分成若干群，每一群即一门。科学家据此将动物分成原生动物门、海绵动物门、腔肠动物门、线形动物门、扁形动物门、脊椎动物门、环节动物门等 20 余门。门以下为纲，纲是把同一门的生物按照亲缘关系和彼此相似的特性而分成的群体。同一纲的生物按照彼此相似的特征分为几个群，叫作目。同一目的生物按照彼此相似的特性所形成的群体则为科，如鸡形目有雉科、松鸡科等。科下面是属，是同一科的生物按照彼此相似的程度结合而成的群体，如猫科有猫属、虎属等。属下面是最小的类群——种，又叫物种，是动物分类最基本的单元，如科来特猫是猫属中的一种。随着科学技术的发展，科学家们还运用胚胎学、数学、生物化学等方法对动物进行分类，以便更好地研究自然界。

⊙ 地球上的动物是形形色色的，不同环境中生活的动物具有不同的生活习性、繁殖特性和适应性。

在动物界中，尽管脊椎动物只占一小部分，但却是最高等的类群，主要包括鱼类、圆口类、两栖类、哺乳类和爬行类。大约 5 亿年前，生活在海底泥层中的一种像虫一样的小型动物逐渐进化成最初的脊椎动物。脊柱、四肢、感觉器官和大脑组成了典型

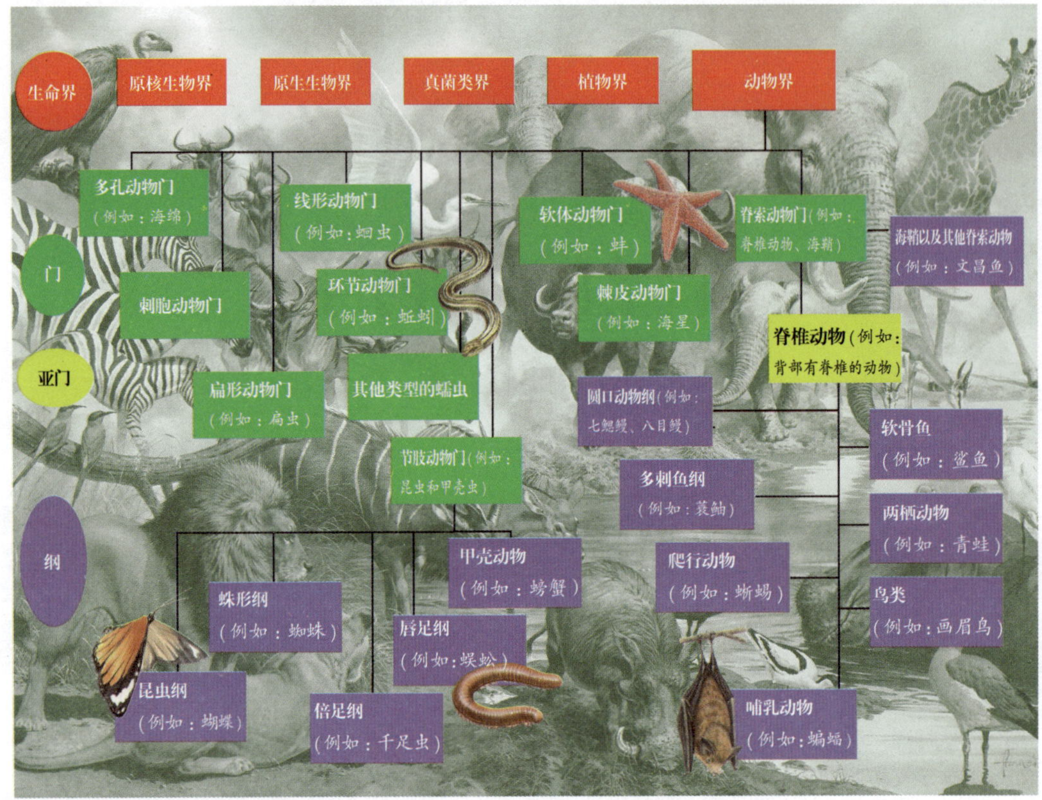

⊙ 动物分类学是识别动物种类，研究动物系统的科学。分类学在很多方面都起着非常重要的作用，例如它可以帮助人们确定哪些动物与早已灭绝的恐龙具有最相似的特征。

的脊椎动物。脊椎从颈部延伸至尾部，由许多相互连接的块状椎骨组成，可以保护从脑至全身的神经组织。感觉器官集中在头部，其作用是帮助动物觉察危险，寻找食物和配偶。多数脊椎动物有四肢，有的四肢演化成鳍，有的则演化成腿、上肢或翅膀，包括蛇类在内的许多脊椎动物已经没有了外肢的痕迹。脊椎动物的大脑一般都比较发达，其中以哺乳类动物尤为突出。

脊椎动物按照不同的标准，可以分成不同的类别。如果以在胚胎发育中有无羊膜来看，圆口纲、鱼纲和两栖纲为低等动物，其他的为高等动物；若以变温和恒温来区分，鸟纲和哺乳纲等恒温动物属于高等动物，爬行纲以下的变温动物属于低等动物。在大多数情况下，高等动物专指哺乳动物，鸟纲以下的为低等动物。

相对于上述的高等脊椎动物而言，无脊椎动物是低等的，但种类繁多、数量庞大的无脊椎动物形成了一个巨大的多样化的物种体系。从理论上分析，世界上的任何地方都生活着无脊椎动物。在全世界约 1000 万种生物当中，90% 以上是无脊椎动物。许多科学家还提出，目前尚未发现的无脊椎动物大约为 1500 万种。这类动物并没有什么共同特征，仅仅靠血缘关系而互相结合。有些无脊椎动物是为人们所熟知的，如昆虫、蜗牛等；有些则是难以觉察的，生物学家甚至无法给它们命名。无脊椎动物通常集中在海洋里，它们有的具有庞大的躯体，如巨型枪乌贼有 18 米长；有的体型则十分微小，随洋流四处漂泊。除海绵外，几乎所有的无脊椎动物的躯体都具有对称性，有的呈辐射对称，有的呈双边对称。另外，许多无脊椎动物的躯体是由一些分离的环节构成的，这就使得它们能改变自己的形状，并以复杂的方式运动。如蚯蚓在每一环节里都有分离的肌肉，它可以通过协调肌肉的收缩在土壤里蠕动。

动物世界中最大的群系是节肢动物，主要包括昆虫、千足虫、蜘蛛、螨、甲壳以及造型古怪的鲎和海蜘蛛。所有的节肢动物的躯干都是由一排节环构成的，外面由一层外生骨骼或角质层覆盖着，并长有带关节的腿。

脊索动物中的海鞘、柱头虫、文昌鱼等，属于中间类型，兼有无脊椎动物和脊椎动物的特点。

一般而言，同一类群的动物具有比较近的血缘关系。而不同类群之间的动物，有的亲缘关系比较近，有的则比较远。例如海绵这种最简单的有机生物，虽然它属于多细胞生物，却有着与单细胞生物相似的行为特征。它们的躯体是由两层细胞构成的，变形细胞很多，体壁细胞具有多种功能，因此可以说多细胞生物与单细胞生物具有较近的亲缘关系。而那些形态差异比较大的生物，其亲缘关系就比较远。动物的亲缘关系，实际上就是动物的演化关系。曾有科学家根据亲缘关系的远近，将各门动物的关系排列成“系统树”，树的上方是高级的哺乳类动物，下方则是原生的单细胞生物。从这棵树上，人们可以清楚地看到物种在历史长河中的进化步伐，有助于我们了解自然界的奥秘。

聪明的动物

动物也有感觉吗？如果你曾经仔细观察过身边的动物，就一定不会产生这样的疑问。事实上，动物不仅有感觉，而且它们的感觉还很灵敏呢！它们甚至可以感觉到人类无法察觉的事情，比如说地震。尽管我们现在有种种精密的测量仪器，但却还是没有办法准确地预报地震。可是一些动物却可以准确地感知地震，在地震发生前，如果你家里有小狗，就会发现它开始躁动不安地乱叫，这就是在向你传达地震将至的信号。

每一种动物都有其独特的感觉，而且都是特别灵敏的。比如说狗的嗅觉特别灵敏，比我们人类要灵敏百万倍；鹰的视觉特别灵敏，它可以在三万多米的高空清楚地看到地面上的一只兔子；蝙蝠的听觉特别灵敏，它甚至可以听到昆虫的脚步声；海豹的触觉特别灵敏，它可以用胡须感受到其他动物的微小运动；鲶鱼的味觉特别灵敏，它的舌头上有 10 万个味蕾，而我们人类只有区区 8000 个。

为什么动物有这些奇特的感觉呢？其实，在地球上生存的每一种动物，都必须有适应生活环境的感觉能力，这是自然选择的结果。如果它们不具备这样的能力，就不可能逃脱灭绝的命运。听了这些你是不是有些失望呢？因为所有的一切都证明了我们人类并不是这个世界上最优秀的生存者。但是也不要太失望，至少到目前为止，我们还没有发现比人类更聪明的动物。

动物也有智商吗？它们也具备思考问题和分析问题的能力吗？如果你曾经看过马戏表演，就一定会说这是真的。不过，这些动物们其实并没有我们想象中的那么聪明。我们都知道，有些动物可以进行数学运算，可这是它们经过逻辑推理得出的结论吗？事实并不是这样的。它们凭借感觉器官去识别信号，而这几乎

⊙ 通过排成“V”字形飞行，大雁可以将迁徙过程中耗费的能量降到最低。每只鸟都利用前一只鸟产生的滑流来减少消耗，并且它们轮流充当领头鸟。

都要在它们主人的帮助下才能完成。不过我们仍然要说它们是很聪明的，因为它们可以识别很多信号，包括主人的姿势、图片的内容等。

如果你曾训练过家中的宠物，就一定深有体会。当你要它做一件事的时候，如果它完成得很漂亮，你就会马上赏给它一块蛋糕。而当你再次让它做同样的动作时，它当然会很听话地照做，因为它在等着你的蛋糕呢！不过，曾经有报道说德国的一条狗可以用算盘来进行珠算，而且经过科学家的鉴定它确实有这种能力，很不可思议吧！

动物也有感情吗？答案是肯定的。它们虽然没有人类的感情那么丰富，可它们也是有喜怒哀乐的，而且通常都会用行动表现出来。比如说猴子在高兴的时候会唱歌，山羊在高兴的时候会跳舞，有些动物在悲伤的时候甚至会流泪。

五花八门的叫声

大自然中的动物是千奇百怪的，而它们的叫声也是五花八门的，几乎每一种动物都有自己独特的叫声。这些叫声究竟是什么意思呢？是它们在向我们传递什么信号吗？还是它们在与同类交流呢？如果我们同意人类是从动物进化而来的观点，那么我们就应该承认动物也是有语言的，它们可以通过这样的语言与同类进行交流。虽然这些语言不同于我们的语言，我们也根本就听不懂，但它确实是存在的。

想一想我们身边的这些小动物，它们是怎么叫的呢？小狗、小猫、牛、羊、鸡等，它们的叫声都是不同的，与我们人类的语言也有着很大的差别，不过有一种动物是很特别的，它的语言我们一定不会陌生，那就是鹦鹉的语言。我们都知道，鹦鹉可以像人一样说话，这让我们兴奋不已，因为我们找到了人类的伙伴，说明我们不再孤单了。不过它的语言似乎仅限于主人教给它的那几句，而且不分时间和地点，永远都只是那几句。

传统观点一直都认为，鹦鹉可以讲人话是一种模仿行为，是条件反射的结果。它们没有发达的大脑，所以不可能懂得人类语言的意义，更不可能运用它们。不过另一种观点则认为事情没有那么绝对。美国的一位心理学家曾训练过一只灰鹦鹉，有一次这只灰鹦鹉对着镜子问："这是什么？"当人们告诉它是灰色的鹦鹉时，它以后便可以认出很多灰色的东西。这就说明了灰鹦鹉在学会语言的同时，也加以了运用，并将它扩大到更广的范围内。

⊙ 一头母狮正趴在一处小山岩上吼叫，可能是在召唤它走失的幼崽。除了标志领地主人的吼叫声之外，狮子可能至少还有另外 8 种叫声，分别表示不同的意思。

长期以来，人们对这一问题一直都争论不休，但始终都没有得出定论。不过，如果有一天我们真的可以通过训练让鸟类懂得人类的语言，那么就可以进行人鸟对话了，也许和鸟说话会更有趣。除了鸟类，其他动物的语言也是很值得研究的，它们的语言虽然和我们不太一样，但只要我们细心留意，就可以听懂它们的语言。事实上，遇到不同的情况时，它们就会发出不同的声音。如果我们能认真揣摩这些声音的含义，就会知道它们要告诉我们什么了。

除了声音，观察动物的表情也是一件很有趣的事情。如果你家里有一只小狗或一只小猫，就可以很明显地感受到。当它们高兴的时候，眼睛会特别有神，并且非常乐意和你玩耍；如果它眼巴巴地看着你，并且紧紧地跟着你的时候，那就说明它饿了，在向你要吃的；如果它在眨眼睛，或者是半睁着眼睛，也不用正眼看你，这就说明它很烦或很困，你最好不要去打扰它；如果它的眉毛向下，可眼睛却睁得很大，这就表示它已经生气了，如果你再惹它，它就要发起攻击了。

惊险的旅程

你们喜欢旅行吗？旅行可以增长见识，开拓视野，最重要的是让人心情愉快，我想没有谁会拒绝这样的诱惑。可是你们知道吗？动物的旅行可没有我们这么舒服自在，它们的旅途可以说是危险重重，甚至随时都可能在旅途中丧生。

你们一定很奇怪，既然在动物的旅途中充满了危险，那它们为什么还是要去旅行呢？你可别把这些动物们想得跟你一样贪玩，它们出去旅行绝不是为了游山玩水，更不是为了逃避假期作业。事实上，动物们的旅行是一种生存需要，它们要去寻找食物、住处或者是配偶。所以，尽管它们都知道自己的旅途很危险，但它们还是一定要去。

⊙ 有些鲑鱼出生于清澈的河流中，它们在那儿生活上 1 ~ 2 年，然后迁往海洋。几年后，它们又回到原来出生的那条河流，产卵繁殖，然后死去。

不要说你的地理学得有多好，也许你的理论基础很扎实，但要论实践，你是绝对没有办法和鸟类相比的。就以我们最熟悉的鸽子为例，它具有非同寻常的飞行力，连续飞行 1120 千米都不会累；它还具有超强的视觉和超声波般的听觉，以及可以分辨方向的大脑，这保证了它们在长期的飞行中不会迷失方向。大雁等很多鸟类每年都要进行几次长距离的迁徙，但它们总是能准确到达目的地，这都是它们与生俱来的本领。所以，在飞行方面，很多鸟类都可以称为地理奇才。

与鸟类相比，其他动物的迁徙似乎要更为艰难，尤其是那些可怜的小动物们。如果在途中遇上了可怕的食肉动物，或者是遇上了扛着枪的人类，那它们就惨了。不管是落入谁的手中，它们都难逃被吃掉的命运。

正是因为动物们喜欢旅行的天性，决定了它们的家总是变来变去，而且它们的家真是很糟糕，如果让你去住，我保证你一分钟都忍受不了。比如说海龟等动物常把家安在下水道里；燕子等动物把家安在房檐下或电线杆上；澳大利亚有一种叫作白树蛙的小动物甚至会把家安在你家中卫生间的水箱里。

只有野生动物才具有迁徙的习性。动物的迁徙主要是受环境的影响，当它现在所处的环境不能满足它的生存需要时，它就会马上搬家。野生动物的迁徙是经常发生的，但是这并不表示我们家中所养的小动物就不具备这样的能力。很多人在搬了家之后，就将家中的小猫留给了邻居，可过了一段时间以后，却往往发现这只可爱的小猫又出现在自己的新家门口。

共生与寄生

动物的生存方式一直都是我们很感兴趣的话题，它们是如何获取食物的？它们是如何躲避外物的侵袭的？它们又是如何适应环境变化的？在自然界中，有很多动物的独立性是很强的，对于上面的一系列问题，它们通过自己的努力就可以解决。但是，也有一些动物，它们的依赖性很强，必须要借助其他动物的力量才能解决困难。今天，我们就来介绍两种特殊的生存方式——共生和寄生。

共生就是共同生存的意思。共生的双方本着平等自愿、互惠互利的原则进行合作，在合作的过程中，双方都可以得到益处，但是也都必须要有所付出，为对方服务。共生者之间是非常友好的，它们在为对方提供帮助的同时，也在享受着对方的服务，这样，共生的双方都可以得到真正的实惠，使它们能够更好地生存下去。这有点儿像当今很流行的一个词——“双赢”，是对双方都有利的生存方式。

在自然界中，存在着很多这样的共生者。比如说在海中的虾虎鱼和虾，它们就是很好的合作伙伴。虾负责挖洞穴，营造它们共同的家。要知道，虾是看不见的，而虾虎鱼就会指引它去寻找食物。如果遇到了危险，它们又会一起逃走。虾将触角吸附在虾虎鱼的尾巴上，这样，它们就可以一起行动了。虽然它们看起来不太般配，不过它们确实相处得很好。再比如说寄居蟹和海葵，海葵通过寄居蟹的运动来扩大取食范围，而寄居蟹也可以利用海葵的刺细胞来防御敌害。总的来说，共生的特点就是互相帮助、互相照顾。

如果说共生的生活方式对双方都是有利的，那么寄生就远没有那么公平了。有一些动物是很懒的，它们从来就不会自己去寻找食物，而是从别的动物那里窃取，这些可恶的家伙我们就叫它们寄生者。那些被它们选中的动物则很不幸地成了宿主，它们无私地为寄生者提供营养物质和居住场所，但是它们本身却得不到任何益处。而寄生者不用付出任何代价，就可以得到自己想要的东西，它们这种不劳而获的行为是非常可耻的，我们现在把一些不能自食其力而总是依靠别人才能生活的人比喻成寄生虫，就是这个道理。

寄生的例子也很多，通常都是原生动物、线形动物等低等动物寄生在高等动物体内。不过也有高等动物寄生的情况，比如说七腮鳗以外寄生的方式寄生在其他鱼类的体外。还有一种更为特殊的寄生，那就是鱼的雄体可以寄生在雌体的腮盖内。总之，共生和寄生都是动物体经过长期的进化所选择的最适应自然环境的生存方式，只有通过这样的方式，它们才能安全地生存下去。

这条小丑鱼躲在海葵触角的保护之下，海葵的触角有着毒刺，但是小丑鱼却并不会触动它们。

动物就餐

动物是怎样进食的？它们也有像我们一样的消化器官吗？它们也有固定的就餐时间吗？我们都知道，动物们的食物跟我们的食物有很大的差别，那么它们的进食方式是不是也与我们完全不同呢？如果你们也对这些问题很有兴趣，那就要听仔细了，千万别走神儿，否则你会错过很多精彩的环节。

⊙ 鬣狗的感觉器官非常敏锐，犬齿、裂齿发达，咬合力更是惊人，是可以嚼食骨头的哺乳动物。

动物们的摄食器官可以说是千奇百怪，但可以肯定的是，它们与我们人类的器官有着很大的不同。比如说长颈鹿用它长长的舌头来卷住树叶；南美的食蚁兽用它带有黏液的舌头来舔食蚂蚁；大象用它长长的鼻子来吸水；青蛙用它的黏舌头将飞虫粘住……动物们的舌头好像特别有用，很多动物都把它当成摄食的工具，好像在这一点上我们人类又输给了动物，因为我们的舌头似乎没有那么灵敏。

回想一下你家里的小猫或小狗是怎么喝水的？没错，它们是用舌头舔的。小猫或小狗的舌头都可以卷成铲形，所以它们可以很轻松地把水卷上来。

可怕的捕食者

在众生百态的动物世界，生存着很多捕食者。如果你饿了，会怎么办呢？我想一定是去厨房看看有什么吃的，或者是去外面的饭店用餐，又或者去超市买点儿自己喜欢的东西来吃。可你知道动物们会怎么做吗？它们会出去寻找猎物，然后再用它们来填饱肚子。如果你在树林里遇到了一只饥饿的老虎，那可就惨了，因为它此刻一定在想怎么把你变成午餐，并且会马上付诸行动。

很多动物都是以捕食其他动物为生的，我们将这些动物称为捕食者。这些捕食者是非常凶残，也是非常可怕的，因为它们的存在，那些可怜的小动物整天都处于担心和忧虑之中，随时都要做好逃跑的准备。更为可怕的是，这些捕食者还充满了智慧，它们可以使用种种手段来诱骗你走入它的陷阱，然后再给你致命的一击。幸好那些凶猛的捕食者都生活在人烟稀少的地方，否则我们真不敢想象会发生什么。

不管是在陆地上，还是在海里，都生存着危险的捕食者。如果说陆地上的老虎和狮子已经让你心惊肉跳，那么在海里的大白鲨也绝不会让你放松，它只会让你的神经绷得更紧。鲨鱼的感觉非常灵敏，它可以感受到水下距自己1.6千米远的物体的运动。更为可怕的是，它还可以感觉到猎物的心跳。虽然心跳只会产生微小的电波，但是鲨鱼却可以感受到它。所以一旦被鲨鱼跟踪，就很难逃脱了。

这些捕食者在面对自己的猎物时，都表现得异常凶残。那么在对待自己的同类，尤其是自己的家庭成员时，它们又会怎样表现呢？说一说威猛的狮子吧。我们都知道，雄狮子要比雌狮子强壮，可是你知道吗？在外面追捕猎物的狮子都是雌狮子，而这些雄狮子却只会待在家里晒

⊙ 世界上最大的潜水高手是重达 50 吨的抹香鲸，可以下潜到 2000 米以下，有能力袭击最大的无脊椎动物——巨型鱿鱼。

太阳。当雌狮子把猎物带回来的时候，雄狮子也是一点儿风度都没有，根本就不管自己的妻子有多辛苦，也不管自己的孩子有多饿，拿起猎物就吃，什么时候它吃饱了，剩下的才会给雌狮子和小狮子吃。看，这是多么无情而又懒惰的丈夫和父亲呀！

这些可怕的捕食者真是让人类很头疼。一方面，大自然需要这些捕食者来维持生态的平衡；另一方面，它们又总是给人类制造麻烦，还有很多人都成了狮子和老虎等动物的美餐。面对这些凶残的家伙，我们应该怎么办呢？这真是一件让人尴尬的事情。目前唯一的办法就是远离它们，给它们足够的生活空间，做到互不打扰，这样它们就不会再袭击我们了。

逃生的本领

如果你是一只小动物，面对随时都可能出现的巨大猛兽，你应该怎样摆脱它们呢？在危机重重的动物世界，你又该如何保证自己的安全呢？当然，任何动物都不会任人宰割，否则它们也不可能活到现在。既然它们能够在这样的环境中生存下来，就说明它们适应了环境，这是大自然选择的结果。也就是说，它们都有着自己的生存法宝，在关键时刻，它们都具备逃生的本领。

说起逃生的招术，动物们可是“八仙过海，各显神通”。面对随时都可能发生的危险情况，它们各有各的绝招，即使没有办法对敌人造成伤害，也会给对方制造很多麻烦，至少让它觉得这顿午餐并没有那么容易得到。

1. 坚硬的盔甲

很多动物身上都穿有坚硬的盔甲，以此来防御敌人的袭击。比如说鼩鼱的体内有一块很硬的脊椎骨，所以即使你用力踩在它的背上，也不会对它造成任何伤害。还有一种叫作犰狳的动物，它的盔甲更先进，不仅外表如钢铁一般坚硬，而且它的整个盔甲还被分成了三段，如果你的手指不小心进入了它的盔甲缝，那你就可能被夹到。犰狳们经常以这种方式来教训那些攻击它们的敌人。

2. 锋利的武器

很多动物还具有锋利的武器装备，不仅可以逃避敌害，而且还可以用来攻击敌人。比如说刺猬的全身都长满了刺，只要它们将身体蜷缩起来，就没有什么敢靠近它们了。有些动物不知道这是什么东西，想要上前去用鼻子闻一下，结果当然是被刺猬的刺扎到了。还有豪猪，它的身上也长满了刺，如果它将刺扎在敌人的身上，就会让敌人很快丧命。

3. 有力的奔跑

有些动物没有办法对付敌人，但是它们是赛跑的冠军，那些贪婪的捕食者根本就不是它们的对手。只要让它们奔跑起来，你就别想追上它。所以，那些捕食者经常被累得气喘吁吁，却什么都没有得到。比如说羚羊，它们奔跑起来的速度可以达到每小时 85 千米，只要让它们及时发现捕食者，就可以很快甩开它们。而那些捕食者也经常在追赶的过程中发现距离越来越远，最后就放弃了追赶。

4. 巧妙的伪装

有些动物既没有防敌的盔甲，也没有攻击的武器，而且还不擅长逃跑，那它们是怎样躲避敌害的呢？原来，它们还有更巧妙的办法，那就是把自己伪装成和所处环境相同的样子，使自己与周围的环境浑然一体，让你根本就发现不了它们。比如说比目鱼就是伪装的高手，它可以根据环境的变化来调整自身的颜色变化，以便能更好地隐藏在环境中。比目鱼之所以能变色，是因为比目鱼的大脑控制着皮肤上色素的扩散和聚集，当外界环境发生变化时，比目鱼为了与环境相融和，就必须要改变身体的颜色搭配，这时大脑就会发出指令，使皮肤的颜色发生变化。正是因为比目鱼的这种特性，才使得它可以成功地避开捕食者的眼球。

动物们还有很多种逃生的本领，比如说在北美洲西部的长角蟾蜍，当遇到敌人袭击的时候，它就会从眼睛往外喷血，以此来吓唬敌人，使其不敢靠近；还有一种虾可以发出刺眼的电光，等敌人的视觉恢复过来时，它早就已经逃走了。总之，每一种动物都有它的逃生本领，即使真的要面对面较量，它们也绝不会束手就擒。有时，动物们也会集体攻击敌人，这时它们往往可以取得胜利，所以说团结的力量是巨大的。

⊙ 大部分有蹄类动物都是很出色的跑步运动员，例如斑马等。有蹄类动物在很小的时候就能够凭借速度优势逃脱其他肉食动物的追赶。

食物链和食物网

食物链的原理就是“大鱼吃小鱼，小鱼吃虾米”。它所反映的是生物之间吃与被吃的关系，将这些生物按照食物营养关系排列起来，这样就构成了食物链。很多食物链都是以植物为起点的，然后是食草动物，小型食肉动物，最后再到大型的食肉动物。当然，每种动物的食物都不是单一的，所以各个食物链之间就一定会有所交叉，将相互关联的食物链连接起来，就构成了食物网。

如果你觉得上面的表述让你晕头转向，那也不要急，看了下面的例子，你就会完全清楚了。用下面的几种生物组成食物链，看看你能组成几条？植物，兔子，老鼠，昆虫，蜥蜴，鸟，狐狸，鹰，蛇。

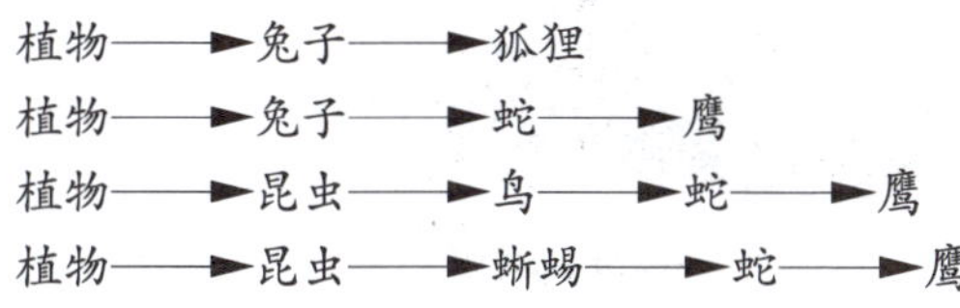

如果我们将这些食物链连接起来，就可以组成食物网。看，下面就是由这几条食物链所组成的食物网。

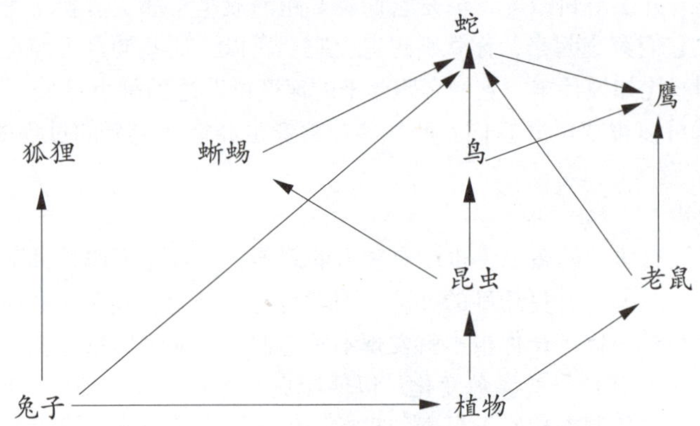

自然界中的食物关系是非常复杂的，如果你认为我们所列的食物网很复杂的话，那可真是小题大做了。实际上，这个食物网是非常简单的，因为它所涉及的生物非常少，如果将所有的生物都加在一起，那将会组成一个多么庞大的食物网呀！

通过食物网，我们就应该明白，这些捕食者虽然很凶残，但它们的存在是具有非常重要的意义的，因为它们维持了生态的平衡。捕食者通常位于食物链的上层，如果它们消失了，就会使整个食物网都遭到破坏。比如说狐狸如果灭绝了，那么最高兴的当然是兔子，可是兔子的高兴也是暂时的。随着狐狸的消失，兔子的数量开始增加，这就会使植物越来越少，到最后，兔子也会因为没有植物可吃而挨饿。而对于鸟类、昆虫等依靠植物生存的动物来说，这也无疑将是一场巨大的灾难。

所以说，大自然的选择是很英明的，它在无形之中维持了生态的平衡，让各个物种可以不断地繁衍下去。尽管我们都觉得那些捕食小动物的猛兽很残忍，可这是维持生态平衡的需要，是不可避免的。

⊙ 食物链

生物体需要能量。植物把光能转化成自己的食物。昆虫和草食动物以植物为食，同时又成为其他肉食动物的猎物。生物体死后，会腐烂分解，成为植物的养料。能量就通过这种方式在食物链中传递的。同一种可以属于不同的食物链。不同的食物链交叉构成食物网。

养育后代

你们知道动物是如何养育后代的吗？动物的家庭又是如何建立的？它们的家庭关系如何？如果你是一只动物，你会选择什么样的方式去组建自己的家庭呢？当然，我们首先要找到自己的另一半，也就是找到与我们共同组建家庭的伙伴，只凭我们自己是无法建立一个家的。那么，动物们是怎样去寻找配偶的呢？不要以为求爱是我们人类的专利，其实，动物们也是懂得求爱的，而且它们的求爱方式更特别。雄性动物会通过各种各样的手段来博得雌性动物的欢心，比如说雄孔雀会展示它美丽的羽毛来讨好对方；雄性的珠颈斑鸠会在雌鸟的周围行走，每走五步就鞠躬一次；雄猕猴会将食物送给自己心仪的雌猴；还有很多雄鸟通过嘹亮的歌声来吸引雌鸟，等等。有些动物求爱的方式比较野蛮，它们会选择把其他的雄性动物赶走，或者是通过与对方决斗的方式来赢得配偶。

⊙ 维吉尼亚负鼠每胎可以产18个幼仔，母负鼠产下的幼仔在自己的育儿袋中待上6～8周，然后它们就可以爬到母负鼠的后背上生活了。

找到了配偶，动物们就可以繁殖后代了。哺乳动物是将幼子直接生下，也有一些动物是通过产蛋或产卵的方式进行繁殖的。有些动物的幼体与成体之间的差别很大，比如说我们都很熟悉的青蛙。青蛙在小的时候叫作蝌蚪，它长得可一点都不像成年的青蛙。蝌蚪没有腿，而且用腮呼吸，所以它离不开水。接下来，它会逐渐长出腿来，腮也被吸收了，而改用肺呼吸，最后尾巴也被吸入身体，这时它才真正长成了一只青蛙。值得一提的是，蝌蚪是很残忍的，它们还会吃掉自己的兄弟姐妹。蝌蚪有植食性和肉食性两种，当植食性的蝌蚪遇上肉食性的蝌蚪，那植食性的蝌蚪就要倒霉了。

幼子在刚出生的一段时间内，会得到父母的照顾，等到它们长大并具备独立生存的能力时，就可以出去独自寻找食物了。不过也不是所有的幼子都可以得到父母的照顾，比如说大象，它们的家庭都是雌性组成的，而雄象在成年以后也都会被赶走，与其他的雄象生活在一起。另外，还有些幼子，出生后得不到任何照顾，很多鱼类都是这样，它们在水中产卵，然后就任由它们自然生长，而很多幼子都在这个时候不幸地被其他动物或鱼类吃掉了。但这也是可以理解的，因为鱼类产卵的数量都是非常多的，比如说鳕鱼，一次就可以产卵800万个，要是所有鱼产下的卵都成活，那不把大海给填满才怪呢！

知识档案

最慈爱的父母——企鹅

企鹅夫妻不仅是一对非常恩爱的夫妻，而且它们还非常疼爱自己的孩子。通常情况下，都是由雌企鹅到海里面去捕鱼。这时，雄企鹅们就会耐心地站在寒冷的南极大陆上默默地守望着自己的爱人。它们会小心地看管好企鹅蛋，把它放在自己的脚上暖着，并且一动不动地站着，直到配偶回来。因为它们知道，一旦它们将企鹅蛋摔到地上，里面的幼鸟就会死掉。在冰冷的南极，它们可以坚持40天不吃不睡地站在那里，只有等它们的配偶回来以后，它们才会被轮换下来去海洋觅食。

夜行动物

黑漆漆的夜晚，就在我们睡觉的时候，有些动物却开始出动了。也许你会觉得奇怪，这些动物为什么不在白天出行，而偏偏要选择漆黑的夜晚呢？它们当然有自己的道理，比如说，它们可能觉得白天出去寻找食物的动物太多，它们得到的食物就会比较少。晚上就不一样了，大多数动物都进入了梦乡，这时再出来觅食，真是一个不错的选择。而且白天出行很容易碰上那些凶猛的捕食者，所以趁它们睡觉的时候再出来就可以免受它们的侵袭。那么，夜晚出行会不会给它们带来不便呢？它们为什么可以适应夜晚的生活呢？

这些夜行的动物既然能适应夜晚的环境，就一定会有一些高强的本领，否则它们也无法生存下去。首先，它们的眼睛一定要很亮，至少要保证它们在夜里可以看到周围的东西，就像猫头鹰那样；另外，它们还要有超凡的听力，这样即使看不到，它们也可以凭借听力来判断周围所发生的一切，就像蝙蝠那样。

猫头鹰因为长着猫的头和鹰的身体而得名。也许是因为它奇怪的长相，也许是因为它在夜晚活动的生活习惯，人们总是将它与很多诡异的事情联系在一起。当然，这只是一种迷信的看法。但是，在漆黑的夜晚遇到一只猫头鹰确实是一件很恐怖的事。猫头鹰的视觉在白天很糟糕，因为它们的瞳孔会极度缩小；而到了晚上，它们的视觉又会比人强，所以它们比较适合在夜晚出行。另外，猫头鹰的听觉非常灵敏。在伸手不见五指的深夜，它们主要靠听觉来确定猎物的位置。

蝙蝠长得有点像老鼠，所以经常被猫当成老鼠给捉了回来，但它们却长着两个比它们的身体大得多的翅膀，是不是有点儿比例失调呢？蝙蝠不仅长相奇怪，行为也是很另类的，它们大部分时间都是倒挂在天棚上生活的。如果在夜晚有一只蝙蝠从你的身边飞过，并且发出一阵可怕的叫声，你是不是还能够保持现在的平静呢？蝙蝠总是那样神出鬼没，它们就像幽灵一样在夜晚的天空中飞来飞去，但是你却根本就无法靠近它们。蝙蝠的视力是极差的。事实上，它们并不需要眼睛，因为它们敏锐的听力系统就完全可以解决一切问题。

◎ 仓鸮的耳朵隐藏在头部羽毛下，但它们的听觉却十分灵敏。仓鸮的两耳并不对称，其中一只耳朵比另外一只高出一点点，这样稍高的那只耳朵能先接收到来自地面的声响，这种“偏置耳”结构使得仓鸮能够准确定位声源的方向。

第二节　植物王国的精灵

植物王国危机四伏

如果你以前认为植物王国是绝对安全的，那么从今天开始，你就必须要转变这种看法了，否则你就会非常危险。也许你觉得植物不会像动物那样主动攻击你，但是植物给我们造成的麻烦却一点儿都不比动物少。如果你还是不太相信，那就让我们共同来回忆一下：你是不是也曾经被家中的仙人掌扎破手指呢？在茂密的树林中行走，你是不是也曾经被那些长满小刺的树藤绊倒或割伤呢？

如果你觉得上面的事情都不算什么，那么植物还有更狠毒的手段，那就是毒素。很多植物都是有毒的，也许正当你惊叹于它美丽的外表并伸出手去爱抚它的时候，它就已经在向你放毒了。而此时的你却是毫无戒备的，等到自己中了毒还觉得莫名其妙。所以，对于陌生的植物，我们最好离它远点，不要被它美丽的外表所迷惑。如果你去品尝它，那就会更加危险，严重者甚至可能会危及性命。

⊙ 毒葛中含有一种叫作“漆酚”的化学物质，它可以导致皮肤发炎。这种有毒物质可以通过粘在衣料上或者在植物燃烧后的烟雾中进行传播。

植物的毒分为很多种情况：有些是植物的根有毒，比如说紫茉莉、乌头等；有些是根茎有毒，比如说八角金盘、万年青等；有些是球茎有毒，比如说芋头、仙客来等；有些是块茎有毒，比如说发芽的马铃薯等；有些是鳞茎有毒，比如说水仙花、朱顶红等；有些是茎叶有毒，比如说龟背竹、一品红、箭毒木等；有些是花朵有毒，比如说海芋、杜鹃花等；有些是果实有毒，比如说刺茄、龙葵等；有些是种子有毒，比如说银杏、紫藤等；还有一些是整个植物都有毒，比如说夹竹桃等。我们在与植物接触的过程中，一定要多加注意，应该首先了解它的性状和特征，以免受到伤害。

植物另外一个可怕的地方，那就是它为很多动物提供了藏身的场所。想一想在茂密的树林或灌木丛中，会隐藏多少可怕的昆虫和野兽呢？也许这些植物对你都是没有危害的，但是在这些植物里面，谁都不知道埋伏着什么，因为它们完全挡住了我们的视线，这让我们无法察觉身边的危机。所以，在植物生长茂密，尤其是已经到达一定高度的地方，你千万不要贸然前去，以免发生危险。

知识档案

最毒的植物

见血封喉是世界上最毒的植物，其学名是箭毒木，它是一种高大常绿乔木，树高25～30米。它的毒液只要进入人或动物的血液中，就可以使人或动物的心脏麻痹而死亡；如果进入眼睛，就会造成失明。这种树虽然毒性很大，但是它并不会主动攻击你。也就是说，它的毒性是用来防身的，只有在它受到损伤的时候，才会流出白色的带有剧毒的毒液。我国西双版纳地区的傣族人习惯用箭毒木的毒汁制造毒箭打猎。这种箭杀伤力极强，箭毒木也因此被称为“见血封喉”。

绿色植物

绿色，是大自然最好的象征，也是和平的使者。所以很多人都非常偏爱绿色，也许是因为他们很向往大自然，也许是因为他们更崇尚宁静、和平的生活。如果你们也爱绿色，那你们最应该感谢的就是这些绿色的植物，是它们给大地披上了一层绿色的外衣，让我们的世界看起来生机勃勃。

如果你是站在外太空来看我们的地球家园，那么你就会看到一片非常显眼的绿色，而呈现出这片迷人绿色的生物就是那些绿色的植物。你也许会觉得奇怪，为什么我们看不到动物，也看不到人类，但是却能看到植物呢？其实这一点儿都不值得奇怪，因为植物才是地球上的主要生物，它们广泛地分布在地球上，是地球环境忠实的捍卫者和守护者。

虽然植物的样子各不相同，但是它们却几乎都是绿色的，这可与动物有很大的差别。为什么植物都是绿色的呢？这主要是因为在植物的叶子里面含有叶绿体，叶绿体中又含有叶绿素，它是一种绿色的元素。由于在植物的叶子里面含有大量的叶绿素，所以植物的外表才会呈现出绿色。当然，叶绿体中也含有其他的色素，比如说叶黄素等，但是含量都比较少，所以常常会被绿色所覆盖，使叶片呈现出绿色。

为什么地球上有这么多的绿色植物呢？其实，绿色植物是非常重要的，因为它们对于维持生态的平衡起了很关键的作用。我们都知道，绿色植物是食物链的起点，它们是能量的生产者和制造者，也是整个食物链的营养供给者，其他的食物链成员所消耗的都是由植物提供的营养。如果食物链中少了植物，那么整个食物链的营养源就消失了，生态不再平衡，所有的物种都将面临灭绝的危险。所以我们可以想象得到，没有绿色植物的世界将会是多么可怕。

另外，绿色植物还是氧气的制造者，而氧气又是我们人类和其他动物生存所必需的。没有了氧气，我们就无法生存。自地球诞生以来，空气的成分之所以能变成适宜生物生存的状态，那都是绿色植物的功劳。也就是说，如果没有绿色植物，空气就还会停留在以前的状态，而那种没有氧气的生存环境是我们一刻也忍受不了的。现在，你该知道绿色植物对我们人类、对整个地球有多重要了吧！我们应该从身边做起，保护绿色植物。

⊙ 世界上的热带雨林主要分布在赤道附近，在调节全球碳氧平衡、缓解温室效应、保存生物多样性方面具有不可替代的作用，被誉为“地球之肺”。

植物的“老三样”

你们知道植物怎么生存吗？它们靠什么维持生命呢？在我们的印象中，植物似乎永远都是那样默默无闻地奉献着。它们拼命地生长，顽强地生存，到头来却难免变成人或动物的一顿美餐。很多动物包括人类都是以植物为食的，而处于食物链起点的植物，它们又以什么为食呢？

如果你觉得植物的食物是不值一提的，那你就大错特错了。事实上，植物的食物可一点儿都不逊色，地球上的所有生物都离不开它们。不过植物的食物是非常单调的，它永远都只吃那三样东西——阳光、水和空气，除此之外，它们对什么都不感兴趣，所以我们也把这三样东西叫作植物的“老三样”。也许这样单调的食物只有植物可以忍受，如果让你每天都吃同样的东西，你觉得自己可以坚持多少天呢？也许第二天你就受不了了，但植物却可以坚持一生。

⊙ 郁金香的光合作用——利用阳光把简单的化学物质转变为有机物。

这样奇怪的食物，植物要怎么吃呢？原来，植物通过叶片上的气孔吸收空气中的二氧化碳，再通过根部吸收土壤中的水分，然后再利用太阳光，将二氧化碳中的碳和水中的氢提取出来，制造出糖储存在体内。这个过程就是植物的光合作用。在光合作用的过程中，植物吸收了二氧化碳，并释放出了氧气，因此对于环境的净化是非常有利的，这也是在绿色植物较多的场所，空气质量比较好的原因。

植物的光合作用是非常重要的，没有光合作用释放出来的氧气，我们就无法生存。据估计，全世界生物的呼吸和燃料的燃烧所消耗的氧气量每秒钟平均为 1 万吨，以这样的速度来计算，大气中全部的氧气在 3000 年左右就会用完。那 3000 年以后呢？如果在 3000 年以后，没有足够的绿色植物制造出足够的氧气，那么人类就会面临窒息而死的危险。也许你觉得 3000 年对你来说很遥远，但在生物漫长的进化历程中，3000 年不过是个小数字，很快就会过去的，到时候，如果真的没有足够的氧气，那所有的生物都将会面临一场巨大的灾难，后果真是不堪设想。

根的秘密

我们都知道，植物分为根、茎、叶等几个部分，而这其中最神秘的就是根。为什么这么说呢？因为其他的部分我们可以看到，而根却总是深埋在土里，从来都不肯露面让我们见识一下。另外，根又是非常重要的，它可以说是植物的命脉，没有根的植物是没有办法生存的。你可以掐去植物的一片叶子，过两天它又会再长出来；可是如果你掐去植物的根，那就要了它的命了。

俗话说得好：“水有源，树有根。”根深才能叶茂，只有发达的根部，才能为植物提供充足的营养，植物才能够更茁壮地成长。根可以分为主根和侧根：垂直于地面向下生长的是主根，从主根内部生出的支根就是侧根。主根和侧根差别很明显的根系，我们就称它为直根系。也有些植物的根，主根和侧根没有明显的区别，这样的根系，我们就称它须根系。

植物的根究竟在地下搞什么秘密活动呢？你可千万不要以为它躲在地下偷懒，下去看看就知道了，它可是一刻也没有闲着，这都是为了上面的植株能够更好地生长。首先，它必须牢牢

知识档案

根的特殊嗜好

每个人都有自己的嗜好，也有很多人的嗜好很古怪。但是你绝对想象不到根有什么特殊的嗜好，这说起来还让人觉得有点儿恶心。根非常喜欢腐朽的尸体还有动物的粪便。古语说“鲜花插在牛粪上”带有很强烈的讽刺意味，可是在现实生活中，真正的鲜花确实是很钟情于牛粪的。不管你愿不愿意相信，这都是事实。这是因为腐朽的尸体和动物的粪便中含有它们所需要的营养成分，比如说各种矿物质，这会促进它们的成长，并使它们长得更健壮。

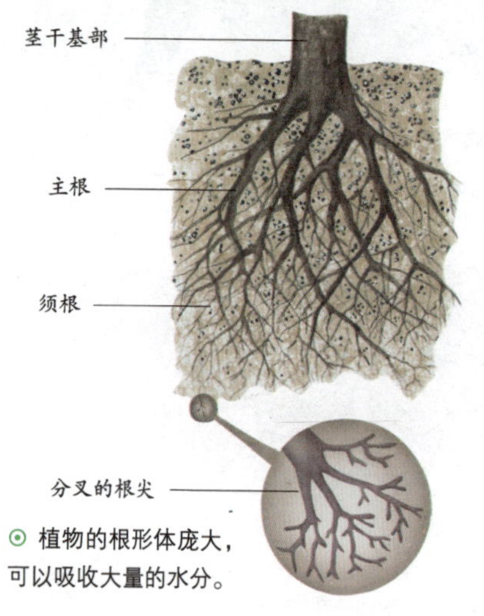

⊙ 植物的根形体庞大，可以吸收大量的水分。

地抓住土壤，这样才能使植株固定住，不会轻易倒下。当然，如果遇上了猛烈的台风，它也是无能为力的；其次，它要从土壤中吸收水分、无机盐等物质，并向上传输给茎和叶;另外，它还具有储藏和繁殖的功能。所以说，虽然我们看不见根，但通过植物的生长，我们就可以看到根的努力工作。

如果你觉得露在陆地上的植株是植物的主体部分，那你就错了。事实上，植物的根系通常都要比陆地上的植株部分多得多。拿小麦来说，我们所看到的小麦只是一根麦秆，可是你知道吗？在地下，它的根部却拥有 7 万多条根须，总长度可以达到 5000 多米！植物的年龄越大，它的根系就越发达。由此我们可以想象，一株生长多年的老树，它的根部将会延展到什么范围。

食虫植物

昆虫会吃掉植物，这一点儿都不奇怪，因为这本来就是合乎常理的事情，在食物链中，它们的关系也是这样的。可是如果反过来，植物将昆虫吃掉，你是不是觉得难以置信呢？事实上，在自然界中，任何事情都是有可能发生的，包括这种可以吃掉昆虫的植物也是确实存在的。现在你应该相信植物并没有那么温顺了吧！

这些食虫的植物究竟有什么特殊的本领，竟可以吃掉比它们还高等的昆虫呢？其实从表面上看，你并不会觉得这些植物跟其他的植物有什么分别，但是如果你仔细观察，就会发现这其中的奥妙了。原来，这些食虫植物都具有捕捉昆虫的捕虫器，而所谓的捕虫器指的就是植物叶子的变态形式，每种食虫植物的捕虫器都是不同的。捕虫器不仅可以捕捉昆虫，而且还可以分

⊙ **黏胶捕猎**

茅膏草植物的叶子上覆盖着红色的布满腺体的茸毛，这些茸毛能分泌出透明清澈的黏性液体。昆虫被闪光的小黏液滴吸引过来时会被粘住。昆虫的挣扎会刺激旁边的茸毛向其弯曲缠绕。当叶子将猎物完全包围后，植物就释放出消化酶，将昆虫溶解。

⊙ 捕蝇草捕食昆虫

有些食肉植物如捕蝇草，具有可活动的陷阱。陷阱由位于叶端处的圆裂片构成。圆裂片的边缘长有很长的褶边，内面呈红色并长有灵敏的长毛。这些长毛可感受到轻微的触动并启动陷阱。

泌一种黏度很大的液体，将昆虫粘住，这样它们就逃不掉了。

食虫植物虽然比一般的植物本领高强，但是它们也没有那么大的本事去捕捉飞行的昆虫。事实上，它们都是通过各自的手段让昆虫在它们的叶茎上停留，然后再掉进它们的陷阱。对于飞行中的昆虫，它们也是毫无办法的。

食虫植物没有消化器官，但是捕虫器内的腺体可以分泌出消化液，它含有分解蛋白质的蛋白酶，可以将昆虫消化解体。虽然它们消化昆虫的速度比较慢，但它们还是具备将昆虫完全消化掉的能力的。

食虫植物的捕虫器可以说是五花八门的，但其功用却都是一样的。比如说毛毡苔长满了黏黏的触须，上面有数千个胶质球，而且毛毡苔的明黄色可以用来吸引昆虫，使它们被黏球粘住；猪笼草的叶子在延长的卷须上部扩大成一个瓶状体，上面还有半开的盖子，在瓶口附近及盖上生有蜜腺，用来引诱昆虫，使它们跌入瓶体；茅膏草的捕虫叶则为匙形或球形，表面长有突出的腺毛，腺毛的顶端能够分泌黏液，当小虫触动叶片上的腺毛时，其他腺毛就会同时卷曲，将猎物团团围住。总之，所有的食虫植物都具备出色的引诱、捕捉、以及消化昆虫的本领。

捕蝇草是反应最为迅速的食虫植物，它的叶子分为左右两半，可以像贝壳一样开合。通常情况下，它的叶子是展开的，当有昆虫爬到叶子上面的时候，叶子的两半就会在半秒钟左右迅速闭合，叶子边缘的刺毛互相交错，紧紧地将猎物包裹起来。如果捕到的是一只苍蝇，捕蝇草将会用大约两星期的时间将它消化掉。顺便说一下，达尔文可是非常喜欢捕蝇草的，他称捕蝇草为世界上“最美妙的植物”。

其实，食虫的植物也能够自己制造养料。它们全都拥有根、茎、叶，而且都可以进行光合作用，所以它们完全具备自己制造养料的条件。也就是说，即使不吃昆虫，它们也死不了。

它们之所以要吃昆虫，是因为食虫植物一般都生长在土壤贫瘠的土地里，植物们没有办法从土壤中获得充足的矿物质和营养成分，所以它们才会选择通过捕食昆虫来获取必须的营养。这也是食虫的植物生命力比较顽强、可以生长在条件恶劣的环境中的主要原因。

除了昆虫，食虫的植物还可以吃蛙类、小蜥蜴、小鸟等小动物。所以确切地说，我们应该叫它们食肉植物。

植物的生存竞争

植物王国并不像我们所想的那样安静，对于这一点，你们应该没有什么可怀疑的了。虽然有些植物听起来很可怕，但是相对于动物来说，植物还是要安静得多，毕竟它们是不会走也不会跑的。在更为庞大的植物王国，植物们面临的危险其实要比动物更多。它们随时会沦为动物的美餐，也很有可能被人类践踏，甚至还可能被其他的植物杀死。在如此艰难的生存环境中，植物们是如何生存，并一代代繁衍下去的呢？

动物们为了生存，利用各种手段来对付敌人，植物也不例外，它们也都有着自己的防身术。身上长刺是一种非常有效的防身办法，比如说露兜树的剑形叶子上的倒刺就可以给来犯者一个很好的教训，它甚至可以将所有靠近的动物像肉串一样串起来；有些植物还可以发出信号来求救，比如说玫瑰在受到毛虫侵袭的时候，就会排出一种气体来向黄蜂求救，黄蜂看到信号后就会将毛虫抓走，然后好好地美餐一顿。

另外，我们前面所提过的毒也是植物防身的一个好办法。很多植物都可以排出毒液，这使得一些动物不敢靠近它们。但是植物们所放出的毒一般都是为了驱赶昆虫的，所以一般不会对人造成伤害。比如说我们都很喜欢的薄荷，放到嘴中会有一种清清凉凉的感觉，很舒服。可是你知道吗？这种让你感觉清凉的物质其实就是植物叶子中的一种有毒物质，但是它并不会对人类造成伤害。你相信动物和植物之间可以和平共处，并且互相帮助吗？这听起来好像有些不可思议，不过这确实是真的。南美的蚁树和蚂蚁就是这样的一对好伙伴。蚁树并不介意蚂蚁在它的树干里安家，因为蚂蚁的粪便可以为

⊙ 仙人掌的茎肉柔嫩多汁，可以用来抵御干旱。其茎上像针一样的刺则能够有效地防止食草动物的啃食。

它提供养分，而且在受到昆虫袭击的时候，蚂蚁会杀死所有接近树干的虫子。所以，它们双方都非常乐意为对方服务，而绝不会伤害对方。

在众生百态的动物世界，动物之间互相残杀是非常正常的，因为很多动物都是靠捕食维持生存的。那么在植物王国，会不会也出现这样的情况呢？应该不会吧，因为没有哪一种植物是需要靠捕食其他植物来维持生存的，更何况它们也不具备捕食的本领。但是，在植物界残害其他植物的“恶棍”却也是屡见不鲜的，它们可以用各种“卑鄙”的手段将其他的植物杀死。比如说无花果树可以用自己的树枝缠绕到其他树的树干上，然后将其勒死。树之所以被勒死，是因为它无法呼吸了。无花果树紧紧地缠绕着它，而且越缠越紧，这会让它逐渐窒息。另外，无花果树的根也会慢慢伸到地下，并开始截取它的水源。最后，这棵可怜的树既不能呼吸，也缺少光照，而且还严重缺水，当然就难逃死亡的厄运了。还有菟丝子，它可以用它带刺的卷须缠住其他植物，然后从多处刺入植物体内，再吸干其内部的营养物质，真是一个吸血鬼。

为什么菟丝子卷须上的刺可以吸收植物的营养成分呢？确切说来，我们应该叫这些刺为寄生根，是这些寄生根进入了其他植物的茎、叶组织里，并吸取养分的。

菌类植物

真菌也是植物吗？它们既没有根和茎，也不能进行光合作用，怎么可能是植物呢？那真菌是动物吗？这似乎更说不过去。多少年来，关于真菌的归属问题，科学家们一直都争论不休，却始终没得出一个统一的结论。虽然科学家们将它强行地划入了植物类，但是这种分类方式显然引起了很多人的不满。也许，真菌既不是植物，也不是动物，而是与动植物并列的一个新的分类。

真菌的大小差别是很大的，它们可以非常大，也可以非常小。小的真菌可以在我们的脚趾缝里面生存，你应该知道这里所指的是脚气。稍大的真菌就是我们通常所吃的各种蘑菇，它们都属于大型的真菌。但它们绝对不是最大的，你一定想象不到最大的真菌有多大。事实上，地球上最大的生物就是真菌。1992 年，科学家在美国的华盛顿州发现了一枚蜜真菌，它的面积有 600 公顷，足有 556 个足球场那么大，你还能找出比它更大的生物吗？据推测，这枚真菌的年龄已经超过了 700 岁。

⊙ 真菌不仅攻击活的树，还在树死后分解其枝干。图中的蘑菇正从腐烂的树枝上生长出来，这是发生在亚马孙热带雨林中的常见一幕。

真菌不能自己制造营养物质，那么它们又是如何生存的呢？它们又是怎么获得食物的呢？其实，对于食物，真菌一点儿都不挑剔，可以说是来者不拒，有什么吃什么。它们的进食方式也很简单，就是将它们的菌丝插入到食物中，然后再分泌出一种可以溶解食物的酸，接下来就可以尽情地吸取食物的汁液，好好地美餐一顿了。更为可怕的是，有些“凶残”的真菌还可以捕食动物，想象不到吧？有一种在地下生长的真菌能够制造出小环，并分泌化学物质来引诱在土壤中生存的鳗形虫，使它们钻进小环，并将它们俘获。

为什么在自然界有这么多的真菌？它们是靠什么进行扩散的呢？原来，真菌可以制造一种叫作孢子的物质，并通过孢子来扩散。每一枚真菌都能够制造出大量的孢子，这些孢子在一定的条件下就可以成长成真菌。孢子几乎是无处不在的，在每 0.76 立方米的空气中，就至少会有

1万个孢子。而且它们的生命力极强，无论是严寒还是酷暑，都奈何不了它们。但是，并不是所有的孢子都能够成长为真菌，因为大多数孢子是不生长的，它们可能被别的微生物吃掉，也可能逃离到地球外面去。

真菌可以引起人类和动植物的多种疾病，这是最让我们深恶痛绝的地方。不过，真菌也有它独特的价值。比如说有些真菌是我们重要的食物组成部分，对于促进我们的健康起着积极的作用；也有些真菌可以用来杀灭细菌，比如说我们现在广泛使用的青霉素；另外，真菌对植物的帮助也很大，大部分植物的根部都附有真菌，它们可以吸收土壤中的水分和矿物质，供植物使用，而且真菌还可以分泌出生长素，促进植物生长。

⊙ 每次下雨，这些热带的马勃菌就会放出大量孢子。在世界各地的林地和草原中都可以看到这种马勃菌。

在自然界中，真菌和微生物以及细菌都是食物链中的分解者，是非常重要的。我们都知道，植物很喜欢腐烂的尸体，因为它们可以从中吸收到更多的矿物质。但是你们知道吗？如果没有这些分解者对尸体的分解，植物是无法获得这些养分的。真菌将死亡的生物分解为各种无机盐，进入土地后再重新被植物所利用。

所以，我们应该知道，食物链的能量是往复循环的，而总能量是保持不变的。如果缺少了分解者，能量就无法再循环下去，这会使能量逐渐减少，生态也就失去了平衡，后果将是非常严重的。

花朵里的骗局

很多人都喜欢春天，因为春天是万物复苏、百花盛开的季节。也有很多人喜欢鲜花，尤其是那些爱美的女孩子。总之，人们对花的印象都是很美好的，它们不仅用自己的美丽装点了整个大自然，也给人类带来了好心情。不过人类对花的喜爱似乎只是单方面的，因为从另一个角度讲，花并不喜欢我们，各种各样的鲜花争奇斗艳，竞相开放，也绝不是为了取悦我们人类。

⊙ 颜色艳丽的花被可以起到吸引昆虫为其传粉的作用，左图中所看到的为蜜蜂采蜜的情景。

自然界生存着各种各样的植物，很多植物都能够开出美丽的花朵。每一种植物的花朵都具有自己的特色，我们说不出来哪一种更美，因为它们各有各的美，全都充满了诱惑。如果你觉得这些努力开放的花朵是为了吸引我们人类的眼球，那你就错了。事实上，植物们争相展示自己美丽的花朵，完全是为了吸引那些可以为它们传授花粉的小动物，以便于繁殖它们的后代。

植物的授粉是怎么回事呢？花朵所产生的花粉，要通过这些小动物传递给其他同类植物的花朵，这个过程就叫作授粉。授粉是非常重要的，没有这个过程，植物的果实就无法形成。当花粉落到植物花朵的柱头上时，花朵就可以分辨出这种花粉是不是属于自己的同类。事实上，花粉只有在授给同种植物以后，才会长成种子。花粉从花朵的柱头，沿着花柱，下滑到花朵的子房里，种子就是在这里形成的。当然，这些小动物有时也会弄错，它们经常把花粉带到其他种类的花朵上，不过不用担心，别忘了花朵可是具有辨别能力的。

很多植物的花朵是很过分的，它们经常捉弄那些前来为它们授粉的小动物。比如说臭名昭著的死马海芋，它看起来就像是一堆腐烂的肉，把你熏倒也是很有可能的。不过这种味道却是苍蝇的最爱，它们以为可以在这里产卵，于是就爬了进去，可是它们却发现自己出不去了，因为它们的出路被上方的尖刺挡住了。直到晚上，雄蕊开始散落花粉，尖刺也开始收缩，苍蝇只有在清晨的时候才能离开。而在它们离开的时候，身上早已沾满了花粉，在它们进入其他植物的花朵时，就会将花粉传递出去了。可怜的苍蝇什么都没得到，却白白做了死马海芋的授粉者，真是够冤枉的！瞧，这种花多么狡猾啊！

那些小动物为什么要给花粉授粉呢？它们首先是受到了这些花朵的诱惑；另外，很多花朵都会为它的授粉者提供可口的食物，并不是每种植物都像死马海芋那样过分的。就在动物们与花朵接触的过程中，花粉就已经沾到它们身上了。当它们再飞向其他的植物时，这些花粉就被传递过去了。

知识档案

到处乱飞的花粉

在夏季，各种植物的花朵都会产生花粉，这些花粉不仅停留在花朵上，而且会弥漫到空气中，并且随着风到处乱跑。事实上，像柳树和草等植物，就是通过风来传递花粉的。可是，这些飞行的花粉却给我们带来了不少麻烦。有些人在夏天的时候会不断地流眼泪、流鼻涕、打喷嚏，整个夏天都像是患了重感冒，可是吃了感冒药却一点儿都不见效。其实，那不是患了感冒，而是花粉过敏，得了花粉热。花粉热给患者带来了很大的痛苦，这都是那些植物惹的祸。

种子的传播与发芽

种子是很多高等植物特有的繁殖器官，在种子里面孕育着新的生命。在一定的条件下，种子就可以生长为植物。在自然界中，能够形成种子的植物有 20 多万种，每一种植物的种子都是不同的。它们不仅在结构上有一定的差异，在形态上也是千差万别，所以当我们面对不同植物的种子时，可以根据它们的外形来加以区分。植物的种子不仅在形态上千差万别，在大小上也是相差悬殊的。兰花种子的重量只有 0.01 克，比一粒普通的花粉还要轻，是世界上最轻的植物种子；而世界上最重的种子，重量则可以达到 5 千克以上，比如说海椰子的种子。近年来在天津曾展出过一粒海椰子种子，重量达到了 25 千克。由此我们就不难想象种子之间的大小差距了。

⊙ 牛筋草果上长有小小的钩子，可以钩在动物的皮毛上。当动物经过擦到时，这些果实很容易就折断而钩在动物身上。

种子在长成以后，就要去寻找它们的新家，为新生命的生长做准备。那么，它们又是怎么传播的呢？聪明的种子有很多办法把自己传播出去，并对抗外界的不利条件。最简单的办法就是利用风来帮助它们传播，比如说蒲公英的种子，你们是不是也曾淘气地吹过它们呢？不过你们的这种做法，蒲公英妈妈是不介意的，它甚至会感谢你帮忙，帮它把孩子们都送出去。还有的植物通过动物来传播它们的种子。我们知道，动物都是很贪吃的，当它们吃下植物的果实后，种子也就进入了动物的身体，有些种子不能被动物消化，所以就会随着动物的粪便再落到地上，这样会更有利于它们的生长。

当种子找到合适的家时，它们就要开始生根发芽了。发芽指的就是种子开始生长。如果你的家里曾经种过植物，那么你就会明白这其中的道理。在春天，我们在地里播撒下种子，过了几天之后，地里面就会冒出一棵棵植物的幼苗来，这就是种子发芽了。种子在湿润的环境下吸收了水分，内部的幼苗就会开始生长。当种壳被顶裂以后，幼根和嫩枝就露了出来。接下来，它们在阳光雨露的陪伴下茁壮成长，最终也将长成一株成熟的植物，并孕育它自己的种子。大千世界，无奇不有。在植物王国，也存在很多另类的家伙。美洲有一种热带的沼泽木犀草，它的果实成熟时，会自动开裂，并将自己的种子射出去，射程可以达到 14 米远；还有更厉害的，喷瓜成熟的时候，只要你轻轻碰它一下或者是果柄一脱落，它就会爆炸，并在爆炸的过程中，将自己的种子播撒出去；有一些植物的种子非常狡猾，它们长着锋利的钩子，所以它们可以钩入大象的脚中，让大象带它们行走，等到钩子被磨平以后，种子就会脱落下来，这些种子让大象十分头疼。

种子的寿命有多长呢？各类植物种子的寿命都是不一样的，这除了与遗传特性和发育情况有关以外，还与环境因素有着一定的关系。有些种子的寿命只有一周左右，比如说巴西橡胶的种子；有些种子的寿命则可达数百年甚至上千年，比如说莲的种子。

并非所有的种子都可以在它们的生存期找到合适的生长环境。事实上，大部分植物的种子都会被动物吃掉，或者自己腐烂掉，只有一少部分幸运儿能够落入合适的环境，最终长成植物。而种子之所以会被动物吃掉，是因为靠动物传播的种子是具备一定特征的：它们必须具有结实的果皮，只有这样才能够保证它们不被动物的胃酸所破坏。如果不具备这样的条件，它们根本不可能活着出去。

⊙ 种子在坚硬的外种皮中时一般处于休眠状态，直到遇到适宜的环境条件才开始萌芽。

腐烂的果实

果实应该是我们非常喜欢的东西了，因为在很多人的印象中，果实就是甜美可口的水果。不管你是不是了解它的由来，但却一定吃过。不过你可能忽略了一个事实，那就是果实并不一定都是水果，水果也未必都是甜的，有些水果甚至是难以下咽的。想了解真相吗？那就让我们先来认识一下植物的果实吧！什么是果实？这个问题似乎很可笑，有谁会不知道果实是什么呢？我们不是每天都在吃吗？可实际上，很多人都分不清什么是真正的果实。植物的花朵经过授粉以后，种子就会在子房中发育，在种子发育的过程中，子房也会随之膨胀。也就是说，植物的果实是由子房发育而来的。要分辨我们所吃的食物是不是植物的果实，只要看它是不是由子房发育而来的就可以了。

⊙ 榛睡鼠正在食用黑莓大餐，与此同时，它也将种子带到了其活动的各处。像这种软软的果实在成熟时会变颜色，告知动物它们已经可以食用了。

我们经常食用的青椒、黄瓜、西红柿等蔬菜，它们都是植物的果实。而我们一直都以为是果实的菠萝、草莓等水果，实际上却并不是植物的果实，因为它们都不是由单个的子房发育而来的。菠萝是由许多花朵的若干部分发育而来的，所以它并不能算是植物的果实；而草莓也是由花的几部分发育而成的，确切来说，草莓上面所长的小颗粒才是它的果实。另外，我们还应该清楚，所有的坚果都是果实。

植物为什么要结果呢？事实上，这些植物结果的最终目的是为了繁殖后代。既然果实是由子房发育而来的，那么种子就应该在果实之中，而果实的作用就是在种子的发育过程中保护尚未成熟的种子，并在种子发育完全后协助种子传播。鲜美可口的果实会吸引很多动物前来觅食，这样植物们就可以借助动物将种子传播出去。现在，你知道植物有多聪明了吧！在非洲，有一种叫作沙沙巴的水果，非常娇贵，你根本没有办法去摘它。如果你去摘它，就会撕破它的果皮，第二年也不会再结果；如果你将嫩枝一同折下，又会让树浆滴流不止，真是让人头疼。南美洲的腰果树，它所结的果实有一层硬壳，而里面的果实却像鸡腰子，真是有趣。还有一种叫作佛手柑的植物，它的果实更奇特，果皮竟然裂成了手指的形状。将这些奇异的果实放在你的面前，你有胆量去品尝它们吗？

如果尚未发育完全的种子被动物吃掉了，那它们就没有办法再出来了。不过植物们可没有那么笨，它们才不会让动物吃掉还没有成熟的果实呢！事实上，没有成熟的果实非常难吃，动物们也不喜欢，而且有些未成熟的果实还有毒，动物们吃了以后就会悲惨地死去。所以，大多数动物是不会去动那些尚未成熟的果实的。

重要的蔬菜

在我们的生活中，最重要的食物就是蔬菜了。

为什么蔬菜如此重要呢？难道我们的餐桌就离不开它们吗？没错，我们确实离不开蔬菜。这主要是因为蔬菜中含有多种人体所必需的营养物质，比如说维生素、矿物质等。人体如果缺少了这些物质，就可能引发多种疾病。而食用蔬菜是获取这些物质的最佳途径，其他的肉禽类食物则无法满足人类这方面的需要。另外，很多蔬菜还具有防病、治病的功效，是保健养生的首选。所以说我们的生活是不能缺少蔬菜的，这是人类生存和健康的需要。

⊙ 营养均衡的饮食对于保持消化系统的健康来说至关重要，合理的饮食包括新鲜蔬菜，它们提供人体必需的矿物质、碳水化合物以及能量。

我们偏爱蔬菜是很有道理的，光是它们那五颜六色的样子就很惹人喜爱，更何况它们还对人类有那么多的好处呢！为什么蔬菜会有各种各样的颜色呢？这主要是因为它们的成分不同所造成的。每一种颜色的蔬菜所含的营养成分都不同，同一种颜色的不同蔬菜也有所差别，它们都有对人体有利的一面，所以我们应该食用各种各样的蔬菜，以满足身体的需要。营养学家建议，我们每天至少应该吃五种不同的蔬菜，想想看，你做到了吗？

我们通常所吃的蔬菜，是植物的哪个部分呢？这不一定。植物的根、茎、叶、果实等部分都可以被食用，但是不同的植物，它们可以食用的部分也是不同的。比如说西红柿，我们只能食用它的果实，其他的部分都不能被食用；而有一种叫作飞豆的植物，它的根、茎、叶、果实都可以食用，甚至连它的花都可以被食用。

那么，是蔬菜的营养价值高，还是水果的营养价值高呢？它们的营养成分含量是不同的，各有各的功能和特点，所以不能进行简单的比较。至于蔬菜和水果在人的饮食中所占的比重，古人早已提出了精辟的见解："五菜为充，五果为助。"也就是说，我们应该以蔬菜为主，较多地食用，而水果则应该作为一种辅助手段，不可缺少，但也不宜食用过多，主次颠倒。

第三节　显微镜下的生物

神奇的显微镜

今天，我要给大家隆重介绍一位新朋友，它就是神奇的显微镜。我们要认识更多微小的生物，全都要靠它的帮助。通过显微镜，我们可以看到很多用肉眼看不到的生物，可以认识另外一个世界——微观世界。总之，显微镜可以带给我们很多乐趣，让我们获得很多意外的惊喜。当然，在显微镜下面，也有着很多可怕的事情：你可能看到细菌正在你的牙刷上休息，也可能看到螨虫正在你的身上游走……如果你的胆子太小，那还是不要看了。

为什么我们用肉眼看不到的东西，用显微镜就可以看到呢？

这是因为显微镜可以把放在它下面的物体放大很多倍，所以我们就可以看到它了。

⊙ 胡克发明的复式显微镜由多套透镜组成，科学家们可以利用它观察那些细小的微生物及其他一些有机体。

显微镜可以将物体放大，这都要归功于它里面的透镜，显微镜就是由一个透镜或几个透镜组合而成的光学仪器。透镜分为凸透镜和凹透镜，凹透镜具有发散光线的作用，近视眼的人所戴的眼睛就是凹透镜；凸透镜具有会聚光线的作用，我们经常使用的放大镜就是用凸透镜制成的。显微镜利用的就是放大镜的原理，只不过显微镜的倍数比较高而已。

我们都知道放大镜可以把物体放大，但是你有没有试过将两块放大镜放在一起呢？这样做的放大效果是不是比单个的放大镜还要好呢？答案是肯定的，也许当初人们发明显微镜的时候就是受到了这样的启发。

显微镜可以将物体放大多少倍呢？最早的显微镜是荷兰的詹森父子在1590年首创的，当时的显微镜放大倍数是很低的；到了1610年，伽利略又发明了两级放大的显微镜，并用它观察到了昆虫的复眼；后来，荷兰人列文虎克又研制出了放大倍数为200多倍的显微镜；现在，光学显微镜已经相当普遍了，它的放大倍数可以达到两三千倍；在20世纪70年代发明的超声显微镜，放大倍数可达5000倍左右；而现在的电子显微镜放大倍数则达到了300万倍以上。

一个微小的世界

显微镜下的世界是一个十分微小的世界，在没有显微镜以前，那是一个不为人知的世界，没有人知道那里究竟发生了什么，人们甚至不知道这些小生命的存在。直到显微镜出现以后，我们才意识到，原来在我们身边，还存在着这样一个微小的世界。无数的微生物在这个微小的世界中过着属于它们自己的生活。

在微小的世界中，生存着无数的小精灵。当然，我们是看不见它们的，那么，它们究竟有多小呢？你觉得1毫米的东西很小吗？可在微小的世界中，这绝对是个大数字。那些令人讨厌的螨虫，它们只有0.2毫米长，这是我们所能看见的最小物体。虽然我们都觉得螨虫已经很小了，

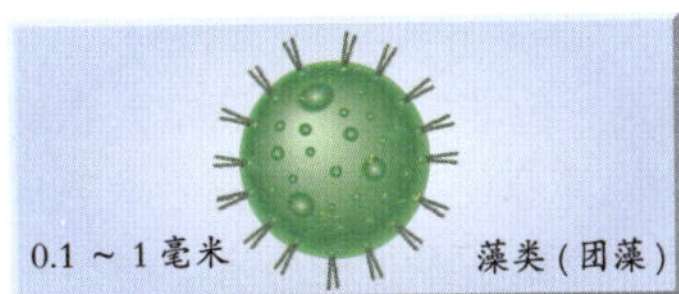

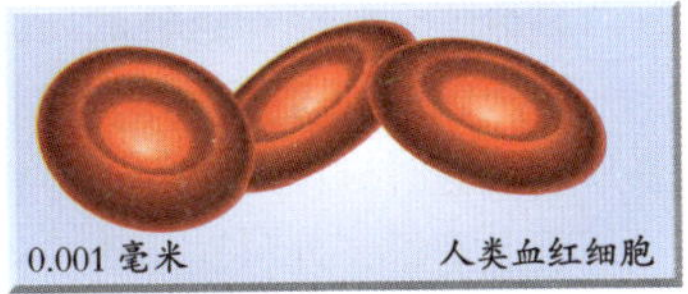

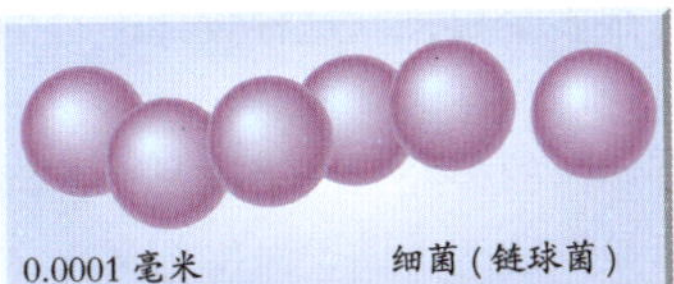

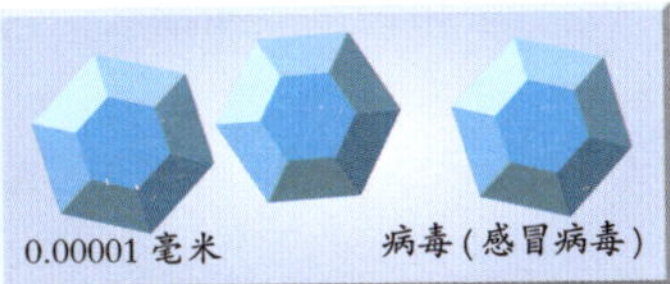

⊙ 本图表显示的是一些微生物和其他一些活的细胞的平均大小。从上往下，每一种的大小都是其下一种的 10 倍。团藻是可以用肉眼看见的。

但是和其他的小生物相比，它还是太大了。一根头发的宽度是 50 微米；一个细菌只有 1 ~ 10 微米；一般的病毒比 0.1 微米还要小；而我们最熟悉的原子则比病毒还要小 100 倍。

通过显微镜，我们可以看到很多发生在微小世界中的有趣现象。让我们先来看看蜘蛛网吧！奇怪，为什么蜘蛛网上面有很多小块的胶水呢？这就对了，蜘蛛就是靠这些胶水结成了它们的网。如果没有胶水，这些丝怎么可能粘在一起呢？顺便说一下，蜘蛛所吐出来的丝是世界上最强有力的材料之一。

医学显微镜

显微镜的发明可以说是造福了我们人类，无论从哪方面讲，都具有非常重要的意义。如果你觉得显微镜的出现只是为那些科学家提供了方便，那你就大错特错了。事实上，显微镜的出现确实对科学家的研究有很大帮助，但是，归根结底，真正受益的人却是我们所有人类。如果你不同意这样的说法，那就让我们共同来看看显微镜在医学上的出色表现吧！

还记得我们的老朋友列文虎克吗？他的成就不仅仅是发现了细菌等微生物的存在，而且他还利用显微镜对人体的肌肉组织和精子活动进行了观察，并阐明了毛细血管的功能，补充了红细胞形态学研究。也就是说，列文虎克已经将显微镜运用到了医学研究之中。

后来，人们又利用显微镜对病毒、细菌等微生物以及皮屑等人体组织进行了观察，对各种疾病的诊断和防治都起了非常重要的辅助作用。可以这样说，显微镜的出现，大大促进了医学的发展。

你们想知道显微镜下的自己是什么样子的吗？先来看看我们的头发吧！它怎么看起来像一棵粗糙的树木？真可怕！这一点儿都不奇怪，不过你的头发确实是应该补充营养了，别再让它那么干燥。

再看看我们的皮肤吧。天哪！怎么会有这么多的细菌，真恶心！其实，在我们的面部和鼻子上，生活着 200 多万个细菌，在额头上的油脂里，还生活着 7200 万个细菌。想起这么多的细菌生活在自己的脸上，真让人毛骨悚然。是不是不敢再看下去了？说实话，这样的旅行确实很恐怖，我想你们的晚饭一定都没有胃口了。不过幸运的是，还有很多场面并没有被你们看到，如果你们全部看完，保证你们连明天的饭都不想吃了。如果你在自己的头皮上发现了一只虱子，就是我们前面说过的吸血鬼，更可怕的是，它正在吸你的血，

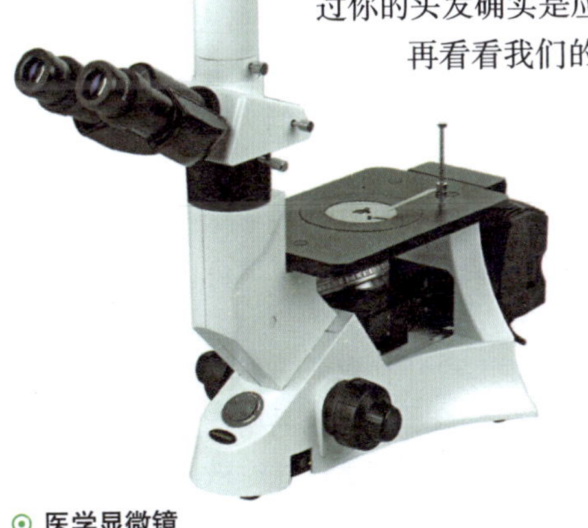

⊙ 医学显微镜

这时你会怎么样呢？这样的场面是不是更让人作呕呢？

如果你去问外科医生对显微镜的看法，他们绝对会说显微镜是一位非常友好的朋友，它们总是在关键时刻帮助我们。不相信吗？那就让我们共同走进手术室，亲身经历一次外科手术吧！

手术室里，外科医生正在紧张地忙碌着，躺在手术台上的是一位断了手指的患者。显微镜和摄影机被连接成了监视器，而且这台显微镜有点儿特殊，它有很多个目镜，这样设计的目的就是为了方便医生们的观察。

准备好了一切，医生们开始手术了，他们用很小的针把所有切断的神经、血管以及一些肉重新缝合起来。这可是一项非常艰巨而又精细的工作，如果没有显微镜的帮助，医生们又怎么可能做得这么完美呢？一旦在手术的过程中出现了差错，那么那根手指就再也恢复不到以前的状态了，所以医生们可是一点儿也不敢马虎的。看他们的样子，手术似乎很成功，断指被重新接了回去。缝合手指的针那么小，要用的线当然也是非常细的，它只有 0.2 毫米。最神奇的是，缝合后的手指还可以像原来那样灵活自如。

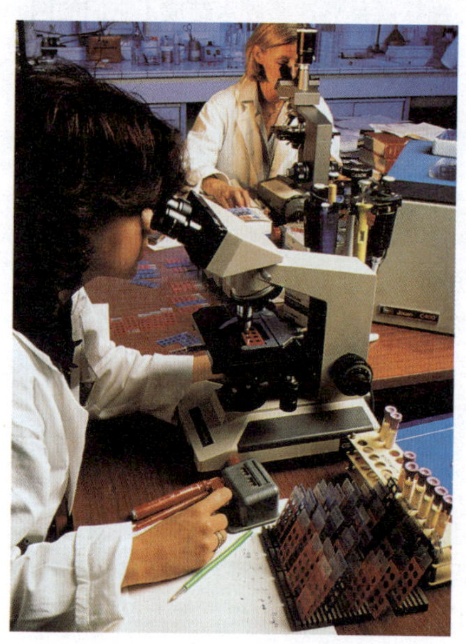

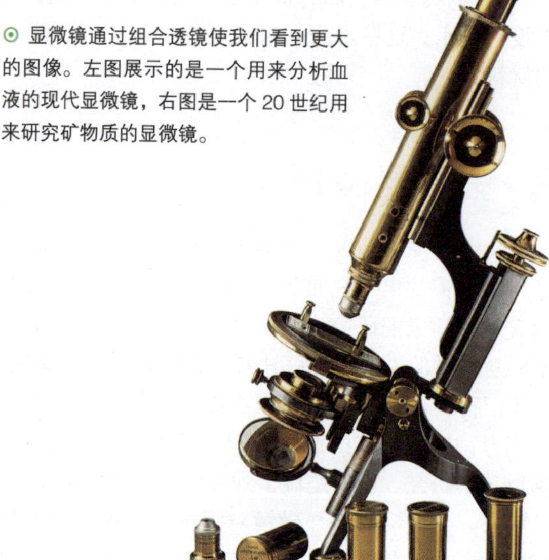

⊙ 显微镜通过组合透镜使我们看到更大的图像。左图展示的是一个用来分析血液的现代显微镜，右图是一个 20 世纪用来研究矿物质的显微镜。

渺小的怪物

在我们前面所接触过的动物和植物之中，有很多行为或长相另类的怪物。那么，在这个微小的世界中，是不是也存在着这样的怪物呢？

事实上，在显微镜下的微观世界里，也存在着很多怪物，只是因为它们太小了，所以我们没有办法直接看到它们。不过有了显微镜的帮助，它们的恶行就全都暴露出来了。因为这些怪物实在是太小了，所以我们就姑且称它们为“渺小的怪物”吧！

在显微镜下，我们可以看到一位老朋友，那就是真菌。我们都知道，真菌可以制造出有毒的物质，而它们这样做的目的就是为了对付那些讨厌的细菌。

通常情况下，真菌的毒并不会伤害我们，但是在 20 世纪 20 年代以前，人类却经常被这些要命的真菌给害死。比方说，很多人买了房子以后都要进行装修，至少也要刷点儿涂料。可是在曾经的一段时间里，很多人却因为装修房子而丧了命。这是怎么回事呢？原来，以前的涂料中常常会添加一种名为砷的有毒物质，它的毒性是很大的，足以要了你的命。这种含有砷的涂料又是怎么害死人的呢？这都是真菌惹的祸。真菌在吞噬了涂料以后，就会释放出砷气，人就是因为吸入了真菌释放出来的砷气才中毒而死的。

⊙ 扫描电子显微镜（SEM）从臭虫身体表面扫过，得到一幅非常清晰、详尽的臭虫体表影像。

除了真菌以外，还存在着很多渺小的怪物。有一种叫作拟蝎的小虫子尤其让人讨厌，因为它的手段甚至比蝎子还要狠毒。它可以用它的小钳子紧紧钩住苍蝇的绒毛，让苍蝇带着它们到处飞，可是一旦它们厌倦在空中飞来飞去的生活，它们就会用那有毒的钳子夹住苍蝇，将其毒死后再吃掉它的尸体。是不是够狠毒呢？

还有一些小虫子，它们就像可怕的吸血鬼，可以吸食人类以及其他动物的血液，比如说我们都十分讨厌的虱子。曾经有一个叫作罗伯特·胡克的科学家做了这样一个实验：他让虱子来吸自己的血，并且在显微镜下观察了整个过程——可以清楚地看到一小股血液从虱子的嘴巴直接流到肚子里。

我们会不会被虱子咬死呢？虱子本身并不会要了我们的命，但是如果它携带了立克次氏体，那就另当别论了。立克次氏体可以在虱子的体内生长，并随虱子的粪便排出来。如果人被虱子咬破的皮肤碰到了它，它就会钻进人的身体，引起斑疹伤寒，这可是一种致命的疾病，十分危险。

危险的微生物

微生物是什么？比如说真菌、细菌、病毒等，这些都是我们比较熟悉的微生物。除此之外，还有一种微生物很容易被我们忽略，那就是小型的原生动物。

原生动物是一种单细胞动物，身体构造十分简单，一般都栖息在水里或者是其他动物的体液里，我们比较熟悉的变形虫就是原生动物。

微生物是十分危险的，因为它们常常会给我们带来疾病。在人类的疾病中，有 50% 的疾病是由病毒引起的，像我们比较熟悉的流感，就是由流感病毒引起的，而且具有很强的传染性。原生动物也可以使人患上疟疾，这是由蚊子传播的一种十分可怕的疾病，如果长期多次发作，还可引起贫血和脾肿大。另外，微生物还会破坏我们的正常生活，它可引起食品的气味和组织结构发生不良的变化，还会造成食物、布匹、皮革等物品发霉和腐烂。你现在是不是要说，你恨透了这些微生物呢？

然而，微生物还有更让人讨厌的地方，那就是它们的家族实在是太庞大了。在所有你能想到以及想不到的地方，都可以看到微生物的身影。而且微生物从来都不会单独行动，也就是说，你很少有机会看到单独的微生物在什么地方出现。我们所看到的微生物几乎都是成群结队地出现！

细菌真的是无处不在的，而且它们可以适应各种条件恶劣的生存环境。有些细菌生活在海底，它们好像并不介意冰冷的海水全都压在自己身上；有些细菌生活在马路上，来来往往的车辆都拿它们没办法；有些细菌生活在温度很高的热水管中，而且它们似乎一点儿也不担心被煮熟；有些细菌甚至可以生活在稀硫酸的溶液中，看起来它们还生活得很幸福。

你是不是觉得细菌的生命力很强呢？接下来，还有更不可思议的事情呢！据说，科学家们曾经在一株植物标本上，成功复苏了 300 年前的细菌。细菌这么顽强，我们该怎样对付它们呢？用消毒剂吗？没错，消毒剂确实可以杀死大多数的细菌。不过告诉你们一个坏消息，那就是有些细菌根本就不怕消毒剂，它们甚至认为这是一种美味。如果此时你用显微镜观察一下它们的

⊙ 就像是太空火箭上的蚂蚁，几百个细菌粘附在这个擀面杖上。像这样的细菌总是以人类留下的甜食碎片为生。

举动，一定会让你暴跳如雷，因为它们不仅没有受到任何伤害，而且好像还很开心地在享受美味呢！细菌历来被人们看作是疾病的罪魁祸首。其实并不是所有的细菌都是“大坏蛋”，有的细菌不但没有坏处，反而对人类有益呢。

比如说人类的肠道中就存在大量的细菌，这些细菌彼此作用，相互依存，共同维护着人体内大环境的平衡。如果这些细菌失调，就会导致腹泻。还有一些细菌可以帮助我们制造维生素 K，这也是对我们有益的。总之，我们不要太过害怕细菌，体内的正常细菌并不会对我们造成任何伤害。自从人类出现的那天起，它们就一直在身边陪伴我们，这就说明我们是离不开它们的。

近年来，美国科学家舍勒尔发现了一种制冷细菌，这种细菌能够在 3 分钟之内，迅速将体表的温度降低到 0℃以下。用它调制成冷却剂，涂抹在伤口周围，可以使细胞组织温度降低，防止伤口发炎，促进伤口愈合。

日本科学家经过多年的研究找到了一种除草菌。这种细菌生长在杂草上，通过迅速的繁殖，加速了杂草枯萎死亡。而且这种细菌对农作物以及人、畜都无害，也不污染环境，比人造的化学除草剂好多了。

科学家布朗发现了一种在光合调剂下能够产生纤维素的细菌。它所生产出来的纤维比一般的植物纤维要长，质地更加柔软、耐磨。用这种纤维织成布，比棉麻织品更好。

另外，在工业上人们利用细菌来勘探石油；在日常生活中，我们所食用的醋泡菜、红茶菌都是用细菌制成的；细菌还可以把土壤中的养分分解成可供植物吸收的物质，促进植物的生长。所以，我们在消灭有害细菌的同时，要保护有益细菌的生长和繁殖，充分发挥它们对人类的益处。毫无疑问，在不久的将来，会有更多的细菌被人们开发和利用。

神秘的细胞

细胞是什么？如果我们可以变小，钻进自己的身体去看一看，就什么都知道了。可遗憾的是，我们并不具备这样的本事，所以我们一直都觉得细胞是一种非常神秘的东西。其实，要想了解细胞，方法很简单，只要一台显微镜，就可以全部搞定，而且保证你会非常满意。

我们要怎样判断在显微镜下的细胞是植物的还是动物的呢？方法很简单，只要看它们的结构就可以了。动物细胞与植物细胞具有一定的相似性，比如说它们都具有细胞膜、细胞质和细胞核。但是，它们的区别也很明显。比如说植物细胞有细胞壁，而动物细胞没有；植物细胞的细胞质中含有叶绿体，而且可以形成中央液泡，用来储藏食物，而动物细胞的细胞质中既不含叶绿体，也不形成中央液泡。这些都是它们的区别，只要仔细观察它们的细胞结构，我们就可以识别出动物和植物细胞。

我们知道，细胞是构成生物体的基本单位。无论是动物，还是植物，都是由许许多多的细胞组成的。以我们人类为例，我们的身体就是由万亿个细胞组成的。细胞是有寿命的，它们不会永远地存在下去。有些细胞的寿命比较长，有些则很短。比如说白细胞的寿命只有 7 ~ 14 天，而肝细胞可以活 5 年，神经细胞的寿命则更长。细胞在人体内也是要进行更新换代的，每天都有新的细胞诞生，每天也都会有细胞死亡。据说，人体内每分钟都会有百万个细胞死去，但同时，也会有更多的细胞产生，这样才能延续我们的生命。

别看细胞那么小，它可是非常能干的，我们身体所需的一切，都是由细胞制造出来的。而且细胞是非常敬业的，它们从来都不休息。在伟大的细胞工厂中，纪律也是非常严明的，而且它们的管理也很规范。细胞核是整个细胞的灵魂，指挥工厂里全部的工作，及时地发号施令。线粒体是产生能量的场所；核糖体是生产蛋白质的地方；高尔基复合体是储存蛋白质的仓库；内质网可以高效率地运走蛋白质；所有的废品都会在溶酶体的溶解中被除去。

细胞确实很不简单，它们不仅是构成生物体的基本单位，而且也是基本的功能单位。在我们的身体中，存在着各种各样的细胞，它们功能各异，共同构成了复杂的人体。比如说在肺里的巨噬细胞具有吞噬细菌的功能；脂肪细胞可以在身体需要的时候释放能量；造骨细胞利用钙来制造骨骼，等等。如果这些功能细胞出现了问题，那么我们的相应功能就会受到影响。另外，细胞的结构和功能是一致的，比如说神经细胞就会根据距离的不同建立自己特定的结构。

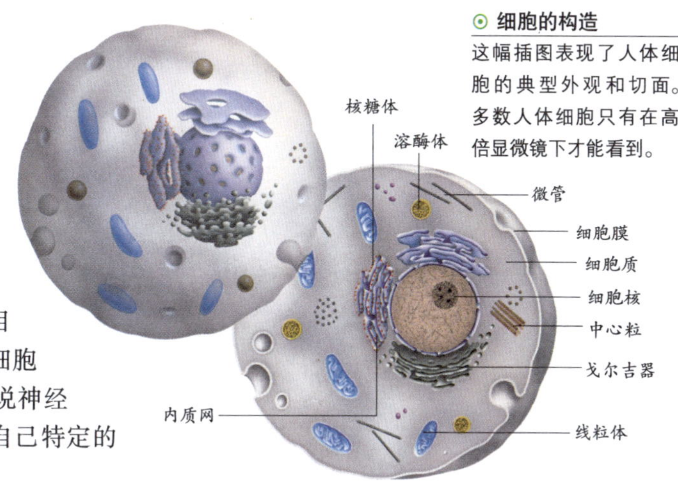

细胞的构造

这幅插图表现了人体细胞的典型外观和切面。多数人体细胞只有在高倍显微镜下才能看到。

藏在家中的危险

你是不是觉得家是最安全的地方呢？任何人在提起家的时候，都洋溢着一脸的幸福，世界上应该没有任何地方比家更温馨、更让人神往了。可如果你因此而认为家里是绝对安全的，那你就错了。事实上，在我们的家中，存在着各种各样的危险。难道你忘了那些只有在显微镜下才会现身的微生物了吗？它们可是无处不在的，这当然也包括你的家了。

你们是不是都认为自己的家里很干净呢？当然，从表面上看的确如此，我们的看法可能都是一样的。但是显微镜可不这么认为，如果你不服气，它马上就可以拿出证据，保证你们看了以后个个心服口服。其实，只要你在显微镜中看看自己的家，就会完全明白了。你的家几乎就是微生物的天堂，灰尘、死皮、细菌……在你的家中随处可见。如果你有洁癖，那最好还是不要看了，以免被这样壮观的场面吓倒。

即使不用显微镜，你也应该感受到这些微生物的存在。在阳光的照射下，你是不是也曾经看到过很多悬浮在空气中的小颗粒呢？据说，在0.03立方米的空气中，就漂浮着30万个小颗粒。你觉得你可以在自己的家中呼吸到清新的空气吗？如果你还养了小猫或小狗等宠物，那么你家里的情况就会更糟。因为这些可爱的小宠物会制造更多的微生物，使家里的空气更混浊。最糟糕的是，它们身上还可能带有虱子等小生物，这会让你的家更危险。

放大2500倍，螨虫看起来就像是一种外星生物。这种在生物学上是蜘蛛亲戚的动物在人类家庭中十分常见。

可以这样说，你每天所做的一切事情都是在这些小生物的陪伴下进行的，包括吃饭和睡觉。但是，你大可不必因为它们的存在就害怕吃饭和睡觉。事实上，你如果想彻底地摆脱它们，那是根本就不可能的。这些小生命陪了我们这么久，我们不是也没怎么样吗？所以，不要太过忧心它们的存在，它们对人类还是很友好的。但是，要切记保持家里的卫生，如果你的家太脏、太乱，就会繁衍出大量的微生物，人如果生活在这样的环境中，就会危害身体健康。更可怕的是，这些微生物中还可能有致病的病毒或细菌，引起疾病。所以，我们都应该养成讲卫生的好习惯。

那么，我们能不能用吸尘器把这些微生物吸走呢？事实上，当我们用吸尘器清扫地板的时候，那些微生物也会被吸进去，但是它们实在是太小了，所以它们还会再跑出来，然后弄得你满身都是。所以你别妄想用吸尘器来清除它们。

恐怖的厕所

厕所绝对不是一个讨人喜欢的地方，没有人会留恋那种地方。但是，我们人类却又是离不开厕所的，不管你喜不喜欢它，每天都还是要去那里报到几次。你能做到一天都不去厕所吗？除非你这一天都不吃不喝。厕所最让我们受不了的就是里面那难闻的气味，这种难闻的气味是从哪来的呢？原来，这种刺鼻的气味是一种叫作氨水的化学物质散发出来的。我们都知道，尿液中含有尿素，当细菌吃了尿液以后，就会把尿素代谢掉，产生氨水。

知识档案

用香皂洗手就可以洗掉细菌吗

可以。但是我们也应该清楚，香皂并不会杀死细菌，它只是让细菌离开你的双手，被水冲走而已。细菌一般都是粘在皮肤的油脂表面的，而水和油是不能互溶的，所以只用清水无法将细菌除去。香皂中的香皂分子则可以把油脂、细菌和香皂一块冲走，所以用香皂洗手可以洗掉细菌。

厕所应该是你家里最危险、最恐怖的地方了，因为这里生活着更多的微生物。与我们人类对厕所的态度不同，微生物们似乎更喜欢这里的环境。虽然现在大部分厕所的环境都有了一定的改善，很多厕所也经常喷洒杀毒剂来杀死这些微生物，但是这丝毫都没有影响它们对这里的热爱。在厕所中，你总是能发现更多的细菌、螨虫等微生物。所以，我们在上过厕所以后，一定要及时洗手。你可千万别以为洗手是一件非常容易的事，这里面的学问可大了。虽然很多人都有便后洗手的好习惯，可是你们知道洗手是为了什么吗？你洗手的目的又达到了吗？当然，我们都知道洗手是为了洗去手上的脏东西，最主要的还是细菌等微生物。可是大多数人在洗手的时候都是满足了前者而忽略了后者。那么什么样的洗手方法才是正确的呢？首先，洗手一定要用香皂，只用清水是无法洗去细菌的。另外，洗手的时候一定要清洗完全，千万不要遗漏，细菌往往会残留在手指前端等容易被人忽略的位置，如果你没有清洗这些地方，那么你的手也还是白洗了。

⊙ 潮湿的卫生间容易滋生细菌。

在厕所里，还有更为恐怖的一幕，那就是你冲洗厕所的时候。当你按下冲水按钮的时候，上亿个小水滴从厕所的便池中升了起来，就像是一个壮观的大瀑布。当然，这一切我们用肉眼是看不到的，因为它们实在是太小了。只有在显微镜的帮助下，我们才能看到它们的存在。这些喷出来的小液滴中含有细菌、病毒、尿液和小屎块等成分，更可怕的是，这些小液滴会溅到你的身上。当然，这绝对不能成为你不冲洗厕所的借口，你可以选择将马桶盖盖上后再冲洗，更何况我们的身体是完全可以战胜细菌的，所以不要太害怕！

第四节　虫子家族的故事

丑陋的虫子

正如很多人认为的那样，虫子都是非常丑陋的。除了那些古怪的昆虫学家，没有人喜欢与这些丑陋的虫子打交道。不过也有一些淘气的小朋友，不仅不讨厌这些虫子，还四处寻找它们。他们可能觉得这些千奇百怪的虫子很有趣，可是你们一定要小心，有些虫子不仅样子丑陋，而且还会伤害我们，对于那些不太熟悉的虫子，我们最好离它们远点儿。

这些苍蝇正在享用鬼笔菌顶部分泌的黏液，当它们下次飞到地上之时，这些孢子就可以安家了。

虫子的家族是十分庞大的，我们所见过的虫子只不过是非常微小的一部分。其实，不止是我们，就算是真正的昆虫学家，他们所见过的虫子也是有限的。有些虫子我们虽然叫不出名字，但它们确实是存在的，而且这样的虫子应该还有很多。要知道，昆虫所属的节肢动物是动物界物种最多的一类，约占全部物种的85%左右。所以很多人都很同情那些整天与昆虫打交道的科学家们，他们不仅要忍受这些昆虫的丑陋外表，而且还要对这么多的昆虫分门别类，再去研究它们。这样多的昆虫，他们要研究到何年何月呢?

很多人都把虫子和昆虫混为一谈，但实际上，它们是不能等同的。虫子的概念要比昆虫更大，所有的昆虫我们都可以叫它虫子，但是有些虫子却不是昆虫。昆虫的结构分为三部分，头部、胸部和腹部。头部长有一对触角，胸部长有三对脚，具备这样的特点，我们就可以称之为昆虫。目前，自然界已知的昆虫有将近100万种。如果它的脚多于三对，或者根本就没有脚，那么它就不再属于昆虫了，但是我们还可以叫它虫子，比如说我们所熟悉的蜗牛、蜈蚣等都是这样的虫子。

现在，让我们共同来数一数生活在我们身边的虫子。蜘蛛、蟑螂、螳螂、苍蝇、蚊子、蚂蚁、蜻蜓、蝴蝶、蟋蟀、蚯蚓、七星瓢虫……这些奇形怪状的虫子共同组成了虫子家族。

蠕虫

你可能会说你并不知道蠕虫是什么，你也没见过它，但事实上，蠕虫是一种十分常见的虫子，你也一定见过它们，只是你并不知道它们就是蠕虫而已。蠕虫是靠身体的蠕动向前行走的。不过，蠕虫这个名称在今天来说已经没有什么实在的意义，因为它已经被分成了三大类：扁虫、带虫和环虫。但是，人们还是比较习惯叫它们蠕虫。

扁虫、带虫和环虫是根据它们的身体形态来划分的。身体扁平的是扁虫；身体很长的是带虫；身体上带有若干环节的则是环虫。蠕虫都有着怪异的长相和习惯，比如说扁虫中的绦虫，它在水里有一个近亲，采用将自己的身体一分为二的方式来繁殖后代；带虫中的鞋带虫长得特别长，可以达到数米；环虫中的海耗子，身体可达18厘米长，7厘米宽，就像是一只真老鼠。

海洋蠕虫是目前人类所见到的最大的蠕虫，它的身体有 4 米长，而且有着和人一样的红丝血液。更为奇特的是，这种巨大的蠕虫竟然没有嘴，也没有胃，那么它们又是如何生存下来的呢？原来，在它们体内存在着上亿个细菌。不过你千万不要误会，它们并不是以细菌为食的。事实上，这些细菌是为它们制造食物的。细菌首先将海水中的化学物质吃掉，然后再制造出新的营养物质供蠕虫食用。

⊙ 蚯蚓

1. 环形肌收缩，躯干向前伸长。

2. 须毛将节片固定。

3. 纵向肌收缩，拖拽躯干的其余部分。

身上的黏液有利于蚯蚓蠕动，并使其不被干死。

大多数蚯蚓的节片有 4 对很小、几乎看不到的刚毛。

其实，在众多的蠕虫之中，我们最熟悉的应该算是蚯蚓了。如果你是一位垂钓爱好者，那么你一定非常偏爱蚯蚓，因为它可是你首选的鱼饵呀！如果你是一位农田的播种者，那么你一定会更喜欢蚯蚓，因为所有的人都知道，蚯蚓越多的土地，长出来的庄稼就越好。这是因为蚯蚓会在地下挖洞，有利于提高土壤的通水性和透气性，为根的生长和呼吸提供了有利条件；而且蚯蚓还会把地下的矿物质带上来，为植物提供营养。另外，蚯蚓经常把树叶和一些腐烂的物质拖回洞中，这些物质同样可以被植物所吸收。所以说，在有蚯蚓的土地，植物可以吸收到更多的营养物质，自然长得更好。

蚯蚓属于蠕虫中的环虫，因为它的身上分为很多个环节。看见它身上的那个环带了吗？你们猜它是干什么用的呢？原来，这个环带是用来携带受精卵的，当蚯蚓松开扭曲之后，受精卵就被放入了茧中。蚯蚓的长相也是很奇怪的，你们知道吗？它竟然全身都长着毛，虽然我们看不到，但是如果你用手去摸一下，就可以感觉到了。蚯蚓可以长得很长，最长的蚯蚓甚至可以达到 6.7 米。它们还有一个很厉害的本事，那就是再生。也就是说，你切去蚯蚓的一段，并不会杀死它们，因为过了一段时间以后，它们就会重新再长出来。在每公顷的农田中，就有大约 200 万条蚯蚓。不过这些蚯蚓对我们没有任何危害，所以你根本就不用介意它的存在。

蜗牛和蛞蝓

蜗牛和蛞蝓长得很像，而且还有很多共同的特征。比如说它们都有黏糊糊的身体，都有两个触角，眼睛都长在触角的末端，爬行都十分缓慢，等等。但是它们也有明显的不同，那就是蜗牛的背上有壳，而蛞蝓没有。它们都不太讨人喜欢，如果你家的花园种有莴笋，那你一定会对它们深恶痛绝，因为它们总是趁你不注意的时候，将莴笋偷吃掉。

⊙ 这只非洲巨型陆地蜗牛是水世界之外最大的有壳动物，它们的壳能达到 25 厘米长。

你们一定不知道，蜗牛是世界上牙齿最多的动物。你相信吗？在蜗牛跟针尖一样小的嘴巴里，竟然有 25600 颗牙齿。蜗牛的舌头也很特别，科学家们叫它齿舌，它的表面特别粗糙，因为上面布满了牙齿。蜗牛就是用齿舌来磨碎食物的。蜗牛是个十足的慢性子，它爬行的速度真是非常非常慢，所以当有敌害侵袭的时候，它是绝对不会选择逃跑的，那它会怎么做呢？它会将头和足都缩进壳里，并分泌出黏液将壳口封住。蜗牛喜欢潮湿的环境，它害怕太阳，所以它从来都是夜晚行动，属于夜行动物。当天气太冷或太热的时候，它们就会开始休眠。

蜗牛的种类繁多，特征自然也各不相同。世界上最大的非洲巨蜗牛长达 30 厘米，而一些在北方野生的蜗牛体长则不到 1 厘米。有一种叫作大蒜草的蜗牛，可以散发出强烈的大蒜味，这足以使前来觅食的鸟窒息。有一种叫作狗海螺的海蜗牛十分残忍，它们的幼体在孵化出来以后，就捕食自己的兄弟姐妹。还有一些蜗牛，它们是食肉的，所以它们也会捕食其他的蜗牛来吃。

找到蛞蝓的方法很简单，因为在它们走过的地方，总会留下银色的痕迹。这些痕迹是哪儿来的呢？其实，这就是蛞蝓通过足部分泌出的黏液，蛞蝓就是通过这些黏液向前移动的。也有人把蛞蝓称为鼻涕虫，可能就是因为它全身都黏糊糊的原因吧！蛞蝓的食量是非常大的，而且它们一般都以庄稼为食，所以农民们都非常憎恨它。有人说如果蛞蝓不吃马铃薯，那么积攒下来的粮食就足够让 400000 人吃上一年。蛞蝓也是很怕太阳的，在强光下照射三个小时，它们就会死亡，所以蛞蝓也是一种夜行动物。

蛞蝓有很多高强的本领，比如说它可以在光滑的玻璃上行走，还可以从很高的地方安全降落，这些你能做到吗？如果不借助外力，我们肯定是做不到的，那么蛞蝓是怎么做到的呢？这都要归功于它所分泌出的黏液，蛞蝓依靠黏液粘附在玻璃上，并通过波形运动使它的足部向前移动，所以它才不会掉下来。这一点我们是学不来的。另外，蛞蝓还可以准确地判断风向，所以它们总是能逃离风大的地方，这样就保证了它们的身体不会过快地变干。

蛞蝓也会以同类为食。在蛞蝓中，有一种在身体的最顶端带着小壳的盾壳蛞蝓，它们的本性非常凶残，经常捕食其他的蛞蝓。

水下怪物

我们所见到的虫子，大部分都生活在陆地上，但是也有一些虫子，它们喜欢在水下生活。这些藏在水下的虫子同样非常丑陋，所以你千万不要以为到池塘边去散步就可以远离那些讨厌的虫子。不过，如果你选择在秋季或冬季来到这里，那绝对是一个不错的选择。因为在秋天的时候，池塘里会堆满落叶，这些落叶将用掉所有的氧气，使得这些虫子根本就无法生存。而在冬天，池塘结了冰，虫子们也就被掩藏在了水底的淤泥中。

⊙ 和许多淡水昆虫一样，龙虱必须浮到水面来呼吸空气。这种甲虫会将空气存储在它们翅膀之下，所以它们必须努力游泳才能下潜。

这些虫子既然已经适应了在水中的生活，那么它们就一定有自己独特的生存方式。比如说水蝎，它是倒立着悬挂在水面下的，这样它的两个爪子就空闲下来，方便它捕捉路过的虫子。那它是怎么呼吸的呢？原来，它体内有一根管子伸出了水面，这样就可以自由呼吸了。再比如说水蚤，它们是以微小的植物为食的，常常被列为其他虫子的捕食对象，但是它们的弹跳力很好，可以跳跃着逃跑，所以其他的虫子要捕捉到它可没那么容易。

还有一种在水中生存的虫子，它的本事更大，竟然可以在水上行走。这种虫子叫作水步量虫，之所以有这样的本事，完全是因为它轻盈的身体和宽阔的腿部，这种独特的身体结构不会破坏水的张力，所以它可以很轻松地在水上行走，就如同我们在陆地上行走一般。你可千万别去效仿它，我们人类可没有那样的本事。

在水中，最可怕的虫子恐怕就要属水蛭了。要知道，水蛭是会吸血的，这可是一个非常要命的恶习。它们不仅吸食水中的各种小生物的血液，而且还会吸食人畜的血液，让人胆战心惊。

你知道吗？水蛭也可以用来预报天气。早在维多利亚女王时代，就有人发明了水蛭气压计。它的制作方法很简单，只要将一条水蛭放在装有池塘水的瓶子里，然后再将瓶口用布封好扎紧就可以了。观察水蛭的行为，我们就可以看出天气的变化。如果它躺在瓶底，就说明会是好天气；如果它爬到瓶口，就说明快要下雨了；如果它在瓶里躁动不安，就说明一场暴风雨即将来临。

爬虫

你们曾经有过这样的恐怖经历吗？当你们睡得正香的时候，忽然有一个可恶的家伙打断你们的美梦，这时你睁开眼，却看见一只丑陋的爬虫正在你的身上爬。这种经历是不是提起来就让人毛骨悚然呢？不过在现实的生活中，这种事情确实是经常发生的。当然，你很有可能说自己从来就没有经历过，但事情的真相是，你的睡眠实在是太好了，以至于当爬虫爬过你的身体时，你根本就察觉不到。如果你遇到一只凶狠的爬虫，它甚至还会咬你一口，在你的身上留下点儿痕迹。

你们想到了什么？是蜘蛛吗？不，蜘蛛一般不会三更半夜地在你的身上行走，做这种事情的很可能是蜈蚣。蜈蚣似乎从来就没有过什么好的名声，包括在电视剧里面，也总是把蜈蚣精形容得很丑陋。

那么现实中的蜈蚣呢？它真的这么令人讨厌吗？没错。蜈蚣不仅长相恐怖，而且它还会分泌出毒素把人咬伤，所以你最好不要去惹它。但是，蜈蚣却有很高的药用价值，将它进行处理以后，就是很好的药材，可以用来治疗多种疾病。所以很多人明知道蜈蚣会咬人，也还是要千方百计地寻找它。

⊙ 大部分的倍足纲节肢动物多夜间进食，主要以腐烂的树叶和植物碎屑为食物。

蜈蚣也叫作百足虫，恐怕没有人会喜欢蜈蚣那副可怕的样子，更何况它们还有很多可怕的习性。仔细观察后我们就可以发现，蜈蚣的第一对脚是呈钩状的，在钩端还有毒腺口，可以分泌出毒汁，这是它捕捉猎物的主要武器。当它发起进攻的时候，会首先用毒钩刺中猎物，然后将毒液注射进去，把猎物毒死以后，再开始慢慢地享用。

> **知识档案**
>
> **百足虫和千足虫有多少只脚**
>
> 百足虫真有100只脚，千足虫真有1000只脚吗？当然不是。事实上，千足虫的脚没有超过300只的，而百足虫的脚也常常会少于30只。百足虫和千足虫的叫法只不过是用夸张的数字来形容它们的脚都很多，并不是说它们真的有100只或1000只脚。

蜈蚣还有一个非常可怕的特性，那就是它们都具有很强的攻击性，而且经常会同类相残。即使是亲密无间的恋人，也很有可能发生这样的惨剧。你知道吗？雌蜈蚣经常会把自己的丈夫给吃掉，真是残忍至极。还有一种爬虫跟蜈蚣长得很像，只是比它的脚更多，所以我们叫它千足虫。凶残的蜈蚣在遇到千足虫时可是不会手下留情的，它们经常会捕食千足虫，但千足虫也有自己的秘密武器，当它们受到蜈蚣攻击的时候，会将身体蜷缩成球形，然后放射出一种难闻的液体，这会将蜈蚣熏走。

昆虫入侵

昆虫绝对称得上是丑陋的虫子家族中最重要的家庭成员，它的数量和种类都非常多。据不完全统计，世界上昆虫的种类已经超过了100万，这比其他动物种类的总和还要多出10倍。如果我们都坚信“人多力量大”的真理，那么昆虫的力量是不是足以称雄世界了呢？别害怕，目前看来，它们还没有这样的想法。不过，如果我们真的遭受昆虫的集体攻击，那将会是世界上最最恐怖的事情，回想一下历史上曾经发生过的蝗虫灾害就知道它们的厉害了！

⊙ 这只暴眼的尖头树螽生活在亚马逊雨林中，是一种珍稀野生昆虫，它们有力的颚部可以咬得敌人非常之疼。

在世界的任何一个地方，你都可以看到昆虫。这就说明昆虫的分布是非常广泛的，也说明了它们具有极强的适应能力，可以适应各种各样的环境。也许正是因为它们极强的适应能力，所以才会有如此繁多的种类。昆虫的个体差异是非常大的，比如说最重的昆虫可达到100克，相当于2500万只最轻的昆虫重量的总和。

我们在前面已经说过，并不是所有的虫子都可以称为昆虫，昆虫是有其明显的外形特征的。通常来说，它们都有三对足，一对触角，身体分为头部、胸部和腹部三个部分。内脏及产卵器官都在身体后部的腹部，昆虫用来呼吸的呼吸孔也在腹部，它们通过这些小管把空气传递到身体的各个部分。另外，大多数昆虫都是长有翅膀的，这也是昆虫家族的一大优势。

为什么昆虫要长触角呢？原来，它们的触角是用来感知外界变化的，另外，它还是昆虫的嗅觉器官。

昆虫虽然长着大大的眼睛，可实际上，它们的视力却很糟糕，在它们视野中的每一个图像都不够清晰。但是，它们对于运动的或者是可以食用的东西却有很强的辨别能力，这当然也是它们的生存需要。

昆虫在成长发育的过程中，身体的形态都会有所改变。也就是说，幼虫和成虫之间是有区别的。有些昆虫的幼体与成虫很像，长到成虫以后，身体只是发生非常微小的变化，这种发育方式我们就称之为不完全变态，比如说螳螂、蜻蜓等昆虫；还有些昆虫的幼体与成体完全不同，长到成虫以后，会变成另外一个样子，这种发育方式我们就称之为完全变态，比如说蝴蝶、蜜蜂等昆虫。

甲虫

甲虫占据着昆虫家族极其重要的位置，它不仅是昆虫家族中最大的一个类群，而且也是动物界里最大的一类群体，大约有30万种。还记得我们在前面说过的那个小实验吗？仅仅在热带雨林的一棵树上，就有160种甲虫是我们没见过的，可见甲虫的种类是非常多的。更为可怕的是，这个类群还在不断地扩大，科学家们总是能发现新的甲虫。看来，要成为一名甲虫学家，还真是不容易！

⊙ 坚硬的外壳使得甲壳虫可以穿过狭窄的空间，并且其翅膀不受任何伤害。而且因为其外壳是防水的，所以还可以防止甲壳虫因失水而死。

所有甲虫的长相都是差不多的，它们除了具有昆虫的基本特征以外，还多了一层甲壳，这是用来保护身体的。甲虫的种类和数量都非常多，分布也非常广泛，在除了海洋以外的其他地方，你都可以看到它们的身影。与很多昆虫不同的是，甲虫的翅膀发生了很大的变化。甲虫的翅膀分为前翅和后翅，前翅已经变成了坚硬的翅鞘，失去了飞行的功能，它们存在的目的只是为了保护后翅和身体。当甲虫们决定飞行的时候，会首先举起翅鞘，然后再张开后翅飞行。也有一些甲虫的翅鞘与身体连在了一起，后翅也退化了，所以这些甲虫就失去了飞行的能力，只能在地上爬行了。

在众多的甲虫之中，最常见的应该就是瓢虫了。尤其当夏季来临的时候，如果你穿的衣服颜色很鲜艳，这些甲虫就会不请自来，到你的身上做客。有时，这些甲虫很讨厌，它们会在你的衣服上留下一些液体，将你的衣服弄脏。如果你用手去碰它们，它们很可能会翻过身去装死。你可千万不要太大意，一旦你把它们惹急了，它们可是会咬人的。每种瓢虫的背上都带有小点儿，如果是七个，那你一定不要伤害它，因为它是我们人类的朋友——七星瓢虫。除了七星瓢虫以外，其他的瓢虫都是害虫，它们会破坏我们的庄稼。

很多甲虫是以它们的食物来命名的，这一点很有趣。比如说饼干甲虫就是以饼干为食的，不过别担心，它不会去偷吃你的巧克力饼干，它只会吃你不再吃的粗粮饼干；烟草甲虫是以香烟为食的，更让人称奇的是，这些烟草似乎并不会影响它们的健康，这一点可是我们人类羡慕不来的；药店甲虫是以药物为食的，它们生活在药店的药橱里面，更不可思议的是，它们竟然可以吃下毒药而安然无恙；咸肉甲虫是以咸肉为食的；博物馆甲虫是以博物馆里面的标本为食的，它们甚至会吃掉那些虫子的标本。

蚂蚁社会

对于蚂蚁，我们可以说是再熟悉不过了。它们真的是无处不在，是不是也曾在你的家里出现过呢？我知道有的人一定非常讨厌它们，因为它们经常会出现在我们的衣服里，或者是你的蛋糕上，真是让人防不胜防。以前，人们认为蚂蚁是怕水的，所以它们在下雨之前才要搬家。而实际上，有人曾做过实验，证明它们是不怕水的。它们搬家也绝不是怕水淹没它们的家，而是附近的环境不再适宜它们生存，所以它们才决定离开。至于为什么要在阴天的时候搬家，那是为了防止太阳暴晒对蚁卵的伤害。其实，它们也常常在夜晚搬家，只是我们没看到而已。

在每一个蚂蚁的洞穴中，通常都住着很多蚂蚁。如果有谁误闯了它们的阵营，它们绝对会全巢出动，共同来对抗外敌。在每个蚂蚁洞中，都住着一个蚁后，它是所有蚂蚁的领袖和统治者，它的任务就是进行交配并繁殖后代。而大多数的蚂蚁则是工蚁，它们全部都是没有生育能力的雌性蚂蚁，它们负责建造和扩建巢穴，寻找食物，饲养蚁后和幼蚁。而雄蚁只会在交配的时候出现，等到交配完成以后，它们就会马上死去。做一只雄性蚂蚁是不是很悲惨呢？

蚂蚁经常会外出寻找食物，所以它们的方向感一定要很强，否则就很可能在外面迷路，回不了家。那么蚂蚁是靠什么辨别方向的呢？原来，聪明的蚂蚁可以通过太阳的光线以及天空中的景致来辨别方向。另外，蚂蚁们在成队出行的时候，领头的蚂蚁会为后面的蚂蚁留下一些踪迹，以便它们可以跟上来。蚂蚁之间可以通过身体所散发出来的气味进行联络，不同的气味代表不同的信息。当蚂蚁要将某种信息传达给同伴的时候，就会释放出相应的气味。

蚂蚁虽然很小，但它们同样是非常可怕的。在澳大利亚，有一种叫作牛头犬的蚂蚁，它们不仅会咬人，而且还会向人的伤口注射蚁酸。据说，30 只蚂蚁就可以在 15 分钟内杀死一个人，多么可怕呀！蚂蚁最可怕的一点就是它们通常集体行动，面对成千上万只蚂蚁组成的蚂蚁大军，谁能不胆寒呢？正是因为蚂蚁们经常集体作战，所以它们往往会捕捉到很多比它们大得多的猎物，比如说蚯蚓、蜥蜴、蜈蚣，甚至是蛇都会败在蚂蚁大军的手下。蚂蚁是可怕的，但同时它们也是很可敬的。与其他自相残杀的昆虫不同，蚂蚁的家庭是相亲相爱的，它们从来都不会伤害同窝中的蚂蚁。工蚁们通常都是集体行动，一个紧跟着一个，如果谁发现了比较大的猎物，就会发出信号给同伴，然后大家同心协力将猎物擒获，再一起把它抬回洞中，共同享用。工蚁们还要照顾幼蚁并奉养蚁后，它们绝不会自私地将食物独吞。

蚂蚁的家是怎么建立起来的呢？蚁后是有翅膀的，它与雄蚁交配以后，雄蚁就死去了，它自己也脱去了翅膀。蚁后必须自己去挖洞，为自己和即将出生的孩子找一个安身之地。等到幼蚁孵化出来以后，蚁后就要精心地照顾它们，将食物喂给它们吃，直到它们具备独立寻找食物的能力。这时，蚁后就可以坐享清福了，因为这些工蚁会承担全部的责任。接着蚁后会再交配、产卵，不断地扩大它的家庭。如果出现新的蚁后，它也会像它的母亲一样，飞出去重新组织它自己的家庭。

⊙ 白蚁的巢阴凉、湿润、通风，并具有防御功能。

蜜蜂家族

你们一定很喜欢蜜蜂，至少会喜欢它的蜂蜜。在前面我们也曾经提到，蜜蜂是一个辛勤的采蜜者，它们总是不辞辛苦地劳动，直到将自己累死。它们虽然也会蛰人，但那都是在你惹恼了它的时候，否则，它是不会轻易蛰人的，因为这种行为同样会让它丧命。

蜜蜂家族和蚂蚁家族有些相似，它们通常也是由一个蜂后来领导的。对于这种由一个蜂后领导，生活在一个蜂巢中的蜜蜂，我们称它们为“社会性的蜜蜂”。你最好不要去惹它们，因为它们常常会倾巢出动，一起攻击你。

工蜂是非常勤快的，它们要做的事情实在是太多了。这其中包括喂养蜂后、幼虫和雄蜂，保卫蜂巢，打扫蜂箱，采蜜，酿蜜，制造蜂蜡，再用蜂蜡建造新的蜂房……所有的事情都要工蜂来做，所以它们真的是很辛苦。工蜂们几乎没有休息的时间，它们每天都要不断地工作，有些蜜蜂一天就要采一万朵花。也许是因为它们实在是太辛苦了，所以它们的寿命都很短，一般只有短短的几周，真可怜！

与蚂蚁家族类似，蜜蜂家族也是一个典型的母系社会，最高的统治权在蜂后手里，而雄蜂则是最没有地位的，因为它们既不会采蜜，也不能防御敌人，整天好逸恶劳。雄蜂的数量很少，寿命也很短，通常只有三个月。它们生存的唯一目的就是与蜂后进行交配，可是它们必须要和众多的兄弟竞争，最终只有一个能与蜂后进行交配，而这个幸运的雄蜂也会在交配之后马上死去。所以说，雄蜂与雄蚁都是很悲惨的。

蜜蜂的世界里没有真正的语言，不过它们也可以通过特定的方式与同伴联络。我们知道，蚂蚁是通过气味与同伴联络的，蜜蜂也可以这样做。蜜蜂可以发出各种信息给它的同伴，所以当有一只蜜蜂受到伤害的时候，很快就会有无数个蜜蜂前来增援。另外，蜜蜂还具有舞蹈语言，即通过它们的身体动作来传达信息，就像我们人类的手语一样。当然，它们的舞蹈语言只有同类才看得懂。

在夜晚，当其他蜜蜂都睡下的时候，有些蜜蜂依然不能休息，因为它们要进行巡逻，以防自己的蜂蜜被盗。事实上，蜜蜂的守卫是非常有必要的，因为很多昆虫和小动物都想去偷吃它们的蜂蜜，包括我们人类不也是在窥视人家的劳动果实吗？工蜂们辛辛苦苦地酿造出来的蜂蜜，都喂了别人，蜜蜂们怎么可能甘心呢？所以，那些试图偷吃蜂蜜的家伙被它们蜇伤，就不足为怪了。

⊙ 一只蜜蜂一天之内可以造访花朵超过 500 次，工蜂将花粉装在后腿上一个凹陷状的花粉筐中。

漂亮的虫子

虽然在我们的印象中，大多数的虫子都是非常丑陋的，但是在自然界中，也存在着一些漂亮的虫子，比如说蝴蝶。蝴蝶最引人注目的就是它那鲜艳的翅膀，五颜六色的蝴蝶把大自然装

知识档案

蝴蝶和蛾的区别

蝴蝶和蛾都是由毛毛虫变化而来的，在形态上也很相似，那么我们要怎么区分它们呢？通常情况下，蝴蝶一般都是在白天出来活动，晚上休息；而蛾则恰好相反，它们往往白天休息，晚上活动。另外，在它们落下来的时候其形态也是不同的，蝴蝶一般会将翅膀竖起来，而蛾则会将翅膀放平。当然，这里所说的只是一般情况，我们并不排除有特殊的情况出现。要区分它们，有一点是在任何情况下都适用的，那就是蝴蝶的触角上有球形的突出物，而蛾是没有的。

点得更加绚丽多姿。也许成年的蝴蝶让你非常喜欢，但是在它长成蝴蝶以前，却是一条非常丑陋的毛毛虫，你是不是很难把它们联系到一起呢？可事实就是这样，蝴蝶确实是由毛毛虫变化而来的。

刚从卵里孵化出来的毛毛虫是以树叶为食的，当然它们也很喜欢我们的蔬菜，这是毛毛虫最让人讨厌的地方。虽然它们长大以后很漂亮，不过就是因为它们总是霸占我们的菜园，所以人们经常在它没有长成之前就将其除去了。过了一段时间以后，毛毛虫会变成蝶蛹。大约再经过三周的时间，它们就可以破茧成蝶了。毛毛虫经常借助蚂蚁的巢穴转化成蝶蛹，等到它们长成蝴蝶的时候，再从蚂蚁洞中爬出来。

蚂蚁为什么会让毛毛虫到它们的巢穴中居住呢？这是因为毛毛虫可以分泌出一种像蜂蜜一样的物质，它们以此来讨好蚂蚁。这样，蚂蚁就会把它带回洞中，并和它们的幼虫呆在一起。然而，这些毛毛虫在蚂蚁洞中会以蚂蚁的幼虫为食。工蚁们绝对想象不到，它们竟带回来一个祸患。它们本以为毛毛虫可以将那甜甜的东西喂给幼虫，却反而要了幼虫的命。

蝴蝶的童年是不太愉快的，因为没有人喜欢那些可恶的毛毛虫。但是成年的蝴蝶却很受欢迎，因为它们不仅样子很漂亮，而且还帮助鲜花授粉。当然，这并不是绝对的。有些毛毛虫以蚜虫为食，所以它们也是益虫；有些蝴蝶也是果木的主要害虫。可惜的是，蝴蝶的寿命很短。它们在长成蝴蝶以后，一般只有十几天的寿命。雌性的蝴蝶在产完卵或者是卵还没有完全产出的时候就会死去，未进行交配的雄性蝴蝶可以活 20 ~ 30 天，蝴蝶在完成交配以后就会大大折寿，有的甚至只能活两到三天。

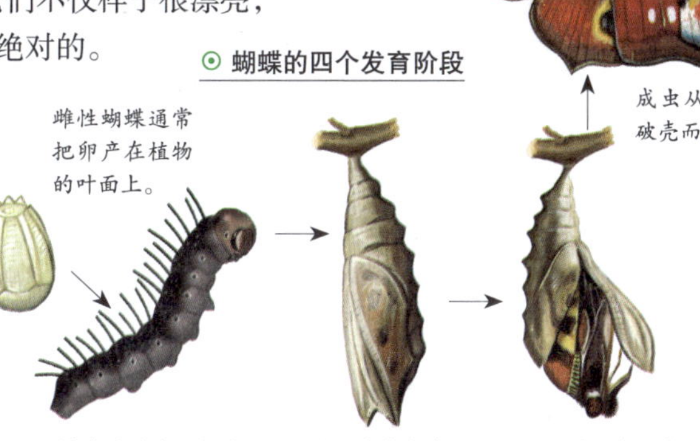

⊙ 蝴蝶的四个发育阶段

凶猛的蜘蛛

蜘蛛可是一个非常凶猛的家伙，长相看起来就很可怕。更可怕的是，它几乎可以出现在任何地方，然后在那里拉起蜘蛛网，建造它的家园。

蜘蛛并不是昆虫，从它的外形中我们就可以看出来。它有 4 对足，头部和胸部结合在一起，腹部分离。更不可思议的是，小小的蜘蛛竟然有 8 只眼睛。蜘蛛生性凶猛，它们以昆虫为食，利用毒液将昆虫麻醉或者用丝将猎物捆住，然后再慢慢食用。有些蜘蛛甚至会进入你的房间，趁你不注意的时候咬你一口。更加不幸的消息是，几乎所有的蜘蛛都是有毒的，只是毒性的强弱不同而已。如此凶狠的蜘蛛，寿命却不短，比如凶狠的狼蛛一般都可以活到 25 年。

蜘蛛种类繁多，在自然界中大约有 4 万多种。在这其中，有一些蜘蛛是非常凶猛可怕的，对人类也会产生极大的危害。在南美洲，有一种食鸟蜘蛛，它以鸟和蛙为食，如果被它咬上一口，肯定会疼得你哭鼻子。在美国南部，生活着一种黑寡妇蜘蛛，它的毒性非常大，甚至比一条响尾蛇的毒性还要大上 15 倍，幸好它不太喜欢咬人。而在巴西，有一种流浪的蜘蛛，却会对我们人类产生极大的威胁，它会在你的房间四处游荡，而且随时都可能向你发起进攻，它们甚至会

⊙ 如果蜘蛛刚刚吃饱，那它们会把猎物用细丝包好，留着以后食用。

藏在你的衣服和鞋里面。这种蜘蛛具有极大的毒性，一旦被它咬伤，就会使人丧命。

不过蜘蛛也并不是一无是处的，在前面我们也曾经提到过，蜘蛛所吐出来的丝具有很好的强度和韧性，是制作防弹衣的理想材料。另外，大多数蜘蛛都是以昆虫为食的，尤其是很多农业害虫，这就使害虫的数量得到控制，间接地保护了我们的庄稼。

可怕的是，蜘蛛也会同类相残。很多母蜘蛛会把其他孩子的母亲吃掉，而小蜘蛛之间也会相互厮杀。不过母蜘蛛却对自己的孩子很好，有的蜘蛛妈妈经常把小蜘蛛背在背上，表现出它们慈爱的一面。这种温馨的场面，让人无法想象它们竟是如此地凶残。

虫子叮人

在我们身边，有很多虫子都是叮人的。它们就像吸血鬼一样吸食我们的血液。最让人无法忍受的是，被它们叮过的伤口非常痒，这使得我们都会忍不住去抓挠伤口，最终很可能会导致伤口感染。更可怕的是，有些叮人的虫子带有病毒，它们可以将病毒通过叮咬的方式传染给我们，很多传染病就是通过虫子的叮咬进行传播的。

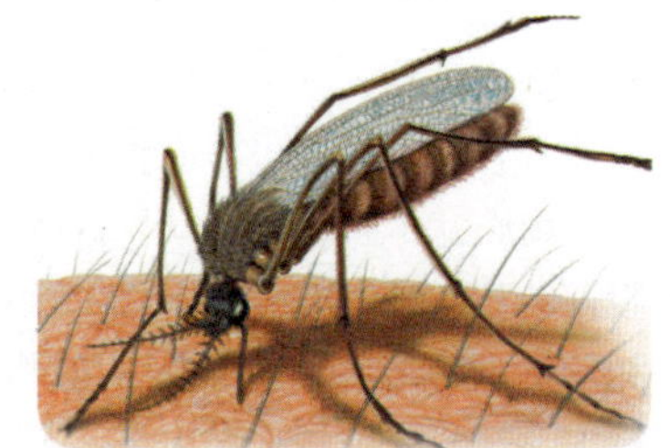

⊙ 雌蚊的体长大约有 2 厘米，以动物和人的血液为食。

你知道哪些虫子会叮人并传播疾病吗？例如，带有立克次氏体病毒的虱子会使人患上一种叫作斑疹伤寒症的致命疾病。在非洲的许多地方，还生长着一种叫作舌蝇的吸血昆虫，它可以传染一种使人昏睡的疾病，被咬者会出现发烧、无力等症状，甚至导致死亡。在南美洲，有一种奔库卡臭虫，它也会吸取你的血液，并传播南美洲锥虫病，这种病也会使人发烧和无力。对我们影响最大的应该算是疟疾蚊了，在世界各地都可以找到它的踪迹，它可以传播疟疾，有时还会使我们患上黄热病。不过只有雌性的疟疾蚊才会叮人，雄蚊则只是吸食植物的汁液。

我们最熟悉的叮人虫子应该算是蚊子了，每年的夏天，我们都会受到它们的骚扰。这些讨厌的蚊子不仅让我们浑身发痒，而且还总是在我们的耳边嗡嗡乱叫，让人寝食难安。如果你的运气不好，还有可能遇上一只带有病毒的蚊子，然后你就会莫名其妙地患上某种疾病，直到去医院做了检查，你才明白原来蚊子才是罪魁祸首。很多疾病都可以通过蚊虫传播，以前它们还经常引起大面积的传染病发作，也就是我们所说的瘟疫。

能够传播疾病的蚊虫本身都带有某种致病的细菌或病毒，它们在叮人的时候，将病毒注入人体，使人患病。也有些蚊虫本身并不带有病毒，但是它们很可能接触了带有病毒的动物或人体，使它们感染上了这种病毒。如果这种疾病又恰好可以通过血液来传播，那么当它们再去叮咬其他人的时候，就会把这种病毒再传染给其他人，使所有被它叮咬的人都患上同样的疾病。蚊虫叮咬的人越多越杂，引起传染病的几率就越大。本身不带有病毒也没有被病毒感染的蚊虫是不会传播疾病的。

伪装

动物的伪装是为了更好地生存，更重要的是为了逃离捕食者的视线，使它们不至于轻易就被捕食者发现。前面我们已经提到了很多动物都具有伪装的本领，还记得比目鱼吗？它可是伪装的高手，可以随着环境的变化而改变自身的颜色。事实上，伪装并不是谁的专利，在虫子家族，也存在很多这样的伪装高手。总的来说，伪装可以分为保护色和拟态两种。

保护色是指昆虫本身的颜色与其所处环境的颜色相一致，使人很难发现它们的存在。保护色是昆虫经过长期的进化所形成的一道天然屏障，是它们适应生存环境的一种表现。如果你曾经去捉过蚱蜢，就会深有体会，它们简直太难找了。一般来说，在草地上生存的昆虫基本都是绿色的，而在土地上生存的昆虫则基本都是土黄色的。如果它们不动，你就很难发现它们的存在，因为它们已经与周围的环境融为一体了。

昆虫的保护色是十分常见的，这更有利于它们的隐藏。可是有些昆虫却非常奇怪，它们的体色与周围的环境形成了鲜明的对比，十分显眼，你很容易就可以看到它们。它们为什么要这么做呢？为什么要将自己暴露在外面呢？难道它们不怕被敌人发现吗？没错，它们就是要让自己更显眼，让所有的来访者都看清楚，并以此将敌人吓走。为什么它们可以吓走敌人呢？原来，它们鲜艳的颜色会让敌人以为它们是有毒的，所以不敢靠近。这种伪装的形式我们就称之为警戒色。

拟态是指昆虫的形态或行为等特征与另一种生物极其相似，使我们难辨真假。它们通过伪装成其他的东西来骗过敌人，比如说日本树叶虫，它看起来就像一片树叶；欧洲的燕尾蝶毛虫，它看起来就像一段小树枝；木棒虫看起来像一根木棒；而灰蝶毛虫则看起来像是一堆鸟粪。还有些昆虫长得像其他的动物，比如说鹰蛾毛虫的尾部像一条蛇的头部，这使很多捕食者都不敢靠近；盘旋蝇也可以将自己伪装成黄蜂，吓走那些丑陋的臭虫。

⊙ 绿色大蟋蟀又名纺织娘，很多纺织娘都以树叶或者树皮的颜色作为保护色。

还有一些昆虫，它们的栖身场所非常可怕，这当然也是一种保护自己的好方法，而且比其他的伪装手段都要高明。比如说羽毛蛾的毛虫选择在茅膏草中藏身，茅膏草不仅能为它们提供舒适的环境和美味的点心，而且还可以帮助它们吃掉前来挑衅的昆虫，保证了它们的安全。要知道，茅膏草是以昆虫为食的，但它们并不会伤害羽毛蛾的毛虫。昆虫的伪装并不都是为了防止被敌人发现，有时它们也用来捕捉猎物。比如说螳螂，它经常会将自己巧妙地伪装为植物的一部分，然后就在原地等待猎物的到来。那些可怜的小昆虫往往不会注意到它的存在，当它们从螳螂身边经过时，螳螂就会在1/12秒的时间内迅速将猎物捕获。

虫子与人类之间

在地球上，生活着众多的人类，但同时也生活着更多的虫子。我们人类惧怕虫子、讨厌虫子、驱赶虫子、杀害虫子，而虫子也不断地骚扰我们、破坏庄稼、传染疾病。虫子与人类之间的关系似乎一直都这么紧张，从来都没有缓和过。我们不禁要问：难道虫子与人类之间是天生的敌人吗？难道我们之间就不能和平共处吗？也许没有人能给你一个确切的答案，不过至少从现在看来，我们之间并不和平。

在人类眼中，虫子是丑陋、邪恶的。它们破坏我们的田地，啃食我们的庄稼，更可恶的是，它们还常常跑到我们的家中，将我们的家搞得乱七八糟。这还不算什么，有些虫子甚至还会袭击我们，它们常常会在我们不注意的时候跑出来吓唬我们，如果不高兴还会咬我们一口。更糟糕的是，有些虫子是有毒的，还有些虫子带有传染病，这会给我们带来极大的痛苦和灾难。

⊙ 这群法老蚁正将食物搬往自己的巢穴。它们原产于南美洲，现在在世界各地装有中央空调的建筑中都有分布。

而在虫子眼中，人类简直就是可怕的魔鬼。我们毁掉了它们的家园，使得它们无家可归。我们还掠夺走它们的食物，然后全部种上自己的食物。人类到处倾倒垃圾和污染物，严重地破坏环境，害得病毒进入了它们的身体。更可恨的是，人类还捕杀它们，不是将它们就地处死，就是拿去做实验，还有些人竟然把它们拿去做菜，摆上他们的餐桌，这真是太可怕了！

虫子和人类之间并不友好，但是还不至于爆发战争。如果虫子和人类之间真的爆发了战争，你觉得我们人类会取得战争的胜利吗？不要觉得小小的虫子对于人类来说，根本就是不堪一击的。你不要忘了，虫子的数量可比我们人类要多得多。对于这样的战争，我们人类真是没有任何胜算，最好的结果也不过是两败俱伤。不过所幸的是，虫子目前还没有跟我们决一死战的意向，这也许是因为我们还算不上是它们最大的敌人吧！

那么虫子最大的敌人是谁呢？是其他的虫子或动物。比如说瓢虫是蚜虫的克星，而蜘蛛是苍蝇的克星……这就是食物链的魅力。你们知道吗？蜘蛛每年所吃掉的昆虫重量比地球上所有人的重量的总和还要多。

虫子是地球上最庞大的群体之一，我们不可能让它们凭空消失，它们虽然带给我们很多麻烦，可是也帮了我们很多忙，比如说清扫植物垃圾，而且它们还为我们奉献了可口的蜂蜜、美丽的丝绸等，使我们的生活变得更加美好。

第四章 认识我们的身体

第一节　让人费解的大脑

大脑的秘密

你知道大脑每天都在忙些什么吗？它帮助我们记住每天所发生的事，它帮助我们思考问题，它帮助我们分辨事物的好坏，有了它，我们才有各种各样的感觉，才会有自己的想法和观点……可是为什么大脑能做这么多事呢？让我们一起去探究大脑的秘密，看看它是怎么工作的吧！

战斗中的飞行员

在脑中数百万个神经通路的作用下，这位飞行员可以驾驶飞机，察看各种仪器，同其他飞行员进行交谈，并思考下一步的行动。

与身体相比，我们的大脑是很小的。它差不多有 1.3 千克，比你的内脏、皮肤和骨头都要轻得多，但是它却包含了 1000 亿个神经细胞，用来传达大脑的指令信息。你们知道吗？这个看似小巧的大脑，实际上却储存了太多的东西，多得超乎你的想象。它可以让你记住 10 万个单词，2000 张面孔，还有老师告诉你们的科学知识，动画片里面的故事情节，朋友的生日，家人的电话号码，等等。

我们的大脑是很忙的，它每天都要处理无数的信息和数据，并进行思考和分析，然后再将信息传达给身体的相应部分。大脑的工作要靠神经细胞来完成，也就是我们通常所说的神经元或脑细胞，没有它们，信息就无法传递。我们的脑细胞虽然很多，但是到了 25 岁以后，它们就会以每天 12000 个的速度死亡。不过你们也不用担心，因为即使到了你死的时候，也仍然有 98%的脑细胞还活着。

如果你大脑的某个部分受损，你们猜会发生什么事情呢？

如果你认为损伤无法修复，我们就会失去相应的功能，那你就把我们的大脑想得太脆弱了。事实上，如果大脑的某个部分受到损伤，即使损伤无法修复，那么剩下的部分也会代替损坏的部分完成相应的功能。所以说，即使大脑真的部分损坏了，我们也不会失去任何功能，只是我们必须要重新学习很多东西而已。

虽然说大脑的损伤对大多数人来说都是一种灾难，可对于有些人来说，却是因祸得福。这是怎么回事呢？据说，美国加利福尼亚大学的米勒博士曾在大脑中发现了所谓的“天才按钮”，当大脑的这部分受到损伤以后，人被压抑的天分就会完全释放出来。他发现，只要人的右颞下受过伤，就有可能成为某个领域的天才。比如说，一个9岁的男孩在部分大脑受损后竟成了一名天才的力学专家；还有一位56岁的工程师，大脑右半球皮质的部分神经元因病受到损伤后却成了一位大画家。如果将我们大脑的相应部分弄伤，那我们是不是也可以成为天才呢？这是个十分危险的想法。虽然在理论上是成立的，但毕竟还没有人做过这样的尝试。所谓的“天才按钮”，如果我们不能准确找到它的位置，那就会给我们的大脑造成真正的伤害。到时候你不仅变不成天才，而且还很可能伤了大脑，那就真是得不偿失了。

以前，人们并没有意识到大脑的重要作用，古埃及人和古希腊人甚至认为是心脏在思考问题，就连伟大的哲学家亚里士多德也认为大脑只是一种血液的冷却系统。当然，这种说法在今天看来都是非常可笑的，但是人们在对大脑的研究探索，确实是经历了一个相当长的历史过程。直到今天，我们也仍然无法揭开全部的真相，大脑还有着很多的秘密等待着我们去探索，可能这就是它的魅力所在吧！不论怎么样，我们都相信，大脑有着巨大的开发潜力，如果你能搞明白这其中的奥妙，说不定你就会成为天才了！

切开大脑看一看

脑的结构主要包括三部分：大脑、小脑和脑干。其中，小脑分为两部分，在大脑的两侧各有一个，它的主要功能是协调身体运动。脑干是连接大脑与脊髓的部分，它控制人体的本能行为，并帮助大脑入睡，在发生危险的时候，还可以给大脑提醒。脊髓并不在脑中，但是大脑的信号就是通过它传入和传出的。大脑是脑最大的组成部分，几乎占了脑的85%。看起来皱皱巴巴的部分是大脑皮层，这是我们用来思考的部分。丘脑是信息的中转站，到达丘脑的信息还可以被传送到大脑的其他部分，每个丘脑都能够传递有关气味的信息。下丘脑会在你睡觉的时候，帮助你控制血液中的水含量、体温、排汗等。松果体会让你在晚上困倦，而第二天早上又会自然醒来。延髓负责监督消化和呼吸，这可给你省了不少事，要是你把它们忘了，那可就麻烦了！正常人是不会把脑袋切开来看的，但是在医院的手术台上，却经常可以见到这样的场景。毋庸置疑，这当然是治疗的需要。外科医生决定为你做脑部手术时，要首先借助CT（计算机X射线断层扫描）、MRI（磁共振成像）等设

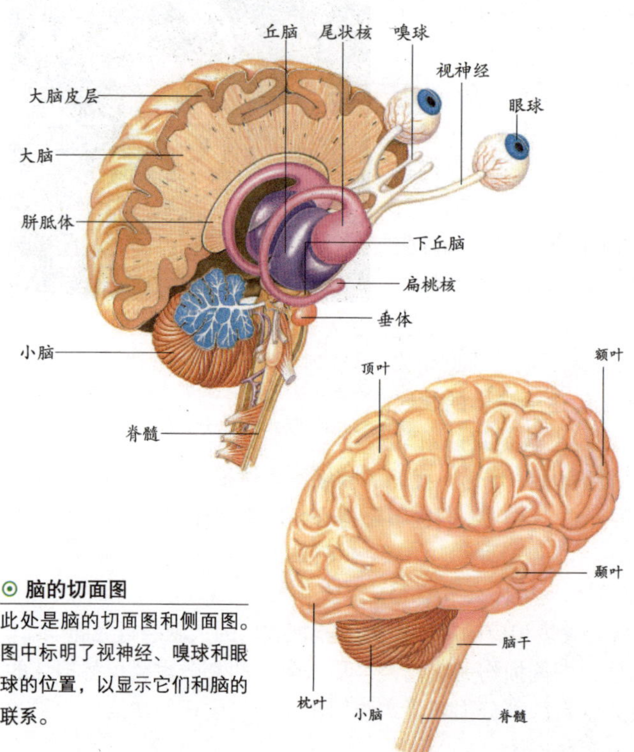

⊙ **脑的切面图**

此处是脑的切面图和侧面图。图中标明了视神经、嗅球和眼球的位置，以显示它们和脑的联系。

备确定你脑中的病患所在，这样他们就知道这个手术应该从哪里下手。

要看到大脑，你必须首先拿掉一块头盖骨，这就需要在头颅上钻几个洞，然后再用电据切开头盖骨，再切开脑膜，这样你就可以看到大脑了。你的大脑在干什么呢？如果一切顺利，你就看到你的大脑正在跳动，而且它是随着心脏的跳动节律在跳动。看，大脑的构造很神奇吧！

奇妙的感觉

人体可以产生各种各样的感觉，因为有了这些奇妙的感觉，我们的生活才变得五颜六色，多彩多姿。有了视觉，我们就可以看到大千世界的众生百态；有了听觉，我们就可以听到各种各样美妙的声音；有了味觉，我们才可以品尝美味的食物……为什么我们会有这些奇妙的感觉呢？这些感觉又是怎样发生的呢？

对于神经，我们应该并不陌生，前面我们曾经提到过神经元，而神经就是由神经元组成的，几千个神经元就可以组成一个普通大小的神经。神经不仅遍布你的整个大脑，而且还充满了你的全身，甚至连你身体的每条缝隙也都有神经的存在。如果你还是觉得不够具体，那我们就用数字来说明吧！在你的全身，共有 15 万千米的神经，你们知道这个数字意味着什么吗？它意味着你的神经完全可以绕地球 4 圈。

这些遍布全身的神经究竟有什么用呢？为什么我们的身体一定要有这么多的神经呢？神经是连接大脑与身体感觉器官的桥梁，它可以将感觉器官所发出的信号带给大脑，也可以将大脑的指令传达出去。举个例子吧：当我们看东西的时候，我们的视觉器官——眼睛会把它获得的信息通过神经传达给大脑，大脑在接到信息后进行思考，并做出指示，这样的指示会通过神经再传送出去，命令相应的肌肉动起来。现在你该知道神经的重要性了吧！如果没有神经，这些过程就都不可能进行，大脑得不到信息，身体也得不到任何指示，当然，这些奇妙的感觉我们也不可能再感受到了。

我们之所以有这些奇妙的感觉，并不仅仅是因为我们拥有各种各样的感觉器官。更重要的是，我们拥有支配这些感觉器官的大脑。而我们的各种感觉器官则只是身体的感受器，它们负责感受外界的信息，然后通过神经将信息传达给大脑，大脑获得信息后便在大脑中形成了各种各样的信号，然后再将信号传递给感觉器官，使我们产生各种感觉。

生活中有很多这样的实例：一个人在脑部受伤之后忽然间就失明了，这当然不可能是他的感觉器官出了问题，因为他的眼睛还好好的。那么问题出在哪呢？医生很可能这样

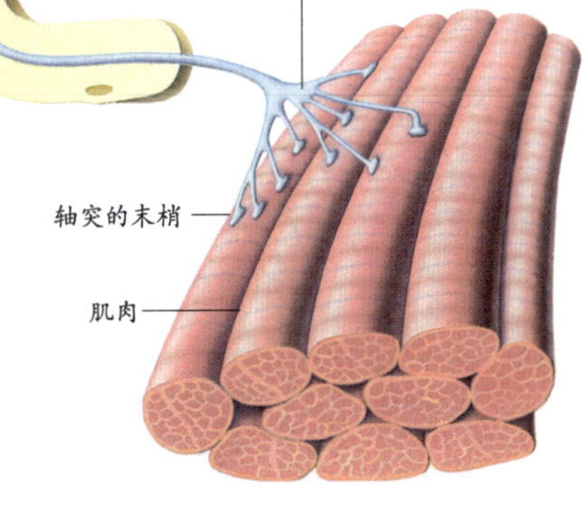

周围神经

这是一个周围神经系统中典型的神经元。神经元通过许多分支和肌肉相连。大脑（或者是反射作用中的脊髓）所发出的冲动经过神经传递到肌肉，使肌肉收缩，从而产生运动。

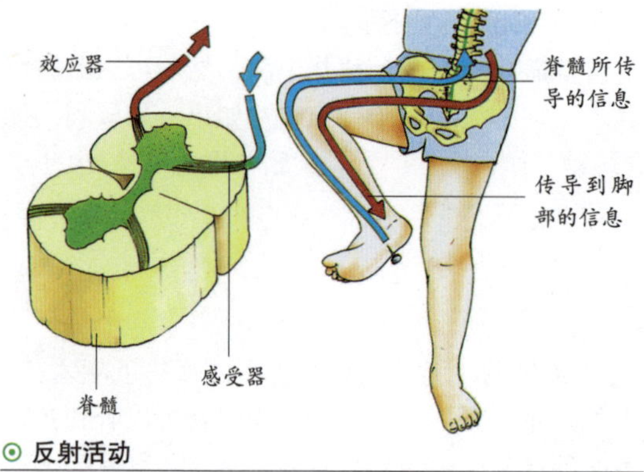

⊙ **反射活动**

人体在受到某些刺激时，需要迅速做出反应，才能使人体免受伤害。在这种情况下，信息来不及传导到脑部，而是传导到脊髓，这就是反射活动。例如，当人踩到钉子时，感受神经元将这个信息传导到脊髓，脊髓和运动神经元相连，直接将信息传导到腿部肌肉，使肌肉收缩。反射完成之后，脑部才接收到这次信息。

告诉你，是你脑部的伤压迫了大脑与眼睛之间的神经，使得大脑与视觉器官连接中断，大脑无法获得图像，也无法将信号传递回去，所以你的眼睛就无法形成视觉，导致了失明。

我们可以产生很多种感觉，如果其他的感觉都可以称之为美妙，那么有一种感觉，却只能用痛苦来形容。你们是不是已经猜到了，没错，它就是痛觉。当我们的身体受到伤害的时候，大脑就会发出信号，让我们感到疼痛，这大概是我们最不想拥有的一种感觉了。可是在生活中，我们却常常被各种各样的疼痛所折磨。不过大脑也并不总是让我们难受，你可以选择其他的方法来缓解疼痛。比如说分散一下精力，参与点娱乐活动，这样就可以促使大脑分泌出一种叫作脑啡肽的化学物质，它具有止痛的功效，可以有效缓解你的疼痛。

大脑在干什么

我们的大脑可是非常勤快的，任何事情都要有它的参与，也许只有这样才能显示出它的重要性吧！除了我们刚刚说过的各种感觉，我们所做的每一个动作、所说的每一句话以及所做出的每一个决定都离不开它。是不是觉得你们的大脑太辛苦，想给它放两天的假呢？我劝你千万不要这样做，因为如果你的大脑罢工了，那么你整个人也就瘫痪了。事实上，大脑并不介意整天都这样操劳，它还觉得很骄傲呢！

⊙ **脑半球的分工**

我们的逻辑思考和创造性活动分别由不同的脑半球控制。脑的左半球控制我们对数字、语言和技术的理解；脑的右半球控制我们对形状、运动和艺术的理解。

还记得前面所说的那个皱皱巴巴的大脑皮层吗？就是负责思考问题的那部分。它被分成了很多区，每个区负责一项工作，比如说有专门处理视觉的，有专门处理听觉的，有专门储存单词的，有专门控制发音的，还有专门负责单词的语法排列的，等等。它们各有各的分工，并且可以很好地进行合作，共同为我们服务。另外，大脑皮层被分成了两大部分，也就是左脑和右脑。让人不解地是，左脑控制着身体的右半部分，而右脑控制着身体的左半部分。当你用右手写字的时候，你正在使用的却是左脑。

左脑与右脑的分工并不公平。事实上，大多数人都是左脑发达，因为他们大多数时间都在使用身体的右半部分，这样就使左脑得到了锻炼，所以会比较发达。而右脑则被冷落了，它所做的工作远远没有左脑那么多，当然也就没有左脑那么发达了。但如果你是个左撇子，那情况就不一样了。有些人认为左撇子的人会比较聪明，其实只是他们的右脑比一般的人发达罢了。右脑的功能并不比左脑差，所以我们应该重视右脑的开发，多使用左手，使右脑得到有效的锻炼。

当然，大脑的左半部分和右半部分也经常会进行密切的合作。比如说在你唱歌的时候，负责歌词的是左脑，而负责音调的则是右脑。如果你要唱完一首歌，必须要到左脑中寻找歌词，同时又要右脑来协调音调。这是不是有些难为我们的大脑了呢？它怎么可能同时做两件事呢？可事实上很多人都做到了。这也说明我们的大脑可以同时处理两件甚至更多的事情，当然它需要小脑的帮助，只要你擅于开发它，它还可以做得更好。

有没有左脑和右脑同样发达的人呢？当然有。如果你的左脑和右脑同样发达，那么你的左手和右手就会同样灵活了。英国有一位叫作爱德文·兰登的艺术家，他就是这样的人，他可以用左手和右手同时作画，而且画的事物还不一样。他经常用右手画马而同时用左手画鹿。试试看，说不定你也可以做到呢！

学习可以变得更有趣

你喜欢学习吗？你大概会觉得学习是一件非常枯燥而又乏味的事情，如果没有人强迫你，你是绝对不会主动去学习的。

其实，学习的概念要比我们所想的大得多。并不是只有在课堂上学到的东西才叫作学习，事实上，学习可以发生在任何时间、任何地点。比如说你看到了一样新东西、学会了一种新方法等，这些都是在学习。没有人规定我们只能学那些枯燥的加减乘除。有时候，生活中的学习会比课堂上的教学更吸引我们。

学习演奏乐器

学习一种乐器，例如小提琴，是需要花费时间的。这个学生不仅需要在课堂上接受教师一对一的指导，还需要在课下投入大量时间自己练习。

我们一定要学习吗？答案当然是肯定的，我们必须要学习，而且一生都不能停止。如果不学习，我们就无法独立生存，更不用说在社会上立足了。除了升学的需要，更重要的是，我们可以通过学习，掌握处理问题的方法，使我们具备处理生活中各种问题的能力，不被社会所淘汰。换句话说，学习是为了让我们更好的生活。

人的一生中，需要学习的东西很多。走向社会以后，我们也不能停止学习。虽然说人的记忆力从 25 岁的时候就开始减弱，但是我们却不能因此而放弃学习。现在的社会是一个瞬息万变的社会，每天都有新的变化，如果你跟不上时代的变化，就会被社会所淘汰。如果你了解了这些，就不会再排斥学习了，因为学习的最终受益者不是任何人，而是你自己。

如果你擅于发现每个新事物的特点和意义，那么你的学习就可以变得更有趣，你会非常乐于接受这些新知识。另外，奖励也是激发学习兴趣的一个好办法。如果你的父母承诺你在考试得了第一名以后会奖励你一个电动车，这样你的学习是不是就更有动力了呢？如果你的老师对你多一些夸奖，或者是变换一下教学方式，你是不是也会更乐于听他的唠叨呢？有的人也许会

⊙ **学习时间**

适当的环境有利于提高学习效率。图书馆拥有丰富的文献资料，为学生提供了一个安静的学习环境。

产生这样的疑惑：是不是聪明的人更喜欢学习，也更有出息呢？我们只能说聪明的人学习新东西的速度更快，但这并不表示他们就更喜欢学习。两者之间并没有什么必然的联系。如果长了一个聪明的大脑，却没有好好利用或者是没用在该用的地方，那么这样的人也不会有什么出息。

有些人比常人更聪明，是因为在这些人的大脑中，大脑皮层上的神经元有一些特殊的连接，这是使人学东西更快的主要原因。

我们要想让自己变得更聪明，就必须做到勤学勤用，大脑是不能闲下来的。但是也不能让你的大脑太过劳累，适当的休息也是必不可少的。另外，吃鱼也有益于大脑的健康，可以提高人的智力，所以不妨多吃一些鱼。

神秘的记忆能力

为什么我们可以记住昨天甚至是很久以前发生的事情呢？为什么我们可以记住自己的生日呢？因为我们都有记忆的能力。大脑中有一个区是专门用来存储单词的。同样，在大脑皮层中，也存在这样的两个部分，是用来存储记忆的。除了大脑以外，小脑也参与了对记忆的控制。

记忆可以分为长期记忆、短期记忆和特殊记忆三个模式。其中，前两种模式受大脑的控制，而后一种模式则受小脑的控制。长期记忆就是指在你内心最深处的记忆，过了多少年你都不会忘记的事情；短期记忆是暂时性的记忆，过了一段时间以后，你就会把它给忘了；特殊记忆用来记住那些你不太留心但是却很重要的事情，比如说在骑自行车的时候那些你没有刻意记住的技巧。

既然记忆是受大脑控制的，那么如果大脑受了伤，会不会影响人的记忆能力呢？当然会。你大概也曾听说过脑部受损的人，在醒过来以后却失去了记忆，有些人是失去一部分记忆，而有些人则是失去了所有的记忆。这听起来似乎有些可怕，不过这样的事确实曾经发生过，而且并不少见。也有一些人在脑部受伤以后，记忆力大不如前，严重者甚至连刚刚发生过的事情都会忘记。

在大脑皮层中，丘脑和海马是用来创造长期记忆的地方。如果丘脑受到损伤，你就很可能将事故发生的过程全部遗忘。如果海马受到损伤，你的记

信息进入人脑

感官性记忆

保留感官所提供的信息，对其进行解释。

信息永久性流失。

⊙ **脑的记忆系统**

信息经脑部处理后，一部分迅速流失，其余则被储存在短期记忆或长期记忆中。信息储存在哪个记忆系统则受到许多因素的影响。

忆能力就会明显退化。事实上，随着年龄的增长，海马处的神经元就会逐渐死亡，到生命终结的时候，大约就剩下 70% 了。这可能就是人到老年会记忆力减退的主要原因。

在俄罗斯，有一个叫作凡勒米尼夫的人，拥有着惊人的记忆力。从他一岁的时候开始，就可以记住发生在他身边的大大小小的所有事情。如果你给他一个几十位的数字，他很快就可以准确地将这些数字重复出来，并可以倒着背出来。他还可以清楚地复述出很多年以前所发生事情的具体时间、地点，以及当时所有的人都说了什么话，而且保证一字不差。不管你愿不愿意相信，这都是一个不打折扣的事实。

你们是不是很羡慕他的超凡记忆能力呢？可是对凡勒米尼夫来说，这并不值得骄傲，他甚至为此而深深地苦恼。也许是因为他的记忆能力太强了，所以他失去了人的另一种本能——遗忘。事实上，他非常希望可以忘记以前的事，可是他却做不到。有时候，所有的事情都会出现在他的脑子里，这让他非常苦恼。我们都很羡慕他的记忆力，可是他却很羡慕我们的忘记能力。在他的眼中，忘记才是最美好的一件事。看来，记忆力太好了也不是什么好事！

知识档案

记忆被存储在哪里

大脑内其实也没有特定的“记忆中枢”，但是很多部位可以合作存储记忆。一个名叫海马状突起的弯曲部位在将短期记忆（例如我们只需记住几秒的电话号码）转变为长期记忆（几个星期或数月后仍不会忘的记忆）中发挥着重要作用。

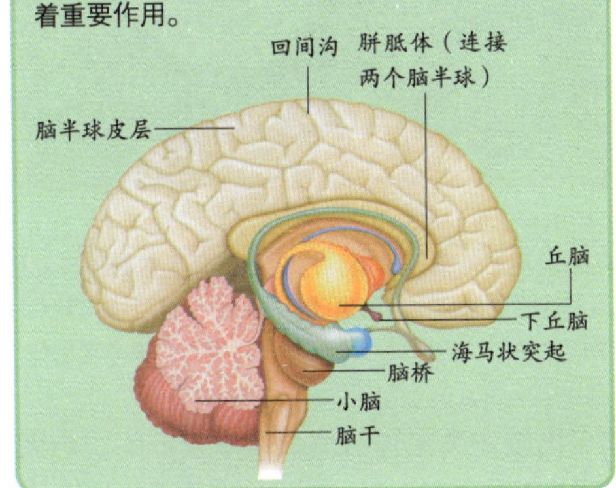

凡勒米尼夫为什么会有这样惊人的记忆力呢？事实上，他只是一个病人。他患了一种叫作牵连感觉的疾病，这种病非常罕见。就是这种疾病打乱了他大脑正常的工作模式，使他失去了忘记的本能，也使得他没有办法过正常人的生活。

我们的大脑到底可以存储多少信息呢？我们有时候会记不住的现象，是不是因为我们的大脑容量已经满了呢？别担心，我们的大脑至少可以容纳 10 亿册书的内容，你即使每天都向大脑中输入一本书的内容，等到生命终结的时候，你的大脑也仍然会有空余的地方。也就是说，大脑的容量是非常大的，你根本就不可能把它装满。

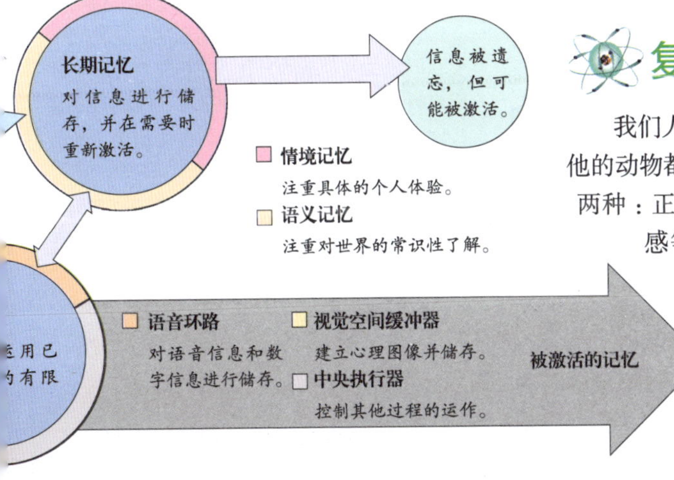

复杂的情感

我们人类有着各种各样的情感，比任何其他的动物都要复杂。总的来说，情感可以分成两种：正面情感和负面情感。愉悦感、幸福感等属于正面情感，而愤怒、恐惧等则属于负面情感。不管你的外表给人的感觉是什么样的，在你的大脑中，都充满着各种强烈的情感，它们会在适当的情况下表现出来。

情感的产生是一个非常复杂的过程，它们是由不同的化学物质控制的。首先我

⊙ **描述情绪**

我们对自己情绪的理解包括3方面：我们周围所发生的事件、我们当时的想法以及我们的生理反应。这个小女孩可能体验到几种不同的情绪，她哭泣的原因可能是悲伤、害怕、孤单或者愤怒。

们应该知道，各种各样的情感是在大脑的边缘系统中形成的。当外界发生某种状况的时候，脑干就会输送一种叫作多巴胺的化学物质给大脑皮层，多巴胺可以使神经元更兴奋，并传输更多的信号。边缘系统被多巴胺激活以后，就产生了情感。当然，你所产生的情感取决于你所遇到的状况。最后要怎么处理这种状况，还是要靠大脑皮层通过思考来决定。

大脑中多巴胺的分泌情况与人的性格也是有关联的。赖特相信，多巴胺作为一种神经传递物质，与人的基因是有关的。他在《基因的力量——人是天生的还是造就的》一书中指出："多巴胺在决定我们是否快乐或郁闷、积极或消极、聪明或迟钝、开朗或保守、相信唯物主义或信仰宗教等方面起着很大的作用。"还有人将多巴胺和爱情联系在了一起，从而认为多巴胺可以产生幸福感。不过多巴胺也会给我们带来麻烦，有些人做某些事情上瘾，比如说吸烟、喝酒、吸毒等，都是因为多巴胺的分泌使人产生了快感，所以才会欲罢不能。

虽然多巴胺可以让我们更兴奋，但是我们并不会总是由着自己的性子，想做什么就做什么。这是因为我们的大脑还会分泌一种冷静的化学物质——血清素，它可以让我们保持理智，不至于昏了头。我们在边缘系统中产生了情感，多巴胺使我们兴奋起来，而血清素又会使我们安静下来，所以我们才可以控制自己的情绪。另外，大脑皮层是负责思考并最终作出决定的地方，有了它的参与，我们就可以在激动的时候停止当前的想法，这可以帮助我们更好地克制自己。

当情感产生时，我们的身体也会发生变化吗？虽然情感都是在大脑中产生的，但是我们的身体也参与了整个过程，这可以帮助我们更好地体会情感。比如说一个愤怒的人，他的肺要吸进比平常多10倍的空气，所以常常表现为呼吸急促；而且此时他的消化是停止的，所以你可千万不要在生气的时候吃东西。这一切都是由于人在生气的时候，肾上腺会分泌出一种叫作肾上腺素的激素，所以才导致身体发生了一系列的变化。可见，在大脑产生情感的同时，我们的身体也没闲着。

是不是所有负面的情感都会伤害我们的身体呢？其实，所有的情感都可能伤害我们的身体。如果不懂得控制自己的情感，让自己的情绪大起大落，就会对身体造成极大的伤害。中医中所讲的"七情伤身"就很好地说明了这个问题。七情即是指喜、怒、忧、思、悲、惊、恐，中医理论认为：过喜伤心，过怒伤肝，过悲伤肺，

知识档案

积极心态和消极心态

你的心态是积极的还是消极的？这是我们看待问题的两种基本方式，它们常常在我们的无意识中起着作用。一次失败并不意味着永远失败，如果你有积极的心态，就可以将失败转化为成功。

过度忧思可伤及脾胃，过度惊恐会伤肾。所以，我们不要太放任自己的情感，一定要控制好自己的情绪，及时调整心理状态，以免给身体造成伤害。

大脑也会自我保护

我们的大脑真的是非常重要，如果你不想失去某种感觉，也不想失去记忆，那就一定要保护好它，绝不能让它受到伤害。但是你也没有必要将你的头全副武装，不让它去碰任何东西，甚至连别人轻轻地拍一下，你都会投去憎恶的目光。事实上，我们的大脑还不至于像你所想的那样脆弱，在受到外界袭击的时候，它也是懂得自我保护的。

我们知道，身体具有自我保护和自我修复的能力，那么作为身体的精神领袖，聪明的大脑当然也不会自甘落后，它也想出了一些保护自己的好办法。它选择用头颅和脑膜将自己包起来，利用它们来减缓外界的冲击，保护自己。位于外层的头颅可以有效地防止外物的打击，所以即使你撞上了电线杆，你的大脑也不会受到伤害。脑膜是三层装有液体的薄膜，它可以缓冲打击的幅度，保护位于里面的大脑。

知识档案

脑部受到的保护

脑部这个精密的器官受到1层脑骨胳（即颅骨）和3层膜（即脑膜）的保护。脑脊液处于脑膜的中间层和内层之间，当头部受到外伤时，脑脊液起到缓冲作用。此外，脑脊液中含有丰富的葡萄糖和蛋白质，为脑细胞提供能量。脑脊液中还含有淋巴细胞，帮助脑抵御病菌的感染。脑脊液在脑和脊柱之间流动，并流经脑部的4个腔——脑室。

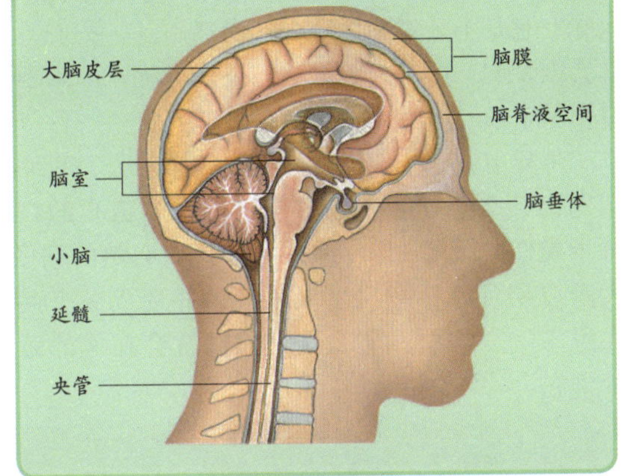

虽然说大脑具有自我保护的能力，但是你也千万不要冒险去试探它的承受力。因为稍重一些的打击就会使你的大脑受到伤害，没准你就从此失去记忆了，而这样的尺度，是我们根本就掌握不好的。

当然，在有的时候，我们的大脑也会自己发生碰撞。例如，每天早晨，当我们的大脑被刺耳的闹钟声吵醒的时候，我们会随之抬起头来，这时你的大脑就会向前倾，和前面的颅骨发生碰撞。不过你不必担心这样的碰撞会对你造成伤害，别忘了我们还有脑膜呢！它可以防止我们的大脑撞得太厉害。不过这种碰撞却会使人在起床的时候心情不好，事实好像确实如此。

有时候，我们会感到头疼。这是怎么回事呢？是我们的大脑感到疼了吗？原来，头疼是因为你的头中挤压了过多的血液，血液中的血小板把脑中的毛细血管给堵住了，这会使你的血管两侧向外扩展，于是你就感到了头疼。虽然我们的大脑可以产生各种感觉，但奇怪的是，大脑本身是没有感觉的，所以它也不可能感到疼。即使你用手在你的脑中搅拌几下，它也不可能有任何反应。要想减轻头疼症状，最简单的办法就是开怀大笑，笑可以放松精神，使人心情愉悦，这样就会使血管也得到放松，头疼自然也就减轻了。在头疼的时候，千万不要皱眉头，因为皱眉会使更多的血管挤在一起，加重疼痛。

睡觉和做梦

躺在软软的床上，美美地睡上一觉，我想再也找不出比这更舒服的事了。我们每天都要睡觉，对于很多人来说，上床的那一刻都是最美妙的一刻，劳累了一天，终于可以休息了。你们见过不用睡觉的人吗？即使没见过你们也不用觉得自己的见识太少，因为世界上根本就不存在这样的人。为什么我们一定要睡觉呢？

也许你并没有意识到睡眠的重要性，但是如果让你一直都不睡觉，你又能坚持几天呢？有研究表明，如果人连续两周不睡觉，就会导致死亡。也许你可以坚持一两天不睡觉，但是持续下去，你就会觉得特别累，眼皮一直在打架，脾气也会变得暴躁，再接下来你的心跳和脉搏都将出现异常，大脑的思维也开始混乱，最后你将耗尽身体所有的能量，并失去一些重要的功能，永远地睡了。所以说，睡眠是非常重要的，我们每天都必须保证一定的睡眠时间，否则就会严重影响我们的健康。

事实上，我们每天都要拿出1/3的时间来睡觉。那么在我们的身体休息的时候，大脑在干什么呢？它是不是也在休息呢？当然不是，我们不是一直在做梦吗？如果大脑休息了，我们又怎么会做梦呢？可是为什么我们要做梦呢？如果不做梦我们的大脑又会干些什么呢？人的梦真的有预示未来的作用吗？

在梦中，我们可以见到各种各样的人，碰到各种奇怪的事情，这一切究竟是从何而来呢？它们为什么会在我们的梦中出现，难道真的在预示我们的未来吗？其实，我们的梦完全来自于我们的记忆，与未来并没有什么必然的联系。在我们的意识里，会存在很多混杂的记忆，大脑皮层可以将它们组织起来，并变成一个连贯的故事，这就是我们的梦。如果你整天都在思考一个问题，那么这个记忆就会在你的意识里频繁出现，这样你将很可能在当天晚上梦到它。

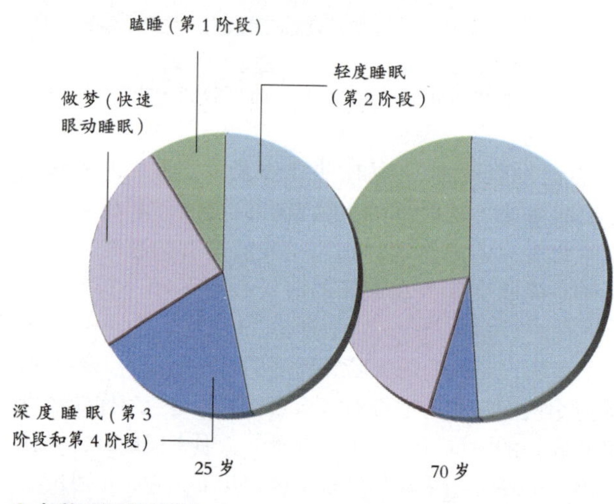

⊙ **年龄对睡眠的影响**

这两幅图显示了人在25岁和70岁时睡眠模式的区别。人在70岁时的深度睡眠时间（第3阶段和第4阶段）约是25岁时的1/4，而瞌睡或清醒时间（第1阶段）约是25岁时的4倍。老年人做梦的时间也比较短。二者轻度睡眠时间（第2阶段）差别不大。

我们的大脑总是试图去做梦。曾有人做过这样的实验，将一个睡觉的志愿者在其开始做梦的时候叫醒，结果这个志愿者一个晚上就被叫醒了30次！人会做梦这并不值得奇怪，因为我们每个人都在做。可是有些人不止做梦，而且还会梦呓或梦游，这可就有些吓人了。

梦呓就是在睡觉的时候说梦话，梦游则是在睡觉的时候走出去。如果你在大街上看到一个表情茫然、两眼发直、嘴里还在胡言乱语的人，那你很可能就是碰到了一个正在梦游的人。不管是梦呓还是梦游，对其本人来说都没有什么害处，但是却常常会给别人制造一些麻烦。不过这也不能怪他们，因为他们也不知道自己都干了些什么。

第二节　身体绝密报告

自动照相机——眼睛

眼睛是心灵的窗口，也是人体最迷人的部位。每个人都希望自己的眼睛炯炯有神，放射出闪亮的光芒，因为这样的眼睛往往可以给人留下深刻的印象。我们通过观察一个人的眼睛，就可以看出他的喜怒哀乐；通过观察一个人的眼神，就可以看出他的心理活动。也就是说，眼睛和心灵是相通的，很多内在的东西，都可以通过眼睛表现出来，所以将眼睛比喻成心灵的窗口再合适不过了。

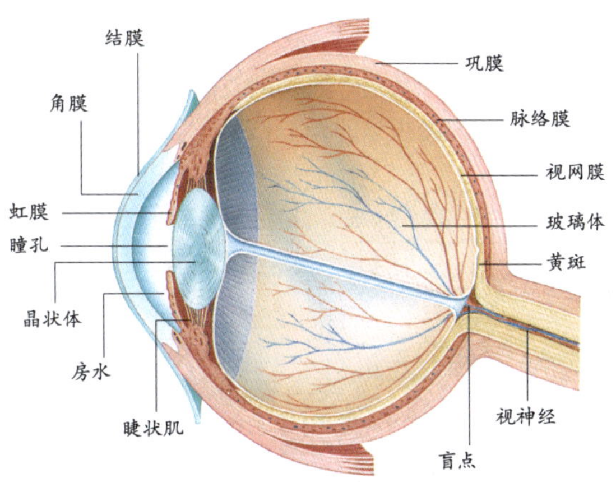

⊙ **眼的构造**

这是人眼的切面图。晶状体将眼球分为两部分，晶状体前面的液体称为房水；晶状体后面充满一种胶冻状液体，称为玻璃体。光线通过角膜、房水、晶状体和玻璃体进入眼球，然后聚焦落在视网膜上。眼球由视神经直接和大脑相连。

眼睛也是我们认识世界的窗口，是重要的视觉器官。通过眼睛，我们可以看书、看景色、看人物等。眼睛是人体最精密的感觉器官，它可以分辨不同的颜色、不同的光线，然后将它所识别的这些图片形象转变成神经信号，传递给大脑。所以也有人将眼睛比喻成一台自动照相机，而且性能绝对良好。眼睛是我们获取外界信息最多的器官，大脑中约有一半的知识和记忆都是通过眼睛获取的。没有了眼睛，我们就会失去最美好的视觉，当然也会错失很多重要的信息。

眼睛位于眼眶内，是由眼球和眼球周围的肌肉所组成的。眼球又可分为眼球壁和屈光系统。眼球壁有三层，最外层由角膜和巩膜组成；中间层由虹膜、睫状体和脉络膜组成；最里层是视网膜。屈光系统则包括晶状体、瞳孔等部分，这是我们能看见东西的主要法宝。另外，在眼球内部，还包含着一些眼内容物，主要为房水、晶体和玻璃体，它们都是屈光的介质。

那么眼睛是如何工作的呢？我们又是怎么看见外界的一切的呢？这都要靠屈光系统来完成。晶状体是屈光系统的重要成员，在它的周围，有一圈结实的虹膜。当光线通过瞳孔的时候，虹膜可以自动调节瞳孔的大小，使光线聚焦到晶状体，并将眼前的景物投射到眼球背后的视网膜上，不过在视网膜上的图像是一个倒立的左右对调的图像。接下来，视网膜上的视觉细胞会将图像通过视神经传递给大脑，大脑在接到信号后会自动将其转换为正立的图像，所以我们看到的物体都是正立的。

神奇的是，我们的眼睛在黑暗的地方也可以看见物体。这是因为视网膜上的细胞分为两种，一种是感应色彩的锥状细胞，一种是感应黑白颜色的杆状细胞。所以，无论是在光亮处，还是黑暗处，我们都可以看到物体。当然，如果你所处的环境一片漆黑，视网膜上的细胞就无法感应，这时你是看不见任何东西的。

我们一定要爱护自己的眼睛，保持正确的读写姿势，不要长时间近距离地看电视或玩电脑，常做眼保健操，等等。另外，在饮食上，也可以多吃一些明目的食物，比如说动物肝脏、枸杞、菊花等。

神经系统

还记得我们在前面提到的那些无处不在的神经吗？就是可以环绕地球 4 周的人体神经。这些神经并不是无组织无纪律的，事实上，它们同属于一个系统——神经系统。不用多说，你们也一定能想到神经系统的重要性。我们的身体所做出的一切有意识和无意识的动作及反应，都是通过神经系统来完成的。

我们的身体是一个相互联系的有机整体，各个部分都不是孤立存在的，它们既相互协调合作，也相互制约。另外，我们所生活的环境也是不断变化的，这就要求我们的身体能够及时做出反应，迅速地调节各种功能。而帮助我们调节各种功能的就是我们的神经系统。可以这样说，神经系统在我们体内起主导的调节作用，我们身体的各个器官、系统的功能都是直接或间接受神经系统调控的。

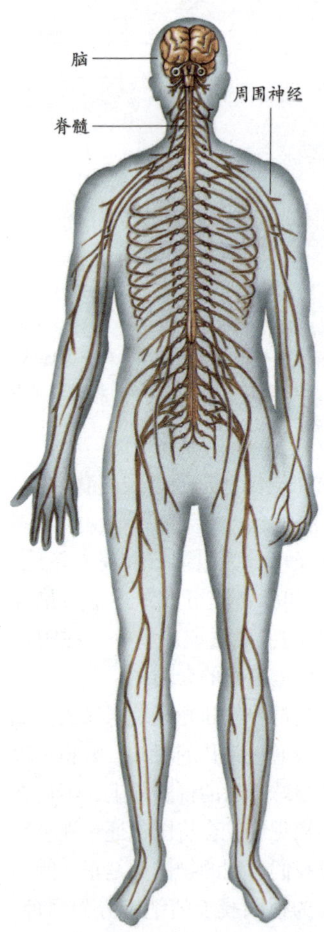

⊙ 神经的结构

单独的神经细胞被称为神经元。神经元所传导的细微电冲动组成神经信息，感觉神经元会将冲动传入大脑，运动神经元则将冲动传出。神经元的大小和形态多种多样。

当我们的身体受到刺激的时候，就会做出一定的反应，这个过程就叫作反射。比如说用锤子击打膝盖，腿就会不自主地抬起来，这就是我们熟悉的膝跳反射，也是最简单的一种反射形式。完成这一过程需要五个部分的参与，它们是感受器、传入神经、中枢神经、传出神经和效应器，我们也可以将这个过程称为反射弧。感受器（膝盖）受到打击后产生信息，并通过传入神经传入中枢神经，中枢神经进行处理后，再通过传出神经将指令传给效应器（腿），使其弹起来。

人体的神经系统可以分为中枢神经和周围神经两大部分。中枢神经接受各种信息，并负责对信息进行处理，然后做出指示。它主要包括大脑、小脑、脑干和脊髓。

我们上面所说的膝跳反射，实际上就没有经过大脑，而是由脊髓直接作出的决定。再比如说你的手扎在了钉子上，你会很快将手抽回来，这也是一种没有经过大脑的反射。等到你将手抽回来以后，你的大脑才产生了反应，你才会感到疼痛。

周围神经负责收集信息，然后再将信息传给中枢神经，并负责将中枢神经的指令传给身体的各部分。它主要包括脑神经、脊神经和植物神经。脑神经主要支配面部器官的感觉和运动；脊神经又包括颈神经、胸神经、腰神经、骶神经和尾神经，主要支配身体和四肢的感觉、运动以及反射；植物神经支配心跳、呼吸等内脏活动。

神经细胞是组成神经系统的基本单位，那么它们之间又是如何连接的呢？神经细胞是由细胞体（含细胞核、细胞质）和突起（分为轴突和树突）构成的，它们之间的联通并不靠细胞质来实现，而是通过突触（神经细胞之间相互接触的部位）来实现。通常都是一个神经细胞的轴突与另一个神经细胞的树突或细胞体借助突触来实现机能上的联系，进行信息的传递和整合。现在，你们清楚了吧？神经系统是一个遍布全身的神经网络，它们共同调节着身体的各种活动。

灵敏的耳

耳是我们的听觉器官，也是人体最灵敏的器官。耳让我们的世界充满了各种美妙的声音，当然也包括一些讨厌的噪音。

我们的耳朵并不只是我们看到的那样，事实上，我们所看到的只是耳朵的一部分，叫作耳廓。在耳廓的内部，还有着更多的耳部结构，让我们共同爬进耳朵去看一看吧！我们爬行的通道叫作外耳道，它和耳廓共同组成了外耳。外耳里面是中耳，它由鼓室、听小骨和鼓膜组成。位于最里面的是内耳，它包括耳蜗、前庭和半规管三部分。

⊙ 耳的构造

人耳分为 3 部分：外耳、中耳和内耳。鼓膜在两端气压相同情况下才能自由振动。空气通过和咽喉相连的咽鼓管到达鼓膜内侧，当咽喉因感冒等原因充血时，人的听力也会随之减弱。

我们的耳朵是如何帮助我们听到外界的各种声音的呢？我们的耳廓具有柔韧的软骨，可以收拢周围的各种声音，并将声音送入外耳道。通过外耳道，声音就进入了中耳，通过鼓膜振动传到听小骨。听小骨是由三块小骨组成的，它们分别是锤骨、砧骨和镫骨，声音依次经过这三块小骨，然后再传入内耳。内耳的耳蜗是听觉神经的所在地，里面充满了液体。声音在进入内耳以后，耳蜗内的液体就会开始流动，将振动的声音转变成神经信号，并沿着耳蜗神经传给大脑。

耳朵除了是听觉器官以外，还有其他的功能吗？

当然有。内耳中的半规管就有平衡身体的功能。半规管内充满了液体，当我们的头部摇动的时候，它内部的液体就会开始流动，并同时向大脑传递信号，保持身体的平衡。如果你忽然间做了一个动作，半规管还来不及向大脑发送信号，你的身体就会失去平衡。有些人会晕车，也是因为半规管功能失调所造成的。

具有双重身份的鼻子

鼻让我们的世界洋溢着各种芳香的气味，当然也包括一些令人作呕的异味。尽管有的时候我们真的很希望自己鼻子失灵，但事实上，如果真的有人要夺走你的嗅觉，你能接受吗？一定不能。我们都知道鼻子是嗅觉器官，但你们不要忘了，鼻子还有另外一个身份，那就是重要的呼吸器官。还记得我们在前面讲过的可以过滤空气的人体器官吗？它就是鼻子。在鼻子正中，有一块叫作鼻中隔的软骨，它将鼻子分成了左右两个鼻腔。鼻腔内有一层鼻黏膜，鼻孔内还长有鼻毛，它们共同起着空气过滤器的作用。鼻腔的顶端是嗅觉区，那里分布着 500 万个嗅神经细胞，当它们受到外界的刺激时，就会通

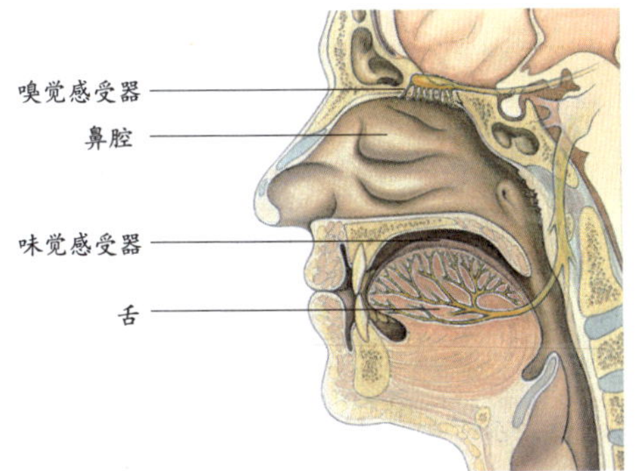

⊙ 人的嗅觉

嗅觉和味觉是相互独立的，不过二者都是在人体受到化学刺激时产生的。鼻腔中的感受器探测到空气中有气味的分子之后，和感受器相连的神经末梢负责将信息传递到大脑。

过嗅神经将信号传给大脑，大脑对其加以识别，所以我们就闻到了外界的各种气味。

为什么感冒的时候鼻子不通气，嗅觉也会下降呢？这是因为感冒病毒使得鼻黏膜肿胀，并不断分泌大量的黏液，从而使我们感到鼻子发堵。另外，嗅觉区的鼻黏膜肿胀，还会影响人的嗅觉，所以我们都会觉得感冒的时候鼻子有些失灵。

最合身的衣服——皮肤

皮肤可以说是人体最大的感觉器官，整个人体表面都是由皮肤来覆盖的。如果将皮肤展开，那么一个成年人的皮肤就可以覆盖大约 2 平方米的面积，儿童的皮肤也可以达到 1.5 平方米。皮肤对于我们的身体非常重要，它可以帮助我们保持恒定的体温，减缓体内水分的流失，并防止细菌入侵我们的身体。另外，皮肤还可以让我们拥有各种各样的感觉，比如说寒冷、炎热、疼痛等。

知识档案

为什么脸部皮肤的颜色会随着情感的变化而变化

这是因为皮肤里面有很多血管，它们可以随着情绪的起伏而舒张或收缩。当我们感到害怕或紧张时，血管就会收缩，这时你的脸色会变得比较苍白；而当我们感到兴奋、羞涩时，血管则会舒张，这时你的脸色就会变得比较红润。

你们心目中最理想的衣服是什么样的呢？我想它至少应该可以为我们驱寒保暖、清凉避暑、抵抗外界的细菌和有害物质、保护我们的身体，最好可以穿一辈子，而且不需要特殊的保养，也不会损坏。你们是不是以为我在做白日梦呢？不是的，我现在还很清醒。其实，这样的衣服确实存在，而且我们每个人都有一件。在我们刚刚来到这个世界的时候，就已经穿在身上了。随着我们身材的变化，衣服的尺码也在不断变化，所以不管到什么时候，它都非常合身。想到是什么了吗？没错，这件最完美、最合身，让我们穿起来最舒服的衣服就是我们的皮肤。

你们对自己的天然衣服还算满意吗？我想你肯定找不出比它性能再好的衣服了。我们的皮肤不仅可以自动调节体温，而且还可以自我修复，这都是其他的衣服所不具备的。

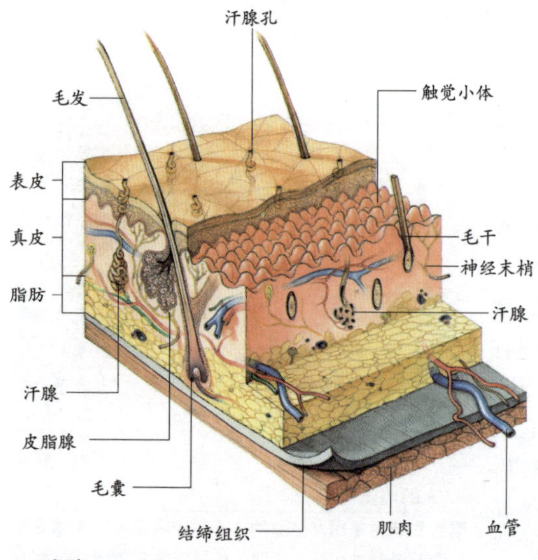

⊙ **皮肤**

此图显示了构成皮肤的众多组织。成人的皮肤表面积约 1.8 平方米，重量将近 3 千克。

我们所看到的只是皮肤的表面，那么皮肤的下面还藏着什么秘密呢？皮肤是很薄的，只有 0.5 ~ 4 毫米，但就是这薄薄的皮肤，却被分成了三层。它们分别是表皮、真皮和皮下组织。表皮位于最外面，是最坚韧的，可以抵抗轻度的酸碱刺激，并可承受一定程度的压力和摩擦。下面的真皮和皮下组织中则含有汗腺、血管等，各种感受器也都在这里。另外，在皮下组织中，还有一些脂肪，可以帮我们保持体温。

在了解了皮肤的结构以后，你是不是对皮肤的流汗现象更加清楚了呢？在皮肤中，含有 200 万 ~ 500 万个汗腺，这些汗腺就像一根根长长的管子，每根管子都卷得很紧，如果你把它拉直，就足有一米长。汗腺可以分泌汗液，然后通过管子排出体外。皮肤会出汗其实是人体的一种自动冷却机制，将体内多余的热量散发出去。

口腔探秘

把嘴张开，我们就可以看见自己的口腔。当然，前提是你必须站在镜子前面，否则你是看不到的。好了，现在让我们仔细地观察一下，看看口腔里面都有什么？最明显的要属牙齿和舌头了，另外，在咽喉处还悬挂着一个小舌头。如果你卷起舌头，还会看到舌头下面的舌系带，它是给舌头供血的。小心，你的口水快流下来了！

口腔是消化道的起点，所有的食物都是在这里启程的。当食物被送入口腔以后，首先要经过牙齿的咀嚼，将其磨碎，在舌的帮助下，利用唾液将食物搅拌均匀，然后再送入喉咙。这样，口腔的任务就完成了，剩下的就交给其他的消化器官去处理了。如果你的口腔对工作不负责任，没有将食物磨好就送入了下一级，那么就会对后面的消化器官造成伤害，尤其是胃。所以作为身体的主人，我们一定要督促口腔好好工作，以免对其他的器官造成伤害。

舌头上有许多味蕾，能够辨别不同的味道。但是舌头上表面的大部分区域并没有味蕾。

我们的牙齿外面包裹着一层坚硬的牙釉质，它是人体中最坚硬的组织，我们可以用它来咀嚼各种食物。总的来说，口腔中的牙齿可以分为三种：撕扯东西的尖牙、咬东西的切牙以及碾磨东西的磨牙。人的一生有两副牙齿，当你长大的时候，你的乳牙就会被新长出来的恒牙所代替，你们也一定都经历过这样的牙齿更替过程。但是这样的过程一生只有一次，成人之后的牙齿脱落，是无法重新再长出来的，所以我们一定要保护好自己的牙齿。

与牙齿联系最密切的就是我们的舌头。舌头是味觉器官，但它也参与消化的过程，可以帮助牙齿进行搅拌、咀嚼和吞咽。如果你曾经仔细观察过你的舌头，就会发现在舌面上有很多小凸起，我们叫它舌乳头。在舌乳头中间，夹杂着无数的味蕾。味蕾连着味觉神经，可以分辨各种味道，然后将信息通过神经传给大脑。舌面上不同部位的味蕾所能识别的味道也是不同的，舌尖识别甜味，舌尖两侧的前半部分识别咸味，舌的两侧识别酸味，舌根识别苦味。

如果将你的眼睛蒙上，再将鼻子捂上，这时让你品尝未知食物的味道，你觉得自己可以轻易尝出食物的味道吗？

事实上，我们的嗅觉要比味觉灵敏20000倍。很多时候，你觉得自己在品尝食物，其实你都是在闻它的气味。所以说，失去嗅觉，确实是会给我们的味觉带来不便。但是对于差别明显的食物，我们还是可以分辨出来的。

知识档案

神奇的唾液

唾液是口腔的一种分泌物，也许你并不喜欢它，因为它看起来脏兮兮的。但是你们知道吗？唾液其实是很有用处的。不管你愿不愿意，我们每天都要产生1～1.5升的唾液，它可以帮助消化、杀灭细菌、保持口腔清洁的环境等。更重要的是，唾液中含有神奇的酶，可以将碳水化合物分解成糖，满足身体的需要。所以，对于口腔中的唾液，最好的处理方式就是将它咽下去，千万不要将它吐掉，那不仅有失礼貌，更是一种浪费。

骨头和肌肉

骨骼是人体的支架，我们的身体全靠它来支撑。肌肉则帮助我们完成各种运动，包括我们脸部各种各样的表情，并可使我们的身体更强壮。骨骼和肌肉在人体所占的比重都很大。其中，骨骼是由206块骨头构成的，它们的重量占人体总重量的20%；肌肉的比重则更大，在人体中共有600多块肌肉，它们的重量占人体总重量的40%。

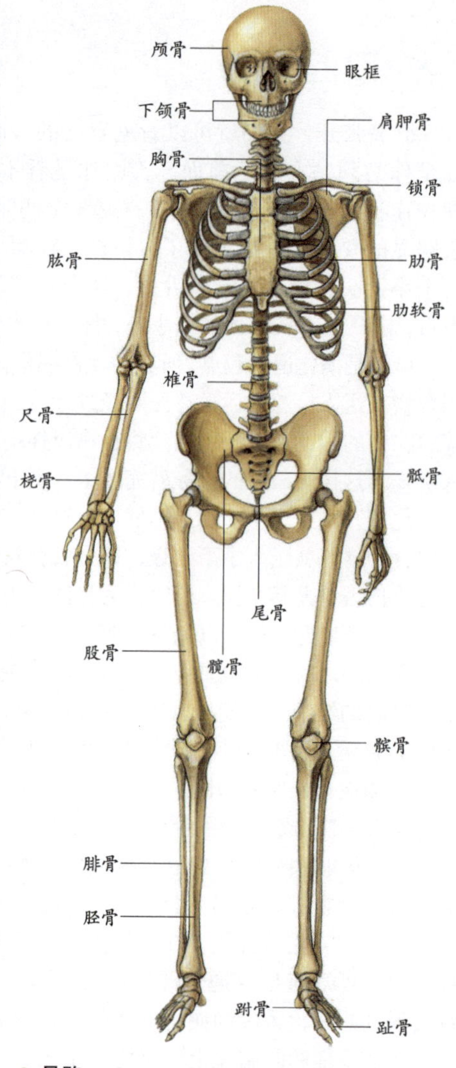

⊙ **骨骼**

上图标明了组成人体支架的主要骨骼。有一些骨头因为太微小，所以没有在图中标出，例如中耳处的3块骨头和支撑舌部肌肉的舌骨。

骨头的表面是致密的骨密质，十分坚硬，密度也很大。里面是像海绵一样的骨松质，由它来决定骨头可以承受多大的压力。再往里就是胶状的骨髓，有黄骨髓和红骨髓两种，其中红骨髓具有造血的功能。其实，在我们刚出生的时候，我们的骨髓都是红骨髓，根本就没有黄骨髓。但随着年龄的增长，脂肪细胞增多，一些红骨髓逐渐被黄骨髓所代替。黄骨髓是一种脂肪组织，并不具备造血的能力。但是当发生机体严重缺血等危急状况的时候，部分黄骨髓就可以重新被红骨髓所代替，增强骨髓的造血功能。骨膜是覆盖在骨头表面的一层致密的结缔组织，具有营养和感觉的作用，对于我的生长和断后愈合也起着非常重要的作用。

当我们刚来到这个世界的时候，并不是只有206块骨头。新生儿的骨头大约有340多块，等到成年以后，才会变成206块。那么其余的100多块骨头到哪里去了呢？原来，随着人体的生长，一些骨头就会长在一起。也就是说，其中的一些骨头进行了合并，所以骨头的总数量自然也就变少了。

这些骨头又是如何连接的呢？人体的骨骼是一个非常复杂的系统，它将206块骨头巧妙地连接了起来，组成人体的基本框架。骨头的连接方式有两种，一种是直接相连，这是一种固定连接的方式，被连接的骨头不能再分开或彼此活动的范围很小；另一种是通过关节相连，这样的连接可以保证两块骨头在一定的范围内进行活动，所以是活动连接。

在人体的所有肌肉中，大部分都是与骨骼相连的，我们将这样的肌肉叫作骨骼肌，分为长肌和短肌两种。骨骼肌可以在神经的支配下收缩和舒张，进行运动。长肌一般可跨过一个或多个关节，在它舒缩的过程中会牵动骨骼，使我们完成各种复杂的动作。肌肉本身还具有弹性，这样就可以减轻外力对人体的冲击。另外，骨骼肌在收缩的时候还可以带动骨骼和其他组织，以帮助我们支撑起身体的重量。

除了骨骼肌，人体还有两种肌肉，它们是平滑肌和心肌。心肌分布在心脏周围，它分为内、中、外三层，三层心肌纵横交错，保证了心肌的收缩。平滑肌则分布在其他的内脏器官周围，协助其他器官工作。另外，有些肌肉受我们意志的指挥，我们就称之为随意肌，比如说骨髓肌；有些肌肉则不以我们的意志为转移，称为不随意肌，心肌和平滑肌都是不随意肌。

血管和血液

在我们体内的血管中，流淌着我们的血液。人体内的血管所组成的网状系统遍布全身各处，其分支可达全身各处细胞。最有力的血管是动脉，因为动脉壁必须承受从心脏流出血液所产生的高压。动脉分支为小动脉，小动脉又分支为毛细血管。毛细血管将血液运往全身各个组织。食物和氧气经过毛细血管的薄壁进入细胞，同时二氧化碳等废物被运出细胞。毛细血管里的血液再次汇合到小静脉，小静脉里的血液又到静脉，最后将血液运回心脏。

血液承担着运输养分和清洁人体系统的重任，它们将氧气和各种营养成分带给身体的各个部位，同时又将人体代谢所产生的废物带走，并通过体内的不同器官将废物排出体外。另外，血液还可以杀灭病菌，并帮助我们保持体温。由此可见，血液对人体是非常重要的，一旦你的身体缺少血液，就会给身体带来诸多不适，严重者还会导致疾病甚至死亡。

血液在血管中是不停地循环着的，所以它才可以将人体所需要的氧气和营养物质及时地运送给身体的各个部位，然后又及时地将身体的废物清理掉。如果血液停止循环，那么它也就无法做到这些了，身体的各个部位都得不到养分，而代谢出来的废物又清理不掉，这样人体就无法再继续运转下去，衰竭而死。为什么血液可以在人体不间断地循环下去呢？其实，这都是心脏的功能。血液经人体的静脉血管流入心脏，然后又被心脏挤压到动脉血管中，周而复始，就形成了血液循环。

血液主要由三部分组成:血浆、血细胞和血小板。其中,血浆的主要功能是运输营养物质和激素，并带走细胞所产生的代谢废物；红细胞的主要功能是运送氧气和二氧化碳；白细胞的主要功能是抵御和消灭侵入人体的病毒、细菌以及其他微生物；血小板是血液中的应急储备物质，当血管破损以后，它就会大量聚集到伤口处，形成血栓堵住伤口。红细胞是通过血红蛋白来运送氧气和二氧化碳的。血红蛋白是红细胞中的一种蛋白质，它能够与氧气结合，将氧带到全身各个部位。在它释放了氧气之后，就会与二氧化碳结合，然后回到肺部释放出二氧化碳，再吸入新鲜的氧气，如此不断地循环。

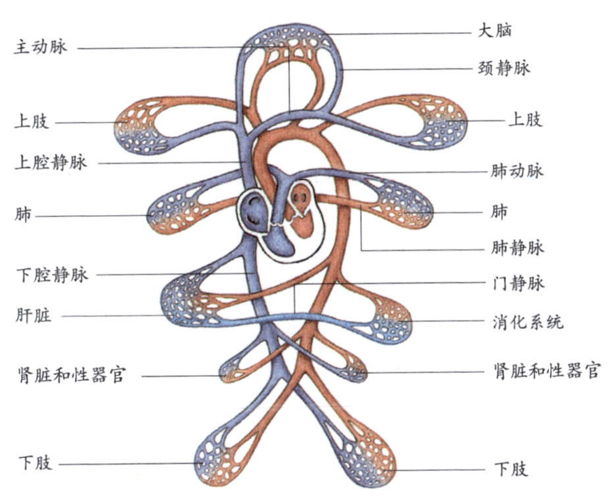

血液循环

肺动脉将血液运送到肺部，血液在肺部得到氧气，并将氧气运送到全身的组织和器官，然后通过静脉流回心脏。消化系统的血液要先流经肝脏，肝脏储存营养物质后，血液才到达心脏。

白细胞是人体的卫士，如果哪个部位出现了感染，体内就会产生大量的白细胞，用来对付病菌。所以，当我们发烧到医院看病的时候都要检验白细胞的数量，如果发现白细胞的数量猛增，就说明人体内一定有某个部位被病菌感染了。

心脏怎样为你努力工作

从我们出生的那一刻起，直到生命的终点，我们的心脏都会一刻也不停地跳动着，而且从来都是任劳任怨，不知疲惫。幸好我们的心脏比较敬业，要是它也偷偷懒，或罢几天工，那我们可就惨了。心脏的作用是使血液在人体内流动，维持生命。心脏从不停止跳动，它平均每年跳动4000万次，在人的一生中约跳动3亿次。

心脏位于两肺之间胸腔的中部，偏左下方，像一个握紧的拳头那么大。构成心脏的心肌是一种特殊的不随意肌，心肌可以有节奏地持续收缩（跳动），从不停歇。因为人体内的组织和器官都需要新鲜血液不间断地供应营养，所以心肌的作用至关重要。举例来说，如果大脑缺氧的状况持续几分钟，脑细胞就会开始死亡，而大脑就会遭到严重损害。

心脏内部有四个腔，它们形成左右相邻的两个泵，这两个泵之间有一层叫作隔的肌肉壁，将左右两边分开。

这层隔可以防止心脏左边的血液和右边的血液相混合。位于心脏上方的两个腔叫作心房，位于心脏下方的两个腔叫作心室，心室比心房大，也更有力。

房室之间的血液流动由纤维组织构成的房室瓣控制。在血压的作用下，房室瓣会形成一个封口，防止血液回流，在心室和动脉之间也有这样的瓣膜，叫作动脉瓣。

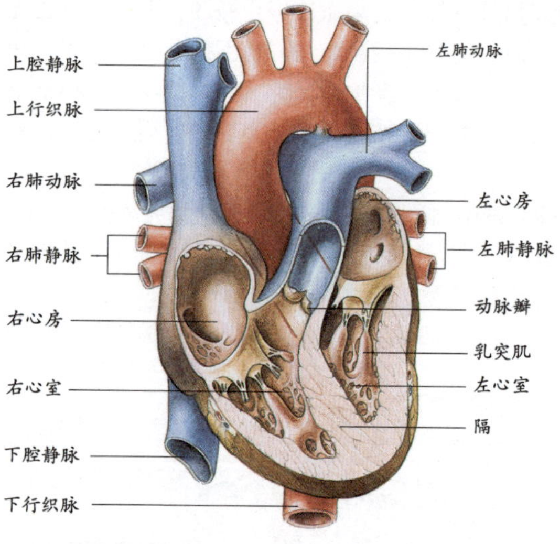

因为心脏需要大量的氧气供应，所以它有自己的血液供应系统——冠状动脉系统。冠状动脉系统位于心脏外围，这个系统的血液不和流经心脏的血液混合。

心脏的肌肉壁收缩时，心脏的房室变小，血液从心房流向心室，然后从心室流向全身的动脉。右心室将血液运送到肺部，从而吸收新鲜氧气，与此同时，左心室将动脉血运往全身。

心脏跳动的频率是由脑干控制的，脑干所发出的神经信号可以使心率加快或减慢，在我们恐惧或情绪激动时，荷尔蒙进入血液，使心跳加快。心脏内有一组特殊的心肌细胞，它控制着每次心跳的速度。

⊙ **心脏的内部构造**

这是心脏的切面图。心房将血液运往心室，然后心室将血液运往全身各处，所以心室的肌肉壁要比心房厚。

会说话的胃

你们相信胃会说话吗？当然，它并不会朗诵课文、回答问题，更不会与你聊天，但是如果你让它不舒服，那么它就会大声向你抗议。不相信吗？那么请回想一下当你吃了过多的东西，感到胃胀得难受的时候，是不是曾经听到过胃所发出的咕咕噜噜的声音呢？如果对它的抗议置之不理，就会导致它不能正常工作，出现可怕的胃部疾病，使我们更加难受。

我们的胃是非常重要的消化器官，位于食道和十二指肠之间，是整个消化道最大的一部分。

我们在前面已经介绍过，食物在口腔中进行初步的消化，之后被口腔碾碎的食物会经过食道到达胃，再开始进一步的消化。胃不断蠕动，并分泌出胃液将食物进行再加工，直到将其搅拌成糊状，再送入小肠。我们的胃就像是一个储存食物的大袋子，它可以容纳 4 升的食物。不过它消化食物的时间可是够慢的，仅仅消化一杯茶，它就要花上一个小时的时间，如果是牛奶、鸡蛋或肉类，时间则更长。

知识档案

蠕动的作用

在消化系统中，食物通过蠕动向前移动。例如，通过平滑肌的收缩和舒张，食物从食管进入胃部。

食物
括约肌舒张
括约肌收缩
胃

我们的胃每天都要分泌出 1500 ~ 2500 毫升的胃液，胃液可以帮助我们消化食物，胃液是水、盐酸和酶的混合物，其中盐酸的浓度为 0.5%，这样的浓度足以在若干个小时之内将一大块食物完全溶解，甚至还可以将软骨溶解掉。胃液的酸性非常可怕，它不仅会溶解掉胃中的一切食物，而且还可以轻易地破坏胃的组织细胞，在几个小时内，它就可以将胃的组织溶化掉。

你们现在一定会产生这样的疑问：既然胃液可以将胃的组织溶化掉，可是我们的胃为什么没有被溶化，而是仍然好好地在我们体内呢？别忘了我们的身体可都是具有自我保护的本领的，胃当然也不会例外。首先，在胃的内壁上面覆盖着一层厚厚的胃黏膜，是它与胃液直接接触，从而避免了胃液进入胃的内壁，保护了胃的组织。另外，我们的胃具有很强的再生能力，每分钟胃的表面就可以产生 50 万个新细胞，只要三天，我们就可以再生出一个胃来。正是由于这双层的保护，才保证了胃的安然无恙。

胃溃疡是一种疼痛难忍的胃部疾病，这是我们的胃所经历的最大的威胁之一，此时它正在自己消化自己。我们不是有双保险吗？为什么还会出现这样的情况呢？这是因为在你胃中的细菌破坏了胃黏膜，这样就使得胃酸越过保护层，直接与胃壁接触。透过胃黏膜的胃酸会将胃壁消化掉一部分，在上面留下小洞，这就是我们所说的胃溃疡。一般来说，压力过大及饮食不规律的成年人比较容易患胃溃疡。

肺和呼吸

肺是人体重要的呼吸器官，我们必须不断地从外界呼进新鲜的氧气，并及时呼出细胞代谢所产生的二氧化碳来维持生命。我们每分钟都要呼吸约 6 升的空气，不过幸好这些事不用我们自己去操心，因为人的呼吸是身体的一种自动行为，我们的身体可以自己完成。只要我们还活着，呼吸就会自动进行。

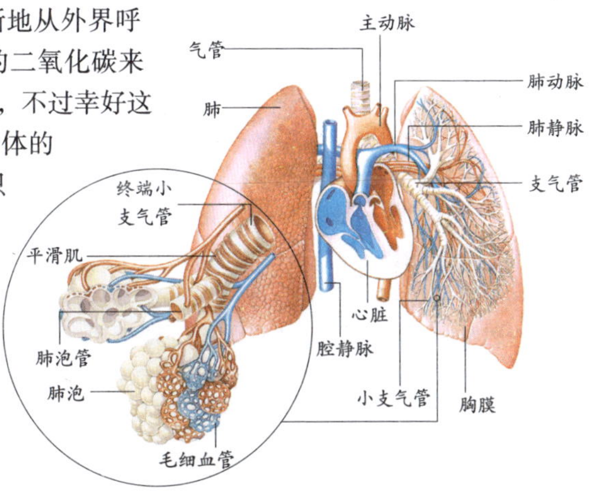

⊙ 肺的构造

当空气进入肺，空气通过许多支气管最后到达肺泡。肺泡的周围包围着大量的毛细血管。当血液流过毛细血管时，氧气从肺泡进入到血液，同时二氧化碳从血液进入肺泡，气体交换过程就发生了。

知识档案

呼吸作用的原理

如下图所示，人在吸气时，胸廓抬高，横膈膜（将胸腔和腹腔隔离的肌肉层）变平，这使得胸廓扩大，肺内压力低于外界大气压，因为空气总是从压力高的地方流向压力低的地方，所以气体就进入到肺内。通常每次呼吸吸入气体量约为500毫升。

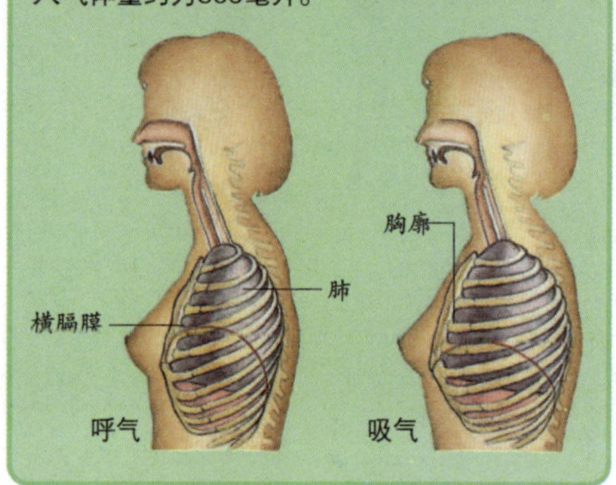

我们的肺位于胸腔内心脏的两侧，分为左、右两个肺，心脏就贴在左肺的凹陷处。奇怪的是，两个肺之间并不是相通的，它们分别与左右支气管相连。两个肺的肺叶也有所差别，左肺分为上、下两片肺叶，而右肺则分为上、中、下三片肺叶。在肺的内部，有大约 3 亿多个圆形的肺泡，肺泡是进行气体交换的场所，在这里，血红蛋白吸收氧气，并释放二氧化碳。

你们知道吗？肺除了是重要的呼吸器官，还可以帮助我们发出声音。也许你们都认为是声带在发出声音，这并没有什么不对。但是你们也许不知道，肺在我们发声的过程中也扮演了一个非常重要的角色。正常情况下，声带是开启的，可是当我们说话的时候，声带就会关闭，从肺部呼出的气体在经过声带时，就会使声带不停地振动，从而产生声音。

在我们体检的时候，常常会有肺活量的测试。你们知道肺活量是什么吗？测量它又有什么意义吗？当你用力吸气以后，再用力呼气，你所呼出的气体量就是肺活量。也就是说，肺活量所反映的是你一次呼吸的最大限度，也是一个人身体健康的标志。肺活量越大，身体就越健壮。通常情况下，运动员的肺活量要比一般人大，其原因就在于他们经常进行体育锻炼。所以，我们也可以通过锻炼身体来提高肺活量。

我们的呼吸器官除了鼻和肺，还包括咽喉和气管。空气从鼻腔中进入以后，首先到达咽部，咽的下面连着喉和食道，空气在穿过咽、喉以后就会到达气管，气管的下方分成左、右两个支气管，空气通过支气管才最终进入肺，进行气体交换。

活跃的肝脏

我们的肝脏位于横膈膜的下方，还记得什么是横膈膜吗？就是肺依托它来进行呼吸的那块肌肉。肝脏是棕色的，大约有 1.5 千克重，是人体内脏中最大的一个器官。我们的肝脏在体内非常活跃，它参与很多重要的生理过程。科学家们发现，肝脏可以做 500 项工作，这当然还不包括那些不为我们所知的工作，由此你可以想到它有多忙了！

肝脏可以控制血液中的含糖量，解除人体内的毒素，帮助消化，储存多余的脂肪和淀粉，参与新陈代谢，等等。更为重要的是，它可以控制和协调人体内的各种物质，使所有器官都能够正常地运行。也就是说，心脏的跳动、大脑的思维、食物的消化和吸收等生理活动，都要依靠肝脏来进行。现在你是不是对肝脏另眼相看了呢！还有更神奇的，那就是即使你的肝脏只剩下 10%，你也仍然可以活下去，因为这一小部分肝脏会重新长成一个新的肝脏。

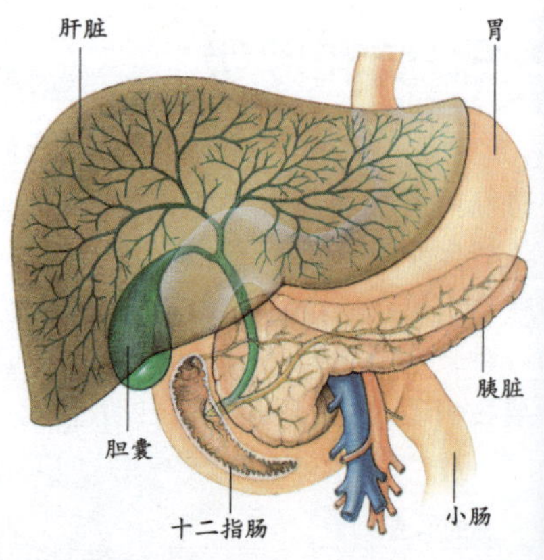

肝脏及其相邻器官

成人的肝脏重约 1.5 千克，胰脏和肝脏紧密相连，胆囊位于肝脏下方，其上分布着许多肝小叶的分支导管。

肝脏具有强大的解毒功能，可以将人体内的毒素转化为无害的物质，再排出体外。我们所吃的食物中，很多都含有毒素：在肠道内寄生的细菌，分解时也可以释放出有毒的氨气；我们所饮用的酒，在体内就会转变成乙醛，它可与体内物质产生有毒反应；还有我们所服用的一切药物，在治疗疾病的同时，也都含有一定的毒素。这些毒素如果不清除，就会对我们的身体造成伤害，幸好肝脏将它们一一化解了，所以我们才没有受到这样的伤害。

但是，如果我们体内的毒素超出了肝脏的解毒能力，我们就会中毒。比如说最常见的酗酒，少量饮酒并不会对身体造成伤害，但是如果大量酗酒，肝脏就无法将毒素排出，造成酗酒者酒精中毒，严重者甚至可以危及生命。在我们的身边，因为酗酒而丧命的人也并不少见。所以，如果你们的家人也有这样的坏习惯，那么你就可以用我们今天所学到的知识去警告他，让他趁早改掉。

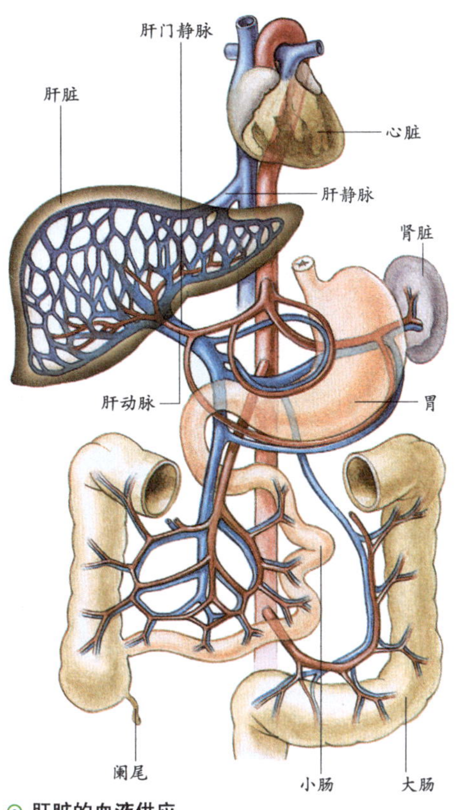

⊙ **肝脏的血液供应**

从心脏流出的血液经主动脉将富含氧气的血液通过肝动脉运送到肝脏。分布在肝静脉周围的小肠和大肠也将富含营养物质的血液运送到肝脏。血液经肝静脉流出肝脏。

肝脏如此重要，我们是肯定离不开它的。如果肝脏出了问题，那就会给我们带来极大的麻烦。比如说肝脏不能再解毒，那么毒素就会淤积在体内，遍布全身，这将导致我们的身体百病丛生，后果不堪设想。更可怕的是，所有的肝病都没有明显的症状，使我们很难察觉。而一旦发作，病情又会迅速恶化，死亡的速度也很快。所以，我们一定要保护好我们的肝脏，经常到医院进行检查，做到早预防、早治疗。肝病虽然可怕，但只要我们发现得及时，并及时采取治疗措施，也是可以脱离危险的。

我们应该怎样从饮食上调养肝脏呢？鸡肝具有补血养肝的功效，而且可以温胃，是调养肝脏的首选。鸭血和菠菜也是养肝的佳品，可以适量食用。此外，多吃富含蛋白质和维生素的食物，少吃动物脂肪性的食物，多吃新鲜的水果，多喝水，少沾烟酒，少吃含有毒素、染色素或是刺激性的食物等，也是养肝的基础。

穿越肠子的旅行

今天，让我们一起到神奇的肠子中去进行一次特别的旅行，看看我们吃下去的食物在这里都发生了什么。在进入肠子之前，还是让我们先对肠子有一个总体的了解吧！肠子可以说是消化系统中最神奇的部分，我们体内的所有消化过程都是在这里进行的。营养物质在这里分解成小分子化合物，然后被血液吸收。总的来说，肠子可以分为大肠和小肠两大段。其中，小肠又分为十二指肠、空肠和回肠三部分；大肠则分为直肠、结肠和盲肠三部分。

小肠弯弯曲曲地盘旋在腹腔内，上端与胃相通，下端与大肠相连，是食物消化与吸收的主要场所。其中，脂肪和胆汁在十二指肠中进行混合；脂肪、蛋白质和碳水化合物在空肠中被分

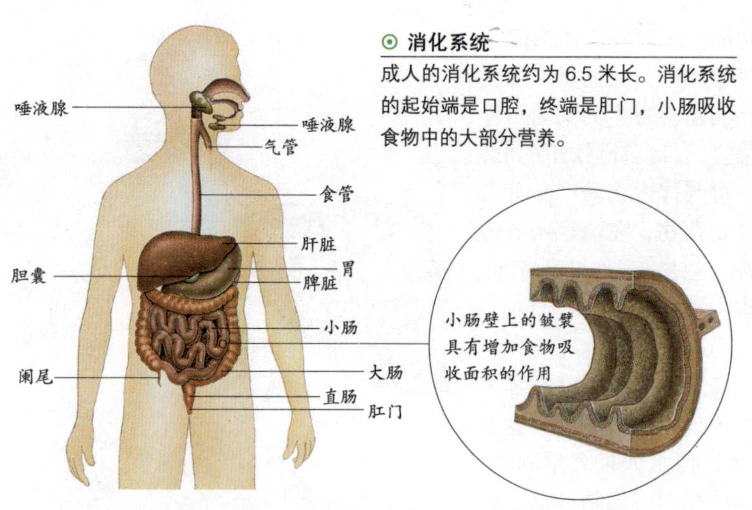

⊙ **消化系统**

成人的消化系统约为 6.5 米长。消化系统的起始端是口腔，终端是肛门，小肠吸收食物中的大部分营养。

解和吸收；而肠内的大部分水分则在回肠被吸收利用。进入小肠的内部，我们可以看到在它的管壁上长满了绒毛，这些绒毛可以帮助我们消化食物并把营养成分吸收到血液中。小肠看起来皱皱巴巴的，所占的面积很小，但如果把它熨平，它的面积则可达到 20 ~ 40 平方米。

为什么要取十二指肠这么奇怪的名字呢？难道它看起来像十二根手指吗？不是这样的，它的名字确实与手指有关，但并不是说它长得像手指，而是说它的长度有十二个手指那么长。这个说法是由一位叫作海罗费利斯的希腊医生提出来的。

那小肠是怎么消化的呢？靠它所分泌的消化液吗？不仅仅是靠小肠腺所分泌的小肠液，还有胆囊所分泌的胆汁、胰腺所分泌的胰液等消化液也都参与了消化的过程。这些消化液可以消化食物，主要就是由于它们含有各种各样的消化酶。

人体内大多数的化学反应，都要有酶的参与。尤其是消化，更是需要各种各样的消化酶来帮忙。如果没有酶，我们体内的消化就无法进行，除非你将自己的身体加热。可是你知道加热的温度吗？只有达到 300℃的时候，你体内的食物才能被你所消化。也就是说，你只有先把自己煮熟了，才能将你的食物消化掉。幸好我们有酶，它可以将化合物分解成碎片，将营养物质分解成可以被我们的身体吸收和利用的形式，方便我们的消化和吸收。

当小肠完成它的工作以后，就会将其处理过的废物运给大肠。而大肠则负责将食物残渣浓缩成粪便，再通过直肠经肛门排出体外。大肠也具有一定的消化意义，因为在大肠中存在着大量的细菌。别怀疑自己的耳朵，你们绝对没听错，我说的就是细菌，别忘了细菌也不都是令人讨厌的。大肠中的细菌为有益菌群，它们可以利用食物残渣合成一些人体所必需的维生素，比如说维生素 B 和维生素 K。

废物排泄

废物排泄是机体物质代谢的最后一个环节，也是机体最基本的生命活动。食物在我们的体内经历了漫长的旅行，其中有用的成分被我们的身体所吸收，而那些剩下的废物则被排出了体外。这一点我想大家都很清楚，固体废物形成了粪便，而液体废物则成为了尿液。我们的身体每天都要

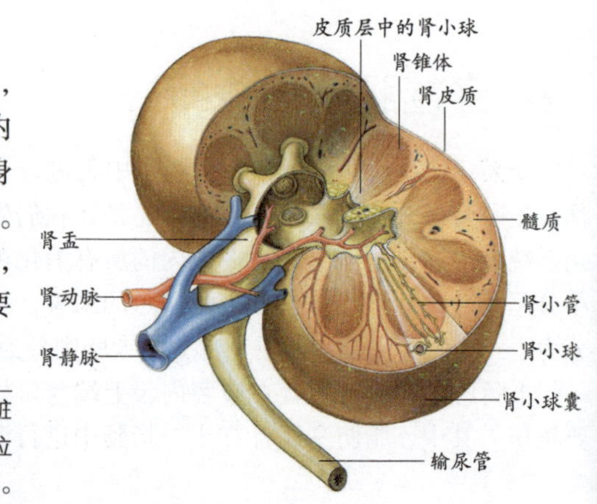

⊙ **肾脏**

人体有一对肾脏，每个肾脏长约 10 厘米，宽约 5 厘米。肾脏主要分为 3 部分：最外层是皮质层，中间是髓质层，肾盂位于肾脏中心。肾动脉将血液运送到肾脏，然后再经肾静脉流出。

排出一定的废物，以维持正常的生理机能。如果体内堆积过多的废物，就会给我们的健康带来麻烦，疾病也就随之而来了。

肾脏是人体内重要的过滤器官，它可以对血液中的水和化合物进行过滤，将多余的水分和无用的化合物转化成尿液，储存到膀胱中，然后再排出体外。在肾脏中，还有数千条极其微小的管子，可以将有用的物质再次运回到身体当中。此外，肾脏可以保持体内钾、钠、氯的正常水平，维持人体的酸碱平衡，所以说肾脏对于维持我们正常的生理功能以及基本的生命活动具有非常重要的意义。

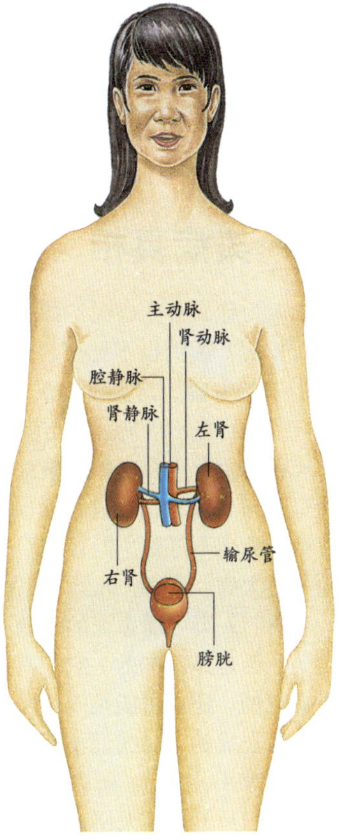

⊙ **泌尿系统**

泌尿系统的器官包括肾脏、输尿管（将尿液从肾脏运送到膀胱的器官）和膀胱。肾脏所需的血液由肾动脉供应。

我们的体内有两个肾，左、右各一个，其实一个肾也可以维持我们的生命。所以有些人将一侧的肾切除了，也可以继续活着。另外，现在还有人造肾可供选择，它也可以维持病人的生命。我们的肾在产生尿液以后，尿液就会进入膀胱，当你的膀胱存有 0.3 升尿液时，你就会产生排尿的欲望了。尿液的颜色通常都是黄色的，这是因为在尿液中含有尿素的缘故。除了尿素和水，尿液中还含有少量的蛋白质和盐，但它通常都不含细菌。

与尿液相似，我们体内的固体废物也不是产生之后就直接排出体外的，它们也有一个专门的储藏室，那就是结肠。在粪便产生以后，它们就会堆积在结肠里，它们要走出肛门，还要经历一段时间。也就是说，每天只有一部分粪便被推出肛门。排便的次数则是因人而异的，有些人一天排一次，有些人两天排一次，也有些人所吃的食物中含有较多的纤维，所以可能一天排两次或三次，不过这些都是正常的。但如果你几天都不排一次，那就不正常了，因为你很可能患上了便秘。

便秘是一种十分令人讨厌的疾病。当你体内的粪便过于干燥时，它们就很难被排出体外，于是就产生了便秘。便秘会导致一系列健康问题，当粪便不能及时排出时，肠道内的废物会释放毒素，产生对身体有害的物质，从而导致疾病的发生。另外，人体内的宿便也是癌症的温床，极有可能滋生大肠癌，所以我们一定要注意预防。

便秘一般与饮食和运动有关。当你的饮食中缺少纤维，或缺少体育锻炼时，就很可能造成便秘。另外，有些精神因素也可能导致便秘的出现，比如说精神紧张、压力过大等。要预防便秘，我们可以多吃水果和蔬菜，适当吃一些粗粮，少吃过于油腻的食物。此外，还应该坚持适量的运动，并保持愉悦的心情。

知识档案

令人尴尬的屁

相对于打嗝来说，放屁更加不文雅，也更人感到尴尬。因为它除了会有响声之外，还常常臭气熏天，这让人更加难以忍受。也许我不该把放屁和打嗝相提并论，可事实上，它们的起因确实是相同的。放屁也是为了排出你体内的气体，当你在吃饭时说话太多或者吃饭的速度过快，以及喝了带气的饮料时，都可能造成这种尴尬的场面。既然打嗝和放屁的目的是一样的，那么也就是说，你打嗝打得多，屁就会放得少，总之你必须将这些气体排出去。权衡之下，我们还是选择打嗝吧！

第三节　人与疾病的抗争

染病真相

人为什么会生病呢？如果这个世界没有疾病该多好呀！要真是那样，我们是不是都可以长命百岁呢？那倒也不见得，即使没有疾病，人类也不可避免地要衰老，而且很多意外也同样会夺走人的生命。其实我们根本就没有必要讨论这样的问题，因为这样的状况是不可能出现的，我们人类也是不可能逃脱与疾病抗争的命运的。

我们每个人在一生之中都要经历大大小小的各种疾病，这是不可避免的。如果一个人的生命里从来就没有出现过任何疾病，甚至连感冒都没得过，那可真称得上是奇迹了！所有的疾病都会让我们不舒服，但却并不是所有的疾病都会对我们构成威胁。普通的小病很快就会好起来，而一些大病、重病，尤其是脏腑疾病，则往往不易治愈，甚至还会危及性命。

我们人类可能患上的疾病有成千上万种，每种疾病的症状不同，对人体的危害不同，其产生的原因也是不同的。它们有可能是因为你体内的毒素引起的，也有可能是因为你肠道中的虫子造成的，还有可能是因为空气中的病菌导致的，等等。但总的说来，人体的疾病大多都是我们自己造成的，是我们不健康的饮食和生活习惯为疾病的入侵创造了便利条件，使我们的身体对疾病敞开了大门。所以说，导致你生病的罪魁祸首其实就是你自己。

你们是不是不太愿意相信这样的事实呢？可事实上，很多人都在不经意间伤害了自己的身体，在自己的体内留下了健康的隐患，这种隐患会在将来的某一天一触即发，而且一发不可收拾。比如说一个吸烟者，他并不觉得吸烟有什么不好，在他吸烟的时候也没有感到任何不适。可是他并不知道，在他吸烟的同时，烟尘中的有害物质就已经入侵了他的肺，而且在那里安家了。经过长期的积累，他的肺已经惨不忍睹，癌症也随之光临了。

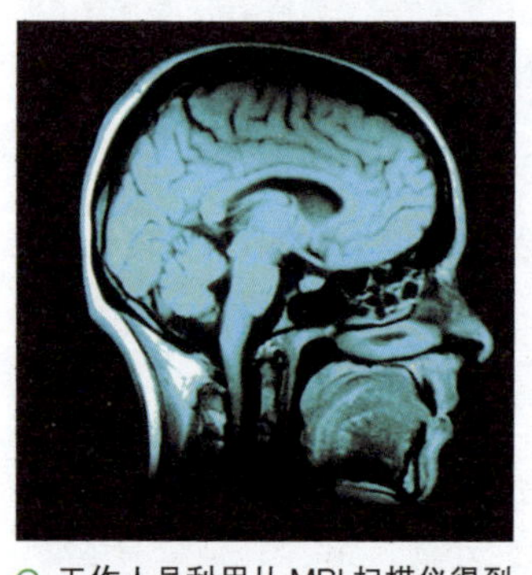

⊙ 工作人员利用从 MRI 扫描仪得到的人体图像重建出器官或组织的三维影像图，从而协助医生诊断脑部及神经系统的病变。

此外，不健康的心理也是导致疾病的重要原因。有些人悲观厌世，整天郁郁寡欢；有些人争强好胜，禁不起任何失败；有些人心胸狭窄，一点儿小事就气得一天都不吃饭；还有些人情绪波动起伏，或者大喜或者大悲，根本不懂得控制和收敛……这些都是不健康的心理状态，如果不加以调整，长期下去就会危害身体健康。要知道，人的精神和身体是一体的，它们之间也是相互影响的。所以要拥有健康的身体，就必须拥有积极乐观的生活态度，保持心理健康。

可怕的病菌

还记得我们在前面所说的那些显微镜下的怪物吗？它们可是最难对付的健康杀手。这些病菌遍布我们生活的各个角落，随时都准备向我们发起攻击。一旦它们的阴谋得逞，我们的身体被它们侵占，那么疾病也就随之而来了。更为可怕的是，我们根本就无处可逃，也无处可躲，因为它们真的是无处不在。

细菌喜欢那些又脏又乱的地方，如果你不想身边的细菌太多，那就把你的房间收拾得干净一些。当然，即使你这样做了，细菌也不会消失，在你的房间也仍然存在着大量的细菌，这一点我们在前面就已经说过。细菌的可怕之处在于它可以制造有毒的化合物，从而危害我们的健康。能够引起疾病的细菌有很多，比如说瘟疫、霍乱、肺结核等疾病，都是由细菌引起的。

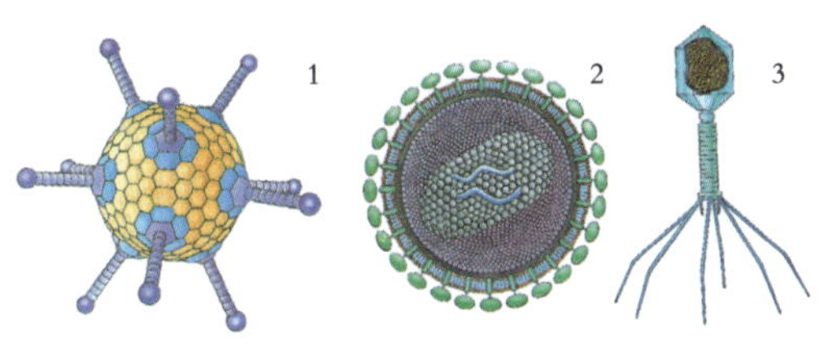

病毒的形态

病毒有多种多样的形态，上图显示了其中 3 种病毒的形态。腺病毒会感染喉咙和鼻子等部位，其特征是尖头构造，见图 1；艾滋病病毒的表面覆盖着坚固的蛋白质，见图 2；抗菌素是一种侵袭细菌的病毒，它的尾部是纤维，见图 3。

当然，并不是所有的细菌都会导致疾病，有些细菌甚至还是有益于健康的，比如说我们在前面提到的生活在大肠中的细菌。不过，如果你的体内存在着大量的细菌，那绝对是一件非常可怕的事。要知道，细菌的繁殖速度是很快的，如果你为它们提供一个舒适的生活环境，它们就会以惊人的速度迅速繁殖。如果我们不去打扰它，一个细菌在 9 个小时内就可以繁殖出一亿个细菌，真是不可思议。

病毒似乎比细菌还要可怕，虽然它比细菌要小很多，但它的危害却一点儿也不小，而且病毒可没有细菌那么好心，还帮助我们的身体合成维生素，它只会给我们制造麻烦。病毒既不吃东西，也不呼吸，它在我们的细胞中生存，并劫持细胞的控制系统，迫使我们的细胞为它服务，复制出更多的病毒。当细胞死去以后，它们又会去寻找另一个牺牲品。很多疾病是由病毒引起的，比如说流感、狂犬病、病毒性腮腺炎、水痘、乙型肝炎等。

病毒可以通过我们的鼻子、嘴和伤口进入人体，然后占领细胞。病毒的本性十分凶恶，有一种叫作噬菌体的病毒甚至还可以攻击细菌。当某一种病毒出现的时候，我们常常会注射疫苗来防止被病毒感染。可是，有些病毒却让我们防不胜防，因为它们还擅于变化。病毒在复制的过程中，常常会产生变异，这就会使我们的免疫系统忽略它们的存在，从而使我们更容易被感染。

然而，我们的免疫系统在杀死病毒的同时，难免会将细胞也一起杀死。我们的免疫系统还没有设计出一种只杀死病毒而不伤害细胞的方案。这也是让我们很头疼的事情，因为它有时会让病情变得更糟。比如说乙型肝炎的患者，它的病毒就在肝脏细胞里面，免疫系统要杀死病毒，就必然会损害肝脏。

身体的抵抗

面对病菌的疯狂攻击，我们的身体当然不会任其宰割。相反，身体会奋起抵抗，将病菌通通消灭。病菌要进入我们的身体，是要经过重重阻隔的，如果它们穿越了重重障碍，最终进入了身体内部，它们的日子也不好过。因为我们的人体卫士会迅速赶过来，将它们全部杀死。所以说，病菌在人体的旅行其实并不愉快，面对身体的抵抗和攻击，它们往往都要付出更为惨重的代价。

白细胞可是我们阻击病菌的有力武器，

知识档案

不治自愈的感冒

感冒是一种常见病，它虽然让人感到很难受，但是却不会对我们造成太大的危害。一般情况下，患者可自动痊愈。你不要以为是什么神奇的药物治愈了你的感冒，其实到目前为止，还没有哪个医生能治愈感冒。不过别担心，因为我们的身体可以自己治好它，这当然要依靠我们的免疫系统。虽然你在感冒的时候会出现诸多的不适，可那正是我们的免疫系统在与病毒作战呢！别着急，很快就会好的。通常我们的免疫系统只需要一周就可以将感冒病毒全部消灭，当然，在此过程中，我们会损失很多白细胞。

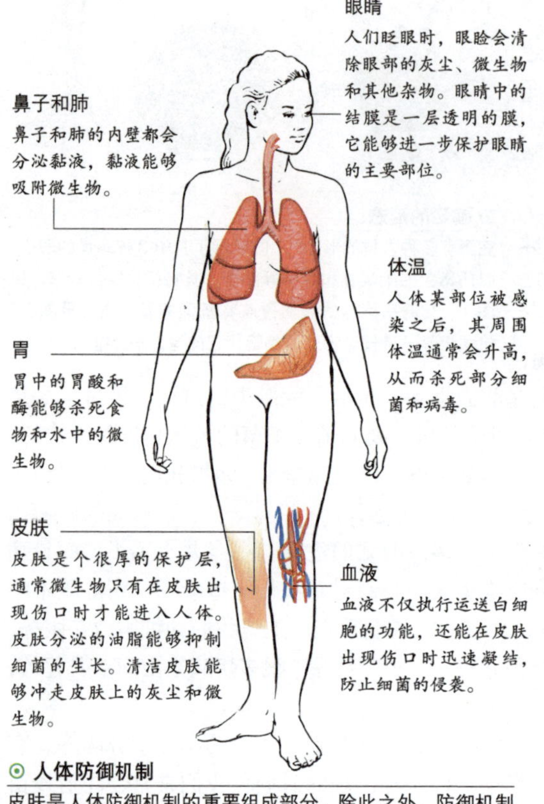

⊙ **人体防御机制**

皮肤是人体防御机制的重要组成部分。除此之外，防御机制还保护着人体中没有被皮肤覆盖到的部位，使它们免受微生物的侵袭。

也是人体的免疫系统中最重要的成员。白细胞可以分为T细胞和B细胞，其中T细胞又可分为杀手细胞、T助手细胞和T抑制细胞三种。所谓杀手细胞，看名字就知道它的厉害了，它是负责杀掉病菌的，所有被确信为藏有病菌的细胞都将被它们清除掉；T助手细胞当然是给T细胞帮忙的，它们负责向B细胞发出警告，并指示杀手细胞发起攻击；T抑制细胞是用来限制那些疯狂的杀手细胞的，以免它们伤害太多的无辜细胞。B细胞可是经过特别训练的，它们可以锁定目标，进行有针对性的攻击。

我们的体内有数百万个B细胞，由于这些细胞具有识别能力，所以一旦我们的身体受到某种病菌的侵袭，那么它们就会记住这种病菌。当我们再受到这种病菌袭击的时候，它们就会主动向这种病菌发起攻击。也就是说，我们的身体已经对这种病菌产生了免疫力。所以，由病菌引起的疾病，我们通常都不会再得第二次。

其实，身体的第一道防线是我们的皮肤，它如同一道天然的屏障，将所有的病菌都挡在了外面。一般情况下，病菌是不可能通过皮肤进入我们的身体内部的，但是如果你划伤了你的皮肤，那么病菌就有可能趁虚而入了。鼻子和嘴是人体的主要关口，这里的防守相对薄弱，所以病菌常常从这两个地方溜进人体。比如说感冒，通常都是因为吸入了带有感冒病毒的空气所引起的。

危险的食物

我们每天都要摄取各种各样的食物，以满足身体的需要。你们知道吗？我们的食量大得惊人，每个人的一生都要吃下大约30吨的食物。当然，我们每个人的食量都是不同的，有的人吃得多，有的人则吃得少。你一次能吃下多少东西主要取决于你的胃有多大，你盛放食物的地方越大，你的食量自然也就越大。

另外，大脑中的丘脑也可以控制人的食量，有时它会及时向大脑发出信号，告诉我们什么时候该吃东西，什么时候又该停止进食。当然，当它告诉你该进食的时候，你却不想吃；而当它告诉你停止进食的时候，你却停不下来。这就是因为我们对不同的食物有着不同的情感，碰到自己喜欢的食物，就要多吃一些，而碰到不喜欢的食物，则要少吃一些。

为什么说食物可能是危险的呢？这当然并不是说食物本身是危险的，而是说在某种特定的情况下，食物就可能危害我们的健康。比如说生活中常见的食物中毒现象，就是由于我们吃下了不干净或过期变质的食物造成的。也有些危险的食物是我们不易察觉的，那就是食物的搭配出了问题。也就是说单一的食物是没有危险的，但是如果将两种食物放在一起食用，就有可能会对我们的健康造成危害。另外，食用过多的食物或者是食用的食物过于单一也都会损害我们的健康。

速食食品

许多人都喜爱速食食品，但是这些经过多重处理的食品往往含有大量脂肪，所以单一的速食食品不能为人体提供均衡的营养。

我们在前面已经提到过，不健康的饮食会导致多种疾病。比如说现在很多孩子都有偏食的毛病，这是一个非常不好的习惯，会严重影响儿童的健康成长和生理发育。我们知道，每种食物所含的营养物质都是不同的。换句话说，每一种食物都有它的营养价值，也都有对人体有益的一面。而我们的身体是需要很多种营养元素的相互配合才能够更好地运转的，所以我们必须从食物中得到这些营养物质，以满足身体的需求。如果我们有偏食的习惯，就会造成体内某些元素过量和某些元素不足，这将直接危害我们的健康，导致疾病的产生。

食物的搭配也是很有学问的。如果食物搭配不好，不仅会破坏它们的营养成分，而且还会危害我们的健康，甚至产生毒副作用，危及生命。比如说菠菜与豆腐这种常见的组合，其实以营养学的观点来看，是非常不合理的。因为菠菜中含有草酸，而豆腐中含有钙，两者相遇可结合成草酸钙，不仅影响人体对钙的吸收，而且长期食用还可导致结石症。再比如说菠菜和韭菜同吃，具有润肠的作用，很容易导致腹泻。

值得一提的是，那些肥胖的人并不是因为体内的营养物质过多造成的。肥胖是因为体内存有过多的脂肪，但这并不是一种健康的表现。事实上，肥胖也是营养不良，他们的体内缺少很多营养物质，比如说纤维、维生素等。所以说肥胖也是一种疾病，它也会危害我们的健康，很容易诱发高血压等疾病。如果你希望自己远离肥胖，那就一定要少食用那些油腻的垃圾食品，多食用新鲜的蔬菜和水果。

和细菌的战斗

细菌绝对是一个让人讨厌的家伙，因为它会破坏我们的食物，在我们毫无戒备的时候进入我们的身体，让我们感到不舒服，严重者还会病倒甚至死亡。很多细菌好像特别钟情于我们的食物，如果说我们的食物是危险的，那细菌绝对称得上是危险的最大制造者。

细菌总是在伺机寻找进入我们身体的机会，食物当然是它们进入人体的最好方式，因为我们对于食物向来都是缺少防备的。如果你知道自己即将吃下的食物已经被细菌啃噬过了，那你一定要理智地停止进食。可一些人却并没有在意它们的存在，认为这不会对自己造成伤害，况且要将食物扔掉也确实很可惜。在吃下去之后，他们后悔了，可是为时以晚，结果他们开始感到强烈的肚子疼、腹泻、呕吐，也有些病情严重者因此而付出了生命的代价。

我们人类拥有无穷的智慧，当然不会就这样任由细菌来欺负我们，所以我们一定要想办法反击，不给它们与食物接触的机会。首先，让我们对食物的产生地——厨房来进行一番精心的布置。赶快把那个垃圾桶拿走，厨房可不欢迎它。要知道，垃圾桶是细菌的豪华酒店，非常有利于它们的繁殖，所以我们一定要让它远离厨房。还有那些食物，将它们放到冰箱中去，让低温将那些讨厌的细菌杀死。另外，绝不能让那些小动物进入厨房，比如说苍蝇、蟑螂等，就连你非常喜欢的小猫和小狗也不行。它们都是细菌的传播者，所以一定不能让它们靠近厨房。

知识档案

预防中毒

有毒物质能通过若干种不同的途径进入人体，例如眼睛、呼吸和注射。人被毒蛇等动物咬伤时，蛇毒就会进入人体。有时人们也可能误食毒药。此外，皮肤也会吸收某些化学类有毒物质。这些有毒物质会对人体的肺和肝脏等器官造成伤害。许多中毒事件都是由于误食下图中的有毒植物引起的。如果你不能确定某种植物是否无毒，请不要贸然食用。

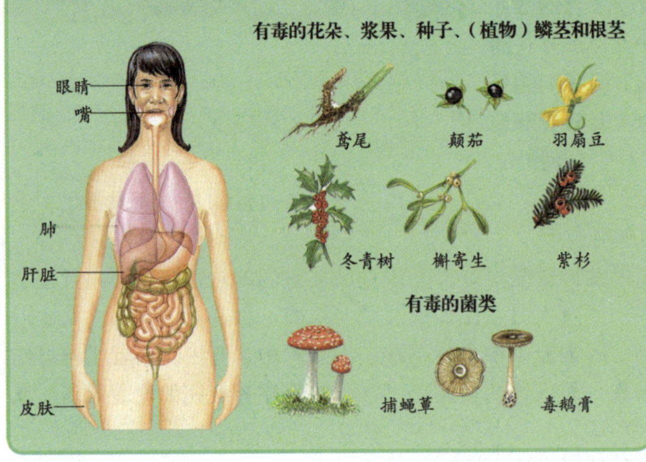

然后，我们需要对自己提出几点要求，以保证我们的食物安全：不要对着食物咳嗽或打喷嚏，因为细菌会随着你喷出的空气落到你的食物上；不要用你的脏手去抓食物，这无疑是传播细菌的最佳方式，因为你的脏手布满了细菌；不要在你的食物面前梳头，即使是刚刚洗完的也不行，因为干净的头发也是携带细菌的；不要用嘴去吹食物，因为细菌会从你的嘴里飞到食物上。

我们的身体可以对抗细菌吗？当然可以，你忘了人体的卫士——白细胞了吗？它们可是杀灭细菌的高手。不过如果细菌的数量太多，你需要给它们一段时间。只要在它们的能力范围之内，它们一定就可以将细菌全部吃掉。如果我们的白细胞对付不了这些细菌，你也不用着急，我们还有抗生素呢！抗生素是专门对付细菌的一种化学药品，是我们反抗细菌的有力武器。当发生食物中毒时，医生通常都会采用抗生素来帮助我们。

事实上，我们的身体并没有那么脆弱，是不会轻易食物中毒的。只要我们能够养成良好的卫生习惯，不吃过期变质的食物，细菌就很难在我们的体内兴风作浪。

医生和救命药

除了我们的免疫系统，我们还可以借助医生和药物来治愈我们的疾病。在很多人心中，医生都是非常神圣的，也是非常严肃的，所以一般的小孩子都会害怕医生。只是看他们穿着白大褂站在那，就已经让人很紧张了。如果他手里再拿着一个针管或者是一把手术刀，那一定会把孩子们吓得号啕大哭。不过在生病的危急关头，只有医生才能救我们的命。

⊙ 保罗·埃尔利希用系统化的方法来开发药物。著名的“606”药作为治疗梅毒的特效药于1910年以撒尔佛散商品名上市销售。

现在的医学已经取得了很多辉煌的成就，很多以前的不治之症，现在也都找到了解决的办法。以前人们根本就不敢相信，自己的内脏坏了还可以继续活着，这听起来似乎是不可能的。可是这一切在如今来说都不是什么难题了，这多亏了医学工作者们的不懈研究以及医生们高超的医术，解除了患者的痛苦，也挽救了很多人的生命。所以说，这些救死扶伤的医生是很值得我们尊敬的。

医生不仅可以进行各种高难度的手术，而且还可以给我们提供很多好的建议，让我们生活得更健康。所以当我们的健康出现问题的时候，一定要听医生的话，只有这样才能尽快好起来。当然，我们也应该清楚，医生并不是万能的，有些问题是医生也解决不了的。而且医生也存在误诊的现象，导致医疗事故的发生。所以，我们也不能过分相信医生，最好能多听听几位不同医生的意见，别让自己成为医疗事故的受害者。

人活一世，不可能永远都不患病，而患病就一定要吃药。你们也一定有过吃药的经历吧！是不是吃过药之后就觉得好多了呢？也有些时候，我们会选择静脉注射的方式来向体内注入药物，这样往往恢复得更快。各种先进的医疗手段再加上各种神奇的药物，延续了我们的生命，也减轻了我们的痛苦。想一想，如果有一天我们没有药物可用，那会是多么可怕的一种情景！

水杨酸分子

碳原子

氢原子

氧原子

阿司匹林分子

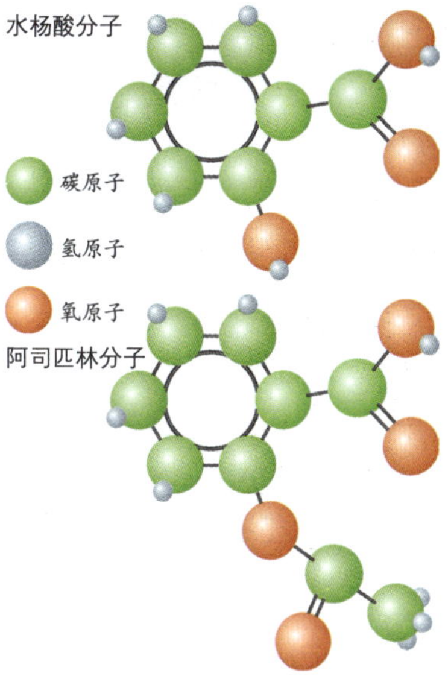

在过去，人们利用从柳树皮中提取出的水杨酸来镇痛解热。现代药物阿司匹林由水杨酸乙酰化衍生物组成。乙酰水杨酸钠可起到中度镇痛的作用，并可用来治疗风湿病。

医药可以救命，但医药也同样可以害人性命。这种说法是不是听起来很可怕呢？可这确实是事实。我想大家应该都知道“是药三分毒”的道理吧！所有的药物在治愈我们疾病的同时，也会在我们体内产生毒素，有些时候还会令我们产生一些不良反应，这就是药物的副作用。每一种药物都不是只有一种功效，当你用它去治疗一种疾病时，我们所用的只是它的一种功效，那么其他的功效也就自然成了副作用。所以，我们必须在医生的指导下服用药物，千万不要过量，可以不吃药就尽量不要吃药。如果你服用了过多的药物，或者是你所服用的不同药物发生了反应，就会对你的身体造成极大的伤害，甚至危及性命。

鼠疫

也许你们并没有亲身经历过可怕的鼠疫，可是你们应该听说过由于鼠疫所带来的巨大灾难，染上鼠疫的人大批大批地死去，每个人都人心惶惶，生怕自己被传染上鼠疫。尽管我们并不愿意回想那些凄惨的往事，可是这些残酷的事实却又让我们无法遗忘，毕竟有太多的人在这种可怕的瘟疫中失去了生命。

鼠疫是由一种叫作耶尔森氏菌的病菌引起的，它们在老鼠的体内快乐地生长。如果这时有一只跳蚤咬了老鼠一口，那么耶尔森氏菌就会进入跳蚤的肚子里。这种病菌并不会让跳蚤太舒服，因为它们会阻塞跳蚤的肠子，让它们无法正常进食。结果跳蚤病了，可它们还在疯狂寻找新鲜的血液，我们人类自然也是它的目标之一。如果你很不幸被这样的跳蚤咬了，那么那些该死的鼠疫病菌就会趁机进入你的身体，然后开始在你的体内作乱。

鼠疫病菌常常会攻击人的大脑和血液，有时它也攻击人的肺部。患者被它折磨得苦不堪言，他们不断地咳嗽、呕吐，结果把病菌弄得到处都是，于是疾病开始流行，越来越多的人染上了鼠疫。更为可怕的是，如果患者没有得到有效的医治，那么至少有 1/3 的患者会在 5 天之后死亡。仅在 1896 ~ 1917 年之间，印度就有 1000 多万人因鼠疫而丧生。

面对来势汹汹的鼠疫，人们开始方寸大乱，究竟该怎样才能控制住这场可怕的瘟疫呢？人们开始大肆地宰杀猫和狗，因为它们是跳蚤的传播者。这些可怜的小猫和小狗成为了牺牲品，

⊙ 传播鼠疫的啮齿类动物

可是人们的这种做法却并没有起到什么作用，因为跳蚤同样会咬人来传播疾病。明智的做法是对疾病患者进行隔离，这样可以有效地控制疾病的蔓延。英国女王伊丽莎白还宣布将病人所有的物品连同房子一块儿烧毁，这样做显然是没错的，因为跳蚤也同样会被烧毁。

鼠疫虽然可怕，但是现在我们已经找到了控制它的办法，也就是说，人类再也不会因为鼠疫而有生命危险了。对于鼠疫患者，通过药物和抗生素治疗，就可以让他恢复健康，这无疑是最值得我们高兴的事。

是谁发现了鼠疫病菌，又是谁最先想出了治疗鼠疫的办法呢？他就是伟大的瑞典科学家亚历山大·耶尔森。耶尔森在鼠疫患者的尸体上割下了肿大的淋巴结，然后他培养了淋巴结中的小细菌。后来，他找到了一只倒霉的老鼠进行实验，将病菌注射入老鼠的身体，结果这只可怜的老鼠果然得了鼠疫。人们为了纪念耶尔森，就把导致鼠疫的这种病菌取名为“耶尔森氏菌”。后来，他又研究出了针对病菌的抗毒素，第一次彻底治愈了鼠疫患者。

霍乱

霍乱是一种传染疾病。在新中国成立以后，我国就已经消灭了这种疾病，所以我们对这个名字并不熟悉。但是，霍乱在一些比较落后、生活艰苦的地方还是会不断地发生，所以我们也绝不能掉以轻心，做好霍乱的预防工作。

霍乱一词出自希腊语，它的意思是腹泻。但是如果你得了霍乱，那就绝不仅仅是腹泻那么简单了。事实上，霍乱要比腹泻严重得多，它也曾经夺走了无数人的生命。

霍乱是由一种叫作弧菌的病菌引起的，当这种病菌进入人体之后，就会使人患上霍乱。霍乱病菌在人体内产生毒素，这会使肠子无法吸收各种消化液，所有的水和各种营养物质都会从体内流走，所以患者会出现腹泻的症状。患者会感到非常渴，可是喝下的东西又会很快就吐出来，真是让人痛不欲生。另外，由于患者体内失水，所以会造成痉挛，使得血液变成了黑色，这时患者的皮肤通常都是青色的，接下来还有可能变成紫色甚至黑色。更为可怕的是，患者在死后其尸体还会出现抽搐的现象，这是因为死者体内缺盐，所以神经会在其死后的几个小时内，依旧让肌肉抽动。

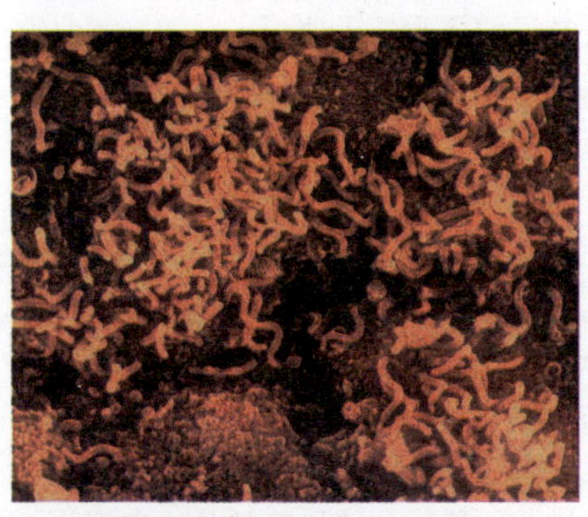
⊙ 霍乱是一种急性腹泻疾病，由不洁的食品引起，病发高峰期在夏季。图为霍乱弧菌。

霍乱病菌是如何进入人体的呢？这还要从它的生活环境说起。霍乱病菌喜欢生活在有点儿咸味的水域中，尤其喜欢生活在脏水里。如果人喝下了这种含有霍乱病菌的脏水，就会引起霍乱。其实，我们的胃酸可以杀死霍乱病菌，但是当我们的胃酸较弱时，比如说当你喝了很多水的时候，霍乱病菌就会存活下来，并在你的肠子里面捣乱。

霍乱病菌是怎样传播的呢？主要通过霍乱患者的排泄物进行传播。如果苍蝇接触了这些排泄物，然后再去接触我们的食物，就会把病菌带到食物上。另外，如果这些排泄物进入水里，就会使水里也含有这种病菌，正常人如果喝了这样的水或者是吃了水里面的水产，也可能被传染上。不过，霍乱一般不会通过空气和口水进行传播。因为霍乱病菌比较重，它们在空气中会很快跌到地上死亡，而口水中的霍乱病菌很少，人体的胃酸足可以将它们杀死。

当然，霍乱也是可以医治的，医治的办法就是利用神奇的抗生素。不过这种疾病确实是让人非常痛苦，所以还是应该小心。毕竟它并没有从世界上消失，世界上很多地方还都有它的足迹，而且它也很可能再次来到中国，这都是我们必须要预防的。总之，我们在生活中一定要注意饮水卫生，因为即使脏水中没有霍乱病菌，也会有其他的细菌，即使不会让你患上霍乱，也很可能造成腹泻。

流感

流感是“流行性感冒”的简称，看名字就知道这又是一种讨厌的传染病。流感应该算是我们的“老朋友”了，虽然我们并不欢迎它，可它总是不请自来，而且还总是给我们带来很多麻烦。你们是不是也曾有过被流感病毒感染的经历呢？那个滋味可不好受，对吧？与普通的感冒不同，流感可以在一个时期内广泛流行，是一种很严重的流行性传染病。

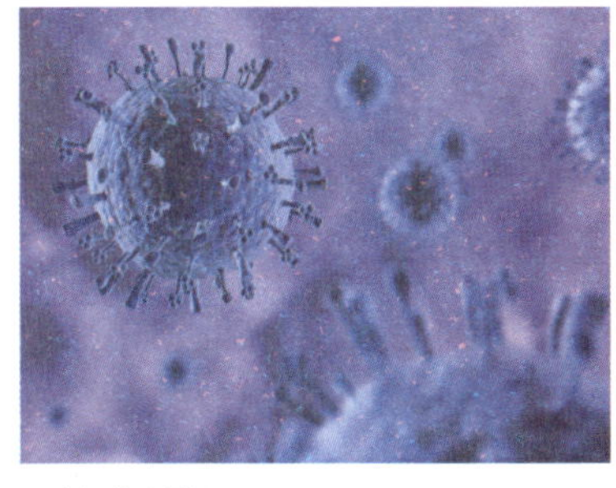
⊙ 流感病毒

与鼠疫和霍乱不同，流感是由病毒引起的。流感病毒可以分为甲、乙、丙三种，其中最常见的就是由甲型流感病毒所引起的流感。它总是变换成不同的面目来攻击我们，这使我们总是猝不及防。这也就意味着，我们每年都会遭受到不同流感病毒的攻击。流感病毒的传播速度非常快，而且一旦形成流行的趋势，就会带来无穷的后患。患者可出现明显的头痛、发烧、畏寒、乏力等症状，如不及时治疗，会越来越重，甚至会危及性命。

流感是由流感病毒所引起的急性呼吸道传染病，具有极强的传染性。流感的危害是十分大的，世界上每年都会有两万人死于流感，而我国更是流感的重灾区。据有关资料显示，我国每年都有超过 10% 的人遭受着流感的折磨。因此，我们必须对流感重视起来，积极行动，预防流感。

那么流感病毒又是怎么传播的呢？流感病毒极易传播，流感患者每咳嗽一声，就可以传播 10 万个流感病毒，每打一个喷嚏，就可以将 100 万个病毒以 167 千米的时速在一秒钟内喷射到 6 米以外的地方。流感病毒最厉害的地方在于它经常变异，使人体的免疫系统难以识别，因此能够顺利地进入人体。更为可怕的是，即使你只是与流感患者说几句话，也很可能被传染上流感。因为在我们说话时，尤其是在发某些音时，唾沫就会从口中喷出，而这些唾沫中就含有无数的流感病毒。

当然，我们现在同样有办法对付流感病毒，因为我们有神奇的抗生素。要知道，流感常常会引起肺炎，这会使我们的肺中充满了黏液，我们会因此而感到呼吸困难，而且还会发烧，如果没有抗生素，这种肺炎就可以使人丧命。

流感病毒虽然猖狂，但也并非是不可抗拒的，它们很怕热，因此经常到外面晒晒太阳可以有效地预防流感。在室内洒上消毒水，也可以杀掉大量的流感病毒。此外，我们还应该多参加体育锻炼，强身健体，增强免疫系统功能，这样才能够有效地对抗流感。

黄热病

黄热病是一种由黄热病毒所引起的急性传染病，因为病人经常会出现黄疸并伴有发热症状，所以取名为黄热病。其实，黄热病只是它的一种称呼，它还有其他的 100 多种叫法，比如“黄家伙”、

“黑色呕吐”等。

在得了黄热病以后，你将会变得十分可怕。首先，你吐出来的东西都是黑色的，而且从你的耳朵和鼻子里都会流出血来。另外，你会感到发烧和疼痛，甚至还会出现昏迷、休克的现象，当然也不排除死亡的可能。事实上，黄热病确实曾经夺走了很多人的生命。

黄热病是一种致命的传染病。1802 年，海地的 23000 名法国军人感染上了黄热病，并因此而死亡；1812 年，黄热病又杀死了巴塞罗那 1/6 的市民；19 世纪 80 年代，在开凿巴拿马运河的时候，也有很多人因为黄热病而丧生。不仅我们普通人深受黄热病之苦，就连那些研究黄热病的科学家们，也没能够逃脱它的魔爪。曾经有很多科学家，为了找出黄热病的起因以及对付它的办法，都不幸地成为了黄热病的俘虏，并因此而失去了宝贵的生命。

那么黄热病又是如何传播的呢？原来，一种叫作伊蚊的家伙就是传播黄热病的罪魁祸首。当它们吸完带有黄热病毒的人的血液后，再来叮咬我们的时候，就会把病毒带给我们，使我们也被传染上黄热病。

幸而到目前为止，我国还没有出现过黄热病的病例。但是，我们也不能太过大意，因为在我国的很多省市，都是存在伊蚊的，所以黄热病也是有可能在我国发作的。如果你决定到有黄热病的国家去旅游，那么在出发之前，一定要注射黄热病疫苗，以防自己被病毒感染。

黄热病主要是通过伊蚊来进行传播的，所以，我们与黄热病患者的一般接触并不会使我们传染上这种病。

天花

天花是由天花病毒所引起的一种传染病，具有很强的传染性。在历史上，天花曾夺取了无数人的生命，就连拥有至高权力的皇族也拿它没有办法：埃及国王拉美西斯五世、英格兰女王玛丽二世、俄国沙皇彼得二世、法国国王路易十五、西班牙国王路易斯一世等，都是因为天花而死的。历史上，天花确实是曾经给人类带来了巨大的灾难。

不过这种让人胆寒的疾病却逐渐淡出了我们的视线，现在也很少有人会提起它，甚至连很多医生都没有见过天花是什么样子的。这是怎么回事呢？原来，我们人类早已经彻底战胜了天花，我们以后都不会再得天花了。这也是人类在与病菌抗战的诸多战役中，取得的一次彻底的胜利。天花也是到目前为止，在世界范围内被人类消灭的第一个传染病。

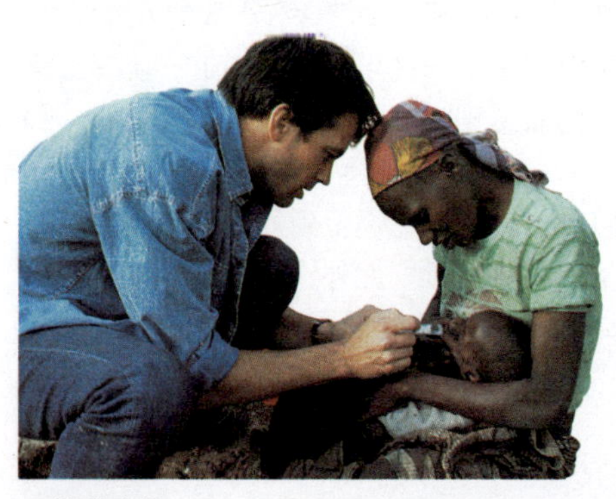

⊙ 接种疫苗

这张照片展示了一个婴儿在接种小儿麻痹症、破伤风和百日咳的疫苗的情形。疫苗的使用大大降低了传染病的发病概率。

在天花泛滥的年代，真可以说是人心惶惶，一旦被感染上了天花，所有的人都会远离你，你甚至可能被隔离，随时都面临着死亡的威胁。天花会在你的身上留下大片的带有大脓头的斑点，然后你的皮肤会溃烂掉。在此期间，你还会不停地发高烧、呕吐，并感到肌肉疼痛。最后，你将被这种可怕的疾病折磨而死。

当然，得了天花不一定会死。但是天花的死亡率非常高，平均每 4 名患者就会有 1 名死亡。不管怎么样，天花都一定会在你身上留下痕迹。所有得过天花的人都留下了满脸的痘痕，而且这些丑陋的痕迹将伴随他们一生。还有些人更惨，他们虽然保住了性命，但是却失去了视觉、听觉或者是患上了肺结核。

幸好我们现在已经摆脱了这种疾病，这真是一个天大的好消息。你们知道为什么我们人类可以战胜这种疾病吗？这要从它的传播途径说起。天花是通过患者的唾液或者是与患者的直接接触而传播的，而且这种病毒只存在于人体，也只能在人中间进行传播。所以，我们给每个人都接种这种病毒的疫苗，天花病毒也就因此而灭绝了。

天花可以通过种痘来预防，这是一个非常有效的方法。值得我们骄傲和自豪的是，人痘接种术最早起源于中国。后来，俄罗斯派遣留学生来中国学习这种技术，在传到俄罗斯以后，又通过俄罗斯人传到了土耳其和北欧，直到传遍了全世界。在随后的时间里，人们开始大肆消灭天花病毒，天花病人也越来越少见。1979 年 10 月 26 日，这是一个值得纪念的日子，因为在这一天，世界卫生组织宣布，全世界都已经消灭了天花病。现在，只有在 7 个国家的实验室里面还存在天花病毒，以供研究之用。

艾滋病

艾滋病，这似乎是全世界都在关注的一种疾病，对我们人类的健康构成了极大的威胁。与前几种疾病不同的是，艾滋病是无药可救的，因为到目前为止，我们还没有发现什么药物可以有效地治疗艾滋病。而且我们也没有研制出用来预防艾滋病的疫苗，尽管科学家们已经很努力了，但却始终都没有收获。也就是说，如果得了艾滋病，那生存的机会就非常渺茫了，这就是艾滋病最可怕的地方。

艾滋病，医学全名为“获得性免疫缺陷综合症”，是由一种叫作人体免疫缺陷病毒的病毒所引起的，这种病毒也叫作 HIV 病毒。为什么要取这样的名字呢？难道艾滋病和我们的免疫系统有关吗？没错。HIV 病毒就是一种能够攻击人体免疫系统的病毒，它会杀死人体内部的 T 细胞，并最终使我们失去免疫能力，最后因为无力抵抗各种疾病而死亡。但是，即使你被感染上了艾滋病，也不会马上表现出来，艾滋病可以有十几年的潜伏期。而在潜伏期中，你不会有任何症状，还可以正常生活，不过此时你的身体已经带有艾滋病毒，所以可以将病毒传染给别人。

⊙ 红丝带是对 HIV 和艾滋病认识的国际符号，1991 年在美国纽约第一次出现。这一标志被越来越多的人佩带，用来表示他们对 HIV 和艾滋病的关心。

免疫系统对我们来说是非常重要的，可是艾滋病病毒却会疯狂地破坏它。它们把免疫系统中最重要的 T 细胞作为攻击对象，大量地破坏 T 细胞，最终将我们的免疫系统全部破坏掉。而当我们失去免疫功能的时候，各种疾病就可以轻易进入人体，对正常人没有危害的病菌也可以轻易地袭击艾滋病人。由于艾滋病患者无力抵抗任何疾病，所以他们就会染上各种疾病，还常常出现恶性肿瘤，经过长期的消耗，患者会因为全身衰竭而死亡。艾滋病本身并不是病，它只是人体失去免疫力的一种状态，所以说真正使人死亡的并不是艾滋病本身，而是其他相关的疾病。

艾滋病虽然可怕，但是好在它不易传播，正常人被感染上的几率也比较小。因为艾滋病病毒虽然可怕，但它实际上非常脆弱，它只能在人体血液和体液的活细胞中生存，对外界环境的抵抗力比较差，一旦脱离人体，很快就会死亡。所以艾滋病病毒不可能通过食物、空气、水等一般的生活接触进行传播。

通常情况下，艾滋病只有通过性行为、静脉注射、输血、母乳喂养等方式才能进行传播，而我们日常生活中的握手、拥抱、共用餐具及公共用品等行为都不会被传染上艾滋病病毒，就连蚊虫叮咬也不会传播艾滋病病毒。所以，我们只要把好这几关，那么染上艾滋病的几率就是非常低的。

另外，我们绝不能歧视艾滋病患者，他们一样具有生存的权力，而且他们需要更多的勇气和力量去走完他们以后的人生，所以我们应该给他们更多的关怀和鼓励，而不应该向他们投去异样的眼光。

值得一提的是，艾滋病病毒携带者与艾滋病病人是有很大区别的：艾滋病病毒携带者是指那些已经感染了艾滋病病毒，但是还没有表现出症状来的患者，当然，此时他们同样可以传播艾滋病。经过几年的时间以后，艾滋病病毒不断破坏人体的免疫系统，最后使得患者表现出一系列的症状，于是艾滋病病毒携带者就发展成为了艾滋病病人。两者的不同之处就在于后者已经出现了明显的临床症状。

一切新疾病

你一定感到很奇怪，既然我们已经战胜了很多疾病，可是为什么那些医生和医学工作者们反倒越来越忙了呢？他们到底在研究什么呢？其实原因很简单，那就是新疾病的不断产生。他们必须要想办法来对抗这些新疾病，而且他们还要解决以前没能解决的问题，所以他们是永远都不可能清闲的。人类与疾病的抗争永远都不会停止，因为疾病不可能消失，所以我们就必须想办法来对抗它。

现有的疾病已经够我们烦了，可是偏偏还总是出现一些新疾病，真是让人头疼。1976 年出现在美国费城的一种新疾病曾经杀死了住在一个旅馆里面的所有美国军团前成员；同年在非洲的苏丹和刚果共和国也出现了一种可恶的新疾病，它会使人感到剧烈的头痛，并从耳朵、眼睛以及臀部流血，真恐怖！不过好在这些新疾病还没有造成很大的伤害，而且我们也可以通过抗生素来对抗它们。

为什么总是有新疾病不断出现呢？其实，导致新疾病出现的原因有很多，比如说全球气候变暖更利于某些生物的生存，这使它们繁殖得更快，而这种生物又恰好可以传播疾病，所以就使得我们患上了一些新疾病；再比如说我们大肆砍伐森林，并在那里安家落户，而那里原来就是存在病毒的，所以我们过去以后就会被传染上这些疾病。

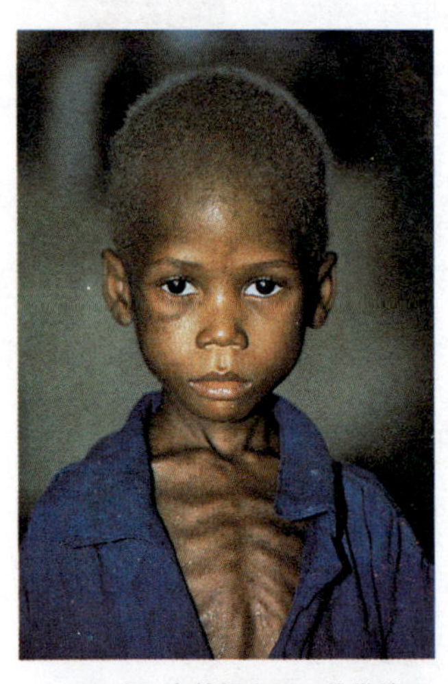

⊙ 近年来，有数据表明，热带地区的人类和动物疾病病原体正在向温带地区扩散，虽然扩散原因目前尚不清楚，但全球化、城市化、货物和人类的跨境移动以及气候变化等因素为病毒传播创造了有利条件。

有些疾病的病毒是很“聪明”的，也许我们以前可以用抗生素来对付它，可是在经过一段时间之后，它们已经适应了这种抗生素，并掌握了对付抗生素的办法。也就是说，抗生素对它们已经不起作用了，这样我们就必须想办法来研制新的药物去对付它，这就是某些药物对疾病不起作用的原因。

世界上究竟有多少种新疾病，谁都说不清，但是我们应该知道，人类与疾病的对抗是永无休止的。我们绝不会向疾病妥协，而疾病也不会轻易认输。也许在世界的某个角落，还存在着某些致命的可怕疾病，它们正在跃跃欲试准备袭击人类呢！

那么，有没有可能地球上忽然出现一种新疾病，将我们人类全部杀死呢？别担心，不会有这样的事情发生的。像我们曾经遭遇过的禽流感、非典型性肺炎等新疾病，不是也都被我们战胜了吗？虽然也有人因此而丧命，但是总的来说，它们并没有造成全球范围内的损害，我们人类更不可能因此而灭绝。虽然新疾病会给我们制造一些麻烦，但是我们毕竟已经掌握了一些疾病的知识以及对抗疾病的办法，而且我们拥有那么敬业的医生和医学工作者，还有那些甘于奉献的志愿者，所以我们绝对有能力将病情控制住，也绝不会让人类灭绝这种惨剧上演。

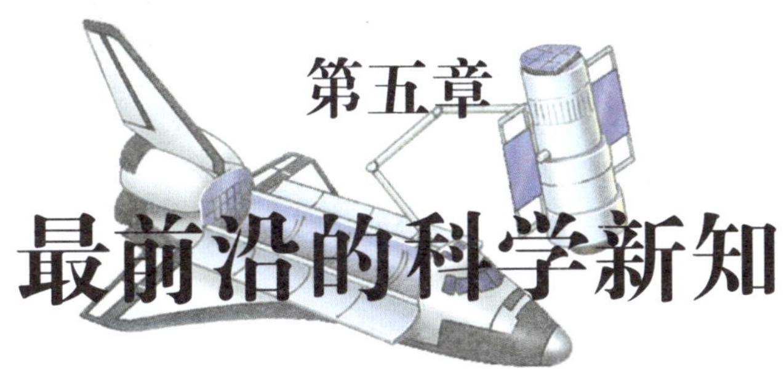

第五章 最前沿的科学新知

第一节　各种各样的机器人

我们的机器人朋友

在某些科幻影片中，机器人是十分可怕的，它们拥有无穷的力量，并攻击我们人类，甚至会将我们全部杀死。但是在现实生活中，机器人却表现得十分友好，它们帮助我们做各种工作，当然，大多数都是我们自己不愿意去做的工作，不过机器人一点儿也不介意。而且它们还可以陪我们玩耍，为我们服务，给我们的生活增添了很多乐趣。所以说，机器人是我们的好伙伴、好朋友。

机器人的种类有很多，它们的样子也是五花八门，想一想你见过几种呢？有些机器人非常简单，它们只是一种自动的装置，只能用同一种方式反复地做几件简单的事；有些机器人是在遥控器的指挥下工作的，也就是说，如果我们不用遥控器去控制它，它就什么都做不了；有些机器人是仿照动物制作的，它们可以模仿动物的一些行为，甚至还可以模仿早已灭绝的恐龙；有些机器人则看起来像人一样，也可以模仿人的一些行为，不过它们还没有真人那样灵活。

⊙ 微型机器人

可以用来处理家务，照顾老人和小孩。

你们是不是觉得机器人是一种高科技产品，只有在具有一定科技水平的现代才能研制出来呢？事实并不是这样的。其实，机器人绝不是近代才出现的新玩意儿，早在几千年前，古希腊的工程人员就已经发明了一些可以移动的雕像以及用蒸汽驱动的模型。当然，那时人们并不叫它机器人，而最早被人们称为机器人的东西是由一位我们非常熟悉的大画家发明的，他就是莱昂纳多·达·芬奇。他设计了一个可以自动行走的狮子，据说这个狮子还曾经走到法国国王的面前，并向他敬献了鲜花，当然，这一举动把国王吓了一大跳。另外，他还设计了一个机器人武士，可以立正和挥动胳膊。

人类为什么要设计机器人呢？难道就不怕机器人对抗我们吗？如果你们有这样的疑问，那就一定是科幻小说看多了。人类设计机器人的初衷当然是为了造福人类，让机器人为我们服务，有谁会给自己制造麻烦呢？有了机器人，我们就不用再去做那些枯燥乏味而又危险的工作了，这些可爱的机器人就可以全部代劳了，而且它们的精确度还很高呢！当然，我们也不排除有些人设计机器人只是为了满足自己的好奇心和发明欲。不管怎么说，机器人都不会给我们带来什么灾难，至少现在还不会。

⊙ 这台用于搜取情报的微型间谍装置是利用微缩工程技术制造出来的，长度仅有25毫米，其电动机的直径仅有2.4毫米。

仿人机器人

所谓仿人机器人，其实就是指模仿人的形态和行为所设计出来的机器人。仿人机器人是机器人研究的主要发展方向，因为我们人类是世界上最高级的动物，所有以人为背景的研究就是最高的目标。你想不想拥有一个与自己完全一样的机器人呢？这或许是一件很可怕的事，如果连你的妈妈都把它当成自己的孩子而冷落了你，那可就糟了。不过这也确实是一件非常有吸引力的事情，也许世界上最像的双胞胎都不会有你们这么像，因为它可是完全按照你来设计的。

科学家们为什么如此热衷于仿人机器人的研究呢？这其中还有一个重要的原因，那就是人类更喜欢与自己相似的东西，这种独特的感情因素也使得科学家们对仿人机器人更为着迷。可是仿人机器人的研究却并没有那么简单，首先我们人类的思维和感情就是非常复杂的，而且我们人类对于自身也还有很多不了解的地方，这无疑都给仿人机器人的研究增加了难度。也就是说，要完全研制出高智能、高灵活性的仿人机器人，还会有很长的一段路要走。

仿人机器人由于具有人类的外表，所以能够适应人类的生活和工作环境。我们可以利用仿人机器人代替我们完成各种工作，比如说可以代替我们照顾老人，可以形成动力型假肢，帮助瘫痪病人行走，可以代替我们深入到各种恶劣的环境中去，完成各种任务，等等。当然，你也可以把它当成娱乐对象。总之，仿人机器人的外表跟我们非常相似，其行为和思维也正在向人的方向发展。我们相信，仿人机器人可以帮助我们做越来越多的事情，成为人类忠实的伙伴。

⊙ 日本是世界上对仿人机器人研究得最深入的国家，主要倾向于机器人外形的仿真。

日本是世界上最早研究仿人机器人的国家，并成立了专门的研究组织。1996年11月，本田公司研制出了第一台仿人步行机器人样机P2；2000年11月，日本又推出了新一代的仿人机器人ASIMO，这是目前世界上较为先进的仿人行走机器人。它可以自如地行走，并可完成“8”字形行走、下台阶、弯腰等复杂的动作，它还可以同你亲切地握手，甚至可以随着音乐翩翩起舞。在2005年的爱知世博会上，大阪大学展出了一台女性机器人，这台机器人的外形复制了日本新闻女主播藤井雅子，就连动作也与真人十分相似。所以当你刚看到它的时候，很难看出它竟是一台机器人。

工业机器人

那些被用在工业生产中的机器人，我们就称之为工业机器人。工业机器人可以说是目前世界上最常见的一种机器人，也是应用最广泛的一种机器人，全世界正在使用中的工业机器人超过了 100 万台，在很多工厂中都可以看到它们的身影。也许你们并不愿意相信，在很多工厂中，机器人比我们人类更能干、更受欢迎，所以自从机器人出现以后，很多人都被迫下岗了。

⊙ 工业机器人

世界上的第一台工业机器人是在 1961 年投入使用的，它是由乔治·德沃尔和约瑟夫·恩格伯格这两位工程师设计并制作出来的。当然，这台机器人比较简单，它只有一个简单的电子大脑，可以把东西拿起来再放下去，不过在当时已经很了不起了。1961 年，发明它的两位工程师将它卖给了美国通用汽车公司的汽车厂，它在那里负责码放炽热的金属零件。虽然有很多人对工业机器人充满了敌意，不过这台机器人在汽车厂里面却是十分受欢迎的，因为它所做的工作正是工人们不想做的。

工业机器人非常能干，当你向它下达命令的时候，它可以准确、准时地完成任务。而且它们从来就不会叫苦叫累，它永远都那么任劳任怨，你让它做什么它就做什么。它们还拥有非常旺盛的精力，即使整夜都不睡觉也丝毫不影响它们的工作，只要你不让它们停下来，它们可以一直就这样干下去。更重要的是，它们从来都不惧怕危险，也从不挑剔工作环境，而且它绝对不会把你交代给它的事情忘掉，所以你可以放心地把工作交给它去干。

现在再来看看工人的表现吧。他们似乎并不擅长在流水线上做这些重复的工作，因为他们容易受伤，而且受不了阴冷潮湿、空气不流通的工作环境，当然这并不能怪他们，可是他们确实比机器人娇贵多了。还有，工人们特别喜欢抱怨，不是抱怨工作时间太长，就是工资太低，这让他们的老板很头疼。另外，他们在工作的时候常常走神儿或犯困，而且还会感到疲劳，这当然都会影响他们的工作效率。最致命的一点，就是他们常常会忘记你交代下去的任务，这往往会误了你的大事！

如果你是老板，你会选择机器人还是工人来为你工作呢？1979 年，美国的一家汽车公司曾雇用了 200 名焊工来制造汽车的车身。不过在一年之后，这些工人就全部下岗了，因为他们所做的工作只要 50 个机器人就可以全部搞定，而且产量还增长了 20%。机器人既可以为你节省成本，又可以帮助你提高产量，我们有什么理由不选择它呢？目前，在世界上有数千家工厂都主要由机器人来操作的。在不久的将来，这些工厂也完全有可能变成只有机器人的无人工厂，那才是真正的机器人工厂。

机器人在工作

这些工业机器人在工厂中都干了些什么？它们又是怎么工作的呢？让我们共同到机器人工作的地方去看一看吧！真是不看不知道，一看吓一跳，原来机器人可以做这么多事！它们看起来非常忙碌，有的机器人正在将零部件传送给机器；有的机器人正在收集其他机器里的零部件；

知识档案

机器人之间会发生冲突吗

这种担心是多余的。机器人之间是非常友好的，而且它们彼此信任，根本就不会有人类之间的钩心斗角。当然，这也是因为它们还没有那么复杂的情感。不仅如此，机器人之间还会相互帮助，协调工作，它们常常会共同完成一项复杂的任务。它们可以组成一个小队，并由一个机器人带领，大家都会听从它的指挥。可以说，所有的机器人都不会吵架，也不会打架斗殴。

有的机器人正在焊接；有的机器人正在喷漆；它们甚至可以做非常精细的工作——看，它们正在将电子元件插装在电路板上。更加让人难以置信的是，这些机器人有条不紊地进行着各项工作，一点儿差错都没有出。

要完成各种各样的工作，机器人们都需要一组特殊的组件，那就是胳膊和手。现在的市场上有很多种机械手供我们选择，我们可以根据自己的需要，选择最合适的一种。机械手的种类不同，它们擅长做的工作也不同。有的机械手擅长做一些精细的工作；有的机械手擅长做一些清洁工作;有些机械手擅长搬运物体。机械手是机器人的手臂，在选好之后，我们还需要给它配备一个末端执行器，也就是它的手，这可以帮助它的手臂更好地完成任务。

要给机器人的手臂配备一个什么样的手，完全取决于它所要做的工作以及所接触的物体。比如说做清洗工作时，就可以给它配备一个旋转的刷子，这样就可以方便地清洗物体了。据说有一个清洗飞机的机械手，它足足有 26 米长，仅仅 3 个小时，它就可以将飞机清洗完毕。可是如果换成人来清洗，则需要 96 个小时。如果你要用你的机器人来拿玻璃等特别光滑的东西，那就要选择一个真空吸盘作为末端执行器，理由很简单，真空吸盘可以吸住物体，防止它掉下去。如果你选择了其他的末端执行器，那你的机器人可就要帮倒忙了，它会将所有的东西都摔到地上，结果当然是全部都碎掉了。

我们要怎么训练机器人才能使它做自己该做的事呢？也许你们都知道是用计算机来控制它。也就是说，我们将命令转化成代码，通过程序输入到计算机中，使机器人可以按照程序来完成任务。可是这种方法有很大的弊端，你不仅需要编写长长的程序，而且必须保证你的程序不能出半点儿差错，否则你的机器人就会胡作非为，给你带来很大的麻烦。比如说你给一个喷漆的机器人编写程序，可是你忘了输入在它完成一次喷射之后关掉喷枪这条指令了，结果你的机器人在执行命令的过程中就会把漆喷得到处都是。

不过现在科学家们已经想到了一种更好的办法，不用再输入那么长的程序了。他们决定手把手地亲自教机器人怎么喷漆。也就是说，他们首先用手动的方式为机器人演示一下喷漆的整个过程，当然不是用自己的手去演示，而是拿着机器人的手来操作。这样，机器人手臂位置的传感器就会向电脑汇报手臂在每个时刻所处的位置。接下来，电脑就可以自己操作机器人，让它重复完成刚才的喷漆任务了。也就是说，只要下一辆车还是停在刚才的位置，那么机器人就可以很漂亮地完成任务，至少会和刚才人工喷漆的效果相同。

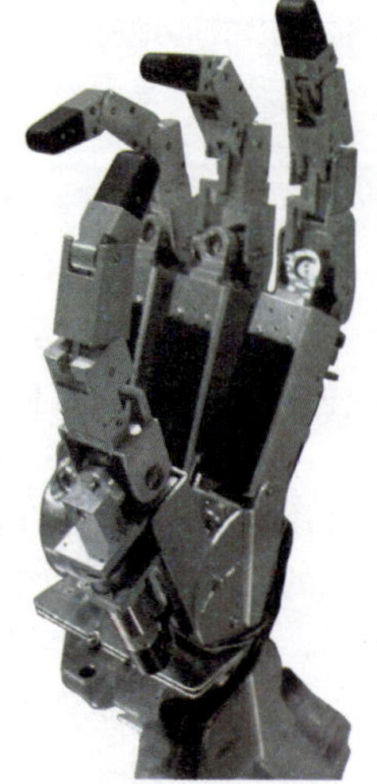

⊙ 机器手

家用机器人

你在家中干过家务活吗？如果爸爸妈妈全都不在家，那么家里的家务活谁来干呢？当然是你了，你需要自己整理卧室、清扫房间、洗衣服、擦地板、做饭、刷碗……别害怕，你可以请我们的家用机器人来帮忙。

⊙ 越来越灵巧的家用机器人

既然家用机器人可以帮我们做家务活，可是为什么没得到普及应用呢？这主要是因为家用机器人的灵活性很差，就连下楼梯和开门这样简单的事情，它们做起来也很困难。而且我们的家庭环境比较复杂，这让机器人有些不知所措，我们的卧室常常被搞得乱七八糟，而乱的形式又不相同，所以机器人根本就不知道该怎么收拾。另外，机器人的价格相当昂贵，有谁会花重金来买一个不太好用的东西呢？

也许你会觉得工厂里的工作比家务活要复杂得多，可对于机器人来说，工厂里的工作要相对简单一些，而家里的工作才是真正的麻烦。可能它会又快又好地造出一辆汽车，但是它却没有办法把你的床铺好。这是为什么呢？因为机器人更适合工厂的环境，而不适合家庭多变的环境。所以，请一个机器人来当保姆远远没有请一个人合适。在干家务活上，机器人暂时还是无法取代我们的。

这样说来，家用机器人是不是真的就没什么用呢？这倒也未必。我们虽然还没有办法造出像人一样灵活的机器人，但是我们却已经造出了一些廉价的机器人来帮助我们做家务。只是我们不能把所有的家务活都交给同一个机器人，这样它们会吃不消的。但是你完全可以把它们当成管家，让它们来操控你家中的其他电器。比如说在2001年时出现的机器人管家iRobot和R100，它们可以上网，当你有需要时，就可以告诉你的机器人管家去开关一些家用电器。即使在外面，你也可以发电子邮件给它们，远程操控。

有的家用机器人很聪明，可以为我们提供很多优质的服务。比如说在20世纪80年代，东京大学曾研制出了一种叫作特珑的智能型家用机器人。特珑可以为你提供很多服务，比如说它可以从书库中帮你找到你所要的书，然后再送到你面前；在阳光明媚的时候，它会主动帮你打开窗户，而当你想听音乐的时候，它又会帮你把窗户关上；如果此时电话铃声响了，它还会很体贴地帮你把音乐声调小；它会利用厨房里面的电视系统帮你烹调美味；在你上厕所的时候，它也会趁机给你做一次健康检查。

这样的机器人不错吧？当然，它离我们的目标还是差得很远，而且它的价格也是十分昂贵的。所以，它暂时还是不会成为我们的家庭成员。不过现在很多智能电器却值得我们一用，比如说在瑞典上市的家用机器人，其实从外表上看，它只是一台电冰箱。它可以记录下进入室内的人的活动过程；它还可以记录购物清单，并根据自己所储存的菜来制定菜谱；如果你忘记关煤气或者是冰箱门，它也会提醒你；当然，它还可以冷藏食物。这样的冰箱是不是也很让你心动呢？总之，越来越贴近日常生活的家用机器人会逐渐普及到我们每一个家庭中，我们也会享受到越来越贴心和人性化的服务。不管怎么说，这都不是一件坏事，你说呢？

太空机器人

机器人可以帮助我们做很多工作，尤其是那些我们人类还未曾到过的地方，机器人更是可以成为我们忠实的开拓者，为我们探路。太空机器人就是这样，它可以代替我们到太空中进行探测，收集各种数据和样品，帮助我们研究那些神秘的星球。

我们知道，机器人向来都是任劳任怨的，而且它们可以适应各种艰苦的环境，这些都是我们人类所不具备的。所以在目前来说，到外太空去执行探测任务，还真是非太空机器人莫属，我们人类目前还没有办法胜任这样的任务。虽然我们也曾登上了月球，但是月球是离我们最近的星球，而且也是唯一有人类足迹的星球，而太空机器人却走遍了太阳系中的很多星球。更何况机器人可比我们有耐心多了，它们可以在一个星球待上十几年以详细了解那里的情况，而且不需要水和氧气，这是我们人类永远都望尘莫及的。

目前，已经有一些机器人被派往太空中的各个地方，执行人类交给它们的探测任务。总的来说，在太空中探险的机器人可以分为 3 种：探测器、着陆器和漫游者。光是听它们的名字，你就应该猜出它们的能力大小了。探测器靠火箭来发射，并借助行星的引力来完成太空旅行，它们并不着陆，只是在空中飞行，可以将它们捕获的信息传回地球。着陆器可以在行星上着陆，而且它有手臂和鼻子，可以分辨出一些化学物质的味道，并可以将行星上的东西捡起来。漫游者则不仅可以在行星上着陆，而且还能够四处移动，甚至能够自动避开障碍物，进行简单的决策以避免事故的发生。

还有一种机器人，它介于探测器和着陆器之间，属于半着陆半探测型。说起来，它们还真像是一个个悲壮的英雄，因为它们总是以牺牲自己的方式去执行任务。这种机器人叫作撞击型机器人，现在你该知道为什么说它们很悲壮了吧！不过它们的牺牲也是很值得的，因为在它们坠落的过程中，常常会拍到一些非常精彩的照片。

太空机器人在太空中会不会遇到麻烦呢？当然会，而且还不少呢！比如说它们自身的能量就是一个大问题，机器人虽然不需要像我们一样吃很多食物、呼吸氧气等，但它们也需要补充能量，否则它们就无法工作。而更要命的是它们常常需要很多能量才能完成一项简单的工作，所以它们需要不断地给自己充电。我们如何给它们输送足够的电能，又如何让它们合理地使用电能，也是一个很复杂的问题。我们可以让它自身携带电池，并通过太阳能来充电。可是这种方式也有它的弊端，那就是机器人只有在白天的时候才能够充电，而且它们充电的时间又很长，这样就无法保证能量的供给。选用一个小小的原子能电池是一个好办法，目前，科学家们也正在研究一种新的燃料电池，希望它可以通过化学反应来提供电能。

机器人在执行任务的时候还常常会出现各种故障，而它们自己又不懂得如何修复自己，所以在遇到这种情况的时候，它们就会停止工作。对于这样的问题，目前我们所想到的办法也只能是为它设计两套系统，当一套系统发生故障时，就会自动转到备用系统继续工作。此外，机器人在太空中还可能会碰到很多意想不到的问题，尤其是到我们不熟悉的星球上去探测的时候，就更容易发生意外，而这些意外当然也是机器人所无法解决的难题。

机器人在太空遇到问题的时候，是不会向我们求救的。因为从机器人所在的行星到地球之间是有相当长的一段距离的，机器人要将信号传递给我们也需要一段时间，而我们将信号传回去还需要时间。也就是说，如果机器人要向我们求救，就必须在原地待命一段时间，而在这段时间之内，是什么事都有可能发生的。所以说，机器人根本就来不及向我们求救，它们就很可能已经发生危险了。

太空机器人一旦发生危险，我们是不会想方设法去营救它的。事实上，机器人在太空发生危险是很平常的事，而当它不能继续工作的时候，人类通常都会放弃它。

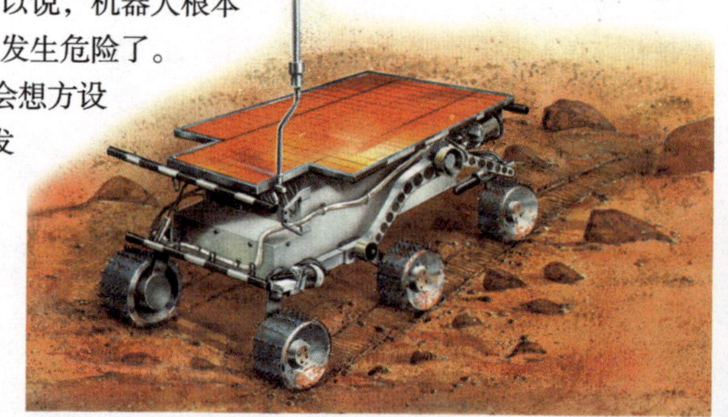

⊙ 机器人探测器可以行进几百万千米，然后通过电波将拍摄到的火星的照片发射回地球。

海洋机器人

海底是另一个让我们人类望而却步的地方。要知道，在海洋的更深处，还有着更多的危险，包括各种可怕的鱼及其他海洋生物。而且，我们人类是无法适应海底的水压的，海水会压得你喘不过气来，况且那里也没有足够的空气来让你呼吸。可是有很多工作必须要在水下才能完成，而且海底存在着各种丰富的能源，还有待我们去开采，这该怎么办呢？别担心，我们的海洋机器人会帮助我们完成这些工作。

⊙ 机器金枪鱼

知识档案

有趣的自动鱼

自动鱼其实就是机器鱼，是仿照鱼的外形和机理制成的，当然这也是机器人的一种，只不过它们模仿的并不是人，而是鱼。人们希望可以通过机器鱼找出鱼的生存之道，并探索出一种在水中游动时更节能的办法，使我们的海洋机器人在水下工作更自如。当然，机器鱼还可做观赏之用，你也可以买来当成宠物。在美国，曾经有一些渔场开发了一种太阳能机器鳄鱼，用来赶走偷鱼吃的鸟类。它们可以识别与鸟的颜色相似的东西，然后用水枪将鸟类赶走。

现在，世界上有几千个海洋机器人在水下从事各种工作。这些海洋机器人所从事的工作不同，样子也是不同的。其中最简单的机器人连胳膊都没有，当然，它也只能从事一些简单的检查工作。而稍先进一些的机器人则拥有自己的能源系统和导航系统，可以进行海底测绘。还有一些机器人配备了手，我们可以用它进行海底探测、焊接、铺设电缆等工作。世界上最大的一台海洋机器人竟然有一辆双层公共汽车那么大，真是不可思议。

我想我们人类不适宜在深海作业的主要原因还是我们无法适应水压。机器人可以轻松潜入 10000 米深的海底，而我们人类呢？别说我们潜入到那么深的海底有多吃力，即使真的顺利到达目的地，恐怕也早就被压成肉饼了。另外，我们在潜入海底之后，要花很长的时间减压。也就是说，我们不能直接回到海面。否则我们的血液中就会形成很多气泡，这会要了我们的命。而机器人就不会出现这样的问题，所以说它们比我们更适合在海底作业。

那么机器人在水下会不会遇到什么麻烦呢？当然也会，它们所面临的最大问题就是通话问题。与陆地不同，机器人习惯使用的无线电波在水中是起不了任何作用的，因为无线电波在水中根本就不能传播。如果要在水中联络，就必须借助声波，可是声波的传播速度又非常慢，而且距离也很有限，又不能携带过多的信息，所以这对在水下工作的机器人来说，真是一个非常棘手的问题。那它们又是怎样解决这个问题的呢？通常的解决方式有两种，一种就是机器人间歇性地浮出水面，通过无线电与控制者联系；另一种就是利用一根电缆与计算机和人相连。

机器人战争

其实，要把机器人和战争联系在一起，真的是非常容易。在很多电影之中，机器人都是具有作战能力的。还记得电影《终结者》中的恐怖镜头吗？那些机器人性情凶残，眼睛还闪着凶光，疯狂地杀害人类，那种场面真是让人不寒而栗。不过我们已经说过，在现实生活中，机器人并不是这个样子的，相反，它们还为我们做了很多事情，帮了我们很多忙。那为什么还会出现作

⊙《我，机器人》的电影海报

战的机器人呢？它们到底有什么用途呢？

其实，在现实的生活中，的确存在两种作战机器人，它们是机器人间谍和机器人战士。之所以把它们称为作战机器人，是因为它们都和军事有着密切的联系。机器人间谍负责侦察信息，并将信息传达给它的控制者；而机器人战士则可以用来作战，不过目前人们还不是十分信任机器人，所以赋予它们的能力也是有限的。

机器人战士异常勇敢，一旦得到命令就会毫不犹豫地去执行。更可怕的是，它们不怕死，就算要与你同归于尽也在所不惜。有一种投掷机器人，它可以被人投掷或发射出去，然后它就会去寻找目标。当它发现目标时，就会引爆自己，与对方同归于尽。有些机器人战士可以向人发射麻醉剂、黏性的泡沫剂甚至是炸弹，而巡航导弹应该是目前最致命的机器人战士了。它们可以进行远距离的低空飞行，并能够自动寻找目标，然后很精确地命中目标。更可怕的是，巡航导弹拥有最先进的导航系统，所以你很难确定它的行踪，当然也就很难拦截它了。

如果说机器人战士更看重它的杀伤力，那么机器人间谍则更看重它的隐蔽性和侦察能力。其实机器人间谍的日子也不好过，它们总是遭到很多人的痛恨，而且随时都有被人发现的危险，一旦被发现，那它们可就惨了。所以现在人们所研究的机器人间谍越来越小，让我们很难察觉。相信在将来的某一天，在空中会飞行着很多各种各样的机器虫子，它们非常小也非常轻，以至于它们根本就不需要自己飞行，只要借助风力就可以四处游走。不过空中都是间谍，这也是一件很可怕的事情。

我们在前面曾经说过，动植物都可以利用巧妙的伪装来保护自己，可是你们知道吗？机器人也是可以伪装的。当然，这种好办法它们自己是想不出来的，不过在伪装方面，机器人确实比我们更具有优势，因为机器人的身上没有气味，不工作时也不会产生热量，所以用一般的设备很难发现它们。而它们伪装的方式与动物很像，就是使自己的颜色与周围的颜色相一致，使自己融入到周围的环境中去，这样就很难被人发现了。

未来到底会不会爆发机器人战争呢？这个现在还不好说，因为对于机器人战争的利弊还存在着很多争议。当然，如果我们用机器人代替真人去作战，就可以减少人类的伤亡，而且也不会出现临阵退缩的现象。毕竟机器人是不怕死的，而人类都有求生的本能，所以常常会自然而然地去躲避危险。可是机器人战争的结果也是不可预料的，谁又会知道这些攻击力很强的机器人会不会反过来攻击我们人类呢?

不管怎么样，军队的机器化是必然的，而战争的完全机器人化也是一定会到来的。也许在这期间会经历一个真人战士与机器人共同作战的时代，不过总有一天，世界上就会只剩下机器人在打仗了。当然，它们在打了胜仗以后，也很有可能来攻击人类，不过那都是很多年以后的事了。

机器人会影响我们的正常生活吗

机器人会影响我们的正常生活吗?答案是肯定的。我们的生活中存在着这么多的机器人，而它们所做的事也确实是在为我们的生活服务，又怎么会对我们没有影响呢?虽然说现在机器人的数量还很有限，在我们的生活中也还不是十分普及，但机器人的发展毕竟是大势所趋。

我们都希望机器人越来越智能化，因为这样它们就可以做更多的事情，而且不需要我们人类去操心。可是如果它们真的拥有了足够的智慧，那么它们就会思考问题，到时它们还会任由我们摆布去做那些危险的工作吗?这似乎是一个不可调和的矛盾，人们的争论也从未停止过，但这并没有阻止人们开发智能机器人的步伐，因为在目前来说，机器人还在人类的控制范围之内，而人类也希望它们去做更多的事情。

在现实的生活中，确实曾经发生过人类被机器人所伤的事情，但那并非机器人的本意。因为现在的机器人还是没有思想的，它们通常都是在无意间伤害了人类，因为它们很强壮，而且又经常做一些突发动作，所以如果你不躲开它，那么它就很可能会伤害到你，但这纯属意外，我们是可以通过一些手段来避免的。不过，也有一些机器人会故意去攻击你，当然，这也不是它们的本意，而是受了别人的指使。很多罪犯都是通过操控机器人来帮助自己犯罪的，而他们则远远地躲在千里之外，让我们很难找到这些幕后黑手。所以，利用遥控机器人来犯罪将成为一种可怕的犯罪形式。

随着机器人的逐步智能化，我们相信，总有一天机器人会达到人类的智力水平，像人一样思考和决策。如果真是这样，那么我们的生活又会发生什么变化呢?也许我们会和机器人成为很好的朋友，但它已经不再为我们做这些无聊而又危险的事情；也许它们依然会继续为我们工作，可是我们已经不再忍心让它们去冒险；也许它们变得十分凶残，反过来指挥我们为它们工作……所有的一切都是有可能的，但不管出现哪种情况，对我们来说都将是一个难题。

⊙《机器人总动员》电影海报

我们必须要想办法控制住它们，这是一件很难办到的事，因为在它们有了自己的思想以后，它们完全可以自己来决定应该做什么事情，而不是听我们的号令。而且机器人已经和我们同样高级，它们是不是也会有做地球主人的野心呢?如果它们发展得比我们还要高级，那我们是不是还要向它们俯首称臣呢?这些问题都是我们无法预见的，因为历史的发展有一定的客观性和必然性，很多事情都是人力所无法改变的。对于机器人，有着太遥远的未来和太多的可能性，我们只能期待事情能够向好的一面发展了。

第二节　可怕的现代战争

人机结合的指挥系统

指挥是一个军队的灵魂，也是决定军队是否能打胜仗的重要角色。他是统管大局的领军人物，协调着整个军队的行动，主宰着整个军队的命运。可以这样说，军队绝不能离开指挥。离开指挥的军队就如同一盘散沙，在敌人的攻击下很快就会溃不成军，因为他们失去了前进的方向，不知道下一步该怎么办，这在战场上绝对是致命的。战争绝对不是两个人的简单比武，谁更勇猛谁就会获胜。真正的战争是战术的较量、武器的较量，更是军队指挥之间智慧的较量。

⊙ 空中侦察

早在普法战争期间，当从热气球上首次拍摄照片时，空中侦察就开始了。现在，人们仍然使用人工驾驶的预警机收集照片情报。

随着社会的不断进步，各个国家的军事力量也都得到了很大的发展。不仅武器更加先进了，而且指挥系统也进行了升级。如果说现代的战争是一个全方位的立体战争，那么它的指挥系统就必须跟得上它的步伐与节奏，这样才能够统率大局，实现高速、有效的指挥目的。光靠个人的力量当然办不到这一点，所以我们叫它指挥系统，而不是指挥者。

⊙ 法国 VBL 装甲车

这辆两栖装甲车配有机枪和米兰式导弹，主要用于战时侦察。

现代战争的指挥系统是一个人机结合的指挥系统，这完全是为了适应现代立体战争的指挥需要。指挥者可以通过计算机与探测预警系统、通信网络系统以及各级的指挥员进行联络，从而掌握所有参战部队的兵力、兵器等情况，并综合所有的情报，从整体进行分析，并做出相应的指示。也就是说，指挥者并不用亲临作战现场，便可以掌握有关战争的一切情况，在指挥室里就可以指挥作战。

虽然说是人机结合的指挥系统，但是在其中起决定性作用的还是人，而不是计算机。当然，我们不能否定计算机在现代战争中的重要作用，计算机是每个军队都必备的，你的计算机系统越先进，你就越占有优势，但优势不等于胜利，即使胜利的天平在向你倾斜，你也可能会因为自己的失误而将胜利拱手让人。因为计算机并不懂得战术，也没有智谋，所以最终的决策还是要人来做。而每个人的想法都是不同的，所以同一场战役，不同的指挥，就会采取不同的战术来打。如果你采取了合适的战术，那么就完全有可能变被动为主动，以弱胜强，以少胜多。历史上这样的例子并不少见。可以这样说，现代战争更多的是双方军队指挥者智慧的较量，他所采取的战术是至关重要的。

除了智谋，一个军队的指挥者还必须具有冷静的头脑和良好的心理素质，能够做到临危不乱，从容指挥。没有哪一场战争是非常顺利的，在期间总会出现各种各样的状况，这时作为军队的指挥者，一定要能够克服这种困难，并且冷静地处理这些突发状况。如果刚刚出现了一点儿小问题，指挥者就乱了手脚，不知道该怎么办了，那无疑将会使整个军队都陷入危险之中。所以说，一个指挥者的心理素质也是至关重要的。

如果没有计算机，我们的军队是不是就一定会失败呢？不能说一定是这样的，但是没有计算机，绝对会让我们陷入十分被动的局面。我们无法侦测到对方的信息，也无法及时掌握战场上的变化，这很容易导致决策的失误；另外，我们无法将指令迅速传达下去，这也会让我们的军队非常危险。所以说计算机并不一定会决定战争的胜负，但是缺少计算机的一方，却一定会处于绝对的劣势。

电子对抗战

所谓电子对抗战，其实就是想办法破坏敌人的电子设备，使其运转失灵或者是降低效能，而同时又设法保证自己的电子设备正常工作。电子对抗战可以说是一场看不见的战争，因为敌对双方所较量的是科学技术的高低。虽然说这是一个没有硝烟的战场，但是它却关系着战争的成败，关系着整个军队的命运和生死存亡，所以是绝对不能轻视的。

总的来说，电子对抗战可以分为进攻和防守两部分。进攻就是要采取各种手段使对方收到假信号，或者是让他们收到不清楚的信号，甚至根本就收不到信号；防守就是采取手段使电台和雷达处于跳频工作状态，以此来对付敌人的电子进攻。电子进攻的手段包括冒充、干扰、欺骗、压制等；电子防守的手段包括设立假目标、加密数字通信等。

在第二次世界大战的时候，苏军就曾经依靠电子进攻俘获了一个德军的重兵集团。苏军首先将德军包围了起来，然后利用通信干扰部队对被包围的德军进行强烈的通信干扰，这样就使得德军的重兵集团与希特勒大本营的通信被中断，结果这些德军全都做了俘虏。现在，各个国家都很清楚电子对抗战的重要作用，所以许多国家都专门编制了电子对抗部队，并设立电子对抗战的研究机构，有些国家甚至还建立了电子对抗战的指挥机构。而从战争的意义上讲，这些做法确实都是很有必要的。

在电子对抗战中，常常会用到电子对抗机，它被称为空战的先锋，负责对敌方实行电子干扰。在 1991 年海湾战争的时候，以美国为首的多国部队就曾经凭借科技上的优势，动用了 100 多架电子对抗机对伊拉克展开了电子进攻。伊拉克的通信和雷达探测能力受到了大功率压制性的电子干扰，失去了预警、指挥和导引能力，加速了其战败的进程。

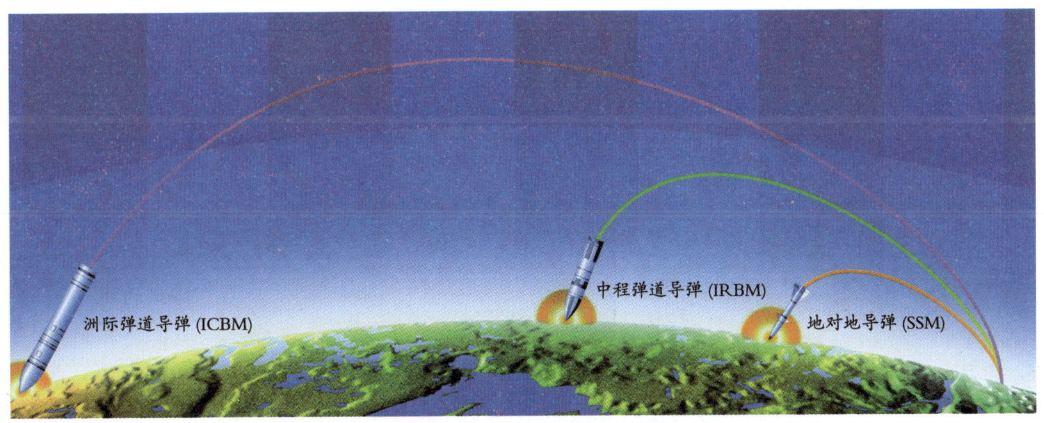

导弹

导弹被称为“弹道导弹”，因为它可以像远程炮弹一样沿曲线飞行。

协同进攻

我们说过，现代战争是一个全方位的立体战争，不管是进攻还是防守，都要有多个军种参战。在进攻的过程中，各个军种要互相配合，服从指挥，共同完成作战任务。其实协同进攻的目的就是要从各个方向打击敌人，提高进攻的效率。在不同的环境中作战，我们就要调动不同的军队。但是一般来说，在作战时，我们都会选择飞机来进行掩护。因为只有取得了制空权，下面的部队才能更好地发挥他们的威力，比如说坦克部队在进攻和炮兵在执行发射任务时，都要有飞机在空中掩护。

知识档案

哪个军种在战争中最重要

所有的军种都很重要，他们对战争的胜利都起着至关重要的作用。单独的军种之间是没有必要相互比较的，因为他们的武器不同，作战方式不同，所面对的敌人也不同。所以我们无法比较出哪个军种更厉害，也不能说哪个军种在战争中更重要。只是有的战争需要这个军种，而有的战争需要那个军种，这些都要根据战争的具体情况来定。在适当的情况下，他们都可以发挥出自己的威力。协同作战也是如此，每个军种执行的任务都很关键，不能说哪一个更重要。战争的胜利也不是由哪一个军种决定的，而是所有军种共同来决定的。

在协同进攻中，最重要的就是要保证彼此之间的联络，绝不能断了线。因为每个部队要执行的任务都是不同的，而战场上的形势也是在时刻变化的。如果与指挥中心失去联系，就无法得知下一步的作战任务，而军队又绝不可能在此坐以待毙，所以军队的指挥者就必须自己做出决定。可是由于他并不了解其他军队的情况，所以就很难作出正确的判断，这样盲目的决定往往会打乱整个作战计划，给整个作战部队带来巨大的损失。所以说，在协同作战中保证通信的畅通是非常重要的。

协同作战的关键就是各军种之间要彼此密切地配合，绝不能擅做主张。要知道，每个军种执行的任务虽然不同，但目标却是一致的。只有相互配合，才能达到目标。如果不听从指挥，做了自己不该做的事，或者是该你做的事你却没去做，那就会给整个部队都带来灾难，使部队陷入危险之中。这就是“一步走错，满盘皆输”的道理。

另外，不管是哪一种部队，在执行什么任务，都一定要确保作战时间。也就是说，我们必须按照规定的时间发起进攻，不可提前，也不可推迟。因为所有的部队都是一个密切联系的整体，任何一个部队的行动都会影响到其他的部队。如果该你的部队发起进攻了，可是你们却迟迟也不进攻，这就会使正在进攻或者是与你们一起进攻的部队陷入危险之中。另外，任何战争都是讲究战机的，如果贻误了战机，就很可能导致战争的失败。所以作为军人，更要具有时间观念，尤其是在硝烟弥漫的战场上。

⊙ **“海豹”部队**

这些美国海军特种部队——“海豹”部队士兵用皮带钩住了悬梯。一架“切努克”直升机正在拉升他们。

⊙ **降落区**

伞兵部队在大规模的军事降落中往往会飘散，这个实施降落的平面区被称为“降落区”。使用直升机空降士兵的地区被称为“着陆区”。

太空千里眼

在以前的战争中，指挥人员经常要借助望远镜才能观察到前沿阵地的情况，而要了解敌军的状况，那就只能派侦察兵到对方的军营去侦察军情了。在现代战争中，我们有了更先进的侦察设备，那就是绕地球飞行的众多人造卫星。它们可是名副其实的太空千里眼，可以看到千里以外，甚至万里以外的情况，并协助军队打击对方。一旦对方有什么风吹草动，它们也会及时向地面发出警报，让我们提前做好预防准备。

⊙ 人造卫星

人造卫星上安装的现代照相机能够拍摄非常清晰的图像，而且能够拍摄到世界任何一个地方。

这些人造卫星包括侦察卫星、通信卫星、导航卫星、测地卫星等。侦察卫星可以监视和窃听对方的军事情报；通信卫星可以保证通信的顺畅；导航卫星可以为舰艇和潜艇导航，并能够给飞机、导弹及地面的部队提供准确的定位数据；测地卫星可以测出各打击目标的精确位置，提高导弹和炮弹的命中率。

侦察卫星能够窃取对方的军事情报，可以称得上是一个名副其实的超级间谍。它通过光电遥感器或无线电接收机，搜集地面目标的电磁波信息，并用胶卷或磁带记录下来，然后将其储藏在卫星返回舱里，当卫星返回地面的时候就可以将信息回收。它也可以利用无线电传输的方式，在适当的时候将信息传送给地面接收站。这些信息经过光学和电子计算机的处理以后，就可以为我们所用了。

侦察卫星在太空中发挥着非常重要的作用，对战争的影响也是不容小视的。侦察卫星根据其侦察设备及执行任务的不同，又可以分为照相侦察卫星、电子侦察卫星、海洋监视卫星和预警卫星。照相侦察卫星负责对目标拍照；电子侦察卫星负责侦测雷达及其他无线电设备的位置和特性，并窃听遥测和通信等机密信息；海洋监视卫星负责监视海上舰艇和潜艇的活动；预警卫星负责在危险发生之前向地面报警。

有些侦察卫星并不是独立工作的，而是由好几个卫星共同组成一个卫星网来对目标进行侦察。比如说海洋监视卫星和预警卫星，它们都是通过海洋监视网和预警网来工作的。因为海洋的面积比较大，海域广阔，只靠一颗卫星很难完成对整个海洋的连续监视任务，所以我们通常都用多颗卫星组成海洋监视网，来共同监视海洋上的各种活动。预警卫星也是同样的道理，要随时发现潜藏在四面八方的危险，一颗卫星难免会显得有些力不从心，所以我们就把几颗卫星共同组成预警网，以确保我们能够及时发现来自各个方向的危险。

高分辨率望远镜

⊙ “太阳神”1号卫星

法国“太阳神”1号卫星是一颗间谍卫星，运行在近地轨道上，能够辨认出地球表面与自行车大小相当的物体。在拥有精密的间谍卫星的国家中，“太阳神”间谍卫星具有很大程度的代表性。

如果我们等预警卫星向我们发出信号再做准备，还来得及吗？预警卫星上装有高精度的探测器，这个探测器在太空中是定向的，始终都指着敌方的地区。一旦敌方发射导弹，预警卫星在不到几分钟的时间内就可以探测出来，同时它会计算出导弹的落点和攻击目标，并立刻将信息传到地面上的指挥中心，提醒我们做好拦截反击以及疏导群众撤离等工作。一般的洲际导弹要飞行几十分钟的时间，而中程导弹也要飞行几分钟到十几分钟的时间，所以预警卫星是可以为我们赢得一定的时间的。

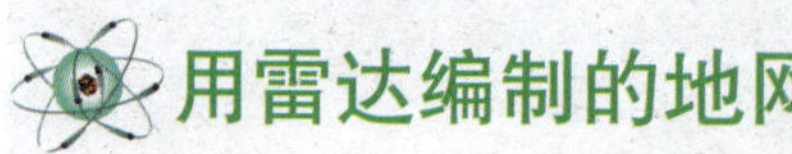

用雷达编制的地网

雷达是英语“radar”的音译，是无线电检测和测距的意思。它利用物体对无线电波的反射特性，从而探测出目标所在位置的距离、高度和方位。雷达是在地面工作的，它所执行的任务与卫星相似，只是工作的地点不同罢了。如果说卫星是我们在太空编织的天网，那么雷达就是我们在地上所编织的地网，它们都可以影响战争的成败。雷达作为地面上重要的侦察工具，有其自身的优势和特点。它在工作时不会受天气条件的影响，可以全天候地工作，而且还能够自动搜索和跟踪目标。

雷达可以分为五个基本的组成部分：发射机、发射天线、接收机、接收天线和显示器。雷达的发射机可以产生足够的电磁能量，它在工作时会将这些电磁能量传送给发射天线，发射天线将这些能量聚集到空中一个很窄的方向并发射出去；电磁波在碰到物体以后会被其表面反射回来，形成回波信号；接收天线接收了该反射波，并把它送到接收机进行处理，提取与物体相关的一些信息，再送给显示器，这样我们就可以从显示器上看到雷达信号了。

雷达可以分为连续波雷达和脉冲雷达两种。连续发射电磁波的雷达就称为连续波雷达，由于它的发射系统和接收系统很难隔离，所以在应用上存在一定的限制性。而脉冲雷达则不存在这样的问题，因为它是以脉冲的形式发射电磁波的，存在着发射周期。它的发射和接收可以共用一副天线，通过收发转换自动开关来进行转换。在一个发射周期内，当发射机发射出一个脉冲信号以后，开关就会自动转换到接收位置，准备接收反射回来的信号。脉冲雷达可以进行精确的测量，在雷达的发展中占主要地位。

在现代战争中，雷达的作用并不是单一的，用在不同地方的雷达其功能也是不尽相同的。比如说有的雷达用来瞄准，它可以自动跟踪目标，并可同时控制多门高炮，使它们瞄准敌机，命中目标；有的雷达用来领航，它可以引导飞机准确地到达指定地点，确保飞机不在空中迷失方向；有的雷达用来护尾，当飞机在空中单独作战的时候，飞行员通常只能集中注意力与前面的敌机作战，这就会让它的尾部很危险，当它的后面有敌情出现时，雷达就会发信号给飞行员，让他采取措施；还有的雷达具有预警功能，如果说预警卫星是太空中的千里眼，那么远警雷达就是地面上的千里眼，它可以远距离地监视敌人的战机、导弹等情况。

⊙ 在第二次世界大战中，英国沿海岸线一带建立起了由多个地面高塔雷达站组成的“本土链”雷达网，为英军提前预警来犯的敌机做好防御准备。

在出现预警卫星以前，人们一直是用巨型的雷达来预警的。可是由于地球曲面的阻挡，雷达并不能很快地发现目标，只有等导弹升高到 250 千米的高空时，雷达才能够“看”到它。所以说雷达的预警时间要比预警卫星晚很多，这常常会使得我们因为不能及时做准备而被动挨打。虽然远警雷达也有“千里眼”之称，但它跟我们的太空千里眼还是没有办法相比的。

让炮弹长眼

让炮弹长眼，这听起来似乎是一件匪夷所思的事，可是科技的魅力就在于它总是能带给你很多意外、很多惊喜。事实上，科技的高速发展已经让太多的不可能变成了可能，所以我们也应该习惯这些匪夷所思的事物了。以前人们总是说刀枪是“不长眼”的，可是炮弹为什么会长眼呢？是因为炮弹比刀枪更高级吗？其实，一般的炮弹也是不长眼的，只有那些带有精确制导技术的导弹才会长眼，才能准确地击中目标。

“响尾蛇”导弹

导弹不仅射程远、威力大，而且命中率也很高。为什么导弹可以像长了眼睛一样，追踪目标并摧毁目标呢？其实这都是因为它有一套引导和控制系统，也就是我们所说的制导系统。

制导系统是导弹最先进的地方，也是导弹的“神经中枢”，引导和控制着导弹的飞行，使其按照既定的弹道飞行，而不会发生偏离。正因为导弹拥有先进的制导系统，所以它的命中率才不会再受射程远近、目标大小等因素的制约，而是想打哪儿就打哪儿，就像长了眼睛一样。

知识档案

有趣的“动物”导弹

之所以称之为动物导弹，可不是因为它们长得像动物，而是它们的名字都与动物有关，这可能是由于在研发它们的过程中受到了某种动物的启发或者是利用了某种动物的特征吧！比如说“响尾蛇”导弹就是在响尾蛇的启发下研制出来的。我们知道，响尾蛇并不靠眼睛来捕捉猎物，而是利用红外线来判断猎物的位置。科学家们就是利用了响尾蛇的这一特点，设计制造出了一种用红外线制导的“响尾蛇”导弹。其他的“动物”导弹还有“飞鱼”导弹、“黄蜂”导弹、“百舌鸟”导弹等。

导弹是战争中不可缺少的武器装备，在第二次世界大战的时候就已经出现了，并在战后得到了迅速的发展。导弹按照作战使命的不同，可以分为战略导弹和战役战术导弹两大类。战略导弹是为了达到战略目的所发射的导弹，一般为中程和远程的导弹；战役战术导弹则是在战役、战斗中执行攻击任务的导弹，一般为中程和近程导弹。

如果按照发射的地点和攻击的目标来划分，我们又可以将导弹分为地对地、空对地、空对空、

正发射“响尾蛇”导弹的 F-16 战机

舰对空等多种类型。地对地就是从陆地发射打击陆地目标的导弹，空对空就是从空中发射攻击空中目标的导弹了。

另外，导弹也可以用来打击导弹。我们可以用一种导弹对另一种导弹实行拦截，不过实行拦截的导弹一定要比它所要拦截的导弹性能好。

核武器的威力

核武器的威力大家可能没有亲自见过，但是却一定都听说过，我们所熟悉的原子弹、氢弹以及中子弹都是核武器。核武器最可怕的地方就是它具有极强的杀伤力，可以在转眼间摧毁一座城市。我想大家一定都知道日本广岛曾经遭受过的灭顶之灾，那是1945年的8月6日，美国在日本广岛的上空投下了一枚原子弹，结果在转眼之间，这个拥有20余万人的城市就变成了废墟，真是触目惊心。而噩梦并没有就此终止，三天之后，日本的长崎又遭受了同样的命运。两个城市的市民死伤无数，而整个城市的破坏程度也达到了60%～80%。

核武器之所以会有如此大的威力。其根本原因就在于它在爆炸时可以产生巨大的能量，比那些只装化学炸药的常规武器要大得多。我们知道，一般的炸药在爆炸时所发生的反应是化学反应。化学反应的实质是各原子之间的组合发生了变化，而原子核是没有改变的。核反应则完全不同，所有参与反应的原子核都转变成了其他的原子核，原子也发生了变化，它所释放出来的能量是由瞬间的核裂变或核聚变所产生的，比一般化学反应所释放的能量要大得多。1千克铀全部裂变所释放出来的能量比1千克TNT（三硝基甲苯）化学炸药爆炸所释放出来的能量大约要大2000万倍。

最早出现的核武器是原子弹，它主要是由核装料、炸药、中子源和起爆装置等部分组成的。原子弹爆炸时，可产生光辐射、冲击波、早期核辐射、电磁脉冲和放射性污染，具有极强的杀伤力，不仅杀伤范围很广，而且可以对目标造成综合性的杀伤和破坏。在其后出现的氢弹，比原子弹的威力还要大很多。

氢弹主要由热核材料、引爆原子弹和弹壳等部分组成，其爆炸过程就是原子弹的爆炸过程再加上轻核聚变的过程，而且它的威力是无穷的。紧接着出现的中子弹被称为第三代核武器，也许你会认为它比氢弹的威力更强，可事实却并不是那样的。中子弹所产生的冲击波、光辐射仅为一般核爆炸的1/10，对建筑物、运输工具、作战装备的破坏力也比较小，但是它却专门杀人，对人员的杀伤效果非常明显。

⊙ 1942年，罗伯特·奥本海默（1904～1967）负责的“曼哈顿工程”正式启动，1945年7月16日，世界第一颗利用核能链式反应的原子弹在美国墨西哥州阿拉默多尔空军基地试爆成功。

中子弹主要是利用高能强大的中子流来攻击在建筑物、运输工具及作战设备中的人员，使人员失去战斗力或者死亡。为什么中子弹专门杀人呢？这是因为中子在进入人体以后，会对人体的组织细胞和神经系统进行破坏。当中子达到一定剂量的时候，就会使人在短时间内失去战斗力或者死亡。更为可怕的是，中子具有很强的穿透能力，虽然它不会对地面上的各种建筑和作战装备造成很大的破坏，但是却能够轻易地穿透它们，将里面的人杀伤。

第三节　超能电脑和互联网

电脑与我们的生活

电脑是我们再熟悉不过的东西了，可以说是几乎每天都在用。我们可以用它来计算、打字、记录信息、看电影，当然还可以用来打游戏，等等。电脑的用途真是太多了，在我们生活的各个领域都可以看到它的身影。它为我们的生活提供了很多方便，也为我们增添了不少乐趣，想一想你的生活是不是在有了电脑以后就发生了很大的变化呢？

电脑可以应用在很多场所，而这些做着不同工作的电脑，人们给它们起的名字也是不同的。比如说我们家里的电脑叫作家用电脑；在办公室里使用的电脑叫作商用电脑；用来设计楼房和桥梁的被称为工作站；在网络中，它又被称为终端和服务器，负责监控网络运行，并为其他电脑提供数据资料的是服务器，其他的都是终端；如果将许多电脑的主机结合在一起，那它就成了一台大型的电子计算机了，其实这才是它本来的名字。

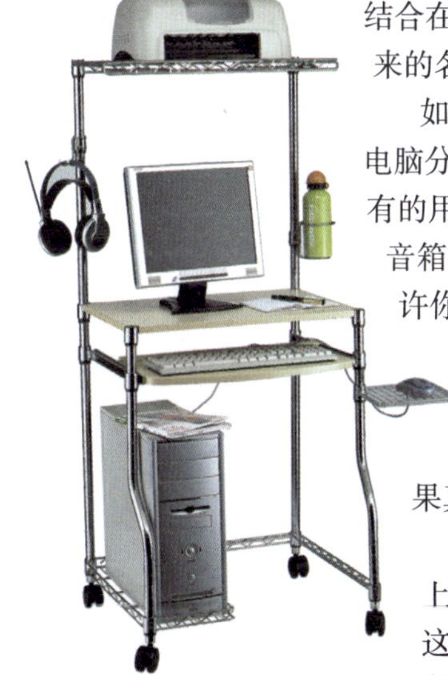

⊙ 电脑早已成为我们工作生活中不可或缺的电子产品。

如果家中有电脑，那么你对电脑的构造就一定很清楚。从外面看，电脑分为主机、显示器、键盘和鼠标等组成部分。在主机上有很多插口，有的用来插电源，有的用来插鼠标，有的用来插键盘，还有的用来插音箱。将这些插口连接上相应的组件，你的电脑就可以工作了。也许你会觉得这些插口很麻烦，可是如果你打开机箱看一看，就不会再嫌麻烦了。因为机箱里面布满了密密麻麻的电子元件和线路，我们的技术人员已经给我们减少了不少麻烦，他们已经将很多接口集成到了一起，所以才形成现在的这些接口。如果真要把这些接口都交给我们自己连，那非得累死不可！

在商场购物的时候，收银员常常会拿一个小东西在你的商品上扫一下，然后你会听到一声响，产品的价格就会显示在电脑上了。这个小东西是什么呢？它叫作条码解读器，当它对准产品上面的条码时，就会将条码的信息解读出来，然后把信息送入电脑，这样电脑就可以显示出产品的价格了。其实一点儿也不复杂，对吗？

电脑生平简介

电脑本来是叫作电子计算机的，最开始的时候，它也没有这么多功能，不过是用来计算的机器罢了。虽然算盘等计算工具出现的时间很早，但是这种用于计算的机器却出现得很晚。直到 17 世纪，人们才发明了计算器，而那时的计算器也只能进行一些加减乘除的运算。到了 19 世纪，一位叫作查尔斯·巴比奇的英国科学家先后设计出了两台更为先进的计算机，推动了计算机的发展。

在 1855 年的时候，斯德哥尔摩的乔治和爱德华·舒兹两位科学家以巴比奇的工作为基础，

⊙ 磁带提高了计算机存储的速度和存储的容量。从图中我们可以看到在 UNIVAC 计算机前面有一排磁带存储单元，可以将美国人口普查的结果制成表格。

⊙ 计算机先驱莫奇勒正在比较算盘的计算框架和 1946 年 ENIAC 通用计算机上的一组开关。这种计算机对每次的信息和数据的处理都要重新手动编程。

制造出了第一台实用的机械计算机。1991 年，巴比奇设计的机器被完整地造了出来，而且经测试后完全正常。

1946 年，第一台通用电脑在美国宾州法尼亚大学诞生了，不过这个阶段的计算机都比较庞大。直到晶体管的出现，电脑才小了下来。如今，晶体管的计算机也被淘汰了，而是换成了集成电路。至于将来的电脑会是什么样子，我们现在还不得而知，但是变化是一定的，而且一定会更轻巧、更实用、更美观。

电脑新手指南

想了解电脑的生活吗？想知道它们每天都在干些什么、想些什么吗？最好的办法就是伪装成电脑，混入电脑内部，成为电脑家族的一员。这样，我们就可以顺理成章地了解它们的一切了。刚入门的第一天，我们应该会进行短暂的培训，这可能是每一个行业的新手都要经历的过程吧！

作为电脑家族的新成员，你们一定要清楚自己应该做什么，不应该做什么，而且还必须要具备我们电脑的职业操守。首先，我们应该做好心理准备，人类经常会让我们做一些很乏味的事情，不管怎么不耐烦，我们都必须按照指令来行动。在行动的时候，我们必须要保证自己的速度，如果你太慢了，那可是要被淘汰的。而且作为电脑，你绝对不能抱怨，也绝不能叫苦叫累。不过，我们的工作一定要用到电源和电池，如果人类不为我们提供，那我们就完全可以罢工。最重要的是，在开机时，你必须储存所有的内容；在关机之后，就要把全部的东西都忘掉；等到下次开机的时候，再把这些东西重新拾起来。听起来很麻烦，不过这都是为了节省我们的内存空间，所以是必须要做的。

看来电脑对自己的要求还是挺严格的，也许我们应该庆幸自己并不是一台真的电脑。电脑中所有的信息都是以二进制的形式储存的，这其中包括图片、数字、声音等信息，就连电脑程序本身也是以二进制的形式储存的。而且在电脑里面发生的所有事情也都是以二进制的形式进行转换的。你知道电脑为什么要用二进制吗？其实很简单，因为它是电动的，就像灯泡一样，要不就开着，要不就关着，只有这两种状态，没有第三种状态。

电脑可以分为硬件和软件两大部分，硬件是我们能够看到的，而软件则是我们无法看到的。硬件主要由主机、显示器、键盘、鼠标等部分组成；软件是所有计算机程序的通称，包括我们的操作系统、办公软件、杀毒软件等。硬件和软件互相配合，才能完成各种工作。所以作为电脑新手，一定要首先将自己所需要的各种硬件和软件配备齐全，否则你就无法正常工作。

在工作时，我们首先要利用输入设备（键盘、鼠标等）将各种信号转化成我们可以识别的数字信息，然后再传递给主机；经过处理之后，我们还要把这些数字信息送到输出设备（打印机、音箱、显示器等），输出设备会将其再转换成人类可以识别的信号，然后再送出去。

看来，做电脑实在是太不容易了，要做那么多事情，而且还得满足那么多苛刻的要求。没想到我们对电脑的每一个简单操作，它们都要做那么多事情。看来，还是操作电脑比较简单些。

知识档案

你是个电脑奇才吗

你是个电脑奇才吗？如果你自认为是，那就跟真正的电脑奇才——比尔·盖茨比比吧！我们知道，比尔·盖茨是微软的创建者，与很多人相同，他也喜欢玩电脑游戏，但是他玩的游戏与我们不太一样，他是通过编写程序玩连三子棋的方式来学习电脑的。在上学的时候，他就能够帮电脑公司修补错误的程序。后来，他在没学完哈佛课程的时候就退了学，然后组建了自己的微软公司。当然，他做得很成功，也赚了很多钱。

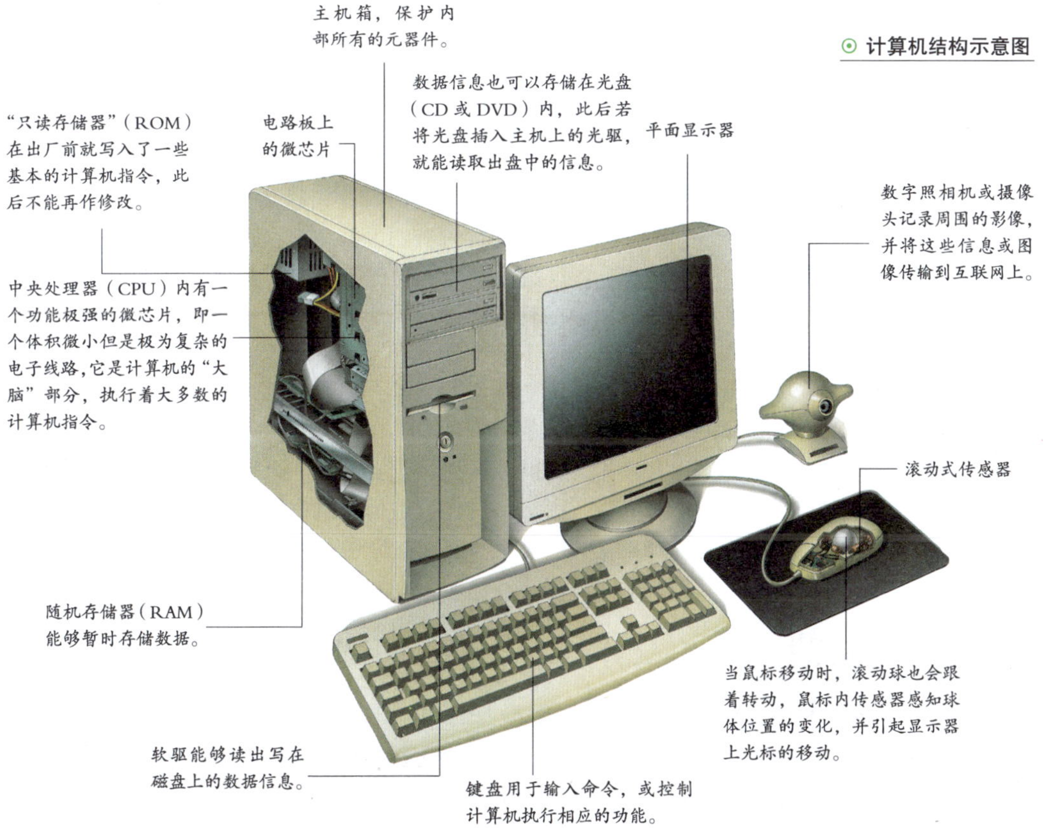

⊙ 计算机结构示意图

精彩绝伦的万维网

万维网是什么？其实万维网就是互联网，是一个联通世界的网络，是一样的。虽然我们现在可以熟练地使用它来做各种事情，可是你们知道吗？为了让我们这些网盲能够更好地利用互联网，科学家们可是费尽了心思。

迪姆·李伯纳是万维网的编织者，是计算机界的超级巨星，很多人都亲切地称他“万维网先生”。他从牛津大学毕业之后，就进入了欧洲原子能研究中心工作，这是一个世界性的实验室，它的研究人员分布于世界各地。由于各地的专家所使用的计算机和软件各不相同，所以他们在分享技术经验和成果的时候交流很吃力，通常在电话里重复了几遍，对方也没有听懂。这激发了迪姆的创造欲望，他希望找到一种系统，让所有的人都能够共享彼此的文件系统。也就是说，你所做的事同事们都知道，同事们的工作你也很清楚，这样交流起来就方便多了。你们一定都猜到了吧——迪姆所设想的系统就是我们的互联网，当然我们也都知道他最终实现了。可是你们也许并不知道，在开发这个程序的时候，迪姆碰到了很多困难。

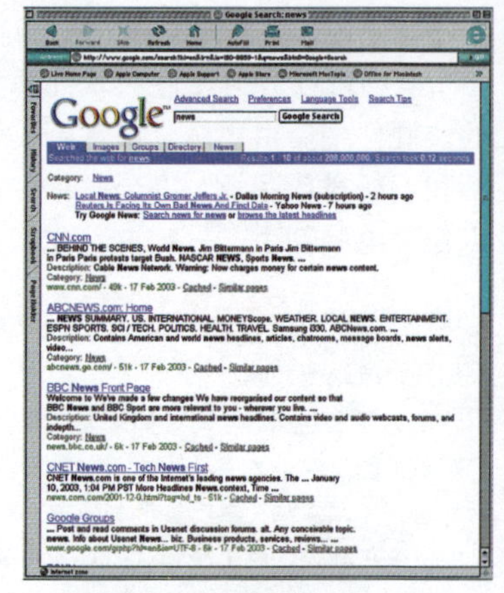

⊙ 万维网包含上千万张信息网页。用户可以借助它找到从新故事到可以购买到最新时尚品地点的几乎所有信息。搜索引擎，如 Google，会列出包含用户寻找信息的所有相关网页的地址。

首先，互联网的各个用户都使用不同的电脑语言，这使得它就像一个大市场，鱼龙混杂，各自说着自己的天书；其次，当我们点击一个带下划线的语句时候，怎么才能让它找到相关的内容？也就是如何将题目与内容连接起来的问题；再次，我们要得到其他电脑上的东西，只能输入一长串的指令，这对电脑专家当然没问题，可是像我们这样的网盲要怎么办呢？最后，怎么才能让普通人看见那些精彩绝伦的网页，要借助什么工具来实现呢？

你们想到解决的办法了吗？还是听听聪明的迪姆是怎么解决的吧！首先，他创造出了一种新的计算机语言——超文本语言（HTML），以它来代替所有的电脑语言，这样就解决了第一个问题；然后，他编写了一套程序，将下划线语句与其内容连接了起来，从而解决了第二个问题；接下来，他设计了一种简单的地址系统，也就是我们熟悉的网址，只要输入网址，就可以找到相关的网页；最后，他又发明了第一台专门用于上网的互联网浏览器，我们可以通过它轻松地浏览网页。这样，迪姆就解决了所有的问题。你现在是不是很佩服迪姆呢？

知识档案

搜索引擎是怎么回事

搜索引擎其实就是一个小软件，你可以叫它蜘蛛或者是网上行者。它出没于互联网所有的网页之间，经常翻看这些网页，并记住它们的位置，然后再将这些东西列出一个清单以便查找。当我们要搜索信息的时候，搜索引擎就会去查找与我们要搜索的内容相关的网址，然后将结果显示出来。这时我们再点击那些有下划线的语句，就可以找到更详细的内容了。

电脑游戏

也许在你们的心目中，电脑最大的好处就是可以用它来打游戏。现在的游戏种类繁多，充满了戏剧性和挑战性，每一种游戏都有它的独特之处，吸引着无数的游戏爱好者。也许你们都已经感受到了，电脑游戏的发展是十分迅速的，从最开始的俄罗斯方块，到后来的超级玛丽，再到现在的连连看、CS（反恐精英）等，游戏的花样是不断翻新，层出不穷。就连电视剧也被制作成了游戏，像我们熟悉的仙剑奇侠传、大话西游、三国志等，就是在电视剧的基础上进行创作的。作为一名游戏爱好者，你认为游戏最吸引你的地方是什么呢？

有的人说：“每当过关的时候，我就会觉得特别有成就感，我喜欢这种感觉。”

也有的人说：“我喜欢游戏漂亮的画面，每当打游戏的时候，我就觉得很放松，很愉快。”

⊙ 这款游戏叫作“猿人”。它由图像处理器提供文本信息、界面颜色及其他功能，而由一种特殊芯片处理声音信号。

还有的人觉得自己的级数比其他人都高是一件非常值得骄傲的事。

每个人都有自己的游戏情结，其实这也是可以理解的，因为游戏的魅力确实是太大了。也许你们也会自认为是一个电脑游戏高手，可是你们知道打游戏也有窍门吗？当然，你可能已经发现了这样的窍门。不过如果你还没有发现，那么以后就不要以高手自居了。所有的游戏都可以作弊，不过新游戏除外。当然，并不是新推出的游戏没有办法作弊，只是人们还没有找到作弊的方法。通过作弊，你可以让你的主人公生命更长一些，或者是让你轻松跳级。这是怎么回事呢？原来，游戏程序被开发出来以后，必须要经过游戏测试才能进入市场。它们是要经过很多次反复的测试才能最终通过的，如果程序员在运行到 40 级的时候发现了一个错误，那么它就会立刻被修改过来。可是测试还没有结束，程序员也不愿意再重新玩到 40 级来保证自己所修改的完全正确，通常他都会直接跳到刚才修改的地方，然后继续进行。这就是说，有一种方法可以让你跳过前面的级数，而直接到达 40 级。等到游戏测试结束的时候，程序员很难再把这些秘密设置的组合键再删除掉，这就是我们要找的窍门。如果你找到了，就可以用来作弊了。

在游戏中，我们通常都会被赋予各种使命，然后我们就要按照要求去完成使命。有些小游戏很简单，只要找到回家的路或者是完成一个组合就可以了。也有些游戏很复杂，它甚至还有故事情节，然后把你设计成故事的主人公，通过你的种种经历来向你讲述一个完整的故事。

现在还有一种模拟的游戏很吸引人，它可以让我们身临其境，仿佛真正置身于当时的场景之中，去完成各项任务。这种游戏需要一台功能强大的电脑、一套特殊的游戏软件，还需要你戴上一个 VR（虚拟实境）头盔和一副 VR 手套。有了这些装备以后，外界的噪声和感觉就都会消失了，你会完全进入一个虚拟的世界，去体验那里的生活。这种游戏应该会更刺激一些吧！偶尔打打游戏当然无妨，但是千万不要沉迷于游戏。如果过度沉迷，那可是要伤身体的，很容易引起疾病，甚至猝死。所以我们一定要掌握游戏的时间，每次都不要超过 1 小时，而且不要离屏幕太近，保护好眼睛。如果觉得有什么不适，要马上停下来。而且不能因为打游戏而耽误其他的事情。

电脑黑客趣闻

黑客，听名字就知道肯定不是好人，而且做的也不是什么光明正大的事情，肯定是要在暗地里进行操作的。其实黑客最早是指那些在足球比赛中故意踢倒对方球员的人，当然也不是什么正面人物。有人说电脑黑客有些像小偷儿，只不过他所偷的并不是实实在在的东西，而是文件，当然他也可以窃取信用卡里面的金钱。不过跟小偷儿相比，电脑黑客需要有更多的技术，否则他

⊙ 电脑黑客总是带着神秘的面纱，没有人能看清他们的真面目，令人防不胜防。在 Internet 的世界里，他们自由穿梭，令人又爱又恨。爱的是其所拥有的高超的计算机技术，恨的是心术不正，给 Internet 带来的无尽烦恼和麻烦。图为电影《黑客帝国》海报。

们根本就无法破译这些密码。但是他们不用亲自到现场，也不容易被追踪和发现，所以要相对安全一些。

电脑黑客的作案手段基本上都是大同小异的，他们的做法当然也都是违法的，不过他们的目的却完全不同。总的来说，有这么三种电脑黑客：第一种人只是出于好奇，他们认为进入别人的电脑是一件很好玩的事，而且也可以证明他们的能力；第二种人则是蓄谋已久，故意破坏别人的系统或文件；第三种人是纯粹的财迷，他们只是利用电脑来为自己骗取钱财。

有些电脑黑客甚至认为自己的职业很崇高，他们声称自己的做法只是为了找到电脑的安全漏洞，这可以帮助设计者们对电脑进行改进。一个叫作拉斐尔·格雷的威尔士少年就曾经带领他的几个小兄弟做了一件惊天动地的大事，他们大量地盗用信用卡帐号，并对网上的国际金融组织进行疯狂的破坏。而当格雷被捕时，他却说这样做只是为了警告一下那些存在安全漏洞的网上商城，当然也是为了证明一下他的电脑能力。用病毒来攻击电脑也是黑客们常用的伎俩，当然这里所说的病毒并不会让我们感染疾病，但是它却会使我们的电脑无法正常工作，甚至造成系统瘫痪。你们的电脑曾经遭受过电脑病毒的攻击吗？电脑病毒最可恶的地方就是它的传播速度非常快，而且是世界性的传播，因为它是通过互联网进行传播的。每出现一种新病毒，我们就必须想办法杀掉它。事实上，新病毒每天都在产生，每一周都要产生大约 300 种新病毒，不过大多数病毒都是无害的。而且病毒一般都是以附件的形式发送给你的，只要你不打开这些莫名其妙的附件及网页，那么你的电脑就不会中毒。

现在，我们生活的各个领域都已经离不开电脑和互联网了。也就是说，现代工业已经对它们产生了依赖性，这其实是十分危险的。如果某一天，电脑黑客们攻击了互联网的要害部分，那么全世界的互联网就都将陷入瘫痪状态，那些依赖电脑和网络才能办公的机构当然也就不能正常工作了。如果真的发生这样的事情，那必将给全社会都造成巨大的损失，后果真是不堪设想。不过，对于电脑黑客来说，那肯定是他们最有成就感的时刻了。

最快的邮递方式

最快的邮递方式是什么？这还用问吗？当然是我们每天都在用的电子邮件了。有哪种邮递方式能比电子邮件更快更方便呢？电子邮件的出现不仅给我们这些使用者提供了方便，而且也大大减轻了邮递员的重担，写信的人少了，邮递员的工作自然也就轻松了。如果让你在普通信件和电子邮件之间选择一种邮递方式，你会选择哪一种呢？

世界上的第一封电子邮件出现在 1969 年，它的出现可没有什么浪漫的故事，而是在一个枯燥乏味的实验室里诞生的。而收发电子邮件的双方就更无聊了，一个是美国的计算机教授，另一个是他的学生。更让你想象不到的是，邮件的内容居然只是“LO”这两个字母。其实，他们本来是要发送“LOGIN”（注册，登录）这个单词的，可是没想到，只发送了两个字母电脑就死机了，所以就由一个单词变成两个字母了。当然，后来他们进行了第二次操作，并成功传送过去了。第一封电子邮件是在同一内部网络的两台单机间进行传送的，而不是在互联网上。所以在此之后，人们又开始在互联网上进行这样的信息传输。这就必须要有一个电子邮件地址，以确保你的信息可以准确地发送到指定的电子计算机上。如果你也有一个电子邮箱的话，那么你就应该很清楚邮件地址是怎么回事。

虽然每个人的邮件地址都是不同的，但是却都是由字母和数字等基本符号组成的，而且每一个邮件地址中都有一个很特别的符号，那就是“@”。最早把这个符号用在邮件地址上的是一位叫作雷·汤林森的电脑工程师，但这个符号并不是他发明的，而是在此之前就已经存在了，也没有知道究竟是谁发明了它。但总之从那以后，这个符号就被广泛地用在电子邮件的地址中了，现在也依然如此。虽然大家都认识这个符号，可是每个人对它的称呼却都不同，有人把它读做英文“at”、有人把它叫作“蜗牛”、还有人把它叫作“旋风”。

虽然我们都认为电子邮件是个好东西，不过也有很多人表示反对，他们甚至对电子邮件十分反感。他们在使用电子邮件时经常会出错，从而引起很多不必要的麻烦。也有些人觉得电子邮件实在是一个很大的负担，他们每天都要收到并处理上百封的电子邮件，这使他们十分头疼。而且有研究显示，目前电子邮件已经成了带给人们压力的原因之一。看来，任何事物都是有两面性的，电子邮件也不例外。

互联网大发展

互联网发展到今天，俨然已成为社会中不可或缺的一部分，而且人们也一定会越来越依赖它。互联网的大发展，带动了很多产业的迅猛发展，人们也在互联网上开辟了一条全新的致富之路。如果你经常上网，那你一定知道每个网站都有自己的名字，绝不会有重复的现象出现。网站的名字也叫作域名，是网站的标志，也是我们登陆网站的入口。你的域名够不够响亮、有没有特点对你的网站非常重要，因为一个响亮的名字常常会给人留下深刻的印象，让人看了就忘不掉，这样别人才会记住你的商品。所以就在很多人为互联网疯狂的时候，一些有头脑的人就意识到了这一点，他们开始疯狂抢注大量的域名，以便在适当的时候卖给需要它的人们。当然，他们卖出的价钱绝不是个小数目，一个好的域名就可以让他们的腰包立刻鼓起来。

以前人们总是认为要卖东西就只能到市场上去卖，必须要有一个店面才行，可是自从有了互联网，人们却发现了新的商机。既然互联网将全世界都连在了一起，那么如果在网上开一家商城，把你的商品放在网上，那不就可以让全世界的人都知道你的商品了吗？这可比商场里那些所谓的黄金摊位要划算多了。于是，各种各样的网上商城相继出现了，商品的品种也越来越齐全，你可以在网上商城买到所有你想要的商品。而且这一切在家中就可以进行，真正实现了足不出户的购物方式。如果你在网上购过物，就一定能感受到它的方便快捷。在其他方面，我们也可以感受到互联网给我们的生活所带来的巨大变化。比如说以前要办理电话业务，你需要到营业厅排长长的队去交，而现在各个通讯公司都有了自己的网上营业厅，通过互联网就完全可以办理了，免去了排队之苦。通过互联网，我们可以预订火车票、飞机票、宾馆、酒店，发布自己的信息，缴纳各种费用，寻找合作机会，等等。总之，随着互联网的不断发展，我们将会用互联网来做更多的事情，我们也一定会更深刻地体会到互联网所带给我们的方便。

⊙ 无线路由器是带有无线覆盖功能的路由器，它主要应用于用户上网和无线覆盖。

第四节　前景莫测的生物技术

了解细胞

大家对于细胞应该都不陌生了，在前面我们也曾多次提到过。细胞是组成生命体的基本单位，尽管自然界中的生物形形色色，千差万别，但实际上它们却都是由细胞构成的，所有生物体的一切生命活动也都是由细胞来完成的。通常情况下，细胞都是很小的，只有通过显微镜我们才能看到。但是也有一些细胞比较特殊，它们长得很大，比如说我们所熟悉的神经细胞就有 1 米长。另外，细胞的形态也是有所差异的，有长的、圆的、星状的等，细胞的不同形状都是与它们的功能相适应的。

细胞可以分为细胞膜、细胞质和细胞核等结构，如果是植物细胞，还会有细胞壁、液泡和叶绿体，当然这些结构动物细胞是没有的。细胞核位于细胞质中，我们所熟悉的线粒体、核糖体、高尔基体、内质网等都是细胞质中的一个个小细胞器。这些小细胞器都有着特殊的使命，而且它们从不偷懒，一刻不停地辛勤工作着。

细胞中的细胞膜是由双层的磷脂分子所组成的薄膜，在它的上面，有各种蛋白质。细胞膜被称为细胞的门户，可以接收来自外界的信息或信号，并能够调节细胞的生命活动，所以说细胞膜是非常重要的。另外，细胞膜上的蛋白质可以识别出在它身边经过的各种物质，如果这种物质是细胞所需要的，那么它就会打开门户，把它留下来。

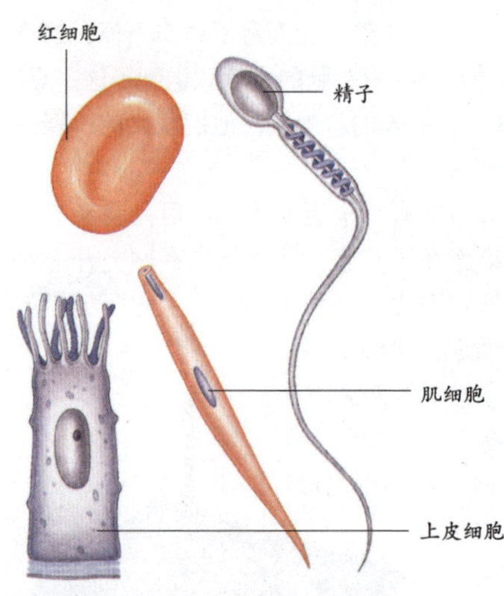

⊙ **细胞的种类**

人体内的细胞形态各异，承担各种各样相应的功能。例如，精子有一条便于游动的尾巴；红细胞中包裹着血红蛋白；胃部的上皮细胞有柱状外缘，可以增大吸收面积；肌细胞会形成伸长的组织束。

细胞核是细胞的核心物质，通常都位于细胞的中央，但是植物细胞中有液泡，所以成熟植物的细胞核往往会被中央液泡挤到旁边的位置。大多数细胞都只有一个细胞核，但是也有些细胞含有两个细胞核，甚至多个细胞核。细胞核分为核膜、核仁、核液和染色质（或染色体）四部分，染色质又含有 DNA（脱氧核糖核酸）和蛋白质两种成分，其中 DNA 是生物体重要的遗传物质，是生物繁殖后代的基础。

所有的细胞核中都含有染色体，而且染色体一定都是成双成对出现的，绝不可能出现单数的染色体。比如说人体内就有 23 对染色体，小麦有 21 对染色体。染色体是由 DNA 经过一级一级的盘绕，与蛋白质共同组装起来的。在染色体上，承载着生物体全部的遗传信息。也就是说，你是人而不是其他的生物，你是一个什么样的人等信息都是由染色体决定的。当细胞分裂的时候，染色体会复制出与自己完全相同的一套染色体，并将其分配给新生的细胞，从而保证了物种的稳定，这也是亲代与子代相似的根本原因。

奇妙的基因

⊙ 动物从它们的父母双方中分别继承下一套基因。这只猫继承了条纹毛色和绿色眼睛两大特征。当它生育后代时，会将这两个特征传递下去。

⊙ 这只猫继承了高黑素的毛色特征。黑素是一种黑色的色素，在动物皮毛、羽毛和皮肤中很常见。

基因是生物体内重要的遗传物质，生物体的一切形状、变异和生理功能，都是由基因决定的。DNA 是承载基因的载体，所以我们说 DNA 也具有遗传特性。各种各样的基因是成串地排列在 DNA 分子上的，不同的基因具有不同的功能，在 DNA 分子上的位置也不同。

每个基因在染色体上都有一定的位置，我们称其为座位。在同源染色体中处于相同座位的两个基因称为等位基因。如果两个等位基因是相同的，那么就这个基因座位来说，这样的个体就被称为纯和体；如果是不同的，则被称为杂和体。在杂和体中，我们只能表现出一种基因的性状，这个基因就被称为显性基因，而另一个没有表现出来的基因则被称为隐性基因。

染色体都是成对出现的，形态和大小完全相同的一对染色体就被称为同源染色体，它们一个来自父体，一个来自母体。

染色体上的基因决定着你的长相、性格以及生理机能等性状，但是至于哪种基因决定哪种性状，目前还没有完全弄清。而事实上，生物体的很多性状都是在多个基因的共同作用下形成的。基因的奇妙之处就在于它使你保持了亲代的大多数性状，让你和你的父母看上去很像，这也是保证物种稳定的根本要素。当然，人类对基因的了解还非常有限，如果能彻底揭开基因的神秘面纱，那么很多问题就可以迎刃而解了，这其中包括对很多疑难杂症的预防和治疗。

基因除了遗传的特性之外，还可能发生变异，也就是我们所说的基因突变。基因突变与 DNA 分子中的碱基有着密切的关联，DNA 分子中含有 4 种碱基，我们可以称它们为 A、T、C、G。DNA 分子是双螺旋状的结构，就像一个长长的两边有扶手的楼梯，而碱基就是扶手之间的阶梯。每一个阶梯都是由两个碱基组成的，我们称之为碱基对。基因所携带的遗传信息就是由碱基对的不同排列顺序所决定的。当碱基对的组成或排列顺序发生改变时，就会造成基因突变，出现我们意想不到的生物性状。

我们知道，有些疾病是可以遗传的。遗传病的可怕之处就在于它是与生俱来的，并且可以世世代代遗传下去，而且一般都不易痊愈。当然，并不是一个家族中的所有成员都会出现遗传病，但我们并不排除他们可能携带着致病基因，只是这种致病基因是隐性的，所以没有在他们身上表现出来罢了。

如果一个人的父母都没有遗传病，那他还会出现遗传病吗？有这个可能。但前提是这种遗传病必须是隐性遗传，如果是显性遗传，就不会出现这种情况，因为如果你的父母都健康，那么他们身上就一定都不会携带显性基因，所以自然也就不会遗传给你了。但是隐性遗传就不同了，如果你父母都携带一个显性基因和一个隐性基因，由于疾病是隐性的，所以他们都不会表现出疾病。但他们可能会将两个隐性基因全都遗传给你，使你患病。虽然这只有 1/4 的几率，但毕竟是可能发生的，这跟两个双眼皮的父母生出一个单眼皮的孩子是同样的道理。

从DNA到蛋白质

蛋白质也是细胞的重要组成成分，机体中的每一个细胞以及所有的重要组成部分都要有蛋白质的参与，而且蛋白质与生物体的生命活动有着密切的关系，是生命的物质基础。可以这样说，没有蛋白质，也就没有生命。

蛋白质是由 20 多种氨基酸按照一定的比例和顺序组合而成的。不同的蛋白质、氨基酸的数量、种类及排列顺序也都是不同的。所以，蛋白质的性质和功能也是有所差异的。我们主要是从食物中获得蛋白质的，蛋白质在体内要进行多种工作，并不断更新换代。当然，食物中的蛋白质并不能被身体直接利用，它们必须转化成氨基酸，然后再重新合成我们所需要的蛋白质。所以说，人体对蛋白质的需求其实也就是对氨基酸的需求。

1. 捐赠者的 DNA
DNA 质粒膨胀
2. 打开的质粒
基因
4. 实验后的细菌开始繁殖。
细菌
3. 将基因插入质粒中。
插入的 DNA 质粒较小
细菌的原始 DNA

⊙ 图中显示了基因拼接的步骤：1. 通过限制性酶的作用，将捐赠者 DNA 上的特定片段分离出来；2. 将一种称为质粒的特殊的 DNA 环打开；3. 将从捐赠者 DNA 上分离出来的基因片段插入质粒内，并用 DNA 连接酶将两个接头处补好，再把这个整体植入细菌体内；4. 细菌不断地繁殖。

当细胞决定制造蛋白质的时候，细胞核里的 DNA 双螺旋结构就会分成两个单链。接下来，一种叫作 mRNA 的物质会来转录 DNA 上的信息，记录下上面的遗传密码，并将它储存起来，然后与核糖体结合。紧接着，携带着氨基酸的 tRNA 会赶过来翻译上面的密码，并指示核糖体合成蛋白质。当遗传密码的转录工作完成以后，蛋白质也就被制造出来了。这个过程说起来简单，可真正做起来就没那么容易了。

什么是 mRNA 和 tRNA，它们和 DNA 有什么区别呢？

DNA 的全名是脱氧核糖核酸，而 RNA 的全名是核糖核酸，它们是核酸的两个主要类别。mRNA 被称为信使 RNA，负责从 DNA 上转录遗传信息，并为蛋白质的合成提供模板；tRNA 被称为转运 RNA，它们会按照遗传密码，将特定的氨基酸送到核糖体进行蛋白质的合成。

遗传密码指的是 mRNA 所记录的碱基顺序。mRNA 所记录的就是 DNA 上的碱基顺序，但是由于 RNA 与 DNA 中的碱基并不是完全相同的，所以它们的碱基顺序也不会是相同的。DNA 中含有 A、G、C、T 四种碱基，而 mRNA 中并没有碱基 T，但它有碱基 U，也就是说，mRNA 的碱基是 A、G、C、U。这样它就会以 U 代替 T，形成新的遗传密码。

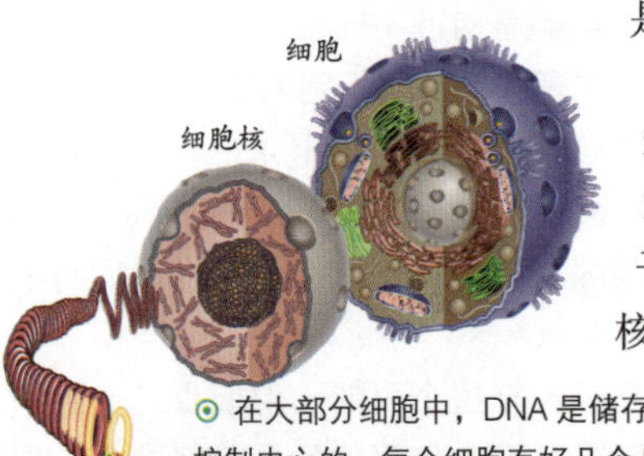

⊙ 在大部分细胞中，DNA 是储存在细胞核中或者说控制中心的。每个细胞有好几个 DNA 分子，组合成“X”形，这被称为染色体。

在 mRNA 上，每相邻的 3 个碱基就被称为一个密码子，4 种碱基经过随即的组合，共可形成 64 组密码子。密码子决定着合成蛋白质所需要的 20 种氨基酸，tRNA 就可以根据密码子，将特定的氨基酸运送到核糖体中。随着氨基酸的不断增加，核糖体也会随之向右移动，各种氨基酸则会按照遗传密码的要求，一个个有序地排列起来。每增加一个氨基酸，核糖体就会向右移动一个密码子的距离，当核糖体移到一个特殊的密码子时，遗传密码的转录工作就完成了，蛋白质也就被合成出来了。

克隆技术

⊙ 这是维尔莫特与他创造的世界上第一只克隆羊多利的合影照片。多利出生在 1996 年，在被认为是一项科学突破的同时也引发了一场关于克隆在伦理方面的热烈争论。

克隆应该是大家比较熟悉的一个词了，也许你们会首先想到克隆羊多利，不过我们应该清楚，克隆可不是羊的专利。其实，克隆是英语单词“clone”的音译，是利用生物技术产生后代的一种技术手段。克隆技术的独特之处就在于它是一种无性繁殖的技术，也就是说，它并不需要性的结合，就可以直接繁殖后代，而且所繁殖出的后代与原个体具有完全相同的基因组。当然，这必须经过一个复杂的操作过程。

多利可以说是到目前为止最出名的一只羊了，几乎所有的人都知道它。多利有三个妈妈，可是它却没有爸爸，这是它最骄傲和自豪的地方，因为在它之前，还从没有出现过这样的特例。多利出生在 1996 年的 7 月，那真是一个万众瞩目的日子，在它降生的那一刻，全世界都为之震惊了。

多利究竟是怎样出生的呢？我们说过，它有三个妈妈。首先，我们要找到它的第一位妈妈，从它的体内取出卵细胞，并将卵细胞中的细胞核去掉；然后，我们再找来第二位妈妈，从它的体内取出体细胞，并从体细胞中分离出细胞核，再植入到那个去掉细胞核的卵细胞中；接下来，我们就要对这个新的细胞进行培养，将它在体外培养成胚胎;这时，最后的一位妈妈就要登场了，它负责把多利生出来，我们将胚胎植入到它的体内进行发育，等到多利发育成熟以后，就会离开它的第三位妈妈，降生了。

猜猜看，多利会更像它的哪个妈妈呢？或者说它会跟它的哪个妈妈完全一样呢？

答案是：它应该跟它的第二位妈妈一样。因为所有的遗传信息都在细胞核里，所以多利应该跟给它提供细胞核的妈妈一样，因为它们具有完全相同的基因。

如今,克隆已经变得不再神秘,而是相当普及了。不仅同一物种可以克隆,就算是不同的物种,也可以共同完成克隆的任务。也就是说，克隆出来的个体可能有个与自己并不属于同一物种的妈妈。比如说我们可以用兔子的卵细胞与大熊猫的体细胞进行克隆，这样克隆出来的个体仍然是大熊猫。为什么要这样做呢？因为大熊猫是我国的国宝，而成熟的卵细胞更是非常珍贵，所以我们可以选择用其他的物种来代替大熊猫生育，这样就很好地解决了这个问题。

与动物的克隆相比，植物的克隆则显得容易得多。比如说将植物的一部分插入土中，过了一段时间以后，它就又可以长成原来的样子了。比如说柳树，将柳条折下，种在泥土里，它就会长成一棵柳树。也就是说，很多植物本身就有克隆的本领，根本就不需要我们帮忙。

那么，人可以克隆吗？无论是从理论上还是从技术水平上，克隆人应该都是可以实现的。现在的问题是人类本身还不太能接受自己被克隆的事实，这当然存在着多方面的原因，比如说宗教、伦理、道德、法律等诸多方面。但是历史的发展告诉我们，任何事物从出现到被我们所接受都要经历一个过程，而我们是不可能阻碍科技的发展进程的。也许有一天，克隆人会被我们所接受，并造福于人类。

转基因植物

什么是转基因植物呢？其实就是转入其他物种基因的植物。通过前面的学习，我们应该知道这并不是什么难事，用基因操作的一些基本方法就可以办到。目前，通过转基因技术培育出来的植物品种有很多，最常见的就是大豆，其他的像玉米、棉花、马铃薯、油菜等也比较常见。转基因植物与其他的植物有什么不同？为什么各个国家都在研究它呢？

⊙ 现代农业中基因技术的应用

用转基因技术培育出的抗虫棉，不怕虫咬，咬后伤口也会很快愈合，同时品质也不错。

带有抗虫基因的棉花小苗，在试管中长出来了。

土壤农杆菌从基因库中取出 DNA 片断。

土壤农杆菌

土壤农杆菌浸染植物

通过转基因技术可以培育出植物的新品种，使植物具有新的性能，这一点是毋庸置疑的。而我们培育转基因植物，也是为了让它更具价值，使它的品种更优良，花开得更艳，果结得更多。自然界中的植物有千千万，每一种都有它的优越性能，比如说抗寒、防虫、抗病、耐热等。我们利用转基因技术，就可以取长补短，使植物的性能得到改良，对于提高农作物产量、节省成本具有非常重要的意义。如果从大的方面讲，转基因植物还有着巨大的经济效益和社会效益，所以每个国家都很重视它的开发和研究工作。

在培育转基因植物的时候，我们不一定要采用前面所说的方法来转移基因，因为你可能没有基因枪，也可能找不到钨粒子。我们可以采取下面的办法来进行基因的转移：基因刀是一定要用到的，所以我们一定要用到限制性内切酶。在获得所需要的基因以后，我们就要为它选择一个载体，将其带入大肠杆菌，促使其繁殖，这些都是相同的。然后我们要分离出所需的基因，并把它放入土壤农杆菌中，然后再将植物浸在土壤农杆菌中，这样基因就进入植物细胞了。是不是比用基因枪要简单呢？

⊙ 目前，世界种植的主要转基因农作物有 4 种：玉米、棉花、大豆和油菜。

利用转基因技术，我们将会看到越来越多的新奇事物，我们的生活也一定会越来越好。也许你会觉得奇怪，为什么只有转基因植物，而没有转基因动物呢？这是因为植物作为转基因技术的实验材料，具有它特定的优越性。我们知道，植物的细胞大多都具有全能性，单个的细胞即可以发育出整个植株。也就是说，我们通过转基因技术所改变的单个细胞，就有可能发育成一棵完整的转基因植株。更重要的是，植物通过有性生殖，还可以将这些优良的特性遗传下去。

另外，我们还可以把动物的基因转入植物细胞中。但这样做必须要有它的价值和意义，比如说我们可以将萤火虫的发光基因转移到植物体内，这样植物就可以发出黄灿灿的荧光了，这无疑将是一道非常亮丽的风景。我们还可以将生长在寒带的鱼中的抗冻基因转移到那些不耐寒的植物体内，这样植物就可以在寒冷的条件下生长了。总之，转基因的目的就是要改良植物的品种，使植物具有更优越的性状和特征。

细胞工程

细胞工程是又一项伟大的生物技术工程,它是指那些在细胞水平上所进行的“施工”和改造。由于细胞中含有生物体的全部遗传信息,所以我们通过对细胞的改造,就可以改变它的遗传特性。根据细胞类型的不同,我们可以将细胞工程分为植物细胞工程和动物细胞工程两种。

⊙ 图中一位基因学家手托一盘叫作 Flavr Savr 的西红柿幼苗,这是第一种在 1994 年完全经基因工程改造的作物。西红柿在蔓上成熟时不会变软,因此在运往超市的过程中也不会变坏,原因是在番茄植株内存在一种基因,它能够阻止使西红柿变软的聚糖醛酸酶的催化活动。

我们知道,植物细胞具有全能性,每一个独立的细胞都可以发育成一棵完整的植株,这是进行植物细胞工程的理论基础。植物细胞工程主要通过植物细胞培养、植物体细胞杂交等手段来实现。而动物细胞工程则主要通过动物细胞培养、动物细胞融合、单抗体克隆、胚胎移植、核移植等技术手段来实现。

植物组织培养是植物细胞工程的基本技术,方法就是利用植物的根尖、茎尖和叶子,培育成完整的植株。植物组织培养可以加速植物的繁殖,还可以治愈植株的疾病。对于感染上病毒的植株,我们可以对它新长出的茎尖中还没有被病毒感染的细胞进行处理,从而使患病的植株获得重生。植物体细胞杂交则是将两个不同物种的细胞融合在一起,形成一个新的杂种细胞,它发育成熟之后,就会具有两种生物的遗传特性。比如说将土豆和番茄的细胞融合在一起,那么就有可能培育出地上结番茄而地下结土豆的新农作物。

在我们的印象中,种子应该是植物所结的果实。可是自从有了细胞工程以后,种子的生成就不用再这么麻烦了。我们可以先对植物的茎叶进行组织培养,在获得很多个像天然种子那样的胚状体以后,再给它们包上人工的种皮,同时在里面加入供胚体发育生长的营养物质。这样,人造种子就做成了。你们知道吗?一株植物就可以培养出几百万个种子,而且人造种子可以保证种子的出芽率,有利于我们培养优良的品种。所以与天然的种子相比,人造种子更具有优势。

与植物组织培养相似,动物组织培养也是动物细胞工程的基本技术。它主要用来获取动物细胞所分泌的各种蛋白质,比如说抗体等。我们可以利用它来制造有价值的蛋白质生物制品、病毒疫苗、单克隆抗体等。而动物细胞融合最重要的作用,也是制造单克隆抗体。单克隆抗体究竟是什么?

单克隆抗体指的是化学性质单一、特异性强的抗体,它可以由 B 淋巴细胞通过克隆所生成的细胞群产生。单克隆抗体在医疗中真可谓是大显身手,自从有了它,很多让人们感到头疼的病毒性疾病得到了治疗,某些还没有临床表现的病症也可以被检测出来了。可以说,单克隆抗体真是医学界的一颗新星,带给人们很大的惊喜。此外,人们正在开发单克隆抗体的另一种用途——“生物导弹”,就是让它将药物带到癌细胞所在的位置,杀死癌细胞,但是却并不伤害健康的细胞。如果这一研究获得成功,势必会对人类最终攻克癌症起到非常积极的作用。

第六章 让人惊叹的另类科技

第一节　密码的秘密世界

密码的由来

自人类诞生以来，就有很多的秘密，大到国家机密，小到个人隐私。总之，每个人都有不希望别人知道的事情。对于个人隐私，只要你不说，我想是没有人会强迫你说的。可是对于一些需要传送出去的信息，我们又该怎样保守秘密呢？也许你们已经猜到了，没错，我们可以给信息加密，也就是利用密码。

其实密码对于我们来说并不陌生，如果你愿意的话，也可以把它说成是你的老朋友。想一想你的个人信息，有多少是加了密的，是设置了密码的。首先，你的电脑一定设有密码，这可以防止别人进入你的电脑，破坏你的文件；其次，你的 QQ 和 MSN 一定有密码，这可以防止别人偷看你的聊天记录；还有，你的银行卡一定有密码，否则你卡里面的钱容易被偷；如果你有写日记的习惯，那么你的日记也应该设置密码，你的心里话可不是谁都能知道的。总之，密码在我们的生活中真是太普遍了。虽然我们每天都在使用密码，可是你们知道密码的由来吗？

⊙ 野战无线电

现代野战无线电又轻又可靠，还装有一个安全系统，没有正确的装备根本无法破解其信息密码。

据史料记载，最早的密码出现在希腊。公元前 404 年，斯巴达(今希腊)的信使曾将文字写在皮带上，避开了敌人的视线，及时将情报送给了北路军司令莱山得，使自己的部队脱离了险境。也有的斯巴达人用特制的木棍来隐藏一些秘密的纸条。到了公元 4 世纪，希腊开始出现隐蔽书信内容的初级密码。8 世纪，罗马教徒为了传播新教，又创立了“圣经密码”。中世纪末，西班牙的青年男女为了摆脱封建阶级制度的束缚，追求平等自由的恋爱，采取了种种秘密的通信方式，产生了各种原始密码。

虽然这些密码都很原始，在今天看来也都非常简单，但是在当时却很奏效，甚至比我们现在的密码还管用，这是为什么呢？原来，当时的人们还不知道如何去破译密码，所以尽管那些密码很容易破译，也没有人能够识破。直到公元 8 ~ 9 世纪，阿拉伯人才发明了一种破译密码的艺术——密码分析。在很长一段时间里，密码确实让很多人感到头疼，可是却都拿它毫无办法。

在之后的日子里，密码受到了很多人的重视。编码者不断地研制新密码，而译码者就不停地破译密码，他们之间的较量一直都没有停止过，现在如此，当然将来也会如此。19 世纪，无线电密码出现了。随后就爆发了第一次世界大战，由于使用广播传送情报很容易被窃听，所以密码的运用就显得尤为重要。而当时的密码通信已经十分普遍了，许多国家还成立了专门的机构，进一步研制和完备密码，并建立了侦察破译对方密码的机关。现在，密码得到了更进一步的发展，密码技术也更趋完善，不过破译与反破译的斗争却更加激烈和复杂了。

代码还是密码

代码是什么？它与密码又有什么关系？也许你们也存在着同样的困惑。其实从广义上来说，代码和密码指的都是“密码”，只是它们对信息的加密方式不同罢了。代码是用其他的词或者是字母来代替原来的词；而密码则是用符号来代替单个的字母或声音，也可以改变字母的顺序。听起来好像很难理解，不过看了下面的例子，你可能就没那么糊涂了。

设置了密码的箱子

比如说你将很重要的文件藏在了箱子里面，而你并不希望其他不相关的人知道这个信息，但是你还必须把消息传送出去，这时你就可以借助密码来掩人耳目。如果使用代码，你就可以将箱子用其他的词来代替，比如说用英文“box”，或者是用苹果、电脑等，总之要让消息的接收者看懂，而大多数人看不懂。如果使用密码，你就可以将每一个字母都用字母表中的上一个字母或下一个字母来代替，这样写出来的词就会面目全非，如果不知道密码的意义，就根本看不懂消息的内容。

如果你是一名特工，你知道该如何向你的组织发送一份秘密的报告吗？如果你还不知该如何做起，下面的信息可能会对你有所帮助。首先，你应该起草一份普通的书面报告，在确定没有问题之后，用你的代码或密码替换掉报告的相应内容，我们把这个过程叫作加密或加码。接下来，你就可以将这个经过加密或加码的版本发送给你的组织了，你的任务也就完成了。你的组织在收到报告之后，会首先将它变回到普通的文本，也就是对报告进行解密或解码，然后就可以阅读了。

书面密码是密码的主要形式，但却并不是密码的唯一形式。除了书面密码，我们还可以通过一些暗号来传递信息，比如说用火光来通知敌情，发起进攻；用手势来交换信息；用声音来发送信号等。当然，这些密码都只能传达一些简单的信息，大多数信息还是要靠书写的密码来传递。对于书写的密码，有时并不一定会把整篇报告都写成密码，而是把其中的关键部分转换成密码，而其他的词则原封不动，这样就更加一目了然了。

是不是密码比代码更难破译？不能这么说。对于不了解情况的人来说，无论是代码还是密码，都和天书没什么两样。代码常常会使用毫不相关的词来做掩饰，比如说他所指的东西是冰箱，可是他写出来的却是毛毛虫，有谁会把这两样东西联系在一起呢？所以说要破译代码也是有一定难度的，而对于密码来说，只要你掌握了它的规律，也是可以轻松破译出来的。

隐藏的信息

除了将信息转换成相应的代码或密码以外，我们还可以选择将信息隐藏起来。至于隐藏的方式，那就要随机应变，具体情况具体分析了。很多人都选择将信息藏在一个十分隐秘或者是不太引人注意的地方，这似乎是一个好办法，因为即使是再高明的解码人，没有看到密码，他也无计可施。

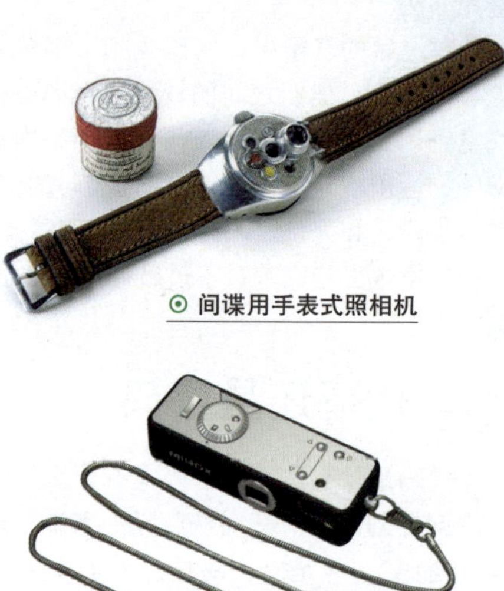

⊙ 间谍用手表式照相机

⊙ DSC 微型间谍相机

如果让你来选择，你会将这些秘密的信息藏在什么地方呢？换句话说，什么样的地方最安全呢？当然，只有敌人想不到的地方才是最安全的。比如说你可以把电池掏个洞，然后将纸条塞在里面；也可以将信息写在你的身上；还可以把它放在馒头里面，或者是月饼里面，甚至可以放在硬币里面。这些纸条可以藏身的地方真是太多了，尤其是在科技如此发达的今天，所有的东西都越来越小。比如，间谍拍摄使用的微型胶卷还没有你的指甲大，要把这样小的东西藏起来应该会很容易吧！

如果你不打算把纸条藏在其他的东西里面，那么你也可以选择用隐形墨水来使你的消息隐身。不要觉得隐形墨水有多么神秘，其实它不过就是我们经常可以见到的柠檬汁和醋，如果手头没有，你甚至可以用你的尿液来代替。这种隐藏方法的好处是正常情况下你什么都看不到，可是湿了以后你就会发现字体变成了褐色，内容也就显示出来了。不过这种手段似乎不怎么高明，很容易被看出来，也许是因为用得太多了吧！

还有一种隐藏方法很巧妙，那就是把重要的消息藏在一封看似普通的信件里面。乍一看去，它只是一封普通的家常信，可是如果你把特定的字或字母连接起来，就是一条重要的消息。关键字可能是每句话的第一个字，也可能是最后一个字，又或者是第二或第三个字。如果这种顺序不好把握，你还可以把关键字写得稍小一些，或者改用别的字体，也可以在关键字的下面扎一个小孔，让对方在太阳光下看。这真是一种很巧妙的隐藏方法，特别适合在战争中消息的传递。

其实，对于这种隐藏方法，我们应该很熟悉，藏头诗就是一个很好的例子。比如说在我们都很喜爱的小说《水浒传》中，梁山为了拉卢俊义入伙，“智多星”吴用和宋江便生出一段“吴用智赚玉麒麟”的故事来。他们利用卢俊义为了躲避“血光之灾”的惶恐心理，编了四句卦歌：“芦花丛中一扁舟，俊杰俄从此地游。义士若能知此理，反躬难逃可无忧。”将每一句的第一个字连在一起，就是“卢俊义反”四字。现在，人们也用藏头诗来传达祝福和问候，别有一番新意。

简单的密码

也许你会觉得密码是一个非常神秘的东西，很难破解。但是一旦让你找到了破解的方法，就会发现有些密码其实非常简单，这里面都是有一定的规律可循的。编码人虽然要极力掩饰他所要传递的信息，但是他总不能写出一堆连他自己都记不住的东西吧！如果真是这样，那他就必须准备一个副本，来帮助解码。可是一旦副本落入敌人的手中，那么你的秘密就不会再是秘密了。所以真正实用的密码应该方便记忆，而且还不用书写下来，只有这样才能保证密码的成功传递，且不易被别人发现。

让我们先来看一看广为流传的猪舍密码吧！没有人知道究竟是谁发明了猪舍密码，但是它却已经流传了数百年，而且有很多人都使用过它。它的特别之处就是把普通的密码都写在了方格里面，这样我们就可以用相应的符号来表示相应的字母了。比如说要表示字母 E，就可以用符号“□”来表示；字母 H 可以用符号“π”表示；字母 L 可以用“<”来表示。为了便于区分，下面一排的字母都加了点，所以在写成密码的时候也在相应的符号里面加上点就可以了。这样，所有的字母在写成密码以后就全都变成符号了，如果你不了解密码的由来，就很难看懂信息的内容。当然，现在使用这样的密码已经不太管用了，因为很多人都已经知道了。

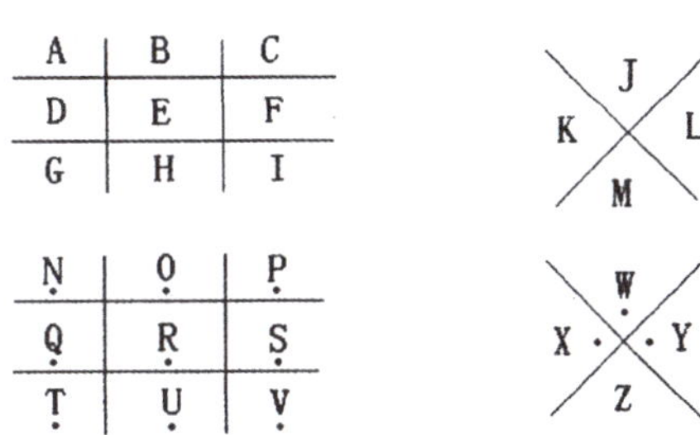

既然这种办法不太好，那我们就换一种。首先，你需要记住一个关键词，并把它写在密码表的开头位置，如果你的关键词中有重复的字母，那么就要省略掉一个；然后从关键词的最后一个字母开始，完成字母表中剩余的部分，记住要省略掉在关键词中出现的字母。比如说你选择的关键词是“goodtime”，省略掉一个“o”，那么转换成密码表就是这样的(上面的一行是普通字母，下面是相对应的密码)：

a	b	c	d	e	f	g	h	i	j	k	l	m	n	o	p	q	r	s	t	u	v	w	x	y	Z
G	O	D	T	I	M	E	F	H	J	K	L	N	P	Q	R	S	U	V	W	X	Y	Z	A	B	C

这种方法是不是也同样简单呢？不过却并不容易被破译。因为关键词的随机性很大，如果对方不知道你的关键词是什么，就很难猜出来。而且你也绝不可能用字母轮流试验，因为一共有 4×10^{26} 种可能性，你能试得过来吗？当然，我们并不是说这种密码就没有办法破译，有时通过统计字母出现的频率就可以帮助我们解码。

阿拉伯人发现，在所有的文章中，有几个字母出现的频率都是比较高的，这有助于我们破解密码。比如说英文中出现频率最高的字母是“e”，那么在密码中出现最多的那个字母很可能就代表的是字母“e”。以此为线索，我们还可以接着猜其他相关的单词，如果在信件中出现作者的署名，那就更容易猜了。曾经有人就以自己的名字作为关键词，结果很容易就被人破解了。当然，这种猜法并不太可靠，因为总有可能会使得原始消息的字母分布不正常，而且在一篇文章中都不出现字母“e”也是有可能的。

密码名和密码对话者

用密码来进行对话，对于对话的双方来说确实是个不错的主意，可以很好地保守秘密。但前提是你必须保证你们用来交流的密码具有一定的难度，不会轻易地被别人破译出来。当然，总有一天你的密码会被破译出来，但是如果你的消息具有时效性，那么在过了多长时间以后就会失去它的价值，所以密码被破译出来也就无关紧要了。因为你已经在应该保密的时候守住了秘密，所以你的密码也是成功的。不过，要是自作聪明，以为自己的密码无人能破，那可就弄巧成拙了。

苏格兰女王玛丽是英格兰女王伊丽莎白的表亲，人们很想让玛丽取代伊丽莎白来当女王，于是伊丽莎白就把玛丽囚禁了起来。玛丽对此很不满，她开始在狱中策划她的特别行动，并请人将她的信件偷运出去。玛丽当然想到了信件可能会被发现，所以她用了密码，而且她自认为自己的密码是无人可以破解的。但是她太自以为是了，也太过于相信密码了，她低估了那些宫廷译码人的本领，她的密码被破译了，她要杀害伊丽莎白的阴谋也昭然天下了，结果当然是她因此而丢了性命。

玛丽的密码是什么样子的，为什么这么轻易就被人破译了呢？她的密码是用一个符号来代替字母表中的一个字母，用一些符号来代表单词，并用一些附加的符号来代表空格。虽然她的密码看上去很复杂，但却有一个致命的漏洞，那就是她只是用符号代替了普通的单词，而一些重要的关键词则是用密码拼出来的。这样译码人只要破译了她的密码，就可以马上解读所有的词，这是非常致命的。

其实，我们完全可以用密码名来代替信件中的关键词，这样对于不知情的人来说，就很难猜到其中的真正用意。密码名最常见于人名和地名，一些事件也可以有密码名，比如说在第二次世界大战的时候，人们就用“超载”来指代同盟国入侵法国；用“火把”指代入侵南非；用“曼哈顿计划”指代研制原子弹等。当然，密码名并非是不可破译的。虽然对于不知道密码名意义的人来说，要破解它有很大的难度。但是好在没有一封信会全部使用密码名来写，通常只有重要的词才会用密码名来替代，这样我们就可以根据上下文的语言环境以及信件的作者、时间等其他情况来加以推测，也是有破译的可能的。

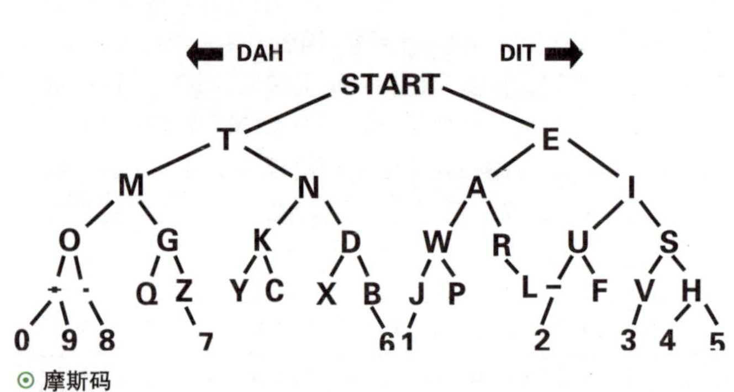

摩斯码

狡诈的字母

把单词拆成单个的字母，然后再用尽各种办法，让它变得面目全非，这很容易办到。可是要把这些乱七八糟的字母还原成原来的样子就没那么容易了，因为你不知道编码者是用哪种方法编写的密码。不过对于译码人来说，他们是可以解决这样的难题的。

他们首先会看在信件中字母出现的频率，这是他们惯用的频率分析法，如果与正常的字母出现频率有很大的差异，那就肯定是用了替代密码，也就是用其他的字母代替了信件中的每一个字母，这在前面我们已经做了介绍；而另一种情况则是与普通的情况相同，那么这封信所用的就是换位密码，也就是打乱了字母的顺序，改变了外形。

先介绍一种最简单的字母游戏。之所以称它为游戏，是因为这种方法实在是很简单，很容易被人识破，所以不能用在实际的密码信件中。这里告诉大家，也是仅供娱乐而已。其方法就是将信件中的所有字母从后向前写，也就是从最后一个字母一直写到第一个字母。破译的方法很简单，你只要从后往前念就可以了。用这种方法来送送祝福还有点儿新意，但是要用于实际的保密工作，那可就十分愚蠢了。

下面介绍一种稍有难度的密码写法，当然在译码人的眼里这根本不算什么，但是对于我们来说还是有一定的难度的。方法就是将你信件中的字母制成表格，然后再打乱顺序。比如说你要传达的信息是：“We will go to the cinema on tomorrow morning.”（我明天上午要去电影院）下面我们将它制成表格，以五列为例：

W	E	W	I	L
L	G	O	T	O
T	H	E	C	I
N	E	M	A	O
N	T	O	M	O
R	R	O	W	M
O	R	N	I	N
G				

接下来，我们就可以将这五列按照竖行的顺序写出来，即是：WLTNN ROGEG HETRR WOEMO ONITC AMWIL OIOOM N。为了方便抄写和发送，我们还可以将五个字母分成一组，写成下面的形式：

WLTNN ROGEG HETRR WOEMO ONITC AMWIL OIOOM N

看到自己改写的密码是不是很有成就感呢？如果不告诉你们密码是怎么来的，你们恐怕也看不懂这些字母吧！不过，要破译这样的密码并不会太吃力，只要用不同的列数多试几次就可以了，其实只看横行的前两个字母就可以排除很多种可能性。所以，译码人要破译这样的密码并不会花很长时间。那有没有更复杂的呢？当然有。还记得我们曾说过的关键词吗？利用关键词，就可以让刚才的密码变得更复杂。

我们需要将关键词按照字母表的顺序进行编号，如果有重复的，就以第一个为先。比如说关键词是“goodtime”，那么将其编号之后就变成了 36718452。共是 8 个数字，那我们就将字母表列成 8 列，将数字写在第一行，列好后的字母表如下：

3	6	7	1	8	4	5	2
W	E	W	I	L	L	G	O
T	O	T	H	E	C	I	N
E	M	A	O	N	T	O	M
O	R	R	O	W	M	O	R
N	I	N	G				

接下来我们就可以按照上面的数字顺序组成新的密码了，数字“1”对应的就是第一列，应该写在最前面，依此类推。写好之后即是：IHOOGONMRWTEONLCTMGIOOEOMRIWTARNLENW。再将 5 个字母组成一组，就可以写成下面的形式：

IHOOG ONMRW TEONL CTMGI OOEOM RIWTA RNLEN W

这样写出来的密码难度就大大提高了，如果不知道关键词，是很难破译出来的。不过这种密码也有缺点，那就是很容易出错。因为要把长长的信件改写成密码确实有一定的难度，而且在战争中，特工们写信的时间都非常有限，通常还是在比较危险的情况下写出来的，所以出现错误也就在所难免了。如果编码出错，那无疑就给译码的人增加了难度，所以即使消息到达了自己人手里，他们也要花时间再去解码。如果你的密码没有出现一点错误，那就很可能是假的，是经过改正的假情报。所以说，有时候完美也并非是好事。

欺骗译码人

译码人最常用的方法就是频率分析法，所以我们要保证信息的安全，就必须想办法混淆视线，给译码人造成一种假象，破坏频率分析法。说起来似乎很简单，可真要做起来，就没那么容易了。

不过我们可以尝试一下，至少也要给译码人制造一些麻烦。既然常用的字母特别引人注意，那么我们就可以用多个符号来代替它们，这样译码人就很难发现了。另外，我们还可以加入一些没有意义的符号作为空符，这也可以迷惑译码人。

具体的做法就是在关键词的后面加上几个其他的符号，然后将剩下的字母移到常用的字母再下一行的对应处，如下表所示：

a	b	c	d	e	f	g	h	i	j	k	l	m	n	o	p	q	r	s	t	u	v	w	x	y	z
G	O	D	T	I	M	E	1	2	3	4	F	H	J	K	L	N	P	Q	R	S	U	V	W	X	Y
Z				A										B					C						

这样一来，常用的字母"a"、"e"、"o"、"t"都有了两个相对应的密码，频率分析也就很难起作用了。而且译码人也很难在文章中发现常见的单词，比如说"the"，我们可以把它写成"R1I"、"R1A"、"C1I"和"C1A"4种形式。不过译码人还是可以通过经常出现的且连在一起的两个字母，或者是连在一起的重复字母而有所发现。总之，这种密码的缺点就是只能用一个字母表来代替普通的字母，那么有没有办法用两个或更多的字母表来代替呢？

多个字母表的好处就在于每一个字母都不仅代表一个普通的字母，而是有很多种可能性。字母表越多，解码的难度也就越大。最有名的一种方法应该算是16世纪后半期出现的维吉那正方形，由于发明它的人叫作布莱斯·维吉那，而字母表又是一个正方形，所以人们才将它叫作维吉那正方形。其实，字母表很简单，就是将26个字母写成一个正方形，依次用了26种恺撒移位，写成的字母表是这样的：

	a	b	c	d	e	f	g	h	i	j	k	l	m	n	o	p	q	r	s	t	u	v	w	x	y	z
A	B	C	D	E	F	G	H	I	J	K	L	M	N	O	P	Q	R	S	T	U	V	W	X	Y	Z	A
B	C	D	E	F	G	H	I	J	K	L	M	N	O	P	Q	R	S	T	U	V	W	X	Y	Z	A	B
C	D	E	F	G	H	I	J	K	L	M	N	O	P	Q	R	S	T	U	V	W	X	Y	Z	A	B	C
D	E	F	G	H	I	J	K	L	M	N	O	P	Q	R	S	T	U	V	W	X	Y	Z	A	B	C	D
E	F	G	H	I	J	K	L	M	N	O	P	Q	R	S	T	U	V	W	X	Y	Z	A	B	C	D	E
F	G	H	I	J	K	L	M	N	O	P	Q	R	S	T	U	V	W	X	Y	Z	A	B	C	D	E	F
G	H	I	J	K	L	M	N	O	P	Q	R	S	T	U	V	W	X	Y	Z	A	B	C	D	E	F	G
H	I	J	K	L	M	N	O	P	Q	R	S	T	U	V	W	X	Y	Z	A	B	C	D	E	F	G	H
I	J	K	L	M	N	O	P	Q	R	S	T	U	V	W	X	Y	Z	A	B	C	D	E	F	G	H	I
J	K	L	M	N	O	P	Q	R	S	T	U	V	W	X	Y	Z	A	B	C	D	E	F	G	H	I	J
K	L	M	N	O	P	Q	R	S	T	U	V	W	X	Y	Z	A	B	C	D	E	F	G	H	I	J	K
L	M	N	O	P	Q	R	S	T	U	V	W	X	Y	Z	A	B	C	D	E	F	G	H	I	J	K	L
M	N	O	P	Q	R	S	T	U	V	W	X	Y	Z	A	B	C	D	E	F	G	H	I	J	K	L	M
N	O	P	Q	R	S	T	U	V	W	X	Y	Z	A	B	C	D	E	F	G	H	I	J	K	L	M	N
O	P	Q	R	S	T	U	V	W	X	Y	Z	A	B	C	D	E	F	G	H	I	J	K	L	M	N	O
P	Q	R	S	T	U	V	W	X	Y	Z	A	B	C	D	E	F	G	H	I	J	K	L	M	N	O	P
Q	R	S	T	U	V	W	X	Y	Z	A	B	C	D	E	F	G	H	I	J	K	L	M	N	O	P	Q
R	S	T	U	V	W	X	Y	Z	A	B	C	D	E	F	G	H	I	J	K	L	M	N	O	P	Q	R
S	T	U	V	W	X	Y	Z	A	B	C	D	E	F	G	H	I	J	K	L	M	N	O	P	Q	R	S
T	U	V	W	X	Y	Z	A	B	C	D	E	F	G	H	I	J	K	L	M	N	O	P	Q	R	S	T
U	V	W	X	Y	Z	A	B	C	D	E	F	G	H	I	J	K	L	M	N	O	P	Q	R	S	T	U
V	W	X	Y	Z	A	B	C	D	E	F	G	H	I	J	K	L	M	N	O	P	Q	R	S	T	U	V
W	X	Y	Z	A	B	C	D	E	F	G	H	I	J	K	L	M	N	O	P	Q	R	S	T	U	V	W
X	Y	Z	A	B	C	D	E	F	G	H	I	J	K	L	M	N	O	P	Q	R	S	T	U	V	W	X
Y	Z	A	B	C	D	E	F	G	H	I	J	K	L	M	N	O	P	Q	R	S	T	U	V	W	X	Y
Z	A	B	C	D	E	F	G	H	I	J	K	L	M	N	O	P	Q	R	S	T	U	V	W	X	Y	Z

方格中的就是我们所列出的字母密码表，它的复杂之处就在于每一个密码字母都可能代表26个原始字母，很难破译。

即使别人知道你的密码表，但是不知道你的关键词，也还是无法破译密码。让我们来看看该如何使用这样的密码，首先还是要选好关键词，还以我们前面的句子为例，关键词仍然是“goodtime”。我们需要把关键词重复地写在句子的上方，要与句子的单词相对应。

GO ODTI ME GO ODT IMEGOO DT IMEGOODT IMEGOOD

We will go to the cinema on tomorrow morning

下面我们开始对信息加密。第一个字母是“w”，它所对应的关键词中的字母是“G”，那么我们首先应该在最左边的一列中找到“G”，然后在它那一横行中找到与字母“w”相对应的密码字母，是“D”。所以你的密码信中，第一个字母就是“D”。按照这样的方法再找到全部的密码字母，这样就可以得到一封完整的密码信了。够复杂的吧！

如果你想让它更复杂，那就使你的关键词更长，且不要重复使用。关键词越长，密码就越难破译。维吉那正方形比较普遍，很多人都知道，如果你不选用它，而是选用其他的字母表，也会给译码人带来很大的麻烦。如果你选用的关键词比原始的信件还要长，而且这个关键词你只使用了一次，那么这样的密码就是无法破解的。只要你保护好关键词，别让它落到敌人的手中就可以了。

保密的机器

这些密码是不是让你感到很头疼呢？其实不止是译码人，就连编码人也会为这些复杂的密码而头疼，毕竟要完成这么复杂的编码工作，对编码人来说也是一件很不容易的事，稍不留神就可能出错，而且编码人的工作环境通常都不太好，甚至可以说是非常糟糕。所以无论是编码人还是译码人，都迫切希望有一种机器可以帮助他们，减轻他们的负担。

最早的保密机器只是一根木棍。木棍也可以保密，很不可思议吧！在公元前15世纪，斯巴达人就是使用木棍来给信息加密的。他们首先将羊皮纸缠在木棍上面（记住不能有重叠的部分）；然后把信息的内容写在羊皮纸上，要沿着木棒来写；这样羊皮纸从木棍上取下以后就会把信息全部隐藏起来，从表面上只能看到一些乱七八糟的涂鸦。只有把它缠在同样尺寸的木棍上，才能发现其中的奥妙。所以如果你也想试试这种方法，那就必须保证对方也拥有一根相同直径的木棍。

⊙ 密码机

第二次世界大战期间，德军使用各种各样的密码。其中大多数密码都是使用一种机械把信息字母搞乱。在法国、波兰和美国的协助下，英国逐渐能够破解德国的密码了。这实际上把英国从饥饿中拯救了出来，因为破解的密码中，有一些正是德国U型潜水艇密码，它们正准备把食物和燃料运抵英国。这种密码机非常类似于复杂的打印机。

世界上第一台用来加密的机器出现在15世纪，它实际上是由两个圆形的铜盘组成的，一大一小，小的铜盘可以旋转。它的发明者也是一个编码人，他的名字叫作利昂·巴提斯塔·艾伯提，就是他第一个考虑用多个字母表来进行编码，所以他的发明当然也跟多字母表编码有关了。这个圆盘的大盘边缘写着普通的字母，而小盘边缘则写着密码字母表的符号。通过旋转小盘，我们就可以得到26种不同的密码字母表。

到了18世纪90年代，杰弗逊又发明了一种更为方便的密码轮。它由26个转盘组成，每个转盘的边缘都写有全部的26个字母，但是字母的排列顺序是各不相同的。当你要发送信息的时候，只需要旋转转盘,将你想说的话在一行中拼出来就可以了。然后你可以任意选择其他行的字母作为密码,对方只要用同样的工具,拼出你的密码信息,再找到相关的能表达意思的行,就可以轻松解码了。

自从有了电,密码也随之实现了电气化,即出现了一种电动的密码转盘,我们可以叫它转子。我们需要把它和键盘、显示器以及电池进行连接,然后才能让它工作。转子的每个面上都有26个电接触点,每个接触点都通过电线与其他面上的接触点相连接。当我们利用键盘敲打字母的时候,电流就会沿着接触点流到转子的另一个接触点,显示屏也就出现了另一个字母,这就是密码字母。通过改变转子的位置,就可以产生不同的密码。

计算机密码

自从有了计算机以后,编码人和译码人的生活就彻底发生了改变,因为计算机改变了密码产生和使用的方式。我们知道,计算机最擅长的就是这种枯燥而又乏味的工作。只要我们输入的信息没有错误,那么计算机就一定能够快速而又准确地对信件进行加码,然后在预定的时间将信件发送出去。所以即使特工不在计算机旁边,计算机也同样可以完成发送任务,这样即使信件被追踪,特工也不会有危险了。

对于译码人来说,计算机也同样重要。它可以迅速试验关键词、进行频率分析、寻找重复句式等。当然,这些工作译码人也可以做,不过计算机的速度可要快得多,这可帮了译码人很大的忙。虽然计算机的出现让编码更为轻松,密码的难度也更大,可是编码人的日子并没有因此而好过,因为计算机同时也能帮助译码人更快地破译密码。所以说,编码人还是要想办法使密码更难破译,而译码人也不会认输,他们之间的较量还在继续,且永远也不可能停止。

要让计算机来为我们保密,那就必须要使用只有计算机才能用的特殊密码。大家还记得计算机的特别之处吗?在计算机内部,全部都是用数字来进行交流的,而且它所使用的数字并不是我们熟悉的十进制,而是二进制。计算机可以把所有的字母都转换成二进制的数字,这是通过一个叫作"ASCII"(美国信息互换标准代码)的系统来实现的,这个系统名称是美国情报互换标准密码的首字母。它会将字母转换成不同的密码数字,而且大写字母与小写字母所对应的数字也是不同的。当然,所有字母的密码数字都是由"0"和"1"组成的,因为是二进制嘛!

计算机在给我们的信息加密时,首先会将信息转变成0和1组成的一长串字符串,然后再通过编码软件将其转换成任何人都无法做到的复杂方式。不过计算机的编码软件并不是什么机密,所有的计算机都可以安装。计算机密码的关键之处就在于它的关键词,如果找不到关键词,密码就很难破译。计算机密码的关键词也是由0和1组成的二进制数字,显然,关键词越长,密码就越难破译。DES(数据加密标准)是第一个被广泛使用的加码系统,它的关键词有56个字节(每一个数字就是一个字节),你可以算算共有多少种可能性,即使是最好的计算机也要花上很长的时间才能试验出关键词。而后来出现的IDEA(加密算法设计原理)系统,则用128个字节做关键词,产生了更多的可能性,难度也就更大了。

问题是,编码人该如何把信件的密码告知对方呢?如果见面,就可以直接告诉他,可是见不到面呢?你就只能邮寄给他,可是这样密码就很容易丢失或泄漏。其实最好的办法就是用两个关键词,一个用来加码,而另一个用来解码。具体的做法是这样的,你利用计算机系统将信件加码,并用对方给你的公开关键词为你的关键词加码,然后把信件和关键词发送给对方。对方会利用他的私人关键词来给你的关键词解码,然后再解读你的信。也就是说,即使敌人知道你的公开关键词也没关系,因为公开关键词只能用来加码,不能解码,而能加码的关键词只有信件的接收者才知道,所以这样发送的信件是绝对安全的。

遭遇外星人

计算机的出现让密码变得越来越复杂，译码人自然也将面临更多的挑战。不过要说到挑战，我想没有哪一种挑战比下面的事情更让译码人头疼了。他们截获了一封信，可是这封信件是用他们全都看不懂的语言写的，而且他们不知道信件从什么地方发出来，也不知道是谁写的，更不清楚信上究竟要说什么。这大概是他们所遇到的最严峻的挑战了。

译码人要破译密码，总是要找到一些突破口的，像上面这种毫无头绪的信件无疑是最让他们头疼的。他们当然看不懂所有的语言，不过世界上总会有人懂，而且对于这样的问题，计算机是可以解决的。可是如果这种语言是地球上所有的人都看不懂的，那就变得很复杂了。因为他们根本就不知道该从哪里下手，这比试验关键词更让人头疼，难怪他们会一筹莫展。如果地球上所有的人都看不懂这种信件，那么它会不会来自其他的星球呢？他们会不会收到了外星人的信件呢？

我们知道，宇宙中存在着无线电波。如果外星人要发送信件，很可能用的就是无线电波。以前，人们总是认为火星是存在生命的，甚至有跟我们相似的火星人存在。于是人们开始在茫茫的宇宙中苦苦追寻火星人的踪迹，搜寻火星人发出的信号。可是结果是让每个人都很失望的——火星上并没有生命存在，也没有什么所谓的火星人，当然也就不可能发出信号了。人们自以为捕捉到的信号，其实不过是在太空中自然存在的无线电波和雷电干扰罢了。

其实，即使真的存在外星人，他们真的向我们发出了信号，我们也很难破译出来。因为外星人与我们的成长环境不同，他们肯定也是经过了长期的进化过程才走到今天的，所以他们的语言我们根本就不可能懂。即使外星人非常想让我们知道他们的情况，他们也是无技可施，因为他们也不懂我们的语言，也许他们也在为此而伤脑筋呢！

人们虽然都在盼望外星人的出现，可那毕竟是一个遥远而没有期限的等待，所以没有人会在那里一直等下去。其实在现实的世界中，有很多比遭遇外星人更重要的事情正等着我们去做。比如说译码人忽然找到了一种破解密码的好办法，这时编码人就要加把劲儿了，要不他们的秘密就守不住了。所以说，无论是编码人还是译码人，永远都有做不完的事情，他们之间的斗争永远都不会停止。

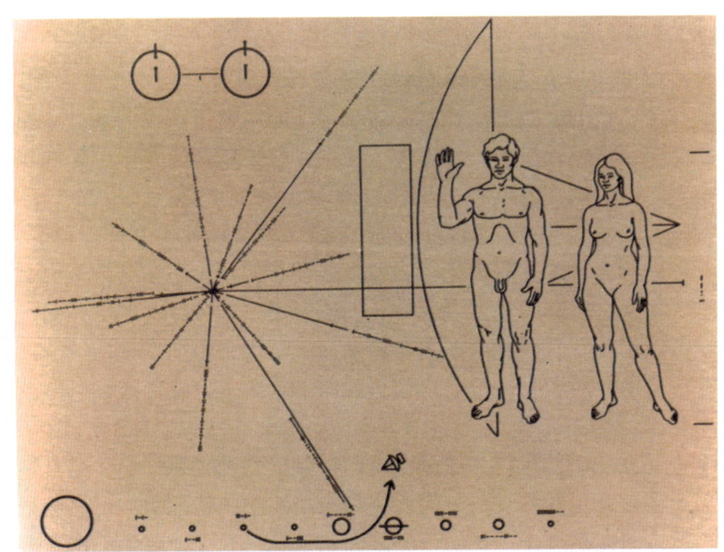

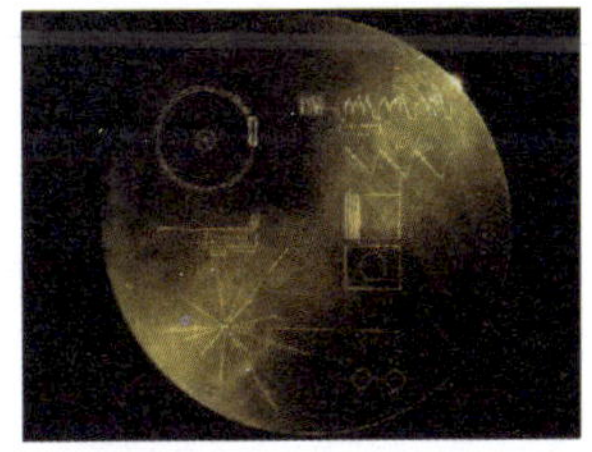

美国宇航局 1972 年发射的“先驱者”10 号探测器所携带的“地球名片”和“地球之音”唱片，它们像宇宙“漂流瓶”，人们期望它们在茫茫太空能遇到人类的“知音”——外星人。

第二节　不容置疑的破案术

指纹档案

指纹是一个人身份的象征，是人类在进化的过程中自然形成的，到目前为止，还没有发现两个指纹完全相同的人。有了指纹，我们在接触物体的时候就会产生摩擦，从而更容易抓紧物体。另外，指纹作为人体独一无二的特征，也是帮助我们破案的重要线索。通过罪犯留在犯罪现场的指纹，我们就可以锁定目标，找到案件的真凶。

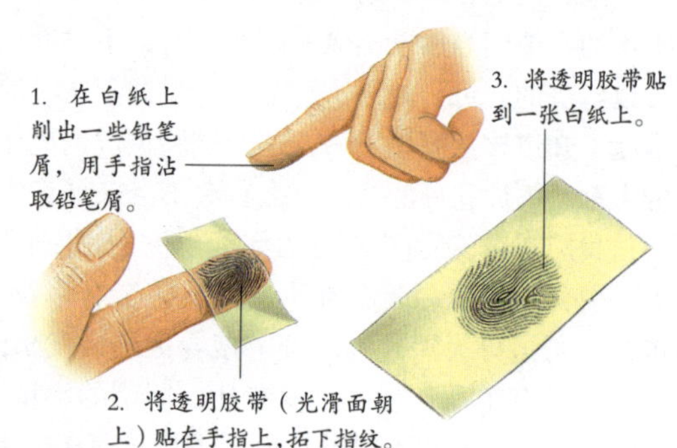

⊙ **指纹**

每个人不仅有自己独特的思维，而且有自己独一无二的体格特征，例如指纹。你可以通过图中的方式拓下自己的指纹和其他人的指纹进行比较。

1892年，有两个阿根廷的儿童死在了自己的家中。他们的单身妈妈很快就指控一个牧场的工人为杀人凶手，可是这个工人无论如何都不承认。为了找到证据，警局立即派人侦察凶案现场，看看能不能有什么新的发现。结果在死者家的房门上，发现了一个手指的血印。警察马上把它带回去化验，却发现这个血印竟是孩子的妈妈留下的。后来这个单身妈妈承认了自己的犯罪事实，因为孩子们妨碍了她和新的男朋友交往，所以就将他们全都杀害了。多么丧心病狂的妈妈呀！

你的手指如果沾上了血迹或者是其他脏东西，指纹就会特别容易被发现。上面提到的单身妈妈给我们留下了很明显的罪证，所以我们可以很快地锁定目标。但是在大多数情况下，凶案现场的指纹都是很难察觉的，如果不仔细观察或借助某些手段，这些潜在的指纹就很难被发现。所以作为一名侦探，你必须有足够的耐心和细心，否则你就可能一无所获。

在进入犯罪现场以后，你没有必要将所有的地方都检查一遍，因为这样会浪费很多时间。而对于破案来说，分分秒秒都是弥足珍贵的。我们应该首先查看那些容易留下指纹的地方，比如说门把手、电灯开关、桌子、椅子、窗框、窗台、杯子等。找到指纹以后，还有更重要的工作要做，那就是让这些隐藏的指纹显现出来，以便将它们收集或拍摄下来。

至于采取的方法则要视情况而定，如果是光滑的物体表面，比如说玻璃杯、电灯开关等，应该先用细软的毛刷子轻轻拂去上面的尘土，然后再把胶带按在上面，使指纹印在胶带上，最后将胶带取下进行记录就可以了；如果是粗糙的物体表面，我们可以用蒸汽来让它现形并固定在原地，然后再将指纹取下来就可以了；有时候我们还需要借助化学试剂来协助发现指纹；还有一种好办法，那就是在黑暗的环境中，用激光来扫射房间里的每一个角落，发现指纹后，就在激光的照射下，把指纹拍下来。

当然，在犯罪现场留下指纹的人不一定是罪犯，但至少说明他一定到过犯罪现场。通常情况下，警方在取得指纹以后，都会将嫌疑犯的指纹与其对比，如果相匹配，就说明这个嫌疑犯曾到过现场，有作案的嫌疑。当然，即使是这样，我们也不能断定他就是罪犯，因为一个案件的情况通常都是很复杂的，要综合多个方面才能作出最后的判决。不过不管怎么说，指纹都是一个重要的犯罪佐证，是很有价值的犯罪证据。

之后，警方就会将取得的指纹与电脑中所储存的指纹进行对比。要知道，所有犯过罪的人，其指纹都会被储存在警局的电脑里面。这些有犯罪记录的人都有再次作案的可能，所以将现场的指纹与电脑中的指纹进行对比，往往会有意想不到的收获。

如果罪犯将指纹改变了，那我们是不是就抓不到罪犯了呢？通常情况下，人的指纹是一生都不会改变的，你别指望用什么去磨掉它。因为当皮肤再生的时候，指纹也会随之再生，而且与原来的指纹是完全相同的。那么给手指做个手术，换掉上面的皮肤呢？听起来是个好办法，但实际上也是靠不住的。因为除了指纹以外，手掌上以及耳朵上的纹路也具有和指纹相同的特征，根据你手上没有被换掉的皮肤，还是可以判断出你的本来身份。

用DNA破案

对于 DNA，我们应该很熟悉了，因为在前面我们就曾经做过很多介绍。如果你的大脑中有关 DNA 的那部分信息还没有消失，那么对于 DNA 可以破案的事实，你就不会产生任何怀疑。我们知道，DNA 是细胞中重要的遗传物质，正是它决定了你独特的长相和性格。所以说，DNA 也是一个人身份的象征，但是与指纹不同的是：如果你有一个跟你一模一样的双胞胎兄弟（姐妹），那么你们的 DNA 就是相同的。而指纹则不存在这样的情况，即使是双胞胎，指纹也是不同的。

指纹和 DNA 都是能证明身份的重要人体特征，有时我们可能无法在犯罪现场发现罪犯的指纹，因为狡猾的罪犯很可能在离开犯罪现场之前就把所有的指纹全部擦掉了。但是他们却往往会在不经意间给我们留下一些线索，比如说一根头发或者是一块血迹。找到了这些线索，我们就可以拿回去化验头发或血液的 DNA，然后再与犯罪嫌疑人或者是电脑记录中的 DNA 进行对比，帮助我们锁定目标，破获案件。所以说，DNA 与指纹都是重要的犯罪证据，对于案件都具有非常重要的作用和价值。

1920 年，曾经有一名叫作安娜·安德森的女子自称是俄国沙皇尼古拉斯二世的女儿，安娜塔西亚公主。可人们并不相信她的话，因为尼古拉斯和他的全家在两年以前就已经被处死了，所以他的女儿应该也已经离开了人世。不过也有人相信她的话，因为沙皇全家的墓地开放以后，人们并没有发现安娜塔西亚公主的遗骸。可是在当时的情况下，人们还没有办法证明这个女子的身份，直到 1964 年，这个女子离开了人世，人们也还是没能解开她的身世之谜。又过了 30 年，人们通过 DNA 对比，发现这个自称公主的女子与沙皇直系亲属后裔的 DNA 完全不相配。也就是说，她根本就不是安娜塔西亚公主，这一切不过是她编造出来的谎言罢了！

一个人的 DNA 与他的亲戚们一定是相匹配的，人们就是因为没有办法进行 DNA

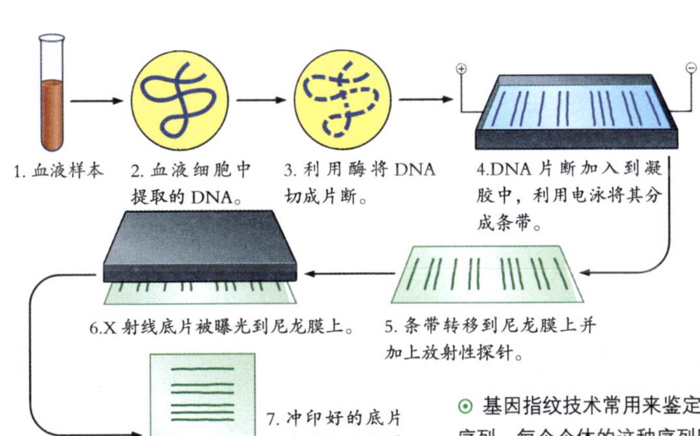

⊙ 基因指纹技术常用来鉴定 DNA（脱氧核糖核酸）分子链上的核苷酸序列。每个个体的这种序列图谱都是不同的，所以基因指纹鉴定技术可用于比如法医鉴定等工作，为法律裁决提供重要的证据。科学家从一小块人体组织样品如血液、唾液、毛发或口腔内壁细胞中都可以提取出 DNA。下图说明了基因指纹是如何从一个血液样品中得到的。

鉴定，所以才被这个莫名其妙的女子蒙骗了这么久。不过在今天，这样的事是绝对不会再发生了，因为去医院做 DNA 鉴定已经非常普遍，而且很快就可以知道结果。医学上最常见的是 DNA 亲子鉴定，用来确定双方是否存在亲子关系。具体的方法就是测等位基因。在一对等位基因中，一个来自父体，一个来自母体。那么在孩子的等位基因中，就一定是一个与母亲相同，而另一个与父亲相同。如果不是这样，那就存在问题了。

如果犯罪分子在犯罪现场什么都没留下，那也不要紧。即使他什么都没留下，也很可能带走了一些东西，比如说犯罪现场的玻璃碎片、花粉、沙子、地毯纤维等。如果我们能在犯罪嫌疑人身上找到这些东西，也同样可以证明他曾经到过现场。

蛛丝马迹

如果在犯罪现场既找不到可疑的指纹，也找不到血迹或头发等可以化验 DNA 的东西，该怎么办呢？失去了这些线索，我们是不是就无技可施了呢？当然不是，就算犯罪分子再怎么狡猾，也一定会在犯罪现场留下一些蛛丝马迹，只不过我们要多花点儿心思去发现它们罢了。所以说，如果你不够细心，也没有足够的耐心，是一定做不了侦探的。

我们的身上经常会落下一些衣物的细小纤维，当然我们是看不见它们的，因为它们实在是太小了。不过你可别小看了这些细小的衣物纤维，它们可是破案的重要线索。既然衣物的纤维常常会掉落，那么罪犯就很可能在犯罪现场留下他的衣物纤维。如果说指纹和血迹等证据还可以被他擦掉，那么这些衣物纤维却一定是他无法处理的，因为他根本就察觉不到。现在的犯罪分子越来越狡猾，他肯定不会给我们留下太明显的线索，让我们轻松破案。但只要他做过，就一定会留下一些蛛丝马迹，只要我们不放过这些细微的线索，就一定可以让他原形毕露。

虽然说利用细小的衣物纤维来破案也许是个好办法，可是这些纤维这么小，我们该如何找到并收集它们呢？这听起来确实有一定的难度，不过可难不倒我们的侦探们，让我们看看他们是怎样做的吧！首先，我们要锁定犯罪现场可能存在罪犯衣物纤维的地方，然后用胶条粘到这些地方，从而把这些地方所有的纤维都粘到胶条上。然后再把胶条贴到一个干净的塑料片上，以保护这些纤维。接下来我们就要用神奇的显微镜将这些纤维与犯罪嫌疑人的衣物纤维进行对比，如果完全相同，那么他的嫌疑就很大了。

除了衣物纤维，犯罪现场的一些印记也是非常重要的破案线索。当然，这里所说的印记并不是指我们前面说过的指纹，而是其他的一些印记，比如说轮胎印、脚印以及作案工具留下的工具印等印记。通过轮胎印，我们可以看出罪犯开的是哪种车、什么型号、载重量等信息；通过脚印，我们也可以看出罪犯所穿鞋子的类型、大小等特征；通过作案工具留下的印记，我们也能够判断出罪犯使用的是什么工具。

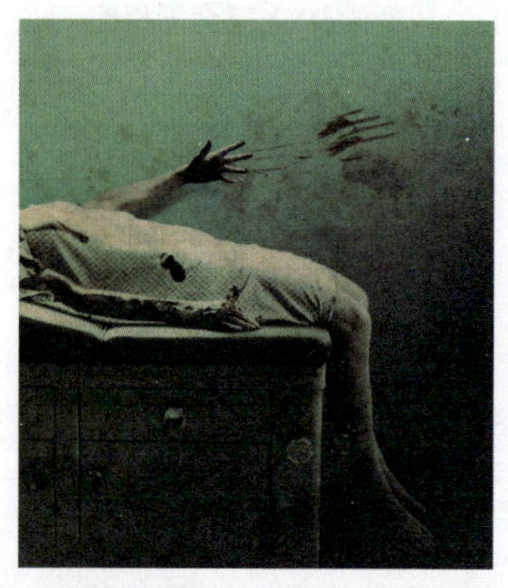

⊙ 破案首先需要从案发现场寻找蛛丝马迹。

也许你会说，一样的车很多，一样的鞋子也很多，一样的工具更是满大街都是，找到这些印记又有什么用呢？其实，同样的车，轮胎的磨损程度也是不同的，没有两个轮胎会磨损得完全一致。也就是说，只要没有换过轮胎，那么通过对比轮胎和现场轮胎的印记就可以确定它是不是到过现场。对于鞋子和工具也是如此。所以说，通过这些重要的印记，就可以找到罪犯作案时所开的车，所穿的鞋以及所使用的工具，这对于破案都是非常关键的。

子弹泄密

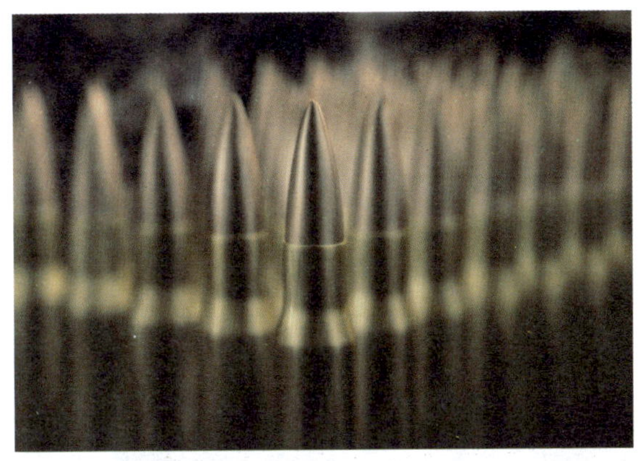
⊙ 子弹头一般都被用做破案证据。

对于枪杀案来说，最重要的线索应该就是打中死者的子弹了。也许你会认为所有的子弹都是一样的，但是在那些专门研究枪和子弹的专家看来，不同的枪，发出的子弹也是不同的。通过死者身上的子弹，就可以判断出子弹是从哪种枪里发射出来，从而找到罪犯使用的枪，这对案子的侦破非常重要。

每颗发射出来的子弹，其弹身都有一定的纹路，这些纹路是怎么来的呢？原来，在枪筒内部，有螺旋形的膛线设计，它一方面可以使子弹旋转起来，使发射更精确；另一方面，它也会在旋转的子弹上划出纹路。也就是说，膛线的纹路与弹身的纹路应该是相匹配的。由于每支枪在每次使用的时候都会产生轻微的磨损，所以即使是用同一模具，在相同的情况下生产出来的两支枪，在它们都发射过第一颗子弹以后，子弹身上的纹路也会略有不同。所以说，每支枪发射出来的子弹都是独一无二的，通过子弹身上的纹路，就可以判断出它发自哪支枪。

子弹的纹路出现在子弹头上，其实除了子弹头，我们还可以在子弹壳上找到其他的印记。如果你曾经去靶场打过枪，就应该清楚子弹是怎么发射的。当我们抠动扳机的时候，枪内的撞针就会撞击弹壳的底部，帮助子弹从枪口射出。而在子弹射出的同时，撞针以及枪内的其他部位也在弹壳上打下了独特的印记。通过弹壳上的印记，我们也可以判断子弹是从哪种型号的枪里面发射出来的。

取出死者体内的子弹，这很容易。通过专家们的分析，要确定枪支的型号，也并非难事。可是要找到嫌疑的枪支，来判断是不是这支枪所发出的子弹，就没那么容易了。如果找不到嫌疑的枪支，那就只好请我们的 IBIS（整合式弹道辨识系统）系统来帮忙了。IBIS 系统是完整的弹道识别系统，其中记录了以前发生但至今尚未破获的案件中的子弹。我们将从现场的子弹与系统中的子弹进行对比，如果发现了完全相同的记录，就说明枪的主人曾经用同样的枪犯过案。这样我们就可以把两个案件综合在一起分析，也许会有意外的发现。

通常情况下，犯罪分子是不会把枪支留在现场的，但是也有例外，比如说自杀。如果死者拿着枪自杀，那么枪支就一定在现场了，而且应该握在死者的手里。可是我们不能被表面的假象所蒙蔽，眼前所看到的一切很有可能是凶手布置的，让我们误以为死者是自杀的，从而掩人耳目，掩盖他的杀人事实。不过，侦探也不是那么好骗的，做一个简单的试验就可以知道死者究竟是自杀还是他杀了。

我们应该清楚一个常识：枪在开火的时候，枪内微量的金属碎屑一定会在射击者的身上留下痕迹。也就是说如果死者是自杀，那么我们就一定可以在他的衣服上、手上、脸上等地方找到这些金属碎屑。如果找不到，那很显然就是凶手另有其人了。当然，这些金属碎屑用肉眼是看不见的，最好的办法就是用羊毛的织物蘸上弱酸溶液，来擦拭死者的手或脸。如果能擦下黑色的火药渣子，那就说明死者可能是自杀身亡，否则就是他杀。如果凶手知道这种方法，就不会做这么精心的布置了。

爆炸与炸弹

⊙ 火箭燃料

它是炸药的一种，虽然其爆炸威力小，但燃烧充分。

⊙ 一般焰火

这是最原始的炸药，威力小，几乎没有实用价值。

爆炸并不算是什么新鲜事儿，如果你留意电视上的新闻，就会发现在世界各地，每天都会发生一些大大小小的爆炸事件。引起爆炸的原因很多，有可能是意外的煤气爆炸，也有可能是工厂的设备爆炸，还有可能是炸弹的爆炸。如果说其他的爆炸都是我们的无心之失，那么由炸弹所引起的爆炸则是一些别有用心的人蓄意策划的。我们如何判断一起爆炸事件是意外发生的还是有人策划的呢？也许那些爆炸的碎片会给我们一些启示。

当有爆炸发生的时候，我们首先要做的事情就是勘查爆炸现场，搜寻爆炸碎片。你最可能见到的碎片应该是属于爆炸物的，比如说汽车爆炸，那么你最容易找到的就是汽车的碎片。通过汽车的碎片，我们就可以判断出它是如何爆炸的。最简单的方法是计算出碎片的飞行速度，在汽车爆炸的同时，碎片也会以一定的速度飞溅到四周。如果我们发现碎片的飞行速度是 1000 ~ 8500 米 / 秒，那么就可以断定汽车是被炸药炸毁的，而不是自己爆炸的。因为只有炸药才能产生这么大的威力，让碎片以这样的速度飞行，一般的汽车自燃性爆炸是不会产生这么大的威力的。

如果是炸弹导致了汽车的爆炸，那么就说明炸弹是事先被安装到汽车内部的，汽车的驾驶者有可能知情，也有可能不知情。一种情况是他发现了车里的炸弹，可是他的车已经被人动了手脚，刹车失灵了，他想停但停不下来。当然，如果时间来得及，他完全可以跳车逃跑，但如果来不及，那就会与他的车一起爆炸了。另一种情况是，他知道车里有炸弹，可是他却不想逃跑，而是冷静地驾驶着汽车向目的地驶去，在到达目的地以后，他就会毫不犹豫地引爆炸弹，与目标同归于尽，这就是疯狂的自杀式爆炸事件。

最可能的一种情况是受害者完全不知情，而犯罪分子则通过遥控器来控制炸弹的爆炸时间，他们将炸弹放到目标位置以后，就撤离了现场，然后在安全的地方制造爆炸事件。公交车、地铁、宾馆、商场里的爆炸都是这样制造的，这是恐怖分子常用的手段。他们常将一个装有炸弹的行李或包裹放在一个不太显眼的角落，等他们到达安全地带以后，就会按下手中的控制按钮，将炸弹引爆。

如果我们知道了是炸弹引起的爆炸，那又怎么查出是谁做的呢？炸弹在爆炸以后，一定会留下微量残余的炸药成分。也就是说，如果我们在哪个行李或包裹上找到了炸药成分，它就很可能是盛炸药的容器。接下来，我们再寻找它的主人。如果监控录像录下了他的样子，那么我们就可以很轻易地锁定目标。如果没有记录，那就只能在行李或包裹之中找线索了，比如说里面的其他物品有没有什么明显的特征，是不是存在标签等。

辨别笔迹

同样的一个字，5 个人有 5 种写法，50 个人有 50 种写法。如果你让 500 个甚至 5000 个人来写，那就会有 500 或 5000 种不同的写法。笔迹也是我们独一无二的特征，没有两个人的笔迹是完全相同的。而对于我们本身来说，成年后的笔迹就比较稳定了，一直到老也不会改变。也就是说，每个成年人的笔迹都有自己独特的风格，通过辨别笔迹，就可以区分真假文件、遗嘱、赎金条等，对于破案很有帮助。

对于一份颇有争议的遗嘱，我们如何判断它是死者的本意，还是有人伪造的呢？要判断遗嘱的真伪，我们首先应该找出本人的真迹来进行对照。在对照的时候，主要看字的长度、倾斜度、间架结构、起笔及收笔位置等因素，与真迹是否吻合。另外，真实的笔迹应该是连贯而光滑的，而模仿出来的笔迹则会显得比较生硬、呆板、不够连贯。还有最明显的一点，那就是看相同的字，用模仿的笔迹写相同的两个字时，往往会不一样。通过上面的方法也可以看出嫌疑人是不是在掩饰自己的真实笔迹，而故意改用其他的笔迹。

知识档案

天大的骗局

1981年，西德的一家公司曾宣称找到了阿道夫·希特勒的私人日记，这可是一项重大的发现，在全球都掀起了轩然大波。鉴于这本日记的超凡价值，很多出版商都开出了惊人的高价，不惜用重金换得这本日记的独家发行权。可是就在1983年，专家们通过对日记的笔迹进行鉴别，得出了日记是伪造的这一爆炸性新闻。其实，这本日记可谓漏洞百出，它所使用的造纸材料是在希特勒死后才用于造纸的；写日记用的墨水在希特勒时代也没有被广泛使用；就连日记所使用的装订材料也都是现代的。所以说，这真是一场天大的骗局，好在它很快就被揭穿了。

除了看字本身以外，写字用的墨水也常常会透漏给我们一些重要的信息，这在辨别支票的真伪上尤其适用。比如说你给对方开了一张 1000 元的支票，可是你却发现自己的账户上少了 10000 元，这是怎么回事呢？原来，对方用了同样颜色的笔在你的支票上加了一个 0，这样 1000 就变成 10000 了。也许对方会觉得这样做是神不知鬼不觉的，即使你知道了也拿他没办法，因为你并没有证据能证明是他改了支票。难道遇到这种情况，我们就只能吃哑巴亏吗？别着急，还是请我们的侦探来帮帮忙吧！

其实在侦探的眼中，这根本就不算什么难题，很快事情的真相就水落石出了。他们是怎么做的呢？首先，他们将支票放到红外线和蓝绿色的光线下照射，然后观察支票上的字迹对红外线的反射情况。据侦探们介绍，在这种特殊的光线下，墨水中的染料会吸收或反射红外线，通过观察支票上的数字对红外线的反射情况，就可以判断是不是使用了一种墨水。结果，他们发现最后一个 0 与其他的字所反射的红外线数量并不相同，所以说这张支票是用两种墨水写的，那最后的一个 0 当然也就是另外写上去的了。

通过辨别笔迹，可以区分真假文件，有助于侦破案件。

尸检线索

如果说上面的工作你还可以应付，那么下面的工作绝对会让你望而却步，因为这次我们要面对的是死者的尸体。不管是出于对死者的敬畏，还是个人原因，我们都希望离死者越远越好。可是偏偏有那么一种人，他们就喜欢跟死人打交道，而且还将死者的内脏全都掏出来去化验。

这种人是不是很恐怖呢？不过也不能怪他们，谁让这是他们的工作呢！而且要破案，还真是不能没有他们。也许你们已经猜到了他们的真实身份，没错，他们就是勇敢的法医。

在凶杀案中，第一个接触死者尸体的一般都是法医，他们要对尸体进行仔细的检查，再做出报告。这份报告对案件的侦破非常重要，因为里面包含了很多重要的信息，比如说死者的死亡时间、如何死亡、被何种凶器所伤等。如果你问他们是怎么知道这些的，他们一定会说是死者的尸体告诉他们的。别害怕，他们的意思并不是死者真的活过来告诉他们事情的经过，而是他们在死者身上发现了一些重要的线索，从而得出一些推断。

推断出死者的死亡时间是破案过程中至关重要的一步，这可以将嫌疑人的范围缩小。显然，如果死者死亡的时候你并不在现场，那么你的嫌疑自然也就洗清了。至于推断的方法，我们可以从两方面入手，一是死者的体温情况，二是尸体的软硬程度。被害人在死后，尸体的体温就会下降，通常是每过一小时，体温就下降 1℃。当然我们还要考虑外界的气温、死者的胖瘦等外部因素，这些对体温的下降速度也是有影响的。另外，在人死后，尸体会变硬，从脸开始，大约 12 个小时左右即可扩展到全身，但是在死后的 36 ~ 48 个小时，尸体又会变软。当然尸体的软硬程度也要考虑外界的气温条件等因素。

法医给死者测量体温用的是一种特制的体温计，我们可以把它放在死者的肛门里，也可以在尸体的肋骨处划一个小口，然后将体温计放入伤口里。

仅仅确定死亡时间还不够，我们还需要知道死者的死亡原因，死者是在什么样的情况下被人用何种方式杀害的，这可就需要一些专业的知识了。我们必须要观察死者身上所有的伤口，就算是细小的针口也不能放过。然后我们必须要将死者的内脏全部取出来，送去化验，虽然这有些残忍，不过为了查明事情的真相，我们必须这样做。等到报告出来以后，我们就可以对报告进行分析，从而确定死者的死亡原因了。

如果死者的肺里有大量的烟，那就说明他是被火烧死的；如果在死者的肺和肾里找到了大量的水中生物，那就说明他是被水淹死的；如果尸体的底部形成了除紫色以外的其他颜色斑点，那就说明他是被毒药毒死的；如果死者的脖子上有一圈凹痕，且喉咙周围有淤血，则说明他是被勒死的……

有时凶手会故布疑阵，掩盖死者真实的死亡原因。不过对于聪明的法医来说，这些都是小把戏。其实在了解了相关的知识以后，我们也可以识破凶手的诡计。比如说尸体是从大火中发现的，可是死者的肺中却没有烟。由于人是用肺呼吸的，所以只有在人活着的时候才能将烟吸入，死者的肺里没有烟就说明他在进入火中的时候就已经死了，凶手这样做完全是为了毁尸灭迹。

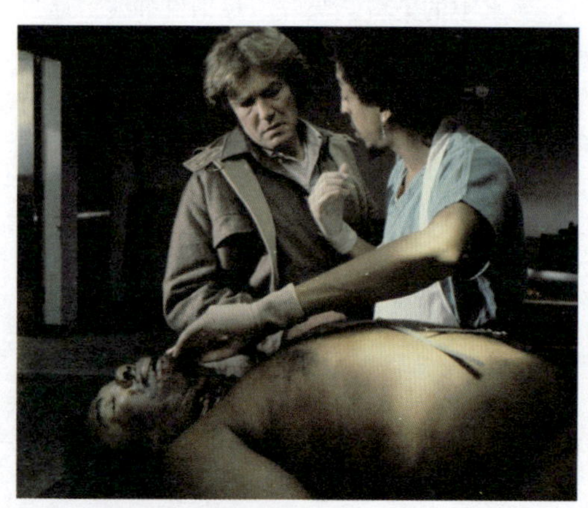

⊙ 尸检可以为侦查破案提供线索。

即便死者的尸体已经腐烂，只剩下了一副骨架，那我们也有办法知道死者的真实身份。首先我们可以通过观察骨架上的骨盆确定死者的性别，通常来说，女性的骨盆要比男性的骨盆宽得多。然后我们再根据头骨确定死者的种族，一般来说，欧洲人的鼻子顶部要窄一些，而非洲人和亚洲人则要宽一些。接下来我们要测量死者的手臂骨和腿骨的长度，以确定死者的身高。我们还可以根据死者的牙齿来确定他的年龄。最重要的是，一定要仔细观察他身上有没有什么明显的特征，比如说有没有伤疤、有没有骨折等。了解了这些情况以后，我们就要对照失踪记录，寻找相同特征的失踪者。

致命的药剂

在古代，下毒的案例很多，人们通过在食物、药品中加入毒药，就可以置人于死地。由于当时的科学技术水平还非常有限，人们没有办法测试出死者是如何死亡的，更不清楚是何种毒药害死了他。但是在现代，我们只要检测一下死者的血液，就可以得知他是否中了毒，中了何种毒。所以说现在这种犯罪手段已经很少用了，因为它实在太容易被人察觉了。

要判断一个人是不是中毒而死，其实方法很简单，只要看尸体底部的斑点就可以了。因为人在死了以后，全身的血液都会向身体的底部下沉，最后将渗出血管，淤积在身体底部的组织里面，形成紫色的斑点。可是对于中毒的人来说，由于血液中含有其他的成分，斑点就不会是紫色。如果尸体是仰卧着，那么斑点就应该在背部；如果是俯卧，就应该在前胸。当然，发现异常的斑点也不能说明死者就是中毒而死的，因为毒药并不一定会要了一个人的性命，真正导致其死亡的可能是另外的原因，但这至少能说明死者曾经中过毒。

发现死者中毒以后，我们要如何确定死者中的是哪种毒呢？首先，我们需要取出死者的血样，并将其放入添加了萃取溶剂的试管中，用塞子封住试管口。然后，我们将试管放在一种叫作离心机的机器上，它可以分离出不同密度的物质。在离心机的高速旋转下，血液会沉到试管的底部，而毒物则被萃取溶剂所吸收，升至试管的顶部。接下来，我们就可以对溶剂进行成分分析了，从而确定毒物的种类和性质。

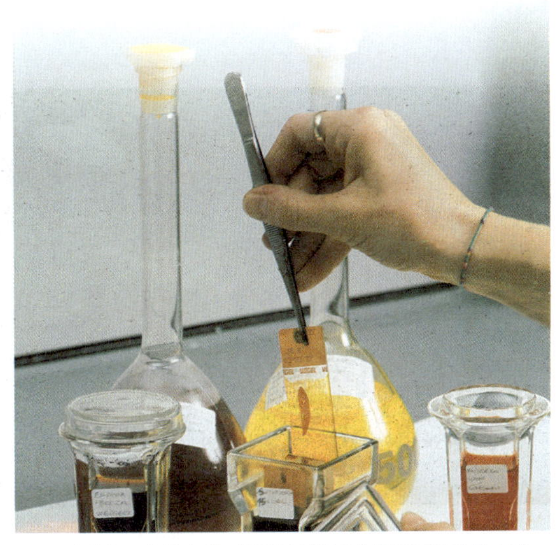

通过分析死者的血样，就可以判断出他是否死于药物中毒。

犯罪动机

犯罪分子要作案，不管是抢劫，还是杀人，总要有一定的原因，他们不大可能会毫无原因地杀人。犯罪分子作案的原因，我们就称之为犯罪动机。犯罪动机在案件的侦破过程中也是必须要考虑的一个重要因素，当我们锁定犯罪嫌疑人的时候，必须要找到合理的犯罪动机，否则他为什么要作案呢？

通常情况下，抢劫案的犯罪动机比较单纯，大多数都是为了钱财。可是对于凶杀案来说，犯罪动机就比较复杂了，有各种各样的原因可以让凶手产生仇视心理，从而将对方杀死。双方可能是结下了什么仇怨，其中的一方想要报复；也可能是双方有什么利益关系，一方死后，另一方就会获得很大的好处；还有可能是凶手的某些不可告人的秘密被对方知道了，凶手为了保守秘密而将其杀害。总之，我们在锁定目标的时候，必须要考虑嫌疑人的犯罪动机，这也是侦探在办案时要多方了解情况的原因。

我们应该清楚，即使有犯罪动机，也不一定是杀人凶手。因为动机只是一种心理，如果没有付诸实践，那就不会构成犯罪事实。所以要确定凶手，必须综合考虑各方面的因素，用真凭实据让凶手现形。在破案的过程中，犯罪动机是我们必须要考虑的一个因素，但是也绝不能因为某个人有犯罪动机就将凶手的帽子扣给他，这样做是不负责任的。就像即使到了现场也不一定杀人一样，有犯罪动机也不一定会进行犯罪活动。

真话、谎言和小侦探

在大多数情况下，罪犯都是不会主动认罪的，他们常常会抱着侥幸的心理，希望自己能够洗脱嫌疑。事实上，如果你找不到指证他的有力证据，而他自己又死不认账，你就拿他毫无办法。即使你知道事情很可能就是他做的，你也不能定他的罪。任何一个国家都是讲究法律的，谁都没有权力胡乱给人定罪，即使是法官也不行。正因为这样，犯罪分子们才不会轻易地招供，也许会没事呢，他们总是这样安慰自己。可当他们面对如山的铁证时，却又马上换了一副嘴脸，真是不见棺材不掉泪！

⊙ 必要的情况下，警方会请测谎专家协助侦破案件。

面对这些狡猾而又顽劣的犯罪分子，我们该如何对付他们呢？要怎样才能让他们把犯罪事实全都交代出来呢？要让他们招供，就只能靠我们自己去收集证据了。不把证据摆在眼前，他们是不会低头认罪的。

不管嫌疑犯是不是愿意合作，只要确定他有作案的嫌疑，那么我们就有权力对他进行审问。审问的内容我们可以自己把握，与案情有关的内容自然是必不可少的，同时也可以问一些其他的情况。对于我们提出的问题，嫌疑人必须做出回答。当然，如果他真的是罪犯，那他一般是不会对我们讲真话的。所以我们必须要采取一定的策略，让嫌疑人在与我们的交谈中露出破绽。撒谎的嫌疑人常常会说一些自相矛盾的话，这样我们的工作就轻松多了。

其实，在实际的审问过程中，办案人员通常都是没什么收获的。因为这些罪犯都很狡猾，他们不会那么轻易就露出破绽的。更何况撒谎都已经成了他们的家常便饭，又能出什么差错呢？也许你们曾经听说过有一种仪器叫测谎仪，它可以用来分辨嫌疑人说的话是真话还是谎言。测谎仪的主要原理就是利用人在说谎时呼吸、心跳、血压以及脉搏等会发生变化，从而确定人是不是在说谎。但是这种机器并不是十分可靠，因为对于一些撒谎的老手来说，他们每天都在说谎话，可能连他们自己都不觉得自己在说谎。对于这样的人，测谎仪是测不出来的。所以侦探们还是宁愿相信自己，亲自去寻找证据。

既然没有证据，那你就必须放人。人虽然要放，但是却不能让他离开我们的视线，也就是说，我们要在暗中监视他。至少在证明他与本案无关之前，我们必须这样做。监视的方法有很多种，你可以亲自跟踪他，看他去了哪些可疑的地方，见了哪些可疑的人；也可以在固定的场所利用技术设备对他进行监视，当然在此之前，你必须在他的家中或办公室里安上窃听器、偷拍机、跟踪拍摄仪等器具。如果他真的是罪犯，就难免会露出一些破绽，我们收集到这些证据以后，就可以正式起诉他了。

第三节　艺术世界魔法秀

神奇的魔术

魔术是很多人都非常喜欢的一种综艺表演节目，带给人无尽的惊奇与遐想。在魔术的世界里，你会见到很多不可思议的事情，让你觉得无法理解，而又对其难以割舍，也许这就是魔术的魅力吧！那些魔术大师更是很多人追捧的偶像，他们所表演的魔术不仅神奇，而且还充满了惊险和刺激，让我们不禁要为他们捏把汗。当然，事情的结果是他们不会发生任何危险，这是怎么回事呢？难道他们真的有超能力吗？

其实，这些魔术大师跟我们并没有什么区别，都是再普通不过的普通人，他们所表演的魔术也并没有我们想象的那样神奇和惊险。魔术只是一种娱乐节目，我们看看也就罢了，千万不要太认真，更不要去模仿。虽然说魔术本身并不危险，但是如果让你去模仿，那可就危险了，因为你并不懂得表演魔术的技巧。如果你真的很好奇，那不妨去请教一位魔术表演者，说不定他会把里面的玄机透漏给你呢！每一个魔术都是有不为人知的秘密的，当然，如果所有人都知道了，那魔术也就失去它的魅力了。

扑克牌、扇子、手绢、花束等都是最常见的魔术道具。

在魔术表演中，有太多的场景让我们百思不得其解，拍手叫绝。比如说在密闭箱子中的人或物体忽然消失，本来在这边的事物霎那间出现在另一边，完全破坏的物体又被恢复了原状，没有生命的物体可以自己移动，血肉之躯竟然刀枪不入，不用对方开口就知道对方在想什么等。这些我们平常想都不敢想的事情，却在魔术舞台上变成了现实。不管魔术师们在其中做了什么手脚，至少他们呈现在我们面前的都是非常精彩的表演，没有露出丝毫的破绽，这就是他们最了不起的地方。

其实，魔术师的表演要借助很多外界条件，比如说服装、道具、灯光等。如果脱离了这些东西，魔术师们也是变不出魔术的。所以我们应该清楚，所有的魔术都是假的，都是魔术师借助道具给我们表演的一种戏法。比如说让我们叹为观止的锯人魔术，其实在箱子里的人有两个。也就是说，我们所看到的头和脚并不是同一个人的，所以这个箱子可以被扭来扭去的。在外面的人进入箱子之前，箱子里面就已经有一个人了，他可以通过箱子底部的翻板把脚伸出箱外。而外面的人进入箱子以后，就把腿蜷了起来，而将头露在外面。这样，我们看起来是将一个人一分为二，而实际上被分开的却是两个人。

现在有很多魔术揭密的栏目和报道，揭开了魔术的真实面纱。这虽然满足了人们的好奇心，但是也带来了一系列的问题。那就是人们知道了魔术是如何变出来的，还会去看魔术吗？即使会看，那还会有以前的效果吗？要知道，魔术师编排出一个经典的魔术是要花费很多心血的，所以我们应该尊重魔术师的劳动成果。既然魔术是为了带给我们快乐和梦想，那么我们又何必非要知道其中的玄机呢？静静地享受魔术的神奇不是更好吗？

绝妙的电影制作

电影是呈现在荧屏上的另一种视觉盛宴，它不仅丰富了我们的业余文化生活，也给我们带来了很多快乐。也许你是喜欢电影的，甚至可以说是一个影迷，但是你真的了解电影吗？你知道那些精彩绝伦的电影是怎样制作出来的吗？如果你觉得电影只是扛着一部摄像机所进行的简单拍摄，那就大错特错了。实际上，电影的制作过程是非常复杂的，要经过很多道程序和步骤，在众多工作人员的共同努力下才最终完成的。所以说，一部电影的成功，靠的不仅仅是演员的出色表演，那些幕后工作者的辛勤付出也是不可或缺的。

导演是整部电影的灵魂人物，影片的整体风格是由导演来决定的。在很多人眼里，导演是一个非常威风的人物，因为在剧组里面，所有的人都要听他的，只有他才有拍板的权力。而实际上，导演的日子并不好过，他们要操心的事情实在是太多了。而且要导演一部好的影片，就必须要付出代价。所以，导演对演员的要求都很高，很多场面都要求演员假戏真做，就是那些危险的事情，也要演员自己去做。这样一来，演员在拍戏时受伤就不足为奇了。而且同一组镜头，演员们常常要拍上几次，甚至十几次，直到导演满意为止。

导演的严厉并不是无理取闹，尽管常常会遭受剧组人员的埋怨，他们也绝不放松要求。其实我们应该欣赏他们对艺术的认真态度，如果没有他们对每一个细节的严格要求，就不会拍出这些精彩的影片，我们也就无法看到这么美妙的电影。当然，导演再好，也必须有好的团队来配合他，否则他也拍不出电影来。虽然我们对剧组的很多工作人员都并不熟悉，但是电影的成功与他们的辛勤付出也是分不开的，比如说道具、服装、场记、美术指导、摄影、音乐等。

其实，拍电影的第一步不是找导演，更不是找演员，而是要创作剧本。没有一个好的剧本，就算是再好的导演和演员也是无技可施。所以，要制作一部被观众认可的电影，创作一个好的、吸引人的剧本是非常重要的。有了剧本，你也不能马上投入拍摄，你还必须要筹集足够的资金，否则你拿什么去拍电影呢？要知道，拍摄电影的花销可是很大的，因为资金短缺而中途夭折的电影也并不少见。资金到位以后，你就可以选择导演和演员了，不过选择什么样的导演和演员，那可要自己掂量着办了，名气越大的，价钱也就越高。导演和演员都确定以后，就可以组建剧组，开始拍摄了。

电影在拍摄完以后，还要进行电影剪辑。我们知道，拍摄的镜头要比实际需要的多，所以剪辑师必须把这些不用的胶片删掉，而且要保证影片的前后衔接不露出接合的痕迹，这确实是一项技术性很强的工作。剪辑后的影片必须要连贯流畅，不能出现穿帮的镜头。除了剪辑师，你的影片还必须要经过有关部门审片员的删减。

⊙ 贝佛利山上的“好莱坞”标志告诉游客他们已经到达世界电影业的中心。

了不起的动画片

电脑绘制出的动画模型

几乎所有的孩子都是喜欢动画片的，这不仅是因为动画片所讲述的故事都是孩子们非常喜爱的，而且动画片里面的卡通形象更容易被孩子们所接受。相信你们的童年也是在动画片的伴随下度过的。了解了电影的制作过程，你们就应该想到了，动画片的制作也不会那么简单。只不过动画片并不用真人去表演，它的主角是一个个可爱的卡通人物或卡通动物。

我们所拍摄的图片是静止的，而我们看到的动画片是动态的，制作者们是如何让这些静态的图片动起来的呢？我们所看到的动画片其实就是在播放这些静止的画面，只是由于播放的速度很快，我们的肉眼会产生错觉，而误以为画面是动态的。这就要求这些画面在绘制的时候，必须保证前后两张都有细微的差别。也就是说，我们必须将一个动作进行分解，每一个画面都动一点儿。这样当快速播放的时候，你就会觉得画面是连贯的了。

如今，电脑程序员编制特定的程序，使计算机画出成千上万种线框模型，然后，他们再对这些模型添加颜色、纹理、阴影和景深等效果，使其呈现出三维结构。

说到动画片，就不能不说迪士尼，那可是动漫的王国，快乐的海洋，也是孩子们梦想的天堂。世界上很多优秀的动画片和动画人物都产自迪士尼，比如说我们大家都很熟悉的米老鼠、唐老鸭、白雪公主和七个小矮人、小熊维尼、芭比娃娃等。迪士尼的名字来自于它的创始者——沃尔特·迪士尼，但是我们所熟悉的迪士尼乐园却是在他死后才创办的。如今，迪士尼已经成为了一家大型的跨国娱乐公司，在世界的很多城市都可以见到迪士尼乐园。

作为动画王国的创始人，迪士尼的早年生活并不幸福，甚至可以说是很糟糕。不过，我们所喜爱的米老鼠，就是他在早年的艰苦环境中创作出来的。据说，他曾经居住在一个破旧的仓库里，那里十分寒冷。有一天晚上，迪士尼见到了一只小老鼠，就是这只小老鼠激发了他的灵感，成为了米老鼠的原型。而米老鼠也在 1933 年成为了有史以来最受欢迎的电影明星，得到了很多人的喜爱。如果你决定制作一部动画片，那么你首先应该做的也是要创作剧本。动画片也是有主人公和故事情节的，所以它也需要剧本。接下来，你不用去找演员，因为你的动画片根本就不需要。但是你必须找来一些漫画师，让他们根据剧本绘制出漫画，这是非常关键的一步。漫画师必须将剧本中所涉及到的动作全部画出来，当然，我们并不是让画动起来，而是将一个连续的动作通过几张画的形式表现出来。然后，我们需要将漫画按照顺序排列好，一张一张地进行拍摄，再制作成胶片。这样，我们所喜爱的动画片就诞生了。

当然，现在我们可以不用手绘的方式来绘制漫画，因为有了计算机。利用电脑动画软件，我们就可以直接在电脑上进行绘画，也可以在动画制作的过程中利用电脑进行加工。总之，电脑科技的进步，大大方便了动画片的制作。1996 年的影片《玩具总动员》是第一部完全由电脑制作出来的动画片，而现在，电脑制作则已经非常广泛了。尤其是在商业动画的制作中，更是大量地采用了电脑制作。

特技效果的魔力

特技效果其实也是一门关于错觉的艺术，如果从这方面说，那么魔术应该可以称得上是它的鼻祖了。在现代影视剧的拍摄中，特技效果的应用已经非常普遍，它使影片变得更加好看。我们熟悉的很多影片，都在其中加入了大量的特技效果。比如说在《星球大战》中，就利用现代灯光和特技效果在银幕上创造出了一个壮美的宇宙景象。在《泰坦尼克号》中，制作者更是将绝大部分资金都用在了制造特技效果上。

⊙《黑客帝国》（美国，2000）等电影中使用的特效可刺激观众的眼球，并制作出高难度、看似危险甚至不可能的场面。

你知道你所看的影片都加入了哪些特技效果吗？一般来说，灾难片、科幻片、武侠片、神话片等影片加入的特技效果比较多。因为在这些影片中，有很多场面都是在现实生活中找不到的。即使能找到，也要付出很大的代价，所以人们更倾向于用特技来完成它。比如说人在空中飞，这对一般的人来说是根本就不可能实现的，不过在电影中，那些轻功了得的大侠以及天上的神仙都可以轻易做到。其实，他们不过是借助了特技的手段，将自己吊在一根看不见的绳子下面，被机器吊在空中飞来飞去的。还有发大水、火山爆发、神仙所使用的仙法、大侠所使用的盖世武功等，都是借助神奇的特技效果来实现的。

在同一部影片中，我们经常可以看到一个演员分饰两个角色的情况。而更要命的是，这两个角色还要同时出现在一个画面里，这可真是一个大难题。如果这个演员没有分身术，那么他就根本做不到。可事实上他做到了，当然他也不会什么分身术，那么他是如何做到的呢？原来，在拍摄的时候，这两组镜头是分别拍摄的，而在后期的制作过程中，工作人员对这两组镜头进行了特技处理，就使它们同时出现在我们眼前了。很简单吧！

在电脑的帮助下，这似乎很容易办到，但是在以前，那可就麻烦了。我们必须在拍摄第一个场景的时候，先用遮片（就是能遮挡光线的阻碍物）将镜头的一部分挡上；而在拍摄第二个场景的时候，再挡住上次没有遮挡的部分。这样，你得到的就是两个场景同时在画面上的图像了。如果你也有一部可以进行二次曝光的照相机，不妨亲自试一下。

电影魔术

在电影的制作过程中，也经常要用到一些魔术的戏法。与舞台上的魔术表演比起来，电影魔术更不容易被人识破，因为它是呈现在荧幕上的，而且它有多次拍摄的机会，即使一次演砸了，也还可以再来一次。虽然说电影本身就是假的，也没有人会追究它得造假行为。但是如果演得太假，那就没有人看了。所以电影制作者们费尽心机，就是为了把戏演得逼真，让电影看起来更真实。

虽说要力求真实，但是我们也应该清楚，完全真实地再现剧本中的所有场景是不太可能的。现代剧还好说，要是古代剧，那就根本不可能了。你能回到古代去拍摄吗？你能让现代人变成古代人吗？所以在面对不可能的时候，我们就要想点儿办法，让不可能变成可能。比如说现在很多地方都有的影视城，就是专门为了影视剧的拍摄而搭建的。虽然不能真实再现当时的场景，但是也至少能带领我们回到那个年代。还有很多在国外的场景，我们也完全可以选择在国内的某个地方拍，这样一来，就可以节省很多费用。

可以这样说，每一部电影中都有作假的地方，你知道如何分辨出真假吗？电影中的狂风暴雨是真的吗？可能是。如果拍摄的过程中恰巧遇到了这样的天气，那就是真的。可如果没遇到呢？总不能把这场戏一直都放在那儿，等到下雨的时候再拍吧！那要等到什么时候呀！所以，在这种时候，我们就得想想办法，自己降雨。当呈现在荧屏上的时候，人工降雨与自然降雨并没有什么区别，所以我们很难看出真假。像这样的情况还有很多，比如说在冬天要拍夏天的戏、夏天要拍冬天的戏、演员要装病呕吐、受伤流血等，这些场面都必须要造假。不过我们在看的时候也没看出有什么不对的地方，不是吗？

在电影中，还会用到很多替身，这些替身用来代替演员去做一些危险的动作或者是演员不愿意亲自去做的事情。那么如何让这些替身看起来和演员一样呢？这当然要拜托我们的化妆师，将他尽量化得跟演员一样。除此之外，摄像师对灯光与角度的把握也是非常重要的。通常在有替身的场面，我们都不会看到演员的正面特写，而一般都是远距离且比较模糊的拍摄，这样就可以以假乱真了。

除了拍摄的场景和演员以外，电影中的声音也未必都是真实的声音。我们知道，演员的声音可以在后期制作的时候用配音演员来配音。但是你们也许不知道，电影里面的很多自然声音也可以用配音，当然，给它们配音的不一定是人。比如说马蹄声可以用重击椰子壳的声音来代替；要模拟瀑布的声音，可以拿着喷水壶向一个铁板上喷水；刹车时汽车轮胎的尖叫声可以用热水瓶摩擦木头的声音来代替，等等。

⊙ 美国灾难大片《2012》中的灾难场景主要靠电脑特技完成。

天气变化随心所欲

在电影的拍摄过程中，总是要利用各种各样的天气来烘托故事情节，渲染气氛。可是外界的自然天气状况却往往不能满足导演的需要，而要使电影更好看，就必须借助特技来实现。也许你觉得天气是不可改变的，谁又有能力改变大自然呢？不过在电影之中，我们却可以让天气变化随心所欲，想要什么样的天气，就有什么样的天气。

雨、雪、雾和风是在电影中经常用到的天气现象，为了满足电影拍摄的需要，让天气根据情节的发展而变化，我们必须要自己想办法来制造它们。当然，最简单的办法就是在后期制作的时候，利用电脑特技把各种天气条件加上去。可是这种做法的弊端就是没有真实感，很容易被观众看出来。比如说一个人站在雨中，可是他的衣服却没有湿，这显然是不符合逻辑的。所以，为了增加真实感，我们就必须得想点儿别的办法。

雾可以将人带入梦幻之中，尤其是在神话剧或战争片的拍摄中，要表现天上的与众不同以及战场的硝烟弥漫，就必须用雾来实现。制造雾的方法有两种，我们根据剧情的需要选择不同的雾。第一种方法是利用干冰，也就是固态的二氧化碳。当我们所需要的雾是在地表的时候，就可以用这种方法来实现。第二种方法是利用化学品，可以是油，也可以是药用甘油等，将它装入特制的造烟机里面，就可以放出雾来。当我们需要飘散在空中的雾时，就可以用这种方法来实现。

风雨交加的氛围用来渲染悲凉凄惨的故事情节是再合适不过了。当电影中的人物发生某些不幸的遭遇时，就会忽然下起大雨，更好地表现人物当时的心情。制造风其实很简单，只要用鼓风机就可以了。制造雨也并不麻烦，只要用水管就可以实现。拍摄时，我们需要将水管中的水喷向天空，让水从空中落在演员的身上。如果所要拍摄的场面是大雨或暴雨，那就要借助多个水管来实现了。不过，在拍摄这些镜头的时候，你必须要注意保护好你的摄像机和其他的道具设备，以防它们被水淋湿后坏掉。

雪可以说是一些电影的灵魂，因为这些电影的主要场景都是在雪中拍摄的，也只有雪才能衬托出故事的主题，让影片看起来更唯美、更浪漫。制造雪的方法有很多，比如说用粗粒盐、碎冰块、纸、塑料、淀粉、泡沫等，都可以用来代替真雪。对于大的雪景，我们也可以利用电脑来制作。你可以根据影片的实际需要以及预算资金和时间等条件来选择用什么来造雪。其实，在实际的拍摄过程中，很多电影都是同时采用了多种造雪方法，使雪景看起来更逼真。

⊙ 人造雪是一种神奇的吸水树脂，能把水变成一种白色蓬松的物质，看起来像真雪一样。

宏大的战斗场面

很多人都喜欢看武打片，而武打片最吸引人的地方就是那些激动人心的武打场面。有人被椅子打晕，有人将楼梯的栏杆撞坏，有人被花瓶砸得满头鲜血，有人从玻璃中飞了出去。总之，在武打戏的拍摄中，不管是功夫高强的大侠，还是只会两下三脚猫功夫的土匪，都被折腾得够呛。不过你也不用太过担心他们，既然是演戏，那就肯定都是假的。虽然看起来那些镜头都很危险，不过在拍摄的时候，可就不是那么回事了。演员再敬业，也会首先保证自己的人身安全。

在很多电影的打戏之中，我们都可以看到一个人拿着一把椅子向对方砸去，对方可能当时就被打晕了，也可能什么事都没有，不过椅子却已经七零八碎了，这是怎么回事呢？其实，这都是工作人员在椅子上动了手脚，让它变得不堪一击，一击就碎。要制作这样的椅子，我们可以选用一些非常轻的薄木片，也可以用经过染色的泡沫或聚苯乙烯来制作。这样，制作出来的椅子就非常轻，也非常不结实了。所以，你千万不要用家里面的真椅子去模仿电影里面的镜头，那可真的会让你头破血流了！

被椅子砸到没事，那么被花瓶砸到是不是也不会有事呢？当然，电影中的花瓶也并不是你家中摆放的真花瓶，它只是用一种特殊的轻型且易碎的材料制成的道具花瓶罢了。最好的材料是树脂，它不仅很轻很安全，而且也非常像玻璃，看起来就像真的花瓶一样。所以当你拿起它来砸别人的头时，对方并不会受伤，可是花瓶却已经碎成几千片了。事实上，如果用真的花瓶，它是不会碎成这么多片的，最多也就是几片，或者是只裂开一条缝。

道具椅子和树脂花瓶

为什么人可以将栏杆撞坏呢？难道用来支撑人的栏杆还没有人结实吗？现实中的栏杆当然不会这样，可是我们现在不是在拍戏吗？那就自然要配合一下剧情了。虽然我们撞不过真实的栏杆，但是要撞坏电影中特制的栏杆，却并不是什么难事。因为这种栏杆是事先就被锯开的，然后再用一个非常细的木棍连接起来，这样就成了一个连接的栏杆。当我们撞向栏杆的结合处时，它就会很轻易地断开，因为你只需要撞断那根极细的小木棍，栏杆就会自己断开了。

让我们再来看看那些从玻璃中飞出去的人。撞破真实的玻璃自然很困难，而且即使撞破了，也难免会头破血流，演员当然不会付出这么大的代价。所以说，在拍摄这种场面的时候，我们就必须对演员所要撞的玻璃动点儿手脚。你们是不是想到了我们刚才说过的树脂，没错，它确实是一个非常好的选择。不过由于树脂非常易碎，所以在搬运的时候就难免会遇到点儿小麻烦，在安装的时候也要特别小心。树脂玻璃越大，搬运和安装也就越困难，所以导演通常都不会让演员去撞大玻璃。

两个演员相互对打的场面也有办法作假。虽然所看到的是两个人在相互殴打，而且都狠狠地打中了对方。但事实上，他们根本就没有打到对方，或者只是轻轻划过对方的脸。这些动作都是经过精心设计的，摄影师也会选择特定的角度来进行拍摄，所以我们所看到的场面就是两个人在对打了。

水，到处都是水

在电影中，常常会出现一些表现水的画面，这其中包括河水、湖水、海水等。虽然自然界中的水并不少见，你在什么时候都能够找到它，可是要拍摄出影片所需要的独特效果，可就没那么容易了。更重要的是，在真实的水中，尤其是在深不可测的大海中，我们很难保证演员的安全，所以我们不能冒险去拍摄。可是如果不到真实的场景中，一般的水又难以表现出那种动感的效果，这可真是一个让导演十分头疼的问题。

你们也许想象不到，我们在电影中所看到的众多水的场面，其实大多数都是在游泳池里拍摄出来的。这听起来似乎有点儿滑稽可笑，不过如果不告诉你们，你们不是也没看出来那汪洋的大海就是游泳池吗？看来，特技还真是有它的独特魅力，不仅解放了那些特技演员，让他们不用再去冒险，而且也通过了观众的检查，让影片更加好看。所以我们绝对有理由相信，随着特技技术的不断发展，电影也一定会越来越好看。

很多电影中都有水下的场景，需要演员和摄影师到水下去拍摄。当然，这里所说的水下并不是海底，也不是湖底，而是游泳池的水下。演员必须表现出在水中自由的呼吸，当然这一拍摄过程要分成几个小段来进行拍摄，一气呵成是不太可能的。因为演员需要时间来呼吸，中间的间隔正好让演员利用水中呼吸器来喘口气。摄影师也必须要借助水中呼吸器来呼吸，而且所使用的摄影器材必须是特制防水的。所以说尽管是在游泳池的水下，那也是有一定的危险性的，而且还需要一定的技术性。因此，在拍摄的时候，我们必须要选用经过专门训练的演员和专业

⊙ 电影《泰坦尼克号》中用救生艇搜寻生还者的镜头是在装满超过 350000 加仑水的大水槽内拍摄的。

的水下摄影师来进行拍摄。

水戏之所以难拍，主要就是因为游泳池中的水是静态的，而真实的水是动态的。其实，我们可以用鼓风机或造浪机在游泳池里面制造出逼真的风浪来，再加上后期制作中电脑特技的应用，就完全可以达到以假乱真的效果。尽管水是假的，但是船通常都是真的，或者是跟真船同样大小的模型。所以我们在拍摄一些大场面时，所选用的游泳池必须要足够大，否则就会和船形成鲜明的对比，给人造成视觉上的落差。如果要拍摄沉船的场面，那么游泳池中的水还必须要保证一定的深度。

说起在水中拍摄的电影，我想很多人都会想起那场面宏大《泰坦尼克号》。那是发生在 1912 年的一次著名的海难事故，后来，它被拍成了电影。这部耗资巨大的电影使用了大量的特技，电影中大量水的画面、水下的烟雾，甚至连落水的人物都是利用数码技术制造出来的，这无疑都大大增加了它的拍摄成本。接下来发生的事情证明了他们这样做是值得的，因为影片赢得了大部分人的认可，并且也取得了不错的票房成绩，这是很让人欣慰的。

制作怪物

在一些科幻影片中，我们经常看到各种各样的怪物，这些怪物形象是我们从没见过的，当然它们在现实的生活中也并不存在，那么电影中那些活灵活现的怪物们是从哪来的呢？其实，这些怪物都是由演员来扮演的，只不过是进行了一些修饰，让我们看不出来罢了。当然，如果你仔细观察，就会发现这些怪物的外形与我们人类的外形差不多，都是在人类的基础上发展而来的。

将一个人化妆成一个怪物虽然并不是什么难事，但是却往往需要花费大量的时间。有些影片所塑造的怪物形象是非常成功的，比如说电影《星舰迷航记》中的外星人、《决战猩球》里的类人猿、《人猿泰山》中的人猿泰山等，都取得了很好的效果，获得了惊人的成功。不过，也有些电影塑造的怪物形象非常失败，观众一看就知道是人扮演的。这样的怪物不但不会被人们所接受，而且还会成为笑柄，受到人们的嘲笑与唾弃。

制作怪物的方法有很多，如果你决定让人来扮演怪物，那就一定要想办法让你的怪物看起来更像个怪物，而不是人。我们可以选择一些体形特殊或者是长相奇特的人来扮演怪物，这样做往往能取得很好的效果。我们也可以用两名甚至更多的演员来同时扮演一个怪物，这样它就可能有四条胳膊、四条腿，也可以在地上爬行了。还有一种办法，那就是设计一种特殊的戏服，让观众根本就看不出还有演员在里面，不过怪物里面的演员可要吃点儿苦了，因为要驾驭这样一个怪物其实并不容易。

其实，我们并不是一定要用人来扮演怪物，用一个怪物的模型就完全可以塑造出一个灵活自如的怪物形象。还记得我们在前面讲过的动画片的制作方法吗？这种方法对于表现一个怪物也完全适用。我们需要制作一个怪物模型，让你可以被变换成任意的形状，然后我们再一张一张地进行拍摄，将它所有细微的动作都表现出来，然后在放映的时候快速放映，就可以使怪物动起来了。不过这种方法虽然可以用来制作怪物，但是放在电影中，却很不自然。由于动画片中没有与真人的对比，所以动画片并不存在这样的问题。可是当怪物与真人在一起的时候，怪物的动作就会显得特别生硬，与人形成鲜明的对比。

你们想到更好的解决办法了吗？对，利用计算机。用计算机可以合成各种怪物的形象，就连人也同样可以用计算机来合成。其实，早在 1985 年的时候，就出现了用计算机绘制成的角色。那是在电影《年轻的福尔摩斯》中，一个绘制在彩色玻璃上的武士复活了，这在当时来说确实是很新奇的事情。可是你也许想象不到，人们并不愿意接受这样的电脑特技，甚至认为这个角色很无聊，也不够真实。所以在那之后的一段时间里，计算机工具的发展都受到了限制。到了 1993 年，电影《侏罗纪公园》全部使用了计算机所绘制的恐龙形象，而且这部电影取得了巨大的成功，终于让人们认识到了计算机对于制作怪物的重要性。

⊙ 电影《金刚》中的巨型猩猩

用计算机合成的怪物怎么与真人一起演戏呢？原来，计算机合成的怪物都是在影片完成以后再加上去的，我们所看到的那些怪物与演员同时出现的场面也是后期合成的。但是为什么这些场面看起来那么真实，好像怪物就在演员的身边呢？因为在拍摄时，导演会让其他的演员站在怪物所在的位置，模仿怪物的举动，与演员对戏。而在后期的合成中，特技人员又会把怪物放上去，替换掉临时替代它的演员。这样，我们所看到的影片就会显得很真实了。

神奇的电子动画学

在电影中，我们有时并不需要表现怪物的完整形象，而只需要表现它某一部分的特写，这时我们就要用到电子动画学。确切说来，电子动画学其实是关于木偶的科学。如果你对木偶的印象还仅仅是停留在用一只套在手上的袜子，那就未免有些落后了，因为你印象中的木偶还是最简单、最原始的形态。而现在，我们完全可以让木偶灵活地动起来，如果不仔细分辨，就很难看出破绽。

⊙ 英国黏土动画片《小羊肖恩》的制作过程是：每捏一次照一张照片，照完诸多照片再用电脑组合起来。

要制作一个逼真灵活的木偶可不是用袜子和木棍就能解决的，它还需要一些机械方面的技术知识呢！首先，我们应该画出它的草图，或者是用泥捏一个模型；然后再制作一个与实物大小相等的模型，并在模型的表面染上颜色作为木偶的皮肤。制作木偶的关键之处就在于向它的皮肤里面添加机械构造，使木偶可以完成不同的表情和动作。如果模型太小，那么添加机械构造就会很困难。也就是说，模型越小，它所能容纳的机关就越少，所能完成的动作也就越简单。

如果是这样的话，那是不是说电子动画就无法制造出小的怪物呢？并不是这样的。既然小的模型只能容纳少量的机关，那么我们就可以多制作几个模型，让每个模型都能够完成一些动作，在不同的场景使用不同的模型。虽然说它只能完成一些简单的动作，但是在拍摄中远景镜头时，却是完全可以应付的。那么特写镜头呢？这些模型显然是不能满足需求的，因为它们太小了。既然是因为个头儿太小，那我们不妨制作一个足够大的脑袋，其标准是将所有复杂的机械装置都装进去，这样它就可以做各种复杂的动作了。当然，在拍摄的时候，你必须保证这个脑袋跟镜头里的其他东西相匹配，否则就会被人看出破绽了。

其实，在很多影片中，影片的制作者都是既使用了真实的动物，也使用了电子动画制作出来的动物。因为导演们非常清楚，要聘请一位动物演员，通常要面对很多让人头疼的问题，比如说它不太听话，总是试图袭击演员，而且你也不能让它做太危险的事情。所以还是用电子动画来代替它吧！这样拍摄起来就容易多了，至少你不用担心自己会受到突然袭击。既然是这样，那为什么不全部使用电子动画呢？还要那些真实的动物干什么呢？当然是为了增加影片的真实性。一般的场面用真实的动物来拍，而那些特写镜头或危险的场面则用电子动画来拍，这样既可以增加影片的真实性，又可以使影片更具吸引力，更好看。

悲壮宏大的灾难场面

灾难片是很多人都非常喜欢的一种电影题材，尤其是里面悲壮宏大的灾难场面，更是具有很强的可观性。人们常常会用惊险、刺激、惊心动魄来形容灾难片，我们在观看的时候，总是不由得把神经绷得紧紧的，而剧中人物的命运也牵动着我们的心，让我们焦虑和担忧。当然，现在我们清楚了，那些场面都是用特技做出来的，演员并不会有任何危险。不过能拍出如此逼真的场面，让我们感同身受，还真是不简单！

跟其他影片的特技比起来，灾难片的特技难度更大，也更具挑战性。这是因为灾难片不仅具有很大的危险性，而且也具有很强的破坏性。我们不仅要想办法保证演员的安全，而且还要尽量减少对现实环境的破坏，不能造成太大的损失。当然，你还要顾忌到影片的真实性，不能让观众看出破绽来，否则你所做的一切努力就全都白费了。

在灾难片中，经常可以看到大火燃烧的场面，这来势汹汹的大火，究竟是真还是假呢？不要轻易说它是假的，因为真正的答案是有真也有假，为什么这么说呢？这是因为在拍摄的过程中确实是要有真火的，否则观众看起来就会不真实。但是真实的情况又绝不会是我们所看到的那样，因为在真正的大火中谁都无法保证人员和财产的安全。其实，我们只需要点一小堆火，然后再配上浓烟，最后再利用电脑特技加上一些火焰，就可以很好地表现一场大火了。

⊙ 电脑特技的开拓，使灾难电影的灾难视野可以无限扩展。今天我们所见电影中的大火、洪水、地震、暴风、龙卷风、火山、岩崩等灾难，仍在追求画面的逼真效果，追求场面的宏大与声势，追求细节的写实与连续，但都离不开电脑。

爆炸也是一个非常危险的灾难场面。在爆炸发生的一瞬间，会同时溅起很多碎片，对现场的演员和工作人员造成危害，所以绝不能用真实的炸药去炸真实的东西，而是找

⊙ 用特技效果制作的火灾场面

一种替代品来替代。首先，我们应该制作一个被炸实物的模型，大小要与原来的实物相同，只是换了一种特别轻的材料，而且很容易破碎散架。炸药则可以用压缩的空气来代替，或者也可以用非常少的炸药，只要足够将模型炸碎即可。做好了准备，我们就可以导演一场爆炸了。由于飞起的碎片都是一些非常轻的塑料、泡沫或聚苯乙烯，所以是绝对不会伤到人的。

电影里的飙车看上去惊险、刺激，让人胆战心惊，而实际上，飙车却并没有我们看到的那么疯狂。那么真实的情况是什么呢？原来，整个飙车的过程其实是由几个不同的特技场面组成的，它们都是单独拍摄，而最后才合成在一起的。在拍摄时，为了避免演员发生交通意外，我们必须要选择在人少的马路上进行拍摄，最好是新建的且尚未开放的马路。如果想让车飞起来，我们还需要借助一个坡道，就像玩滑板跳跃那样。当然，你不能让观众看到这个坡道，可以用一辆停着的卡车来加以遮掩。车上也需要做一些安全措施，而且油箱中的油要减到最少。

鲜血是如何喷出的

在大部分电影中，我们都可以看到受伤流血的场面。虽然我们都知道伤口是假的，流出的鲜血也是假的，但是却始终猜不透其中的玄机，为什么这些场面看起来如此真实，就像演员真的在流血一样呢？其实，用一些电影特技就可以达到令人满意的效果，不过这种场面对演员的演技绝对是一种考验。因为演员们要做出无比痛苦的表情，可我们都知道，他是在无病呻吟，根本就没什么事，要将这种感觉演得逼真，确实不太容易。

既然电影中的鲜血都是假的，那么这些假血都是什么呢？它又是怎样被制造出来的呢？其实，制造鲜血的方法有很多。我们可以用糖浆来制造血液，因为糖浆也可以吸引昆虫，这点与真血是相同的；我们也可以将玉米淀粉或藕粉兑上水煮，直到其变得黏稠。当然，这样的血还不合格，因为它们都不是红色的，所以接下来，我们要为假血上色。上色时可以选用红色的食用色素，也可以选用无毒的红色粉末，这样我们就可以得到非常鲜艳的红色血液。而为了让血液看起来更逼真，我们还需要再向里面加一点棕色，让它暗一点，这样制造出来的血液就非常接近真实的血液了。

用这种方法得到的血液是黏稠的，用在身体的伤口上非常合适，但是如果要表现地上所流出的大量鲜血，这种方法就不合适了。因为这种血液太过黏稠，根本就不可能从身体大量流出。而要表现这种大量出血的场面，我们就必须改变一下血液的浓度，让它变得稀一点儿，更容易流动。通常所采取的办法就是在血液中加入一些洗涤剂或者是水。

鲜血制作好以后，我们还需要想办法让它从人的伤口中流出来。当然，在此之前，我们必须制作出一个假的伤疤，用橡胶就可以制作出这样的伤疤，它看起来跟真的一样。然后我们需要将它与身体黏合在一起，为了使伤口看起来更真实，可以用鲜血掩盖其边缘。将鲜血倒上去，那么观众所看到的就是伤口在流血了。

这样的伤口是事先做好的，对于凶手现场拿刀去刺演员的场面显然是不适用的，那么那些展现在观众眼前的受伤流血场面是如何做出来的呢？制作这种场面，我们需要借助一块海绵。首先，让海绵吸满鲜血，然后用一个顶部有洞的塑料包包好，让演员小心地把它藏在衣服里面。这样，当演员用手挤压这个包的时候，鲜血就会从海绵里面喷出来了。凶手拿着刀子刺进演员的身体又是怎么回事呢？那个刀子也是做了手脚的，在外力的作用下，它的刀身可以缩到刀柄里面。当刀子刺进演员的身体时，刀身已经缩到了刀柄里，所以并不会对演员造成伤害。但是却挤压了藏在那里的海绵，所以我们会看到演员身上流出了鲜血，而刀子也被沾上了鲜血。

另外，我们所看到的发生在医院里的解剖、截肢等血淋淋的场面也是假的。其实，这个场面是将演员的真实身体与特技做出来的伪造身体巧妙地结合在了一起。进行手术的部位是假的，所以演员不会有任何痛苦；而头部是真的，所以他可以做出各种痛苦的表情，甚至尖叫。比如说要对演员的腿进行手术，那就需要在他的床上打一个洞，让演员把真腿伸到下面去，而在床上放一条假腿，再用床单等道具加以掩盖，观众就会觉得那是真的了。

摆脱重力

我们知道，地球上的一切物体都要受到重力的作用，这是再正常不过的事了。可是在电影的拍摄过程中，却有很多场面都需要演员摆脱重力，做一些高难度的动作。比如说在武打片中，那些飞檐走壁、腾空而起的场面；在神话剧中，那些在天上飞来飞去的情景；在现代片中，那些跳楼、跳车的惊险场景等。这些场景在现实生活中是很少见的，或者说是不太可能出现的，但是在电影中，这些场面却很常见，因为要拍摄这样的场面，并没有我们想象的那么困难。

⊙ 美国科幻片《超人归来》电影海报

人是不会飞的，这是在漫长的进化过程中所形成的人体特征，那么电影中的那些人是怎么飞起来的呢？其实，这些在空中飞来飞去的人都是借助了一套马具才飞起来的。首先，演员要穿上马具，将其紧紧地套在髋部和大腿的上部。当然，你不能让观众看到它，所以通常都会用戏服加以掩盖。然后，将马具两边的细线挂在上空的两根固定线上，两套线的交接处有一套滑轮系统。这样，工作人员通过操控手中的线，就可以控制演员的飞行高度和飞行方向了。

这种马具也可以用来拍摄演员腾空跃起的场面，尤其是在展现轻功的时候，通常都可以产生很好的效果。那么那些飞檐走壁的场面又是怎样拍出来的呢？其实，那不过是摄影师跟我们开的一个小玩笑罢了。在拍摄的时候，演员还是在正常的地面行走，但是周围的布景一定要精心设计。比如说你要拍演员在天花板上行走，那就要将所有的布景都设计成倒置的。然后我们只要将摄影机倒过来拍，就可以拍出演员在天花板上行走的情景了。

让一个真人从高高的楼顶上跳下来那肯定是非死即残，所以导演们绝对不会让演员去冒这种险。那么那些危险的跳楼场景又是怎么拍出来的呢？我们可以分别拍摄几个场面，包括演员在屋顶的场面以及落在地面上的尸体特写。也就是说，我们不去具体拍摄演员坠楼的过程，而是通过其他的一些场面告诉观众事情已经发生了。这是一种比较安全的做法，不过观众可能会觉得不过瘾。那么还有一种办法就是使用假人代替真人去跳楼，不过这样做也很容易被观众看出破绽，因为假人在坠落的过程中是不会动的。最好的办法是用电脑来制作这样一个场面，只要你使用的软件足够好，特技人员的水平也足够高，那么就一定可以制作出一个非常真实的跳楼场面。

在有些跳楼场面中，演员并不会真的落在地上，而是在刚跳出窗户的时候就抓住了窗台，或者是被另一个人拉住了。演员被悬挂在了高空中，他是怎样保持平衡的呢？万一他的手抓不紧，不就危险了吗？你完全不必为他担心，因为电影中的高楼大厦和半空高悬都是我们的一种错觉，其实演员根本就不是在那么高的楼上拍摄的。我们只需要一个足以将演员悬挂起来的窗台就可以了，然后让演员悬挂在上面，并不时地向下看，这时我们再加上一些看起来离地面非常高的镜头，就会给观众造成一种错觉，以为演员真的在那么高的楼上。而实际上，他离地的高度可能还不到半米，是非常安全的。

惊人的消失场面

让一个人忽然从其他人的眼前消失，这在现实生活中似乎是不可能的事，但是在电影中，却是再简单不过了。只要我们在需要演员消失的时候关掉摄像机，让演员走出镜头，然后再打开摄像机继续拍摄就可以了。是不是很简单呢？虽然方法简单，但是效果却是一点儿也不差。当影片连续放映的时候，保证观众看不出一点儿破绽，就像演员真的从画面中消失一样。

如果说在电影中的消失很容易做到，那么在舞台表演中的真人消失可就有一定难度了。如何让一个人在众目睽睽之下凭空消失呢？这还得借助神奇的魔术手段，也就是利用舞台上的灯光、背景和道具。最简单的方法就是在舞台上装一块活动的地板，地板的开口必须保证一个人能够顺利通过。在表演时，我们可以让演员进入一个箱子，而箱子的底部恰好就是那块活动的地板。演员在进入箱子以后，就会打开地板，进入地板下面藏起来，而后再把上面的地板放好。这样，当我们再打开箱子的时候，就看不到演员了。而当我们需要他回来的时候，他还可以通过那块活动的地板再回到地面上来。

隐身人留在雪地上的脚印是靠人工特技完成的。

在很多影片中，我们并不需要演员完全消失，而只是让他的一部分消失，这时我们就没有办法通过开关摄像机来实现了。比如说要拍摄一个没有腿的人在行走，我们就必须要隐藏他的腿，而保留他的上半身。怎样做才能只让他的腿消失呢？其实方法也很简单，只需要让演员在拍摄的时候穿上一双蓝袜子，然后在后期制作的时候利用电脑特技将其腿部抹掉就可以了。利用这种方法，我们还可以让演员的其他部位消失，制作各种离奇的场面，这些场面在恐怖片中比较常见。

还有一种消失是我们虽然看不到人，但是却可以看到他的动作。它通常是这样的一种场面：房间里没有一个人，但是椅子却像长腿了一样，自己移到了另一个地方。这就是我们在电影中所看到的隐形人，它是怎么制作出来的呢？其实，这个场面并不需要有人出现，只要通过幕后操作就可以了。我们可以将椅子拴在绳子上，然后通过绳子来移动椅子，这样，观众看起来就像是真的有人在移动椅子了。

声音特效

电影中的声音通常都是在最后阶段才完成的，当然，这并不是说声音效果就不重要。相反，声音是电影中非常重要的一部分。没有声音，你就无法感受到当时的氛围，也无法预知接下来会发生什么，电影中的一切也都不会那么逼真了。所以说，声音是电影的点睛之笔，让电影更生动，更形象，也更容易给人留下深刻的印象。

我们在电影中所听到的声音并不是现场录制时的声音，而是经过电子处理或混音处理的声音，这样做主要是为了让电影更真实。我们知道，在电影中，经常要布置一些假景，比如说看起来坚硬的铁门，实际上可能是用一扇纸门伪造的，而要使纸门更像铁门，除了摄影艺术以外，我们还必须借助声音来实现。当纸门打开时，如果配以铁门打开时的声音，就会让观众产生一种真实感，觉得纸门就是铁门。

要模拟我们熟悉的声音，应该不是什么难事，至少我们知道它究竟是什么样子的，可以向着那个目标努力。可是要模拟我们从来都没有听过的怪物声音，就没那么容易了，因为我们并不清楚怪物究竟该发出什么样的声音。不过好在我们不知道，观众也不知道，所以我们可以让它发出各种声音，只要别太离谱就行，当然这种声音应该是观众从没听过的，要不怎么能表现出是怪物的声音呢？其实，我们在电影中所听到的各种奇怪的声音都是来自于我们周围的声音，只是在经过合成处理以后，就会与原来的声音产生很大的差异，所以我们才听不出来。

在制作怪物声音的时候，我们常常需要录制一些真实动物的声音，然后再将这些声音混合，或者是进行电子处理，就可以得到我们想要的声音了。当然，同样的声音，播放的速度不同，得到的声音效果也是不同的。通常来说，播放的速度快，声音就会高亢一些；播放的速度慢，声音则会低沉一些。我们可以根据影片的需要来选择合成的声音和播放的速度。你们知道电影《侏罗纪公园》中那些猛禽的叫声是怎样合成的吗？其实它就是以海象的声音为基础而合成的。

背景音乐也是声音特效中非常重要的组成部分。特定的情节配上特定的音乐，可以更好地衬托出故事情节，让观众感受到那种氛围，唤起观众的共鸣。如果你仔细留意每部影片中的音乐，就会发现，每当音乐响起时，就总会发生点儿什么。比如说在恐怖片中，当那种低沉、不祥的音乐响起时，往往就是魔鬼出现、主人公遇到危险的信号。而在其他影片中，音乐也可以很好地表现角色当时的心情。当角色悲观失落时，往往会伴随哀伤、幽怨的音乐；而当角色心情愉快时，则常常会响起轻松欢快的音乐。

⊙ 科幻电影《侏罗纪公园》中那些猛禽的叫声其实是以海象的声音为基础而合成的。

第二篇

精彩纷呈的科学异想

Brilliant Science Questions

第一章
灿烂星空的遐想——宇宙

天边的外边是什么

在现代交通工具的帮助下，人类已经没有翻不过去的高山，没有跨越不了的大洋，我们知道山的外边是什么，我们知道海的彼岸在哪里。但当我们仰望着幽深的夜空，都会想到一个古老的问题：天边的外边是什么呢？没有人能够确切地回答这个问题，即使是借助最先进的天文望远镜，人类所能观察到的天空也不过是茫茫宇宙的一角。

科学家已经观测到的距离我们最远的星系在130亿光年以外，也就是说，如果从那个星系上发出一束光，最快也要经过130亿年才能到达我们地球，这130亿光年的距离就是我们现在所能知道的宇宙的范围。换句话说，一个以地球为中心，半径为130亿光年的球形空间就是我们现在所知道的宇宙。当然，宇宙的中心并不真的是地球，宇宙也未必就是球形，但是我们所认识到的目前只有这么多。至于130亿光年以外的宇宙是什么样子的，也许长大以后，你能回答这个问题。

科学家们认为，宇宙的诞生，源于137亿年以前的一次大爆炸，这个爆炸产生的影响至今还在继续，宇宙还在膨胀。

宇宙大爆炸所产生的尘埃，形成了无数的星体，人们已经发现和观测到的星系大约有1250亿个，而这些星系中又拥有几百到几万亿颗像太阳一样的恒星。通过这些天文数字，我们可以想象一下宇宙的大小，也许就算是乘坐你丰富的想象力，也无法到达宇宙的边上！在这个浩瀚的宇宙之中，地球真的像是沧海一粟，渺小得微不足道！

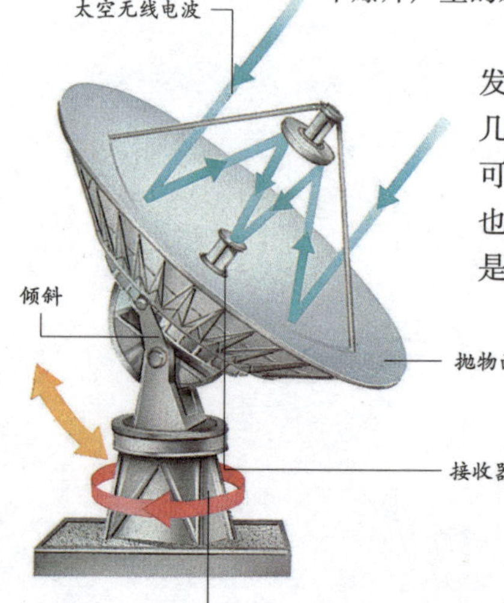

⊙ 射电望远镜

恒星能够释放无线电波和光波。天文学家制造射电望远镜来接收无线电波。射电望远镜与光学望远镜不同，它带有巨大的金属抛物面反射器。反射器能够被倾斜旋转对向天空任何一部分。抛物面接收无线电波或信号，并把它们集中到天线上。之后信号被传送给接收器，再通过电脑系统将它们转换成图像。

星星为什么掉不下来

抬头仰望，天空就像屋顶；低头俯视，脚下是大地。我们都不假思索地用“上”、“下”这样的词汇来表示方位。

我们通常会认为向上运动的东西总会落下来，这简直是显而易见的：把球抛向空中，它很快就会掉下来。但是我们看见星星也高挂在夜空，但为什么它们不会掉下来呢?

等一下，我们先来看看我们说的“上”、“下”是不是看起来的那样。如果你身处北半球，头朝上脚朝下，但如果你来到南极，你依然头朝上脚朝下。也就是说，无论我们走到地球上的哪处，天空仍在头顶之上，大地在脚下。

⊙ 所有在宇宙中的物体都相互吸引。从最小的小行星到最大的恒星，一切都通过万有引力相互联系。

物体落到地面上，我们认为是向下，因为它们受到的地球重力的方向是向下的，所以总会被拉回到地面上。但是如果我们远离地球进入浩瀚的宇宙空间，“上”、“下”就失去了意义。飘在太空里，根本没法说清哪是上哪是下，只有行星和恒星间巨大空荡的空间为参照。

在宇宙飞船的宇航员失去了重力作用，可以在飞船里随意行走，比如飞船舱内的顶上。向上或向下只适用于对某一个重力场的描述，而对于太空中的飞行员来说，这里不受重力影响，向上或向下没有任何意义。

但是当宇宙飞船准备着陆时情况就完全不一样了，飞船被拉回重力场，当飞船将着陆时，宇航员将深刻体会“下”的感觉。

知识档案

天上的星星有多少

你能数出天上的星星有多少吗？遇到这样的问题，你肯定摇头，因为当我们在晴天的夜晚仰望星空时，感觉好像到处都是星星，并且星星们还一闪一闪地和我们捉迷藏，让我们根本就无法弄清楚到底有多少颗。其实，整个天空我们能用肉眼看到的星星总共不超过7000颗。如果我们借助望远镜，情况就不同了，哪怕用一台小型天文望远镜，也可以看到5万颗以上的星星。现代最大的天文望远镜能看到10亿颗以上的星星。其实，天上星星的数目还远不止这一些。宇宙是无穷无尽的，现代天文学家所看到的，只不过是宇宙的很小很小的一部分。

每个行星都有引力场，恒星也是。太阳系就是靠着这种引力维持了八大行星的正常运转，包括地球围绕太阳运转。

夜空中的恒星距离地球太远了，以至于它们与地球之间的万有引力非常微弱。但如果它们靠近地球，地球就会飞向恒星，因为恒星的质量一般都比地球大得多。

恒星不会坠落在地球上，但是有时陨石会——这些石质或冰质物体被地球引力拉入地球，与大气摩擦产生火焰，划过天际的一瞬间形成一条亮线，被人们形象地称为“流星”。

我想知道天到底有多高

天有多高呢？这确实是个不好回答的问题，因为不同地方的天有不同的高度。比如我们头顶的天显得很高，看起来似乎没个尽头似的，然而当我们极目远眺的时候，会发现原来远处的天空还没有一棵大树高。所以，我们似乎可以得出一个结论，天是半圆形的，而地是方形的。

知识档案

盖天说和浑天说

我国古代的人们对天地的认识是非常模糊的，不清楚什么是天，什么是地，只知道天在上面，地在下面。后来经过长期的观察和琢磨，春秋时期有人提出“天圆地方说”，意思是地像棋盘一样是方的，天像锅一样倒扣在地上面，天和地形成半个球壳。

后来古人又对“天圆地方说”进行了修改，认为天像一个斗笠，中间高、四周低地盖在地上，而地也像一个倒扣的大盘子，也是中间高四周低。这些说法都把天看成一个盖子盖在地面上，所以统称为“盖天说”。

但是“盖天说”不能解释为什么太阳从西边落下了，却又从东边升起了这样的问题，所以后来又产生了新的天地观念，叫作“浑天说”。浑天说认为，天和地的关系，就像是鸡蛋壳和鸡蛋黄的关系一样，天包裹着地，形成一个浑圆如同弹丸的形状，所以叫作“浑天说”。“浑天说”能很好地说明日月星辰一天的运动和太阳的周年运动，便于古人进行天文观测和编订历法。虽然“浑天说”与事实情况还有很大的差距，但是在工具简陋的古代，能提出这样的观念也是难能可贵的了。

如果要问天有多高，那么首先要说明是什么地方的天，如果是远方的天，那么它就约等于一颗大树的高度。

怎么样，对于这个答案你满意吗？它看起来好像很有道理哦。我想你一定会笑出声来的，“天圆地方”这是古人才有的观念呀，现在都什么年代了，连小孩都知道地球是圆的了。而且无论在什么地方，天的高度都远远不是一棵大树所能丈量的，远方的天没有大树高，那不过是一种错觉罢了。

⊙ 天球仪是一个表述各种天体坐标和演示天体视运动的天球模型。球面上标有亮星的位置、星名、国际通用的星座以及几种天球坐标系的标志和度数。天球仪上还绘有赤道圈、赤经圈、赤纬圈和黄道圈。

其实，古人所说的“天高”，实际上指的是地球到太阳的距离，因为远远看上去太阳就像是挂在天空上一样。那么到底怎样测量地球到太阳的距离呢？西汉时的《周髀算经》上介绍了一个方法，就是利用不同地方日影的长短不一，根据三角形的勾股定理来测量，结果用这个方法测量出来的天高是4000千米。古希腊的时候，有一个叫作阿里斯塔克的天文学家也测量过天高，他利用的是太阳、月亮和地球三者之间的位置关系，最后测量出来的结果是：地球到太阳的距离是地球到月亮距离的18 ~ 20倍。

今天看来，古人测算出来的数据并不准确，因为根据现代科学家的测算太阳到地球的平均距离是149597870千米，约等于1.5亿千米，相当于地月距离的400倍！

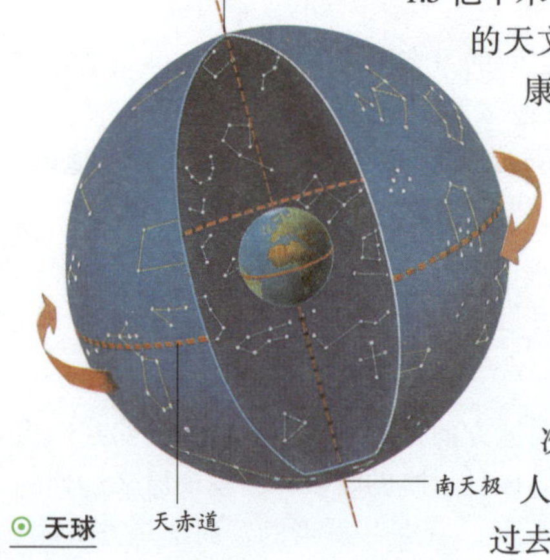

⊙ 天球

1.5亿千米，这对于没有出过“远门”的地球人来说，是难以想象的天文数字。打个比方吧，如果在地球和太阳之间铺成一条康庄大道，一个人以5000米 / 小时的步行速度向太阳进发，那么他需要不停地走3500年才能到达目的地，也就是说一个人从三国时期就开始出发，走到现在也不过仅仅走了一半的路程。如果地球和太阳之间有一条标准的铁路，一辆高速列车以100千米 / 小时的速度行驶，也需要170年才能从地球到达太阳。1.5亿千米的距离，就连声音也要走很长时间，如果太阳上某一天发生了一次大爆炸，而且这个爆炸的声音能够传到地球上，那么人们听到这个声音的时候，距离爆炸发生的时间大约已经过去了14年。

我们知道，世界上跑得最快的东西就是光了，它的速度约为30万千米/秒。以这个速度来计算，太阳发出的光到地球要用8分19秒，也就是说我们现在感受到的阳光是太阳在8分19秒以前发出的，而我们现在所看到的太阳也是它8分19秒以前的样子。

如果我掉进黑洞中会发生什么事

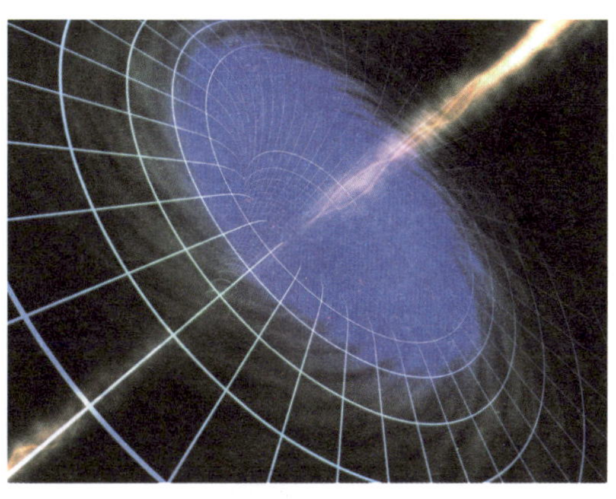

⊙ 图中是一位艺术家对想象中黑洞的描绘。黑洞可以吸入任何种类的物质。有些科学家认为在每个星系的中心都存在一个黑洞。

首先，你必须明白你再也出不来了。当你刚一接近黑洞时，你根本不会有什么感觉。就像绕地球轨道运行的太空人，你将处于“自由落体”状态，并且你身体的每一个部分都将处在同一个重力的影响下，你会感觉到失重。但是，一旦你开始接近黑洞那巨大的引力场——大概距黑洞中心80万千米，你会感受到什么是所谓的黑洞潮汐力。如果你进入黑洞时碰巧是脚先下去，你的脚将会比你的头感受到更大的拉力，而你会有被撕扯的感觉。当到你的身体快要发出“砰”的一声这个临界点时，一切将变得更糟，那就是你生命的终点了。

这将很可能发生在你穿过一个被称为黑洞边界的东西的时候。此时你必须要让你的运动速度和光速相等。所有的引力场都有一个脱离速度，在地球上，这个速度就相当于火箭进入太空的速度。一旦你来到了黑洞边界，为了逃离，你需要跑得比光速还要快，而那是不可能的事。因此一旦你到了黑洞边界，就必然再也出不来了。

到达宇宙边际要多久

其实你绝不可能到达宇宙边际。不能到达的原因并不是你会在达到旅程的终点之前就已经死亡，而是这个旅行本身就没有终点。目前得到普遍认可的理论是宇宙正在膨胀，而且将继续膨胀下去。而由于这种膨胀，宇宙远方的星系看起来像是以一种非常接近于光速的速度向后退去。所以，以现代技术可能达到的速度（航天飞机的速度大概可以达到2.8万千米/小时）你可能永远也追不到膨胀中宇宙的边界。这是一场你绝不会赢的赛跑。

可以这么说，宇宙实际上是没有可触及的边界的。就像很多观点所指出的，如果宇宙是弯曲的，那么它会自己向后折叠形成一个没有任何边缘的形状，就像地球的表面一样。如果你在地球沿着一个方向行进，最终你将会回到起点。这种理论用于太空或许也是一样正确的——如果你沿着一个方向行进得足够远，你将回到你出发的地点。即使宇宙没有倾斜到自身向后折叠起来的程度，你仍然不能到达它的边界，因为宇宙是无限的。

让我们忘掉宇宙正在膨胀和宇宙的形状，坐上航天飞机并以14万千米/小时的速度朝我们所能看到的最远的100多亿光年千米以外的物体飞去。令人沮丧的是，计算结果将告诉你，你的旅程时间将是75万亿年。当看到这个结果的时候，请记住宇宙的年龄已经远远超过150亿年了。

为什么天体都是球形的

天体并不都是标准的球形，它们只是看上去像是球形，或者说几乎呈球形罢了。

地球就是一个两极稍扁的扁球形；木星和土星由于其极高密度的大气，因而它们的两极看上去更扁。

恒星、行星和其他天体之所以都是球形，而不是正方形或是其他奇形怪状的样子，完全是万有引力作用的结果。

任何物体都会对其他物体产生吸引力。依据牛顿定律，万有引力的大小与两个物体间距离的平方成反比，而与物体相互间的位置无关。因而，有限多个不均匀分布的、大小一样的粒子总是倾向于聚在一起形成球状的团。在行星和恒星形成的过程中，同时还有许多其他力的作用。

假设在宇宙大爆炸后一段时间里，有大量不同的粒子不均匀地分布于宇宙空间中，由此形成了一大片分布不均的物质云，在这片物质云中，粒子彼此吸引，但整体的万有引力却没有达到平衡，就仍有某种扰动力使其旋转。特别地，可能因此而得到一颗伴星，那么两个天体间就有引力相互作用。当然，这其中还涉及电磁学、摩擦和热学等各方面的复杂问题。

这时，分散的物质云在引力的作用下逐渐聚合在了一起，同时由于其本身的非均一性和某些外力的作用而开始自转，于是便形成了一个大致的（不是完美球形的）旋转天体。它的形状将取决于其自转速度的大小，自转速度越快，其形状就越趋近于扁圆形。此外，这个天体的形状也与其组成物质的密度相关。

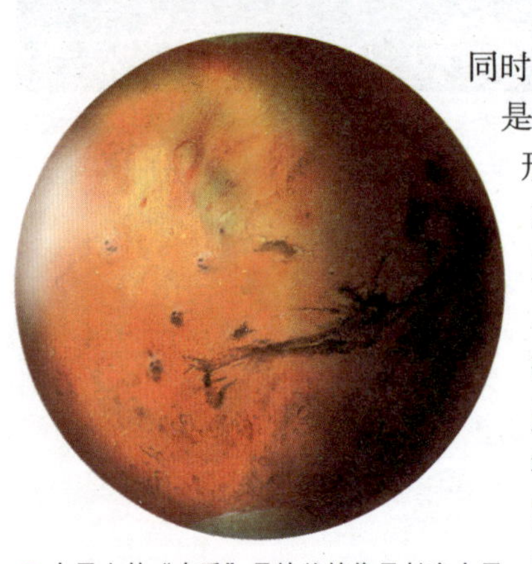

⊙ 火星上的“水手”号峡谷就像是长在火星表面上的一道巨大的疤痕。

如果假设有一个呈标准球形的台球，在旋转中它会保持自己的外形近乎为球形；但若是一个旋转着的充水气球，则会呈两头扁、中间凸出的扁球形。事实上，天体大都有很大的质量和很高的自转速度，赤道附近的物质很可能会因此被甩离该天体，给它来一次“瘦身运动”。被甩脱的“赘肉”可能会四处分散开来，在某些情况下也可能会通过类似的过程形成一颗球状的卫星。

恒星的颜色从哪来

淡黄色的太阳是离我们最近的恒星。宇宙中的恒星可不都是淡黄色的，它们的颜色五彩斑斓，一颗颗恒星就像珠宝盒里五颜六色的珠宝一样。

恒星的颜色取决于它们自身的温度。光是以波的形式传播的辐射，相邻波峰之间的距离就叫作光的波长。光波很短，短到什么程度呢？如果将 1 英寸分成 25 万份，那么一个光波的长度仅相当于其中的几份加起来那么长。

但无论光波多么短，它的变化却足以引起人们视觉上的很大差异，因为波长的变化反映在人眼里就是颜色的变化。比如，红光的波长约是蓝光的 1.5 倍。而各种波长（也就是各种颜色）的光混合在一起就是白光。

日常生活中我们可以发现，当物体的温度改变的时候，它的颜色也会变化。比如，一块冷的烙铁是黑色的，把它放进火炉里，一会儿工夫，它的表面就慢慢变成暗红色——加热时间越

长就越红。如果继续加热，在熔化之前，它会依次由红变成橘红、黄、白，最后变成蓝白色。

科学家已经发现了物体颜色与温度之间的关系，即温度越高的物体，来自它的辐射的能量越大，波长越短。我们知道蓝光的波长比红光短，所以能发出蓝光的物体就一定比发红光的物体热。

恒星中的热气体原子发射出光粒子——光子。气体温度越高，光子的能量越强，波长越短。所以，最热、最年轻的恒星会发出蓝白色的光。随着恒星上的核燃料慢慢消耗掉，它们的温度也慢慢降下来，所以年迈的恒星温度都比较低，通常会发出红色的光。而介于两者之间的中年恒星就会发黄光，比如太阳。

⊙ 恒星发出的光从四周气体云反射出来，使这一部分天空色彩缤纷。

太阳距离地球只有 1.5 亿千米，我们可以轻而易举地看出太阳的颜色。但是有些恒星距离地球上万亿千米，比太阳远得多，即使用目前最大倍数的望远镜也很难分辨出它们的颜色。因此，科学家们让来自恒星的光通过一种特殊的过滤器，或者通过一种叫作滤光镜的光学仪器，这些仪器能够显示出来自某个恒星的光里每种波长的光各有多少。

天文学家们可以通过标出什么光的波长强度最高来确定恒星的整体颜色。只要知道了恒星颜色,就可以利用简单的数学换算公式来推断恒星的表面温度,还可以进一步估算出恒星的年龄。

太空为什么是黑的

地球上，白天的天空是亮的，这是因为空气分子能够反射阳光，就像一面面小镜子。但是在月球上没有大气层，所以天空一片漆黑，连星光也消失了。同样的道理，宇宙空间本身也是空荡荡的，几乎没有能够将光线反射进我们眼睛里的物质，所以我们看到的空间就是黑暗的——即使太阳周围也是漆黑一片。

但是关于宇宙的黑暗仍然存在着疑团：宇宙中所有的天体发出的光为什么不能合在一起形成明亮的光？天空为什么会在晚上变黑？

托玛斯·迪奇斯是 16 世纪的天文学家，他当时也研究了这些问题，他认为宇宙是无限的，宇宙在各个方向上拓展，在这个无尽的空间里，有无数颗恒星。但是按照他的推理，如果宇宙里充满了恒星，天空被星光笼罩，那么夜空将和白天一样明亮。然而事实并不是这样。迪奇斯终其一生都没能解开这个难题。

⊙ 夜晚，我们看到的天空是黑的。

19 世纪，天文学家威尔海姆·奥伯斯也花了许多年来思考同样的问题，所以后来关于天空为什么是黑暗的问题也以他的名字命名为“奥伯斯佯谬”。奥伯斯考虑了很多种可能，最后认为原因是宇宙空间里的尘埃：或许我们看不见远处恒星发出的光，是因为宇宙中的尘埃吸收了这些光。

但奥伯斯死后，天文学家们计算了所有恒星发光的总和，结果发现，这个能量足以让挡在半路的所有尘埃升温发光。也就是说，夜空在闪亮的尘埃的照耀下也应该变得一片光明。于是，问题又回到了起点。

1952 年，亨曼・邦迪的《宇宙学》一书首次提到了奥伯斯佯谬。邦迪是稳恒态宇宙学的支持者。与大爆炸宇宙学不同，稳恒态宇宙学认为宇宙永远存在着。在一个永存的宇宙中，爱伦・坡对奥伯斯佯谬的解释，即遥远的星光还没有抵达地球，就行不通了。如果宇宙的年龄是无限的，天文学家就应该能看到无限远处，然而事实并非如此。

为此，稳恒态理论的支持者试图用宇宙膨胀来解决这个问题。膨胀的空间会使穿行其中光的波长变长或者红化，因此光传播得越远，红移就越大。红光的光子能量比黄光或是蓝光来得低，红移会减弱来自遥远星系星光的能量，所以夜空是暗的。

虽然这是一种进步，但是红移无法解释奥伯斯佯谬。它仅仅在稳恒态宇宙学中适用，而这一宇宙学模型并没有被天文学家广为接受。在大爆炸宇宙学中，膨胀的空间对夜晚的黑暗不起什么作用，即使宇宙停止膨胀，夜晚仍将是黑的。

显然，事实是夜晚被黑暗笼罩。一定是这个理论有问题。关键是，问题出在哪里？迪奇斯、奥伯斯和其他天文学家都认为在无限大的宇宙中有无数颗恒星。但事实上，他们错了。

美国马萨诸塞大学的爱德华・哈里森在他《夜的黑：宇宙之谜》一书中写道：宇宙中的恒星数量并不足以覆盖整个天空，所以夜空是黑的，其实宇宙本身也不是无限大的。

哈里森认为，在可观测的宇宙中，所有恒星所产生的能量是非常小的。其计算表明，若要照亮夜空，可观测宇宙需要的能量为现今的 10 万亿倍——每颗恒星的发光度要上升 10 万亿倍，或者恒星的数目要增加 10 万亿倍。另外，恒星不可能永生，就算宇宙无限老，夜空仍旧是黑暗的，原因是恒星总是会死亡的。这种观点得到了很多天文学家的认可。

早在 100 多年前，科学家就解释了为什么天空是蓝的，但是看似更简单的问题——夜空为什么是黑暗的，却直到 20 世纪才揭开谜底。

太空中是否有很多垃圾

简单来说，太空垃圾就是在人类探索宇宙的过程中，被有意无意地遗弃在宇宙空间的各种残骸和废物。

别小看了这些零零碎碎的太空垃圾，据统计，直径大于 1 厘米的空间碎片数量竟然超过 11 万个，而大于 1 毫米的空间碎片超过 30 万个。太空中为什么会有这么多的垃圾？其实，归根结底都是我们人类自己制造的——50 多年的太空开发给我们头顶的天空留下大量垃圾：火箭推进器残骸、人造卫星碎片、脱落的油漆，甚至一只宇航员的手套。

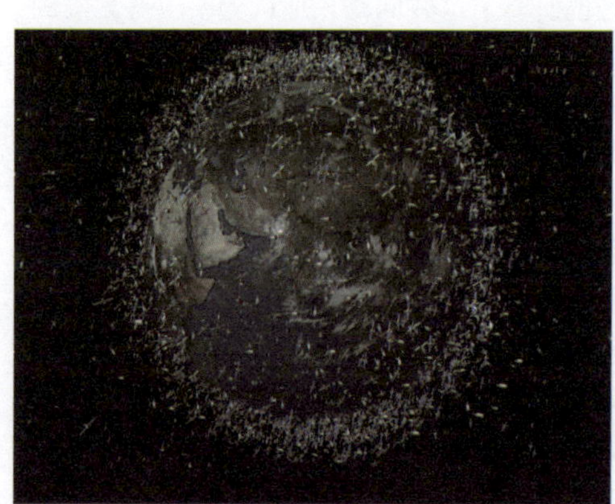
⊙ 太空垃圾电脑模拟图

太空垃圾小到由人造卫星碎片、漆片、粉尘，大到整个火箭发动机构成。不要小看这些太空垃圾，由于飞行速度极快（6 ~ 7 千米 / 秒），它们都蕴藏着巨大的杀伤力，一块 10 克重的太空垃圾撞上卫星，相当于两辆小汽车以 100 千米的时速迎面相撞——卫星会在瞬间被打穿或击毁！而且人类对太空垃圾的飞行轨道无法控制，只能粗略地预测。这些垃圾就像高速公路上那些无人驾驶、随意乱开的汽车一样，你不知道它什么时候刹车，什么时候变线。它们是宇宙交通事故最大的潜在“肇事者”，对于宇航员和飞行器来说都是巨大的威胁。好在目前地球周围的宇宙空间还算开阔，太空垃圾在太空中发生碰撞的概率很小。

20世纪60年代以前，没人听说过太空坠落物，但是自1973年以来，每年有数百块太空垃圾坠落地球。但由于其在经过大气层时与空气产生了急剧摩擦，使得这些垃圾在未通过大气层时就自我燃烧殆尽，在大气层的保护下就自我毁灭了。万幸的是，迄今没有大型的太空垃圾坠向地球，因此也尚未伤人。

天上没有太阳会怎样

“如果有一天太阳不见了该怎么办呀？”这个问题看起来很好笑，但是如果真的发生了，确实是个可怕的事情呢！事实上太阳总有一天会熄灭的，就像一根蜡烛总有燃尽的一天，但是这一天可能要到50亿年以后才会到来，也许在那以前，人类早已搬到另一个“太阳”的旁边去居住了，所以我们大可不必对此太过担心。

太阳是一个巨大的炙热的星球，重量约为地球的33万倍。据科学家们分析，太阳的存在已经有50多亿年历史了，在这段漫长的时间内，它像一个无私的奉献者一样，不断地向四周散发着光和热。它看起来永远明亮而热烈，似乎与以前没有任何分别，但是事实上与我们所见过的所有事物一样，太阳无时无刻不在发生变化，它在不断地衰老。再过几十亿年，在太阳的寿命快要结束的时候，它会变成红色，体积要比现在膨胀许多倍，成为“红巨星”，那个时候如果地球上还有人类存在的话，他将会看到红红的太阳占满整个天空的惊人景象！但这个人要有不可思议的耐高温的本领，否则他将会被轻而易举地烤化，因为那个时候虽然太阳的绝对温度降低了，但是因为体积巨大，其所释放出来的热量还是要比现在多很多倍，足以使海水沸腾起来！再往后，太阳会逐渐冷却缩小，变成一个亮度和体积都非常小的白矮星，最终在天空中消失。

知识档案

超新星

宇宙中的星球并不是都像太阳一样燃烧得很缓慢，有些体积大、温度高的星球常常以极快的速度燃烧殆尽，这种星球就是所谓的超新星。超新星燃烧完大部分燃料以后，表面会化成碎片分散开来，形成多姿多彩的星云围绕着星球的核心，这叫作超新星爆发。超新星在爆发时非常明亮，以至于人们在大白天也能轻易地发现。超新星非常罕见，银河系里面最近一次出现超新星还要追溯到1000年以前。透过天文望远镜，你可以发现那次超新星爆炸所形成的星云至今仍在四处飘荡，被人们称之为“蟹状星云”。一颗体积巨大的超新星爆炸后，其核心有时候会无限地收缩，最后形成一个体积趋近于零的神秘天体——黑洞。

太阳会永远发光吗？

1. 在50亿年前，太阳和太阳系其他星体一起诞生。从那时到现在，它一直稳定地发光。
2. 再过50亿年，太阳将会膨胀变热，地球上的海洋将会因蒸发而干涸，生物将会灭绝。
3. 随着太阳不断变热变大变红，地球将被烧成灰烬，被太阳外层吞噬。
4. 逐渐地，红色的超大型太阳又开始收缩，最后变成与地球差不多大小的白矮星。

居住在火星上会怎样

火星是太阳系的行星之一，而且它还是地球的近邻，因此它和地球有许多相同的特征。比如火星也有卫星，火星上也有明显的四季变化，有移动着的沙丘和大风所扬起的沙尘暴。火星的两极甚至还有白色的冰冠，只不过这些冰冠是由干冰组成的。火星自转一周的时间约为 24 小时 37 分，轴心的倾斜角是 25° ，这些都和地球相差无几。既然和地球如此相似，那么人类要是居住在火星上会怎么样呢?

⊙ 在未来 300 年内，人类有望在火星上建立第一个“基地”。

如果你已经迫不及待地要移居火星，那么在整理行装之前，你最好了解一下火星和地球有什么不同，这或许会让你改变主意。火星绕太阳公转一周所用的时间比较长，火星上的一年大约是地球上的两年，也就是说火星上一个季节的长度大约相当于地球上半年的时间。当然，这对你来说可能并不是什么不可适应的问题，况且火星上的夏季气温非常宜人，只有 20℃左右，比老家地球上凉爽多了。但是，一旦到了冬季你可能就会怀念地球的生活了，因为火星上冬天的温度能够达到 -140℃，没有什么词汇能够形容这种温度带给人的寒冷感受，因为没有人有过这样的经历。火星上的冬天之所以这么寒冷，是因为火星的大气层既稀薄又干燥，留不住多少太阳的热量。

火星大气层的主要组成成分是二氧化碳和红色的细微尘埃。因为有大量的细微尘埃存在，火星的天空呈现出美丽的粉红色，和红色大地连成一片，这种景象十分壮丽。居住在火星上，不管你情不情愿，在欣赏美景的同时，必须带上一个笨重的氧气罐。因为，火星的大气中氧气含量太低，根本不适合生物呼吸。

居住在火星上，你将不会有雨中漫步的浪漫，火星上从来不下雨，因为火星上没有水。虽然火星上有干涸的河床的痕迹和许多水滴型的岛屿，但是这些只能说明在遥远的远古时代，火星上存在过液态水，而且水量特别大，这些水在火星的表面上汇集成一个个大型湖泊，甚至是海洋。现在，科学家们经过多方探测，已经得出了火星上极度干旱的结论。

因此，对于地球生物来说，火星上的自然条件太过恶劣。在现在的科学技术水平下，人类根本无法在火星上生存。但是，随着科学的发展，人类在火星居住的梦想，也许最终能够实现。

为什么冥王星会从行星降格为矮行星

冥王星是太阳系中距离太阳最远的天体，曾一度被认为是太阳系的第九大行星。它的体积很小，距离我们又很远，所以我们对冥王星的了解并不是很多。冥王星的表面可能主要由氮冰

⊙ **最远的行星**

冥王星离太阳太远，在冥王星上看太阳，太阳就像一个小亮点。

构成，绕日公转周期约为248个地球年。在冥王星上永恒的暮色中，太阳看起来就像是一颗比较明亮的普通恒星。站在冥王星上，你绝对不会感觉到太阳与其他普通的恒星有什么差别。

不过，有时冥王星与太阳之间的距离比它的近邻海王星要近，也就是说，有些时候海王星才是距离太阳最远的行星。1979年，冥王星穿越了海王星的轨道，这就好像一辆车从另一辆车眼前斜插过去。

其实，早在几十年前，科学家就发现，冥王星的轨道与太阳系中其他行星的轨道不同，其余8个行星的轨道几乎在同一平面内，类似于以太阳为中心的一系列同心圆（事实上没有任何一条轨道是正圆）。而冥王星的轨道平面则明显与其他八个行星的不重合，于是在绕日旋转的同时就免不了跨越海王星的轨道，所以它时而在八大行星的头上，时而又沉到它们的脚下。

后来，越来越多的天文学家开始重新思考冥王星的身份问题，它们觉得将冥王星划分为行星似乎有些不妥。原因是冥王星的体积太小。我们知道太阳系的前四大行星——水星、金星、火星和地球——都是体积较小的石质星球，接下来的四颗行星——木星、土星、天王星和海王星——是体积庞大的气体星球。冥王星的体积与月球差不多大，与外太阳系的大个头的邻居们相比，这个尺寸小得离谱。冥王星的卫星卡戎的体积大约是冥王星的一半，从这个尺寸来看，卡戎更像是冥王星的姊妹星，而不是卫星。

所以质疑的观点认为，冥王星和卡戎不属于九大行星体系。冥王星是类似于行星的星体，但却不是行星。冥王星和卡戎都是外太阳系边缘许许多多的准行星中的成员。还有些天文学家认为在冥王星和卡戎之外还有成千上万的“冥王星”。

2006年8月24日，国际天文学联合会第26届大会通过决议，冥王星被降格为“矮行星”，而其他许多同类的星体也被命名为“矮行星”。这些星体距离我们非常遥远，而且是黑暗的，所以很难被发现，它们都在外太阳系很远的地方绕日旋转。

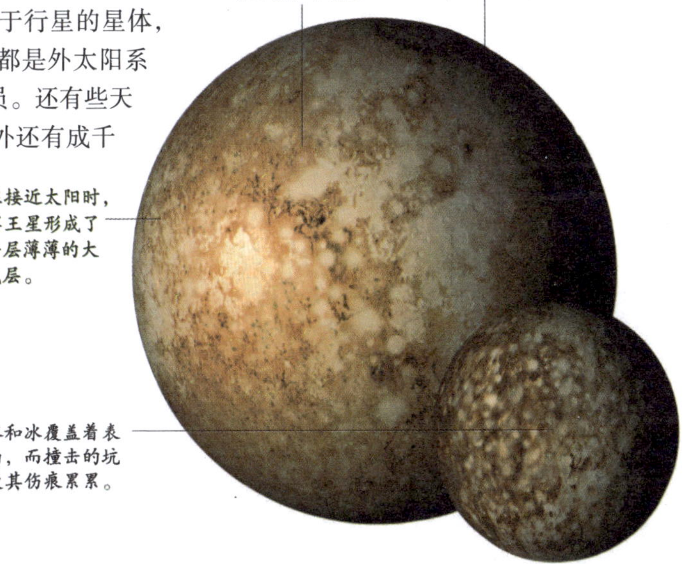

⊙ 冥王星及冥王星卫星

除了地球，其他星球上会下雨吗

地球上下雨不是什么稀罕事，我们经常会看到乌云密布，雨从天降。在太阳系的其他行星上也有云团和风暴，但是这些云团却不是由水蒸气组成的，而是其他的化学物质或混合物。每颗行星都有其独特的大气和天气。

水星是距离太阳最近的行星，是一个火山密布、干旱荒凉的世界，这里的大气很稀薄，甚至难以察觉。水星上没有云，也没有雨。

金星是我们的近邻，有厚厚的云层，还有穿过云层的闪电。由于厚厚的云层包裹了整个星球，挡住了我们的视线，科学家们曾经猜想云层之下的金星或许是一个潮湿、多沼泽、丛林密布的世界。

不过现在我们知道，这颗姐妹行星是一个岩石质的星球，正午温度高达480℃。

金星上有真正的“酸雨”。黄色的云团不是由水分组成的，而是硫酸。下“雨”的时候，酸液滴从云层中掉下来，但是在480℃的环境中，液滴还没有落到地面上就蒸发掉了。

火星，离太阳第四远的行星，是人类迄今为止发现的与地球最相似的行星。今天的火星上覆盖着稀薄的大气层。从“海盗”号火星宇宙飞船送回的照片上看，火星的表面与美国西南部的沙漠地区很相似。在火星上的冬季，二氧化碳组成的云团飘在红色的平原上，岩石上有霜层覆盖。早上，山谷里会漂浮着薄雾。雾是火星上与雨最接近的天气现象。

知识档案

金星数据
赤道直径：12100千米
平均日距：1.08亿千米
距地球最小距离：0.42亿千米
自转周期：243天
公转周期：225天
表面温度：480℃
卫星数：0个

在火星上可以找到类似于河床的痕迹。科学家们猜测，这里曾经有河流，但现在干枯了。他们认为，几十亿年前火星上有很厚的大气层，雨水可能很充足。今天，这些水储存在了火星极地地区的冰盖里，或是岩石和土壤里。

离太阳第五远的行星——木星，与金星截然不同。木星是一个不停旋转的气体球，主要由氢气和氦气组成。在木星的中心，也许存在一个固体核，淹没在氢气海洋之中。木星的周围环绕着彩云带。有些云团可能是由水汽组成的，但大部分云团不是，它们很可能是由带有刺激性气味的氨冰组成的。有些行星专家认为木星上会有风暴，而且有时很猛烈。木星上的雨滴（或雪花）可能是由氨晶体形成的，但是在落到木星表面的氢气海洋上之前，这些冰晶就会液化，然后蒸发到空气中。

土星是太阳系中另一个巨大的气体星球。土星上的环境与木星的很相似。

天王星也是一个气体星球，它的表面也覆盖着厚厚的云层。有些云团的主要成分是甲烷（天然气），看起来很像是地球上雷雨云的放大版本。这些云团耸立在天王星的上空，形状像铁匠使用的铁砧。天文学家说，液态甲烷滴会从云层中掉落下来，但在降落的过程中就蒸发了。

遥远而神秘的海王星也是由气体组成的。海王星的云层由甲烷冰组成，但科学家们对这里的天气状况却几乎一无所知。

当然，人类寻找天气现象的目光并不只限于这八大行星。泰坦是土星的最大一颗卫星，有时，甲烷雪花会从红色的云层中飘下来，落在由甲烷或氮气组成的海洋里。

⊙ 为什么金星看起来有许多云雾

地球上，我们看不到金星的表面，因为它的大气层中有许多稠密的云雾。这些云雾跟我们在地球上看到的云雾不同。地球上的云雾是由小水滴构成，而金星上的云雾是由小硫酸滴构成。许多年来金星上有大量火山爆发，产生的硫物质进入大气层，形成了硫酸。硫酸是我们知道的最强的几种酸之一。

为什么地球没有像土星环那样的环呢

土星并不是唯一一个有环的行星，木星、天王星和海王星也有，不过和土星环不同的是，它们的环在地球上看不见。在太空船“旅行者”1号和“旅行者”2号探索之后，我们才知道了它们的存在。有趣的是，这些环都是为称作气体巨星的外行星所有的，而且天文学家们现在相信所有环绕这些外行星的环都有一个相同的形成过程。关于它的形成过程有两种推测：第一种推测认为环是由靠近行星的小行星碰撞所产生的石块和尘埃组成的，土星及其卫星的引力将石块和尘埃捕捉成为我们现在所看到的环状物。第二种推测指出，当这些行星由微粒和气体云形成时，不是所有的微粒和气体都被行星所采集。换句话说，环只不过是行星形成时的残留物。现在如果天文学家们可以查出行星环中岩石的年龄，他们就可能证明哪种推测是正确的。大部分人都相信第一种猜测是正确的，因为木星、天王星、海王星的环都是那么地暗淡。他们认为土星环是仅有的亮环，因为它们是“最近”的（在天文学的术语里，“最近”意味着是几百万年以前）由于流星的碰撞而形成的。其他行星的环没有那么明亮是因为它们形成的时间较长，而且大部分环中的块状物已经被吸进了行星里。

沙尘物质
氨气薄雾
氨冰云
空白区
硫化铵
水汽和冰结晶
空白区

土星的大气层

为什么地球没有环呢？要形成行星环首先需要材料来源，而且这些材料不能太远，不能超过3倍行星半径——那将比卫星还近。关于木星，看起来它的光环似乎是由流星碰撞到距木星很近的卫星上，爆炸所产生的碎片组成的。

另一个需要考虑的因素是太阳风的能量。太阳风是太阳向外释放的能量不断流动所形成的能量风。由于我们距离太阳较近，因此与其他距离太阳远的行星相比，太阳的能量风对地球的影响要更强烈。它会轻易地卷走任何试图绕着地球运转的小微粒。

即使地球拥有了光环的材料来源，它们也将会相当灰暗，因为任何明亮的冰块（土星环的主要构成物）都会被太阳的热量所蒸发。它们不会持续很久的另一个可能的原因是日潮和月潮是相当强的，最后一定会将环的体系打乱。如果我们可以捕获一颗小行星并且使它在适当距离的轨道上解体，地球可能在短时期内拥有环，但这显然不会维持很久。

土星

月球为什么离我们越来越远

月球与地球之间的距离为36.2万～40.3万千米，这个距离是时刻变化的，因为月球绕地球运动的轨迹不是正圆形，而是椭圆形，有点像鸡蛋的形状。

其实，月球正在慢慢地远离我们，大约每年3.8厘米，那么几万年之后，地球上的人们看到

⊙ 从 1969 年 7 月到 1972 年 12 月，人类共有 6 次登月活动，共有 12 名宇航员登上月球表面。

知识档案

月球漫步

当1969年宇航员登上月球的时候，他们发现月球上满是悬崖峭壁和宽广的平原，很多地方完全被白色的细小灰尘所覆盖。这些月尘是许多年之前月球表面在陨石的撞击下碎裂而形成的。由于月球上没有大气、没有风、没有雨雪，所以月尘不会四处飘散，宇航员在月球上留下的脚印就可能按原样保存百万年以上。

的月球将比今天的小。也许有一天，月球会彻底离开地球，但这种情况的可能性不大，因为月亮与地球之间的引力作用会平衡二者之间的距离。

任何运动的物体都有维持直线运动的趋势，这种性质叫作惯性，所以，做圆周运动的物体总有逃逸的趋势，也就是离开圆形轨道向着切线方向笔直地飞出去，就好像有力朝向远离圆心的方向拉着它，这个力就叫作离心力。如果你在游乐场里玩过快速旋转的电动玩具，或者坐过急转弯的汽车，你就会有体会了。围着地球转的月亮也有远离地球的趋势，但它受到的离心力刚好与地球对它的万有引力相平衡，所以它一直待在轨道上。

现在，月球围绕地球公转一周需要 27 天。但是 28 亿年前，当月亮离地球比现在近得多时，它绕地球转一周只需要 17 天。位于美国亚利桑那州的图森行星科学研究所的一位研究员克拉克·查普曼认为月球与地球之间距离曾经甚至比这还短。依据查普曼的说法，在 46 亿年前，地球和月亮形成之初，月亮围绕地球旋转一周只要 7 天时间。那时，如果有人在地球上能看见月亮升起的话，他会在地平线上看见一个巨大的月球。

有趣的是，是地球上的潮汐现象使月球距离我们越来越远。月球的引力作用于地球上的海水，但地球不是静止的，它不停地自转，当地球上朝向月亮的海平面受月亮吸引升高时，这片海域同时随着地球的自转远离了月球。这部分涨潮海水的万有引力对月球有吸引的作用，但这片海域又不是正对着月亮的（因为地球自转），月球就被拉向了前方。这相当于拉大了月亮的公转轨道。

随着轨道慢慢变大，年复一年，月球就离我们越来越远了。虽然这个变化是非常微小的，但是日积月累，几百万年以后，月球也许会最终脱离地球的引力场，进入它自己绕太阳运转的轨道。但这种情况出现的可能性很小，因为潮汐同样会影响地球。海水的波动会削减地球自转的速度，一百年的时间就可以让一天延长半分钟（这么说，几十亿年前，一天大概只有 6 个小时）。

照此推算，几百万年后，地球自转一周的时间会与月亮绕地球公转一周的时间相同，也就是说，一天和一个月的时间是相同的。当然，那个时候的一天要比现在的 24 小时长得多。

一旦地球自转与月球公转同步起来，海潮就可以时刻对准月亮了，这样月亮就会开始被拉回地球的方向。从此，整个过程发生逆转，潮汐的运动将滞后于月球，使月球轨道慢慢缩小，从地球上看到的月球又会慢慢地大起来。

如果月球消失了，我们还能生存吗

月球正在逐渐离我们远去，不过它的速度不会快到要使我们担心失去它的程度。每年地月之间的距离会增加 3.8 厘米——很难注意到的变化。

但是如果月球突然间消失了，那就是另一种情况了，首先变化的是由月球引力导致的横跨地球的潮汐运动将不再发生，那将对海上贸易产生严重的影响。

还有人认为地轴的倾斜度是由月球的存在所控制，如果那种影响力被移走，那么日夜的长短将发生戏剧性的变化，季节的循环也同样会产生变化。毫无疑问，随着月球的离去，我们的生活将不会再像以前一样顺利地继续下去了。

我想到其他星球去安家

我们的地球是一个美丽的星球，有蔚蓝的大海，有挺拔的山峰，朵朵白云漂浮在蓝天上，白云下面有多姿多彩的生物。是的，我们热爱这个星球，但是我们更愿意踏上冒险的征程，去寻找更多的家园，也许在那里我们可以欣赏到更加瑰丽的景象！

人类寻找另一个家园的脚步一刻也没有停止，科学家们认为我们应该先从寻找与地球类似的行星开始。因为如果一个星球具有了类似地球的环境，那么毫无疑问，它一定适合我们人类定居。然而，广袤的宇宙中是否存在这类行星呢?

科学家们认为宇宙中应该存在不少这类行星，这一点可以根据被广泛接受的恒星形成理论来推理。恒星形成理论认为，在恒星形成之前，星际空间中存在大量的气体和尘埃，在自身引力的牵引下这些气体和尘埃逐渐塌缩成一个物质盘，随着时间的推移，物质盘中心的绝大部分物质最终形成了恒星，而在离物质盘中心较远的地方，其他少部分物质逐渐形成了行星。这个理论说明，类似太阳系结构的星系在宇宙中是普遍存在的，所以类似地球的行星的存在也就不足为奇了。

在过去的几年，科学家们在太阳系以外的恒星系中发现了一个与木星一样大小的巨行星，这样的巨行星一般不太适合生命存在，因为它非常有可能像木星一样，被厚厚的毒气层所笼罩。但是，即便如此，仍然有许多科学家为这次发现而欢欣鼓舞，因为这个发现从一个方面证明了恒星形成理论的正确。进而说明，我们的地球并不是一个稀奇的星球，在广袤的宇宙中应该散落着无数颗类似的星球。

现在已经观察到的行星中，有几颗巨行星处在恒星的可居住带内（可居住带指的是恒星周围适合生命居住的地带）。有科学家们设想，即便是这些位于可居住带内的巨行星本身不适合人类居住，但是它们的卫星也许具有生物生存的条件，只要这些卫星足够大，拥有一个完美的大气层就可以。但遗憾的是，以我们现在的观测水平，还没有发现这样的卫星。

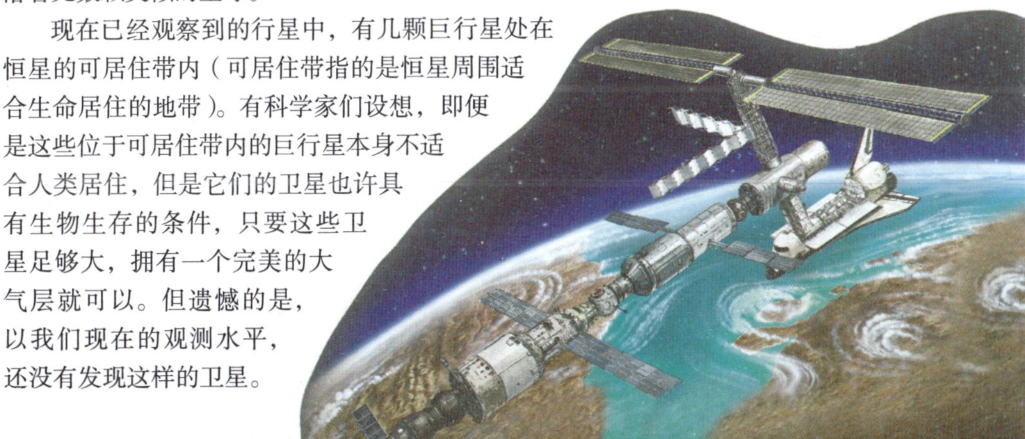

国际空间站

地球上来了外星人会怎样

外星人早已登陆地球了，他们长得奇形怪状，而且大多数情况下不太友好，是一群令人恐惧的家伙。好吧，要问他们来自哪里，在什么地方出现过，做过什么事情，那么请走进电影院吧，那些凶恶的家伙正在银幕上张牙舞爪呢！

不错，我们现在对外星人的印象几乎全部来源于电影，当然那些东西不过是电影艺术家们开动聪明的大脑，想象出来的形象罢了。对这些外星人电影的好奇和兴奋，一定程度上反映了我们渴望了解外星人的心理。但是，这个宇宙中到底有没有外星人呢？如果有，他们会是什么样子的呢？如果他们来到地球，我们该怎样和他们交流呢？

虽然到现在为止，科学家们还没有发现有外星人的确凿证据。不过不要沮丧，同样没有人能够证明宇宙中没有外星人。宇宙中的星球不计其数，其中应该不乏像地球一样能够创造和维持生命的星球。所以，我们有理由相信，在浩渺的宇宙中，在我们还没有深入了解的星球上，完全有可能存在拥有高度智慧的生物，或许他们也在千方百计地寻找我们，或许有一天他们真的会来到地球做客。

在我们的想象中，能够登陆地球的外星人大小应该和我们相当，或者比我们更大。这种印象也许是来自科幻影片的描述，但是却有一定的科学合理性。因为外星人能够来到地球上，必然要制造尖端的飞行器和其他航空设备，这些设备需要高度聪明的大脑来设计，而大脑的聪明程度由脑袋里面所包含的细胞量来决定，而且细胞要有一定的尺寸才行，所以要想拥有和人类相媲美或者更优于人类的大脑，尺寸绝对不能太小。当然，也不能排除聪明的外星人是一种头重脚轻的怪物。

外星人来到地球上，也许会住不惯好客的主人给他们安排的五星级酒店，而宁愿呆在自己狭小的飞船上面。他们或许会认为地球表面的环境太恶劣，需要带着厚厚的防护面具才不至于受到影响；他们也许会觉得地面以下几百米的岩洞里环境不错；或者他们认为海底火山口旁边，温度超过316℃的地方气候宜人。总之，要想招待好挑剔的外星来客，人类事先要了解外星人更适宜在什么样的环境下生存，而要详细地了解，则少不了必要的交流。

外星人来到地球上，我们怎样和他们交流呢？科学家们认为，我们可以通过“数”和简单地图像来和他们交流，因为幼年的外星人或许也躺在妈妈的怀抱里数过星星，所以外星人很可能懂“数”，而且运算规则也应该相差不多，当然他们的进制可能不是人类熟悉的10进制。如果他们的手指是14个或者5个的话，也许他们是14进制或者5进制。此外再辅助一些简单的图形，希望他们能够“看图识字”，弄明白我们的意思。

⊙ 根据目击者描述制作的外星人模型

总之，对于善良的外星人，我们永远愿意做一个好客的主人，因为我们并不想在茫茫宇宙中做一个孤独的智慧生物，如果能有几个亲戚朋友互相走动的话，当然是一件令人高兴的事情了。

第二章
地上地下的神奇——地球

地球是不是标准的正圆球体

17 世纪中叶以前，人们都坚定不移地相信地球是完美的正球形。直到 1672 年，天文学家里奇运用物理学的知识推测出地球并不是一个标准的正圆球体，而是一个两极偏扁、赤道凸出的旋转球体。后来，经过进一步的观察发现，地球的南北半球不对称，南极和北极相比，南极距离地心更近一些。地球更像是一个巨大的梨，所以又有“梨形地球”之称。近年来，人们利用人造地球卫星观测地球，获得了更加精确的数据：地球赤道半径为 6378.137 千米，而地球极半径则为 6356.752 千米，相差不少呢。

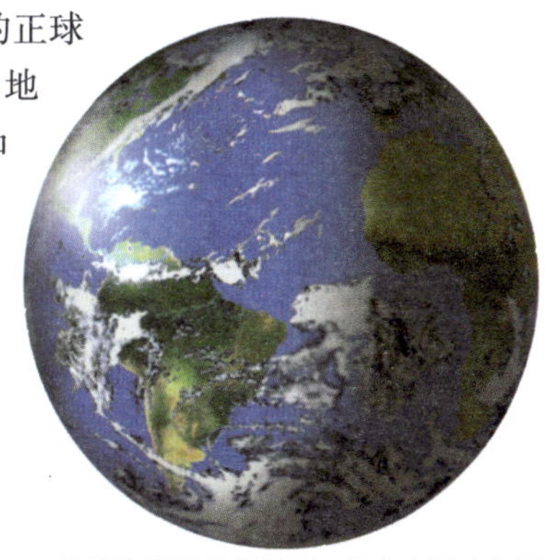

⊙ 虽然地球看似呈圆形，但在赤道南部不远处略有凸出，因此环地轴的距离略小于环赤道的距离。

现在，我们在电视上和照片上早已见识了地球的整体形状。这个巨大的球体上，蓝色的部分是辽阔的海洋，褐色的部分是凸起的陆地，青翠的是地球上的植被，朵朵白云漂浮在表面，背衬着幽深的宇宙，显得那么美丽迷人！

如果脚下的地球飞快地旋转会怎样

想象一下游乐场里面的旋转轮，在它旋转得很快的时候，如果游人不戴好防护设置，就会被狠狠地甩出去。如果我们脚下的地球飞快地旋转起来，那么我们再也不用去游乐场玩旋转轮了，因为地球已经变成了一个巨大的旋转轮，我们必须用坚韧的绳子或者钢索把自己固定在地球上，否则，我们将会被无情地甩到太空中！

地球在绕太阳进行公转的同时，本身也在不停地自转。它的自转速度是每天 1 圈，因为转得较慢，所以我们丝毫察觉不到，其实昼夜交替现象就是地球自转所造成的。现在，假设地球的自转速度变成了每天 18 次，即相当于现在自转速度的 18 倍，这时候如果你还有心情欣赏美景的话，你会在一天之中欣赏到 18 次日出日落，平均 1 个多小时就会经历一次昼夜交替，我想那时候你一定会感慨：时间过得真快，不知不觉又过了一天！

如果地球的自转速度达到每天 18 圈，那么除了位于南北极的人感觉不到以外，其他地区的人和物体如果不把自己牢牢固定起来的话，都将会被甩到太空中去旅游。其中，尤以赤道地区的人最早、最快速地飞出去。为什么出现这种情况呢？我们都有这样的经验：在一个旋转盘的不同位置放一些硬币，然后转动旋转盘，那么最先飞出旋转盘的正是处于最边缘的硬币，而位于轴心的硬币常常无动于衷。地球就像一个旋转盘，它的轴心位置就是南北极，而最边缘的位置就是赤道。

其实，如果地球真的这样快速地旋转起来，赤道地区的人们没有必要自认倒霉，南北极的人们也不必高兴得太早，其他地区的人们即便把自己牢牢地固定在地球上也不大可能逃脱灭顶之灾。因为这时地球表面上的东西都会被陆续甩到太空中去，包括空气和海洋，然后是房屋、沙漠、尘土、森林等，慢慢地地球会越来越小，所有能够维持人类生存的东西都不复存在，所以即使是南北极的人们也将无以为生，地球将变成一个巨大的、毫无生气的陀螺，不再有生命存在！

天空为什么是蓝色的

有时候最简单的问题都是最难回答的。科学家们提出了很多种方案来解释天空为什么是蓝色的，而英国科学家罗德·约翰·瑞利在 100 年前提出的解释是最为合理的一个。

我们必须先弄懂一个问题：照亮天空的阳光是白色的，那么天空为什么不是白色的呢？既然天空是蓝色的，那就说明阳光在通过地球上空的大气层时发生了变化。

白光是由七色光谱组成的。借助三棱镜我们可以看到白光被分成赤、橙、黄、绿、蓝、靛、紫七种色带，这七种颜色的光混合起来就变成了白光。

所以，当阳光从太阳射向地球时，一定有什么东西将白光分离成彩色光了，或者，至少蓝色光被分离了出来。

是什么导致这种现象呢？原因可能不止一种。

地球表面覆盖着气体，包括氮气、氧气、氩气等，混合着水蒸气和小冰晶，还有尘埃和化学污染物质，在这些气体上面还有臭氧层。这些都是导致天空变蓝的因素。

比如，水分和臭氧都易于吸收红色系的光，让蓝色系的光通过。科学家们认为这可能就是天空为什么是蓝色的原因。

然而事实上，空气中没有足够多的水蒸气和臭氧吸收红色光，不足以使天空呈现蓝色。

1869 年，英国物理学家约翰·廷德尔认为，空气中的尘埃和其他小颗粒可以使光发生散射，

⊙ 由于大气中的众多微粒能使太阳光发生散射，所以天空呈现出蔚蓝色。

而蓝色被最强烈地散射，使得天空呈现蓝色。为了证明他的想法，他自己制造出烟雾，然后用白光照射在烟雾上，从侧面可以看到烟雾呈现出深蓝色。

于是廷德尔推断，如果空气中没有尘埃，白光通过大气层时就不会发生散射，那么洁净的天空就应该是白色的。

起初瑞利也认为这种解释是正确的，但不久之后他就提出了自己新观点，认为即使没有尘埃或烟雾，空气本身也能够使天空呈现蓝色。整个过程是这样的：太阳光在经过大气层时，有一部分通过了气体分子之间的间隙，这部分光到达地面时仍是白光；然而另一部分光刚好撞在像氧气这样的气体分子上，被它们吸收，然后被散射掉。

气体分子里的原子受到吸收光线的激发，并再次释放各种波长的光的光子——从分子“前”、“后”及侧面射出。因此有的射向地面，有的朝向天空，还有的被送回太阳。

瑞利发现，释放出的光的亮度取决于颜色，释放 1 个红光光子的同时有 8 个蓝光的光子被释放，因此气体分子散射出的蓝光的亮度就是红光的 8 倍。

数不清的气体分子散射出强烈的蓝光从四面八方进入我们的眼睛，使我们看到的天空是蓝色的。事实上，天空并不是纯蓝色的，因为其他颜色的光也同样进入了我们的眼睛，只不过它们非常微弱，以至于我们的眼睛只能看见蓝色而分辨不出其他颜色的光。

为什么太阳和月亮会变颜色

从天文学家拍摄的照片里我们可以发现，在宇宙中，月亮是一个被太阳照亮的灰白色的球体，它在漆黑的宇宙空间里发出光芒，而太阳则近似白色。

但当我们从地球上观察月亮时，它的颜色则取决于它的位置。比如，当它刚刚出现在地平线上时是亮橙色的，逐渐地，随着地球转动，它在天空中渐渐升起，橙色逐渐变淡，成为黄色，再变成黄白，最终，当它升到天空的正上方时，就呈现出它真实的颜色——灰白色了。

太阳也有类似的变化。正午时，太阳往往是黄白色的，但日出和日落时，它却会变红，或者橘红，或者粉红，这是怎么回事呢？

事实上在宇宙空间中观察到的太阳和月亮的颜色并没有变来变去的，大气层是挡在我们眼前的一层面纱，光在进入我们眼睛之前必须先穿过大气层，光就是在这个过程中发生了变化。

氮气、氧气和组成空气的其他气体，加上尘埃、烟雾和污染物等飘在空中的微粒，可以使进入人眼的光变红。

这是为什么呢？太阳发出的光是白光，而月亮不发光，只是反射太阳光。白光是由多种颜色的光（光谱）组成的。光在宇宙空间中以 3×10^5 千米 / 秒的速度传播，进入大气层之后，一部分光线能顺利地通过大气层而不与空气分子碰撞，这部分光线到达地面时仍能保持原有的白色。

但是大气层是由数不清的空气分子组成的，因此光与空气分子之间的碰撞不可避免，

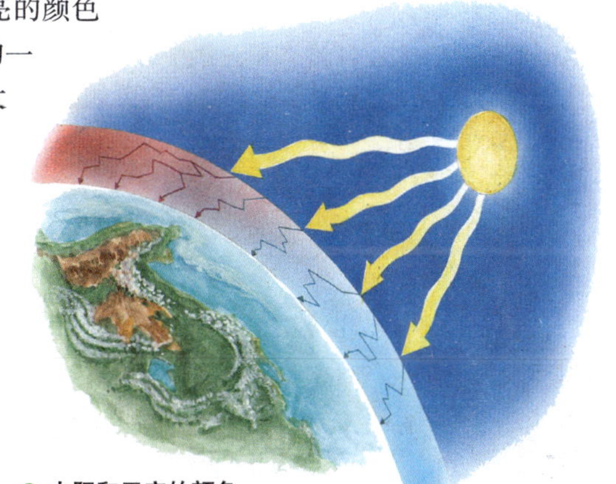

⊙ 太阳和天空的颜色

当太阳高高悬挂在天空中的时候，它看起来是黄色的。天气晴朗时，天空看起来就是蓝色的，因为空气过滤了所有其他的颜色。傍晚的时候，太阳落山，它看起来是红色的，而天空是粉红色的、红色的和黄色的——太阳此时从该角度照射进来的明亮光线发生折射，其色谱的色彩被融合进了大气层。

一旦光子在传播过程中与空气分子发生了碰撞，就会产生散射。

从白光中散射出去的光大部分是蓝色光，当光线到达我们的眼睛时，剩余成分大多是暖色系的光，所以我们看到的太阳要比它真实的颜色黄一些。

只有当太阳处于我们头顶正上方时，颜色才最接近它的真实颜色。此时，光线垂直于大气层，而越往高空处空气越稀薄，垂直通过的路线使光线受到的空气分子的阻拦最小，所以到达我们的眼睛的时候变化也就最少。

相比之下，当太阳在地平线附近时，颜色变化就明显得多。因为在这个角度上，光线基本上是斜贴着地面向前传播的。地面附近的空气密度大，光线在其中传播的时候会跟很多的气体分子发生碰撞，再加上近地面气体中尘埃和气体污染物含量也比较高，就会有更多的蓝色光在传播过程中被散射吸收，这样，当光线最终到达我们的眼睛时，只剩下红色和橙色的成分了。这就是日出日落时太阳呈现红色的原因。

月亮变色也是这个原因，傍晚时分，地平线附近的月亮是浅黄色的；当夜幕降临月亮升起来之后，它的颜色一点点变淡，最后就成了白色了。这是因为，月亮在高处时反射来的光线里含有更多种颜色成分，这些颜色的光都进入我们的眼睛，我们才看到了白色的月亮。

通常空气里的污染物越多，日出日落、月出月落的景观就越壮观。

一年之中四季不分会怎样

如果一年之中四季不分，那么你将不会有那么多厚薄不一的衣服，也不要奢望还有漫长的寒暑假，无论你居住在什么地方，温度都是常年不变。那时的温度不会有冬天时的严寒，不会有夏天时的酷热，或许不如春天那样温和宜人，但也相差不多。植物不会再经历“一岁一枯荣”的轮回，整整一年都不会退去美丽的绿色；鸟儿也不必在冬天的时候向南方迁徙，温暖的气候可以使它们免除奔波之苦。

“四季如春”这是很多人的愿望，但是为什么上天不遂人愿，非要安排四季交替呢？有人认为：地球绕着太阳运行的轨道不是完美的圆形，而是一个椭圆形，所以地球在公转过程中，有时候距离太阳近，有时候距离太阳远。距离太阳近的时候，气温高，就是夏天；距离太阳远的时候，气温低，就是冬天。没错，在一年中地球和太阳之间的距离确实会不断改变，但这并不是四季轮回的真正原因。

实际上，之所以有四季的存在是因为地轴是倾斜的。一年之中，阳光的直射点以赤道为中心，在南北半球的低纬度地区徘徊。

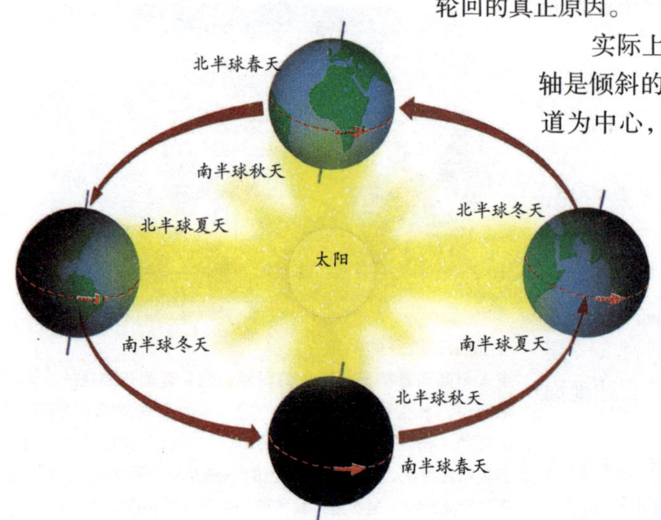

⊙ 为什么会产生四季变化

四季的产生是由于地轴的倾斜。当地球绕太阳公转时，总有一个半球比另一个半球离太阳更近一些。当太阳直射点在北半球时（从3月21日到9月21日），北半球就是春季和夏季，而南半球就是秋季和冬季。当太阳直射点在南半球时（从9月21日到3月21日），南半球就是春季和夏季，而北半球就变成了秋季和冬季。

当太阳直射点位于北半球的时候，北半球的气候就比较炎热，而南半球则比较寒冷；相反，当太阳的直射点位于南半球的时候，南半球就进入了夏季，而北半球则开始了寒冷的冬季；当太阳直射赤道地区的时候，南北半球就处于春秋季节。所以，倾斜的地轴才是四季更替的真正原因。如果地轴不是倾斜的，那么太阳的直射点会始终停留在一个地方，四季变化也会彻底从地球上消失，而部分地区将会实现永恒春天的梦想。

然而，久而久之，这种一成不变的季节会不会让你感到厌烦呢？也许那时候，你会趴在窗边，仰望深邃的夜空，追忆夏天的热烈和热闹，追忆冬天的银装素裹，追忆秋天时黄叶飘落的另一种美丽。你会觉得四季更替的世界才更显得多姿多彩，才会给你更多的美丽和感动，才会让你感觉到短暂的春天的美好。

地心温度为什么如此之高

如果我们可以像切水果一样把地球一分为二，我们就可以看见地球的内部是分圈层的。地壳是地球的最外层，类似水果的外皮。地壳的厚度约为 24 ~ 48 千米，庭院里、公园里的地面是地壳的最外层。如果从地面的土壤开始向下挖，最终会碰到岩石圈。陆地上，地壳的主要成分是花岗岩。在像美国科罗拉多大峡谷这样的地方，流水的冲刷已经把一部分地壳侵蚀掉，这里的花岗岩已经暴露在外了。而在海洋下面，地壳就薄了很多，从海底开始，地壳层向下延伸约 4.8 千米，主要成分是另一种岩石——玄武岩。

⊙ 地球形成后，其表面渐渐冷却，这使固体岩层得以形成。地球的核心部位由于压力和自然的放射性而一直保持着高温。需要大约几亿年的时间才能完全消耗掉这些热量。

在地壳下面是深厚的地幔圈，它的厚度约为 2880 千米。目前科学家也并不十分了解藏在地下深处的地幔层，只知道地幔的最外层可能主要是由一种叫作橄榄岩的岩石组成的。科学家认为，地幔中至少有一部分是柔软的，因为在靠近地心一侧与地幔层相接的是液体熔岩。

最后，地幔下面是地球的中心，也就是地核。从地核最外层到地球最中心大约有 3200 千米的厚度。看起来，这里由于远离太阳这个热源，似乎应该比南、北极地区更加寒冷。可是事实刚好相反，地心附近温度极高，约为 2200℃ ~ 3300℃，如此高的温度使地核的外层呈现液态，主要是熔融状态的金属。想象一个仓库，里面装满了熔化了的平底煎锅，这就与地心处的景象差不多了：混合了氧和硫的液态金属四处流淌。随着地球的自转，这个地下海洋也形成了自己的洋流。

地核的密度非常大。因为星球的大部分重量都压在地核上，所以这里的物质被紧紧地挤压在一起。科学家们认为，巨大的压力使地球的内核成为一个固态铁核（也含有少量氧和硫）。即使温度很高，但是巨大的压强使所有的铁分子都紧紧地压在一起，宏观上维持着固体的状态。地球中央的固态金属球大约是月球体积的 3/4，被包裹在液态金属的海洋中，成为星球中的星球。

地球深处的热量是哪来的呢？大部分热量是 46 亿年前地球形成时产生的——体积较小的物体撞在一起形成地球就会放出热量。但有些地质学家却认为大部分热量来自于地球深处的天然的放射能。

地球内部的放射性元素会释放粒子，比如电子，这些粒子与岩石层中的原子碰撞，将部分能量传递给岩石中的原子，岩石的温度就升高了。地球形成初期，这些放射性元素使地球内部的岩石变得非常热，而岩石很容易保存热量（可以想想夏天太阳下的石头有多烫），所以这些热量就被保留在地球内部了。几百年之后，地球内部的高温已经足以熔化岩石中的金属物质。后来，重金属又从较轻的金属中分离出来，沉入地心，形成了地核。

地球要是一下子没有了吸引力会怎样

也许每个人都梦想过，有一天自己能够不借助任何辅助工具飞离地面。但是这个梦想看起来实在是难以实现，因为它要求你必须挣脱强大的地心引力，除非你是电影中的超人，否则你只能寄托于地球的引力突然消失了。

如果地球的引力一下子没有了，你就会像孙悟空一样，一跳冲天！你可以自由自在地在空中飘荡，享受凌驾于万物之上的快感。但是等等，你也不能太过得意忘形，如果你还想回到美丽的地球上来，那么你事先就要在自己的身上绑上绳子，绳子的另一端固定在地球上，这样当你想家了的时候，你还可以回来，否则，你就会像断了线的氢气球一样，永远在天上飘荡。

如果地球上没有引力，除了可以享受飞翔的愉悦之外，或许你将不会得到什么其他令人兴奋的东西了。首先，你要准备好足够的氧气，来维持你每一分钟的生命，地球上没有了引力，连空气都获得了自由，氧气便会飘散到浩渺的太空中去，你每一分钟的呼吸只能依靠氧气袋了。不错，事实上你应该变成航天员的样子，因为地球上的环境已经和太空没有什么分别，你身边的一切都变得轻飘飘的，抬头望望天空，漂浮在上面的东西可谓是琳琅满目，各种飞禽走兽、家用电器、交通工具……应有尽有！我们已经不可能生火做饭，食物只能是事前储备的压缩食品。睡觉的时候，要钻进固定好的睡袋

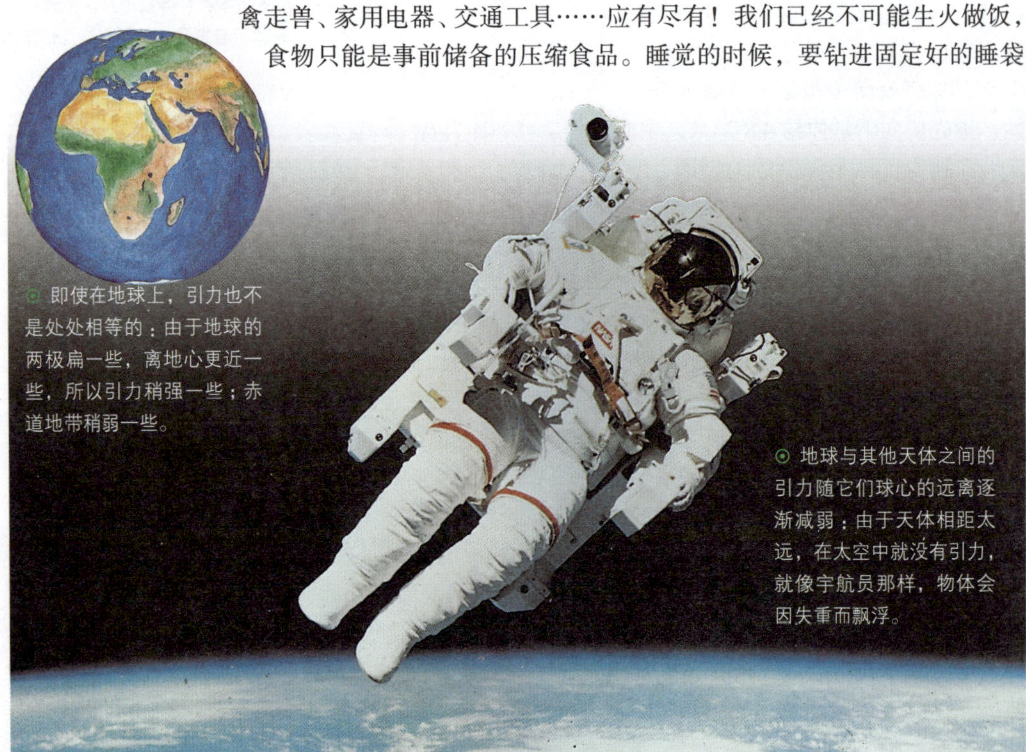

◎ 即使在地球上，引力也不是处处相等的：由于地球的两极扁一些，离地心更近一些，所以引力稍强一些；赤道地带稍弱一些。

◎ 地球与其他天体之间的引力随它们球心的远离逐渐减弱；由于天体相距太远，在太空中就没有引力，就像宇航员那样，物体会因失重而飘浮。

知识档案

用速度战胜地球引力

人类离开地球，去探索外面的世界，首先就要挣脱地球引力的束缚。而战胜地球引力的诀窍就是提高运动速度。科学家经过精密的测算，得出结论：只要人们使航天器的速度达到7.9千米/秒，航天器就能飞离地球表面，绕着地球做圆周运动；如果人们把航天器的运行速度提高到11.2千米/秒，航天器就能完全突破地球引力的束缚，在茫茫太阳系中游荡；当航天器的运行速度达到或者超过16.7千米/秒的时候，它就能挣脱太阳的吸引，飞到太阳系以外的地方去。这三种速度依次被人们称为：第一宇宙速度、第二宇宙速度和第三宇宙速度。所以，人们要发射地球同步卫星，运载火箭的初始速度就要达到7.9千米/秒；而发射探月飞行器则要有11.2千米/秒的速度；如果要向银河系中心进发，那么航天器的速度要超过16.7千米/秒。

里面，毫无疑问，那将一点都不舒服！

如果地球没有了引力，月亮也将脱离地球的束缚，独自到太空中游荡，从此夜空中再也不会出现又大又圆的月亮。如果地球没有引力，太阳系其他行星的运行轨道也会受到影响，因为太阳系的八大行星是相互吸引的。如果地球没有了引力，地球的自转将会把地表的一切东西都甩到宇宙中去，因为在圆形的地球上，之所以下面和侧面的东西没有“掉”出地球，就是因为地球引力的作用，久而久之地球会越变越小。如果地球没有了引力，还会发生许多不可思议的现象，而脆弱的人类将很难适应这些现象。

⊙ 地球没有了吸引力，地表物体就会像热气球一样脱离地球。

可见，如果地球没有了引力，地球上的情形并不会让你感到满意。值得庆幸的是，地球的引力不可能消失。因为引力是质量的固有本质之一，每一个物体必然与另一个物体互相吸引。根据万有引力定律，引力的大小与两者的质量乘积成正比，与两者距离（或者物体到地心的距离）的平方成反比。地球的质量远远大于地球上的任何物体，所以能以其巨大的引力把所有物体牢牢地固定在地球表面。

如果一直往前走应该能回到原地吧

如果一直往前走是不是真的能够回到原地呢？其实这个问题不用我们多做猜想，早在16世纪就被一个叫作麦哲伦的人给解决了。1519年，麦哲伦在西班牙国王的资助下，进行了一次著名的环球航行，他率领船队从西班牙的塞维利亚港口出发一直往西航行，渡过大西洋到达美洲海地岛，然后穿过麦哲伦海峡进入太平洋，在途经菲律宾群岛的时候和当地的居民发生了冲突，麦哲伦受伤身亡，船队遭到了重创。后来，这支由5只帆船组成的船队仅剩下一艘船了，它取道南非，历经千辛万苦，终于在1522年9月6日返回了始发地塞维利亚港。这次伟大的环球航行历时3年，用实践证明了地球是个圆形，实现了从西方向西航行到达东方的原定计划。这件事说明：无论从哪个方向出发，只要一直不改变方向，就能绕地球一圈回到原出发地！

冰川都融化了会怎样

近几十年来，随着人类社会的快速发展，对燃料的使用和消耗日益增多，并排放出大量的二氧化碳等多种温室气体。由于这些温室气体对太阳辐射的短波具有高度的透过性，而对地面

⊙ 近年来，格陵兰冰盖的融化速度比以往任何时候都快。

上反射出来的长波却有吸收性，造成所谓的“温室效应”，导致全球气候变暖。而全球气候变暖，无疑会使冰川和冻土融化，危害到自然生态系统的平衡和人类的生存。那么，如果情况越来越糟糕，最终全世界的冰川都融化了，地球上将会出现什么后果呢?

如果全世界所有的冰川都融化了，直接后果就是海平面的上升，幅度可能会达到 9 米。

这必然会给沿海的国家和城市带来灾难性的后果，单在孟加拉国，海平面上升 1 米，就会使数百万人失去家园。而荷兰可能整个国家都要遭受灭顶之灾，因为即使是现在，荷兰的很多地方都位于海平面以下，所以荷兰人通过建造围海大坝，来维持正常的生活。可以想象如果海平面大幅上升，整个荷兰都会浸泡到海水里面。而我国的上海、香港等沿海或者岛屿城市自然也难逃厄运。

如果冰川都融化了，海平面上升，淹没部分陆地还不是最严重的后果。海平面上升必然导致海洋面积的扩大，与大陆相比，海水吸收太阳热能的能力更强。陆地吸收太阳的能量大多会通过反射和辐射的方式释放出去，而海洋所吸收到的太阳热量有相当一部分自己储存起来了。这就意味着地球上将会储存更多的热量，温室效应也会因此而加剧，形成一个恶性循环。这很可能会影响到全球的气候变化，并导致海上的风暴频繁出现。

冰川是全世界最大的淡水水库，全世界约有 70% 的淡水储藏在冰川之中。冰川的融化短期内会造成洪涝灾害，长期来看，大部分依靠冰川径流来作为供给水源的地区将会出现缺水的现象。不仅农作物得不到灌溉，人的饮用水也难得到保障。另外，有科学家相信，冰川中覆盖着几百至几万年前的微生物和病毒，一旦冰川融化，这些微生物和病毒暴露出来，势必会影响到人类的身体健康。

可见，冰川的融化将会对世界造成灾难性的影响。虽然冰川都融化了的现象不太可能出现，但是现今冰川正在加速融化却是不争的事实，而且已经危害到了人类的生存环境。为避免情况进一步恶化，需要我们加强环境保护意识，为环保做些力所能及的事。

假如火山爆发的时候我在山顶

火山爆发的时候我正站在山顶，正在我陶醉于周围的美景时，忽然感觉到脚下的山体开始晃动，并有阵阵刺鼻的浓烟升起。“火山爆发”——一个可怕的概念在我脑海中一闪而过，逃跑似乎已经来不及了，我知道接着会有赤红的液体喷涌而出，而我会被这炙热的液体所淹没。那炽热的液体就是地球内部的岩浆，这些岩浆在巨大的压力下，会不定时地从火山口冲破地壳，喷涌而出，形成令人闻之丧胆的“火山爆发”。伴随着滚滚浓烟，一柱岩浆喷射到了高空，炽热的液体发出绚烂的红光，像烟花一样绚烂多彩，映红了黑暗的天空。接着，浓浓的岩浆像洪水泛滥一样向我冲来，我感受到了那逼人的热气，一种世界末日的巨大恐惧让我大叫起来……

我猛地坐起，揉揉干涩的眼睛，惊魂未定地擦擦满头的汗——哦，原来不过是一场梦！

火山爆发到底能造成什么后果呢？猛烈的火山爆发会对附近的居民区造成毁灭性的打击，它会摧毁大片大片的土地，所到之处，一切生命、建筑物无不化为灰烬！公元 79 年，举世闻名的庞培城就葬身于火山岩浆之下！没有人能够控制火山的爆发，唯一应该做的是对火山敬而远之。但是令人惊讶的是，火山所在地往往是人烟稠密的都市，如日本的那须火山和富士火山周围就是这样。这些人为什么守在一个不知何时爆炸的“炸弹”旁边呢？难道是因为他们知道火山爆发的周期非常漫长，有生之年基本不会遇到火山爆发的情况？原来，火山喷发出来的火山灰是非常好的天然肥料，当地的植物受这些养料的滋养，生长得非常好。如日本富士山地区的桑树长得非常茂盛，有利于发展养蚕业。

科学家们认为，对于地球而言，火山喷发是至关重要的。如果没有火山爆发和其他力量所形成的大山，地表就会不断地受到雨水的冲刷，整个陆地就会渐渐低于海洋。那时的人类将无立足之地了。此外，我们知道二氧化碳气体在大气中的作用非常重要，它能对地表产生保温作用，如果没有了二氧化碳，地球就会冷却，地面上终年积雪，比现在的极地还要可怕。而大气中的二氧化碳有1/10 是来自于火山爆发。另外，火山爆发中所喷出的岩浆中蕴藏着丰富的矿产资源，岩浆冷却下来就会形成矿床。如我国的鞍山铁矿原来就是海底火山。从某种程度上来说，我们可以把火山岩浆看作地球母亲所喷发出来的乳液。

知识档案

火山的形状

依据堆积于火山四周物质的性质及喷发的形式，火山形状可分为锥状火山、钟状火山和盾状火山3种。火山喷发出来的物质中，如果固体较多，就会堆积成锥状火山，如日本的富士山；如果火山喷出的溶液很黏，流不远，就会在火山口附近形成钟状火山；如果火山喷发出的溶液黏度不大，通道又比较通畅，溶液就会流很远，堆不成陡峭的高山，就会形成盾状火山。

⊙ 火山喷发示意图

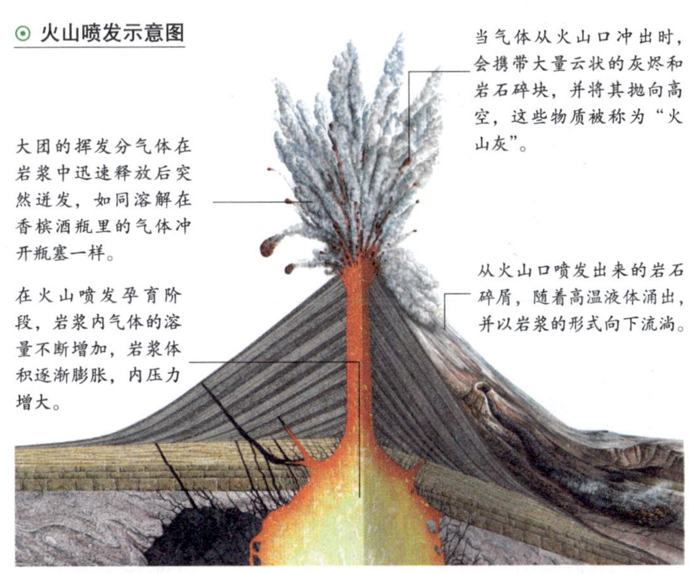

南极和北极哪个更冷

南极要相对更冷一些。

南极的平均气温只有约 -48.9℃，比北极的平均气温要低 1.7℃。南极洲有记载的最低气温是于 1983 年 7 月 21 日在沃斯托克冰湖测得的，当时的气温只有 -89.4℃。南极气温较低的原因至少有两个，其一是因为观测站建在海拔 3600 多米的高原上，在如此高的海拔高度上空气稀薄，很难留住太阳辐射的热量。太阳一落山，大部分的热量很快就辐射掉了。同时，与四周被大片的浮冰所环绕着的北极不同，南极被广袤的南极雪原所包围着，因此南极大地根本无法留住太阳的辐射能。大部分（大约 80%）的太阳辐射都被南极所覆盖的积雪反射回去了。

⊙ 北极圈附近的苔原

站在地球极点会怎样

你如果站在极点上，“上北下南，左西右东”这个耳熟能详的地理常识就不管用了。因为你的前后左右全都指向一个方向，在北极点则指向南方，在南极点指向北方。你只需要在原地转一圈，就可以自豪地向世界宣布：我已经环球 1 周了！

站在极点之上，除了有轻松环球旅行的潇洒之外，还会遇到许多有趣的事情，不确定的时间就是其中之一。我们都知道人类用经度线把地球分割成了 24 个时区，相邻的两个时区之间的时间相差 1 个小时，处在不同时区的城市，时间也会不一样。比如，当北京时间是早上 8 点钟的时候，东京时间是早上 9 点，但是对于极点来说，所有的经线都集中在这一点，你无法区分出自己处于哪一个时区，也可以说自己位于任何时区，所以，无论是把手表上的指针拨到哪里，它都是正确的。站在极点之上，你真正成为了“时间的主人”，只要你轻轻地跨出一步，也许你就从傍晚跨回到了清晨，从今天又飞到了明天。但是遗憾的是，作为“时间的主人”，你只能在 24 小时之内变换时间，并不能从今天飞到前天，更不用说返老还童了。

如果你能在极点上坚持足够长的时间，你就会深刻地体会到什么是“度日如年”。实际上，极点上的一昼夜相当于极地以外地区的一年！它的白天会持续半年，半年之中太阳会一直在天空中晃来晃去，让人看得都厌烦了；半年之后，极点将沉入漫漫长夜，持续时间正好也是半年，这个时候你一定会无限思念太阳，这就是极点的极昼和极夜现象。

此外，我想你一定知道极点的气温绝对称不上温暖，所以站在极点上的你，在体验新奇趣事

⊙ **有人生活在南极洲吗**

只有科学家们在南极洲居住过，而且他们都是在夏季的时候才留在那里。南极洲不属于任何国家，在由 32 个国家签订的《南极洲公约》中规定，南极洲只能被用来进行考察和探索。随着到南极洲旅游观光人数的增加，废物处理问题变得越来越严峻：废物在冰天雪地的气候环境中可以长久保存，而不会腐烂分解。

的时候，也要穿上厚厚的保暖服，忍受严寒的考验。南极点的年平均气温约为 -48.9℃，北极点的气温略高，但年平均气温也在 -30℃以下。不用说，极点周围常年冰层厚度 1 米以上，白雪皑皑，而且风速也很惊人，常在 30 ~ 50 米 / 秒之间，最高的风速更是达到了 100 米 / 秒。这比我们所知道的最大风力——12 级台风（32.6 米 / 秒）可大多了！所以，站在极点的你，一定要找一个藏身之处，以免葬身风中。

站在珠穆朗玛峰上会有什么感觉

除南北极点之外，珠穆朗玛峰是地球的第三极。如同人类总是试图深入探索南北极一样，高耸的珠穆朗玛峰也以其神秘莫测深深地吸引着世界各地的登山爱好者、科学家和探险家。无数人梦想着能够站在珠穆朗玛峰挺拔的身躯之上，体验那种“山高人为峰”的豪迈感觉。

如果你有幸站在了珠穆朗玛峰的山顶上，你会发现脚下是一条西北—东南走向的狭长地带，长 10 余米，宽不过 1 米。站在这里，有腾云驾雾一样的感觉，环顾四周，白茫茫的云海一直连到天边。如果是晴朗的天气，俯首鸟瞰，你会发现周围 20 千米以内，群峰林立、重峦叠嶂。事实上这一带海拔超过 7000 米的高峰就有 40 多座。极目远眺还可以饱览地面上方圆 360 千米的微缩景观。

我们都知道”高处不胜寒”的道理，海拔每升高 1000 米，气温就比随之降低 6℃。海拔 8844.43 米高的珠穆朗玛峰顶上，气温常年在 -30℃ ~ -40℃之间，空气稀薄，氧气含量不到平原地区的 1/4。此外，珠穆朗玛峰顶上的风速同样不能小觑，而且下午的风速要比上午的风速大得多，人在上面很难立足。所以，你务必要在下午之前下山，否则大风狂吹之下，你的处境将会非常危险。

在珠穆朗玛峰顶上，你还会发现许多奇怪的现象。其实不止是珠穆朗玛峰，在任何高处你都会遇到气压太低的麻烦。我们知道在地面上水的沸点是 100℃，但是在珠穆朗玛峰上你或许只需加热到 72℃，水就会沸腾起来。很显然

知识档案

珠穆朗玛峰的形成

4000万年以前，珠穆朗玛峰所在的地区还是一片汪洋大海，根本不存在什么连绵不绝的山脉。大约从3800万年前开始，由于印度次大陆和亚欧大陆的碰撞和挤压，海水退去，喜马拉雅山才逐渐升起来。那个时候的喜马拉雅山与现在相比还是个矮小的丘陵。后来，印度次大陆不断北移，持续挤压亚欧板块，而喜马拉雅山正处在两个大陆板块挤压的中心地带，受到两方面力量的作用，地壳出现大规模的变动，褶皱不断抬升。距今2000多万年以前，喜马拉雅山地区又经历了一次剧烈的地壳运动，山脉得以迅速提升，很快就具有了相当规模。到了七八百万年以前，这一地区又经历了一次快速提升，山地已经升高到了海拔3000米以上。事实上，珠穆朗玛峰之所以能够达到今天的高度，还是得益于最近400万年的快速上升。

⊙ 下图为六大洲（南极洲除外）的最高峰及其高度，其中山的高度以各大陆当地海平面为起点测量。

72℃的水并不适合饮用，用来泡茶或是咖啡效果也不好。同样的道理，你用普通的炊具做出的饭，永远都是夹生的。所以，经验丰富的登山家总是随身携带高压锅，用这种锅足以对抗高处的低压，做出香甜可口的饭菜。

可见，在珠穆朗玛峰之上，虽能欣赏到人间美景，却绝不是气候宜人的处所。在享受美景的同时，也要忍受恶劣环境的滋扰，这种苦中有乐的感觉，应该别有一番滋味。

地球的表面像鸡蛋壳一样平滑该多好

我们知道地球表面高低起伏，凸凹不平，形成了平原、山地、丘陵、盆地和高原等地形，这些地形造就了各地不同的风光景致和生活习惯，使世界变得丰富多彩。但是这种情况也给工人叔叔们铺路造成了很大的麻烦，使很多地区的人们因为不方便与外界联系，过着与世隔绝的生活。要是地球的表面像鸡蛋壳一样光滑就好了，那样我们穿着旱冰鞋就可以到达任何地方了！

⊙ 地面通常会被自然力量塑造成各种形状，例如图中的拱形岩石。

其实地球表面的高低不平是由地球内部的剧烈运动造成的。我们知道，地球由地壳、地幔和地核构成，而且，地幔是液态的。由于快速自转，地球内部产生强大的力量，使得地壳岩层产生变形，形成连绵起伏的崇山峻岭。这些山有两种类型：地壳受力褶皱变形所形成的山体叫作褶皱山，如喜马拉雅山就是褶皱山；地壳断裂错动上升而形成的山体叫作断块山，这种山的特点是边线平直，多悬崖峭壁，如江西的庐山就属于这一类型。除了这两种山脉以外，还有一种山，即由火山喷发出来的熔岩冷却之后堆积而成的火山。

地球的内力作用还会使宽阔的地面大面积上升，从而形成高原。此外，各种地形地貌的形成还受到日光、流水、风雨等外部力量的影响。在漫长的历史进程中，这些外部力量不断地削高填低，使地球上出现了平原、起伏比较平缓的丘陵、凹陷的盆地等各种地貌。

这些地形总是交错分布，又形成不同的地貌使地球表面的地形地貌非常复杂。

可见，地球的地形地貌是受很多因素影响而形成的，而且随着时间的推移，还会不断地发生变化。所以，像鸡蛋壳一样平滑的地球表面也许我们永远也不会见到，但是随着科技的发展，便利的交通最终会将地球各个角落紧密地联系起来。

为什么几大海洋相通却没有统一的海平面

我们知道地球表面是高低起伏的，但是各个地方的高度是以什么为标准测算出来的呢？由于全世界海平面的高度是基本相同的，而且高度基本不会发生什么变化，所以用海平面作为零点来测量高度，是最方便也是最科学的。

科学家们将地球看作一个整体，从而计算出了平均海平面高度，但该值仅仅是通过对整个地球进行一系列的观察后得出的一个数学平均值。事实上，不仅不存在全球统一的海平面高度值，而且世界各大洋各自的海平面高度还会因为某些因素而不断发生变化。

就拿巴拿马运河来说，运河两端的大西洋和太平洋的洋面就不在同一水平高度上。两大洋虽然经由南美洲大陆底部相互连通，但是由于地球自转的原因，各处的海平面高度也不相同。

从理论上讲确实可能开凿出一条“海平面”运河，运河里的水能自主地处于大洋间平均水平面高度上，但这一想法却因为成本高昂而被否决了，人们最终用在运河上建造许多水闸的施工方案来代替。此外，月球引力（引起地球潮汐现象的原因）对海水的作用也随着各地与月球相对距离的不同而变化。这也是引起海平面高度不同的原因之一。

海水的流动需要一定时间，而现实情况是海水流动速度的变化往往不及以上几个影响因素变化来得快，因此才会造成海平面高低不同的情况。甚至在某座大岛屿的两侧，也会出现海平面高低不同的情况，比如在加拿大的温哥华岛周围就是如此。

此外，科学家们认为通过河流入海的总水量对海平面高度也有一定的影响。比如有好几条大的河流流入大西洋，但流入太平洋的大河就要少很多。

海水把陆地都淹没了会怎样

转动一下地球仪，你会发现地球上大部分地方被蓝色的海洋所覆盖。而陆地就像是一块一块的木筏漂浮在水面上。想一想那无风三尺浪的海洋，如果有一天突然有一个惊世骇俗的大潮袭来，把陆地全部淹没了将会怎样呢?

现在的地球上有2/3的面积覆盖着海洋、河川和冰山，而陆地只占不到1/3的面积。为什么出现这种情况呢？为什么地球的表面没有全部被海洋所占据呢？这是因为，地球是一个不规则的球体，它的表面并不是光滑浑圆的，有些部分高出了水面，就形成了若干干燥的地面。如果地球是一个完美的球体，那么陆地将不复存在，整个地球表面都将覆盖着几百米深的海水。

或许你要说，如果在海洋里倒进更多的水，陆地将被全部淹没。没错，确实是这样，如果海洋里面的水比现在多两倍，那么洪水就会肆虐陆地。如果海洋里面的水未增多到目前水量的两倍，那么陆地上最高的山峰会露出水面，形成一座座四面环水的孤岛。想一想，那确实是一幅凄凉的景象，只有极少数人类能够幸运地爬到山峰上躲过大劫，所有的城市都会被大水摧毁，人类几千年的文明也将毁于一旦。

但是，到底会不会出现这种情况呢？谁能给地球带来这么多水呢？你也许会说，天空会长年累月不停地下暴雨，从而引起海水暴涨，淹没陆地。这看起来很有道理，事实上，即使一直不停地下最大的暴雨，海水也不可能淹没一丁点的陆地。因为，雨来源于海水和湖水蒸发形成的水蒸气，水蒸气积聚到一定数量遇冷才形成降雨。降雨只是水循环的一个重要环节，不会导致地表水量的巨大变化。所以，对于海水淹没陆地这件事情，我们完全不必杞人忧天。因为，及至今天，科学家们也没有找到它能够发生的任何证据。

⊙ 两幅照片拍的都是挪威以北600千米斯瓦尔巴特群岛上的Blomstrandbreen冰川。左图显示的是冰川在1918年时的情况，而上图摄于2002年。像世界上大部分冰川一样，由于全球气候变暖，Blomstrandbreen冰川正在快速融化。在未来的时间里，全球气候变暖会对野生生物的生活带来更为深远的影响，尤其是那些生活在两极的生物。

第三章 "老天爷"的戏法——天气与气候

各地温度都一样会怎样

每年的冬季，我国的北方尤其是东北地区就变成了冰天雪地的世界。哈尔滨市的市民们还利用松花江中的天然冰块，精心雕刻出各种各样的奇异壮观的冰雕艺术品，再配上绚烂的灯光效果，营造出水晶宫一般的冰雪大世界。而几乎是同一时间，南方的广州市却在举办一年一度的迎春花市，不同花色、不同品种的花儿争妍斗奇，一派暖洋洋的春天气息。这两种截然不同的景象，就是由于两地相差悬殊的气温造成的。如果各地的温度都一样，那么如此迥异的景象只有在同一地区的不同季节才能出现了。

其实，之所以出现各地气温不一样的现象，是因为太阳光投射到各地的角度不同。太阳光照射到地面的角度越大，热量越集中，当地得到的太阳光热就越多，气温也就越高，反之则越低。依据获得太阳光热的多少，人们把地球分为 5 个温度带，从北到南依次为：北寒带、北温带、热带、南温带和南寒带。南北寒带位于南北半球的高纬度地区，热带位于赤道附近，而南北温带则位于热带和寒带中间。我们知道，因为地球是倾斜的，太阳的直射点常年在南北半球的低纬度地区徘徊，纬度越高的地方，阳光斜射得越厉害，气温也就越低。夏季的时候，高纬度地区的太阳照射角度虽然小，但白昼时间长，吸收太阳的热量和南方相比差距不是很明显，所以我国北方的夏天和南方的夏天温度相差不太大；冬季的时候恰恰相反，高纬度地区的太阳照射角度小，白昼时间也比低纬度地区的时间短，所以南北温差比较大。

热带位于赤道南北两侧，约占全球总面积的 39.8%，全年的太阳照射角度较大，温度很高而且差异很小，没有明显的四季变化。仅有热季和凉季或者干季和雨季之分；南北温带的面积较大，共占地球总面积的 52%，这一地带是全球太阳高度和昼夜长短变化最明显的地带，也是四季变化最突出的地带，是热带和寒带之间的过渡地带；南北寒带，位于南北极圈之内，面积较小，仅占全球总面积的 8.2% 左右，终年严寒，有极昼和极夜现象存在。

这五带的分布表明，地球上的各个地方在太阳系这个大环境中，接收到的太阳热量是不均匀的。这种不均匀，造成大范围的冷热交换，对于大气的环流和洋流的形成都有很重要的意义。所以，如果没有了五带，全球各地没有了气温差异，那么我们的世界将会变成什么样子，谁也无法想象。

世界各地气候都一样该多好

大气在运动过程中受到很多因素的影响，变得非常复杂。因此，全球各地的气候有着比较明显的差异，类型多种多样。大体上来说，全球从南向北在不同的纬度有着不同的气候带。但是在小的方面，同一纬度的地方也有可能出现不同的气候类型。比如，地中海地区和我国长江流域几乎处于同一纬度带上，一个在大陆的东岸，一个在大陆的西岸。但是地中海地区是冬季湿润、夏季干燥，而我国的长江流域却恰恰相反，冬季干燥、夏季湿润。另外，受到山地、高原、森林、沙漠等地形影响，彼此相邻的两个地区也常常出现截然不同的气候特征，因此有“一山有四季，十里不同天”，“南枝向暖北枝寒，一种春风有两般”的农谚，生动地说明了气候类型的丰富。

多种多样的气候类型，在造就了各具特色的自然、人文环境，使世界更加丰富多彩的同时也给人们带来了很多麻烦。许多气候条件恶劣的地区非常不适于人类的生存，如干燥的沙漠地区、寒冷的极地等。人们难免会想：如果全世界的气候都一样，都很宜人就好了，这样无论什么地方，什么季节，你都不必担心恶劣气候的侵害了。这个愿望确实让人无限向往，但是科学告诉我们，那是根本不可能实现的。因为，各种气候的形成原因非常复杂，凭借人力来改变整个世界的气候，现在看来还是天方夜谭。

气候的形成主要与五大要素有关，这些要素在短期内变化很小，因此气候也相对比较稳定。太阳的辐射是五大要素中最重要的一点，对于不同地区而言，由于所处的纬度不同，所能接受到的太阳辐射能量自然也大不相同，以赤道地区最多，依次向南北两极高纬度地区递减。大气环流通过热量和水汽的输送来影响气候的形成，当大气环流趋于稳定的时候，气候也表现得正常，当环流出现异常时，那么灾难性的天气也常常伴随而来。海陆对气候的影响显著，在地球上形成了差别巨大的大陆性气候和海洋性气候两种基本气候类型。一般来说，大陆性气候全年温差变化较大，湿润程度较低，而海洋性气候则恰恰相反。地形对气候的影响同样不可小觑，高大的山脉或者高原常常能阻挡住大气的环流，从而造成山脉或者高原两侧的气候截然不同。洋流也会对气候产生间接性的影响，一般情况

> **知识档案**
>
> **气候变暖**
>
> 太阳是地球热量的主要来源。太阳的热量通过辐射的方式传到地球上，热量在穿过厚厚的大气层时，会损失大量的热。来自太阳辐射的短波可以轻易地穿过大气层，而地球反射出来的长波辐射则大部分被大气中的二氧化碳等气体吸收，这就是人们常说的“温室效应”。过去，这种“温室效应”在一定程度上使地球上的温度升高，可以起到一些正面作用。然而，由于工厂和汽车在利用煤和石油燃烧时释放出的温室气体越来越多，气体吸收了越来越多的热量，使得“温室效应”大大增强，科学家们认为温室气体就是引起全球气候变暖的最主要原因，与正面作用相比，全球变暖对人类活动的负面影响将更大、更深。

⊙ 地球气候带

下，有暖流经过的地区，气温要比同纬度各地要高。相反，有寒流经过的地区，温度往往较低。

除了上述五个基本要素之外，还有冰雪覆盖等因素也能对气候的形成产生重要影响。由此可见一种气候的形成是由多种条件共同影响的结果，是非常复杂和不可抗拒的。所以，我们的美好愿望一时难以实现。不过幸好各地的人们也早已习惯了当地的气候，如果气候发生变化，还有可能适应不了呢！

风是怎么吹起来的

地球的周围环绕着一层气体分子，叫作大气。地球上的大气主要由氮气和氧气组成，这些气体被地球的万有引力紧紧抓住，包裹在地球表面。但在大气层中，单个气体分子却在不停地跑来跑去。

当大量气体分子同时向同一个方向运动时，风就形成了。围绕高层建筑的小股空气可能会突然上升、打转，掀掉路人的帽子。或者，数千千米宽的空气流会围绕着整个地球流动。

室内的空气不会剧烈地运动，所以人们往往忽视它的存在。但如果坐在行驶的汽车里，把手伸出车窗外，就会感到空气的存在了。虽然看不见，但车窗外的空气力量强劲。

实际上，空气总是压在我们身上。虽然我们觉得空气没有重量，也看不见，但实际上我们头上伸展至外太空的大气层重达 5×10^{15} 吨。每时每刻，你身体上每 1 平方厘米的面积上都要承受 1 千克空气的重量。

风是由不同地方的空气压力差引起的。这是怎么回事呢？可以想象一个大坝，大坝一侧的水库里水位高度是 10 米，而另一侧的水位高度 20 米，当大坝的闸门被打开时，水自然会从水位高的一侧流向水位低的一侧，直到两侧的水面一样高。空气也一样。由于温度的变化，各处的气压也会发生变化。暖空气膨胀，空气分子之间的距离加大，空气密度降低，所以暖空气内部的气压相对较低。相反，冷气团内部的空气分子之间距离缩小，空气密度增大，所以气压就相对较高。

和大坝里的水一样，空气也会从气压高的地方流向气压低的地方。这主要是因为空气分子通常会从空气密度大的地方跑到密度小的地方去填补那里的空缺。这种空气分子的运动就是风。我们可以通过一个例子来看看海边是如何形成风的：烈日当头，陆地和海洋上空的空气都在阳光照射下逐渐升温，但是由于海洋表面温度高的海水持续地把热量传给海洋深处温度低的海水，所以海洋上空的升温总是比陆地上的慢。于是总体上，陆地上的空气就比海洋上的空气温度高。

陆地上的空气受热膨胀，形成了低气压区。但与此同时，膨胀的力量推着空气向上升，于是大量的气体分子在高空聚集，形成了高气压。

这种高气压使空气向着海洋上空移动——因为海洋高空的气压比陆地高空低。

北半球：顺时针旋转的风从高压区吹出，然后逆时针进入低压区。

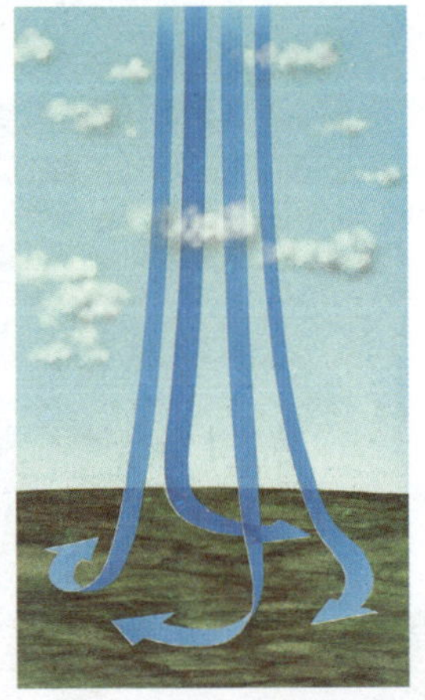

南半球：逆时针旋转的风从高压区吹出，然后顺时针进入低压区。

⊙ 冷空气与暖空气

地球任何地方都在吸收太阳的热量，但是由于地面每个部位受热的不均匀性，空气的冷暖程度就不一样。于是，暖空气膨胀变轻后上升；冷空气冷却变重后下降，这样冷暖空气便产生对流，形成了风。风从中心高压区吹向四周的称为反气旋，相反，风从四周进入中心低压区的称为气旋。气压差越大，风速越大。

由于大量空气由陆地上空转移到海洋上空，海洋低空的气压升高，因此在低空就会有大量空气从海洋流向低气压的陆地，形成了海风。

要是能呼风唤雨多神气

如果你觉得天气太闷热，就可以让老天刮点风来透透气；如果明天有重要的活动，需要晴朗的天气，你就可以轻易地修改天气预报中有雷雨的结论；如果你在烈日当头的酷暑，想体验一下滑雪的刺激，那么你马上可以变出“七月飞雪”的人间奇迹！不错，如果你能呼风唤雨，要多神气就有多神气！但是，等等，如果你的想法得不到别人的认同呢？如果你想滑雪的时候，好朋友却想去海边游泳呢？如果你希望下雨，别人却渴望万里无云呢？怎样协调这种矛盾冲突呢，如果处理不好，也许过不了多久你就会成为最不受欢迎的人。

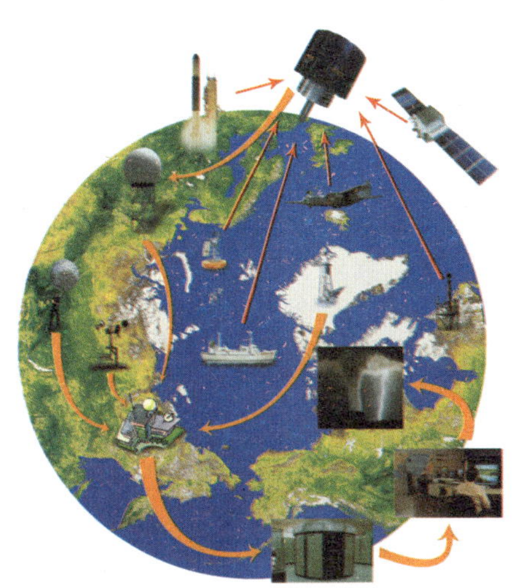

⊙ 天气系统的形成发展和变化能够通过气象卫星探测到，卫星再将各项同步数据传送给计算机，计算机把卫星测量结果转换成温度、压力、湿度和风力等数据，并综合来自雷达、测量船、飞机、浮标等的信息数据，及时准确地作出预报。

现实中想呼风唤雨基本上是痴人说梦，大多数情况下，科学家也爱莫能助。你也许会说，不对，科学家能够实施人工降雨，这也算是“唤雨”呀。其实，人工降雨也不是随随便便就可以实施的，它需要一定的条件，如果你见识过人工降雨的过程，就会看到人工降雨的小分队开着卡车追着天空中的云彩跑的景象。不错，人工降雨需要天上有云彩。云是大量聚集的小水滴悬浮在空中形成的，这些小水滴只有聚成大水滴的时候才能形成降雨。科学家通过发射炮弹的形式，把某种化学药品抛洒在云里，促使小水滴结合形成较大的水滴，最后降落到地面上来。而且在比较空旷的地区实施人工降雨，成功的可能性并不大，还要花很多钱。除了实施人工降雨以外，科学家们还能够利用类似的手段实施人工防雹、人工消雾等作业，从而减轻自然灾害所造成的损失。

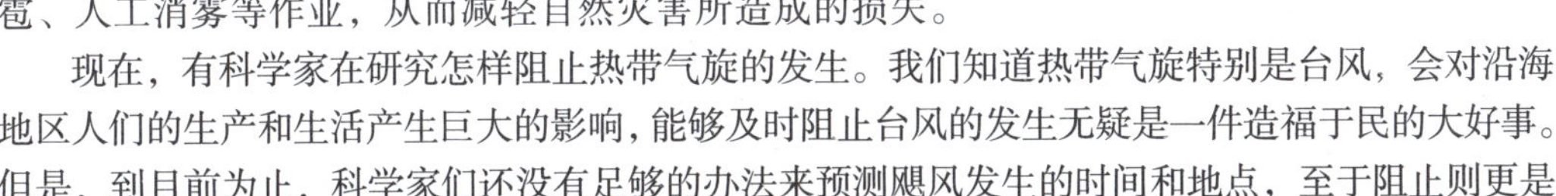

现在，有科学家在研究怎样阻止热带气旋的发生。我们知道热带气旋特别是台风，会对沿海地区人们的生产和生活产生巨大的影响，能够及时阻止台风的发生无疑是一件造福于民的大好事。但是，到目前为止，科学家们还没有足够的办法来预测飓风发生的时间和地点，至于阻止则更是

知识档案

“生物圈”2号实验

在美国亚利桑那沙漠的正中央，有一座建于1991年、占地约1.3万平方米的巨大水晶宫——“生物圈”2号。科学家们用它来论证人类能否复制地球的生物圈。“生物圈”2号内包含了地球上常见的5种生态系统：沙漠、草地、湿地、海洋和雨林。里面还有青蛙、蚂蚁、山羊等动物。“生物圈”2号完全与外界隔绝，不接受外界空气、食物和水的补充。1991年9月26日，来自不同国家的8名男、女科学家进入“生物圈”2号，开始了为期2年的生活和试验。但是，结果并不理想，科学家们居住了1年以后，生物圈内的氧气含量就从21%降到了14%，3年以后，一氧化碳的含量超过了79%，这严重危害到人类的身体健康。生物圈上层的温度远远高于预计的数字，而下层的温度则大大低于预计的数字。实验结束后，专家们进行了总结，一致认为现在科技水平下，人类无法用人工的方式维持地球的活力，地球仍然是我们唯一的家园，我们应该去珍惜它。现在“生物圈”2号被用来研究环境现象以及人类的活动将对自然界产生什么样的影响。

无从谈起。所以，真的要达到呼风唤雨，结束“天有不测风云”的历史，人类还有一段很长的路要走，如果你在这方面有兴趣，也可以努力学习相关知识，也许将来你能够攻克这些难题呢！

怎么不给地球装一个大空调

寒来暑往，一年四季气温各不一样，人们不得不承受夏天的酷暑，忍受冬天的严寒。春秋季节早晚温差大，早出晚归的人们穿衣都成了一个麻烦。如果给地球安装一个大空调就好了，一年四季一天24小时，每时每刻的温度都在人们的控制之下，再也不用为冷暖发愁了。

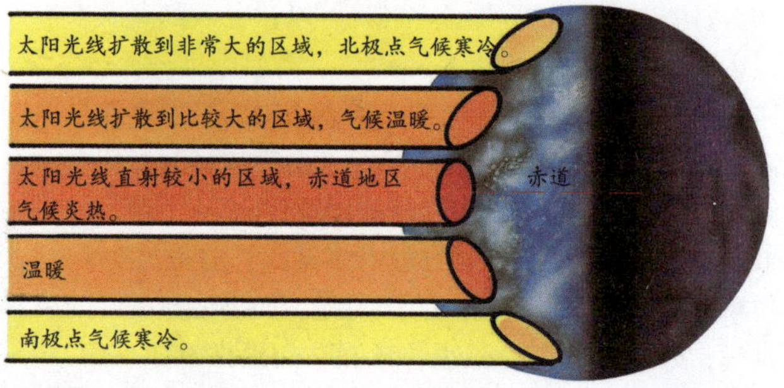

⊙ 地球上不同地区有不同的温度。由于地球是圆球形的，太阳不能均匀地照在地球表面。赤道附近的地区温度总是很高，因为太阳总是可以直射这些地区。在远离赤道的地区，太阳的光线逐渐分散，温度就没有那么高了。虽然赤道地区温度变化较小，但它也有雨季和旱季之分。

给地球安装一个大空调，这确实是一个不错的想法。但是将这个想法付诸实践，至少在现在看来还是不可能的。地球是一个赤道半径6378千米的球体，地表面积达5.1×108平方千米。给偌大的天体安装一个空调，这个空调的大小自然可想而知了。不用说制造这样一个空调需要花费多少的人力物力，单是把这样的空调悬挂在地球上面也是一个难以想象的浩大工程。空调安装完毕，让空调正常运转所需要的能量，恐怕也不是任何一个国家所能承受的。即使是人类克服了这些难题，由谁来操纵遥控器，全世界恐怕也难以达成一致。你渴望四季如春，爱好滑雪的人却希望冬天能长一些，爱好冲浪的人可能想让炎热的夏天永远没有尽头……所以，给地球安装一个大空调，看起来是一个美好的愿望，实际上根本不可行。我们所能做的是将忍受变成享受。那么首先就让我们来了解一下，气温为什么会在1年之内、1天之内变化多端。

我们知道因为地轴是倾斜的，地球上才有了四季的变化。所以，接下来我们重点介绍一下1日之内气温的变化规律。气温在1天之内有一个最高值，一般出现在下午14时左右；一个最低值，出现在黎明前最黑暗的时候。这是因为，日出以后，随着太阳辐射渐渐增强，地面不断吸收太阳的热量，温度随之升高，同时地面还将部分热量输送到大气之中，于是气温也慢慢升高了；正午时分，太阳的辐射达到了最高值，随后就慢慢减弱，但这时地面的温度仍然在慢慢地升高，输送到大气中的热量也在不断增多，温度也不断升高，直到下午14时，温度达到一天之中的最高值，之后就开始慢慢下降；太

知识档案

气温日较差

1天之内，某地最高气温和最低气温之间的差距就叫作日较差。一般来说，气温日较差的大小和该地的纬度、地表性质、季节和天气情况等因素有关。气温的日较差一般随纬度增高而减小，研究发现，低纬度地区的平均气温日较差是10℃~12℃，中纬度地区平均为8℃~9℃，高纬度地区平均为3℃~4℃；海洋和陆地上的气温日较差也不一样：海洋上的气温日较差较小，一般仅有1℃~2℃。陆地上的气温日较差较大，常能达到14℃~15℃。另外，在陆地上，气温日较差又因地面状况而异，裸地比林地大，砂土地比黏土地大，谷底、盆地日较差大，丘陵、山顶的日差较差小。气温随季节的变化，以中纬度地区最为显著。中纬度地区，夏季正午太阳的高度角大，而且白昼的时间长，1天之内太阳辐射强度变化大，所以气温的日较差也大，而冬天则恰恰相反；天气情况也会影响气温的日较差，云层厚的天气，地面上获得的太阳辐射少，夜间云层又能阻挡地面热量散失，所以日较差要比晴朗的天气小。

阳落山以后，地面没有了热量来源，但在白天攒下的“积蓄”还够维持一段时间，直到黎明前，地面的热量几乎消耗殆尽，于是气温也降到了最低点。这就是一天之中气温变化的规律。

虽然我们不可能给地球安上一个大空调，但是明白了1年乃至1天之内的气温变化规律，我们就能很好地适应气温的变化，提前做好准备，那么再糟糕的气温也没什么好害怕的了！

夏天下雪该多有趣

烈日炎炎的夏日，气温高得吓人，路上的行人尽量傍着有阴凉的地方走，而两旁的树也都被晒得无精打采，这时候如果能吹来一阵凉风，或能下一阵小雨，都会让人精神为之一振。更有人会想，如果能下场雪就好了，清清凉凉的，一定非常刺激！

⊙ 雪花是由微小的晶体构成的，在显微镜下可以观察出晶体的形状。每朵雪花都为六边形，但没有两朵雪花是完全一样的。

夏天为什么不下雪呢？这个问题还是要从雪的形成说起。我们都知道雪和雨一样都是由云中的水汽和冰粒所形成的，但是水汽怎样才能形成降雪呢？是不是只要温度降低到0℃以下就可以了呢？不是这样的，雪的形成有两个基本条件：第一个条件就是云中的水汽要充足，只有在水汽充足的情况下，随着温度的降低，云层中才有可能形成小水滴或者小冰晶；第二条件就是空气中要有凝结核，这个条件也是必不可少的，如果空气中没有了凝结核，就算是水汽充足到自然界中的最大状态，也不可能形成水滴或者冰晶。凝结核就是一些悬浮在空气中的很微小的固体颗粒，最理想的凝结核是那些吸收水分能力强的微粒，比如海盐、硫酸的微粒等。云层中的小冰晶形成以后，在运动中会不断发生碰撞，冰晶的表面就会因此而出现些许的融化，继而开始互相黏合重新冻结，这样重复多次冰晶就增大了，另外，冰晶也可以依靠云内水汽的凝华而增长。当冰晶增大到一定程度，能够克服空气的阻力和浮力的时候，便飘飘洒洒地飞向了地面，这就是雪花了。

⊙ 山地地区——例如北美的落基山脉和内华达山脉地区——的降雪量最大，暴风雪来临时，会将汽车和房屋半掩埋在雪中，但生活在这些地区的人们已学会如何对抗暴风雪。

冬天的时候，地面上的气温比较低，空气比较稳定，雪花一旦形成就很容易降落下来。在初春或者秋末的时候，靠近地面的空气温度常常在0℃以上，这种温度会使雪花没有来得及飘落到地面就开始大面积地融化，这种现象叫作降“湿雪”或者“雨雪并降”，气象学上的正规叫法是“雨夹雪”。到了赤日炎炎的夏天的时候，温度更是达到了一年中的最高值，轻飘飘的雪花在下落的过程中就早早地融化掉了。所以在夏天的时候，我们因为炎热而想念雪花，但没想到雪花比我们更加怕热！

雨一直下会怎样

如果阴雨天代替晴天成为我们最常见的一种天气，你就不会觉得在雨中漫步是一件很惬意的事情了。相反没完没了的降雨会让你感到不厌其烦，许多想做的事情也不得不无限期向后推。如果是阴雨绵绵倒还罢了，倘是电闪雷鸣的暴雨，那么毫无疑问我们将面临可怕的自然灾害：河水会暴涨，会冲垮河堤，将大面积的农田和居民区泡在水中；大水还会冲垮公路和桥梁，汽车可能会被淹没在水底；浩浩荡荡的大洪水时而漫无边际，时而会掀起滔天巨浪，有时则激流澎湃，它会吞噬无数的人和动物的生命。近年来，我们不断从电视上看到大水造成的可怕的灾害性场面，那就是雨一直下的结果。此外，暴雨还会引起山体滑坡和泥石流，到时候滚滚洪流裹挟着泥沙和巨石，以雷霆万钧之势从山上冲下来，有幸目睹这一惊人景观的人又可能会成为不幸的受害者！

从客观成因来看，雨一直下是不太可能实现的。因为雨的形成也是需要很多必要条件的。与雪一样，雨也是一种来自云中的降落物，所不同的是，雨是水汽的液体凝结物，而雪是水汽的固体凝结物。

我们知道有云并不一定就能下雨，因为有时云里的水滴很小半径只能达到10微米左右。这样小的水滴是不可能克服空气的阻力和上升气流的顶托的。只有当水滴增大到一定程度才能突破各种障碍，向地面降落。同时，在降落过程中小的水滴还有可能被阳光蒸发掉，只有水滴增大到不会被蒸发掉的程度，才会形成降雨。

水滴的增长，是因为不断有水汽进入到云中，这些水汽附着在水滴上，促使水滴体积不断增大、质量不断增重。在水滴的下降过程中，小水滴下降得慢，大水滴下降得快，大水滴就会追上小水滴，从而合并成更大的水滴，增强它投向大地怀抱的能力。如果水滴的大小还不足以克服上升气流顶托的力量，那么在随着上升气流的运动，小水滴会赶上大水滴，从而联合成更大的力量。这种碰撞合并是水滴获得增长的重要手段。

可见，降雨的形成需要不断有水汽补充到云里，而水汽需要阳光不断蒸发地面上的水分。在没有阳光的阴雨天气里，不会有大量的水汽蒸发到空中，所以，降雨的天气一直持续下去的可能性不是太大。

酸雨真的很酸吗

对于酸雨，你应该是早有耳闻了。但是，你是否真的了解它呢？你或许会说，顾名思义，酸雨就是味道是酸的雨。我们知道酸有很多种，比如：梅子的酸、柠檬的酸、醋的酸味道都大不一样，那么你觉得酸雨是什么样味道呢？说到这里，你可能会感觉到舌底生津，暗暗地咽一口口水，也可能会不屑一顾地说，我才不喜欢酸味道呢。我喜欢的是甜，如果哪天下了甜雨，我倒要品尝品尝。甜雨，是的，既然有酸雨，当然也应该有甜雨了。老天也应该满足人的不同口味呀。如果你真的盼望甜雨的出现，那么你大概要失望了。因为酸雨根本不是你所想象的那样。

⊙ 什么是酸雨

人类燃烧矿物燃料排放出的二氧化硫和二氧化氮可以与空气中的水汽结合形成弱酸，并最终以酸雨的形式落到地面（如上图）。酸雨可以落在远离污染区的其他地区，它会使绿色植物死亡，酸化河流和湖泊，危害野生生物。减少矿物燃料的使用可以减少酸雨的发生。

酸雨是指含有硫和氮的酸性化合物、pH值小于5.6的雨。它是从哪里来的呢？现代社会中，工业、农业和交通运输把大量的污染气体排放到空气中，其中就包括许多酸性化合物，这些污染气体和尘埃一起升到高空，附着在水滴之中，当下雨的时候，也就随之从天而降了，这就是人们常说的酸雨。

酸雨的危害非常大，它对农业、建筑、人体健康等都会产生不同程度的危害。如：酸雨降落到河流、湖泊中，就会引起水质的酸化。水质的酸化首先会引起湖泊内水草和水生微生物的减少，而水草和水生微生物又是湖泊所有生物赖以生存的基础，一旦鱼虾离开了它们，就如同鸟兽离开了森林，最终难免灭亡的命运。

在农业方面，酸雨会导致土壤的酸化，土壤中大量的营养物质会因此而流失掉。酸雨还会改变土壤的结构，导致土壤的贫瘠化，影响到植物的正常发育。另外，酸雨还能诱发植物的病虫害，使作物减产。我国南方的土壤本来就多呈酸性，如果再经历酸雨的冲刷，无异于雪上加霜。

酸雨还会腐蚀建筑，尤其是它对暴露在外的文物的破坏更令人痛心。著名的杭州灵隐寺的“摩崖石刻”近年来就屡屡遭受酸雨的侵袭，佛像的眼睛、鼻子、耳朵等处已经出现严重的剥蚀现象，珍贵的古迹已经面目全非了。

另外，酸雨对人的身体健康也有不良的影响。尤其是眼角膜和呼吸道黏膜等处对酸类物质十分敏感，很容易受到酸雨的刺激，使人出现红眼病、支气管炎等病状，还可能诱发肺病。这是酸雨对人体健康的直接影响。另一方面，农田土壤的酸化，能够使汞、镉、铅等有害重金属溶化，继而被农作物所吸收，人类摄取后就有可能出现中毒的情况。

综上所述，酸雨不是一种味道酸酸的雨水，而是人类为了谋得一时的发展所酿成的灾害性天气。因而，我们要从现在开始，注意保护自然环境，尽力与破坏环境的行为作斗争，使酸雨尽快从我们的生活中消失。

天天能看到彩虹该多好

如果你想天天都能看到彩虹，那么你不得不天天忍受雨水的滋扰，因为正如一首耳熟能详的歌曲所唱的那样，“不经历风雨怎能见彩虹”，彩虹正是在雨后才出现的。

⊙ 太阳光中的每一种颜色折射的幅度都不相同，因此阳光会被分离为光谱的颜色：红、橙、黄、绿、蓝、靛和紫，从而形成彩虹。

雨过天晴，天空中会出现一个由红、橙、黄、绿、蓝、靛、紫 7 种色彩组成的光带，这条绚丽的光带就是彩虹。至于彩虹是怎样形成的，古人很早就给出了比较科学的答案，如我国北宋时期著名的科学家沈括就曾在他的著作《梦溪笔谈》中提到：“虹，日中雨影也；日照雨，则有之。”唐代的张志和在《玄真子》中说：“背日喷乎水，成霓虹之状。”可见，古人早已意识到彩虹是由阳光照到水滴里，发生反射和折射所形成的。

为了更好的说明这个问题，我们不妨来做两个实验。第一个实验，拿一个三棱镜，让阳光从三棱镜的一端射入，从另一端射出，投射到白墙壁上。这时候我们会发现，墙壁上出现了七彩光带，这个实验告诉我们，阳光并不是白色的，它实际上包含了红、橙、黄、绿、蓝、靛、紫 7 种色彩。第二个试验，我们可以找一个小朋友背负装满水的喷雾器，面对池塘，背对太阳，不断地向池塘里喷水。这个时候，我们站在那个小朋友身后，马上就会看到一条美丽优雅的 7 色彩虹，宽度足有 0.5 米，十分清晰，只要不断均匀地喷雾，彩虹就会一直保持住。通过这个实验我们可以发现，喷雾器喷出的小水滴，实际上起到了三棱镜的作用，它把阳光里的 7 种色彩区分了出来，形成了小小的彩虹。

知识档案

七色光之外

人们常说的七色光，指的就是红、橙、黄、绿、蓝、靛、紫7种颜色，但是世界上除了这7种颜色之外是不是还有其他颜色呢？其实人们对颜色的感受包括两方面的内容：一种是色相，即太阳光按照波长的不同而呈现出来的7种色彩；另一种是饱和度，就是平时我们所说的颜色的深浅程度。因为有了饱和度，这7种基本色彩便又派生出了许多深浅不同的色彩出来，这些色彩都是由纯色和白色调和而形成的。如浅绿、中绿、深绿、橄榄绿、鹅黄、湖蓝、奶油色等。

通过以上两个实验，我想你已经知道彩虹形成的原因了——对了，正如你所想象的那样，在雨水之后，空气中布满了微小的水珠，这些小水珠就是一个个小小的三棱镜，反射和折射出阳光的 7 种颜色，形成令人叹服的彩虹。也许你要问，为什么夏天的午后常常能见到彩虹，而在冬天怎么很少见到呢？这是因为，夏天的时候雨水比较多，而且常有雷阵雨，这些雨的范围不是很大，常常是这一边在下着雨，另一边还是阳光普照，而且雨后空气中的水汽也很充足，这样“三棱镜”和光线都有了，彩虹自然就很容易出现了；而冬天的时候，天气寒冷，空气干燥，下雨的机会本来就少，阵雨更是难得一见，飘飘洒洒的雪花倒是常能看到，但是降雪并不能形成彩虹。

可见，大自然中的彩虹是可遇不可求的。但是如果你想天天都看到彩虹，也可以人工来创造呀，就像我们所做的第二个实验一样。

腾云驾雾的感觉一定很奇妙

我想你对《西游记》中孙悟空驾着筋斗云，一飞“十万八千里”的描写印象深刻，对那种拧一拧身，倏忽千里之外，一日之内游遍天下的潇洒劲儿一定十分向往，也会无数次梦想着自己有朝一日体验到腾云驾雾的奇妙感觉。这样每天的上学、放学再也不用挤公交车或是骑自行车了，出游也方便多了。

那么云彩是怎样形成的呢？原来，云彩是来自地面。地面上的水受到了太阳的辐射以后，变成水蒸气飘到了天空中，到了空中遭遇冷空气，就凝结成了小水滴，这些小水滴再同气中的尘埃、盐粒等杂物混合在一起，便形成了千姿百态的云。据估计，每年从海洋和陆地上蒸发到空中的水分达 4.5 亿吨之多。

⊙ 英国科学家卢克・霍华德于 1803 年按云的形状、组成、形成原因等，把云分为几大类，并分别命名。

小水滴就是制造云彩的最主要原料，它的体积很小，平均直径仅在 0.01 ~ 0.02 毫米之间，最大的直径也不过 0.2 毫米。由于水滴小而轻，它们下降的速度很慢，一般都会在降落过程中又被上升气流托起，偶尔有一些漏网之鱼，也会在降落到地面之前而被重新蒸发掉，所以，小水滴便抱成团，成片成片的漂浮在空中。

云彩在空中不断地变幻着形状和颜色，我们常常看到天空有时碧空万里，有时点缀着朵朵白云，有时黑云压境，有时又放射出万丈彩光。有时洁白、有时乌黑、有时呈铅灰色，有时呈红色或者黄色。多姿多彩的云彩引发我们无数的遐想。其实天空中的云都是白色的，只是因为云层的厚度不同，以及云层受阳光的照射而显出不同的颜色而已。

可见，轻飘飘的云彩基本上是一片水雾，它没有灵性，只会随风飘荡，并不能听从我们的指挥。而且云彩还不能够承受我们的重量，立足其上，如站立在空气中一样，势必会重重地摔在地上。看来腾云驾雾的想法，只有在梦中实现了。

电闪雷鸣是“老天”在发怒吗

我们在电视上常常能够看到好人咒骂坏人：“你做了那么多坏事，也不怕天打雷劈！”确实，我国古代很多人都相信一个人如果做了太多伤天害理的事情，就连老天都会震怒。老天会借助电闪雷鸣来为人间主持公道。但是，这种说法有科学依据吗？

⊙ 雷雨云伴随着电闪雷鸣。

其实，说电闪雷鸣是老天在发怒，这只不过是人们主观色彩很浓的猜测而已。闪电和打雷是发生在大气中的一种放电现象。在夏季闷热的午后及傍晚，地面上的热空气带着大量的水汽，不断上升到高空中，形成一块一块的积雨云。这些积雨云携带着不同性质的电荷，另外由于受到近地面积雨云所带电荷的感应，地面上带上了与云底不同的电荷。我们知道不同性质的电荷是会相互吸引的，就像磁铁的两极互相吸引一样。空气的导电性很差，阻挡了正负电荷之间的汇合，但这种阻挡并不是不可逾越的。当云层里面的电荷越积越多，具备足够的能量的时候，正负电荷之间的吸引力就会洞穿空气，开辟出一条狭长的通道，强行汇合在一起。由于云层之间的电流很强，通道上的空气被点着而激烈燃烧，使得通道上的温度甚至比太阳表面的温度还要高出好几倍，所以就会发出耀眼的白光，这就是我们见到的闪电了。而雷声是空气和水滴由于骤然受热，突然膨胀所发出来的巨大声响。雷声和闪电本来是同时发出的，但是因为闪电是光，它的传播速度是 30 万千米 / 秒，而雷声的传播的速度是 340 千米 / 秒。二者的传播速度相差很多，所以我们总是先看到闪电，后听到雷声。

可见，电闪雷鸣并不是老天在发怒，雷雨天被闪电击倒的人也不一定是坏人。另外，雷电还会击毁房屋，引起森林火灾，破坏高压输电线路。雷电还是安全飞行的巨大障碍，高空飞行的飞机误入雷雨云中，如果本身没有配置消雷装备，就会遭遇剧烈的颠簸，若是不幸遭到直接电击，那么飞行事故就不可避免了。但雷电并不是一个无恶不作的大魔头，它也会做出许多有益的事情，如夏季的雷电常常伴随着降雨，滋润万物;雷雨能将空气中的烟尘等污染物冲刷干净，起到净化空气的作用；雷电产生的高温能使空气中的氮气和氧气直接化合，产生二氧化氮，随着雨水渗入农田变成硝酸盐，成为天然的肥料。

夏季的清晨为什么会有露水

夏秋的清晨，草叶、树叶上常常有一颗颗亮晶晶的小水珠，这就是露水。我国古代的人们以为露水是从别的星球上落下的宝水，所以许多民间医生和炼丹术士都注意收集露水，用它医治百病及练就“长生不老丹”。

其实，露水并不是从别的星球上降下来的，而是在地面上形成的。露水的成因可以通过吃冷饮得到说明。吃冷饮时盛放冷饮的容器外面马上会出现一层薄薄的水珠。这是因为容器外面的热空气碰到器壁而冷却，水蒸气达到饱和状态后，部分水汽在容器外面凝结成小水珠。露水的形成与此类似，在晴朗无云、微风吹拂的夜晚，地面的花草、石头等物体散热比空气快，温度也比空气低。当温度较高的空气碰到地面上这些温度较低的物体时，其中的水蒸气便会凝结成小水珠滞留在这些物体上面，形成我们看到的露水。如果夜间有微风，发生水汽凝结后变得较干燥的空气就会被吹走，湿热空气不断补充过来，从而形成较大的露珠。

为什么早晨看到露水就表示会有好天气

有人说，如果早晨看到独木舟上结有露水的话就表示白天出航时能碰上好天气，这样说是有其道理的，民谚“露水见晴天”说的也是同一个意思。

上述现象和空中是否有云朵有关。要形成露水，草叶或是独木舟等物体的温度必须降到足够低，使饱和能够发生，也就是说，物体的温度必须达到饱和点——露点。在该点，空气中的水蒸气达到过饱和，从而在这些物体表面凝结。如果水汽在草叶和独木舟等物体表面凝结成露水，就表示这些物体向周围环境散热的速度要高于其从周围环境吸热的速度。

这种情况一般在天空中没有云朵时发生。

这是大地和大气之间以热辐射的形式持续地交换能量。如果天空中有云（有云多半就会有雨），地面上物体向周围散失的部分热量就会被云层辐射回地面，使物体得到一定的热量补偿，虽然温度升高得并不多，但也足以使水汽无法在物体表面凝结成露珠了。在一年中的大部分时间里，天气变化与上述规律很吻合：如果独木舟上有露水，那么就表示天空中没有云朵，又是一个晴好的天气。你可以用它来粗略地预测未来 12 小时内的天气变化情况，但是要预测未来 24 ~ 36 小时内的天气变化情况，用这种判断方法就不合适了。

不过，云层的高度越高，云层对地表温度的影响就越小。而且在夏天上述规律也不大能靠得住。因为在夏天，特别是在整个夏夜，天空长时间地晴朗无云，但是在午后，雷阵雨可能就在短短一个小时的时间内迅速形成。所以，清晨地面上的露珠可能还是意味着在空气中，特别是在高空中仍然有充沛的水汽，在午后能形成一场雷阵雨。

还有其他的例外状况：当空气又干又冷时，地面物体的温度很难降到露点，所以也就很少有露水凝结。

⊙ 露一般附着在表面积较大、表面粗糙、导热性不良的物体上。

第四章
难以捉摸的物理和化学现象

没有空气会怎样

有人觉得这个世界太平淡了，每天是一成不变的日出日落，每年是一成不变的春夏秋冬，一成不变的花开花落。是的，虽然没有在这个世界上度过多少年头，但是从不会安分守己的你总是期待着世界能来一次令人激动的改变。那么如果地球上没有空气会怎样呢？这个想法在你的脑海里一闪而过，想象中的神奇世界瞬间在你的眼前展开。

⊙ 大气是一个保护带，可以使陨星在靠近地球时被烧毁，并为地球上的生命阻挡有害的宇宙辐射。

如果地球上没有了空气，你首先想到的应该是给自己戴上一个氧气罩，不然你很快会因缺氧窒息而死。然而，地球上的其他生物可能不会像你这样幸运，因为大概没有人会不辞劳苦地为它们戴上氧气罩，所以大约用不了多久，地球就会变得冷清起来。实际上，如果没有了空气，地球上的情况绝不是冷清所能形容的，它应该是绝对安静的，因为没有了空气，声音便没有了传播的介质。在这种环境下，你会变得和哑巴无异。所以为了能够和同伴交流，你最好先学会哑语。

在没有空气的地球上，你一刻也离不开航天服的保护。如果你尝试摆脱这种臃肿的服装，后果将是不堪设想的。因为没有了空气，也就没有了大气压，你身体内部的血压会承受不了这种“轻”，最终血管会爆裂，甚至连眼睛都会喷射出来。另外，在没有空气的地球上，你会在一昼夜就感受到冰火两重天的刺激，说到这里，你可能会想到月球上的情景：白天的温度常常能够达到 127℃，而到了夜里气温却会下降到 -187℃以下。不错，这时候地球上的环境会和月球上差不多，超过 300℃的温差不仅是人的血肉之躯所难以忍受的，就连貌似坚硬的石头也会在强烈的热胀冷缩作用下出现爆裂的现象！

如果没有了空气，调皮的星星也会变得老实起来，它再不会不停地眨眼睛了，而是木讷地挂在天空上；如果没有了空气，天幕的颜色也会由美丽的蔚蓝色变成令人压抑的紫黑色，就像我们在月球上看到的一样。当太阳公公准时从东方升起的时候，你会发现它完全没有了以前的

慈祥，它变得小了很多，明亮了不少，悬挂在黑漆漆的天幕上，显得格外耀眼和狰狞。

如果地球上没有了空气，你会发现许多有趣的现象，比如苹果会和树叶一起落下来。对于这个现象你可能会觉得不可思议，因为苹果的质量要比树叶大得多啊。实际上，物体下落的速度和物体的质量基本上没有关系。正常情况下，树叶之所以总是落在苹果后面，是因为空气浮力对它的影响更大，而今，没有了空气，树叶自然能与苹果同时落地。除了这个有趣的现象之外，在没有空气的地球上，还会出现哪些令人目瞪口呆的现象呢？聪明的你不妨开动大脑，大胆地去想象一下吧。

现在，对于没有空气的地球，你应该有了一些直观的认识，我想你大概会改变自己原来的想法了，甚至还会祈祷让地球永远不出现这种情况。对于这一点，你大可放心，因为地球有足够大的引力，不会让空气从地球表面飞走的。如果你还是想体验一下没有空气的生活，那么你应该到太空中去，那里会有你想要的环境。

⊙ 大气层的结构

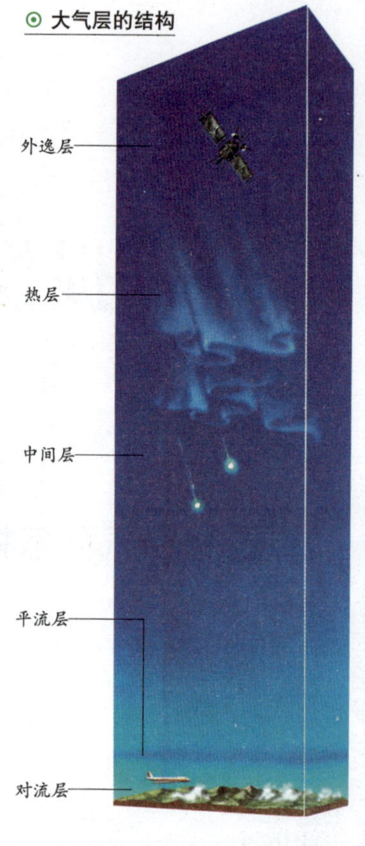

气体分子有多小

当谈论起空气时，我们首先想到氧气。事实上我们地球上的空气是一种混合物，由多种气体成分组成。如果随手向空气里抓一把，抓到的很有可能是氮气分子，因为空气中 77% 的成分是氮气。氧气占空气的 21%，除此之外，空气里还含有水蒸气和其他气体，这些气体包括二氧化碳、氖气（一些指示灯里充满氖气）、氦气（气球里经常充氦气）、甲烷、氪、氮氧化合物、氢气、臭氧和氙气。

各种气体分子，无论是常见气体还是稀有气体，都均匀地混合在一起（除了臭氧，因为臭氧分子往往浓集在 20 ~ 25 千米的高空，形成臭氧层）。气体分子的运动速度约为 1120 ~ 4800 千米 / 小时。空气分子小到肉眼看不见，也许此时此刻就有一个氮分子跌跌撞撞地闯进你的鼻子，而你却全然不知。原子结合在一起形成分子，就像一串串的葡萄一样。可想而知，聚集在一起的原子越多，分子就越大。一个水分子由一个氧原子和两个氢原子组成，而像体细胞里 DNA 这样的大分子却是由上千万个原子组成的。

大多数气体分子，无论是什么种类，都非常小。例如，一个氧气分子由两个氧原子组成，一个氮气分子由两个氮原子组成，分子直径只有 1 厘米的一亿分之几或十亿分之几。很难想象一厘米的十亿分之一是多大，但我们可以将气体分子与盐的晶格的大小进行比较，格兰尔德·范伯格和罗伯特·夏皮罗曾经在他们的著作《地球之外的生命》里用过这种方法。

可以在桌上撒一小撮食盐，然后找出一颗盐粒。现在想象你自己在变小、变小、变小，就像走进了爱丽丝的幻境。这颗盐粒就在你眼前长大，直到变成一个婴儿那么大。你继续变小、变小，这颗盐粒就继续长大，长得跟房子一般大。你再接着变小，盐粒变成一座摩天大楼，高耸入云，就像帝国大厦。

即使是这样，你缩小得仍然不够多，还是无法体会一颗盐粒与一个气体分子之间的大小比例。所以你需要变得更小，直到这颗盐粒高得看不见顶端，它的高度是帝国大厦的 100 倍。

如果你突然发现头顶上有个乒乓球大小的东西呼啸而过，那就是空气分子了。与一个空气分子相比，一颗小小的盐粒竟然是一幢摩天大楼的 100 倍，这下你就知道空气分子是多么小了。

原子是什么样子的

这是一个很难说清楚的问题，因为原子小到即使用上最先进的显微镜也没办法看到的地步。但是科学家们现在使用的一种新型的显微镜可以做出原子的图像：这种仪器仍然不能看到原子，但是它可以感应到原子，它的原理就像你将手靠近但没有真正接触到电视机的显示屏时所感受到的感觉那样。这就是复杂的纳米技术。不过，即使精巧到如此地步，仍然不能让你看到哪怕是一个原子。如果有这个可能的话，你会发现有一个很小的核处于原子的中心，它叫作原子核，是由一些叫质子和中子的微粒组成的。质子和中子有着大致相等的质量。质子带一个正电荷，中子不带电。

氢是在宇宙大爆炸时被创造出来的第一个原子，由夸克（一种比原子更小的基本粒子）和电子组成。

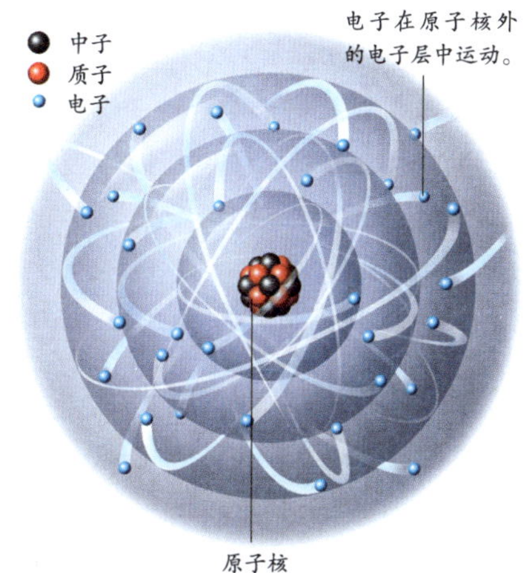

⊙ 铀是一种非常坚硬的重金属，如上图所示，它的原子是所有原子中最大的，原子核内有 92 个质子和大约 146 个中子，原子核外有 92 个电子，以平衡质子的电量。

为什么有些原子具有放射性

具有放射性的原子容易发生分裂——实际上是原子的中心分裂，向周围释放原子内部的粒子。

原子中心是由质子和中子构成的原子核。氢原子是最简单的原子，氢核也是最简单的原子核，只由一个质子组成。原子核外是绕核运动的电子。电子运动的确切轨迹无法测量，但电子在不同空间位置出现的概率可以测量。

质子带正电荷，中子不带电，因此，原子核因为含有质子而带有正电荷。电子带负电荷，与原子核里质子之间的吸引力使得它们做绕核运动。由于同性电荷相互排斥，原子核内部的质子之间存在着相互排斥的力。

在一些小原子内部只有几个质子，这种排斥力不会产生明显效应。但是一些大原子的原子核就不太稳定了，比如铀 -238 的原子核内部有 92 个质子，有时这会导致核裂开，放射出内部的粒子，这些原子就是放射性的。

具有放射性的原子会向四周放射中心的粒子，反应过后会生成新的原子核，新生成的原子核被称为“子体”。如果子体是稳定的，那么反应到此为止，但如果子体内部质子数仍然较多，也就是说子体仍然不稳定，核裂变反应就会继续，生成新的子体，如此往复，直到生成稳定的子体。

放射性原子发出的辐射主要有三种：α 射线、β 射线和 γ 射线。

α 射线由 α 粒子组成，每个 α 粒子由两个质子和两个中子构成。铀 -238 可以释放出这种射线。与其他射线粒子相比，α 粒子可算是巨人了，它们太大，连纸张都穿不过去，也穿不过人体皮肤表面的死细胞。

但这并不是说 α 射线对人体无害，长时间暴露在 α 射线下，人体的皮肤会被灼伤；如果不慎吞入 α 射线源，比如说铀 -238，人体内脏会受到严重伤害。

β 粒子是在原子核一个中子变为一个质子和一个电子时产生的。电子从核内射出，而质子留在原子内部。β 粒子的大小是 α 粒子的 1/7000，所以 β 射线具有更强的破坏性。β 射线可以轻而易举地穿过纸张，但对木头却无计可施。β 粒子能穿过表皮细胞进入皮肤，但会留在皮肤表层里。如果 β 粒子存留在体内，要么发生重度灼伤，要么造成内部组织大面积损伤。

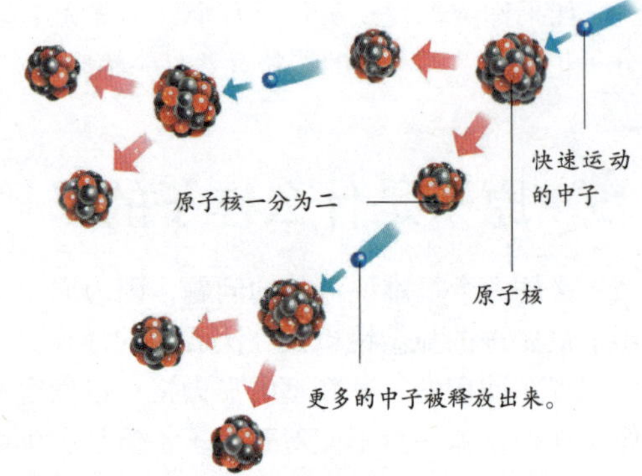

⊙ 核能来自核能源（例如铀或钚）中的原子核的裂变。快速转动的中子从原子核裂变出来，并释放出能量，而更多的中子会使裂变过程继续进行。

第三种辐射是不稳定原子发出的 γ 射线。组成 γ 射线的 γ 粒子是高能光子，这与 X 射线类似。γ 射线可以穿过木头，只有足够厚的混凝土墙或铅板才能挡住它。γ 射线不但能够穿过皮肤，还可以穿过整个身体，而且被 γ 射线光顾的细胞统统都会被杀死。

为什么铁不会溶解于水中

构成固体的所有粒子都是被黏合在一起的。这些黏合力可能是不牢固的，也可能是很牢固的。要溶解某些物质，物质粒子间的黏合力就必须被破坏掉。

如果这种物质是固体，那么粒子都会相当乐于粘在一起，要把它们“劝”开，你必须给它们更有吸引力的东西。因此，若要用一种液体溶解一个固体，那这种液体粒子必须能够为那些单个的固体粒子提供很好的黏合力。这样固体粒子才会被一个个分离出来，然后与液体粒子结合。

简单地说，物质可能会溶解于与自己相似的物质之中，因为在固体和液体粒子之间可能有着相近的结合机会。但铁和水是不同的物质。水善于溶解许多东西，但却无法溶解金属。在金属中所有粒子结合得非常紧密，而水分子没有足够的吸引力使它们分开。

煤可以燃烧，那钻石可以吗

如果你可以使钻石达到足够的热度，你就可以使钻石燃烧。煤在达到 400℃时开始燃烧，而钻石在没有达到大约 800℃时是不会被点燃的。

这是由于两种物质中碳原子结合的方式不同。煤是由非常古老的植物残骸形成的，碳原子以一种非常不规则的方式排列。你可以把碳原子想象成刚刚从盒子里倒出来的积木：你可以很轻松地把它们分离开，而把它们拼起来也不那么难。

现在把积木拼起来，使得在每一块积木的周围都和其他积木相连。当你再想加上更多的积木时，你就发现你已经得到了一个非常坚固的立体形态。它很牢固，因此需要花费很大的努力才能把它再次拆开——这就是一个“拼装钻石”。在一个真实的钻石里，中间那个积木块就相当于碳原子，不过结构是不一样的。因为在钻石里碳原子的结合方式相当规则，因此它是非常坚硬的——你不能轻易地将原子推开。

当物质燃烧时，内部原子一定是与其他原子分隔开的，而比起在煤中不规则堆积的原子，对钻石这么做则需要耗费更多更大的能量，这就是为什么要点燃钻石时你必须使钻石变得更热。

冰川冰比普通冰更纯净吗

是的，确实如此。所以，有人将冰川冰作为饮料投入市场销售也就不足为奇了。

相比于普通冰，冰川冰是有其优势的。

首先，冰川中的水要相对纯净一些。这是因为远古时候降下的雪在千万年的时间中不断地压缩，雪花中原本所含的杂质都被挤到雪花晶体边缘，并被相继冲刷带走。最后形成的冰块，特别是由单晶雪花所形成的冰块，其纯净度堪比三次蒸馏的水，远比最初的降雪纯净。

其次，从感官的角度来看，冰川内包含的冰晶与冰箱制出来的冰块所包含的冰晶大小相仿，甚至可能更大。单晶中的分子都呈线性排列，而普通冰块则由很多细长的冰晶构成。所以光线在冰川冰内折射形成的景象要比在普通冰内所形成的晦暗景象漂亮得多。

冰川冰

冰川冰还有声效。当雪堆积在一起的同时，大量的空气也被封存于其中。随着时间的推移，空气逐渐被冰块包围，挤压形成一个个小的气泡。在几千米的深处，这些被封住的空气承受着巨大的压力。当冰块融化、气体重获自由的时候，气泡便伴随着悦耳的噼啪声不断地冒出来。这时即便不含二氧化碳，冰川冰饮料也会不断地冒着气泡，发出清脆的声音。

所有的金属都有磁性会怎样

我们都玩过磁铁的游戏，磁铁的两端通常分别标有 S 和 N，这代表着磁铁的南、北两极。具有磁性的物质称为磁体。当两个磁体的南极或者北极相靠近的时候，就会发生排斥现象。当一个磁铁的南极和另一个磁铁的北极相靠近的时候，就会互相吸引。磁铁的成分是铁、镍或者铬。让磁铁的一端靠近金属的剪刀，剪刀就会被吸引。拿来五角钱的硬币贴近磁铁，磁铁没有任何反应。这是因为剪刀是用铁制成的，磁铁能够吸引铁；五角钱的硬币是用铜制成的，铜不会被磁铁所吸引。

现实生活中大多数的金属在外在磁场的作用下，都能够被磁化，只是磁化的程度不同。一般来说，仅有铁、镍和铬等少数金属具有较强的磁性，其他金属所能具有的磁性都较弱，不易被人们发现。那么如果世界上所

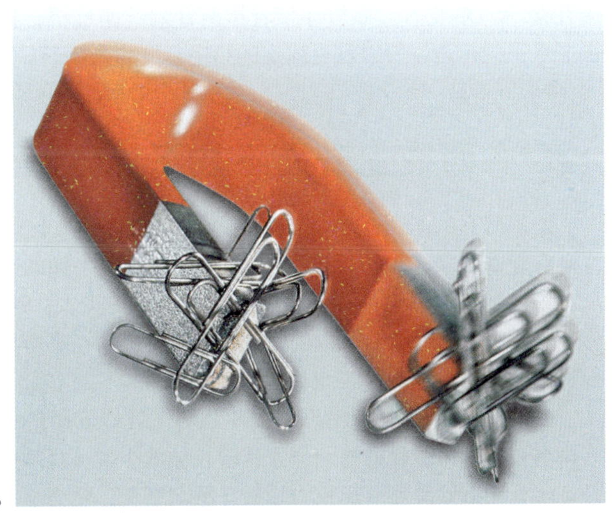
磁铁只吸引某些具有磁性的物质，如铁、镍等。

有的金属都像磁铁一样具有了强磁性会怎么样呢？如果是这种情况，一定会出现许多有趣的现象吧。

如果世界上所有的金属都带上了强磁性，人们可能将不再使用金属材料了。原因很简单呀：大街上用金属制成的汽车都具有了强磁性，交通事故就会接二连三地发生，因为这些汽车要么相互排斥，两辆汽车同时被弹开；要么相互吸引，直接造成两辆汽车的“亲密接触”。整个交通状况只能用“乱成一锅粥”来形容了。当然，不只是交通状况会受到严重的影响，还有很多环节会受其影响，聪明的小朋友不妨开动脑筋，想一想我们还会在哪些方面受到影响呢？

既然所有金属都不能使用了，那么人们就不得不用其他的材料来代替金属。也许人们能用塑料制成各种工具，比如塑料制成的汽车，塑料制成的电器、塑料制成的剪刀等。但是有些东西看起来非用金属不可呀，比如炒锅，如果用塑料来制成炒锅，那麻烦可大了，也许一道菜没有炒完，整个锅都被烤化了。所以，人们也不得不去发展“消磁”技术，千方百计地用各种方法去消除金属的磁性，使金属能够重新为我们所用。所有的金属都具有了强磁性，消磁的工作量自然是非常惊人的，而且这些金属的磁性可能很难一劳永逸地消除掉。因为，所有的金属都带有了强磁性，说明外部的磁场非常强大，所以消了磁的金属难免重新被磁化。那么这样的工作就永无止境了。

可见，如果世界上所有的金属都具有了强磁性，我们的生活会多么的麻烦。幸好这一切都不会发生，世界上大多数的金属即使被磁化，磁性也弱得微不足道，不会对我们的生活产生重大的影响。

如果把指南针拿到南极会怎样

地球绕着地轴自转，南极和北极分别是地轴的两端。吸引磁铁及指南针的叫作地磁轴线，其两端叫作南磁极与北磁极。地磁轴线与地轴之间的角度相差了 11°，也就是说，南磁极并不位于南极，而是位于南极东北方约 1600 千米的地方。

所以，指南针指的并不是真正的南方，而是南磁极的位置，而且它每年会移动约 10 ~ 15 千米。当你拿着指南针站在南极时，指南针会指向东北方。如果你带着指南针到达南磁极，由于指南针失去了水平的拉力，所以没有固定的指向，会自由旋转。

⊙ 指南针

东西往上升而不往下掉会怎样

如果所有的东西都像是长了翅膀一样，总是往上升而不是向下掉，那么我们身边将会出现许多有趣的现象。比如成熟的苹果将不会砸落到牛顿的头上，万有引力定律也许不过是一句笑谈；秋天纷落的黄叶不会飘向地面，而是向天空中飞去。这些现象看起来有趣，但是也会给你带来许多麻烦。例如，收获苹果的时候，你就应该站在高空中，而不是站在树下；口袋里掉落的东西，你将不会很容易捡起来，也许你只有借助捕蝶网才能将那些飞在空中的失物够下来。

如果真的出现的这种情况，那么世界上就应该存在所谓的反重力物质。在人类登陆月球之前，一位名叫裘乐·维勒的科幻作家就曾在他的小说《月球旅行》中，描绘了一幅利用反重力物质去月球旅行的奇妙画面。反重力物质，顾名思义，重力不仅不会把这种物质拉向地面，反而会把它推向天空。这一设想确实非常奇妙，但是没有人会相信世界上真的存在反重力物质，如果它真的存在，那么它也不可能存在于地球上，它应该早就飞到太空中去了，除非地球上有什么力量可以阻挡它的飞升。

受地心引力影响，我们无论跳起多高，最终都会落回地面。

也许你要说，世界上确实有物质会飞上天呀，比如氦气球。其实氦气球并不是依靠反重力飞起来的，其奥秘在于气球内部的氦气。我们不妨把自己生活其中的大气层看作是一种"气海"，在真正的大海里，比海水更轻的物质（比如木头等）就会漂浮在海面上，同样的道理，只要比空气轻的物质就会在"气海"里漂浮起来。而氦气就是一种比空气轻的气体，所以它能带着气球飞起来。既然氦气有这种特性，人们为什么不乘坐巨大的氦气球到太空中旅行呢？目前科学家制造宇宙飞船并利用火箭把飞船送到太空中去，需要花费大量的人力、物力和财力，如果用一个巨大的氦气球就可以代替这些设备，那么科学家们何乐而不为呢？原来，就像是海水里的木头不可能漂浮在没有海水的空中一样，脱离了密度大的空气，氦气球也就不能再向上飞升了。实践证明，氦气球最多只能飞升到几千米高的空中，连大气层都出不了，更不要说到空气稀薄的太空中去旅行了。

水为什么不往上流

水往低处流早已是人尽皆知的常识了。但是为什么水往低处流，而不是往上流呢？你也许会说："消防员叔叔就可以让水往上流，他们常常站在地下用水枪浇灭高处的火，那些从水枪里喷出的水不就往高处流了吗？"其实，水枪是利用某种水泵将水往上喷，自然界的水只会往低处流，因为有地球引力在拉扯。

如果水往高处流，不仅会造成许多闻所未闻的人间奇迹，还能给人类带来许多益处呢。以瀑布倒流为例，我们都知道瀑布是河川和溪水在往下流的途中，经过落差比较大的地段而出现的景观。瀑布在往下流的时候，急速下落的水具有很大的能量，如果在瀑布中装上发电设置，就可以把流水的能量转化成电能。如果瀑布可以倒流，我们就可以周而复始地利用水的能量，

水的流动和地球引力有关，在地球引力的作用下，水会从比较高的地方流向比较低的地方。

要多少就有多少了。

实际上自然界不可能出现瀑布倒流的情况，如果想反复利用水的能量，我们就必须用水泵把瀑布底端的水抽回顶端。在这个过程中，如果你拥有不浪费能量的完美水泵，那么用来抽水的电力将和流水所制造出来的能量相等，也就是说一个循环下来，你不能得到一点额外的电能，白费工夫。实际上完美的水泵并不存在，在抽水的过程中，总有相当一部分能量转化为热能流失掉，也就是说抽水所用去的能量将会比流水所制造出来的能量多很多，使瀑布倒流根本就是一个赔本买卖。

除了水泵以外，还有一种工具可以让水往上流，就是吸虹管。吸虹管是充满水的管子，两端连接着装水的容器，如果其中一个容器中水的位置比较低的容器水位高，水就会顺着吸虹管流到位置高但是水位低的容器中。吸虹管是怎样把水吸上去的呢？你可以把吸虹管中的水看作是一条水绳子，低水位容器中的吸虹管露出水面的部分较长，管子里面的水就比高水位容器里吸虹管里的水多，水绳子一头重一头轻，重的一端就会下垂，水就会不断流出来。这样直到两个容器里面的水位一样高，吸虹管里的水才会停止流动。

尖尖的针为什么容易刺进物体

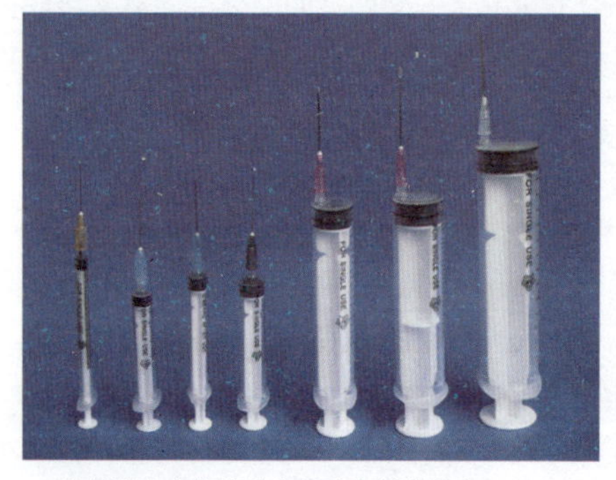

⊙ 注射器尖尖的针头容易垂直刺进肌肉。

中医针灸时，拿细细的针，只轻轻一刺，针便进到人的皮肉中了；而用很大力气打人，拳头怎么也不会刺入别人的皮肉中，原因是什么呢？

原来尖尖的东西更容易刺进物体中。

举个例子来说吧。用一把菜刀切一块冻肉，用刀锋会很容易把肉切成片。要是将菜刀反过来，用平平的刀背去切，费尽力气也是切不开的。这是由于压力的作用效果不但和压力大小有关，同时也和受力面积有关。我们定义了压强来表示单位面积上所受压力的大小，压强的大小决定了作用效果。

当我们分别用菜刀的刀锋和刀背去切冻肉的时候，虽然用的力相同，但是冻肉的受力面积不同，从而所受的压强大小也不一样。用刀锋切肉的时候，所用的力都集中在薄薄的刀刃上；而用刀背切的时候，所用的力却分散在面积宽得多的刀背上。这样，冻肉受到刀刃所加的压强，当然要比受到刀背的压强大。因此，越是尖的东西便越容易刺进别的物体。

其实，日常生活中有许多与之相似的增大压强的例子。比如，用针缝衣，用注射器打针，用钻头打孔等，都是将力集中在较小的面积上，来达到增大压强的目的。

气泡为什么是圆的

我们都喜欢泡泡，特别是圆滚滚、闪着虹彩的肥皂泡。英国科学家查·波易斯出于对这种现象的好奇撰写了一本200页的书，书名叫作《肥皂泡的色彩和塑形力》。

波易斯称气泡为“华丽的东西”，认为使气泡黏在一起的力存在于所有液体中，倒茶或者蹚河时都会看到气泡泛起。

可以想象向气球里注水的情景，水注得越多，橡胶皮的气球就越大，直到胀爆。

⊙ 肥皂泡

再想象一下水滴：水挂在水龙头口上聚集成滴，越聚越大，大到一定程度后会最终掉下来。波易斯提出一个问题：水滴到底为什么会挂在水龙头上，就好像水被装在像气球一样的塑料袋里，直到装得太多袋子就破掉或掉下来？

事实上水滴外面并没有袋子。但是波易斯认为，一定存在着某种无形的表皮使水能够聚集成滴。这种“表皮”其实是水以及其他液体的一种性质，即表面张力。以水为例，在液面下，水分子之间有很强的吸引力，但表面的水分子与其上的空气分子之间并没有吸引作用，他们只受到下面的水分子向下、向内的吸引，这种表面张力便起到了水滴的“表皮”的作用。这层“表皮”使水滴能够挂在水龙头上，直到超重之后才掉下来。

不同液体有不同强度的表面张力。比如，酒精的表面张力就比水小很多，根本不会成滴。但是水银的表面张力却是水的 6 倍，从破碎的温度计里流出的水银珠可以在地板上滚来滚去。

用肥皂水能吹出泡泡来也是因为有表面张力。用吸管在肥皂水里蘸一下，在吸管的横截面上就形成一层膜，如果对着吸管另一端吹气，这层膜就像气球一样鼓起来，然后形成一个闭合的空气泡，风一吹就飘走了。

由于肥皂泡表面是有弹性的，肥皂泡里的空气承受着压力——跟气球里的情形一样。压力的大小取决于肥皂泡曲面绷紧的程度，曲面越紧绷，肥皂泡越小，里面空气的力就越大。波易斯通过实验发现，肥皂泡破碎的情形跟充气气球松开扎口的情形一样，气体从气泡里喷出来，有时竟然可以吹灭蜡烛。

那么肥皂泡到底为什么是圆的呢？这是因为表面张力使液体膜总是把自己拉紧，使自己尽量处于一种最紧凑的状态——自然界里最紧凑的形状就是球形。因此，肥皂泡里面的空气紧凑地挤在一起，产生的力与围绕肥皂泡的外力相同。

但是波易斯发现，对正圆形的肥皂泡施加外力也可以改变它的形状。比如，用两个环粘住肥皂泡，然后把两个环向两端拉，肥皂泡就可以变成圆柱形。但是，这种非圆形的肥皂泡体积越大就越容易破碎。一个很长很长的圆柱形肥皂泡中间会慢慢变细，继而分开，最终形成两个单独的半圆泡。

当物体加速到接近光速时会发生什么

我国国道的最高时速大都限制在 80 ~ 120 千米之间。在辽阔的宇宙空间里，虽然没有限速牌，但没有物体的时速能够超过光速。

这个天然的速度屏障就是光速。科学家们习惯于用秒来计算光速，即 3×10^8 米 / 秒。光的最小单位是光子，每个光子的运动速度都是 3×10^8 米 / 秒。

光子是一种特殊的粒子，它没有静止质量，也就没有通常意义上的重量。很难想象这世界上竟然存在没有质量却有能量的物质，而光子就是这样的物质。

我们可以将光速与我们能够想到的高速运动的物体加以比较。以“先驱者”号太空探测器为例，它离开太阳系时的速度是 60 千米 / 秒，而这个速度足可以在两分钟之内横穿中国！但与

光速比起来，这个速度简直慢得可怜。

或者可以想象一下太阳的运动。就在你读这句话的时候，我们太阳系中的太阳、地球和其他七大行星正在像旋转木马一样围绕着银河系的中心高速运动，时速约为 9.408×10^8 千米，即 261 千米 / 秒，可是这个速度仍然不及光速的 1%。

当物体的运动速度接近光速时，奇怪的现象就会出现。这些事物之外的观察者会看到这个物体的长度和质量都在改变，甚至时间也开始改变。

当宇宙飞船以 1.155×10^5 千米 / 秒的速度运行时，看起来其长度会缩短一半，速度越快缩短得越多。当速度达到光速时，长度甚至变为 0。而对于飞船里的航天员来说，他们眼中的飞船不会有任何变化，只是船舱外眼前的景象被严重地压缩了。

当飞船以光速的 90% 运行时，它的质量会猛增，重量比正常情况下的 3 倍还多——航天员同样感觉不到这种变化。速度越大，质量越大；速度达到光速时，质量接近无穷大。科学家们已经证实这种现象是真实存在的，因为质量很小的基本粒子可以在加速器中获得很大的速度，而随着速度的变大，粒子的质量也随之增长。

最后，对于时间也有同样的规律：如果站在地面上的人可以看到飞船里的物体，他们就会看到飞船上的钟表走得慢了，而在航天员眼前时钟却没有变慢；当飞船达到光速时，地面上的人将会看到飞船上的时间完全停止。

火箭如何在没有空气的太空里前进

火箭能够把宇宙飞船送入绕地轨道,也可以把卫星和各种探测器送进宇宙空间。一说起火箭，我们就会联想到太空飞行。

其实，在房间里飞的气球也可以成为火箭。不妨做一个这样的游戏：先向气球里吹气，再扎紧开口，然后松手，气球就一边撒气一边向着相反的方向冲出去。

再举一个简单的火箭的例子。假如光滑的轨道上有一辆小车，小车的尾部装有一架机枪。机枪每射出一枚子弹，小车就向前移动一点。随着子弹一枚枚地射出，小车的速度越来越快。可以想象得出，机枪每向后发射一枚子弹，小车就受到一次向前的推力，这个力就是子弹对小车的反作用力，这就相当于火箭前进的动力。

为了把宇宙飞船送入太空，火箭的发动机必须有强劲的动力：工程师设计发动机必须基于特定的原理，第一个详细描述这种特定原理的人是英国 17 世纪末伟大的科学家艾萨克·牛顿。牛顿定律是描述万有引力和物体运动的定律，他的第二定律和第三定律的内容比较具体地描述了物体受力与运动的关系，从中我们可以得知火箭是如何在太空里前进的。

⊙ **航天飞机怎样发射**

航天飞机是由一对火箭推进到天空中。两架火箭中间带有一个巨大的燃料罐，可以为火箭提供燃料。当航天飞机成功脱离地球大气层时，火箭使用降落伞返回地面，然后再被回收使用。用完的燃料罐将被丢弃。

牛顿第二定律指出，运动中的物体的力取决于其质量和加速度。所以，想要获得马力十足的火箭，就必须保证它每秒钟都喷射出很多高速运动的物质。

牛顿第三定律是说，两个物体之间只要存在力的作用，那么作用力和反作用力则必然成对出现，而且大小相等，方向相反。以火箭为例，火箭对喷射物的作用力使喷射物被高速喷出，喷射物同时会给火箭一个相反的力，推动火箭向前运动。

运载宇宙飞船的火箭将燃料燃烧生成的气体向后推出获得向前的动力。其实，无论向后推出的是什么东西，固体颗粒、液体，甚至是原子或是质子、中子、电子，都能够获得向前的动力。

有人可能会以为，火箭是靠喷出的气体推动了周围环境中的气体才获得反冲力的，却没有料到其实是喷出的气体本身使火箭具有如此强大的力量。事实上，由于太空中几乎没有空气，火箭在向前运动时不必克服空气阻力，所以它比在有空气的环境里更容易前进。而且，火箭表面与周围环境之间的摩擦为零，这就是说火箭在启动后不会有任何阻力使它减速。另外，太空中的宇宙飞船不受重力作用，几乎没有重量，所以即使是一个很小的推力也能够让飞船获得很大的速度。

能看到声音多有意思

声音对于一般人来说，是一种有声无形的东西，我们根本无法想象出声音的形状。但是自然界中就有一些动物能够“看到”声音，并利用声音来认识这个世界，比如蝙蝠和海豚。

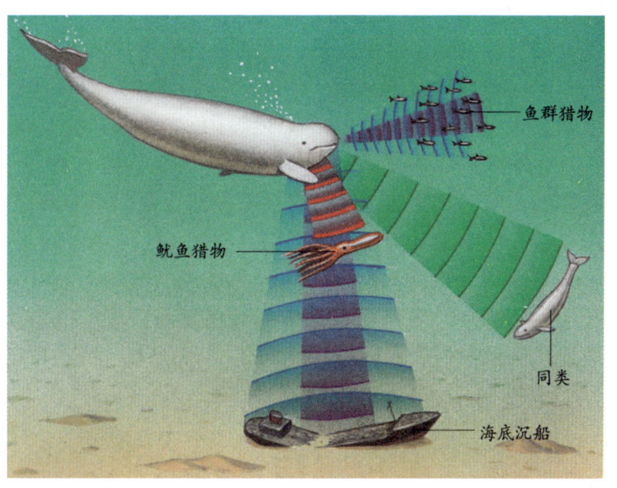

⊙ 正在捕猎的鲸（例如白鲸）会发出咔嗒的声音，然后声音产生的脉冲会以回声的形式反射回来，向鲸传达附近有何物体的信息。

蝙蝠和海豚是天赋很高的“声音艺术家”。蝙蝠在飞行过程中，会不断发出“嘎嘎”的超声波，这种超声波人类并不能听到；海豚则会对着幽深的大海发出“叽叽”声，像生锈的门铰链所发出的声音一样。这些叽叽嘎嘎的声音在空气或者海水里面传播，碰到物体就会被反射回来，蝙蝠和海豚接受到反射回来的声音，就能够判断出自己距离那个物体的远近。这个过程就叫作回声定位。海豚和蝙蝠不仅能够利用回声定位判断出物体的距离，还能够了解到物体的大小和形状，并以此来避开障碍和捕获食物。有人做过试验，蝙蝠在黑暗中飞行，能够轻易避开和人类头发一样细的障碍物，并准确找到小昆虫之类的食物。

虽然我们无法知道海豚和蝙蝠大脑的奇妙构造，但是科学家们依然能够利用科学手段制作出声音的影像，使声音为人类服务。比如，医师们常用超声波来拍摄母亲体内婴儿的照片，这种声波的波长很短，不在人类耳朵所能接收到的声波范围之内。超声波进入母体，碰到胎儿后会反射回来，机器接收到反射回来的声波并把声波转换成影像，这样我们就能够看到胎儿的形状了。同声波一样，光波和电波遇到障碍物也会发生反射，用来拍摄骨头和牙齿的 X 光利用的就是波长很短的光；而雷达则是根据电磁波的性质建造的。

如果你有特异功能，具有海豚和蝙蝠一样的本领，那么你的脑袋里面将会充满了看到和听到的“声音”，这样就算是在伸手不见五指的夜晚，你也能够清楚地知道，前方的路面上有没有需要你多加小心的障碍物。生活也会因此而变得奇妙和有趣。

为什么从带回家的海螺壳里仍能听到海浪声

如果把一个大的海螺壳放在耳边，你似乎可以听见遥远的海浪声传来。即使你把它带回家，再把它放在耳边，仍然可以听到海浪的声音，就好像海螺壳里有一个大海。

事实上，从海螺壳里传出的声音不是大海的声音，而是周围环境中的噪音在海螺壳里的回声。回声是声音在传播过程中碰到光滑坚硬的表面被反射回来的声波。比如，向着山洞大喊一声，过一会儿洞里就传出你的声音。

可以想象一下深秋季节麦田里的景象：在秋风的吹拂下，麦浪沿着风的方向向前传播。声波的传播方式与这很相似。空气分子时而挤在一起，时而分散开来。在空气里传播的声波就是空气分子团有节奏地压缩、胀开，实际上是一种振动。

除了空气，声波还可以在其他物质里传播。比如，你呆在自己的房间里，房间的门关着，你大吼一声。首先，你的声带发生了振动，使从你口腔流出的气体也出现了振动。这些振动的气体使你面前的空气发生了振动，然后又把振动传递给了门，门的振动随即又使门另一面的空气开始振动，振动继续传播，传到爸爸的耳朵里，然后他吼道："不要吵！"

但当你冲着山洞喊时，岩石壁不会像木头门一样吸收声波并将其继续传播，而是大部分声波被反射回到你的耳朵里，就像镜子反光一样，我们便可以听到自己的回声。

在欧洲，有些山谷被高耸的山峰环绕，这些地点通常都因其回声现象而闻名遐迩。据说，在山谷间吹一声喇叭，声音会在石壁间反复回声 100 多次才逐渐消失。

让我们再回到海螺壳的话题上来。最适合听海浪声的海螺壳通常有许多腔室，这些腔室就好像空房子里的许多房间。因为海螺壳的内表面非常光滑，传进海螺壳的声音几乎可以完全被反射。回声在小隔间里翻来覆去地被反射，人的谈话声、关门声、音乐声，甚至还有你自己的心跳声全部被混合在一起，就形成了类似海浪的声音。

如果没有阻挡，光会消失吗

理论上讲，如果不碰到任何东西，光将会继续向前传播，但这要求光必须在一个极尽完美的真空状态下传播，然而实际上这是不可能发生的。光是能量，如果没有出现任何东西使光的能量减少，那么光就会永远存在。

想象有一个光子，它来自于太阳发射出的光的一部分。即使它设法避开了所有的行星、小行星和彗星（换句话说就是整个太阳系中的所有大物体），但它可能恰好撞到了来自彗星上的一小块尘

⊙ 人的眼睛可以看见被光线照亮的物体。如果在眼睛和被光线照亮的物体之间有透明的物体，比如说，一块玻璃或者一个橱窗，甚至是少量的水，我们都可以很清晰的看到那个物体。半透明的物体只让一定数量的光线通过，让我们只能模糊地看到物体的轮廓。比如说，透过薄窗帘或者纸，我们只能看到物体很模糊的形状。

土，或飘浮在太空中的一个微小的氢原子，那么它就会失去能量。但有一些光子会在它们的旅途中幸存，然后直线前进直到进入你的眼睛，那就是这部分光的终点。而光所携带的能量会转化成电信号进入你的大脑，从而使你能看见光。

光子可能与飘荡在太空中的原子，或是与一个行星大气层中的原子，也有可能与一个如岩石一样的物体的原子相碰撞，其中的一些能量会发生反射——从而让我们能看到这些物体。

没有光也能看书该多好

你可能有在晚上看书的习惯，而且常常看到半夜仍不忍释卷。每当这个时候爸爸妈妈就会不合时宜地出现，强制性地把灯熄掉。书里面的故事情节仍然在你的脑海里不停地浮现，后面的情节总是不停地在诱惑着你。但是，你又怎么敢再打开台灯呢？于是只能一次次满怀憧憬地想："没有光也能看书该多好！"

为了保护视力，请不要在昏暗或强烈的光线下看书，也不要在车上或床上看书。

没有光不仅看不到书里面的小字，甚至连近在眼前的桌子、椅子都看不到，这些都是最基本的常识。为什么光对于我们的视觉有这么重要的作用呢？我们的眼睛到底是怎样看到东西的呢？简单来说，形形色色的物体，有的自己发光，大多数则是反射别的物体的光，它们发射或者反射的光通过我们的瞳孔，进入眼睛，穿过晶状体，在视网膜上形成这些物体的像。视网膜通过视神经把这一物象的信号报告给大脑，于是我们就看到物体了。而在漆黑的夜里，物体没有办法反射光线，视网膜自然也没有办法形成物体的形状，所以我们就看不到东西了。

看到这里，你可能对自己的向往已经不抱多大希望了。不过，先别灰心丧气，因为科学家早已制造出了红外夜视仪，利用这一神奇的仪器，你就可以在黑夜里看书，而不用担心被爸爸妈妈发现了。红外夜视仪是怎样做到这一点的呢？它先用红外灯照射目标，然后通过红外变像管把物体所反射回来的红外线转变成人眼可以感受到的光学像，这样我们就能看到物体了。而且因为红外光是不可见光，所以我们在看书的时候，爸爸妈妈根本察觉不到。拥有了红外夜视仪，你在黑夜里看书的梦想就可以实现了。但是，你最好不要频繁使用这一工具，首先熬夜看书本身就是不对的，它势必会影响到你第二天的精神状况；另外，用久了这一仪器，对你的眼睛也有损害。所以，你最好还是听从爸爸妈妈的劝说，早早睡觉，等到合适的时间再继续去读有趣的课外书。

知识档案

可见光和不可见光

光是一种物质，但实际上它是一种特殊的电磁波，由不同波长的光所组成。我们所能看见的光只不过是波长在4000～7600埃之间的光，人类眼睛最敏感的光线则是波长为5500埃左右的黄绿光。而低于4000埃的紫外光和大于7600埃的红外光都是我们无法察觉的不可见光。

为什么能量既不会消失也不会凭空产生

你可能会认为能量是会被耗尽的。比如，当汽油耗尽时，汽车就没有能源了。但科学家们却不这么认为，他们会说，能量已被转化了。根据能量守恒定律，能量既不会消失也不会凭空产生，也不会凭空失去，它只能从一种形式转化为另一种形式。也就是说，宇宙所具有的能量

⊙ 电站里存在巨大的能量转换：它们把燃料的化学能或者核能转变成热能。

从它诞生的那一天起就是这么多，而且只要宇宙还在，能量就永远是那么多。

比如一个水坝，在闸门关闭时，通常大坝上游的水位比下游的水位高，这时我们说高处的水具有势能，因为高处的水具有的能量还没有被释放出来。如果打开闸门，受地球引力作用，高处的水就倾泻下来，如果水冲击到桨轮上就会使桨轮转动起来，这个过程叫作水对桨轮做功，水的重力能就转化为机械能，也就是水的势能转化为动能。

转动的桨轮是一个发电站涡轮机的一部分，涡轮机再带动发电机发电，然后输送给千家万户，这样我们就可以使用家用电器了。如果我们接通电灯，灯泡就会把电能转化为光能（电磁能）和热能。

所以，原本高处的水蕴藏的势能并没有消失，而是最终转化为光能和热能，穿过窗户和墙壁，散发到宇宙中去了。

最低温度是绝对零度，是否存在最高温度

因为可以无限制地向所有物体里输送能量，所以最高温度并不存在。

当温度达到绝对零度，也就是 –273.15℃时，从理论上讲，所有的分子运动都将停止，此时也就没有任何能量存在。

之所以存在最低温度这一概念，是因为任意给定物体总存在一个最低能量态，此时该物体不包含有任何的能量。

相对的，你也可以说对于任意给定物体总是存在一个最高温度，因为在某些点足够热，该物体就会融化、分裂或者分解，所以在那个点的物体已经不是原来我们讨论的那个了。然而，既然总有一些物体或物质仍会存在，温度的概念就不会有一个上限，因此，仍然可以添加更多的能量。

在宇宙学家看来，这个问题有点类似于问“最短的时间是什么”。自从宇宙大爆炸之后，宇宙就处于不断冷却的过程当中，因此从理论上说大爆炸后百万分之一秒之时的温度是目前所有已知情形中最高的。但是既然现今物理学最早也只能回溯到大爆炸后百万分之一秒，所以人们有理由相信大爆炸之后十亿分之一秒时的温度应该比这还要高。

时间倒转会怎样

我们都看过历史故事书，常常为书中的情节所感染，恨不能亲临其境，用自己的力量去改变历史。但是，我们都知道回到过去是很困难的事情，即使是回到几分钟以前，人类也不可能做到，这也就是人们为什么说“世上没有后悔药”的原因。但是，如果真能回到过去，你想去干什么呢？

如果真的回到了过去，你可能最想看到小时候的自己，你会帮助自己在每次考试中都拿到

第一名，你会千方百计地使自己尽量少犯错误，步入你以为正确的轨道上来。

如果能够到达你想回到的任何时间，你一定会想去见识一下许多历史人物的风采。比如秦始皇、诸葛亮、岳飞，等等。你或许想认认真真地听睿智的孔子讲一节课，想和聪明的司马光小朋友成为要好的伙伴……

当然，我们都知道这些美好的愿望很难实现，因为如果回到了过去，你或许想改变些什么，以作为自己此次奇妙旅行的纪念。但是，我们知道历史的发展是有密切联系的，如果你改变了一些东西，今天的社会可能会变成另外一种情况。从小的方面来说，如果调皮的你通过一个恶作剧，使你年轻时的父母无法相见，那么你就不会出生，世界上就不会出现你这个人，那么这个根本不存在的人又怎么会回到过去呢？这些矛盾的问题使大多数人认为人类回到过去是不可能实现的梦想。

使人们坚信不可能回到过去的还有一个重要的原因，那就是我们从来没有发现过来自未来的时间观光客，如果未来的科学家发现了回到过去的途径，那么我们的身边应该会有来自未来的时间游客呀，但是迄今为止没有任何人找到有关未来人类的蛛丝马迹。

基于以上的原因，大多数人都认为回到过去只不过是无稽之谈。但是有一些科学家却对此抱有希望。我们已经知道宇宙中隐藏着许多黑洞，有科学家相信有些黑洞就是时间旅行的入口，这种黑洞被称为虫洞。一般认为虫洞的两端连接着两个不同的时间和地点，如果你跌进虫洞而安然无恙的话，也许你能够从某一时间和地点出来，而那也许就是过去！当然这个虫洞是否存在，至今还没有令人信服的答案。

我能带电该多好

每一次停电都是一段“惨痛”的记忆，要么是你正在专心致志地欣赏《猫和老鼠》，要么是你正在一心一意地捧读《安徒生童话》，也有可能是在兴高采烈地玩电脑游戏。坐在黑暗里等待来电的过程，简直就是一种煎熬，好几次觉得眼前一亮，实际上却是幻觉。每当这个时候，你总是期望家里能有一种不受别人限制的、不受外界影响的电，只要你需要，它就源源不断。那么，如果这种电就在你的身体里面呢？只要你举手之劳，马上就能让光明驱散黑暗，那该多好啊。

这看起来简直就是痴人说梦，除了在电视中，谁见过这样的人呢？确实如此，一般人不可能携带这样源源不断的电，但是在我们的身体中确实有电存在，这种电叫作静电。你可能会有这样的经历，在气候干燥的季节里，早上起来梳头的时候，常常会听到“啪、啪”的轻响；晚上在黑暗的屋子里面脱衣服的时候，经常能看到蓝色的小火花闪来闪去的；甚至有时候手碰到金属物，就会有触电的感觉。其实这些现象就是我们身体内的静电在作祟。

⊙ 电能或电荷并非总在流动，绝缘体表面也可以产生电，例如摩擦塑料梳子后会产生静电，它可以吸引纸屑等很轻的物体。

为什么人体会带静电呢？科学家们这样解释：物质都是由原子组合而成的，而原子由质子、中子以及电子等部分构成，其中质子带正电，中子不带电，电子带负电。在正常的情况下，质子所带的正电荷和电子所带的负电荷相同，二者中和使原子表现出来不带电的现象。但是当与外界进行摩擦或者有能量作用的时候，原子中的一部分电荷可能会流失，从而打破原先的平衡，使物体带电。任何两个材质不同的物体摩擦后都会产生静电，就连流动的空气也不例外。我们用梳子梳头所产生的静电，就是梳子和头发相摩擦的后果。

人穿上胶鞋在铺有毛毯的地面上行走时，由于鞋子与地面摩擦，可以使人体带上5000 ~ 15000伏的高压静电，这样强的静电会对人体造成危害。专家研究表明：持久的静电可以使血液中的碱性升高，血清中的钙含量减少，尿液中的钙排泄量升高，这对于正在生长发育的少年儿童、血钙水平较低的老年人来说无疑是雪上加霜；另外，过多的静电在体内堆积还会影响中枢神经，使人出现头晕、头痛、烦躁、失眠、食欲不振等病症，静电还会干扰人的血液循环、免疫和神经系统，影响各器官的正常工作。在易燃易爆的地区，人体的静电甚至能够引起火灾！

所以，人体带电并不是什么好事情，我们应该想办法把自己身上的电释放出去，以保证身体的健康。

我想到未来时空去旅行

到未来去旅行，这似乎是在科幻电影里才会出现的一幕。想象一下：你自己钻进一个奇怪的机器里面，简单按几下按钮，就可以随着机器到达指定的时间。打开机舱，你会看到未来世界的情形：满街爬行的是你所没有见过的交通工具，打扮得怪模怪样的人在你身旁走来走去……

其实去未来旅行并不是遥不可及的，或许有个方法可以让你一偿夙愿！现在科学家已经能用专用冰柜来冷冻动物，这些动物在超低温的环境下似乎睡着了，身体上的所有功能都停止了活动。时间对于它们来说仿佛凝固了，但是它们并没有死去，身体也不会老化。如果在未来的某一天苏醒过来，它们在未来世界的旅行也就开始了！也许等到科学家的研究更加成熟的时候，人类就能够利用这个方法到达未来世界。但是现在还不行，因为科学家还没有找到让冰冻的身体活过来的方法。

还有一个去未来旅行的方法，就是乘坐太空飞船以接近光速的速度在太空中飞行。爱因斯坦告诉我们，物体在以接近光速的速度前进的时候，时间就会慢下来。也就是说你坐在高速行驶的太空飞船中，实际上是生活在移动缓慢的时间里。当然，坐在飞船中的你并不会感觉到时间缓慢，这一切只有重新回到地球后才会深切体会到。

也许当你从太空飞船中走下来的时候，自己手上的表才刚刚过去了一个星期。但地球上已经经历了数十万年的历史！那时候你才会知道什么是真正的沧海桑田，周围的一切都变得陌生，找不到一丝一毫曾经生活过的线索，如果有那么一星半点曾见过的东西，也都已经成为博物馆里面珍贵的藏品。周围的朋友也都已经不在了，除了和你结伴而行的副驾驶！

怎么样，是不是有点旷世的味道，也许你已经迷上了这个旅行，要打点行装准备出发了。但是遗憾的是你现在还不能做这样的计划，因为要制造出速度接近光速的宇宙飞船，科学家们甚至还没有认真考虑过这个问题。至于什么时候才能开始未来时空之旅，也许只有未来人才知道。

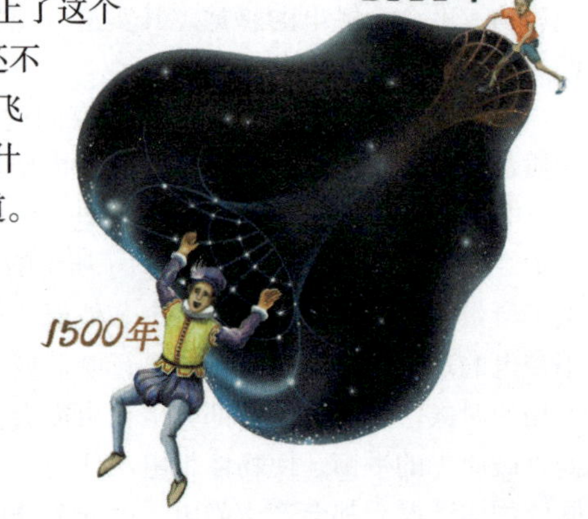

⊙ 有一个关于空间和时间的理论认为，物体加速运动到接近光速时，对这个物体而言，时间的流逝会减慢；以光速运动时，时间会静止；而当一个物体运动的速度超过光速时，时间就可以倒流。太空中名为“蛀洞”（又称蠕洞或虫孔）的捷径使得物体的速度超过光速成为可能，因此穿过蛀洞会将你带回从前，也许是500年前的某个时候。

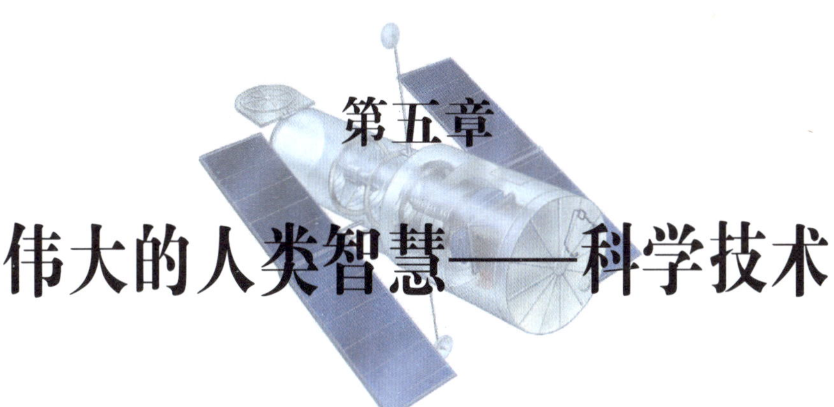

第五章 伟大的人类智慧——科学技术

没有电的生活会怎样

如果没有电，室内室外的所用灯都不会亮起来，整个世界将变得黑咕隆咚；如果没有电，电脑、电视机、音响也不可能打开，周围会比现在寂寥得多；如果没有了电，网上冲浪将成为泡影，欣赏电影将会成为不可能实现的梦想，生活将失去许多乐趣；如果没有电，淋浴器不会自动喷出水来，空调不能制冷，抽油烟机也不能工作，你会发现生活变得艰难起来；如果没有电，整个世界将会陷入瘫痪！

⊙ 城市的夜晚万家灯火，显示人们对电的依赖性有多大。

可以说，电是现代社会最不可或缺的能源之一。电有这么大的作用，它是从哪里来的呢？

我们经常使用的电，是用发电机制造出来的。发电机就是将其他形式的能源转化成电能的机械设备。它通常用水轮机、柴油机、汽轮机或者其他的动力机械来驱动，将水流、气流、燃料燃烧或者原子裂变所产生的能量转化为机械能传输到发电机内，发电机再将这些能量转化成电能。发电机产生的电通过具有导电性能的电线传输到千家万户，于是我们在家里面就能方便地用上电了。

电流、电压和电阻是我们经常听到的关于电的名词，它们到底是什么意思呢？我们都知道水能够在水管中流动，我们管它叫作水流。同样的道理，电荷在电路中移动，我们就称它为电流。电流分为直流和交流两种，电流的方向和大小不随时间的转移而发生变化的叫作直流；反之，电流的方向和大小随着时间而发生变化的叫作交流。电流一般用符号“I”来表示，表示电流强度的单位是安培，简称安，用符号“A”来表示。我们知道水之所以能够流动是因为有水位差，同样，电荷之所以能够流动是因为有电位差，电位差也就是电压，电压是产生电流的原因。电压用符号“U”来表示，表示电压高低的单位是伏特，简称伏，用符号“V”来表示。高压电可以用千伏（kv）表示，低压电可以用毫伏（mv）来表示。水在水管里流动并不是畅通无阻的，电在电路中流动也是这样，电荷所遇到的阻力就是电阻，用符号“R”来表示，表示电阻大小的单位是欧姆，简称欧，用符号“Ω”表示。

知识档案

导 体

1720年，英国人格雷在研究电现象的时候，发现电荷可以在金属丝之间传递转移，但是在玻璃、木塞、丝线上却看不到转移的现象，由此他首先提出了绝缘体和导体的概念。随着人们对电的研究逐渐深入，导体在电学中的作用也越来越重要。在研究中，人们发现不同物质的导电性能是不同的。同样是导体，人体的导电性能不如金属；同样是金属，金、银、汞的导电性能明显要强于其他金属。根据这一发现，人们把世界上的物质分为导体、半导体、绝缘体三大类。物质导电性能的好坏取决于其内部的原子结构。内部原子核对外层电子的束缚能力越弱，电子就越容易挣脱原子，物质的导电性能也就越强。挣脱原子核束缚的电子叫作自由电子，自由电子的存在就是导体能够传递电流的根本原因。在电场的作用下，电子做定向移动，在移动的过程中，失去电子的原子即正离子阻碍电子的移动，这种阻力就是电阻。电阻越小，说明物体的导电性能越强。电阻被发现以后，人们开始根据电阻率的大小来划分导体、半导体和绝缘体，人们对导体的认识更加全面和科学了。

电是我们日常生活中必不可少的能源，但是与火一样，电也有它可怕的一面，由电所引发的灾难常常发生。因此，我们在用电的同时，也要注意摸清它的规律，积极防范，这样用电才会更加安全。

没有火会怎样

古希腊神话中有普罗米修斯盗天火拯救人间的故事，事实上科学家们也相信，火在人类智能和体能的发展中起着极其重要的作用。

在几百万年以前，人类过着极其简单的原始生活，靠打猎为生，吃的是生肉和野果。直到距今约 50 万年前，人类才开始使用火。有了火，原始人类告别了茹毛饮血的时代，吃上了熟食。人类增强了体质，智力得到了发展，生存能力也得到了大大提高。后来，聪明的原始人又学会了摩擦生火和钻木取火，这样火就可以随身携带了。人类也由火种的守护者，变成了能够驾驭火的造火者。于是人类利用火来制造工具和创造财富，慢慢摸索出了冶金、酿造、制陶等工艺技术，人类的生活也由此进入了一个广阔的天地。所以，如果没有了火，人类或许还停留在野兽的阶段；没有了火，人类的文明就无从发展。

即使在现实生活中，人们依然摆脱不了对火的依赖。虽然在某些方面我们可以用电或者其他的方式来代替火，比如我们可以用电器来做饭、照明，用暖气来取暖。火似乎从我们的生活中远去了，但是往深处想，电是哪里来的呢？暖气是怎样产生的呢？这都或多或少与火有关。再如我们生活所用的瓷器，是用火来烧制出来的；我们所接触到的金属，是用火锻造出来的……几乎我们所经历的东西都与火有关，离开了火我们仍然无法生存。

火这么重要，那么火到底是什么东西呢？这个问题曾在很长一段时间内困扰着人类的先哲们。最初，古人把火看作是构成世界的一种重要物质，比如古印度人认为世界由地、水、风、火四种物质组成；古希腊的亚里士多德则提出水、土、火、气四元素说；我国也有五行的说法。后来到了 16 世纪，一些炼金术家认为燃烧是因为物质中含有硫。17 世纪又有人抛出了燃素说。这些说法显然都是不准确的，直到 1777 年法国科学家拉瓦锡发现了氧气，才最终揭开了火的秘密。他认为物质在燃烧的时候所发出的光和热就是火，而有氧的存在，物质才能燃烧。

认识了火的重要性，也明白了火是什么东西，我们应该庆幸这个世界上不可能没有火。但是，我们都知道，每当发生火灾的时候，我们也能够看到它狰狞的一面。所以，我们在尊敬火的同时，也要小心提防着它。

汽车不加油也能跑该多好

如果汽车不用加油也能跑，那么汽油的价格一定会大幅度降下来，以至于汽油公司和加油站不得不关门大吉了。如果汽车不用加油也能跑，那么我们再也不用担心汽车会在荒山野岭上突然没油了。如果汽车不用加油也能跑，我们可以开着汽车到任何地方去！

遗憾的是，现在大部分的汽车还是离不开汽油等燃料的，这些燃料燃烧时释放出能量，从而让引擎转动起来，引擎的转动又带动了轮胎，使整个汽车跑动起来。汽车需要燃料的燃烧来提供动力，这不仅使汽车的行驶依赖于燃料，更可怕的是，它会在行驶过程中从后面的排气管中排放出污染空气的化学物质。而今汽车尾气已经成为主要的大气污染物之一。

针对这一问题，人们已经开始进行相关的研究，希望能够利用其他能源来代替汽油等燃料。也许有一天大部分的汽车会依靠电力来行驶。电动车是用大电池来供电，电池里面的化学物质能够储存能量，当这些化学物质发生反应的时候，就会释放出电力，为汽车的前进提供动力，因此不会产生污染。但是电池同样能够耗尽，电动车的电池需要每天晚上摘下来接上电源，重新充电。然而，电源里的电来自于发电厂，它同样不是免费的，而且电厂发电也会造成污染。因为电厂在发电过程中，可能会使用煤炭等物质作为原料。所以，虽然电动车没有直接造成污染，但也间接带来了污染。

真正环保的汽车大概要属太阳能汽车了。这种车车顶装有太阳能板，能够把太阳能直接转化为电力，供汽车使用。太阳光是免费的，而且也不会造成任何污染。唯一的不足就是太阳能汽车的制造成本太高，而且不能开得很快，遇上阴雨的天气，可能会因为没有能量来源而寸步难行。但是，相信科学家们一定会攻克这些难题的，我们期望在不久的将来能有更多的太阳能汽车奔跑在世界各地。

有没有一种海陆空都能用的交通工具

很久以前，人们就梦想能有一种海陆空都能用的交通工具。它犹如具有了鸟的双翼、兽的双足和鱼的鳍，既可以飞翔，又可以行走，还可以游水。在狭窄的胡同里，它的双足可以像自行车的两个轮子一样行走；在高速公路上和宽阔的海洋上，它可以开足马力像火箭一样向前飞驰；当交通堵塞的时候，它能立即展翅高飞，你不用担心它和天空上的飞机“不期而遇”，它的飞行高度完全可以控制在几米至几十米之间，和飞机根本不在一个层面上，因此它飞升的时候，地面上的一切都清晰可见，无需导航系统的引导，起飞和降落完全随心所欲。更令人感到兴奋的是，具备这样齐全的功能，它并不显得笨重，相反比现在所有的机动交通工具更加轻便、快捷、安全和可靠。

有了这种交通工具，人类的交通图景将变得更加壮观。立体的空间将会被利用得更加充分；因为它的出现，人与人之间也将变得更加紧密。即使在最偏僻的山区，人们也不会感觉到与世隔绝。

⊙ 这种“单飞客”飞行器是一种小巧、精致的航行器，能够垂直起飞和降落。如今，该飞行器航程为 240 千米，飞行时速可达 129 千米。

如果你住在几十层以上的高楼顶部，就再也不用忍受上下楼的麻烦了，新型的交通工具就停泊在你的窗外，你随时可以从百余米的高空出发，去任何你想去的地方。这就是我们梦想的交通工具，虽然现在我们还只能在电影银幕上看到它潇洒的身影。但是，随着科学技术的突飞猛进，我们有理由相信，只要耐心地等待，它不久就会来到我们的身边。

掌握了奇妙的科学技术，什么也不能阻止人类实现梦想的脚步。20 世纪末，俄罗斯鄂木斯克的科学家们已经研制出了一款三栖交通工具。这种交通工具外形与汽车有几分相似，它有 4 个轮子和 150 ~ 185 千瓦（约 200 ~ 250 马力）的标准汽车发动机。它身长 5 米，有折叠式的翅膀、尾翼和螺旋桨，可乘坐 2 ~ 4 个人。使用起来非常方便，能在土路上以 150 千米的速度起飞，起跑长度只需 180 ~ 200 米，而且能够在水面上起飞和降落；它的最大载重量为 1300 千克，飞行和行驶的最高时速都是 270 千米，飞行高度为 3000 米，飞行距离可达 1500 千米；它的内部设施相当完备，乘坐舒适而安全。据悉，这一新型的交通工具将在地形复杂、交通不便的地方派上大用场。

也许俄罗斯科学家的研究成果还不能让你感到满意，但是梦想已经开始慢慢变成现实了，不是吗？相信科学家的力量，但是你也不能坐享其成呀，在最先进的三栖交通工具的诞生过程中，你是否已经做好贡献自己聪明才智的准备了呢？

火车要和火箭一样快该多好

自从 1825 年英国建成世界上第 1 条铁路以来，火车便在人们的生活中扮演了重要的角色。近两个世纪以来，为了适应人们日益加快的生活节奏，火车也开始进入“高速铁路时代”。近年来，日本的磁悬浮列车更是创造了 581 千米 / 小时的火车速度纪录，这一速度大约是一般客车速度的几倍。换句话说，如果我们所乘坐的火车能够有这样的速度，那么我们整个旅程所用的时间将大大缩短。对于这一数字，你可能不屑一顾，认为火车的速度根本不值一提，如果火车的速度能够达到火箭的速度那才叫快呢！那么，火车能和火箭一样快吗？

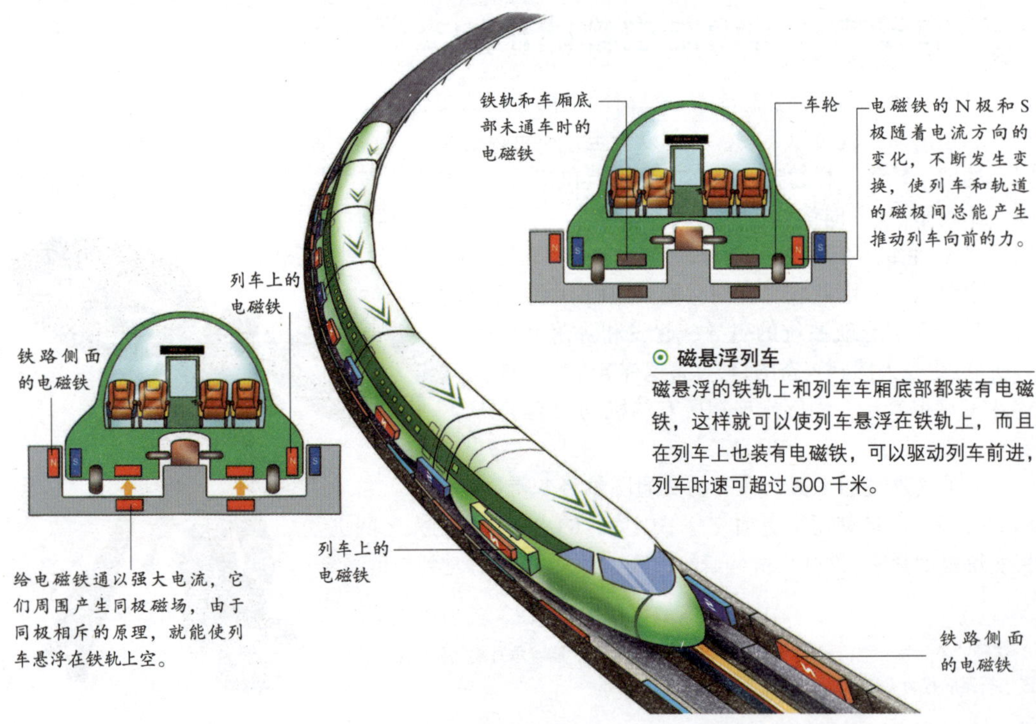

磁悬浮列车

磁悬浮的铁轨上和列车车厢底部都装有电磁铁，这样就可以使列车悬浮在铁轨上，而且在列车上也装有电磁铁，可以驱动列车前进，列车时速可超过 500 千米。

⊙ 子弹头高速火车是现代科技发展的产物。

火箭是一种自身既带有燃料，又带有助燃用的氧化剂，用火箭发动机做动力装置，可以在大气层内飞行，也可以穿越大气层在太空中飞行的飞行器。火箭除了军事用途之外，大多用于航天事业。人造地球卫星一般都是乘坐火箭进入太空的，所以航天火箭的速度应高于第一宇宙速度，即超过 7.9 千米 / 秒，相当于 28440 千米 / 时，这是火车速度纪录的 70 余倍！当然，随着科学技术的不断发展，火车的速度一定会进一步提高，火车和火箭之间的速度差异也会逐渐缩小。但是毫无疑问，火车的速度永远也赶不上航天火箭的速度。

这是因为，航天火箭之所以具有这样快的速度，是为了突破地球的引力。如果火车也达到了火箭的速度，我想这列火车的乘客大概是太空观光客，因为这列火车的速度已足以使它突破地球的引力，行驶到太空中去了。但是，这列火车同样是一列死亡列车！列车员有责任提醒乘客做好“牺牲”的准备，因为所有火车都是贴着地面行驶的。当这列火车因速度过快贴着地面飞行起来的时候，不可避免地要撞到高山或者高大的建筑物上，车毁人亡是必然的结果。因此，就算是科学家研制成功了像火箭一样快的火车，也一定没有人愿意去乘坐。

为什么金属也会有记忆力

不仅人有记忆能力，有些金属也有记忆能力，不过它们的记忆和人的记忆截然不同。人的记忆对象是发生过的事情，金属的记忆侧重于对形状的记忆，即在某种适宜的条件下，被改变了形状的金属总能像弹簧一样恢复成原来的样子。人们把能记忆形状的合金叫作形状记忆合金。

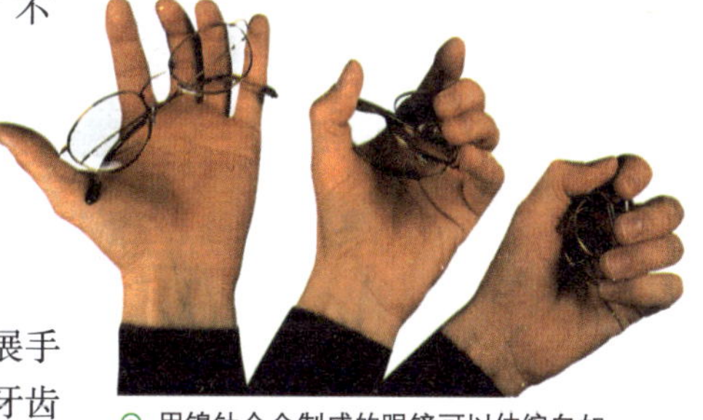
⊙ 用镍钛合金制成的眼镜可以伸缩自如。

也许你会问，记忆合金在平常人的生活中能施展手脚吗？答案是肯定的。你可能看到过有的同学在做牙齿矫正手术时，牙上装着矫齿丝，这些矫齿丝的材料就是记忆合金。记忆合金不仅具有形状记忆特性和超弹性，而且还具有耐腐蚀性，因此做矫齿的材料是最适合不过的了。医生遂利用镍钛合金制成矫齿丝，借助人的口腔温度，来为病人矫正畸形齿。医生在使用口腔矫齿丝之前，先得为准备矫正的牙齿做一个石膏模型，然后按照模型，将口腔矫齿丝弯成牙齿的形状，固定在牙齿上，每隔一段时间更换一次。每次更换的时候，由记忆合金制成的矫齿丝由于其“记忆力”，都会更加趋向于它原来的形状，在这个逐渐趋向原形的过程中，牙齿就会慢慢得到矫正。形状记忆合金为什么能够恢复原来的形状呢？原来，加热时，因受外力作用而使其内部结构变为菱形晶格的形状记忆合金就重新转变到受力前的正方晶格的状态，从而恢复了原来的形状。

举个例子来说吧，形状记忆合金之一的镍钛合金在温度 40℃之上和之下的晶体结构是不同的。40℃时，镍钛合金会发生转变，因此 40℃是它的转变温度，也叫“记忆温度”。在转变温度以上，其晶体结构处于稳定状态，而在转变温度之下，其晶体结构失去稳定。如果人们在转变温度以下改变了它的形状，那么再将其加热到转变温度以上时，由于处于不稳定状态的晶体结构会立刻恢复到稳定状态，因此它的形状也会相应地恢复到原态。这就是镍钛合金能记忆形状的原因所在。记忆合金不仅能恢复原态，而且能重复恢复原态多达数百万次，而不会产生丝毫的疲劳和断裂。镍钛合金的拉伸强度可达 1000 兆帕。也就是说，需要加 1000 多牛顿的力在 1 平方毫米那么小的断面上，才能将镍钛合金拉断。

记忆合金的奇特本领吸引了人类的注意力。从镍钛合金开始，人类已开发了镍钛合金、铁系合金和铜系合金等多种系列的记忆合金。它们广泛应用于工业生产、航天、电子器具、医疗等方面，帮助人们解决了许多难题。形状记忆合金的最初应用是在 20 世纪 60 年代初。镍钛形状记忆合金首先被用于美国海军飞机液压系统的管道接头上，结果获得了很大的成功。当时，在美国海军飞行事故中，有 1/3 是因为飞机液压系统管道接头泄漏引起的。飞机起初使用普通接头，由于热胀冷缩，有一些管道接头总免不了产生泄漏。采用记忆合金套筒接头技术后，一架 F-14 战斗机的液压系统使用 800 多只记忆合金套筒接头，竟没有发生一起管道接头泄漏事件，这在当时无疑是一个奇迹。此后，美国就在各种飞机的液压系统上推广使用记忆合金套筒接头，至 20 世纪 90 年代初已使用 100 多万件而无一事故。日本的一些汽车公司非常有想象力，他们打算用形状记忆塑料制成汽车的保险杠和易碰撞部位。如此一来，一旦汽车被撞瘪，只要用吹风机加热一吹，这些部件很快就会恢复原状，这不是魔术却胜似魔术。

形状记忆合金的神奇之处还多着呢，正因为有了它，许多似乎无法解决的难题才得以顺利解决，把不可能变成了可能。

⊙ 形状记忆合金制成的月面天线示意图

用形状记忆合金制成的月面天线，先压缩使之变成便于装运的小球团，装在航天飞机上；当把它发送到月球表面后，天线小球受阳光照射被加热而恢复记忆，这时它就又恢复到正常工作时的扁平状。

未来的计算机是什么样的

早在 1964 年，英特尔公司创始人戈登·摩尔就断言：传统硅芯片计算机的速度每 18 个月翻一番。这就是计算机界著名的“摩尔法则”。那么，下一代计算机是什么？科学界的回答是：生物计算机、光子计算机和量子计算机。而有关这方面的研究和探索，将有可能引发下一次超级计算技术的革命。

美国南加州大学的阿德拉曼博士在 1994 年提出一个奇思妙想——DNA 计算机。遗传物质 DNA 分子是一条双螺形状的“长链”，链上布满了“珍珠”（即核苷酸）。用这些“珍珠”的排列来表示各种信息是 DNA 生物计算机的特点。几种生物酶则充当加、减、乘、除，再通过大量 DNA 分子间的混合、合成、分离、检测、提取等操作，实现计算求解过程。惊人的存贮容量和运算速度是 DNA 生物计算机最大的优点，1 立方米的 DNA 溶液，可存储 1 万亿的二进制数据。十几个小时的 DNA 计算，相当于所有电脑问世以来的总运算量。

但现在 DNA 计算机也面临着一个问题：它不能检测其计算的结果。一旦这个问题得到解决，

DNA 计算机将会很快问世。所以，也许会有人这样告诉你未来计算机的真面目：未来的计算机芯片也许只是一滴溶液。

光子计算则用激光束来替代电子，进行运算和存储。光子计算机的运算速度可能要比今天的超级计算机快 1000 ~ 10000 倍。它用不同波长的光来代表不同的数据，可快速完成复杂的计算工作。在光子计算技术中，光能够像电一样传送信息，其抗干扰能力强，传输速度快，并且光学器件的能耗非常低。尤为重要的是，光的独立性使得大规模的并行计算成为可能。但由于光的极端独立性很强，要开发出用一条光束开关或者放大另一条光束的光学“晶体管”就变得异常困难，真正的全光子中央处理器和计算机的制造还需要依靠材料科学领域的重大突破。

量子计算机的诞生将大大降低计算的复杂性，并且能帮助芯片制造商设计出目前看来几乎是不可能的复杂电路。它被人们称之为“终级计算机”。其工作原理是把一束激光或者电波照射到一些精心排列的像陀螺一般旋转的原子核上。当光或者波从这些原子上反弹时，它会改变其中一些原子核的旋转方向。分析这些旋转发生了什么改变就能够完成复杂的计算任务。这些计算机异常敏感，哪怕是最小的干扰——比如一束旁边经过的宇宙射线——也会改变机器内计算原子的方向，从而导致错误的结果。

显然，这三种前景看好的计算机，要达到实用化，还有一长段路要走。它向我们揭示了未来计算机的发展趋势。就目前来说，所有这些新设计都还不成熟，大多数仍处于计划阶段。即使是那些有了工作样机的设计也还太粗糙，无法与硅计算机的便利性和有效性竞争。

科学家们预测，未来家庭中的日常设备和家用电器都将拥有“智能”。因此家庭管理计算机是未来计算机的又一种表现形式。将来，计算机为了为主人服务会自动调整自己的状态。各种各样的家用电器借助嵌入式处理器将更加智能化，电冰箱可以在线定购牛奶，微波炉可以自动上网下载菜谱。嵌入式处理器价格低廉，耗电量少。

20 世纪科学技术获得了迅猛的发展，电子信息技术给人类生活、人类社会带来了广泛和深远的影响。21 世纪的今天，信息技术革命更为我们提供了无限的可能性，计算机和网络技术定会更为深入地渗入到我们生活的方方面面，不管未来计算机以什么形式出现，它肯定会更有效地帮助人类按照自己的意愿去开拓和创造生活。

人脑中要是能装块电脑芯片该多好

有许多科学家致力于实现人与机器的直接交流，这种直接交流不是传统的人通过鼠标和键盘向电脑输入信息，从而实现交流的目的，而是人直截了当地通过意识和电脑交流。你可以设想一下人机直接交流将会出现的神奇现象：当你需要某一信息时，只要动一下脑子，马上就会有翔实的资料出现在脑海里，这也就是说你将再也不用害怕任何考试了；你还可用意识操纵脑子里面的芯片，来控制一座大厦的照明系统，等等。如果你的脑子里面植入了电脑芯片，你就会有一种凌驾于万物之上，成为万物主宰的感觉。是的，这种设想是非常美好的，但是它真的能够实现吗?

正如大多数人所想象到的那样，在人脑中植入电脑芯片注定是一个空前复杂的工程。但是有许多科学家相信在不久的未来，人脑很有可能和电脑连接成一体。不过专家们介绍，电脑芯片不一定非要植入人脑里面，它也可以安装在人的颈部后面，通过与人的神经系统连接，把人脑的思维直接转化成输入电脑的信号。美国的科学家已经完成了电脑芯片移植入身体的理论研究，正在研制一种新的非常微小的电脑芯片，并使这种芯片能够与人颈部后面的大脑神经连接。现今，科学家们已经掌握了使电脑芯片与神经末端相融合的方法，并使电脑芯片在人体内的寿命达到了 1 年多。

随着科学的进一步发展，人类还将实现遗传学与计算机的融合。一方面，电脑芯片将被广泛地植入人体内，它们不会像起搏器和助听器那样是人体的外缀，而是像一个细胞一样成为我们身体的一部分。另一方面，芯片在人们体内工作的过程中，会渐渐学到人体的所有秘密，最终我们天生的所有器官都可以被人造的东西所替代。到时候你或许会成为一个由标准电子部件构造而成的、可以重新装配的电子人，随着各种部件的不断升级，你有可能具有越来越强大的本领。人类将变成变形金刚一样的电子人，可以随时随地改头换面。那个时候人们经常会听到这样的话："嗨！我的 ×× 器官又升级了，这个器官运行得棒极了，你也去买一个装上吧！"

科学家的发明创造，为我们展开了一幅不可思议的画卷，许多人对此欢欣鼓舞，但是也有人对"电子人"表示担忧。这些忧心忡忡的人认为人体内的芯片很有可能成为监视个人隐私的装置，无论何时无论何地，你的一举一动甚至是你的想法，都会被电脑芯片所监控。电脑芯片也许不是绝对独立的，它很可能被某一机构所操纵，那样对于这些操纵者来说，你将毫无秘密可言；除此之外，人们还担心有朝一日计算机将统治人类。人体芯片的出现，可能将人类变成一种半机械半肉体的动物，而随着计算机技术的发展，这些植入人体的职能芯片或许会逐渐控制人类本身的智能。对于这些担心，社会学家和科学家必须认真地考虑，毕竟科学的进步并不仅仅给人类带来福利，灾难也许就隐藏在欢呼的背后。

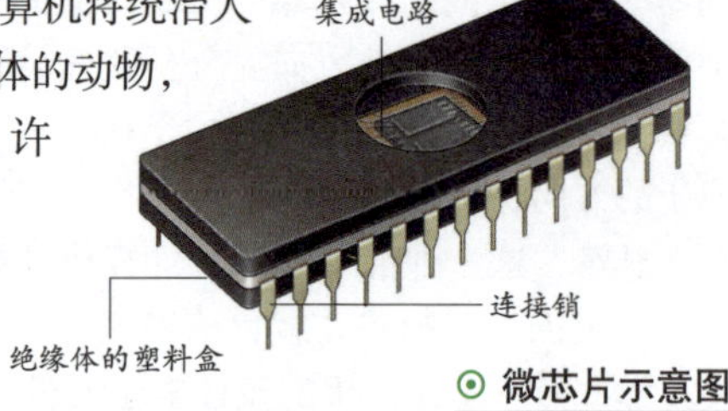

⊙ 微芯片示意图

如果什么都是自动的该多好

有人把学习或者工作看作是生活中必不可少的一部分，有人则认为那是沉重、繁琐的劳动；有人把家务活当作一件有趣的事情来做，有人则觉得那简直就是一种折磨。科学技术的进步已经让我们摆脱了许多繁重的劳动，比如联合收割机的广泛应用，使农民伯伯感觉到收获的季节也不那么忙碌了；科学工作者大部分的计算工作都被电脑所代替等。但是，"懒惰"而聪明的人们总是期望生活能够过得更加轻松，希望一切事情都能够自动完成，自己能够把所有的精力和时间都用来发展人类所特有的潜能，去探索人类现今还无法了解的王国。这样的生活看起来遥不可及，但是科学家告诉我们，全自动的生活离我们并不遥远。

在全自动的时代，机器人"佣人"将会无微不至地照顾我们的饮食起居。而形形色色的"无人工厂"将会生产我们所需要的一切东西。对于简单的家务活，实现自动化可能很容易，毕竟现今各种家用电器的出现，已经使我们的家庭实现了不同程度的自动化。但是在环境复杂得多的工厂里面，人类也能完全袖手旁观吗？科学家们认为，这种愿望基本会实现，即使偌大的工厂里面有几个人，其从事的也不过是简单而轻松的监督和维护工作。

其实，全自动的工厂现在就可以看出些许的端倪，各种无人化的生产线和自动化的生产系统早已进入了现代化的工厂中。比如，位于美国底特律市的一家汽车制造企业，早在 1986 年就引进了一条自动生产线，一排银色的汽车底盘沿着生产线流动到某一个位置就停下来，生产线两侧的"焊工"立即忙碌起来，在一个金属框架的范围内迅速移动，把底盘上需要连接的部分飞快地焊接起来，仅用时 23 秒钟便焊好了 250 个焊头，效率奇高而且技术出色。这些一流的焊工不是别人，正是机器人。而今，自动化的技术得到了进一步的发展，一些现代化的工厂中，各个岗位上，电脑控制的机器人大显身手，自动搬运车沿着指定的路线往来穿梭，一切都井然有序。

可见，将来人类既可以不用上班，在家又完全不用做家务活，全自动的生活实在是让人感到惬意。但是，你可不要高兴得太早呀，毕竟全自动的生活还只是一个设想，现在我们还要努力地学习科学文化知识，用自己的力量去加速梦想实现的步伐。

第六章 这就是我们人类——生理与心理

真的有人能做到两只手一样灵巧吗

左右开弓或者又称双手灵巧的说法在现实中是存在的。在各种劳动技巧的运用方面，有些人的双手确实能表现得同样灵巧和熟练。不过，对惯用手的选择其实是一个连续的统一体，把人群分为左撇子、右撇子和双手灵巧这三类仅仅是人为的分法而已。

有一位学者将双手灵巧的人称为双侧灵巧，并进一步将这类人群分为双手右利手者和双手左利手者。前者是指两只手都和右撇子的右手一样灵巧的人，后者则是指两只手都和右撇子的左手一样熟练的人。

对于某些技能，有的人用右手就能很快地掌握其中技巧，有的人却发现自己用左手学习得更快。这都是很平常的事情。决定一个人用哪一只手学习和掌握技能更容易的因素有两个：孩子本身的接受能力和他的用手偏好。甚至是一个婴儿就已经确立了自己的惯用手，然后模仿其他人的动作学习各种技能，就算别人的惯用手和自己的相反也一样照学不误。

比如说，有一个左撇子的孩子要学习投球，但是大部分成人投手是右撇子，所以他们示范投球动作的时候必然要受到自己惯用手的影响，很有可能会用右手来做示范。为了掌握示范者的投球技巧，孩子在学习过程中不得不进行自我调整。所以从整体上看，左撇子的左手投手投球威力不如右撇子的右手投手。

研究者发现，在学习诸如编织等技能的时候，如果学生和老师的惯用手一致，学习的效率会更高。如果在学弹吉他时，示范老师习惯用右手，那么对左撇子的学习者来说这是一个不利的条件。甲壳虫乐队的保罗·麦卡特尼就是一个典型的例子，麦卡特尼是名左撇子，因而开始在学弹吉他时面临诸多困难，直到他重新调整了吉他的琴弦之后才渐入佳境。

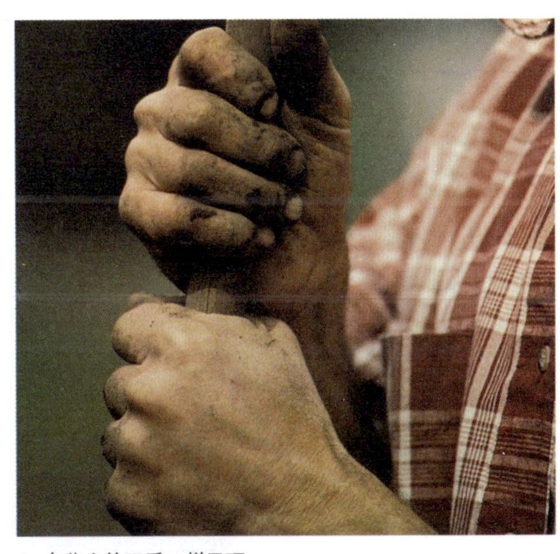

有些人的双手一样灵巧。

心肌为何能不知疲倦地一直跳动

心肌是心脏特有的肌肉，它可以不辞劳苦地一直不停工作。当然，心脏病发作时引起的心肌缺氧会使心肌产生疲劳，而运动和锻炼则能使心肌更加强壮。

能驱动身体自由运动的肌肉叫作骨骼肌，也叫横纹肌。分布在内脏和血管壁上的肌肉叫作平滑肌，呈薄片状分布，并且不受人的意识控制。

心肌纤维束彼此连接在一起，以心肌细胞为单位组成连续的网状结构，因而心肌细胞能够同步工作，所以心肌也被称为细胞融合肌或者合胞体。这样的结构能使内部的电信号保持协调，所以心肌是以一个整体运作的，无论收缩还是松弛都是一起进行。

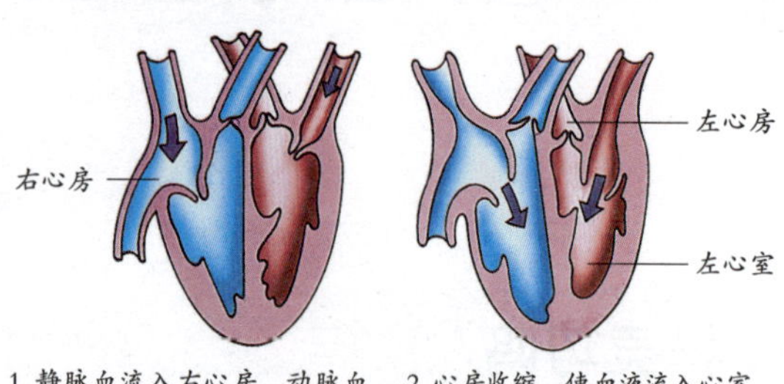

1. 静脉血流入右心房，动脉血流入左心房。

2. 心房收缩，使血液流入心室。

和骨骼肌不同，心肌细胞的细胞核不是处在近细胞表面，而是深处细胞内部。大概是因为能量需求量相当大的缘故，心肌细胞中“能量工厂”——线粒体的含量也相当丰富。

肺动脉
房室瓣
主动脉
右心室

3. 心室收缩，使血液流入大动脉，其中一部分血液经肺动脉到达肺部，另一部分血液通过主动脉到达全身大大小小的动脉。

⊙ 一次完整的心跳过程

一次心脏跳动的时间称为一个心动周期。成人的正常心率约为每分钟 70 次，剧烈运动时心率可能会加倍。

与骨骼肌类似，心肌细胞也呈平行的柱状排列，但是其排列方式仍然和其他肌细胞存在差别：心肌细胞呈长长的纤维状，有分枝，纤维头尾相接。两条纤维间的接合部分有明显的盘状结构，称为闰盘。心肌纤维之间的空隙中充满了毛细血管，丰富的毛细血管不仅能为心肌细胞提供富含氧气的新鲜血液，而且还充分保证了糖元和酯类（一种潜在能源）的供给。

心肌细胞内包含有肌原纤维，肌原纤维是一种带有横纹的可收缩性物质，它上面有名为肌原纤维节的分段结构。肌原纤维节是由细丝和粗丝构成的，而细丝和粗丝又分别由肌动蛋白和肌浆球蛋白所组成。细丝彼此间相互滑动，使得肌原纤维收缩和松弛，引发肌肉运动。

人总也不长大该多好

有人期待自己能够快快长大，这样就不需要别人的帮助，做许多自己想做的事情。但是长大就意味着会慢慢变老，想象一下自己满脸皱纹的样子，总是不寒而栗。所以更有人不想长大，总愿意停留在儿童时代，在爸爸妈妈和老师的呵护下，永远过着简单而快乐的生活。

如果你真的不再长大，你可能会发现生活远远不如你想象的那样美好。身边的小伙伴一个个都长大成人，可以轻松地做到你难以企及的事情。当然，你可能不会去羡慕那些曾经的伙伴，因为总有新的朋友来到你的身边，但是永远不变的年龄，可能会使你不断地重复大同小异的游戏，也许刚开始的时候你还会玩得津津有味，但是时间长了难免会感到厌烦。更可怕的是，你会发现爸爸妈妈在不断地变老，他们的身体渐渐衰弱，对于许多事情渐渐力不从心了，而永远长不大的你却不能助他们一臂之力。那个时候，你可能会对自己曾经的选择感到后悔，你会期望自

⊙ 所有人都是按照同一个模式生长发育的，但男性和女性的发育略有不同，这主要体现在生殖系统上。人在幼年时成长非常迅速，这之后到十几岁身体发育呈现比较稳定的态势。但进入青春期后身体又开始迅速生长，并逐渐具有了成人的外貌。22 岁左右身体完全发育成熟，30 ~ 34 岁进入壮年期，到 40 多岁时开始逐渐老化。

2 岁　6 岁　10 ~ 12 岁　20 ~ 22 岁　30 ~ 34 岁

己能够像正常人一样长大。但是值得庆幸的是，这种现象永远不会发生，从古至今现实生活中还没有一个人能够永葆青春。随着时间的流逝，我们不断地长大，这是大自然的规律。

人的一生可以分为婴儿期、幼儿期、童年期、青春期、成年期和老年期 6 个阶段，在这几个阶段中，人的生长和发育有时快有时慢。一般来说人的生长发育有两个高峰期，第一个高峰期出现在 5 岁以前，这一时期人每年的增长幅度最大，以后每年的增长幅度开始下降；第二个高峰期，女孩一般出现在 11 ~ 15 岁，而男孩则出现在 12 ~ 17 岁，以后增长会趋于停止。在第一个高峰期和第二个高峰期之间，6 ~ 11 岁是人的增长缓慢期，在这期间人体除神经系统、淋巴系统等少数几个系统之外，其他系统都还没有发育成熟。在人体的成长发育过程中，身体不断将从外界吸取的营养供给身体的各个组织、器官，以支持其成长。在这一期间，人的身高、体重、胸围和肺活量都会逐渐变大，而且有一定的基本限度，如果谁超过这个限度，就要到医院去诊断是否患了某种疾病。

知识档案

早上长高晚上变矮的秘密

知道吗？我们的身高在一天之中是不断变化的！不信你可以量一量，如果你中午时的身高是150厘米，那么你早上起来的时候一定高于150厘米，而晚上睡觉前又一定低于150厘米。如果你实际测量过，结果可能会让你大吃一惊，早晚身高之间的差距有时竟然能够达到4 ~ 6厘米！原来，我们人体的骨架由一段一段的骨骼组成，我们之所以能够自由转动，是因为有一种软东西把一节一节的骨骼连接起来，这就是“软骨”。当我们夜间平躺着睡觉的时候，关节间就松弛下来，软骨就会因为大量吸收体液而变厚，虽然一层软骨变厚不多，但是从足关节到颈关节许多层软骨都变厚，加起来就是不小的数字，所以早上起来的时候测量身高，你一定会收获一个惊喜。但是经历了一天的学习、走路，在地球引力的作用下，骨骼之间互相积压，又会把体液从软骨中挤出去，这样身高自然就会矮下来。如果在一天中，你走远路，挑重物，那么到了晚上，你身高下降的幅度就会更加明显。

明白了生长发育的道理，我们在憧憬未来的同时，也要意识到生命的珍贵和不可复返。认真过好现在的每一天，不给未来留有遗憾，那么我们的生活就永远是精彩纷呈的。

吃多少东西就长多少体重吗

根据热力学原理及物质和能量守恒定律，你所增加的重量不会高于你所吃的食物的重量。另

⊙ 如果食用过量高热量高油脂的食物，如巧克力、奶油蛋糕等，容易让人迅速增加体重。

外，你还要用食物中包含的一些能量来消化和处理身体里的其他食物。

很难计算你吃完 1 千克的食物后体重会增加多少。首先这取决于你的新陈代谢、在新陈代谢过程中的个体差异和机体对食物的利用率。新陈代谢的目的是为了保证被分解的和用于能量与蛋白质合成的食物，以及被机体所储存起来的食物之间的平衡。两者之间的平衡受到体重、为运动或保暖所消耗的能量和年龄等因素的影响——年纪大的人新陈代谢比较慢。

所以，有些人吃 1 千克巧克力可能完全不增加体重，而有些人则会增加一些。我们不能判定一个人能从吃巧克力中得到多少体重，因为每个人每天消耗的能量不一样，但是我们知道 1 千克巧克力含有多少能量。下面讲的就是它是如何被算出来的。

大多数食物都有 4 种主要成分，它们是碳水化合物、蛋白质、脂肪和水。食物中同样包含有维生素和矿物质，但含量很少。不同食物所含的能量将取决于食物中碳水化合物、蛋白质、脂肪和水的相对含量。

在食品包装袋的背后你会看见这个食物所含的能量，它以焦或千焦来表示。两者都是热量单位，可以互相换算，1 千焦等于 1000 焦。4 千焦的能量能使 1 毫升 15℃的水上升 1℃。

平均一根 100 克的牛奶巧克力棒大约含有 7 克蛋白质、54 克碳水化合物、34 克脂肪和 5 克水，这将给你提供 2300 千焦的能量。平均 100 克苹果含有 0.2 克蛋白质、15.4 克碳水化合物、0.35 克脂肪和 84 克水，将给你提供 250 千焦的能量。

一般来说，一个成年男子每天需要 10500 千焦的能量，如果吃了 1 千克巧克力，那么机体将会额外消耗 13 千焦的能量，这些能量本来是被机体作为脂肪或碳水化合物储存的。

有没有和我一模一样的人

我们常常能听到别人这样对自己说：“你长得和我一个同学很像啊！”可能你自己也有认错人的经历。不错，这个世界上有很多人长得都很相像，比如模仿秀节目中，就有很多选手和某一明星很相像。但是，也只是感觉很相像而已，仔细辨认，你还是能够发现两人之间的细微差别。都说“世界上没有两片完全相同的树叶”，那么会不会有两个人长得一模一样呢？

这个问题看起来如此不可思议，如果世界上真有一模一样的人，我们该怎么区分呢？这对这两个人身边的亲戚朋友来说实在是一个大麻烦。你可能会认为这完全是杞人忧天，因为一个人最终的相貌会受到环境的影响，自然界根本不会出现两个人一模一样这种巧合。至少目前看来，你的看法是对的，但是无所不能的科学也许最终会打破这一论断。

依照正常的生殖方式，一个婴儿的生命源自受精卵，受精卵是由母亲的卵子和父亲的精子结合后而形成的，它是一种单细胞的生物。受精卵中包含了来自父亲的遗传基因和来自母亲的遗传基因，它一旦形成后，就会不断分裂，产生更多的新细胞，最终形成一个由数百万亿个细胞所组成的婴儿！这个婴儿的遗传基因是父母双方的遗传基因混合而成的，因

⊙ 双胞胎姐妹的很多性状都相同，这是因为她们相应基因的编码相同。

知识档案

试管婴儿是怎么回事

第1个试管婴儿诞生于1978年，而今30多年过去了，试管婴儿在全世界得到较快发展，至今已经出生了10多万试管婴儿。试管婴儿并不是真的在试管中长大的婴儿，而是先从母亲的体内取出卵子，再从父亲身上取出几个精子，然后医生使精子和卵子在试管中结合成受精卵。受精卵在试管中培育了两天后，就会分裂成8个细胞，等到这时再把受精卵重新移植到母亲的子宫内。使婴儿在母亲的身体内正常发育。所以，试管婴儿只是使用试管代替了母亲的部分功能，培育了婴儿最初的生命。有意思的是，试管婴儿多是女性，这可能是因为试管婴儿的培养环境适合女性婴儿的出现，也可能是因为女性胚胎比男性胚胎更加强健。

此他不会和父母中的任何一方一模一样。可以说，通过这种正常的生殖方式，自然界中不可能出现两个一模一样的人。

但是，科学家们已经发现了一种完全迥异于正常繁殖方式的生殖方式——克隆。这一生殖方式产生的婴儿同样是源自一个细胞，但是这一细胞并不是由父母双方的细胞结合而成，它是来自于一个人。通过克隆方式培育出来的人，因为他只继承了一方的基因，所以他会和细胞提供人长得很像，甚至是一模一样。

现今，克隆技术已经在动物身上取得了成功，有科学家认为，人类也可以通过这一方式来繁衍，但是这一设想遭到了包括我国在内的大多数国家的反对，这其中涉及到许多尖锐的道德问题，如克隆人能否得到社会的认同，改变人类的生殖方式是否正确，等等。你怎么看待这个问题呢？你是否希望世界上出现许多一模一样的人呢？

如果人总也不死该多好

如果人总也不死该多好。这个想法不止你一个人有，古往今来无数人都曾做过永生的梦想，两千多年以前的秦始皇就曾派人去东海寻找长生不老药，后世的人们更是将长生不老当作一项矢志不移的追求。当然，迄今为止还没有人能够实现长生不老的梦想，但是随着现代科学技术的迅猛发展，科学家能否一圆人类这一千古梦想呢？

相信随着医学的进步，人的平均寿命会有所延长。

我们知道人体是由无数微小的细胞所组成的，人体的死亡从细胞的死亡开始。许多年来科学家们一直在寻找导致细胞死亡的原因。后来，人们发现人体内存在一种叫作“端粒”的物质，这种物质随着细胞的分裂而不断地缩小，当端粒缩小到不能再缩小的时候，细胞的生命也就到达了尽头，因此科学家们形象地把端粒称为“生命的时钟”。目前科学家们正在对端粒进行深入研究，期望能够通过调控端粒来达到延缓衰老的目的。

除了生命的时钟以外，科学家们又发现死亡与一种生物自身所产生的物质有关，这一物质被称为“死亡激素”。生物学家们在对雌章鱼生儿育女后悄悄死亡这一现象的研究中发现，章鱼死亡的奥秘在眼窝后面的一对腺体上，就是这对腺体到了一定时期分泌出来的一种化学物质导致了章鱼的死亡，这一物质便是死亡激素。科学家们由此联想到，人体内是否也存在死亡激素呢？

经过研究发现，人体内确实存在“死亡激素”，它是由长在人脑之中的一个非常重要的腺体——脑垂体所产生的。脑垂体重约0.5克，如蚕豆一般大小，调节和控制着人的生长发育、生殖和新陈代谢，另外它还能够促使甲状腺分泌出甲状腺素，人类一旦缺少甲状腺素就会感到浑身乏力，不想吃东西，最终衰竭而死。因其对人体的重要影响，所以虽然找到了“杀人凶手”，科学家却不能简单地对它执行死刑，只能通过药物、手术等多种医疗技术来延缓“死亡激素”的产生，达到延年益寿的效果。

可见，在通往永生的道路上，科学家们已经获得了不少突破，但是在现有的条件下，人类所能做到的最多只是延年益寿。所以，我们的时间还是有限的，怎样利用有限的时间去做最有意义的事情才是我们最应该认真考虑的问题。

吃饱了总也不饿该多好

我们早上经常会起晚，慌慌张张地洗漱完毕，拿起书包就以百米冲刺的速度向学校跑去。身后，妈妈端着刚刚煎好的香喷喷的鸡蛋和热乎乎的牛奶招呼着：“慢点，吃点早饭再走！”这个时候谁还能顾得上吃早饭呀，不迟到就不错了。但是一到了中午，特别是最后一节课的时候，肚子就开始咕咕地叫起来，饿得厉害的时候，满头都是虚汗，浑身一点力气都没有，连走路都成问题。这时候，我们难免会想：如果吃饱了总也不饿就好了，那样前一天晚上我就大快朵颐，然后第二天一天都不用忍受饥饿的滋味了。

我们知道食物是补充身体营养的东西，就像汽车加满了油才能全力行驶一样，我们也需要通过补充食物来维持体力。但是遗憾的是，我们没有像驼峰一样的仓库，能够储存足够的食物，供几天所需，我们只能通过一日三餐来补充。我们之所以感觉到饿，就是神经中枢在提醒我们“汽油”要耗尽了，要赶紧补充，否则要影响运行了。

我们每顿吃进的饭菜，经过一段时间就会被胃中的消化液搅拌均匀，其中的少部分水被吸收后，就会被逐渐从胃里排出。具体经历多长时间才能排空，这和食物的成分有密切关系，如果你吃的主要是蜂蜜、果冻、巧克力、糖果等糖类食物，一般 2 个小时左右排空；如果你吃的是豆腐、蛋类、鱼虾类等富含蛋白质的食物，大约需要 3 ~ 4 小时才能排空；如果你吃的是油炸类、奶油类、肥肉等高脂肪食物，胃需要 5 ~ 6 个小时才能将它们排空；如果你吃的是杂食，那么胃排空的时间大约为 4 ~ 5 个小时。此外胃的排空速度还与进食的量有关系，如果你的胃中仅有 100 毫升的食物，那么胃每分钟大约排出 5 毫升；如果你胃中的食物量达到了 500 毫升，

⊙“到了吃饭时间”的饥饿感，可以让我们既不会过度挨饿，也不会导致暴饮暴食，同时还能听从并遵守身体发出的饥饿信号。

那么每分钟会排出 15 毫升左右。

胃一旦将你所摄入的食物全部排空后，它就开始收缩，这种收缩比较剧烈，它自贲门起，向幽门方向蠕动，这种收缩就会让你感觉到饥饿，明白自己需要进食了。可见，吃饱了总也不饿并不是一件好事，说明你的胃出现了问题，它已经无法将“燃料将尽”的警报传达给你了，如果你因接收不到报警，而总也不补充食物，身体就会出现“熄火”现象。所以，要想避免每天中午饥肠辘辘，我们不能求助于“吃饱了总也不饿”，而是要早起一会儿，吃好早餐。

人不知道渴该多好

赤日炎炎的夏日，大汗淋漓地运动一番后，总会觉得口渴，只有痛痛快快地喝一气凉水才过瘾。人为什么会感到口渴呢？你可能会说，答案很明显，就是因为我们在运动中出汗太多了，需要补充水分。

确实是这样，水对人体具有重要的作用：首先，水是人体的忠诚卫士，比如我们可以通过眼泪冲刷出飞进眼睛里的尘沙，我们可以通过腹泻将不干净的食物从身体中排出；其次，水是人体不可或缺的化学物质，它能够对各种营养物质进行水解作用，以方便人体的消化和吸收；第三，水是人体重要的运输兵，是它将各种营养物质运送到各内脏器官和各种组织，又将新陈代谢的废物运送到排泄器官处，以排出体外；另外，水还是人体体温的调节者，它将人体每昼夜产生的 10000 ~ 11000 卡的热量运送到体表，通过呼吸、出汗、排泄等方式，携带热量离开人体，使人体的温度一直保持在 37℃左右。所以，人类一刻也离不开水，一旦失水就需要马上补足，只有这样才能更好地维持人体各器官的正常运转。

⊙ 当人体由于剧烈运动流失大量水分时，必须通过饮水来进行补充。

看到这里，我们都已经充分认识到了水对人体的重要性。但是，人体是通过什么方式觉察到缺水这一情况的呢？科学家们通过研究发现：我们在大量失水的时候，血量就会减少，而血量的减少会促使肾脏分泌出一种叫作“血管紧张素”的化学物质，这一化学物质随着血液流入脑内，被脑内某一感受器所捕获，于是就发出了“渴”的信号，提醒人们该补充水分了。但是，也有科学家提出，能够接收到“血管紧张素”的感受器并不都存在于大脑之中，人体的其他器官也参与了渴感的产生。总之，现在科学家们唯一达成共识的一点就是渴感是由血量不足所引发的，但是它具体是怎样引发渴感的，直到今天还没有一个令各方都感到满意的解释。

一个看起来毫不起眼的口渴现象，在身体内到底经历了怎样复杂的过程，我们还不能具体地了解。但是毫无疑问，如果没有口渴现象的出现，我们可能会错过及时补充水分的时机，从而影响到身体的正常运转。所以人不知道口渴，并不是一个好现象，我们应该感谢自己具有这样的能力。

知识档案

眼睛的清洗剂

眼泪除了有表达强烈感情的作用之外，还有许多其他的作用。比如，眨眼睛的时候，眼泪就能均匀地涂在眼球上，能够对眼球起到湿润的作用；眼泪能够冲刷掉眼球上的杂物，起到清洁的作用；另外眼泪中除了含有盐以外，还含有少量的酶，这种物质能够溶解细菌，起到杀菌和消毒的作用。那么眼泪是从哪里来的呢?原来，我们每个人一双眼球的中间偏上方都有一个小手指头一般大小的制造眼泪的小工厂，人们把这个小工厂称作泪腺。这座小工厂每天都在马不停蹄地制造眼泪，也许你想象不到，它制造眼泪的原料就是血液。因为血液中含有少量的盐，因而眼泪中也理所当然地带有盐分，所以我们的眼泪总是苦涩的。

人没有痛感会怎样

很多人对打针都有抵触情绪，因为打针会让人感到很疼痛；运动时不小心磕碰到了关节，也会让人感觉到疼痛难忍；患严重感冒的时候，更是头痛欲裂。人都是怕痛的，没有人会把遭受疼痛看作是一件快乐的事情，但是疼痛却如影随形，总是伴随在人的左右，许多人对它都是深恶痛绝，期望有朝一日科学家能够让人类摆脱疼痛感的折磨。

其实疼痛并不是一件坏事，它是人体自我保护的防卫措施。如果没有了痛觉，我们怎样来判断外界各种刺激对身体的伤害程度呢？打个比方来说，当你的手接近火焰的时候，你就会感觉到被灼烧的强烈痛感，这时候你就会马上缩回手，以避免手受到更严重的损伤。如果你没有了痛感，你可能不会马上察觉到自己的手正在炙热的火焰上烤着，也许当你发现的时候，整个手掌都已经烤熟了！另外，疼痛还是身体内部出现病状的报警系统。比如，牙疼预示着牙出现了毛病；肚子疼也许是因为你的肠胃出现了异常；嗓子痛则告知人们患了感冒或者喉部发炎。收到这些警告，人们就应该立即到医院去检查，以免错过了最佳的治疗时机。如果没有了痛感，那可麻烦了。我们怎样才能尽早知道自己身体内部出现了问题呢？恐怕很难凑巧在病魔刚出现的时候，就被你发现了吧。

所以，痛感对人体具有重要的意义，是人体不可或缺的、具有保护作用的一种生理反应。那么痛感在我们身体内部是怎样产生和传递的呢？一般认为，痛感的感受器就是遍布于浑身每一寸皮肤的神经末稍，任何外部的刺激一旦接触到你的身体，就会促使痛感感受器释放出一种疼痛因子，这一疼痛因子首先传递到脊髓中，经过简单的整合之后，立即进行分头活动，一方面会让你马上进行简单的防御措施，如快速把手从火焰上缩回来；另一方面则继续沿着脊髓传递到大脑，大脑接收到这一疼痛信息后，会让你做出一系列复杂的判断和反应，如马上会判断出自己是被烧伤了还是被扎伤了，然后做出一些情绪化的反应，比如发火等。

看到这里你可能会说，痛觉有时候确实是不错的，它能够防止自己受到进一步的伤害。但是，有时候我已经针对伤害进行细致的处理了，但是它还是没完没了地折磨我，比如感冒以后，我已经进行治疗了，但是头疼还在持续，这时候的疼痛是不是就不应该存在了呢？确实是这样，这时候我们需要适当减轻痛苦，比如医生也可能会给你开止痛药，来帮助你对抗疼痛。总之，对于持续不断的疼痛，我们有必要借助科学的手段予以避免或者减轻，然而对于痛感还是不要放弃为好。

⊙ 自由的神经末梢传递痛觉等不舒服的信息，比如牙疼、刺痛等。

⊙ 迈斯纳细胞，接近最表层的细胞，有触觉终端，可以对外界物体最轻微的接触作出反应。

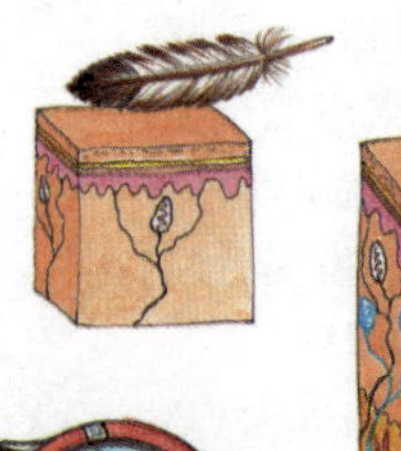

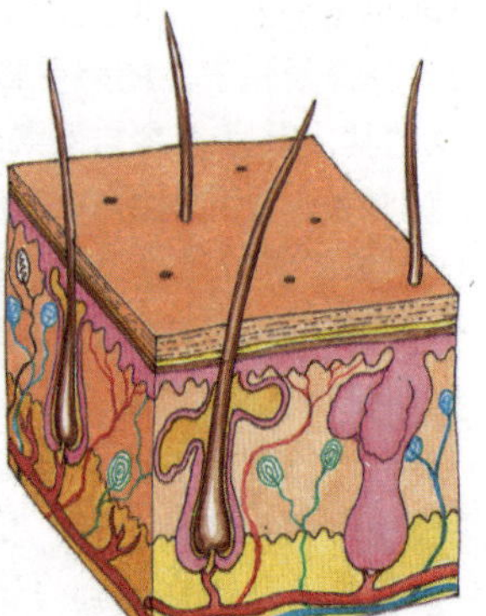

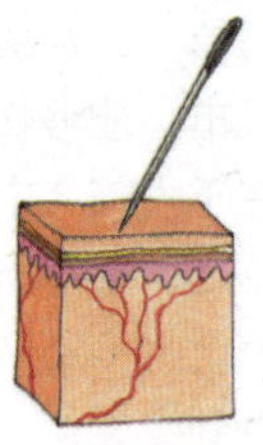

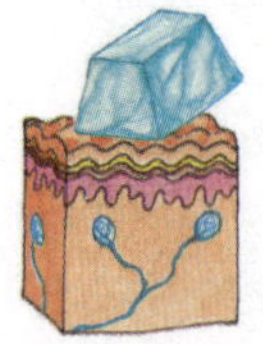

⊙ 帕奇尼细胞，位于皮肤深层，对压力十分敏感。这些细胞能够承受较轻的压力，比如，人的身体就很容易适应衣服和手表的重量。

人可不可以不生病

⊙ 坚持进行体育锻炼可以提高人体免疫力，减少生病的几率。

我们都有过病痛的经历，这些经历并不值得回味。想想吧，生病的时候，你连自己都照顾不了，上课是当然不能去了，还有可能连累妈妈请假在家陪伴你。身体不舒服，但还得吃苦口的药，严重的话还有可能会去住院，会打针。所以，一般情况下，是没有人会愿意生病的。但是讨厌的疾病并不会因为你的厌烦而知趣地回避，它总会在你不经意的时候突然来临，让你猝不及防。那么，人可不可以不生病呢？

人体就像一台机器一样，机器在运行过程中总有零件会出现磨损，人体也一样，所以疾病是不可避免的。具体说来，人们不能避免生病的原因有以下几点：首先，饮食结构不尽合理。如今我们的生活条件一天比一天好，主食大多是精米、精面，辅食多是含有大量残留生长激素的肉类、蛋类等，这样的食物很容易吃出富贵病来，比如高血压、脂肪肝等。而且，贪吃的小朋友大多喜欢吃虾条、薯片、果冻、冰淇淋等含有添加剂、香精、色素的方便食品和冷冻食品，这些东西吃多了也会影响到身体健康。其次，现代社会的环境污染愈演愈烈，水源的污染、空气的污染、农药化肥的污染无时无刻不在威胁着我们的身体健康，这都是防不胜防的。最后，生活中遇到一些令人精神紧张或者是不顺心的事情，我们情绪产生剧烈变化的时候，体内还会分泌出一种叫作类固醇的荷尔蒙，使得人体的免疫力下降。有些人一旦发起怒来，就会得病甚至是有生命危险。除了这些原因之外，还有滥用药物、微量元素补充不合理等原因也都会让人生病。

因为有上述这些原因，所以我们不可能避免疾病的发生，但是只要通过我们自身的努力，尽量少生病或者几乎不生病还是能够做到的。要实现这一点，除了要注意自己的饮食卫生之外，最重要的就是增加自身的免疫力。人体的免疫系统主要有 3 大功能：抵抗、清除和修补。当病菌侵入人体时，免疫系统会调集免疫细胞与之奋战，最终歼灭来犯之敌；免疫细胞还可以清除体内的垃圾，帮助修复受损细胞。所以，如果人体免疫系统孱弱，就很容易生病，如果人体缺少免疫系统，那么一粒灰尘都可以致人于死地！医生们研究发现，人体 99%的疾病都与免疫系统有关，也就是说只要我们的免疫系统状况良好、工作正常的话，我们就不容易得病。

我的大脑和爱因斯坦一样聪明该多好

要问谁是 20 世纪最伟大的科学家，大多数人的脑海里马上会浮现出爱因斯坦的头像。不错，这个可爱的小老头提出的“相对论”，揭示了整个宇宙的质量与能量以及质量与速度之间的关系，因而他堪称天才之中的天才，大师中的大师。如果你能和他一样聪明，那么生活中的许多事情将变得轻而易举，至少你再不会为学校的考试而发愁了。

怎样变得和爱因斯坦一样聪明呢？直接移植大师的头脑也许是一条捷径。当然，你不是第一个想到这个方法的，早在 20 世纪初，随着医学解剖技术的日益成熟，就有科学家设想过从天才人物的头脑中提取智慧素。1955 年，76 岁的爱因斯坦与世长辞后，一个由美国第一流的脑外科专家组成的医疗小组打开了爱因斯坦的大脑，他们渴望能够从爱因斯坦聪明的脑袋中找到天才的智慧所在。但是令人遗憾的是，解剖的结果没有带给人们任何惊喜，爱因斯坦的大脑无论

知识档案

是不是头大就聪明

长期以来，人们一直认为脑袋越大人就越聪明，也就是说大脑的体积和人的聪明程度成正比。但是事实是不是这样呢？苏联人脑研究所的研究结果大大出乎了人们的意料。研究结果显示，人脑的智能高低同大脑的体积并没有直接关系。一般来说，人脑的质量在1300～1400克之间。尽管俄国著名作家屠格涅夫的脑质量为2000克，但是法国著名作家弗朗斯的脑质量仅有1000克。类似的例子举不胜举，这似乎也从反面证明了人类天赋之间的差异其实并不明显。

从表面皮质结构、化学成分还是容积大小来看，都与普通人没有任何不同，那么大师超人的智慧来自哪里呢？它又到哪里去了呢？

⊙ 爱因斯坦

艾尔伯特·爱因斯坦（Albert Einstein）是一位非常聪明的德国科学家，他的研究范围很广，包括了诸如能量和时间等很多领域的问题。1915 年，他提出了相对论，指出如果人们的速度可以达到光速，那么时间就会慢慢停止，物体的长度会变短，物体的质量也会增加。

随着科学家研究的日益深入，人们发现：与电子计算机一样，人脑传递信息的媒介也是脉冲电波，即大脑在活动时，先把来自外界的一切刺激、形象或者抽象的概念翻译成脉冲群信号，然后才能被人们所感知。可是，脉冲电波在人脑神经元之间传递的时候，要先变成化学物质的形式，这一物质就是核糖核酸，它决定了神经元之间传递信息能力的强弱，也是人脑智慧的物质基础。在相同的条件下，每个人合成核糖核酸的能力并不一样，有的人强一些，有的人弱一些，这也就是我们所说的天资上的差别了。爱因斯坦之所以这么聪明，大概是因为他合成核糖核酸的能力更强吧。

但是，正如“脑袋越用越灵光”、“天才出自勤奋”等道理所说的那样，即便天赋高人一筹的人也不能轻轻松松成功。因为科学家们研究发现，后天勤奋的学习和训练能够提高人脑合成核糖核酸的能力，相反如果天才懒得动脑，他们的天赋也会慢慢退化。显然爱因斯坦成功的秘诀中，不懈的努力才是更为重要的。

所以，要想获得像爱因斯坦一样聪明的大脑，我们不能寄希望于移植天才的智慧素，不断地用脑才是唯一的途径。

脑细胞死亡后会再生吗

完整的神经系统是在你还待在妈妈子宫里的时候就已经形成的，而这个神经系统也会伴你度过一生。在你出生前的第九个月，你将以每分钟 250 万个这种惊人的速度生长出神经细胞，而这些神经细胞将伴随你一生。当然，随着你的成长，你的大脑也会变大，但这不是因为你在生长出更多的神经细胞的缘故，而只是由于细胞自身在增大。就像你的肌肉细胞经受的锻炼越多，它们就会变得越大，脑细胞也是如此。

没有什么办法可以阻止脑细胞的损失。当你长到十几岁之后，它们就开始慢慢死亡，它们的消失速率也是惊人的，每天约 5 万个。当你 80 岁时，你已经损失了 10%的脑细胞。

为什么勤用大脑对大脑有益

“生命在于运动”是生物界的一条亘古不变的规律。对于人的身体来说，勤加锻炼就会健康。勤于用脑的人也肯定聪明。因为这些勤于用脑的人，脑血管常处于放松的状态，这将有效保养

脑神经细胞，从而使大脑更加发达，大大延缓大脑的衰老。相反，懒得动脑思考的人，由于大脑受到的信息刺激较少，甚至没有，大脑很可能就会早衰。这跟一架机器相类似，如果长久搁置不用就会生锈，而经常运转就会很灵活。勤于用脑对老年人来说尤其重要。“多用脑，可防老”很有科学道理。大脑可比做人体的司令部，如果大脑衰退了，身体各器官的生理功能也会出现问题。因此，经常锻炼大脑就会促使身体其他器官保持活力。

秃头的人会有头皮屑吗

当然会有。很倒霉不是吗？头皮屑是由头皮上的细菌、酵母菌和真菌类造成的，不管头皮那儿有没有头发。然而，头皮屑更多见于长头发的人头上，因为浓密的头发有助于保持温度和水分，从而为寄生虫和细菌提供了理想的生存条件。

人每天都在脱皮，但是量有多少呢

⊙ 皮肤放大的图像显示出即将磨损脱落的表皮。

的确，我们每天都在脱皮。每分钟我们会脱落3万～4万个细微的皮肤细胞，加起来，我们每年脱落的死皮能达到4千克，这是一个令人惊讶的数字。这些死皮有些是自己消失的，但是大多数是由于和一些东西发生摩擦而消失的，包括我们的衣服。那死皮消失后都到哪里去了呢？你只需要看看室内的尘埃就知道了。

不过不用担心，新的细胞会继续形成以代替那些脱落的细胞。皮肤的最外层，你能看见的那部分，叫表皮，由4个或5个明显的细胞层组成。我们的手掌和脚底通常比身体其他部分接触到的摩擦更大，所以它们有特别的表皮细胞层。

死皮细胞从你的表皮顶层即角质层脱落，角质层由5～10层已经死亡的扁平角质细胞构成。表皮底层叫作基底层，那里的细胞连续不断地分裂，从而生长出新细胞，这些细胞一层一层地通过所有表皮层直至角质层，这有点像人们排着纵队从后向前移动到队伍的最前面。

一个表皮细胞的生命很短，大概是细胞形成后的2～4个星期，它们就会死亡然后等待清理。

人类的平均身高在不断地增加吗

这取决于你问的是什么样的人群。体质人类学家和公共健康专家认为，对于特定的人群，人群的平均身高既有增加的趋势，也有降低的可能。

体质人类学家将人群平均身高随着时间推移逐渐增长的趋势称作“长期趋势”。自从拿破仑时代起，各种测量手段就已经证实了这一趋势确实存在。

但是如果考虑到包括饮食习惯和人口流动在内的各种各样的影响因素，问题就会变得非常复杂。人们注意到在移居到北美洲的侨民中

⊙ 近20年来，世界各国的平均身高每10年增长1厘米。人类的身材出现了一代更比一代高的趋势。以美国为例，在200多年以前，全国人的平均身高为170厘米，现已达到180厘米，增长了10厘米。

就出现了这种长期趋势，但是其成因却不甚明了，而且相关因素很可能还不止一个，这不仅和人们摄入的营养有关，或许还有诸如心理学上的原因等。相反的，一些专家提出，有的孤儿尽管在良好的抚育下健康成长，但是由于情感上缺乏关爱，在他们身上会出现名为“心理社会性矮小症”的现象。

有些人类学专家和公共健康专家认为人群平均身高会发展到一定程度并最终保持稳定。根据女性月经初潮来临有提前的趋势，也有的专家提出可能出现“逆长期趋势”的说法。这是因为月经初潮来得越晚，女孩子们发育长高的时间就越长。尽管相关术语已经被人提了出来，但必要的观察研究工作却还有待进一步展开。

成为一个巨人会怎样

还记得童话故事里面有关巨人的故事吗？在故事里面，巨人总是具有超强的能力，能够轻易做出常人不可想象的事情来。有时候你可能也会想，如果我成为一个巨人多风光呀，那样我一定可以帮助很多人，一定会受到大家的欢迎。

其实，如果你真的成了巨人，帮助别人暂且不说，你自己恐怕都会遇到很多意想不到的困难呢。首先你会发现每天的起床都变成了一件困难的事情，以前体形小的时候，可以轻松地一跃而起，而今吭吭哧哧地费了半天的力气才能爬出来。然后你会发现自己的灵活程度根本不能和以前相比了，你的动作像大象一样笨拙，一不小心就会摔跟头，因为体重巨大，每一次摔倒都可能让你受伤。当然你的移动速度也会大打折扣，或许你的步幅比以前大一些，但是频率要慢很多，你不能快速站起来，也不能跳跃，因为巨大的体重不允许你这样做。

知识档案

地球上最大的动物

蓝鲸是地球上最大的动物，它身长一般在26米左右，最长的有33米。平均体重超过100吨，最重可达170多吨，大约相当于32头大象和300头黄牛的重量。

蓝鲸生活在海洋之中，它根本不需要向陆地动物那样支撑庞大的体重，得到足够多的食物也轻而易举。它只需要张开大嘴，悠闲地在海里游荡，就可以享用免费的海鲜自助餐，一次可以吃进去几吨的小鱼、小虾和海水。

如果你的身体变成了现在的10倍大小，按照比例，你会高10倍，粗10倍，宽10倍，那么你的体重会变成现在的1000倍。你也许注意到了，像大象这样的大型动物和小动物相比，腿所占的比例要大很多。这是因为巨型动物需要粗壮的腿来支撑巨大的体重。所以，因为体重变成了现在的1000倍，你的腿只变成现在的10倍显然是不行的，如果你想站立起来，一双臃肿而粗壮的腿将是必不可少的，我想这双丑陋如柱子一般的大腿一定会让你不胜苦恼。

正如你想象的那样，已经成为巨人的你会胃口大开。如果你是一个贪吃的小朋友，也许你会收获一个好消息，因为你可以一刻不停地吃东西，而不会感觉到肚胀。实际上，如果你补充的食物太少，将无法满足巨大的身体正常运转的需要。看看大象吧，这种陆地上最大的动物根本没有太多的时间去嬉戏玩耍，它们几乎一整天都在不停地吃东西。你可能会想到侏罗纪时的巨无霸恐龙，它比大象更为巨大，可以想象它那张勤劳的嘴巴该有多么繁忙！所以，根据这一点，我们可以对许多怪兽电影不屑一顾，因为陆地上根本不可能存在比大象的体重重100倍以上的动物，如果这种动物存在的话，它们就算是不停地进食也不能逃脱被饿死的命运。可见，如果真有一个巨人存活在这个世界上，他的遭遇恐怕不会令人羡慕。现在，你十有八九会放弃自己成为一个体格巨大的人的梦想了。但是不要沮丧，你可以努力成为其他方面的巨人，比如思想上的巨人、知识上的巨人，等等，这样也同样可以让你有能力去帮助很多人。

用肉眼能看到细菌该多好

我们所看到的世界并不是它真实的样子，不是因为世界进行了伪装，而是有些微小的东西，人类的眼睛根本察觉不到，无处不在的细菌就是最好的例子。我们知道细菌并不是让人感觉舒服的东西，因为人类的许多疾病都是由它们引起的。对于人类的身体健康来说，细菌可以说是名副其实的隐形杀手。为此你可能愤愤不平，为了更加有效和准确地应对细菌，你期望自己能有一对看得到细菌的双眼。

⊙ 生活中，细菌无处不在，养成良好的卫生习惯是身体健康的关键。

据调查报告，一支洗得干干净净的筷子上可能有 700 余种细菌；每一只脏手上大约携带了 40 万个细菌，就算是刚刚用香皂洗过的双手上，每平方厘米的皮肤上仍然可以检查出 3200 个细菌！人体其他部位的皮肤表面同样携带着大量的细菌，1 平方厘米的面积上大约含有 1 万 ~ 10万个细菌。人们在抽查 700 张人民币时发现，竟然有 440 张人民币上带有威胁人类健康的大肠杆菌。除此之外，在我们日常所接触到的各种各样的环境和物品中，如抹布、公用电话、桌椅、水龙头开关和卧具上，甚至在某些食品上都不可避免地被一些细菌和寄生虫卵所占据。试想如果你敏锐的双眼能够看到这些现象，你会有什么反应呢？吃饭的时候，你发现光洁的筷子上居然有 700 余种细菌在蠕动。手面上更是密密麻麻地爬满了细菌。你肯定会到水龙头前不停地冲洗，但是有什么用呢，水里面同样含有细菌。就算是你用最高效的清洁剂来反复清洗自己的物品，用不了 3 个小时，一切又会恢复正常。你所做的一切都注定是徒劳一场，而你本身也会渐渐染上令人不舒服的洁癖。

所以，我们应该庆幸自己拥有一双不那么敏锐的眼睛，“眼不见为净”，才能平静地接受世界的不干净。当然，这并不代表我们应该放弃所有必要的杀菌措施，而是要在适当的范围内尽量去为自己创造洁净的环境。我们应该选择含有除菌和抑菌的活性成分的洗浴用品，常用这样的洗浴用品清洗身体是消灭细菌的最直接和有效的办法。养成良好的卫生习惯是身体健康的关键。

为什么有时候会产生错觉

有些图片会导致视错觉，这种图片很有趣，也很有挑战性。视错觉的产生和大脑处理视觉信息的方式有关，它是有规律可循的。

大脑在过去判断的经验中形成定势。例如，我们能从简单的几笔中看出人形，因为大脑中储存有丰富的相关线索会自动填充空白。但是，有时大脑会对视觉信息做出错误的解释。在有些情况下，大脑没有接收到足够的信息，或者受到了其他信息的迷惑和误导，就会产生视错觉。

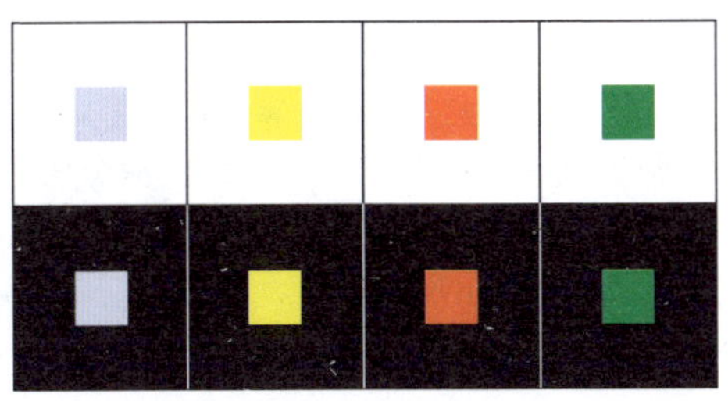

⊙ **颜色的作用**

4 种颜色不同的正方形分别分布在黑色背景和白色背景中。比较颜色相同的两个正方形，它们的亮度有差别吗？事实上，这两个正方形的亮度是一样的，但是你的大脑受到背景色以及正方形本身颜色的影响，会觉得黑色背景中的那一个正方形亮度高。

有些视错觉的产生是由于大脑没有将图像和背景分离开来。另外一些视错觉的产生是因为大脑将若干图像混合在一起，形成了某个不存在的物体的图像。还有一种情况是图片的某一部分对大脑影响很深，以至于大脑对该图片的其他部分作出了错误的判断或解释。

为什么人突然站起来时会头晕眼花

在生活中，我们常会遇到这样的情况：蹲了一段时间以后，突然起立，我们会觉得一阵头晕，眼前冒金星。

实际上，每个健康的人都会出现这种反应，这是一种神经反射。人下蹲时间一长，突然起立，头部容易出现暂时性供血不足。头昏，是因为脑供血不足，神经细胞的活动受影响；眼前冒金星，是因为眼睛的视网膜供血不足，视细胞受到了刺激。

原来，人在蹲着的时候，腹部的大血管受到压迫，腹部和四肢的血液大大减少，前倾的头部却供血丰富；当人们突然起立时，原来在头部的血液，大量向下涌向腹部和下肢，这就形成了暂时性的脑部缺血现象。自然，这仅是一刹那的事。由于神经系统的调节作用，腹腔血管马上收缩，充沛的血液又很快地送到脑子里去，头昏和眼前冒金星的现象也就很快地消失了。人们的健康并不会因此受到多大损害。

为什么我们会晕车或晕船

去郊游的路上，公交车里又热又挤，到处是叽叽喳喳的孩子。汽车在蜿蜒的公路上向山上行驶。每次汽车加速或刹车，你的胃也随着晃来晃去。更奇怪的是，只要视线落在车里，马上就会泛起一阵恶心。

其实晕车并不是什么奇怪的病，晕车的人不在少数。刚进入太空的航天员和女王“伊丽莎白二世”号客轮上的乘客都吃过这种的苦头。无论是晕船还是晕车，都表现出相同的症状，叫作晕动病。

我们走路的时候都不会晕，可是为什么在同样的马路上，坐在汽车里就会晕呢？问题出在视觉与感觉之间出现了分歧。在运动的环境中，比如在轮船上，你可以感觉到自己的身体随着波浪上下颠簸。感知运动的器官在耳朵里，这是由于内耳里的液体随着船身晃动而运动时，它便将运动的信息传给大脑。这是正确的信息。

⊙ 晕动病是晕车、晕船、晕机和由摇摆、颠簸、旋转、加速运动等因素所致疾病的统称。易患晕动病的人，其内耳平衡器官——前庭器官对旋转等不规则的体位变化适应能力较差。当然，晕动病的发生还有其他诱发因素，例如高温、高湿、通风不良，噪声、不良气味、情绪紧张、睡眠不足、过度疲劳、饥饿或饱餐、身体虚弱等。医学专家指出，可用运动锻炼治疗晕动病。

但在你的眼睛看来，房间还是原来的房间，人还是原来的人，大家都站在原来的位置上，一切都没有变化。所以，你的眼睛则告诉大脑将你没有运动。大脑同时接到两条信息，而且两条信息的内容完全相反。这下它可不好办了，要相信哪个呢？耳朵还是眼睛？

这时，身体里开始产生大量促使紧张的激素，如肾上腺素；大脑也进入了紧张状态，促使汗液分泌。胃部的肌肉因此获得更多的生物电信号，蠕动更加有力而且频繁。再接下来就出现了呕吐。

人群中十有八九都晕过车。为了降低晕车的几率，专家给出了以下几条建议：

不要空腹乘车或乘船，那会加重恶心的症状。最好在出发前吃点东西。

在车行驶的途中，眼睛尽量往车外看，这样你的眼睛和耳朵就会同时得知，身体在移动。不要在车上看书或把注意力放在车内的物体上。上车后，最好在车的前排就座，因为前排的位子既可以看到正前方的马路也可以看到两旁的马路。类似地，如果在海上航行，呆在甲板上会比呆在船舱里舒服些。几天之后晕船的症状就会消失。因为大脑发现，你的身体确实在运动。宇航员们适应宇宙飞船环境的过程也是这样的。

你可以服用一些抗晕车的药物，比如茶苯海明。但是这类药物会使人昏昏欲睡，而且药物本身也会让人产生眩晕感。

你也可以佩戴“防晕船护腕”，这是一种戴在手腕上的塑料绷带，在贴近手腕一侧装有按摩器，可以为手腕上的特殊穴位按摩。根据针压法的理论，按摩某些特殊穴位可以减动病的症状。这种方法同样可以减轻孕妇怀孕初期的不适反应。事实证明，防晕船护腕的确有效，但是我们至今还不清楚它的具体原理。

为什么人在走路时会摆动双臂

在现实生活中，常常会看到这样一种现象，当我们走路时，两臂就会很自然地轻微摆动。

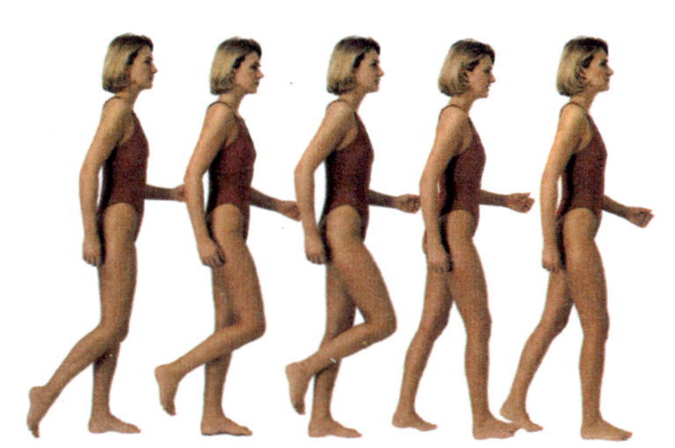

⊙ 行走

人体使用两条腿行走，图中这样复杂的运动需要多组肌肉的协调配合，在这个过程中，人们需要轮流抬起两条腿，使之交替前进，并且整个身体也必须保持平衡，维持一定的节奏。注意观察这位女士是如何用手臂进行辅助行走的。

走路时手臂为什么要摆动呢？有人认为，走路时双臂摆动有利于校正头的位置。因为人走路时面部都始终朝向前方，可是伴随双脚的交替跨步，臂部随之自然会发生摆动。这种转动会由肩部传到头部，导致人的头部在走时左右转动，而手臂和脚交叉摆动，就能够适当抵消这种转动。但科学测定的结果并不支持这种推测。因为人走路时即使手臂纹丝不动，臂部转动的范围也只有9度，肩部转动的角度更小，最后头部角度几乎只有2度，从而不会影响人体面向前方的情形。总而言之，这个推断不成立。

有些科学家从猿演变成人的过程中得到启发，推出人行走时摆动双臂的原因。人是从猿猴等四肢着地的动物演变而来的。这一类动物在行走时，前后肢交替跨步是很有规律的。当人学会直立行走时，其前肢的行走功能逐渐退化最后变成了人臂。实验证明，当人被绑住手臂走路时，手臂的肌肉仍在不断地、有规律地收缩运动着。由此可知，走路时双臂摆动，与四肢着地的动物行走姿势有重要关系，它体现了在由猿到人的演变过程中动物习性的残留影响。对于现今的人类来说，这种姿势主要起协调和平衡走路的作用。

长时间保持清醒危险吗

这样做非常危险。有这么一个实验，把老鼠放在一个圆转盘上并开始旋转，只要它的脑电波显示出它开始要打盹时，就强迫这个老鼠保持清醒。这样做大约一星期之后，老鼠开始表现出一些过度疲劳的迹象：尾巴和爪子开始出现损伤，它变得急躁而且体温下降，因为它开始尝试着使自己的体温比原来更高。它吃的食物是原来的两倍，但是体重却下降了 10% ~ 15%。在大约 17 天的无睡眠生活后，老鼠死了。这表明了睡眠对于生命，几乎和食物一样是至关重要的。

为什么我们有时候会睡不着

每晚，地球上都有上亿人在自己的床上辗转反侧，无法入睡，这种症状叫作失眠。对有些人来说，偶尔一两天晚上睡不着并无大碍，但对有些人来说，失眠长期困扰着他们，漫漫长夜也变成了无声的煎熬。

导致失眠的原因多种多样，但其中最常见的是心理压力，可能是因为临近考试，你担心复习不充分；可能你在白天刚跟朋友吵过架；也有可能是因为你的生活太忙碌，比如放学之后参加体育训练，然后又赶去上音乐课，却没有时间充分休息。一整天繁忙的工作让你筋疲力尽，可偏偏这时候却又怎么也睡不着——你太“紧张”了。

忧郁症也可以引起失眠。忧郁不同于正常的心情沮丧，忧郁症患者通常会长期地感到悲伤绝望。他们每天很早就会醒来，之后就无法再进入睡眠。

还有许多其他原因会导致失眠。比如，你某天从学校或工作单位回来时感到特别疲惫，就打了个盹，当夜晚来临时，你却发现自己无法像往常那样准时入睡。另一个可能的原因就是剧烈运动。如果把锻炼身体的时间安排在早上或下午，你可能会比平常睡得香。然而，剧烈运动会使身体产生大量肾上腺素和其他的兴奋激素，所以如果在睡前做了体育运动，比如慢跑或打篮球，你就会觉得头脑清醒，能量充沛，以至于在床上翻来覆去几个小时也无法入睡。

有些食物和饮料也会让我们难以入睡，咖啡、茶和一些软饮料（最常见的是可乐）中都含有一种兴奋剂，叫作咖啡因。晚饭后喝这些饮料会延迟困倦出现的时间。最奇怪的是，酒精也会让人夜不能寐。酒精有催眠的作用，它会让人昏昏欲睡，但当你真正想要睡觉时，却反而睡不踏实了。醒来后，又会感觉头昏眼花，四肢无力。

时差也会打乱你的作息规律。离开一个时区进入另一个时区，比如说从中国到英国，你身体里的固有节奏就被打乱了。按照英国的当地时间该睡觉了，可是你的胃却认为现在还是 8 个小时之前，是午后时分。为了适应当地的作息时间，你通常需要几天的时间来调整时差。还有些时候，失眠是由睡前的活动引起的，比如，看了惊险刺激的电视节目，或者晚餐吃得太饱。

为了晚上能睡一个好觉，千万不要在白天过于劳累。要留出适当的放松时间；不要过于焦虑。即使晚上睡不好，也不要在白天打盹。睡前几个小时之内不要喝含咖啡因的饮料，也不要做过于剧烈的运动。如果肚子饿了，可以少吃些清淡的食物——曲奇饼和牛奶是比较合适的选择。如果在床上躺了几个小时还是睡不着，睡眠障碍专家建议我们下床去做些安静的活动，比如到

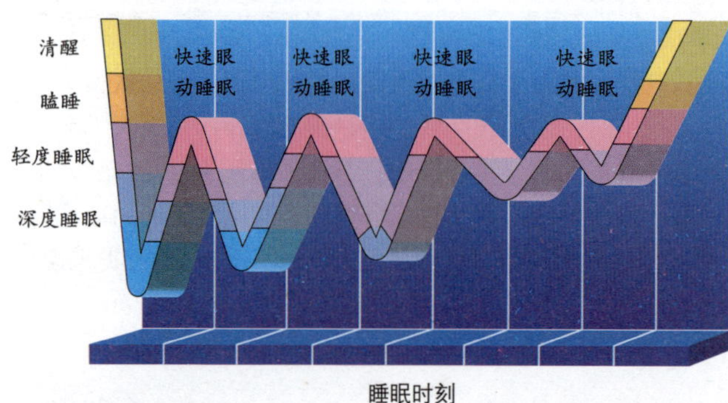

睡眠模式

正常的睡眠模式包括规律性的起伏。睡眠过程中轻度睡眠和深度睡眠多次交替往复。随着睡眠时间的增加，深度睡眠程度减弱。在快速眼动睡眠时，人体的呼吸和心率减弱。在深度睡眠时，肌肉活动最少，心率和血压也降至最低点。

隔壁房间看书。然后，当你感到真正困倦的时候，再回到床上去。

如果你怀疑自己之所以失眠是因为得了忧郁症，你就要及时将自己的情况告诉家长、医生或者康复专家，他们会想办法帮你治疗。只要摆脱了忧郁的阴影，睡眠质量就会迅速提高。

有些人为什么会在睡梦中磨牙

科学研究显示，睡觉磨牙最常见的原因是肠道蛔虫症（在中医看来睡觉磨牙是由于肚中虫多了的缘故）。因为人睡熟以后，蛔虫在肠道内蠕动，同时分泌出一些毒素，从而刺激神经系统引起神经反射作用。而支配咀嚼肌的神经细胞最容易受这种毒素刺激，神经细胞再将信息传到机体上，因此出现夜间磨牙。但有一点是应该明确的，不是每一个有肠道蛔虫的人都会出现磨牙。

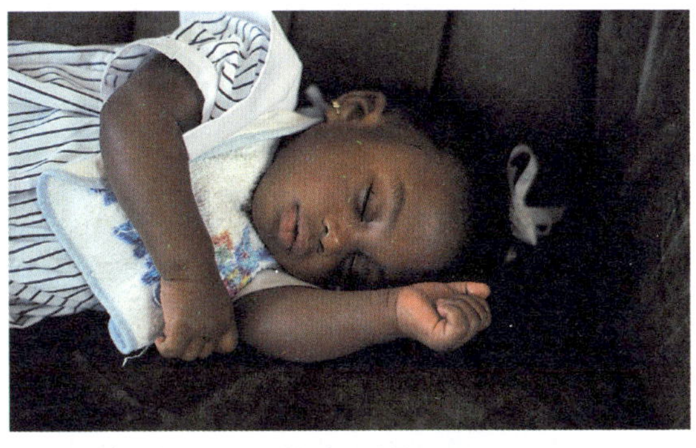

⊙ 颌骨肌肉过分紧张是引起磨牙症的原因之一。

另外，夜间磨牙也可能是由于身体的疾病引起的。比如，60% 以上的慢性牙周炎、牙周脓肿患者都不同程度地患有磨牙症。上下牙齿咬合不全，牙齿排列不整齐，口腔肌肉、关节某些炎症病变等，也是导致磨牙的重要原因。消化不良、消化性溃疡病会造成大脑皮质咀嚼区在睡眠状态下兴奋起来，从而导致在睡觉时磨牙现象常常发生。如果孩子患有维生素 D 缺乏症的话，体内钙、磷代谢就会混乱，可引起骨骼脱钙，肌肉酸痛，植物神经紊乱，也会诱发磨牙症。

人最多能屏住呼吸多长时间

平均来说，一个健康的年轻人能屏住呼吸长达 3 分钟，如果加以训练的话，还能坚持得更久一些。但是因为人体内储存的氧气量不多，所以超过一定限度以后人就可能会开始失去知觉。

促使人呼吸的诱因并不是氧气的缺乏，而是血液中二氧化碳的积累。当血液中二氧化碳的压力足够高以后，人体对呼吸的渴望就会变得非常迫切。这是因为此时大脑中的呼吸中枢受到二氧化碳的触发，迫使人体张嘴换气。

在游泳池边，孩子们大口大口地换气，每次呼吸都是又急又深，一连好几分钟以后，他们以为自己是在大量地吸进氧气，但其实他们却是在排出体内的二氧化碳。孩子们在水下或许能多坚持 30 秒，但是这样做却是有危险的，因为实际上他们没有额外的氧气可以供给。由于大脑内氧气分压过低，可能会导致大脑功能紊乱，于是人就开始呛水甚至淹死在池中。

人体缺少强感受器来感知体内氧气的缺乏。实际上，缺氧会使人暂时性地感到欢欣和兴奋。这也是为什么当人们第一次来到高山地区的时候会兴奋得飘飘欲仙的原因之一。在氧气面罩发明之前，早期投入空战的飞行员们同样也会受到暂时性欣快症的困扰。

在 6000 多米的高空驾驶飞机穿越密集的防空火力网、飞抵目标上空的过程中，这些飞行员变得越来越兴奋，随后开始判断失误、失去意识，最后导致坠机，落得个机毁人亡的下场。

第七章 人类以外的生命——生物世界

灭绝的动物都复活了会怎样

亿万年来，在生命进化的过程中，大自然创造出了数以万计的物种，但是其中多达 99.9% 的物种都在时间的洪流中消失了。人类无法准确计算出现今世界上有多少种动物，对于已经灭绝的动物，自然是更加无能为力了。但是，有一点是可以肯定的，如果灭绝的动物都复活了，那么这个世界将变得非常热闹。

⊙ 兽孔目爬行动物身上覆盖着毛皮或毛发，看起来与现代哺乳动物非常相似。它们是现代哺乳动物的祖先。

地球上曾涌现出数不清的生命，有些生命来了又走，转瞬即逝；有些生命则历经时间的洗礼，至今仍活跃在这个美丽的星球上。大自然犹如一个极富创意的魔术师，它让世界上所有的生命都生活在同一片蓝天之下：鸟儿从空中飞过，猛兽从陆地上跑过，小虫子在草丛中爬过，鱼儿从水中游过，人类缓缓地走过……那么，历史上，地球上的物种是如何生生灭灭的呢？

来自海洋的生命在 5.3 ~ 2.4 亿年前进入了一个繁荣的时期，恐龙时代以前的怪兽在这个星球上横行肆虐，巨型蜘蛛、丽齿兽、二齿兽、西伯利亚杯龙、大得吓人的千足虫和蜻蜓等，它们的凶残和怪异远远超出了我们的想象。由于气候的剧变，生活环境的日益恶化，这些可怕的怪物逐渐灭绝了，但是科学家通过研究化石证明：这些稀奇古怪的飞禽走兽确实在我们的星球上出现过，而且曾经不可一世地称霸地球。

⊙ 猛犸象

相对于年代更为久远的怪兽，我们对恐龙要熟悉得多。虽然我们无缘接触活生生的恐龙，但是对于它的尊容却再熟悉不过了。要深入探究恐龙的起源，我们必须回到遥远的三叠纪，那是一个剧烈变动的时代，陆地上第一批飞行家——翼龙飞向了天空；巨大的爬行动物第一次能够畅游大海；而更为热闹的陆地上，千奇百怪的爬行动物纷纷粉墨登场，与恐龙共同书写这个时代的传奇。毫无疑问，恐龙是这个时代的明星，凶残的霸王龙、钢牙利爪的异特龙、温顺的素食主义者梁龙等各种各样的恐龙，联袂主演这场大戏！然而，有始便有终，最精彩的节目也有落幕的时候，大约 6500 万年以前，或者是由于剧烈的地壳运动，或者是由于陨石撞击地球，或是其他因素，总之，一代霸主彻底退出了历史的舞台。

接着在这个世界上来去匆匆的重要动物还有始祖鸟、猛犸象、剑齿虎、巨角鹿、塔斯马尼亚虎、雷兽、渡渡鸟等，而今它们也都离我们远去了。如果所有灭绝的动物都复活了，可以想象怪兽和恐龙横行的场面，聪明的人类或许可以找到一个居高临下的位置，欣赏这场闹剧。然而，这是不可能出现的情景，自然的进化规律不允许出现反复，无论是可爱的还是可怕的动物，一经灭绝便不可能再出现。我们能做的是善待身边的动物，不要因为人类的原因，让这些伙伴离我们而去。

如果恐龙就在我们身边该怎么办

恐龙生活在距今 6500 万年以前的侏罗纪时期，现在所有恐龙都已经灭绝了。很显然恐龙一定是遭遇到了巨大的灾难，才会突然从这个世界上消失的，有人认为这个灾难就是气候的巨变。很多科学家认为，6500 万年前的气候巨变是由于一颗巨大的陨石撞击地球，腾起漫天的烟尘，遮住了阳光，使地球气温骤然降低所造成的，寒冷的气温使当时地球上以恐龙为首的巨兽们相继灭亡。

也许恐龙灭绝未尝不是一件好事，因为如果恐龙一直存活在世界上，那么古人类将时刻面临着生存危机。当然，即使如此，人类凭借聪明才智也能够渡过难关，因为早期的人类就曾有过猎杀大型动物的经验，虽然这些动物不如恐龙那么庞大，但是智商或许会更高一筹，所以“傻大个”恐龙并不足以阻挡人类发展的脚步，相反在人类发展的过程中，恐龙倒可能会因为人类无休止的捕杀而灭亡。

总而言之，我们现在所能找到的只有恐龙的化石，也只能在电影银幕上一睹曾经陆地霸主

⊙ 庞大的梁龙、雷龙等恐龙比今天陆地上最大的动物大象大许多倍。

的风采。在美国电影《侏罗纪公园》中，科学家们从封存在琥珀中的蚊子身上提取到了恐龙的DNA，然后把恐龙的DNA注入鸵鸟蛋中，借以孵化出小恐龙，最终成功地使6500万年前的巨无霸来到了现代社会。虽然这只是一部惊悚的科学幻想影片，你或许对里面的情节不屑一顾，但是影片中使恐龙复活的手段，并不是没有科学依据的。也许在不远的将来，科学家们真的可以从远古化石中提取到恐龙的遗传密码，然后利用类似的方法使恐龙复活。

如果这些幻想最终实现了，没有父母的孤儿恐龙将怎样生存下去呢？我想大多数人不会去主动收养小恐龙，因为抚养这个小宝宝不仅需要很大的院落，而且六亲不认的恐龙长大后还可能会伤害到主人的生命。好吧，就算我们给这些庞然大物准备好了容身之所，那么我们拿什么来喂养它们呢？没有人知道它们的口味是什么，因为没有人亲眼见过它们进餐。也许科学家们能够从恐龙的粪便化石中分析出恐龙的食谱，但是你会发现这些食物地球上根本不存在了！但愿恐龙能够入乡随俗，喝得惯营养丰富的牛奶，吃得惯面包、米饭，健康茁壮地成长起来。对于成年的恐龙，我们一定要加强戒备，如果它们突破了围墙，凶神恶煞般去逛街，那么《侏罗纪公园》中的惨剧恐怕会在现实中上演了。

可见，如果恐龙真成为我们的邻居，怎样来招待它们才能友好相处，还真是一件让人头疼的事呢！

如果地球上没有动物和植物会怎样

夏天的时候，讨厌的蚊子总是不断地袭击你，厨房里突然冒出的老鼠总会让你大惊失色，还有花园里总也除不尽的杂草，路边长满刺的野草，想到这些东西你就气不打一处来，恨不得立即将它们从这个世界上彻底清除出去。这个时候，你忘了自己也和这些生物一样，也是地球上的一个居民，而并不是地球的主人，你不能随意开除任何一种生物。因为这个世界是互相联系的，每一种生物都有它们存在的理由，如果失去了它们，人类孤零零地生活在这个星球上，后果将是不堪设想的。

人类对动植物的依赖程度可能你还没有充分地意识到，如果没有动植物，我们根本没有食物来源，根本无法呼吸。我们知道植物在不辞辛劳地进行着光合作用，它吸收空气中的二氧化碳，释放出氧气，氧气对于我们人来说是一刻都不能少的。没有了动物，除了品尝不到肉的美味外，整个世界也会失去平衡，最终人类也会走向灭亡。

⊙ 考拉在20世纪初期的人类捕猎中幸存下来，现在是一种受保护的物种。

那么动植物会不会突然在很短的时间内消失呢？在整个地球的历史上，有许多物种灭绝了。有时候有许多生物在同一时间灭绝，这种情况被称为“大灭绝”。6500万年以前地球上曾出现过一次大灭绝，那次大灭绝使许多动植物都彻底从这个世界上消失了。人类出现之前，物种灭绝的原因往往是气候的巨变；而人类出现以后，特别是人类进入现代社会后，大量物种灭绝的罪魁祸首其实就是我们人类。人们在开辟土地，建造城市、农场、牧场或者是公路的时候，严重破坏了生态环境，结果引起了许多生物的死亡。有些生物灭亡得很快，有些生物会挣扎一段时间才慢慢地消亡，当生物无法忍受

⊙ 植物对于生命来说是至关重要的，因为它们为其他生物带来了食物。有些植物，比如这个仙人球，可以在几个月不降水的条件下生存。

人造的新环境的时候，它们就会迅速灭绝，典型的例子就是热带雨林的迅速减少所导致的大量物种的灭绝。

不过值得庆幸的是，人类已经认识到了自己的错误，对于因不堪忍受人类的活动而灭绝的生物，人类开始表现出了真挚的歉意，对于濒临灭绝的生物，人类正在全力营救，希望能够保持生物的多样性。自 19 世纪后期以来，各国的野生生物保护组织纷纷建立起来，对于与我们休戚相关的地球邻居，人类显得日益友善和可亲。当然，如果想要赢得各种生物充分的信任，人类还要不断地努力。

猴子都变成了人该怎么办

我们都知道人类是由猿猴进化而来的，那么现在的猿猴会不会进化成人呢？如果猴子进化成了人，像我们人类一样聪明、能干，那么很显然它们不会再甘于忍受人类的摆布，它们可能会致力于成为人类的朋友，当然也有可能成为人类的敌人。到时候我们应该怎样去面对它们呢？

其实你根本不必为此伤脑筋，因为虽然我们人类和现代的猿猴有密切的关联，但它们却不会变成人。人类与猿之间的关系就像是远房亲戚之间的关系，我们人类和猿猴也拥有共同的祖先。

进化每时每刻都在发生，我们身边时时处处有进化的例子：曾经能被青霉素轻易杀死的细菌进化出了能抵抗这种抗生素的新形式；有些蛾子进化出会随着背景树木颜色改变而发生变化的颜色。动物的物种与时俱进，越来越适应自己的生存环境。进化的过程中，新的动物物种会出现，生活数千年或数百万年，再从地球上消失。

人类属于灵长类，属于灵长类的动物有 100 多种，除了人类还有猴子、猿、大猩猩等。灵长类动物之间的共同点远远多于不同点：都有手和脚；每只手和脚都有五趾；牙齿既可以撕开大块肉，也可以把坚果仁嚼碎；每胎生育一个或几个幼仔；幼仔要较长时间才能长大。

在亲缘关系上与人类最近的灵长类动物是猿类，包括大猩猩、猩猩和黑猩猩。人类之所以与这些动物有亲缘关系，并不是因为人类是由这些动物进化来的，而是因为我们拥有共同的祖先。

2.16 亿年前，第一只哺乳动物诞生了。作为狗、鲸、人和猿，以及其他所有哺乳动物的共同祖先，它用乳汁哺育下一代。这种动物身材娇小，圆眼睛，有突出的口鼻部，身高不足 1 米，它们生活在巢穴或洞穴中，吃昆虫。起初这些动物并不显眼，但是 6500 万年前恐龙灭绝之后，哺乳动物成为世界的主导动物。

大约 7000 万年前，第一只灵长类动物（原猴）诞生了。那时地球上大部分地区都被茂密的森林覆盖，这些长得像老鼠的小动物就生活在森林里的树冠上。3000 万年前，原猴的队伍里又出现了猴子和猩猩，而后两者在接下来的繁衍过程中数量超过了前者。后来，猿和猴朝着不同的方向进化，其中，脑容量较大的猿变成了今天的猩猩、大猩猩和黑猩猩。

人类与黑猩猩是近亲，拥有共同的最近的祖先，它们生活在距今几百万年前，样子可能与黑猩猩更相近一些。不过人类与黑猩猩的进化方向不同，这就导致了人类黑猩猩的产生。如果这个过程可以被浓缩成一部电影的话，你就可以看见两只貌似黑猩猩的动物肩并肩站在一起，然后其中一只随着时间的流逝，变得越来越像今天的猩猩，而另外一只则慢慢地变成了人。

对人类来说，黑猩猩是与人类最接近的动物；同时，对黑猩猩来说，人类也是与黑猩猩最接近的动物。人类基因中有 98.4% 与黑猩猩的相同。两者之间的共同点比比皆是：黑猩猩也是群居动物，它们的种群中也存在明显的社会关系；它们会使用工具（比如用树棍挖开蚂蚁洞），并与同伴分享食物。

对于人类的进化来说，最关键的因素是大草原。有些我们的灵长类祖先离开了森林，试图在草原上开辟新生活。在雨季，草原上植物茂盛，食物丰沛。但是一旦旱季来临，树叶就会脱落，草也会变得干枯。

想要在草原上生活，就必须学会适应这种变化：有些时候食物充足，有些时候几乎找不到吃的。因此，是否能够在灌木丛中找到浆果，或者在土壤里挖出坚果来，就意味着能否生存下去。

生存对于这些动物来说无疑是艰难的。直到有一天，出现了这样一只猩猩，它可以用两条腿走路，空出的前肢可以完全用来采集分散在草原上的食物。这种动物与之前的猿类相比，脑容量更大，不过它既不属于人类，也不属于猿类。

这种动物的外形已经与人类很相似了，所以被称为“原始人类”。原始人类生活在距今 900 万年前。埃塞俄比亚曾经出土了一具几乎完整的女性原始人类的骨骼化石，科学家们为她取名“露西”。露西的身高不足 1.2 米，她生活在距今几百万年前。她可以直立行走，但是身上长满了软毛，所以看起来还是很像猿类。

但是露西和她的同类后来灭绝了。科学家们猜测，这可能是因为后出现的一种原始人类具有更强的生存能力，而与之相比，露西的种族没有竞争优势。取代者的大脑更发达，而且善于制造和使用石器工具，这样他们就可以捕杀更大的动物，也能采集到更多的蔬菜和水果。

⊙ 黑猩猩和人类看上去有很大的差别，却与人类有着同一个祖先。大约在 500 万年前，这个共同的祖先开始分化出黑猩猩和人类两条不同的进化线。

现代人类出现在距今 4 万年前。我们可以直立行走，用双手制造复杂的劳动工具，还创造了语言彼此沟通。我们生活在复杂的社会群体中，有共同的生活习惯和思维方式，并可以将这种生活习惯和思维方式教给下一代。

今天，我们的生活圈远远超出了草原的范围。我们生活在地球的每个角落，甚至包括一些在“原始”状态下不可能生存的地区，比如寒冷的北极。从前那种似猿的生物今天早已不复存在，我们与今天的猩猩之间也出现了天壤之别。但我们仍然是近亲，仍然共同生活在这个地球上。

是不是动物的腿越多，跑得就越快

人为什么没有马跑得快呢？是因为人只有两条腿，而马有四条腿吗？那么慢悠悠的乌龟还有四条腿呢，再说有那么多腿的蜈蚣跑得也不快呀。两条腿的鸵鸟恐怕比大多数四条腿的动物都跑得快吧。所以，动物有多少腿与它的奔跑速度没有必然的联系。但是，有些动物长那么多条腿是干什么用的呢？

腿多的动物多属于节肢动物门多足纲，这些动物大多数身体细长，长度在 2 ~ 280 毫米之间。体形多种多样：有圆筒形的，有带形的，还有球形的。体节从 11 节到几十节不等，可分为头、胸、腹 3 个部分。有一对触角，末节较为短小，顶端有 4 个感觉圆锥体，一些种类的圆锥体更多。口器由一对大颚和一个片状的颚唇所组成。颚唇部是大颚后另一对口器的附肢左右愈合而成，并遮盖了口腔下面。多足纲动物的胸部有 4 节，第 1 节（即颈节）没有腿，第 2 ~ 4 节各有两动物跑得快与慢跟腿的数量无关。

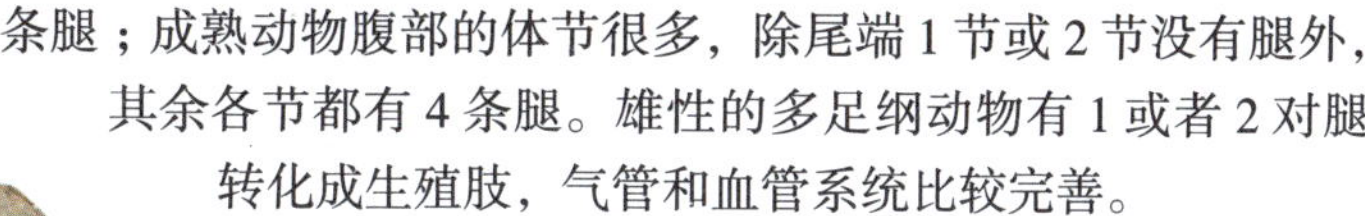

条腿；成熟动物腹部的体节很多，除尾端 1 节或 2 节没有腿外，其余各节都有 4 条腿。雄性的多足纲动物有 1 或者 2 对腿转化成生殖肢，气管和血管系统比较完善。

多足纲的动物行动比较缓慢，喜欢阴暗潮湿的地方，常常栖息于树皮、落叶、石头或者苔藓下面的洞穴中。我们在野外掀开一块石头的时候，常常能发现这些动物。它们以腐烂的植物、霉菌和其他的真菌为食。一些居住在洞穴里面的多足纲动物也常以动物的尸体为食。其中还有一些因为吃植物新生的嫩芽、嫩根而成为农业害虫。

在遇到危险的时候，一些多足纲动物有它们自己的绝招，比如由臭腺孔中放出难闻的分泌物以驱除敌害；不会这一绝招的多足纲动物，当遇到敌害的时候，常常把身体蜷曲成球形，用坚固的背板来抵抗攻击。当生存条件不适宜的时候，多足纲动物还常会成群迁徙到更理想的地方去。

我国常见的多足纲动物多分布于长江以南地区，长江以北种类相对较少。现在我们知道了，多足纲动物长那么多条腿并不代表可以跑得更快。

猫和老鼠变成朋友该多好

猫和老鼠是一对生死冤家，在动画片《猫和老鼠》里，凶恶而贪婪的猫总是千方百计地想抓住机灵可爱的老鼠。现实生活中，我们也常能看到猫抓老鼠的情形。猫和老鼠到底有什么深仇大恨呢？ 相传，在十二生肖中本来有猫的位置，而没有老鼠的位置。后来狡猾的老鼠从中作梗，偷偷挤掉了猫，使自己成为十二生肖中的第一位。猫知道了真相以后，当然对老鼠恨之入骨了。所以虽然事情已经过去了几千年，猫却依然耿耿于怀，见到老鼠还是格杀勿论！

看到这里，你可能也会觉得猫太小气了，事情已经过去这么久了，还这么斤斤计较的。如果猫知道你的想法一定会感到非常委屈：“我哪有那么小气啊，十二生肖的事情不过人们杜撰的一个有趣的故事罢了，我吃老鼠实在是身不由己呀！”原来猫吃老鼠另有隐情：科学家观察发现，猫如果持续一段时间不吃老鼠，它们的夜视能力就会迅速下降。这是因为世界上存在一种叫作牛磺酸的东西，吃了这个东西就能够提高哺乳动物的视觉能力。猫的体内十分缺乏牛磺酸，为了让自己不患夜盲症，猫必须通过食物来补充牛磺酸。真是“不是冤家不聚头”，老鼠的体内偏偏有一种特殊的物质能够自行合成牛黄酸。所以，猫出于本能，就不断捕食老鼠，来补充自己体内的牛磺酸。

找到了猫和老鼠闹矛盾的真正原因，如果你想从中调解的话，也并不是一件很困难的事情。只要买来含有牛磺酸的猫粮喂猫，猫补充了足够的牛磺酸后，大概就会放老鼠一马了。如果你不懈努力地从中斡旋，猫和老鼠成为好朋友也是很有可能的。但是，你要注意了，老鼠并不是你想象的那样可怜、可爱，它不仅偷吃家里的粮食，还会传播各种疾病，如果它再和猫达成了协议，势必会变得更加猖獗。所以，对于猫抓老鼠我们应该采取鼓励的态度才对。

啮齿动物常常通过隐入茂密的植物丛中来躲开敌人的视线。这只老鼠在空旷的地方被美洲野猫捕获，它的生存机会很小了。

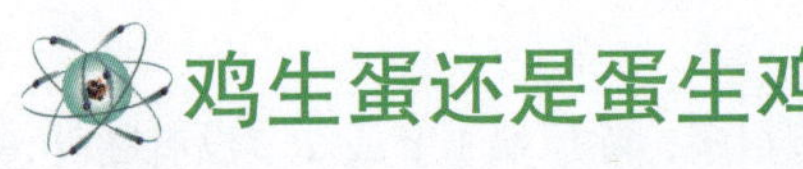

鸡生蛋还是蛋生鸡

鸡生蛋还是蛋生鸡，历史上无数科学家和哲学家为此争论不已，但一直没有令人信服的答案。从逻辑上来说,这个问题也许永远也没有答案。而今英国一位科学家对此给出了自己的结论，并得到了许多科学家认同，也许这个结论能给这个无休无止的争论画上一个句号。

这位来自英国诺丁汉大学的基因专家认为是蛋生鸡，也就是说世界上先有蛋，后有鸡。我们知道世界上能生蛋的动物很多，所属的门类也不一样，比如蛇、龟等属于爬行动物；鸡、鸭、鹅和各种鸟类属于飞禽。我们可以说蛋的来源很广泛，但是世界上没有任何一个国家的科学家会认为“蛋”是一种动物，它只不过是动物的一种附属，也可以说是动物发育过程的一个阶段。那么这个根本连动物都算不上的东西，又怎么能产生鸡呢?

基因专家的理由是：现今世界上的所有动物都是由一种原始动物进化而来的，鸡也不例外，它的祖先也许是很久很久以前的一种原始鸟类。而在自然界中，动物的不断进化，是由DNA的变异来实现的。至于DNA是怎样影响一个生命的产生的，我们可以通过一个例子来说明。公鸡精子的DNA和母鸡卵子的DNA相结合，形成了一个具有公鸡和母鸡双方基因的受精卵，受精卵经过无数分裂最终形成了一个小鸡。这个小鸡身上数不清的细胞中所含有的DNA，完全和受精卵的DNA相同。所以，如果受精卵的DNA和公鸡与母鸡的DNA相比，没有发生什么实质上的变化，那么小鸡相对于它的父母来说，也没有任何进化。换句话说，小鸡一旦破壳而出，那么它身上的DNA永远都不会发生变异了。因此，由DNA变异而产生的第一批小鸡必然在蛋中已经具有了鸡的基因，这种基因和它双亲的基因相比有某种本质上的不同，这种本质上的不同也就宣布了鸡这一新的物种诞生了！

简单来说，鸡作为一种新的物种，它不可能直接由一个活蹦乱跳的鸟类变异而来，最早必然是在鸡蛋中孕育而成，所以那位科学家胸有成竹地说：“是蛋生了鸡！”当然这一结论并没有得到一致的认同，还有待人们的进一步研究。

⊙ 鸡和蛋这样的问题无疑是个逻辑陷阱，从古到今，都没有一个强有力的证据去证明，已经无从考证。

植物怎么不会跑

与动物相比，植物的生活可能显得更加单调，因为动物至少还能到不同的地方去游览一番，而植物只能固守自己的方寸之地。植物为什么不会跑呢？我想你至少已经从直观上知道了答案，植物的根深深地扎在地下，这就像是一个铁索把植物束缚在地面上，植物不能斩断这个锁链，如果那样做的话，无异于选择了死亡。

还是种子的时候，植物可能有机会进行一次短暂的旅行，比如阳春三月，漫天飞舞的柳絮就是柳树的种子；襁褓里面的小蒲公英也会撑着太阳伞进行一生一次的旅行。当种子结束了旅行，重新回到自己的地盘——肥沃湿润的大地上时，它们首先要做的就是使劲地喝上一口水，因为同含水充足的植物体相比，种子的含水量就少多了。当种子喝足了水分的时候，包裹在种子里面的

⊙ 人可以自由行动，可植物却离不开生养它的土地。

胚胎就开始膨胀，继而开始发芽了。这时种皮就像是一件过紧的外衣一样，被慢慢地撕裂开，幼苗便从这条裂缝的一头伸出根，从另一头伸出芽来。刚刚伸出头来的幼芽并不是像一根火柴杆一样笔直，而是弯曲着，这样可以避免顶端还并拢着的叶片受到损伤。

幼芽一旦长出了茎的结构并最终摆脱了种皮，它就会努力向着阳光的方向生长，因为在此之前它可怜的口粮全部来自于种子，如果在黑暗中待得太久，它就会面临揭不开锅的命运。虽然幼芽是完全没有意识的植物体，但是母亲给予它的基因，使它知道该往哪个方向生长才能获得阳光。每一株植物都充满了对光明的渴望，因此幼芽长得很快，而且身体细长。当它争取到阳光以后，就会马上打开枝叶，渐渐得到植物绿色的"身份证明"，不再显现出营养不良的苍白色。

阳光沐浴下的植物非常忙碌，它不停地进行着各种工作，但是一旦失去了水分，一切工作都必须停工。提供水分是根的职责，根在从土壤里吸取水分的同时，也把植物牢牢地固定在地面上。除此之外，根还有一个重要的作用就是使树干和树冠保持平衡，试想一下如果没有深深扎在土中的根，头重脚轻的树一定会一头栽倒在地上。但是这些还不是根的全部工作，它在地下世界为植物营造了一个四通八达的营养配给站，源源不断地把各种"营养品"输送到植物体的每一个细胞中，这些"营养品"包括钙、镁、钠、钾等，同样是植物生长和生存必不可少的。

从植物生命之初的这段经历来看，扎根土地是它必然的选择，土地会给它充足的养分和水，给它追求光明的动力。成年之后，植物体同样离不开根的给养。所以，无论何时，无论何地，植物体都离不开根，因此也离不开土地。这就是植物为什么不能跑的原因。

虫子能变成草吗

虫子是一种动物，而草是一种植物，虫子能够变成草吗？这看起来是不可能的事情，但是冬虫夏草又是怎么回事呢？古人说它冬天的时候是虫子，夏天的时候变成草，然后到了冬天又变回虫子，果真是这样吗？

冬虫夏草，简称虫草，它产于我国西南部海拔超过3000米的山区，最早见于药书《本草从新》和《本草纲目拾遗》。它具有较高的医用价值，清朝时期曾与人参、鹿茸并列为中药三大补品。

18世纪20年代，法国的一个科学考察队在我国的西藏地区发现了冬虫夏草，但并没有弄清楚它的奥秘。直到100年以后，英国的植物学家才揭开了它的庐山真面目。

原来，冬虫夏草并不是一种植物，也不是一种动物，而是属于昆虫纲鳞翅目蝙蝠蛾科的蝙蝠蛾幼虫感染虫草菌属的真菌后形成的一种物质。蝙蝠蛾的幼虫生活在地表以下的土壤中，以适合它们口味的植物根系为食，幼虫在生长发育过程中，受到土壤中虫草真菌的侵袭而感染生病。在感染生病初期，幼虫表现得比较痛苦，它惊恐不安，到处乱爬，最后钻到距离地表3～5厘米深的植物根部，头朝地表而死。真菌的菌丝以幼虫体内的组织为食，在幼虫体内不断生长，渐渐地，幼虫的体内就成为一个充满菌丝的躯壳，幼虫虽死，但躯壳保存完整，冬季发现时仍然像一条虫子。如果这个时候被挖出来，就称之为“冬虫”。

⊙ 冬虫夏草是我国的一种名贵中药材，与人参、鹿茸一起列为中国三大补药。

寒冬过后，到了第2年春暖花开的时候，幼虫体内的真菌迅速发育，到了春夏之交的5～6月份，从幼虫的头部长出一根长约2～5厘米的真菌子座，子座的顶端不断膨大，子囊孢子充满了囊壳。子囊孢子完全成熟后，就会从子囊壳中散发出来，再去感染地下的其他幼虫。露出地面的真菌子座，形如刚出土的嫩草，故被称为“夏草”。

因此，冬虫夏草并不是古人所解释的那样，虫子能变成草，草还能变成虫子，而是被病菌感染的幼虫尸体留在地下，地表上却长出像草一样的真菌。也就是说，冬虫夏草是由幼虫的尸体和地表上的真菌共同组成的。

树叶永远都不枯黄该多好

每每见到黄叶飘零的场景，人们都不免唏嘘一阵，感叹大自然又完成了一岁的枯荣。其实，黄叶飘零的场景何尝不是一种美丽呢？这场美丽的盛宴又是谁导演的呢？

早春时节，随着春雷阵阵，嫩绿的枝丫慢慢伸开了腰肢，犹如清晨睡眼惺忪的孩童。在接下来的整个春季里，树叶在旺盛的生长中度过了自己的青春期。进入盛夏，树叶开始了自己的壮年阶段，它们积极地进行各种新陈代谢活动，为植物体维持生命和继续生长提供充足的能量。但是，死亡是一切生命的最终归宿。进入秋季，树叶便步入了暗淡的老年，渐渐失去了往日的光泽，或者是因为一阵秋风，或者是因为一场秋雨，枯黄的树叶便从枝头飘落，最终融入了植物脚下的泥土。

树叶凋零的原因到底是什么呢？有科学家认为叶子的衰老是植物的繁殖耗尽了植物体的营养所引起的。不少试验的结果也有力地支持了这一论点，只要把植物的花朵和果实都去掉就可以延缓或者阻止树叶的衰老。如果有兴趣的话，你不妨也做一个这样的实验，在大豆开花的季节，每天都把新生长出来的花芽去掉，你就会发现大豆叶子的衰老明显比往常延迟了。但是，这一结论并不普遍适用于所有植物，许多植物叶片的飘落都发生在开花结果之前，比如雌雄异株的菠菜等。这一现象说明，植物叶片的衰老并不是人们想象的那样简单。

人们通过进一步的研究发现，叶片在衰老的过程中，蛋白质的含量显著下降，遗传物质的含量也在下降，叶子光合作用的能力大为削弱。另外，在电子显微镜下，我们还能够发现叶片

⊙ 每年秋季有好几个星期，位于美国新英格兰地区的树林都会吸引着来自世界各地的游客。在北美洲的这个地带，秋季的颜色是非常生动的。当北部冷空气来袭时，温带丛林的叶子一夜之间便凋零满地。图中的丛林中满是枫树和白桦树。不久，所有的树都会掉完它们的叶子，整个树林将光秃秃地一直平静地等到来年春季。

衰老时，叶绿体也遭到了严重的破坏，就是这些变化导致了叶片的衰老和飘落。从形态解剖学的角度研究，人们发现在叶柄的基部含有一个离层，树叶能够和树枝相连，多亏离层的帮忙。在树叶的衰老过程中，离层和周围细胞中的纤维素酶活性增加，结果逐渐溶解了整个细胞，使树叶和树枝之间形成了一个自然的断裂面。但是叶柄中纤细的维管束细胞不会被溶解，从而使衰老死亡的树叶保留在枝条之上。一阵秋风吹过，维管束就无力支撑，只能任由枯叶飘落。

许多人为黄叶的飘落而扼腕叹息，可是你们是否想过，树叶的飘落正是植物牺牲小我、保存大我的自我保护措施。在天寒地冻的季节，植物根部吸水将变得非常困难，如果茂盛的树叶依然正常进行蒸腾作用，那么整个树木将会遭遇死亡的厄运。所以，自然界枝叶的枯黄飘零都有它的道理，是它维持生命的一种手段。

为什么植物也喜欢“听音乐”

大家都知道，植物的生长离不开阳光、水、空气、土壤等。植物只有生活在适宜的环境里，并被施以充足的养料，才能长得快，长得好。可如今，科学家又有了新的发现：植物居然也喜欢“听音乐”。这是怎么一回事呢？

有人通过实验发现，每天早晨给黑藻播放 25 分钟音乐，用不了 10 天，黑藻就会繁殖得极为茂盛。假如每天早晨为含羞草播放 25 分钟古典歌曲，它的生长速度会明显加快。灌木受音乐刺激后，也会变得枝繁叶茂。据观察，烟草、凤仙花、金盏菊等都比较喜欢“听音乐”。

原来是声波的刺激促进了植物的生长。大家都知道，植物的叶片表面分布着许许多多的气孔，它们是植物与外界环境进行气体交换和蒸发水分的“窗口”。当音乐响起时，植物叶片表面的气

⊙ 声波的刺激可以促进植物的生长，所以植物也爱“听音乐”。

孔受到声波的振动刺激，其开放度会变大。气孔增大后，植物增加吸收了光合作用的原料——二氧化碳，光合作用因此更加活跃，越来越多的有机物质形成；同时，这也增强了植物的呼吸作用，植物的生长因此获得了更多的能量，植物因此更加生机勃勃。

为什么有的花香，有的花不香

在自然界中，一般情况下，花都是有香味的，可并不是说所有的花都是香的，有些花就没有香味，为什么会有这种情况呢？

花之所以有香气，是因为花朵中有产生香味的油细胞。油细胞能够分泌具有香气的芳香油，通过油管不断地分泌出来，并且在常温下能够随水分挥发，散发出诱人的香气，所以芳香油又被称为挥发油。因为各种花的挥发油不同，所以散发出来的香气也就各有特点。芳香油在阳光下散发得很快，因此，阳光好的时候，花的香味更浓，散发得也更远。有些花朵虽然没有油细胞，但是它的细胞在新陈代谢的过程中，也会不断地分泌一些芳香油。

⊙ 西番莲花的花瓣向后折起，吸引了很多昆虫前来。它的花形确保了昆虫在进食的时候能够沾上花粉。

还有一些花朵的细胞不能分泌芳香油，而是含有一种配糖体，配糖体本身虽然没有香气，但是，当它在酵母作用下分解时，同样能散发出香气来。因此，花儿是香还是不香，主要在于花里有没有油细胞，有没有配糖体。由于不同的植物品种的挥发油中又含有不同的物质，因此有些花闻起来香，而有些花则闻起来不香。

鲜花只开不谢该多好

一夜秋风秋雨，千姿百态的花朵从枝头飘落。爱花的人们只能期待来年的芬芳，而多愁善感的文人墨客更是留下了许多凄凉的诗句，让人读来都倍感伤神。虽然我们知道花开花落是自然界的客观规律，但是仍然希望鲜花永远不要凋谢。

在自然环境下花的凋谢是不可避免的。因为花是植物的生殖器官，一旦完成孕育果实的任务后，花儿的使命也就完成了，随之从枝头飘落。被子植物的花由花萼、花冠、花蕊组成，花蕊又有雌雄两种。位于鲜花中间的雌蕊和雄蕊是花的雌雄性器官，雄蕊由花丝和花药组成，花药里面又产生出花粉粒，成熟后的花粉粒在内部结构上有两种形式：一种是由一个营养细胞和一个生殖细胞所组成，如棉花和百合的花粉；另一种花粉粒里面含有一个营养细胞和两个精子，小麦和白菜的花粉就是这样。花的雌蕊由柱头、花柱和子房 3 部分组成，形状像一个花瓶，子房的内部有一个或者多个胚珠，这个胚珠就是植物“胎儿”生长的地方。

植物开花后，成熟的花粉在风和昆虫的帮助下来到同一种类花朵雌蕊的柱头上，柱头上分泌出的黏液刺激花粉开始萌发，形成花粉管。花粉管渐渐穿过花柱和子房壁直达胚珠，进入胚囊。然后，把两个精子放进胚囊之内，其中一个精子和卵细胞相结合形成受精卵，并最终发育成为胚胎;另一个精子则和两个极核结合形成受精极核，最终发展成为供植物胎儿发育用的胚乳。

⊙ 当向日葵开花时，它们的外圈小花首先绽放。因为它有很多小花，所以可以持续开放很多天。

这样雌蕊中受精后的胚珠就发展成为种子。

当植物的卵细胞成功受精后，花朵的使命就完成了，为了不再和胎儿争夺营养和水分，花柱、雄蕊、柱头和花冠等都陆续凋谢下来，大多数植物的花萼也会脱落，这样，一朵原本美丽的鲜花就只剩下一个子房了。植物根把大量的营养物质运送到子房中来，子房吸收了充足的营养就开始发育、膨大，最后变成果实。果实里面一般都有植物的种子。

树能长得像天一样高吗

如果你生长在农村，就会发现身边的许多小伙伴都是爬树高手，这些活泼的孩子把每一棵高大的树木都看作征服的对象，他们经常会爬到树上去摘鸟窝、摘果子。对于家长来说小孩子爬树是一件危险的事情，但是对于他们自己来说却是最刺激的事情。如果能有一棵长得像天一样高的大树就好了，那样这群天不怕地不怕的孩子就能顺着大树到天上去游览了。

如果有一棵大树长得像天一样高，会发生什么情况呢？它会不会把天空戳个窟窿呢？看到这里你可能会不屑一顾，天上都是一团空气，又怎么会被戳漏呢，这根本没有科学依据嘛。不错，我们已经知道了宇宙中除了星体，空空如也，而古人所谓的“天高”只不过是地球到太阳之间的距离罢了。如果地球上的一棵大树能够一直长到太阳上，那么也许我们的“爬树高手”真的能够顺着大树到太空中去游览一番呢！我们知道太阳到地球的平均距离约为 1.5 亿千米，地球上的大树能不能长这样高呢？

我想你一定猜到答案了，是的，这是根本不可能的。科学家们推算出，世界上最高的树也不会超过 130 米。这个高度与 1.5 亿千米比较起来，实在是不值一提。为什么会这样呢？科学家们通过仔细的研究得出结论，主要原因是重力，它阻碍了水被顺利地运输到树顶。植物通过蒸腾作用，将水从根部运输到树顶，因此测量树木顶部组织中水的张力，就成为确定树木高度极限的重要依据。美国一所大学的博士曾带领一批“爬树运动员”，爬上了现今世界上最高的 5 棵树，并从树顶取回了样品以供研究。在这 5 棵树中最高的一棵树是生长在美国加州的红杉树，它高达 112.7 米，相当于 30 多层大厦的高度。在这些树的顶端，他们找到了极度缺水的树叶，它们与在极端干旱的沙漠中生长的植物的叶子非常相似。尽管这些树扎根湿润的土壤，但是重力制约了水的运输。博士研究发现，水从这些树的根部运输到顶端，整个过程大约需要 24 天的时间！所以，地球上树木的高度极限是 122 ~ 130 米，如果超过这一高度，树木的顶端将无法得到水，光合作用自然也不能开展。

如果地球不是由人来统治会怎样

依靠上天赋予我们的智慧，人类自我标榜为地球上最高级的生物，具有生杀地球上任何生物的能力，在人类的意识中，我们是地球上当之无愧的统治者。然而，充满危机感的人可能会想到一个严峻的问题，如果地球上出现了比人更聪明的生物，那么人势必要交出统治大权，到时候我们会遭遇到什么样的情况呢？

如果人类真的沦落到那种地步，也许我们会被新的统治者关在动物园的笼子里，供他们拍照；人类中间一些长相可爱的，也许会有幸成为统治者的宠物，每天扮鬼脸讨他们欢喜，以赢得食物；最可怕的情形是，我们也许会被圈养，在统治者需要的时候，拖出来做成各种味道鲜美的食物。

我想你一定不会接受这样的想法，事实上在我们的统治下，一些生物就过着这样的生活。你不必为此而感到过于惭愧，其实即使是在现在，人类也不是地球上唯一会支配其他动物的生物。在自然界中，有许多动物都是通过控制别的动物来使自己过得更好，如蚂蚁会养蚜虫来作为自己的粮食储备，一些黑猩猩之类的动物甚至会养宠物来娱乐。

科学家们相信除了自以为是的人类以外，还有许多动物具有聪明的大脑，如黑猩猩、大象、鲸鱼和海豚等。有些黑猩猩能够辨认 200 多个字，能用手势来与人交流，甚至可以制作简单的工具来获取食物，而在这以前，大多数科学家认为只有人类具有利用工具的能力；海豚可能具有先进的语言能力，它们经常会发出复杂的声音，有时候持续一个小时，大概它是在和同伴交流，但是我们无法了解。

⊙ 2011 年上映的美国科幻电影《猩球崛起》，讲述了由于人类的自大导致了猿智力的发展以及猿族与人类之间爆发战争的故事。

也许这个世界上真有非常聪明的动物，但是没有任何证据表明，这些动物的智慧能够威胁到人类的地位。如果真有一天地球易主，那么新的统治者不太可能从地球上产生，因为就算有个别动物具有比我们聪明的潜力，我们也不会给他们创造进化的条件。所以，人类不用担心现在的动物将会对我们实施报复，但是即便如此，我们还是应该改变对待其他动物的方式，这样我们整个的生存环境才会得到改善。

我能听懂动物的语言该多好

树林里，鸟儿总是唧唧喳喳地叫个不停；池塘边，青蛙的叫声更是此起彼伏；平静的大海里面，也有无数动物在窃窃私语。这些口齿伶俐的动物们每天都在说些什么呢？如果我能听懂它们的语言该多好啊，那样我一定会交很多动物朋友，在我迷路的时候，在我落水的时候，在我需要安慰的时候，它们一定会帮助我战胜困难。当然，我也会倾听它们的悲伤和喜悦，会尽自己的所能去爱护它们。

这样的梦想你也可能曾经有过，但是动物能够讲话吗？如果它们根本没有语言，我们又怎么能听懂它们“说话”呢？其实和我们人类一样，同类动物之间也需要交流和沟通，它们也有自己的语言。比如，鸟儿和各种兽类就能够通过叫声来传递信息，我们可以根据它们的叫声大

体判断出它们意思，因为它们在警戒、愤怒、求偶“唱情歌”的时候发出的声音都各不相同。但是，你知道吗？鱼类和昆虫也有奇妙的语言呢。

昆虫并没有像人类一样的耳朵，但是它们对声音非常敏感，能够听到的声音频率比人类宽广得多。它们接收和识别声音的器官是听觉感受器，不同种类的昆虫听觉感受器也各不相同，大体可以分为3类：第一类叫作听觉毛，长在昆虫的触角、尾须或者体表上；第二类是江氏器，位于昆虫触角的第二节里，外表上看不出来，是一种高度进化的听觉感受器，尤以蚊子的江氏器最为发达；第三类是鼓膜，这种听觉感受器很容易从外表上辨认出来，如蝉腹部的韁膜、蝗虫腹部的鼓膜、蟋蟀腿上的足听器等。有了听觉器官，还需要发声器官才能完成交流呀，昆虫们的发声方式也各有绝技。比如，苍蝇、蚊子、蜜蜂等没有专门的发声器，就通过舞动翅膀来发出嗡嗡的声音；蝉利用腹部的弹性薄膜来引吭高歌；有种飞蛾用吹口哨的方式来和同类交流等。有了听觉感受器，又有了发声的方式，这样昆虫就可以形成一套完整的声音通讯系统了。

鱼类的语言更是丰富多彩，沙丁鱼发出的声音犹如阵风吹过树林，“哗啦、哗啦”；海鲶鱼发出的声音好像是鼓手正在演奏，“咚，咚”；海马大概是嗜睡的懒虫，它发出来的声音就像是人在打鼾，“呼噜、呼噜”。鱼类发出的声音具有重要的生物学意义，是个体之间相互联系的重要方式。除此之外，声音还可以用来探测水深，在危险来临的时候，警告鱼群抓紧逃跑。

可见，无论是天上的飞禽、地上的走兽、水里的鱼类还是小小的昆虫，它们都有自己的“语言”，要听懂这些有趣语言，我们没有现成的“翻译器”，只有通过长期细致的观察和领悟才能达到目的。

我要像鸟儿一样飞

从几千年前开始，人们就一直梦想着能像鸟儿一样飞行，甚至有人还自制了翅膀，绑在两臂上，模仿鸟的动作，希望能够冲向蓝天。但是，看起来强壮的翅膀根本不能支撑人的重量，一次次的尝试换来的总是失败。直到一百多年以前，赖特兄弟发明了飞机，人类与天空的距离才得以大大缩短。

为什么我们不能像鸟儿一样飞行呢？为什么我们制造出来的翅膀不能派上用场呢？这是因为我们所制造出来的翅膀与鸟儿的翅膀有很大的不同，它不可能像鸟儿的翅膀一样运动。也许你要问：“为什么人造的飞机翅膀能够带领我们起飞呢？”实际上，飞机的两翼并不会像鸟儿的翅膀一样上下拍动，它之所以能够冲上蓝天，完全得益于喷射引擎和螺旋桨所带来的动力，而机翼主要起到保持平衡的作用。除此之外，还有一个很重要的原因，就是我们还没有强壮到能够支撑自己的体重，要知道大部分能够自由飞翔的鸟儿都很轻，骨头是中空的，只需要拍动几下翅膀就可以让身体保持在空中，越是体重大的鸟儿，它的翅膀就越长，每挥动一次翅膀所要花费的力气就越多。像我们人类这样的体重，

⊙ 草鸮以小型啮齿类动物为食。它们是慢速飞行专家。在捕食时，它们的飞行速度每小时约为10千米，跟人类慢跑速度差不多。这张图中，草鸮正张开它的利爪，准备对猎物进行突然袭击。

想飞起来，无疑需要巨大的翅膀，而不断挥动这种巨型的翅膀就算是大力士也难以做到。

可见，人类想要像鸟儿一样飞翔，是很难做到的了。但是聪明的人类能够制造出别致的小飞机，驾驶这种小型飞机和乘坐普通客机不同，人类能够更好地体验像鸟儿一样飞翔的快感。这种飞机很轻，没有引擎，一个人仅靠自身的力气就可以驾驶这种飞机在空中飞翔。操纵这种飞机的人要不断蹬踏着类似脚踏车的踏板，好让飞机的螺旋桨转动起来，为飞行提供动力。但是，这种飞机并不是谁都能驾驶起来的，它要求驾驶者必须身强力壮，有足够的力气维持螺旋桨的高速旋转，让飞机飞得更高、更远。

总之，虽然我们因为天赋所限，不能像鸟儿那样自在地飞翔，但是随着科技的发展，未来一定会出现更加轻便的飞行器，到时候我们可以操纵着这种飞行器到任何地方，或许会比鸟儿更加自由。

我想像鱼一样长久生活在水中

鱼儿是水里的精灵，它们优雅地舞动美丽的尾巴，自由自在地游来游去。一会儿绕着柔软的水草戏耍一番，一会儿又探出水面，看一看陆地上的世界。饿了能够在水里找到丰美的食物，渴了张口就是甘甜的河水，困了就躺在水里睡着了，生活是那么地悠闲清静。鱼儿的幸福生活常常让陆地上的人类非常向往，尤其是在赤日炎炎的夏天，挥汗如雨的人们无不想跳进清凉的河水里面，变成一条无忧无虑的鱼儿。你是不是也曾有过这样的梦想呢？

其实鱼儿能够在水里生活，是由它的身体构造所决定的。而人的身体结构只适合在陆地上生活，如果你想挑战大自然的规律，到水里面去生活，那么就将遇到许多难以克服的障碍。首先，你会感觉到根本无法呼吸。我们知道空气是人体一刻也离不了的，但是在水里只要你张开嘴巴，马上就会有水灌进来，根本呼吸不到空气。但是鱼儿就不同了，它能够借助鳃从水里面分离出氧气，以维持自己的需要；其次，你发现自己的游泳速度永远也赶不上鱼儿，这是因为鱼儿的身体呈流线型，中间大、两头小，是最适合游泳的体形。另外，鱼的身体上长有胸鳍、背鳍、腹鳍和尾鳍，这些器官能够帮助鱼儿划水；身体两侧还有一行侧线与神经相连，能够测定方向和感知水流；接着，你会发现自己比一般鱼类更容易受到大型水中生物的攻击，这是因为你没有保护色，鱼儿身上的颜色上深下浅，能够较好地融入水里的环境，不易被对手所发现；更糟糕的是你根本不能在水里平衡自己的身体，一会儿漂上去，一会儿又沉下来，是浮还是沉根本由不得自己做主。而鱼儿就不同了，它体内的鳔能够为其提供浮力，在鳔和鳍的帮助下，鱼儿可以停留在不同的水层里面。总而言之，如果你生活在水里，根本就寸步难行。

看到这里，你可能会感叹鱼儿的本领高强，自叹弗如。不过，鱼儿在水里自由自在，一到陆地上就难以成活了。这是因为，鱼儿的鳃可以把水中的氧气分离出来，却不能吸收空气的氧气，所以一旦鱼脱离了水，它就会窒息而死。

⊙ 多数鱼类是通过摆动尾部游泳，利用其他部分的鳍控制方向。不过鲨鱼就不同了，它们的游泳方式完全是依靠左右扭动身体。

第三篇

离奇的科学未解之谜

Unsolved Mysteries of Science

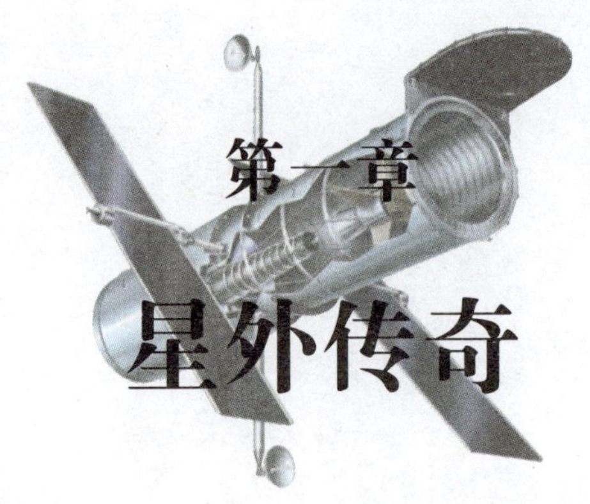

第一章 星外传奇

宇宙的诞生

21 世纪到了，世纪更替，千年狂欢，但人们并没有忘记那些长期困扰人类的疑问。人们渴望通过找寻这些问题的答案更多地了解大自然。

宇宙是永恒不变的吗？宇宙有多大？宇宙是什么时候诞生的？宇宙中的物质是怎么来的？关于宇宙的疑问太多了，人们从远古时代就提出了许多诸如此类的问题。

当人类第一次仰望苍穹，看到了广阔无垠的天空和闪闪发光的星星，不禁想知道这一切究竟是怎样产生的。各个民族、各个时代都有种种关于宇宙形成的传说。不过那都是建立在想象和幻想基础上的优美的神话故事。在今天，科学技术的日益发展，使人类有了强大的认识自然的工具，但关于宇宙的成因却一直没有定论，都还处在假说阶段。人们总结了一下，大致有以下几种假说。

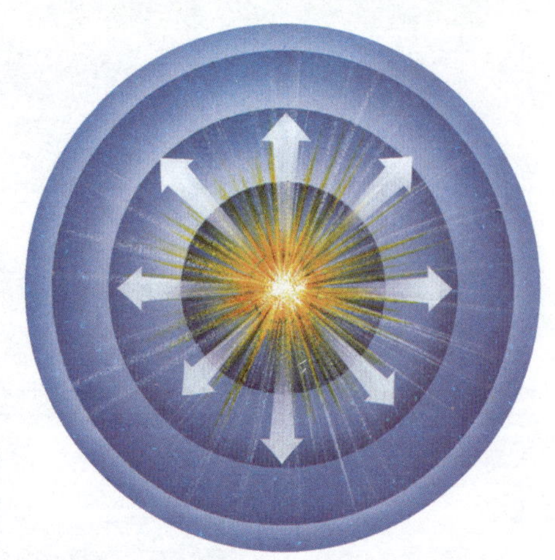

⊙ **创世大爆炸示意图**

约 150 亿年前，宇宙经过一次巨大的爆炸（即“创世大爆炸”），开始了它膨胀和变化的过程，而这种膨胀和变化至今仍在继续进行着。经过千百万年之久的变化，星系、恒星以及我们今天所知道的宇宙逐渐形成。

第一种假说是“宇宙永恒论”。这种假说认为，宇宙并不是动荡不定的，宇宙中的星体、星体的数目和分布以及它们的空间运动从开天辟地时开始，就一直处于一种稳定状态，宇宙是永恒的。持这种假说的天文学者把宇宙中的物质分成了恒星、小行星、陨石、宇宙尘埃、星云、射电源、脉冲星、类星体、星际介质等几大类，认为在大尺度范围内，这些物质处于一种力和物质的平衡状态。也就是说，一些星体在某处消逝了，另一些新的星体一定会在另一处产生。宇宙在整体范围内是稳定的，即使发生了变化，也只是局部的变化。

第二种假说是“宇宙分层论”，这一观点认为宇宙的结构是分层次的，恒星是一个层次，恒星集合组成星系是一个层次，若干个星系结合在一起组成的星系团是一个层次，一些星系团再组成超星系，成为一个更高的层次。

第三种假说就是到目前为止许多科学家都比较认同的“宇宙大爆炸”理论。这一观点是由美国著名天体物理学家加莫夫和弗里德曼提出来的。他们认为，大约在150亿年以前，我们今天所看到的天体物质都集中在一起，构成一个密度极大、温度高达100亿摄氏度的原始火球。这个时期的天空中，到处充满了辐射，恒星和星系并不存在。后来因为某种未知的原因，这个原始火球发生了大爆炸，组成火球的物质被喷射到四面八方，并逐渐冷却下来，密度也开始降低。爆炸发生2秒钟之后，质子和中子在100亿摄氏度的高温下产生了，随后的11分钟之内，自由中子衰变，进而形成了重元素的原子核。大约1万年以后，氢原子和氦原子产生。在这1万年的时间里，散落在空间中的物质开始在局部联合，这些物质凝聚成了星云、星系的恒星。大部分气体在星云的发展中变成了星体，因受星体引力的作用，其中一部分物质变成了星际介质。

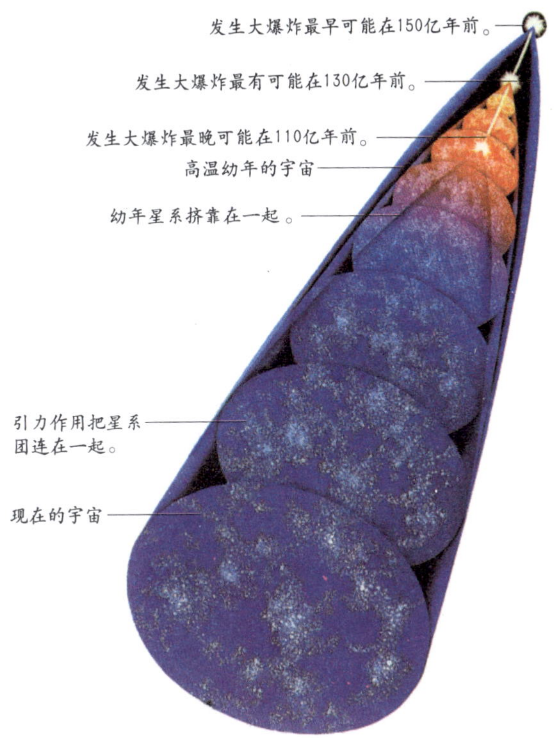

⊙ 天文学家推测的宇宙诞生理论示意图

此后，科学家建造了太空望远镜，并以“哈勃”命名，希望能够借它来确定哈勃常数。哈勃常数是以“哈勃”命名的宇宙膨胀率，多年以来成为宇宙中最为重要的数字。哈勃常数的物理意义就是星体互相抛离的速度和距离之比。常数数值越大，表示宇宙扩张到今天的大小所需的时间就越短，宇宙就越年轻。哈勃常数与宇宙现在的年龄有关，涉及宇宙的过去，还将决定宇宙的未来。宇宙有一个开始，是否一定会有一个结束？宇宙产生于“无”，是否最后的归宿也是“无”呢？

从一开始，人们就围绕哈勃常数展开了激烈的争论。按照哈勃本人测得的数值可以推算出，宇宙的年龄约为20亿岁，但是地球就有40亿岁，这显然是不可能的。很显然，宇宙应该比在它其中的星球诞生得更早。科学家们自20世纪70年代开始，不断地采用各种手段测算哈勃常数，并得出了不同的结果。但是人们从这些数值出发，推算出的宇宙年龄却是大相径庭的。

科学家们一方面围绕着哈勃常数展开争论，而另一方面，他们对某些星体年龄的测定却更为准确。现阶段，天文学家们已经测知，银河系中一些最古老的星系的年女龄约为160亿岁。如果是这样的话，大爆炸只能在160亿年以前发生，而根据科学家们最近用哈勃望远镜得到的一些观测结果分析，宇宙的年龄约为120亿岁。这个结论证明：宇宙确实比存在于它其中的古老星系更年轻。

如果测算结果是正确的，那么只能说明原先的假设出现了错误，宇宙可能不是从爆炸中诞生的。

宇宙的年纪这么“小”，再度让自己的身世在人们眼中变得神秘起来。

1999年9月，印度著名天文学家纳尔利卡尔等人对大爆炸理论发起挑战，并提出了一种新的宇宙起源理论。他们把自己的研究成果命名为“亚稳状态宇宙论”，这是纳尔利卡尔和另外3名科学家共同提出的新概念中最重要的观点。

他们认为，宇宙不是由一次大爆炸形成的，而是由若干次小规模爆炸共同形成的。这种新理论认为，宇宙在最初的时候是一个巨大的能量库，被称为“创物场”，而大爆炸理论所描述的是没有时间和空间的起点。在这个能量场中，接二连三的爆炸逐渐形成了宇宙的雏形。此后小规模的爆炸还在不断地发生，导致局部空间的膨胀。局部膨胀时快时慢，综合在一起便形成了整个宇宙范围的膨胀。

> **知识档案**
>
> **哈勃定律**
>
> 1929年，美国天文学家哈勃发现，河外星系的视向退行速度V与距离D成正比。也就是说，星T系与我们的距离越远，它的退行速度越大。这个速度—距离关系被称为哈勃定律，也即哈勃效应。

以前，人们认为宇宙在时间上是无始无终的，在空间上是无穷无尽的，是无限的。但是在观测中人们发现，宇宙一直在膨胀，只不过是速度慢了下来，这就形成了一个全新的宇宙有限观，这一观点几乎将宇宙无限的旧观念完全代替了。宇宙学家根据观测，推算宇宙在超空期中的一个小点上爆炸，先膨胀再收缩，到最后死亡消散，大约要经过 800 亿年。现在大约只过了 160 亿年，宇宙间的一切在以后的 600 亿年中将逐渐向中心一点集拢，当时空都到了尽头，宇宙也就不复存在了。就像超巨星在热核燃烧净尽，引力崩溃，所有物质瞬间向中心收缩，形成我们至今仍不可见的黑洞一样，成为存在而不可见的超物质，这也许就是宇宙死亡的模型。

宇宙到底有几个

一次大爆炸已经使我们很迷糊了，有一些科学家还要给我们宇宙的诞生“增加”一次大震荡，并且给我们的宇宙找到了一位孪生兄弟，使它免于孤独。

英国剑桥大学和美国太空望远镜协会的科学家有了一种宇宙形成的新理论，他们正在努力完善这种理论。这一理论认为，大爆炸是发生在另外一次大震荡之后，这就是说，可能还有一个看不见的宇宙与现有的宇宙共存。

在“五维空间”中，我们的宇宙和另外一个“隐藏”的宇宙一直共存，这个关于宇宙起源的新学说让人们吃惊不小。这一理论立刻引起了宇宙学家的普遍关注。

由美国普林斯顿大学的保尔·斯坦哈特教授提出的这一理论被称为“M 论”，它主要研究宇宙大爆炸发生前的事件和时间。在该理论所提供的模型中，宇宙共有十一维空间，其中六维因绕成微小的丝状而可忽略不计。宇宙在大爆炸之前的“和平年代”里是由两个四维平面构成的，其中一个平面是我们今天的宇宙，另外一个是“隐藏”的宇宙。这一“隐藏”宇宙随机波动，渐渐发生形变并接近我们的宇宙。它“溅”入我们的宇宙时，撞击引起了大爆炸，那些能量在大爆炸中转化为现在宇宙的物质和能量。我们的宇宙和一个“隐藏”的宇宙共同“镶嵌”在“五维空间”中。我们的宇宙早期发生的大爆炸，是源自这两个宇宙发生的一次相撞事故，我们宇宙中的物质和能量就来自相撞产生的能量。

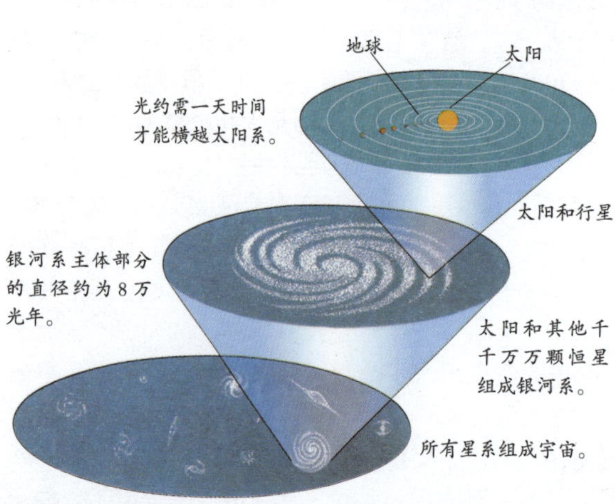

⊙ **宇宙结构示意图**

宇宙内有很多星系，地球仅仅是绕太阳旋转的一颗细小的行星，而太阳也只是银河系无数恒星中的一颗。

中国科学院北京天文台原台长李启斌教授的看法是，这一学说将开创一个宇宙起源研究的新局面。在物质世界各种规律中，宇宙的起源起着决定性的和纲领性的作用。在越来越多的实际天文观察证据的支持下，“宇宙大爆炸”这一种关于宇宙起源的理论如今已被科学界普遍接受。

李教授说，由于多年来不断发现的实际天文观察证据的支持，“宇宙大爆炸”学说如今已被科学界普遍接受。这一理论与所观测到的大爆炸发生1秒之后的宇宙膨胀历史都符合，但是如果追溯到150亿年之前宇宙年龄为10～35秒的时候，当时宇宙尺寸只有直径3毫米。在如此致密的环境中，连光线每秒也只能行进大约10～25厘米。因此人类无法弄清楚这一时间段内宇宙究竟发生了什么。

新理论不仅首次解释了这一问题，而且开创性地运用了物理学的新理论“超弦”。此前“宇宙大爆炸”理论运用的是爱因斯坦的广义相对论。李教授说，在他给中小学生作报告的时候，关于宇宙的起源问题的提问，仅次于“外星人”。这一难题的最终破解不仅是科学界的一件大事，也是一个很大的哲学新发现。

人们相信这一理论能解释宇宙为什么膨胀及如何膨胀等重要细节，其研究结果将可能告诉人们150亿年前大爆炸发生前宇宙是个什么样子。目前，这一仍处于研究阶段的理论已引起了天文学家的广泛关注。

如果我们真的探明宇宙有孪生兄弟，我们又将踏上为这对双胞胎寻找更多兄弟姐妹及其父母的征程，这一工作将有待来者。

宇宙的颜色为何经常变

我们谁都愿意过得轻松自如，而不愿意战战兢兢地过那种看别人脸色行事的生活。然而，如果我们想过得更好和更安稳，却不能不看看宇宙的“脸色”——宇宙也是会使脸色的。

2002年1月中旬，美国两位天文学家宣称，宇宙也有“脸色”，它总体上呈“淡绿色”，而且不断改变。

美国天文学家伊万·巴德利认为：“宇宙的‘脸色’应该是淡绿色——介于青绿色和碧绿之间的那种颜色。”

为了确定恒星形成的时间和宇宙的年龄，研究宇宙诞生的速率，巴德利和其同事对宇宙中20万个星系所发出的光线图谱进行了全面的分析，但是他们发现，把所有宇宙光线混合起来，就会呈现淡绿色。普通人看不到宇宙的颜色，只有站在宇宙以外的人才会发现这种混合色。巴德利说，宇宙的颜色还在不断的变化中，即从蓝到绿，再从绿到红。

⊙ 位于意大利布勒拉·阿梅拉蒂天文台的望远镜

新形成的恒星统治着初期的宇宙，使它的外表呈现蓝色；随着恒星不断成熟，宇宙就成为现在的样子，呈淡绿色；科学家们认为，将来新恒星的数量少到一定程度时，宇宙就会变得“通红”。也就是说，新恒星数量的多少，决定了宇宙颜色的变化。

宇宙颜色的有关结论公布后，媒体的广泛兴趣远远超出了两位天文学家的预想。美国纽约曼塞尔颜色科学实验室的几位科学家告诉人们，两位美国天文学家最近有了新的发现，他们说早些时候有关宇宙是青绿色的论断有误，宇宙正确的颜色应该是类似奶油色的米色。

原来，两位天文学家错误地在用来分析宇宙颜色的计算机程序中设定了不正确的参考白点。参考白点是指在特定照明环境下人眼所看到的最白光线，施加的环境光照会影响到它的设定。比如说在钨灯照明下，人眼通常所看到的白色实际上偏黄色。也就是说，钨灯会造成参考白点偏黄。

巴德利等所用的程序中的参考白点被误设为偏红，这就如同是在一个红光照明的房间里去观察宇宙，结果看到的宇宙是青绿色的。而要想真正看清楚宇宙的颜色，应该是假想把宇宙放置于一个黑暗的背景中，在这样的背景中，我们看到的宇宙就是米色。

宇宙色彩如何，趣味性似乎大于科学价值，结论有些反复，人们也许不必过于认真。不过，科学家指出，宇宙继续“变色”应该不太可能。

黑洞！黑洞！

为了研究太空中看不见的光线，美国宇航局研制发射了高能的天文观察系统。在其发回的X射线宇宙照片中，天文学家发现了惊人的一幕：那些人们认为已经湮灭了的星体，依然能放射出比太阳这样的恒星体更为强烈的宇宙射线。这证明了长久以来人们的一个大胆设想：宇宙中确实存在着看不见的“黑洞”。

什么是黑洞呢？要解释这个问题，我们要先从万有引力谈起。

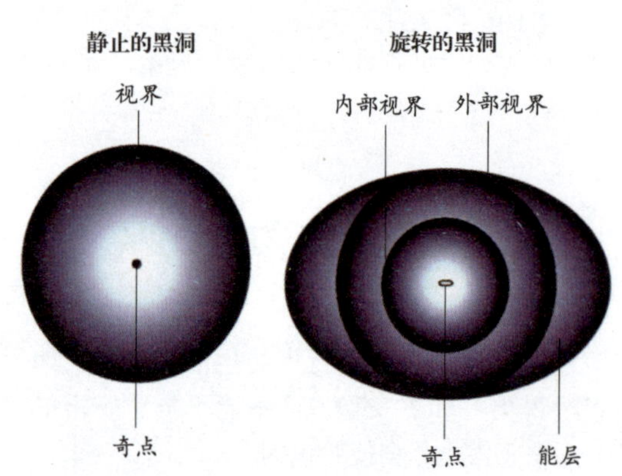

⊙ 黑洞的构造

所有的黑洞基本结构相同，中心的奇点部分被一个不可见的边界围着，我们称它为“视界”，没有东西可以从里面逃出来。视界的尺码叫史瓦西半径，它的名字得自于一个认识到它重要性的物理学家。旋转的黑洞就更复杂了。

牛顿的万有引力定律认为，地球和宇宙间的一切天体，都具有强大的相互吸引力，它们能牢牢地吸引住附近的一切物体。比如地球的引力吸引着地表的物质，使之不能随意地飞离地球；人们想要把人造卫星送上围绕地球运行的轨道，至少要使发射的火箭有每秒钟8千米的速度。如若不然，因为地球的引力，人造卫星就会被拉回地面，我们称这个速度为第一宇宙速度；如果我们要把一只飞船送到火星上去，也就是说要让飞船摆脱地球引力的控制，那么发射的火箭就要把速度提到每秒11千米，这个速度叫作第二宇宙速度，又被称为天体的表面脱离速度。不同天体的表面脱离速度也不同，这与质量关系密切。比如说，月球的质量比地球小，表面脱离速度就比地球的表面脱离速度小很多；而太阳的质量比地球大许多倍，表面脱离速度就会相应大许多。

那么，人们不禁又要问：有没有可能在宇宙中有这样一些天体，它们的表面脱离速度能超过每秒30万千米，比光速还要大？它自己的引力如此之大，以至于连它所发射的光都跑不出来？

1798年，法国天文学家拉普拉斯从牛顿力学出发，预言了宇宙中可能存在引力如此之大的大天体。他认为“宇宙中最明亮的天体，很可能我们根本就看不到它”。他大胆地假设说，如果有一个天体的密度或质量很大，达到了一个限度，这时它很可能是不可见的。因为光速也低于它的表面脱离速度，也就是说光无法离开它而最终到达我们这里。他的预测其实就是一种早期的黑洞理论。

近代以来，爱因斯坦发表了广义相对论，越来越多的自然科学家从牛顿力学和广义相对论出发，得出了类似结论，纷纷预言黑洞的存在。依据牛顿的万有引力理论，科学家认为，一个球形的天体，一旦它的质量超过太阳质量的两倍，就可能引发“引力崩溃”。也就是说，它可能会向自己的中心引力坍缩，成为一个体积无限小、质量无限大的质点。依据爱因斯坦的广义相对论，德国科学家史瓦西计算出了一个可能具备无穷大引力的天体半径。他进一步阐述说，一个天体一旦半径达到了这个大小，就很可能有无限大的引力，任何物质都不能从它那儿逃脱出来，只能被它吸引进去。即便光线速度极快，也“难逃噩运”。这个有能力把一切吸引住的地方，人们无法看到它，因而称之为黑洞。

知识档案

黑洞会吞噬地球吗

这不是没有可能。所有庞大星系的中央都存在着一个黑洞，我们所在的银河系也不例外。不仅如此，在2000年的时候，科学家们发现，银河系还存在着很多流动的黑洞，如果这些黑洞进入太阳系并向地球的方向进军，那我们的地球就难逃噩运了，所有科幻小说中所出现的地球大毁灭都将会变成现实。不过科学家们表示，这种可能性是很小的。至于这种情况究竟会不会发生，还需要科学家们的进一步研究。

当今科学家们更加确切地定义了黑洞，他们认为黑洞是广义相对论能够预言的一种特殊天体。这种天体具有一个封闭的边界称为“视界”，这是它最基本的特征。视界的封闭也是相对而言的，外界的物质和辐射可以进入视界，而视界内的一切都无法逃逸到外面去。更简单地说，黑洞不向外界发射和反射任何光线，人们根本没办法看到它，这就是黑洞之所以“黑”的原因；同时任何东西一旦进入其中，就再也出不来了。黑洞似乎永远都处于饥饿的状态，是个填不饱的“无底洞”，有人形象地把它叫作“星坟”。

人们已不再置疑是否有黑洞，那么黑洞里面的情况又是如何呢？由于目前对黑洞还没有直接的观测依据，科学家们只能从理论上推测。假如有一位无畏的科学家驾驶飞船向黑洞飞去，他最先感到的是巨大的吸引力。他要是从窗口望出去，就会看到一个平底锅似的圆盘在周围星光衬托下很显眼。走得更近，远方似乎有“地平线”，发出 X 射线，那似乎深不见底的黑洞便是被这“地平线”包围着。光线在黑洞附近变形，成为一个光环。航天员这时要返航已是不可能的了，双脚受到的巨大引力使得他向黑洞中心飞去。他如同坐在刑具台上，头和脚之间出现巨大的引力差，这巨大的引力差早在距“地平线”3000 英里（1 英里 =1.609 千米）之外的地方就把他撕碎了。

科学家一直在寻找能说明黑洞存在的证据。黑洞本身是不能被直接观测到的，但它有相当大的引力场，这就会影响附近天体的运动。于是人们找到了间接观测黑洞的方法，那就是由附近天体的运动来推测黑洞的存在。如果有物质落向黑洞，当它接近但还没有到达视界时，就会围绕着黑洞外围做高速旋转，运动轨迹呈盘状或喇叭状，而且这些物质在高速旋转时会因摩擦而产生高温，同时释放出强大的高能 X 射线。人们用仪器是可以探测到 X 射线的，所以这类高能辐射也成为科学家们寻找黑洞的重要线索。根据这一点，天文学家开始在浩瀚的宇宙中细细搜寻。终于，人们发现在天鹅座附近有奇特的强 X 射线源，这就是著名的“天鹅 X-1 射线源”，有一颗比太阳大 20 倍的亮星和它相互围绕着

科学家理论设想中的时空隧道——蠕虫洞

旋转。天文学家们估计，这个 X 射线源便是一个黑洞，而且这个黑洞大概拥有 8 倍太阳的质量。人们还估计，在一个名叫 M87 的椭圆星系的核心，存在着一个质量巨大的黑洞，而它甚至有 90 亿倍太阳的质量。

从这些结果出发，科学家们大胆地做了更深一步的设想。他们认为，在整个宇宙中，普遍存在着黑洞，而且组成宇宙的主要天体很有可能就是黑洞。他们还进一步预言，在银河系中心，很可能也存在着一个质量相当于 500 万个太阳质量的巨大黑洞。正是由于它巨大的引力，才将成千上万颗恒星吸引住，这些恒星和气体的运行速度极快，而且都围绕着银河系中心旋转，成为一个十分巨大的集合体，银河系由此而成。

那么，是什么原因导致宇宙中黑洞的形成呢？有人认为，恒星到了晚年，耗尽全部的核燃料，由于自身引力会发生坍缩。如果坍缩物质的质量比太阳质量大 3 倍，那么最终的坍缩产物就是黑洞。此类黑洞的质量一般不会很大，不超过太阳质量的 50 倍。另外还有人认为，由于在星系或球状星团的中心部分密集分布了很多恒星，以致于星与星之间极易发生大规模的碰撞，导致超大质量天体的坍缩，质量超过太阳 1 亿倍的黑洞就这样形成了。还有一种说法认为，也许是在宇宙大爆炸时，产生了极为强大的力量，一些物质被如此强的力量挤压得非常紧密，于是产生了“原生黑洞”。

一旦证实了黑洞的普遍存在，宇宙的神秘甚至超乎我们的想象。我们知道宇宙仍处于不断的扩张中，这是宇宙大爆炸的结果，爆炸中心的宇宙核仍是一切物质的来源。宇宙是否会在宇宙核的物质变得很稀薄时停止扩张？是否会因为各天体的自身引力而导致收缩？相对论的回答是肯定的，黑洞的存在部分地证实了相对论的判断。也许宇宙不会消失在一个黑洞中，却很可能会消失在几百万个黑洞中。因此，彻底地揭开黑洞之谜，还关系着人类对于宇宙归宿的追问。

宇宙中真的存在反物质吗

从中学时代我们就知道，世界是由物质组成的。但是，如今科学家提出了“反物质”的概念，对传统观点提出了挑战。那么，反物质是什么？宇宙中是否真的存在反物质呢？

反物质和物质是相对立的。它们是两个不同的概念。众所周知，物质构成了世界，而原子构成了物质，原子核位于原子的中心。原子核由质子和中子组成，带负电荷的电子围绕原子核旋转。原子核里的质子带正电荷，电子与质子所携带的电量相等，但一正一负。质子的质量是电子质量的 1840 倍，它们在质量上形成了强烈的不对称性。这引起了科学家的关注。因此，有

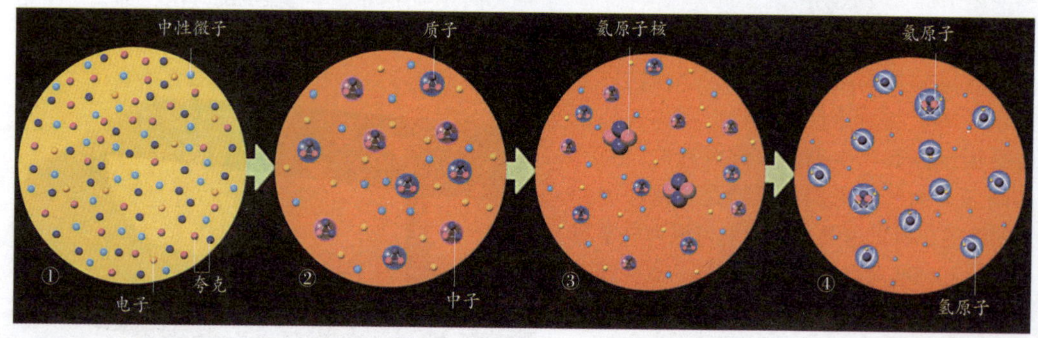

①形成了夸克、电子、中性微子等。

②夸克相互附着，形成质子和中子。

③由质子和中子形成氦原子核。

④质子、氦原子核抓住电子，形成氢原子和氦原子等（宇宙的膨胀）。

⊙ 物质的诞生示意图

一些科学家在20世纪初就认为二者相差十分悬殊，因而应该存在另外一种电量相等而符号相反的粒子。如：存在一个同质子质量相等但携带负电荷的粒子和另一个同电子质量相等但携带正电荷的粒子。这就是“反物质”概念的最初观点。

狄拉克是英国青年物理学家，他根据狭义相对论和量子力学原理，于1928年提出了这样一个设想：在自然界中，存在着带负电的电子，同时还存在着一种与电子一样但能量与电荷都为正的正电子。这种电子可以称为电子的“反粒子”。狄拉克认为，物质和反物质一旦相遇，就会互相吸引，并发生碰撞而“湮灭”，各自的质量也消失了，并释放出大量能量，这些能量以伽玛射线的形式出现。在我们周围的物质世界中不可能有天然的反物质存在的原因就在于此。

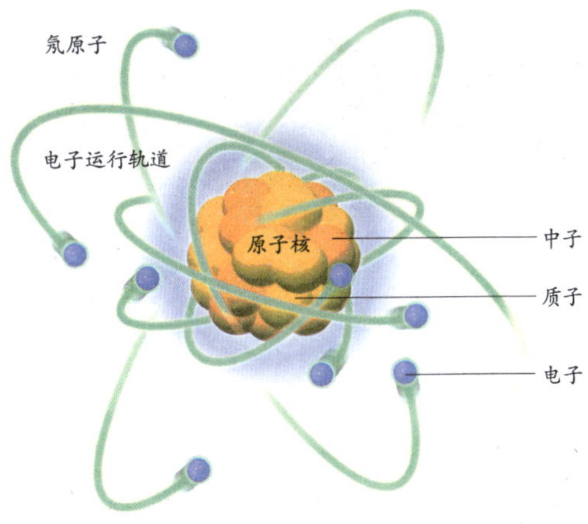

⊙ **原子和分子模型构造示意图**

所有的物质是由原子构成的，而原子则是由质子、中子和电子构成的。质子和中子形成原子核，而电子则围绕原子核不断地旋转。原子与原子经过化学结合则构成了分子。

狄拉克的这一设想，对科学界震动很大，科学家们认为这种设想极有道理，因而，他们极力寻找和制造反物质。

1932年，美国物理学家安德森研究了一种来自遥远太空的宇宙射线。在研究过程中，他意外地发现了一种粒子，这种粒子的质量和电量都与电子完全相同，唯一不同的是在磁场中弯曲时，其方向与电子相反，也就是说它是正电子。这一发现论证了狄拉克的设想，并大大激励了人们的研究热情，他们纷纷投入到寻找反物质粒子的工作中。1955年，在美国的伯克利，钱伯林和西格雷两位科学家利用高能质子同步加速器发现了反质子。西格雷等人于1957年又观察到了反中子。

欧洲一些物理学家于1978年8月，成功地分离了300个反质子达85小时，并成功地储存了这些反质子。1979年，美国新墨西哥州立大学的科学家进行了一个实验，在实验中，把一个有60层楼高的巨大氦气球，放到高空，气球在离地面35千米的高度上飞行了8个小时，捕获了28个反质子。关于反质子的发现层出不穷，这些发现激发了人们的兴趣。反中子和中子一样都不带电，但它们在磁性上存在差别。中子具有磁性且不断旋转，反中子也不断旋转，但其旋转方向与中子恰恰相反。顺着这个线索，物理学家们继续寻找下去，结果，发现了一大群新奇的粒子。到目前为止，已经发现了300多种基本粒子，这些基本粒子都是正反成对存在的，也就是说，任何粒子都可能存在着反粒子。

这样，用人工的方法把反质子、反中子和正电子组成反物质原子这一设想在理论上是成立的。在实践中人们利用粒子加速器人工制造出由一个反质子和一个反中子组成的反氘核，这个反氘核是人工制造出的第一类反原子核，它是美国布鲁克海文实验室研制成功的。由两个反质子和一个反中子组成的反氦-3核是第二类反原子核。苏联在塞普霍夫加速器上曾获得5个反氦-3核。而反原子是由正电子与这些反原子核相结合而得到的。1996年1月，欧洲核研究中心宣告德国物理学家奥勒特等利用该中心的设备合成得到第一类人工制造的反原子，即11个反氢原子。由于这一科研成果意义重大，欧洲核研究中心专门开会庆祝反原子的人工合成。物理学家们预言，技术上进一步的改进将会使大量生产反物质原子的设想成为可能。

对于在自然界中究竟有没有反物质的问题，人们观点各异。以往的一些理论认为，在宇宙中，正物质和反物质是对称的、同样多的。虽然，反物质在地球上只能出现在实验室里，且时间短暂，但是在茫茫宇宙中的某些部分却有可能存在一些星系，这些星系由反物质构成。在那些星体上，

⊙ 自然界喜欢对称性，在宇宙中完全有可能有反物质构成的恒星存在于宇宙中，甚至在银河系中，也存在由反物质构成的星体。

反物质的存在是极其“正常”的，而正物质却很少。物质与反物质在电磁性质上相反而其他方面均相同，那么，在宇宙总磁场影响下，它们各自向宇宙的相反方向集中，分别形成星系与反星系。

根据这种观点，宇宙应该一分为二，由正物质和反物质两部分构成。可以想象，由反物质构成的星系应该距离我们极其遥远。但是，至今我们也无法获得关于反星系分布的直接证据，因为由反物质组成的星系与正物质组成的星系发出的光谱完全相同，而我们今天的天文观测手段还较落后，没法将它们区分开来。

宇宙中应该存在一个反物质世界，这从理论上讲是行得通的，可事实上并不这么简单。自然的反粒子和反物质在地球上是不存在的。科学家们研究发现，核反应中产生的反粒子被大量正常粒子包围着，所以产生出来没多久就会和相应的正常粒子结合，两者结合后，反粒子便不存在了，它转化成了高能量的光子辐射。可人们至今还没有发现这种光子辐射。在我们地球上很难找到反物质，因为普通物质无处不在，而反物质一旦遇到它就会湮灭。事实上，反物质仍能以自然形态存在于地球以外的宇宙中。由于反物质发出的光与物质发出的光一样，所以人们无法从恒星发出的光来判断它是物质还是反物质。因此人们推断，完全可能有反物质构成的恒星存在于宇宙中，或者在距别的星球足够远的孤立空间中，甚至在银河系中。自然界是有对称性的，所以，其中必同时存在着由物质组成的星体和由反物质组成的星体。当然，物质和反物质不可能同处在一个星体中，因为二者碰到一起就要湮灭。

到底在宇宙中有没有自然存在的反物质，还有待于科学技术的进一步发展去证实。物理学家们努力搜寻反物质，希望能在宇宙中寻找到它们。

能不能直接观测太阳系以外宇宙中的反物质呢？可以，但目前只有一个办法，那就是研究宇宙射线。

在地面实验室中很难探测到宇宙射线中的反物质，因为有一个稠密的大气层在地球上空。穿越大气层时，宇宙射线会与大气碰撞而产生次级粒子，这些次级粒子又会与大气粒子碰撞产生更次级的粒子，这样几经反复，地面上测不到原始的宇宙射线，因此也无法确定宇宙射线中反物质存在的情况。为此，人们想方设法把探测器送上大气的最高层，并一直希望能将探测器送到太空。过去，人们多次用高空气球把高能反物质望远镜等探测器送到高空，探测宇宙射线中的正电子与反质子，但收获不大，从未发现过比反质子更重的反原子核。现在，随着航天技术的发展，到太空中去寻找反物质的愿望终于可以实现了。

1998 年 6 月 3 日 6 时 10 分 (北京时间)，美国“发现”号航天飞机载着阿尔法磁谱仪，从肯尼迪航天中心发射升空。“发现”号航天飞机的成功发射，标志着探索宇宙反物质的重大科学实验的开始。值得一提的是阿尔法磁谱仪主要由中国科学家参与研制。

阿尔法磁谱仪的英文名字是 Alpha Magnetic Spectrometer，简称 AMS，它主要由上下各 2 层的闪烁体、永磁体、紧贴永磁体内壁的反符合计数器、内层的 6 层硅微条探测器以及契伦科夫探测器等各种探测器组成。

在阿尔法磁谱仪中，由铷铁硼材料制成的永磁体是其主体结构，其重量约 2 千克，高 1 米，直径 1.2 米，长 0.8 米，是一个空心圆柱体，其中的磁场强度为 1400 高斯，能长期在太空中稳定工作。根据磁场反应的粒子电荷以及粒子的速度、轨迹、质量等信息，AMS 可以推断粒子的正与反。可以说，当今最先进的粒子物理传感器就是 AMS。

航天实验证明，阿尔法磁谱仪经受住了发射升空时的剧烈震动和严酷的太空工作环境的考验，运行状况良好，捕捉到许多带电粒子的踪迹，这些粒子是由次宇宙射线发出的。按照预定的计划，2001 年 2 月，阿尔法磁谱仪被装载到阿尔法国际空间站上，进行长达 3 年的反物质空间探测。

人们如此热切地探求反物质，其目的不仅在于要证实理论的正确与否，而更实际的则是在于获取巨大的能量。

任意半吨物质与半吨反物质相遇，则发生“湮灭”，并且会放出能量，这种能量将是燃烧 1 吨煤所放出的能量的 30 亿倍。只要用正、反物质各 1 吨发生“湮灭”，“湮灭”所产生的能量就可以解决全世界 1 年所需的能量。而且“湮灭”后不留残渣和任何有害气体。因此，反物质是极干净的超级能源，同时更是最理想的宇宙航行能源。据计算，10 毫克的反质子只有一粒盐那么大，却可以产生相当于 200 吨化学液体燃料的推进能量。通过这些能量，可以轻而易举地将巨型航天器送入太空。科学家们设想造一艘头部装一面巨大的凹面反射镜的光子巨船，要使飞船开动时，就将燃料库中的物质和反物质分别有控制地输送到凹面镜前，让它们在凹面镜前适当位置接触、“湮灭”，再转化为极其强烈的伽马射线，即光子流。这种光子流被凹面镜反射出去，产生巨大的反作用力，就像气体从火箭喷口喷出一样，推动飞船前进，实现星际航行。

尽管至今我们仍不能确定宇宙中有反物质，但我们也不能过早予以否定。因为距离我们 100 多亿光年的天体是人类已观测到的最遥远的天体，但这并不是宇宙的边缘，也许在更遥远的太空中会有反物质存在。也可能确实有反物质存在于我们已经观测到的宇宙中，只是由于某种原因使我们无法看到这些反物质。

暗物质之谜

宇宙大爆炸理论认为：宇宙诞生之前，没有时间，没有空间，没有物质，也没有能量。约 150 亿年前，一个很小的点爆炸了，逐渐膨胀，形成了空间和时间，宇宙随之诞生，并经过膨胀、冷却演化至今，星系、地球、空气、水和生命便在这个不断膨胀的时空里逐渐形成。

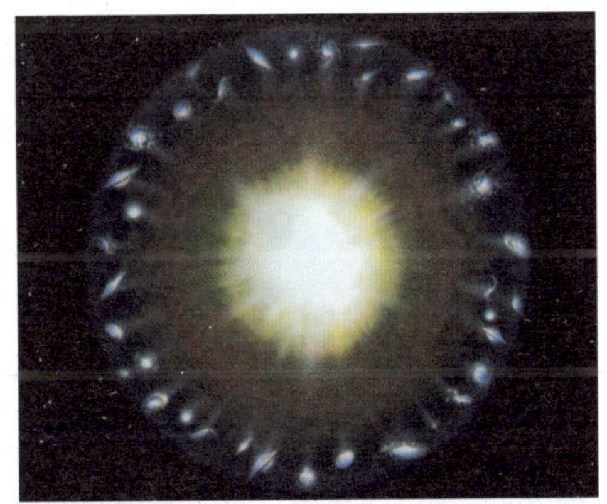

⊙ 科学家能够探测到太空中的背景辐射，它们可能是宇宙大爆炸时遗留下来的。20 世纪 20 年代，天文学家埃德温·哈勃（1889 ~ 1953）发现，除了银河系之外还有别的星系。地球和每一个星系之间的距离都以不可思议的速度在增大。

最近的天文观测和膨胀宇宙论研究表明，宇宙的密度可能由约 70% 的暗能、5% 的发光和不发光物体、5% 的热暗物质和 20% 的冷暗物质组成。也就是说，宇宙中竟有九成物质是看不见的暗物质，其中可能包含有宇宙早期遗留至今的一种看不见的弱相互作用的重粒子——冷暗物质正是支持膨胀宇宙论的关键。

宇宙中的暗能、暗物质至今尚未被发现，这就给我们留下了一系列关于宇宙中的暗物质问题的谜团。人类共同关心的问题是：宇宙中的暗物质究竟有多少，它们在宇宙中占有多大的比例。目前天文学家还无法确知。只是给出了一些估计的数字：在宇宙的总质量中，重子物质约占 2%，也就是说，宇宙中可观测到的各种星际物质、星体、恒星、星团、星云、类星体、星系等的总和只占宇宙总质量的 2%，98% 的物质还没有直接观测到。在宇宙中非重子物质的暗物质当中，冷暗物质约占 70%，热暗物质约占 30%。

紧接着，下一个问题又来了：宇宙中存在的大量非重子物质的暗物质组成成分究竟是些什么粒子？它们的形成及运动规律又是怎样的呢？于是寻找暗物质，探求暗物质的性质就成了世界高能物理研究的热点之一，寻找的途径包括在超大型加速器上的实验，还包括在地下、地面和宇宙空间对宇宙线粒子的测量。中国科学院高能物理研究所在寻找暗物质的研究方面在国际上一直处于领先地位。1972 年，高能所云南高山宇宙线观测站曾观测到：一个从宇宙射线中来的能量大于 3000 亿电子伏特的粒子碰撞石墨中的粒子后，产生了 3 个带电粒子。分析表明，其中一个是负介子，一个是质子，还有一个是能量大于 430 亿电子伏特、寿命长于 0.046 纳秒的带电粒子。许多科学家认为若此事能被证实，它将肯定是超出标准模型的新粒子，而这个新粒子就可能是暗物质的粒子。

1979 年，科学家发现，在仙女座背景方向的温度比天空其他方向的要高，那里存在着巨大的未知质量。"失踪"的物质哪里去了呢？按照牛顿物理万有引力定律，星系中越往外的行星绕该星系中心的转动速度越慢。太阳系中的行星运转正是这样的。但已观测到有许多星系，其外边缘行星比中心附近行星绕转得更快。这说明除看得见的星系或星系团外，还有大量暗物隐藏在其中，它们像晕一样包围着星系和星系团。那么这些像晕一样的东西是由什么物质构成的呢？有人认为是 X 射线和星系际云，但它们远没有估算的暗物质那么多；也不是年老的恒星，如体积很小的中子星和白矮星，它们行将死亡时会抛出大量物质，但人类并未观测到。英国剑桥大学的物理学家霍金认为有可能是黑洞。还有不少科学家认为是"中微子"。并提出了暗物质的"中微子"模型。但研究这个模型还存在一定的困难，例如，按此模型只有在超星系团周围才有晕，但实际上在星系周围也观测到晕；而且中微子是否有质量，科学实验也未最终确证。

20 世纪 80 年代，美国和苏联的一些科学家提出了暗物质的"轴子"模型。按照这个模型，

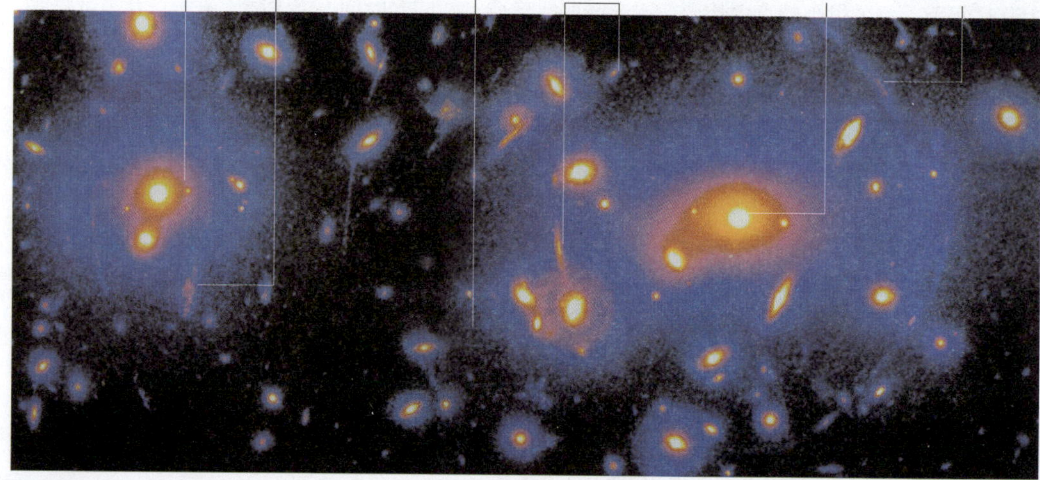

⊙ **宇宙幻景**

这张哈勃图像上发光的弧弦就像宇宙蜘蛛网的一缕缕网线。这为暗物质的存在提供了强有力的证据。阿贝尔 2218 是距地球 30 亿光年的一个星系团，它相当于一个引力透镜。通过它的来自更遥远星系的光的射线受到其引力的影响，聚集而成为明亮的曲线。聚集光所需的引力要比可见星系提供的引力强 10 倍，所以这个星团 90% 的质量必定存在于暗物质上。

知识档案

宇宙尘埃

宇宙中，在各个星体之间并不是一片真空，而是有大量的岩石颗粒和金属颗粒漂浮在其中，这些不起眼的颗粒就是宇宙尘埃。从成分上来说，宇宙尘埃与地球的组成成分没有什么不同，但是由于种种原因，这些尘埃没有组成一个星体，而是悬浮在宇宙空间。在一定的引力作用下，这些尘埃往往会聚集在一起，形成一片烟雾，从天文望远镜上观看，这些烟雾散发出五颜六色的光彩，人们形象地把它称为“星云”。但是这些看起来绚丽多彩的星云，对我们的生活却有着诸多有害的影响。据统计，宇宙中每小时都会有约1吨重的尘埃光临地球，这些尘埃聚集在地球上，很可能是一些自然灾害的源头。有些古生物学家认为，地球上一些生物的灭亡就和宇宙尘埃有关。此外，还有一个更令人吃惊的说法，美国科学家认为，感冒病毒并不是地球本身产生的，这一病毒就是宇宙尘埃带进来的。

混沌伊始（宇宙爆炸后不久有一个混沌不分的时期），宇宙就如一坛重子和轴子混合交融的浓汤。后来重子由于辐射能量，慢慢地转移到团块中心去了，结果普通发光物质的核被冷子晕包围，形成了星系似的天体。这个模型简洁美妙，有人用计算机对这种模型进行了模拟演算，最终得到的宇宙演化图像与我们今天观测到的宇宙十分吻合。但这个模型毕竟是假想的产物，它能否成立，还需要更多的实验来验证。

从理论上说，冷暗物质粒子应该具有一种质量很重的中性稳定粒子，它不直接参与电磁相互作用，但可以参与弱相互作用和引力相互作用。这种粒子肯定是超出标准模型的粒子，如果能在实验中直接观测到这种粒子，将是探讨物质微观世界结构和基本规律方面的重大突破。目前中国科学院高能所参加了由意大利罗马大学牵头的意中合作组的冷暗物质粒子研究。为了避免各种信号干扰，意大利国家格朗萨索实验室建在一个高速公路穿过的山洞下，岩石厚度有 1000 米。中意科学家研制的 100 千克低本底碘化钠晶体阵列安装在意大利格朗萨索国家地下实验室，经过 8 年的实验，科学家们已经探测到这种物质粒子偶尔碰撞碘化钠晶体中的原子核时发出的微弱光线，并获得了这种信息的 3 个年调制变化周期，还据此推算出这种粒子的质量至少是质子的 50 倍。实验的初步结果提供了宇宙中可能存在一种重粒子，即冷暗物质粒子的初步证据。

科学家们认为，这种粒子的存在将非常有力地支持膨胀宇宙论和超对称粒子模型，困扰天文学家 70 多年的谜团就能澄清，粒子物理、天体物理、宇宙学将会有突破性发展。但实验中要确认冷暗物质的存在及特性，尚需进一步的观测数据和可靠证据，我们期待着关于暗物质的一系列谜团早日揭开。

宇宙的最终归宿在何处

任何事物都有其发生、发展和消亡的过程，这是事物存在的基本规律。宇宙作为人类目前所能界定的最大个体，科学家们认为它是由大爆炸从“无”诞生的，那它也会以某种方式走向死亡吗？宇宙的最终归宿将是何方？

现代科学家们关于宇宙如何发展提出两种可能：一种是宇宙会继续膨胀下去，另一种是膨胀总会达到一定的极限，然后停止，最后逐渐收缩。科学家们已基本得知，自大爆炸形成宇宙后，至今已有 100 亿 ~ 200 亿年，取中间值，也就是说宇宙已有 150 亿年的历史了。但是，科学家们还不能确定宇宙何时结束生命，也就是说，不能确定宇宙的寿命有多长。也许，这将是一个

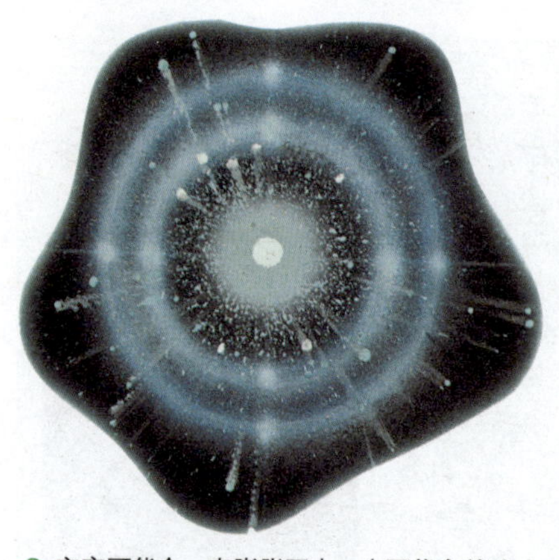

⊙ 宇宙可能会一直膨胀下去，也可能突然终止膨胀，开始瓦解，然后一切从零开始。

非常长久的时间，数字大得令人难以想象，或许是几兆年、几百兆年、几千兆年吧！

如果宇宙无限制地膨胀下去，在这个过程中，各个星球将燃烧完内部的核燃料，最后变成白矮星、中子星和黑洞。随后，整个宇宙将成为一个无比巨大的黑洞，宇宙内的所有物质将被黑洞吞噬，整个宇宙将一团漆黑，沦为一个黑暗的世界。最后，黑洞也会消失，组成物质的基本粒子也会衰变，宇宙又回到原先的混沌状态。

那么，如果宇宙膨胀到一定程度后开始萎缩，又将是怎样一种情形呢？首先，科学家们并不能确定宇宙到何时才由膨胀转为收缩。其次，也只能从理论上去推测收缩以后的情况。理论推测的结果可能是这样：

宇宙一旦开始收缩，将会使宇宙空间的物质密度逐渐增大，从而使星球之间的距离缩短，这当然会对星球造成不同程度的影响。不过，温度的变化对星球造成的影响可能最大。在宇宙逐渐收缩的过程中，它的温度将逐渐升高。首先，由于温度的升高，地球上的生物将有可能面临灭亡的命运。接着，地球也将灭亡。随后，当整个宇宙的温度升高到超过太阳的最高温度时，恒星也将化成气体，消失在茫茫宇宙中。而黑洞则可以大肆侵吞宇宙中的物质，使自己逐渐变“胖”、变重。同时，它们还不断地相互吞并，最后一个大黑洞形成了。宇宙又沿着大爆炸后不断膨胀的逆反过程，回归到原来的状态。

到那时，宇宙是否会再一次爆炸，产生新的宇宙体，再膨胀，然后收缩变成黑洞，如此周而复始不断循环下去呢？以我们目前的科技水平还不能回答，但那肯定是一个非常遥远的时间问题，这是确信无疑的。

宇宙中还存在其他“太阳系”吗

行星、卫星、小行星和彗星围着太阳旋转，就像围着篝火狂欢的人群。太阳和绕它旋转的各种天体一起组成了太阳系。

太阳是个中等大小的恒星，这对于我们人类的生存是很有利的。夜空里有成千上万的恒星和太阳一样大，一样明亮，但是它们离我们太远了，看起来就是一个亮点。遥远的恒星还远不止这些，在银河系里，数以亿计的恒星需要借助于天文望远镜才能看得见。

但是我们的星系也并不是唯一的星系。在漆黑空旷的宇宙里，可能有上千亿个星系，每个星系都包含数十亿颗恒星。宇宙之大让人难以想象。

宇宙中有数不清的恒星，那么为什么我们的太阳是唯一一颗有行星绕行的恒星呢？天文学家一直在研究这个问题。看起来，即使不是所有的恒星都有行星环绕，至少有一些其他恒星有，这简直是显而易见的。

据天文学家估计，宇宙中大约有 1 兆兆亿颗行星。关键是，如何找到它们，而这项工作虽然是一件困难的事。因为同恒星相比，行星又小又暗。虽然有时可以反射其邻近恒星的光，但它们自己并不发光。所以，即使使用最强大的天文望远镜，在地球上可能也无法看到遥远恒星的行星。一个普通大小的行星将消失在它的恒星的光芒中。可以想象一下这样的情景：在你前方 3.2 千米处有一只 1000 瓦的灯泡，你所要做的是寻找这只灯泡附近的一粒灰尘。在地球上寻找其他恒星的行星就是这么艰难，所以天文学家试图尝试其他方法。他们认为最好的方法就是找出它们对自

⊙ 围绕太阳转动的行星距离太阳的远近各不相同。

己恒星的万有引力作用。

万有引力是由质量引起的，所有天体之间都存在相互吸引的力。恒星吸引行星，于是行星绕恒星旋转。同样的，行星也会反作用在恒星上一个相同大小的拉力。而且，我们知道恒星在自转的同时也会在宇宙穿行，而它的行星也跟着它运动。

天文学家们试图寻找恒星在穿过宇宙时微小的摇摆。因为这些摇摆很可能是我们看不见的行星在绕恒星旋转过程中施加给恒星的力的方向不断改变而形成的。

1991 年，英国天文学家们曾经宣布，他们发现了行星大小的绕脉冲星旋转的天体。脉冲星是一种高速旋转的，体积小、密度大的恒星，它在旋转的过程中，还会发出无线电波。天文学家之所以认为有行星绕它旋转，是因为他们发现无线电信号发生了波动——就像该脉冲星在摆动。几个月后，美国科学家在第一颗脉冲星上也发现了类似的波动，看起来绕脉冲星旋转的是两三颗行星。

但是 1992 年 1 月，英国天文学家又宣布了一个出人意料结果：他们之前的发现是错误的。科研小组没有把我们自己星球的绕日运动考虑进去，这也会影响对数据的分析。

但是美国科研小组的研究成果似乎没有问题。他们的发现和其他科研小组的类似发现几乎可以肯定，我们生活的太阳系不是宇宙里唯一的“太阳系”。

脉冲星与中子星的奥秘

由于大气不均匀起伏，当星光通过地球大气时，导致恒星的光看起来一闪一闪的，这称为“行星际闪烁”。充满行星际空间的太阳风引起了宇宙射电源的闪烁现象。天文学家通过射电望远镜发现的宇宙射电源，称为“射电源”，其波长从 1 ~ 30000 毫米不等，它是电磁辐射异常强的局部区域。

1967 年春天，英国剑桥大学卡文迪许实验室为了进一步研究宇宙射电源，设计建造了一种新型的时间分辨率很高的射电望远镜。为了保证仪器的正常运转，天文台决定开展人工分析工作。英国天文学家休伊什教授的研究生乔丝琳·贝尔接受了这一个任务。

在观测时人们发现：每到子夜时，一个神秘的射电源便会发生闪烁，同时自动化记录笔绘出了一连串间隔都是 1.337 秒的脉冲曲线，这个神秘的射电源发出的无线电脉冲波长是 3.7 米。

知识档案

白矮星

白矮星是一种光度很小、体积很小、密度却很大的恒星。因为它的颜色呈白色，体积矮小，所以被称为白矮星。白矮星是演化发展到晚期的恒星，目前人们观测发现到的白矮星有1000多颗，这些白矮星的平均半径小于1000千米，不到地球的1/6；白矮星的表面吸引力约为地球的10～10000倍，所以如果有人能够到达白矮星的话，他可能连站都站不起来，全身的骨骼都会被自己的重量压碎。另外，白矮星的表面温度很高，约为1000℃。

到1968年1月，发出这种波长3.7米的脉冲的射电源已发现了4个。根据观测到的宽16毫米的脉冲，可以断定天体的发射区尺度限定在3000千米以内。后来经过精密测量发现，的确是由于该天体自转而发出的脉冲信号。

1968年2月，休伊什教授观测到的来自天体的周期性脉冲射电辐射，其周期短而且精确，仅为1.3373011秒。这一天体被天文学家形象地命名为“脉冲星”。

脉冲星的直径只有十几千米，它绕轴自转一周的时间只需三四秒钟甚至更短。它的磁场高达1万亿高斯以上，而地球磁极的磁场强度仅为0.7高斯。脉冲星的电子以无线电波的形式从它的两个磁极逃逸出来，并带出能量。脉冲星高速自转时发出的无线电波束会很有规律地到达地球。

不久后，射电天文学家在蟹状星云中发现了一颗脉冲星，它能在可见光的范围内发出辐射，它的脉动特别快。这颗脉冲星以前被认为不过是一颗普通的恒星，随着观测仪器精确度的提高，有人发现它每秒钟会闪烁30次，而且光的闪烁正好和射电辐射的时间相一致。

然而，脉冲星到底是一种什么样的天体呢？它是否一会儿膨胀一会儿收缩呢？它收缩时是否发射出能量呢？一个天体如果不是一直发射能量，而是周期间歇性的，那么，在不发射能量的时候，它一定会发生某种物理现象。它也许正绕着它自己的轴或围绕着另一个天体运转，并且每转一周，就发射出一股能量。

早在1934年，德国著名天文学家巴德和兹维基就在一篇论文上指出，超新星现象实际上是星体的一种粉碎性爆炸，这种爆炸包括两个方面：一方面是大量的外部物质被抛射向太空；另一方面星体的中央部分坍缩，变为一颗恒星，因为它是由排列紧密的中子构成的，所以称为“中子星”。

⊙ 小型恒星爆炸成超新星后，会以脉冲星的形式结束生命。我们称它为脉冲星，是因为它会散发出脉冲能量。天文学家认为脉冲星会快速旋转并发出微弱的能量。当散发着微弱能量的脉冲星通过地球时，我们就能看到一股脉冲能量所发的光。

脉冲星被发现后，中子星又引起了广泛的注意。科学家们分析认为，只有白矮星或中子星能发出如此快速的脉冲信号。这样小的天体应当会飞快地自转，否则就不会产生上述的脉冲现象。而且，在这样的天体上，表面的某些点可能会使其中的电子通过。这样，当中子星高速自转时，电子就会从这些点逃逸出来，像一个旋转喷头喷出的水那样喷射出来，从而产生射电脉冲波，或者它每旋转一周，就会朝地球的方向喷射出一些电子，同时会逐渐失去能量。

至此，人们终于明白，天文学家曾经担心永远无法探测到的中子星就是脉冲星。

宇宙中相互“残杀”的星星

一般人都知道，宇宙中星体之间的距离非常遥远，彼此接近的机会很少。但经过天文学家的观测和研究，发现星球之间也存在彼此吞食、互相残杀的现象。科学家们把这类星球称为宇宙中的“杀星”。

前不久，美国天文学家就发现了这种互相吞食的现象。主角是两颗恒星，并且是一对双星，都已进入衰亡期，均属白矮星。这两个星球体积很小，可质量要比太阳大得多。经观测发现，这两颗星体靠得很近，彼此围绕着对方旋转运动。其中一颗大的恒星，在不停地吞吃比它小的那一颗。大恒星把小恒星的外层物质剥下来吸到自己身上来，自己变得越来越胖，质量和体积不断增大。而那颗被吞食的恒星，变得越来越小，最后只剩下一个光秃秃的星核了。

不止是星球之间存在着彼此吞食的现象，星系之间也在互相吞食和残杀。近年来有一种理论认为，宇宙中的椭圆星系就是两个旋涡扁平星系互相碰撞、混合、吞食而形成的。有人曾经用计算机做过模拟实验：用两组质点代表星系内的恒星，分布在两个平面里，由于引力作用，星系内的恒星在一定的规律作用下相向而行，逐渐融合成一个整体。

加拿大天文学家科门迪通过观测还发现，某些巨大的椭圆形星系，其亮度分布异常，仿佛中心部位还有一个小核。他认为，这是一个质量较小的椭圆星系被巨椭圆星系吞食的结果。

但由于星系之间、天体之间距离都极为遥远，碰撞和吞食的机会很少，所以，要想证实以上说法是不是成立，还需要一段时间。

水星的真面目

平常，人们很难看到水星，这主要跟水星与太阳之间的角度有关。水星距太阳最远时达 6900 万千米，最近时约 4500 万千米。从地球上看去，它距太阳的角最大不超过 28 度，水星仿佛总在太阳两边摆动。因此，水星几乎经常在黄昏或黎明的太阳光辉里被“淹没”。只有在 28 度附近时才能见到它。

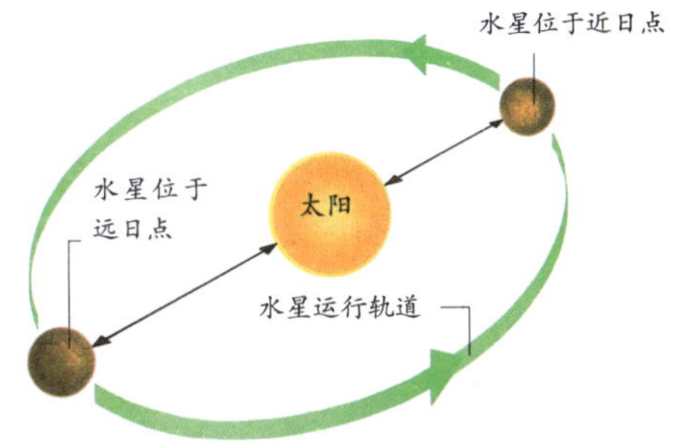

⊙ 水星的运行轨道

大部分行星围绕太阳运行的轨道都是近似圆形的，然而水星的运行轨道却是一个椭圆形。位于远日点时，水星距太阳有 0.7 亿千米，而当在近日点时，离太阳只有 0.46 亿千米。

水星在中国古代被称为“辰星”。水星绕太阳运行的速度很快，每秒约 48 千米，它只需要 88 天就能绕太阳公转一周。在很长一段时期里，天文学家一直认为它的自转周期也是 88 天，跟公转周期一样长。

尽管也有人怀疑过水星的自转周期，但由于仪器、技术等方面的原因，人们对水星精确的自转周期仍不知晓。随着天文学观测水平和仪器精密程度的提高，水星自转周期终于被测出来了。1965 年，美国天文学家用阿雷西博天文台射电望远镜向水星发射了雷达波进行探测。这是一架世界上最大的射电望远镜（口径 305 米），它测出了水星的精确的自转周期为 58.646 天。原来，水星绕太阳公转 2 圈的同时，绕其轴自转 3 周，因此，水星的自转周期刚好是公转周期的 2/3。

此后，科学家对水星进行了更深入的探测和研究，但即使是当时地球上最好的望远镜，也很难让人们看清水星表面的情况。于是，科学家们采用了行星探测器这种高端的工具。美国于 1973 年 11 月 3 日发射了“水手”10 号行星探测器，它是至今为止地球人的唯一“访问”过水星的宇宙飞船。这次发射的主要任务是探测水星，顺便考察一下金星。“水手”10 号的总重量约 528 千克，从磁强计杆顶端到抛物面天线外缘的宽度达 9.8 米。宇宙飞船经过 3 个多月的飞行，于 1974 年 2 月 5 日飞越金星，离金星最近时只有 5000 千米。飞船在对金星考察的同时，借助金星的引力“支援”，其运动的速度和方向发生改变，进入了一条飞向水星的轨道，终于在 3 月 29 日到达水星上空。

航天科学家精心设计了这艘飞船的轨道。当它到达水星上空并进行观测之后，就成为一颗绕太阳运行的人造行星了，绕太阳公转的周期设计为水星公转周期的 2 倍，也就是 176 天。这样，当水星刚好绕过 2 周时，飞船就遇到水星一次。“水手”10 号飞船先后 3 次遇见水星，并获得了一批高质量的照片，其摄影镜头能把水星表面 12 百米大的地面结构细节分辨清楚。

科学家们通过分析飞船的反馈资料发现，水星表面上布满了无数大小不一的环形山和凹凸不平的盆地和坑穴等。一些坑穴显示出陨星曾多次撞击过同一地点，这与月球表面很像。水星表面与月球表面的不同之处是，水星表面直径 20 ~ 50 千米的环形山不多，而月球表面上的直径超过了 100 千米的环形山很多。水星表面上到处都有一些被称为“舌状悬崖”的扇形峭壁，其高度为 1 ~ 2 千米，长约数百千米。科学家们认为，它们实际上是早期水星的巨大内核变冷和收缩时，在其外壳中形成的巨大的褶皱。水星上有一条大峡谷，长达 100 多千米、宽约 7 千米，科学家将其命名为“阿雷西博峡谷”，以纪念美国阿雷西博射电天文台测出水星自转周期这一贡献。

⊙ 水星表面布满了陨石坑，其中最大的叫卡洛里斯盆地。

科学家们还发现水星阳面和背面的温差很大。由于没有大气而直接受到太阳辐射的侵袭，在太阳的烘烤下，水星向阳面温度高达 427℃，而背阳面温度却冷到 –170℃。水星表面一丁点儿水都没有。水星质量小于地球，它的地心引力只及地球的 3/8，所以其表面上的物体，只要速度达到 4.2 千米 / 秒就可以逃逸。

“水手”10 号飞船探测到水星不仅有磁场，而且是一个强度约为地磁场 1/100 的全球性的磁场。水星磁场的发现说明，在其内部很可能有一个高温液态的金属核。科学家根据水星的质量和密度数值，推算其应有一个直径约为水星直径 2/3 的既重又大的铁镍内核。

随着世界航空航天技术的发展，科学家们对水星的探测力度将会继续加大，终有一天，水星的真实面目会呈现在地球人的面前。

神秘的“太白”金星

金星是全天空最明亮的一颗星星。晚间在西方天空出现时，被叫作“长庚星”。早晨在东方天空出现时，被叫作“启明星”。它距太阳的平均距离为 1.08 亿千米，与太阳的角距离约为 47°，人们之所以能时常看到它，主要是因为其大部分时间同太阳的角距离较大。夜空中除了月亮以外，其他所有的星星在亮度上都比不上它。由于常有银白色的、像金刚石的闪光从金星发出，所以，它在中国素有“太白”的别称。

科学家们后来知道，金星非常明亮的原因与其周围有浓密的大气层有关，大气反射了照在它上面的 75% 左右的太阳光。金星离地球最近时，平均为 4000 多万千米。人们常将金星视为地球的孪生姊妹，因其大小、质量和密度与地球差不多。金星的公转周期约为 225 天。20 世纪 60 年代初，通过用雷达反复测量，天文学家得知金星的自转周期为 243 天——竟然长于它的公转周期。另外，金星的自转方向是逆向的，确切地说，它的自转方向是自东向西的，在金星上太阳西升东落，昼和夜（一天）的时间远远长于地球，在那里看到的太阳约是我们所见到太阳大小的 1.5 倍。

金星有厚厚的大气层，这一点天文学家很早就知道了。用望远镜观看，金星只是一个模糊不清的淡黄色圆面，在金星大气的笼罩下，根本无法看清其“庐山真面目”。人们现在所掌握的金星表面及其大气等知识，主要来自空间飞行探测。

自 1961 年以来，苏联和美国先后向金星发射的探测器有 30 多个（虽然有几个发射失败），获得了大量的研究成果。1970 年 8 月 17 日，苏联的“金星”7 号无人探测器成功地实现了在金星表面上着陆探测，曾测得金星温度高达 480℃，表面为 100 个大气压。此后还有多个苏联的探测器都在金星表面实现了成功着陆。美国于 1989 年 5 月发射了“麦哲伦”号探测器对金星进行空间探测，为期 5 年，取得了大量的研究成果。

人类根据对金星的探测结果得知，它那厚厚的大气层几乎全部由二氧化碳组成，因此，它具有巨大的温室效应。其高层大气中的二氧化碳达 97%，而低层处可达到 99%。从许多宇宙飞船发回的照片来看，金星的天空呈橙色，大气中有激烈的湍流存在，还有强烈的雷电现象，有人推算金星上的风速约达 100 米 / 秒。更让人惊讶不已的是，厚厚的浓云笼罩在金星表面上 30 ~ 70 千米左右的高空，云中有具有强腐蚀作用、浓度很大的硫酸雾滴。

总体上看，金星大气层好似一个巨大的温室或蒸笼。尽管金星大气将约 3/4 的入射太阳光反射掉了，但其余那部分阳光到达金星表面并进行加热。大气中的二氧化碳、水汽和臭氧好似温室玻璃，阻止了红外辐射，结果金星蓄积了大量所接受到的太阳能，因而使那里的温度高达 465℃ ~ 485℃。

与水星不同的是，金星上面环形山很少，表面比较平坦，但也有高山、悬崖、陨石坑和火山口。金星上的凹地与月面上的“海”（平原）相似，“海”上有火山。金星有十分活跃的地质活动，其表面有众多的火山、巨大的环形山、许多地层断裂的痕迹以及涌流的熔岩。

金星表面最高的麦克斯韦山位于北半球，远远高于地球上的珠穆朗玛峰；在南半球赤道附近并与赤道平行的地方，是阿芙洛德高原。金星上一处横跨赤道的大高原有近 10000 千米长、3200 多千米宽。有些探测器成功地完成了在金星上的自动钻探、取样和分析任务，人们因此知道了金星表面最多的是玄武岩。

随着科学技术的发展和进步，人类有关金星的探索和研究将会取得更大的成就，金星也将不再神秘。

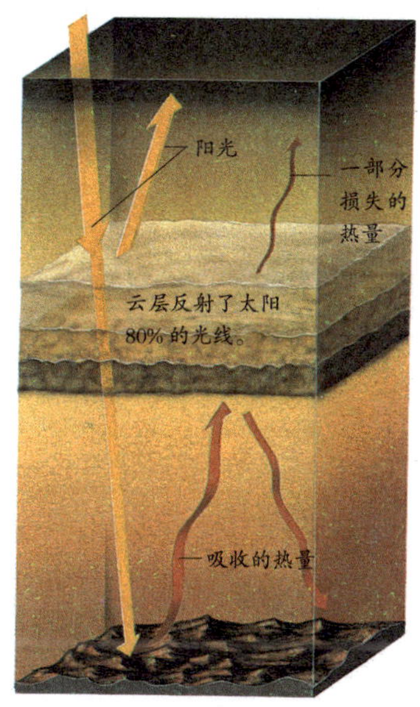

⊙ 金星的大气层

金星上的神秘城墟

据人类目前所知，相对于火星来说，金星的自然环境要严酷得多。其表面温度近 500℃，大气中的二氧化碳占到 90% 以上，时常降落狂暴的具有腐蚀性的酸雨，还经常刮比地球上 12 级台风还要猛烈的特大热风暴。金星的周围是浓厚的云层，以致于 20 余年 (1960 ~ 1981 年）间从地球上发射的多个探测器仍未能认清其真实面目。

⊙ 金星的表面

“麦哲伦”号提供的数据给金星全景图增加了大约4000个表面地貌。它们都是以著名女性的名字命名的，例如《圣经》里的人物夏娃。

20世纪80年代，美国发射的探测器发回的照片显示，金星上有大量城墟。经分析，金星上共有城墟2万座，这些城墟建筑呈金字塔状。每座城市实际上只是一座巨型金字塔，门窗皆无，可能在地下开设有出入口。这2万座巨型金字塔摆成一个很大的马车轮形状，其圆心处为大城市，呈辐射状的大道连着周围的小城市。

研究者认为，这些金字塔式的城市可以有效地避免白天的高温、夜晚的严寒以及狂风暴雨。

苏联科学家尼古拉·里宾契诃夫在比利时布鲁塞尔的一个科学研讨会上首次披露了在金星上发现城墟的消息。1989年1月，苏联发射了一枚探测器。该探测器带有能穿透浓密大气的雷达扫描装备，也发现了金星有2万座城墟这一重大秘密。

刚开始的时候，人们还不敢断定这就是城墟，认为可能是探测器出了问题，也可能是大气层干扰造成的海市蜃楼的幻象。但经过深入研究，人们确信这些是城市的遗迹，并推测是智能生物留下来的。不过，这些智能生物早已绝迹了。

里宾契诃夫博士在会上指出，我们渴望弄清分布在金星表面的城市是谁造的，这些城市是一个伟大的文化遗迹。这位苏联科学家详细地介绍说：“在那些以马车轮的形状建成的城市的中间轮轴部分就是大都会。根据我们推测，那里有一个庞大的呈辐射状的公路网将其周围的一切城市连接起来。”他说：“那些城市大多都倒下或即将倒塌，这说明历史已经很悠久了。现在金星上不存在任何生物，这说明那里的生物已绝迹很久了。”

由于金星表面的环境极差，因此不具备派航天员到那里实地调查的条件。但里宾契诃夫博士强调说，苏联将努力用无人探险飞船去看清楚那些城市的面貌，无论代价多大，都在所不惜。

而在1988年，苏联宇宙物理学家阿列克塞·普斯卡夫则宣布：金星上也存在“人面石”，这一点与火星一样。联系到金星上发现的作为警告标志的垂泪的巨型人面建筑“人面石”，科学家推测，金星与火星是一对难兄难弟，都经历过文明毁灭的悲惨命运。科学家还说，800万年的金星经历过地球现今的演化阶段，应该有智能生物的存在。后来，金星中的大气成分中二氧

⊙ 航天探测器拍摄的金星照片

起伏不大的火山平原，覆盖了金星的大部分地区。而9000多米高的玛亚特山是金星上最大的火山之一。

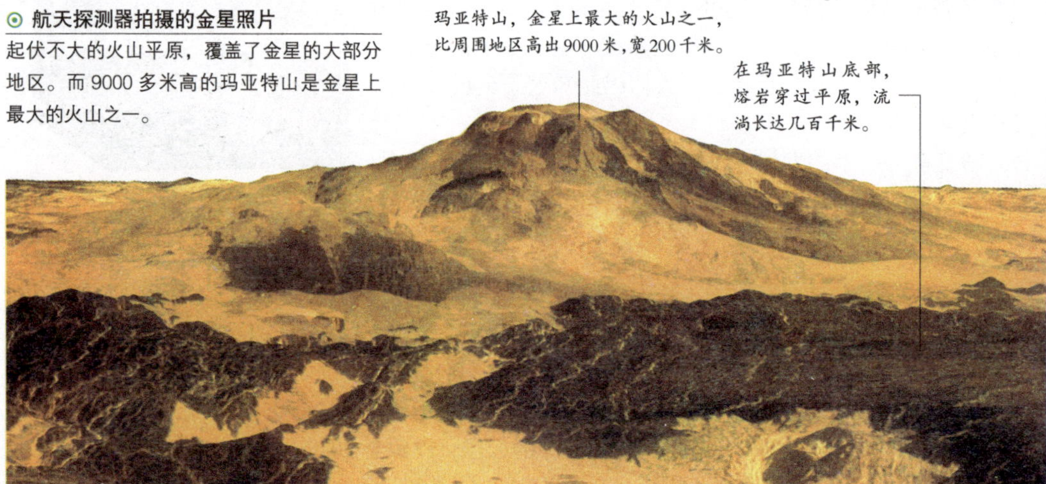

化碳越来越多，以至于温室效应越来越强烈，进而使得水蒸气散失，最终使得金星的环境不再适合生物的生存。

迄今为止，人们在月球、金星、火星上都找到了类似文明活动的遗迹和疑踪，甚至在距离太阳最近的水星表面也发现了一些断壁残垣。地球、月球、火星、金星上都存在金字塔式的建筑。人们将这些联系起来后认为，地球并不是太阳系文明的起点，而是其终点。

倒塌的金星城市中，究竟隐藏着什么秘密呢？那个垂泪的人面塑像到底是否经历了金星文明的毁灭呢？由于这实在太令人捉摸不透了，所以只有等待人类未来的实地探测，但愿这一天能尽早到来。

寻找火星生命

1890 年，美国天文学家珀西瓦尔·罗威尔利用大型望远镜观测火星，偶然发现在火星表面存在着一些沟壑，这些东西看起来和地球上人工开凿的运河极为相似。人们开始怀疑有“火星生命”的存在，大量关于“火星人”的科幻故事也广为流传。

火星上干涸的河床

“海盗”号轨道探测器拍摄到的图片，清晰地显示出了火星上的河床，在数十亿年前，河床里可能有原始生命存在。尽管火星在现在的冰冻条件下，不可能有液态水。

科学家们一直相信火星上有水资源的存在，而且可能是在火星两极或大气高层中以冰雪及水蒸气的形式存在。甚至有许多科学家相信，火星上也可能曾分布有河流和冰川。因为从目前观测到的照片来看，火星上有许多峡谷和沟壑看起来应该是水流冲击而成的。为了证明火星上的确有生命之源——水的存在，美国和苏联两个超级大国从 20 世纪 60 年代起就开始了大量的火星探测工程。

1960 年 10 月，苏联先后两次发射了火星探测器，不幸的是都还没有进入火星的轨道就失事了。

1962 年 11 月 1 日，苏联又发射了 3 个火星探测器，其中一个在飞往火星的途中与地球失去了联系，而另外 2 个只飞到火星的轨道上便停留在那里了。

1964 年 11 月 28 日，美国发射了“水手”4 号探测器。在 1965 年 7 月 14 日飞至距火星 9280 千米的地方，“水手”4 号成功地在近距离拍到了 22 张关于这颗红色星球的照片。

1971 年 5 月 19 日和 5 月 28 日，苏联连续发射了“火星”2 号和“火星”3 号探测器。同年的 12 月 15 日，苏联的“火星”3 号首次在火星上着陆，并从火星表面向地球发送数据达 20 秒。

1971 年 5 月 30 日，美国又成功发射了“水手”9 号探测器，同年 11 月 14 日，“水手”9 号驶入距火星 1280 千米的轨道，并在该轨道上运行将近 1 年时间，拍摄照片 7328 张。依据这些照片资料，美国第一次为火星上的高地、火山、洼地和峡谷等地形命名。

1975 年 8 月 20 日和 9 月 9 日，美国又分别发射了“海盗”1 号和“海盗”2 号探测器。1976 年 7 月 20 日和 9 月 3 日，这 2 个探测器依次在火星上成功着陆，大量新的宝贵数据和图像被发回到地球。其中的“海盗”1 号在火星上工作了 6 年，两次登陆都没有在火星上找到任何有生命的特征或痕迹。

由上述事实可看出，在这些早期的火星探测中，最成功的应该是美国的“海盗”1 号和“海盗”2 号探测器。探测器经过为期一年的星际旅行，终于成功进入了火星大气层，并分别在火星着陆。

科学家们在这两个着陆器上装备了大量的精密仪器，这些仪器能分析火星的土壤，同时也

⊙ 火星探测器拍下的火星表面照片

能对火星上的气压、风速、温度等指标进行测量，并确定了组成火星大气的元素构成。为了探测火星上是否存在生命的迹象，科学家们还专门设计了一些实验。在这些实验中，探测器先是用机械手臂挖掘采集了火星的土壤样本，再通过实验来对土壤样本进行分析研究，结果发现，火星土壤中能够释放出气体。然而那时的科学家却将之归因于化学反应。

在 1999 年，曾为美国宇航局工作过的南加利福尼亚大学的神经生物学家约瑟夫·米勒要求美国宇航局重新研究 20 多年前的实验结果。因为米勒坚信，美国宇航局在 1975 年发射的“海盗”号火星探测器探测收集到的资料中，有可以证实火星上存在生命的证据。但由于后来有关的资料丢失了，到目前为止，美国宇航局的研究还只能证明火星表面发生过化学反应。米勒进一步指出，是美国宇航局把实验的数据弄丢了。美国宇航局考虑了米勒的意见，彻底查找了档案里的资料，终于有一份被忽视已久的电脑记录被找了出来。由于这份记录所用的是极为陈旧的编码格式，已经没有能识别这种编码程序的设计师在世。因此米勒只能靠美国宇航局人员保留下来的数据备份进行自己的研究工作。那些数据很少，只是原来的 1/3 而已。

米勒把资料集中起来进行分析，终于得出结论，认为在火星上很可能有过生命。2001 年 11 月 28 日，他在圣迭戈召开的科学研讨会上，米勒将他的研究成果公布于世。

进入 20 世纪 90 年代以后，由于苏联的解体，火星探测几乎成了美国人的“专利”。美国在这期间先后进行了多次火星探测。

1992 年 9 月 24 日，为了考察火星的地理和气候状况，美国发射了“火星观察者”号探测器，为载人飞船飞往火星探测道路。

1997 年，美国用“火星开拓者”号飞船将“旅行者”号探测器发射到火星，并把相当多的火星照片发回地球。3 个月后，美国“火星环球勘探者”号探测器进入火星轨道，开始绘制火星地图。

2001 年 10 月 29 日，美国火星探测器“2001 火星奥德赛”又在火星上取得了大量的探测结果。

2001 年 11 月底，美国科学家对火星探测器发回的新照片进行了研究，提出了火星表面部分地区很可能存在水的固态形式（即冰）的设想。这项研究结果认为，火星表面在早期分布着广阔的海洋，火星上每平方千米拥有的水量甚至比地球还多。

美国布朗大学的科学家在英国《自然》杂志上发表文章说，“火星环球勘探者”探测器仍在围绕火星飞行，并向地球发回了 8000 多张高清晰度照片。在对这些照片进行研究后，发现有一种地形较为光

⊙ 火星北极的地形

在火星北极有被称为冰帽的永不融化的冰层，大气层中的二氧化碳凝华形成干冰。

滑。科学家认为，这种地形表明该区域的土层是多孔的土壤里面渗入了水后结冰、凝固而成的，或者是水混合了冰、尘土和岩石等，在火星表面形成了一层厚度达 90 厘米的覆盖层。在庞大的火星表面，从火星寒冷的南极直到大约南纬 60 度的很大一片区域里都是这样的含水区。

虽然目前只找到了水分解反应的产物之一——氢原子，但是这一发现对于推测火星曾经有过的含水量大有帮助。

研究还表明，早期的火星上有一个海洋，其深度最深可达 1.6 千米。由于发生了化学反应，加上小行星和彗星的撞击，致使火星在过去几百万年中逐渐失去了所有的水分。

研究人员认为，水仍然存在于火星土壤深处，或者是处于冰冻状态。

假如将来可以证实这一发现，连同其他火星上有水的证据，便会使火星上曾经存在液态水甚至简单生命的可信度大大提高。假如人类可以进一步探测出充足的水资源，那么，人类进行更进一步的火星考察乃至移居火星都将变得更加容易。

土星与神奇的土星光环

大家知道，土星有一个美丽的光环。早在 300 多年前，意大利科学家伽利略首次用望远镜观测土星，他发现土星两边好像“长着”什么附着物。可是用那架简陋的小望远镜无法看清楚。伽利略所发现的东西其实就是土星的光环。环绕土星的稀薄的美丽光环，不仅使土星本身变得漂亮，也把整个太阳系装饰得更美观了。当一个人第一次用眼睛接近望远镜的时候，对他来说，除了月亮，土星光环也许就是最奇妙的景色了。人类对土星及其光环的探索，是一个漫长而又艰辛的过程。

随着世界航空航天技术的发展，人类对土星的了解逐步深入。

太空船“先驱者”11 号、“旅行者”1 号和“旅行者”2 号自 1979 年以来先后探测了土星。飞船从太空深处向地球发回了大量有关土星本体、光环、卫星的彩色照片和多种信息。飞船拍摄的照片显示，土星本体呈淡黄色，彩色的带状云环绕着赤道部，云上有一些美丽的斑点及旋涡状动态结构，北极地区呈浅蓝色。

另外，“先驱者”11 号还探测出土星高层大气存在着主要由电离氢组成的电离层。土星上存在很强的跨度达 6 万千米的雷暴闪电（木星上也发现过这种情况）。在距土星 128 万千米处，飞船发现土星有磁场以及磁层结构。土星磁场强度比木星磁场强度弱得多，其强度只有木星磁场的 1/20，但比地磁场要大上千倍。从整体上看，土星磁层像一头头部圆钝、尾部粗壮的“巨鲸”。位于磁层内的土星辐射带强度弱于地球，但其辐射带范围却是地球辐射带的 10 倍。空间探测还证实，土星所发出的能量是从太阳得到能量的 2.5 倍，这一点与木星一样，表明其也有内在能源。

天文学家经过研究发现，土星的光环不是地面看到的 3 个、5 个或 7 个，而是成千上万个。从飞船发回的照片看上去，土星光环与一张密纹唱片很相似，可谓“环中有环”。让人更为眼

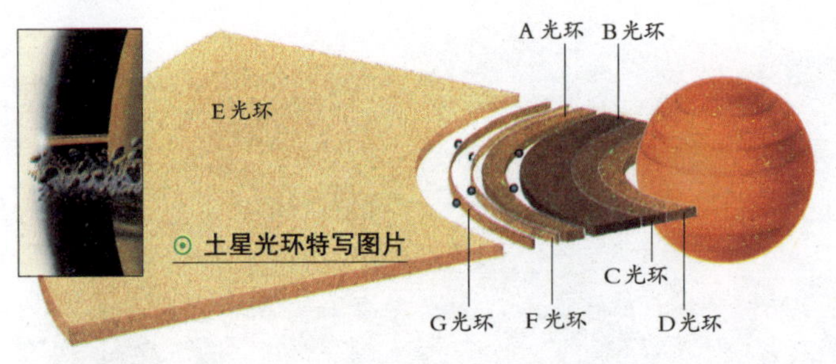

⊙ 土星光环特写图片

花缭乱的是，光环呈现螺旋转动的波浪状，还有的环呈不对称的锯齿状、辐射状，有的光环甚至像辫子一样互相绞缠着。科学家对此现象十分惊异。土星光环的厚度仅有1.6 ~ 3.2千米，宽度却达20万千米。事实上，无数大小不等的物质颗粒组成了土星光环，所有的物质颗粒都是直径几米到几微米的石块、冰块或尘埃。构成土星光环的这些物质快速围绕土星运动，在太阳光的映照下，绚丽多姿，土星因此被装扮得异常漂亮。

众多科学家不仅对美丽的土星本身有极大的兴趣，而且也很重视土星的庞大家族。后来，太空船在以前的基础上又发现了13颗土星的卫星，由此使土星卫星的数目达到23颗。土星卫星体积大多很小，有的卫星直径仅二三十千米，直径超过100千米的卫星只有5颗。

土卫六是土星的卫星中最大的一颗，仅次于太阳系最大的卫星——木卫三（半径为2634千米）。土卫六的半径为2414千米，土卫六上存有浓密的大气层，氮（约占98% ~ 99%）为其主要成分，其余是甲烷(即天然气)以及微量的丙烷、乙烷和其他碳氢化合物，厚度约2700千米。一些科学家认为，可能有原始生命在土卫六上存在过。由于它和太阳相距遥远，高层大气的温度在 -100℃左右，低层大气温度约 -180℃。

1997年10月15日格林尼治时间8点43分,美国的“大力神4B”运载着“卡西尼”号宇宙飞船，从肯尼迪宇航中心顺利升空，开始了为期7年的奔向土星的航行。根据计划，“卡西尼”号飞船抵达目标后，对土星和土星的卫星——土卫六进行探测是其主要任务。这次航行的目的是为了探寻土卫六是否有生命以及获取地球生命进化的线索。

这个项目由欧洲航天局、美国航空航天局和意大利航天局携手合作开发。由“大力神”火箭运载的“卡西尼”号宇宙飞船被送往土星轨道，2004年7月1日两层楼高的探险机器人在土卫六登陆。“卡西尼”号完成了有史以来的首次环绕土星轨道运行，从2004 ~ 2008年共绕行74圈。“卡西尼”号将45次扫过土星最大的卫星土卫六，它与火星的大小相近，比水星和冥王星都大。2005年11月6日，它在轨道上向土卫六分离释放出“惠更斯”号子探测器（由欧洲空间局制造)。它通过降落伞降落在泰坦卫星上，从而成为在另外一个星球的卫星表面着陆的第一个外空探测器。人类能够依据其反馈的资料更好地了解土星。

“旅行者”1号飞船在飞越土星时，对土卫一、土卫四和土卫五的探测取得了很大的成功。在卫星运动方向的半个球面上，发现有很多由撞击形成的环形山，而另外半个球面上却很少有这样的环形山。土卫一的直径约390千米，而其最大的环形山直径竟达128千米，在环形山的底部有一座高达9000米的山峰。

土卫三的直径超过1000千米，在其表面，也有许多几十亿年前因陨星撞击而留下的陨石坑，其中一个坑的直径达400千米，底深约16千米，在它的另一侧有一条长达800千米的既深又宽的大峡谷。土卫二直径约500千米，它有十分“光滑”的表面，即“星疤”很少，这实在是一个奇怪的现象。土星卫星可能由一半水冰一半岩石构成,其密度都在每立方厘米1.1 ~ 1.4克之间，且有厚厚的冰层覆盖在岩石核的周围。

目前，土星在很多方面仍存在着许多未彻底揭开的谜。科学家们正以严肃认真的态度，努力深入探索和研究这个谜。我们相信，随着现代科学技术的突飞猛进，这些谜总有一天会水落石出的。

木星上有生命吗

也许我们能十分有把握地断定，在太阳系的诸天体中，除地球外，没有任何一个天体拥有智慧生物，但仍无法肯定，在这些天体中也不存在任何生命活动，特别是那些低等的原始的微生物。除火星外，如今木星也被列入了“怀疑名单”。

木星之所以被怀疑可能有生命存在，是因为它的生态条件与地球比较接近。但是，这颗太阳系体积最大的行星上根本没有可供登陆的固态地表，这是一颗由气体构成的巨大星体，大气层中充满了氢气、氦气、氨、甲烷、水，这样的条件对生命的生存有着极大的障碍。

知识档案

木星上的气候

木星是由以氢为主的氢氦混合气体组成的巨大的气体状球体，这些气体在内部被压缩成液体，其压力非常大。温度在-125℃~17℃之间，气候很不稳定，自1644年第一次在木星上发现风暴以来，350多年来一直有一团飓风在其表面肆虐。这就是大红斑，它呈逆时针快速旋转，周期为6天。大红斑主要由氨气和冰云组成宽约1.1万千米，位于木星赤道南侧的上空。

随着科学技术的进步，人们对木星了解得越来越多。科学家们对木星大气层的成分进行研究后发现，木星大气成分和形成于早期地球海洋的物质十分相似。因此，木星上存在生命形式也成为一种可能。

然而，进一步的调查显示，木星大气层内具有强烈的乱流，而且大气下方温度极高，在这种情况下，很难形成生命。任何生物只要一碰到这股乱流，就会被卷入下方的高温中，化为灰烬。

科学家认为，唯一可以在这种环境下维持生命的办法就是在被烧焦之前复制新的个体，并且借助气流的力量把后代带到大气层中较高、较冷的地方。这种极少的生命形态可以在大气层外侧飘浮，其生命活动的能量主要来自所取用的食物。

令科学家欣喜的是，美国“伽利略”号探测器前不久拍摄的照片显示，在木星的一颗卫星（木卫二）的表面下可能隐藏着一片海洋。如果这片海洋真的存在，那么其中就可能存在生命现象。“伽利略”号探测器拍摄的照片揭示出木卫二表面上有一个网状系统，该系统中的一些山脊和断层很像地球上板块构造形成的形态。有人在“旅行者”号飞越木星以后就猜测木卫二经历过火山活动，此次“伽利略”号拍下的近景照片为这一猜测提供了有力的证据。

据此，某些理论工作者假定，有一片深达200千米的液态海洋被掩盖在木卫二的冰壳之下。这一观点进一步论证了下述推测：木卫二可能存在类似于在地球深海温泉处富含矿物质的水中

绕木星轨道飞行的“伽利略”号探测器

繁衍生息的那些有机体的生命形态。

总之，对于木星是否存在生命这一问题，目前我们还无法做出肯定的回答。

月亮是撞出来的吗

月亮是地球的卫星，紧紧地围绕着地球而旋转，但月亮到底是怎样形成的呢？科学家们提出了许多假说。目前，有关月亮形成的最重要的学说认为，大约是46亿年前，一颗大小与火星相似的星体强烈划过并碰撞地球，碰撞形成的大量熔岩碎片和尘埃被撞落在地球周围轨道之内，经过长时间的相互碰撞和聚集，最后形成了今天的月亮。

阿波罗登月计划的发现有力地支持了这种碰撞学说。航天员们从月球上采集了大量的土壤标本，这些土壤标本里所含有的矿物质和地球上的非常相近，因此科学家们确信，地球和月亮有着共同的起源。

通过对美国“阿波罗”号宇宙飞船从月球带回的岩石进行了大量的研究后，瑞士联邦科技研究所的科学家发现的最新证据表明，月球和地球曾经真的相撞过。

目前，科学界还有一种月亮生成的理论。此种理论认为，月亮在最早的时候和火星一样大，科学家叫它为Theia，大约在太阳系形成5000万年后，即地球生成的早期，此星球与地球剧烈相撞，并撞击出大堆大堆的熔岩，今天的月球即由其中某些熔岩聚集而形成的。

此外，瑞士科学家们这次还发现，月球岩石里面氧气的同位素含量和地球的完全一致。另外，科学家通过计算机进行碰撞模拟试验，试验显示月球主要构成物质来源于Theia星球的材料。为此，瑞士的科学家们断定，月亮和地球同位素的含量既然是一致的，那足以证明Theia曾经同地球发生过碰撞。

一个新的计算机仿真模型，为月球起源的大冲撞假说提供了新的证据。

大冲撞假说认为月球是地球与一个路过它附近的天体相互撞击而产生的，月球的某些特征能用此理论来解释。但在此之前建立的大冲撞模型认为，当初的相撞过程必须具备一些条件才能形成现在的月球，比如相撞的天体体积要非常大、发生撞击的次数要足够多；或者是地球还处于体积比现在小得多的早期状态等。由于这些条件过于严格，难以达到，因此大冲撞假说也一直受到科学界的挑战。

在一期英国《自然》杂志上，美国科罗拉多州西南研究所的罗宾·卡内普及其合作者说，在研究中他们把地球和与之相撞的天体划分为两万多个部分，分析相撞时产生的各种现象如各部分之间的压力、引力等相互作用以及温度升高，然后用计算机模拟不同初始速度和角度下的相撞过程并生成三维图像。结果显示，尺寸类似于今天的地球与一个火星大小的天体斜斜地相撞，足以形成现在的月球。也就是说，相撞所需的初始条件并不像旧模型认为的那样苛刻，月球很有可能通过大冲撞而产生。

现在还没有哪一个假说能完满地解释月球到底是来自何方，天文学界对此也没有确切的解释。也许随着科学技术的发展，有关月球的来源能得到明确的解释。

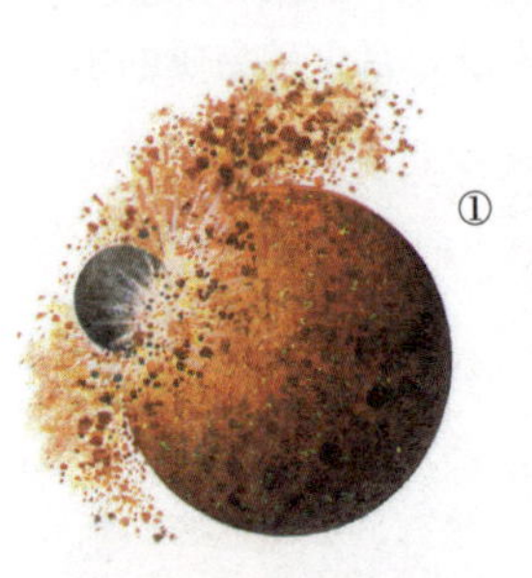

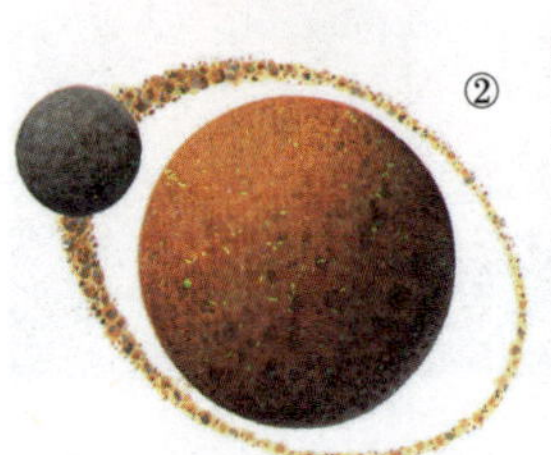

⊙ 月球是怎么形成的

许多天文学家认为，月球是在几十亿年前另外一颗庞大的天体撞击地球后形成的（①）。撞击时从地球和那颗天体上脱落的物质扩散到太空中，之后这些物质聚集在一起形成月球（②）。这也解释了为什么地球上的岩石和月球上的不同。

难窥其实的月亮背面

自古以来，人们就喜欢仰望月亮，然而无论何时何地，人们看到的总是月亮的同一面。为什么人们无法观察到月亮的另一面呢？原因在于月球绕轴自转的周期与绕地球公转的周期刚好相同，因此人们用肉眼始终只能观察到月球的半个球面。

地球的公转轨道面和月亮的公转轨道面存在一个交角，这就使月亮自转轴的南端和北端，每月轮流朝向地球，因而在地球上有时也能看到月亮两极以外的一小部分，占月亮表面的59%。那么其余的41%的月面（月亮的背面）呢？有人说，月亮的背面，也许有空气和水的存在，重力可能要比正面大一些；也有些人预言那里有一片既广阔、又明亮的环形山；还有一部分人认为月亮正面的中央部分是最高地，而背面的中央部分则是一片“大海”——呈暗色的平原。

1959年，苏联发射的“月球”1号探测器在1月4日飞抵离月亮6000米的上空，并拍摄了一些照片传回地球。1959年10月4日，苏联又发射了“月球”3号。它于10月6日开始进入月球轨道飞行，7日6时30分，转到月亮背面大约7000米的高空。当时在地球上的人们看到的是“新月”景象，而在月亮上正是太阳照射其背面的白天，是照相的大好时机。就这样，人类有史以来拍摄到的第一批月亮背面的照片公之于众。

月亮的背面也像正面一样，中央部分没有“海”，绝大部分是山区，其他地方虽有一些“海”，也都比较小。背面的颜色相较于正面稍红一些。

1966年，美国“月球太空船”所拍摄的照片，使人们能够仔细地看清同美国西北部的圆丘相似的月面上那些大量错落、形状不一的圆丘。科学家认为，是月亮内部熔岩向月面鼓涌形成了这一月貌。

科学家对现代科学仪器观测的结果和航天员带回的月亮岩石进行分析，做出了这样的假设：在月貌的形成过程中，火山活动和陨星撞击这两种自然力量都起了作用。在火山活动中，形成了许多圆丘和较小的环形山，而那些大环形山则是陨星撞击月亮时造成的。

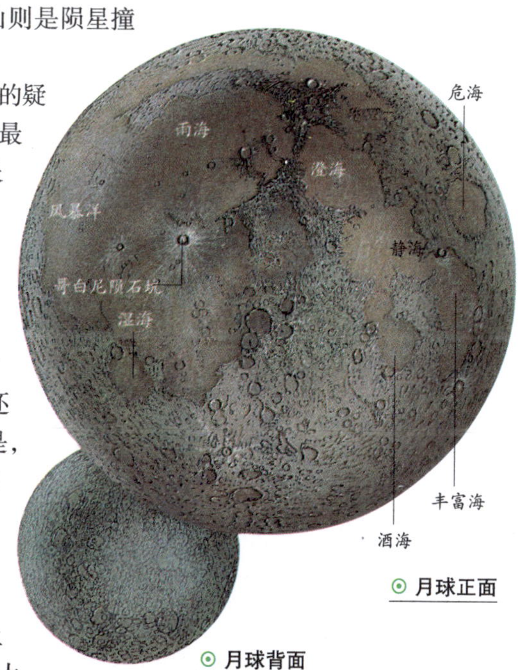

月球正面

月球背面

而随着科学家观测的深入，产生的有关月背的疑团却愈发复杂。第一件怪事是月球的最长半径和最短半径都在月背。月球半径最大处比平均半径长4000米，最小处比平均半径短5000米，而月球半径的平均值是我们通常所说的1738千米。

第二件怪事则是月球的正面集中了所有的月瘤。月瘤也叫月质量瘤，是月球表面重力比较大的地方。科学家们估计，在这些地方的月面以下有许多高密度物质。此外，月球上还有些地方重力分布小于平均值。令人不解的是，月瘤所在的正异常区和重力偏小的反异常区都在正面，而月背上却没有一处。

另外，月球“海洋”、“湖”、“沼”、“湾”等凹陷结构占了月球正半球面积的一半，共有30余处这样的凹陷分布在月球上，但90%以上都集中在正面，完整的“海”只有两个是在月背上，

知识档案

月球环形山

“环形山”这个名字是意大利著名的天文学家伽利略所起的，它形状像“碗”，中间有一块圆形的平地，四周凸起一圈山环，是月球表面最显著的地形特征。环形山几乎布满了整个月面，这些星罗棋布的环形山大小不一，有的直径达到200多千米，有的只不过是直径仅有几十厘米的小坑。现在已经观测到的直径超过1千米的环形山有3万多个，总面积占月球面积的7%～10%。月球上最大的环形山是位于月球南极附近的贝利环形山，它直径295千米，比我国的海南岛还大一点。最高的环形山高达9000多米，比喜马拉雅山还要高，最深的环形山是牛顿环形山，有8788米深，就算阳光也照不到它的底部。环形山都是用世界上著名的科学家和思想家的名字来命名的，如阿基米德环形山、牛顿环形山、哥白尼环形山、开普勒环形山等，其中以我国古代科学家的名字来命名的环形山有4座，它们是位于月球背面的石申环形山、张衡环形山、祖冲之环形山和郭守敬环形山。

不足背半球面积的10%，月背其余90%的面积都是由起伏不平的山地所组成，山地的分布结构呈现出几个巨大的同心圆，地形凹凸悬殊，剧起剧伏，而这种地势是正面所没有的。

人们不禁要问，月球正面与背面的这些差异是怎样形成的？自从看到了月球背面的“本来面目”，科学家便对这一问题从各种角度展开了研究。经过长期的努力，科学界形成了几种不同的见解。

有人认为，在地球引力的作用下月球发生了“固体潮”，即月球地层也出现类似地球上的潮汐现象，结果就导致了正背面的差别。也有人认为，月球正背面的差异是由巨大的温差所造成的。当地球运转到太阳与月亮之间，月亮上便会发生日全食，此时月球正面的温度会急剧降低，因而形成巨大温差，反复的温度骤变引起了正背面的差别。

小行星会撞击地球吗

近年来，关于地球的命运有一个很敏感的话题，即小行星会撞击地球。的确，在茫茫宇宙之中，地球只是一个很不起眼的星球。既然宇宙中每时每刻都在发生星体碰撞，那么地球也就存在被撞击的可能。但是这里是人类的家园，就目前而言，我们舍此别无居所。因此人们自然会想到一个很令人担忧但不容回避的问题：地球的命运如何？小行星真的会撞击地球吗？

实际上，这并非杞人忧天。尽管各种星体在茫茫太空的运行都井然有序，大家“井水不犯河水”，按各自的轨道来回穿梭运行。但是，偌大的宇宙太空，天体运行中的“交通事故”经常发生。经研究，彗星和小行星对地球的威胁最大。太阳系的外部边缘是彗星的活动范围，这种活动范围时时急剧地倾向地球的轨道。这种情形就像一辆车在双向高速公路上行驶，不断有车辆迎面而过，也不断有人从旁边的快车道超车。不过与彗星相比，太阳系小行星对地球的威胁要大得多，毕竟彗星的物质构成还很稀薄。

1807年，灶神星被发现以后，一直到1815年，8年间再没有人发现过小行星，直到1845年发现了第5颗之后，每年都有新的发现，小行星的数量急剧增加。23年后，小行星的数目突破100颗，数量达到200颗时只用了29年。又过了33年，小行星的数量已经达到449颗。截止到1999年1月初，已有1万多颗小行星被人类正式编号记录下来。据估计，约有50多万颗的小行星能通过天文望远镜用照相的方法记录下来。

小行星与大行星一样，都紧紧地围绕着太阳旋转，但它们大小不同，形状各异。小行星一般都不大，最大的谷神星直径只有700多千米。据统计，只有100多颗小行星直径大于100千米。约有一两万颗小行星的直径都不到1000米，大多数小行星的直径仅有几米、几十米。此外，已发现有小卫星绕着部分行星运转。

1991年10月，“伽利略”号探测器（其主要任务是探测木星）拍摄到大小约为19×12×11

立方千米，自转周期约 2.3 小时的第 951 号小行星加斯帕拉。其表面有几百个较小的陨击坑，这可能是当它在碰撞时，大陨击坑被强烈的大星震夷为平地。

“伽利略”号探测器还拍摄到一颗具有磁场的叫“艾达”的小行星，同时还发现了艾达的卫星也具有磁场。小行星艾达呈不规则的长条形状，大小约为 56×24×21 立方千米，自转周期是 4.6 小时，其表面有许多撞击坑。距离艾达 1000 千米的小卫星直径为 1.5 千米。据分析，可能是一颗直径达 250 千米的母体分裂而形成的艾达小行星及其卫星，迄今它们仍保持着磁场。有趣的是，一年后“伽利略”号宇宙飞船观测到的 4179 号小行星，也是一对形状很不规则的小行星，其中最大的直径为 6.5 千米，其上均有许多陨石坑。

1997 年 6 月 27 日，美国“近地小行星会合”号空间探测器拍摄了一张距离小行星 2400 千米的照片，这颗小行星就是 253 号行星“玛蒂尔达”。它属于碳质小行星，大小为 57×53×50 立方千米，其自转周期为 17.4 小时，表面反射率很低，有 4% 的入射阳光能被反射回去。玛蒂尔达表面上布满了陨石坑，陨石坑比小行星艾达上的陨石坑要大，有一个陨石坑的直径至少在 19 ~ 20 千米以上，相当于它本体直径的 2/5。

小行星通常是由下列物质构成的：石头、碳、金属、石与金属的结合。按它们所在的空间区域分，主要有以下 3 类：（1）位于火星与木星之间的小行星带。在该区域中，小行星围绕太阳运行，轨迹近似圆形。多数小行星，尤其是较大的小行星都位于这一区域。（2）特洛伊小行星群，包括两个小行星群，它们与木星在同一轨道上运行，其中一个小行星群在木星之前 60 度，另一个小行星群在木星之后 60 度。这些小行星的命名是用特洛伊战争中的英雄命名的。（3）绕太阳运行时穿过地球轨道且自身轨道明显伸长的一群小行星，它们的轨道不规则。这类小行星以古希腊与古罗马神话中的太阳神阿波罗命名。

在上述小行星中，只有阿波罗型的小行星对地球有危险。这些小行星通常每隔若干年穿越地球轨道一次，它们穿过地球运行轨道时，虽说距离地球相对比较远，但少数的近地小行星仍有可能与地球碰撞。它们主要是平均直径略超过 0.8 千米的石质小行星，直径从 6 ~ 39 千米不等。迄今已发现近 200 颗阿波罗型小行星，而且这个数字还在继续增长。

天文学家认为，可以排除直径小于数十米的近地小行星对地球构成威胁的可能，因为它们往往在与大气摩擦时产生巨大热量，在未到达地面前就已经被燃烧殆尽。直径大约 100 ~ 1000 米以上的小行星对地球构成了较大的威胁。直径 1000 米以上的中等小行星对地球的威胁最大，这是因为它们撞击地球的机会相对比较大，而且它们数量众多。撞击如果发生，会释放出极其巨大的能量，而且会使世界上 1/4 的人口死亡。假定一颗小行星撞上地球，它的密度为 3 克 /cm^3、平均速度为 20 千米 / 秒，直径为 1000 米，那么它所造成的冲击相当于数十亿吨黄色炸药的爆炸力，其能量为 1945 年在广岛上空爆

⊙ 小行星有时会移动到离地球很近的位置，然而大多数小行星都停留在远离太阳的所谓小行星带内。彗星会横穿太阳系运行到远方，偶尔还会从地球身旁经过。

⊙ 体积最大的小行星为巨大的岩石块，但是很少有这么大的小行星落到地面上。

炸的原子弹所释放能量的几百万倍。

⊙ 小型小行星在到达地球表面前一般都会被地球的大气层烧尽，而大型小行星与地球相撞并摧毁地球的几率则非常小，像图中所示的景象几乎不会出现。

事实上，从诞生伊始，地球便在漫长的年代里不断受到撞击。说起来人类应感谢这些撞击，因为正是由于这些撞击，地球才会有水或其他生命所需的有机物质出现。大约45亿年前，天文学家认为在一团旋转的气体和尘埃云中诞生了太阳系。岩石等物质凝聚为包括地球在内的行星。由于岩石在互相碰撞中释放出巨大的能量，地球最初像一个熔融的球体，热度很高，表面的水、二氧化碳、氨、甲烷等挥发性的物质都沸腾逸散了。随岩石逐渐减弱了撞击，地球慢慢冷却下来，地壳凝结成固体。这时太阳系边缘的寒冷的彗星，携带着水等有机物质撞击地球，于是生命开始了漫长的进化过程。

然而，这些不速之客的光临并非总给地球带来好运。古生物学家认为由于小行星或彗星撞击地球，地球进化史上曾发生了几次50%以上的物种灭绝事件。如5.05亿年前和4.38亿年前，海洋生物被灭绝；3.6亿年前，海洋和陆地有机体被灭绝；6500万年前，统治地球1亿多年的恐龙被灭绝。特别是恐龙的灭绝，由于距我们时间最近，一直最为人们关注。近来有越来越多的研究人员认为，小行星的撞击造成了这种庞然大物的灭绝。

如果说只能推测和想象上述撞击事件，那么发生在20世纪的险情则让我们有了真切的感受。100年间，天文学家发现过许多次近地小行星与地球近距离“照面”的情形，真是“险象环生”。令天文学家们大吃一惊的是，1932年首次发现阿莫尔型小行星离地球最近时只有2200万千米。1989年，在“1989FC”小行星远离地球半年之后，曾引起一场轰动世界的风波，人人都以为小行星可能撞击地球，后来证实这只不过是新闻报道的失误，让人虚惊一场。1991年1月18日，人们发现“1991BA”小行星离地球的距离只是月球到地球距离的一半，仅17万千米，当时堪称“近地之冠”。“1997BR”小行星是中国天文学家发现的第一颗距地球距离小于7.5万千米的近地小行星，其运行轨道与地球轨道相切。像这样与地球轨道相切的近地小行星，是已知的对地球潜在威胁最大的小行星。2000年12月底，一颗小行星从伦敦上空“飞过”，吓得不少人直冒冷汗，当时这颗直径为46米的小行星距地球仅仅80万千米，如果它撞上地球，将会撞出一个1200米宽的大坑，后果不堪设想。

相对于这些有惊无险的事件，20世纪初的那次撞击更让我们感到了它的威力和可怕。1908年6月30日凌晨，一个来自太空的火球拖着长达800千米的尾巴在通古斯河谷上空爆炸，通古斯河谷位于贝加尔湖西北800千米处。大片森林被强烈的冲击波击倒，燃起一场冲天大火，浓烟积聚成的黑云许久不散。遥远的伦敦甚至也听到了爆炸声，约有1500只驯鹿葬身火海，所幸没有人死亡。后来人们发现在爆炸中心出现了一个巨大的“坑”，200多个直径1～50米的洞穴遍布在周围3000米的范围内，30～60千米范围内的树木全部倒下，树根齐刷刷地冲着爆炸中心。这一事件被称为“通古斯事件”。由于科学家们在现场没有找到陨石碎片，因此他们几十年来一直在苦苦探索。近年来，有一种为越来越多的人所能接受的解释是：一颗石质小行星从东北方向以30°角进入大气层，这颗直径30米的小行星的速度是15千米/秒，它的冲击波的震荡和压力化解了自己，当辐射能达到临界值时，发生的威力相当于1000多万吨TNT炸药的爆炸。让人庆幸的是，它发生在荒凉的西伯利亚地区，虽然当时它没有直接造成人员死亡，但却使周围牧民受到了辐射的损伤。在他们及其后代身上，出现了许多像广岛原子弹事件的受害者一样的怪病。

据科学家预测，21世纪里小行星与地球“照面”的机会将有7次，这7次都发生在距离小于300万千米的情况下。近来，英国天文学家已计算出一个位置，在这里，小行星带有可能接近地球。这个小行星带可能会增加碰撞地球的机会，而且都是灾难性的。报告说，在适当的条件下，这些天体可以在非常接近地球的轨道上运行。虽说并不能确定地球与小行星是否会发生大碰撞，但这种危险的确存在。也就是说，那些数百万年或数千万年才会有一次的碰撞事件的确可能存在，尽管概率很低，但不能排除这种可能性。

我们只有提前探测到潜在的有巨大杀伤力的小行星，才能避免悲剧的发生。为此世界各国制订了观测计划，都是针对近地小行星的。比如美国的“太空监测计划”、“近地小行星追踪计划”，中国的“施密特CCD小行星计划”等。再者，就是考虑如何拦截小行星或使其偏离原来的轨道而远离地球。形形色色的方案随之被提出来了。方案一为“打击”，有人提出可用一系列的钨弹排列起来打击小行星，或将数万发至数十万发钨弹用轻质纤维串在一起形成一个打击自投罗网的小行星的三维网络；方案二是“蒸发”，即在小行星轨道上引发使其汽化的核爆炸；方案三称“转向”，即通过发射火箭或利用核爆炸拦截或改变小行星运动方向。但以上3个方案产生的碎片极有可能会对地球造成更大的伤害。因此，方案四是：利用太阳能让小行星“光荣妥协”。具体方案是：在小行星活动区域附近安置一面巨大的由超薄片制成的凹面镜，来搜集太阳能；然后利用第二面镜子将能量聚集到小行星上的某个区域，使其发热；在受热不均匀的情况下，小行星会自动转向。甚至有人提出，干脆利用地球上发射的超高能激光，直接推动小行星偏离其轨道。

另外，科学家们设想，或许有一天，人们可能要到小行星上去采集稀有金属，小行星自然就成了天然的航天中转站。

陨石来自何处

我们经常会看到有关某地又发现新的陨石的报道，这些神秘的外来客曾经让地球人恐慌不已。现在随着人类的研究领域已跨向星际空间，陨石的神秘面纱也渐渐被人类揭开了。

科学家在对陨石的不断研究中发现，陨石是坠落地面的流星体残余。在对其物质成分进行分析后，科学家们认为可以把它们分为三大类：

陨铁，或称铁陨石，其主要成分为铁和镍等金属元素，如铁占90%左右，镍占5%～8%，或更多些。已知世界最大的陨铁质量约60吨，现仍位于非洲纳米比亚南部的原降落地。中国的“新疆大陨铁”，质量约30吨，在世界上名列第三。

陨石是各类陨石的统称，有时为了加以区别，将其称为石陨石。多数石陨石中到处可见的是直径一般从零点几毫米到几毫米的很小的球状颗粒。由于它们形成于特殊的条件下，其结构也是前所未见的，在地球上的岩石

⊙ 陨石标本

知识档案

吉林陨石雨

1976年3月8日下午，中国吉林市北郊降落了一次世界上罕见的陨石雨:一个大火球，拖着长长的尾迹，划破白昼的天空，从天而降。伴随爆炸和滚滚闷雷声，刹那间大火球分裂成许多小火球，逐渐变暗；紧接着许多石头纷纷落地。前面较大的火球消失后，一块大石头猛烈冲击地面，溅起一束蘑菇云状烟尘，大石头穿透冻土层，砸出一个深6.5米、直径2米多的坑。这块陨石重1770千克，是至今世界上最大的石陨石，连同收集到的其他陨石，总重量达2吨以上。这就是著名的“吉林陨石雨”天文事件。

⊙ 美国亚利桑那陨星坑

这是小行星撞击地球的最好例子。从理论上说，会有许多小行星可能撞击地球，但能对地球造成灾难性影响的并不多。

内还没有见到过这种球状颗粒结构。含球状颗粒结构的石陨石中，球粒陨石约占84%。1976年3月8日，世界最大的石陨石降落在中国吉林省，在已收集到的100多块陨石碎片中，一块约1770千克的陨石碎片最为重要。

陨铁石，或称石铁陨石，一般比较少见，基本上由铁、镍等金属和硅酸盐各一半组成，是介于陨石和陨铁之间的一种陨石。

据估计，每年降落到地球上来的陨石大约有几千万颗，其中只有很少一部分被人们找到，其余的大部分都落到了荒无人烟的地方或江河湖海里去了。人们在接待这些“宇宙来客”之时，常常想弄清楚：这些神秘的天外来客究竟来自何处？科学界对此意见不一。

有人认为，陨石来自彗星。因为有些彗星没有彗发和彗尾，只有彗核，这就与小行星难以分别了。日本东京大学的古在山秀博士就认为，最早发现的小行星伊卡鲁斯，很可能就是由彗星转变而来的。有人还分析了小行星和陨石的结构，发现它们具有相同的物质构成。

但更多的人认为，太阳系的小行星带是陨石的故乡。小行星沿着椭圆形的轨道围绕太阳运行，当它们接近地球时，有些便离开了家乡，到地球上安家落户。

1947年2月12日上午10点左右，在符拉迪沃斯托克北面的锡霍特·阿林山脉，一块巨大的陨石坠落了。根据陨石坠落的方向和角度，考察队员推测出了这颗陨石进入地球大气层时的轨道是细长的椭圆形，远日点在地球内侧，近日点在火星和木星的轨道之间。所有这一切都说明这颗陨石与小行星具有一致的轨道。由此可知，这颗陨石的前身是小行星。1959年4月7日晚，科学家根据落在捷克斯洛伐克布拉格市附近非拉布拉姆镇的那颗陨石的方向和速度，也推测出它的前身是小行星。1970年，科学家根据降落在美国俄克拉何马州北部的罗斯特西底的一颗陨石的运行轨道，证明它也曾是一颗小行星。

就在人们寻找陨石的故乡的同时，在陨石当中又发现了金刚石。作为一种比较坚硬的矿物，金刚石若没有高气压是难以形成的。那么，为什么金刚石会出现于陨石里呢?

苏联地质学家尤里·波尔卡诺夫认为，陨石的母体要达到月亮那么大才可能形成金刚石。因为碳元素是构成金刚石的重要物质，至少需要$2\times10^6\sim3\times10^6$千帕，才能使碳元素变成金刚石。月亮的半径是1700千米，它的中心部位的压力可达$4\times10^6\sim5\times10^6$千帕。所以，陨石母体如果比月亮的一半还小，金刚石是难以形成的。

另一种说法谈到陨石中金刚石的成因时，认为金刚石是在陨石与地球相撞时形成的。在美国西部亚利桑那州科科尼诺县，有个世界闻名的巴林杰陨石坑。在这个陨石坑的边缘人们找到了含金刚石的陨石。有人认为，可能是在陨石与地球相撞时所产生的冲击力的压力下形成了这种含金刚石的陨石。只要有足够大的冲击力，就可能形成金刚石。在这种情况下，陨石母体可以不必像月亮那么大。

此外，还有一种观点认为，陨石在空间飘荡的时候，撞到了其他陨石。在足够的冲击力下，金刚石才得以产生。

尽管观点不一，但科学家们仍在寻找着新的证据，相信人类终有一天会寻找到陨石的真正的家园。

神秘的UFO

长久以来，人们都自以为人类才是宇宙中唯一的生命，可是 UFO 的出现使人类开始重新考虑并关注其他星球是否存在生命的问题，以及这些生命是否与地球、人类之间存在着某种联系。一直以来，关于神秘的 UFO 的故事不断充斥在各种杂志、报刊和影视中，那么 UFO 是不是外星人的交通工具呢？它真的是天外来客吗？

UFO 是英文 Unidentified Flying Object 的缩写，中文意思为“不明飞行物”，它主要是指出现在地面附近或天空中的一种奇异的光或物体，也称“飞碟”。这个缩写最早是在美国 1947 年 6 月 24 日出现飞碟时一名记者在报纸上使用的，一直沿用至今。

最早记载不明飞行物出现的时间是在 1878 年 1 月，美国德克萨斯州的天空中突然出现了一个圆形物体，当地农民马丁发现了它，这条新闻同时登载在 150 家美国报纸上。1947 年 6 月 24 日，美国爱达荷州的企业家肯尼斯·阿诺德驾驶私人飞机飞经华盛顿时，发现雷尼尔山附近出现了 9 个以一种奇特的跳跃方式在空中高速前进的圆形物体。它们就像一种类似鸢形的闪光物，更像是碟盘一类的器具。这些物体以大约 2000 千米 / 小时的速度疾飞而过，转眼就在天空中消失了……美国几乎所有的报纸都报道了这一事件，轰动了全世界。

随着 UFO 目击事件的日益增多，人类也尝试着想与之较量一番，但是在几次的较量都是以人类的失败而结束。1956 年 10 月 8 日，一个 UFO 出现在日本冲绳岛附近，适逢附近正在实弹演习的一架西方盟国的战斗机飞过，机警的战斗机炮手马上向它开炮。结果炮弹爆炸后，先下手的战斗机碎成残片，机毁人亡，而被攻击的 UFO 却安然无恙。1996 年 8 月的一天，美国西部某导弹基地附近也出现了一架长期滞留的 UFO。自作聪明的人类在对它拍完录像之后，立即启动基地几乎所有的导弹发射装置来攻击它。奇怪的现象又一次发生了，基地所有的装置在同一时刻瘫痪，而 UFO 依然安然无恙。更为特别的是一束神奇的射线击中了一套最先进的导弹发射装置，使它在顷刻间熔为一堆废铁！科学家们闻讯赶来，一致认为可能是一种类似于高脉冲的东西把这套先进的装置“化”为废铁的。

几次“以卵击石”的事件造成了巨大损失之后，专门研究 UFO 的科学家们开始对“妄自尊大”的人们提出忠告：“与 UFO 相遇时，‘先下手为强’是绝对不可取的；因为与 UFO 相比，人类的飞机与炮弹就像一个与坦克较量的弹弓。除了无谓的牺牲外，我们别无选择，只能静观其变。”

⊙ 根据专家的判断，这张拍摄于 1967 年俄亥俄州村庄上空的照片展示的是一种外星人的交通工具。

⊙ 出现在美国得克萨斯州某农场上空的不明飞行物

然而，人类并没有停止对 UFO 的研究。1967 年，由美国政府授权、美国空军协助，以哥诺兰大学著名物理学家爱德华·U.康顿博士为首，组成了歌诺兰大学调查委员会。他们全面分析鉴别了1948年以来美国空军搜集到的12618起UFO报告。18个月以后，他们的研究结果被整理成了一份名为《不明飞行物体的科学研究》(亦称《蓝皮书计划》)。这份共有2400页、重达9磅的报告认为，由于UFO对国家安全并无具体威胁，所以不应再重视UFO的研究了。英国国防部在同时也开展了同样性质的研究，他们调查研究了1967 ~ 1972年间“闯入”英国境内的1631起UFO事件，认为除了极少数“未能查实”的不明飞行物以外，绝大部分只是高空气球、飞行器碎片、大气现象和飞机等物质。

⊙ 飞碟想象图

罗勃·D.巴利先生是美国“20世纪UFO研究会”的主席，也是研究UFO的权威人士。据他所知，美国军方目前掌握着一架1962年坠毁在美国墨西哥州某空军基地的UFO的最详尽的资料。这个UFO的直径有15米，它的主要原料是一种地球上找不到的金属，外形是典型的碟状飞船。飞碟的飞行速度在着陆时达到150千米/小时，但它的着陆装置未放下来。各种专家对写有文字内容的飞碟碎片进行了分析鉴定，但仍破解不了其中的奥秘。

按照巴利先生的说法，UFO显然真实存在，但事情却另有蹊跷。2001年3月10日，美国中情局首次大规模解密了859份秘密情报文件。这批在时间上从1947年至1991年，内容五花八门的秘密文件，包括了美国中情局从20世纪40年代末一直到近几年对UFO现象展开的研究。这50多年来的研究结果让人瞠目结舌，UFO的存在并没有确凿证据，换句话说，也许根本就没有UFO！

以美国侦察部为研究对象的历史学家海恩斯将20世纪90年代美国中情局所有关于UFO的秘密内参全部翻阅后，得出的结论是：在1950 ~ 1960年间，所谓的UFO超过半数都是美军人员驾驶的侦察飞机。

他认为美国一直在撒一个弥天大谎。海恩斯主要由两个方面确定和推测美国政府的行为：一是当时苏联对美国领空的入侵造成了美国民众的恐慌，美政府假借UFO可以安抚民众；二是因为美国当时的SR-71和A-12是最机密的情报收集机，但它们总是在飞临敌方上空时受到致命的威胁。所以中情局就以UFO这枚“烟雾弹”来为其护航，这样就会麻痹被侦察国的防空警报系统，从而改变原来的被动状况，同时达到浑水摸鱼的效果。

无论UFO是否存在，全世界仍有约1/3的国家还在对不明飞行物进行持续的研究工作。希望有一天，科学家能够破解这一神秘现象。

神奇的麦田怪圈

20世纪70年代末，英国威尔特郡的农民在成熟的玉米和小麦地里收割庄稼的时候，发现许多庄稼遭到了破坏。从高处看，很多庄稼倒伏，并呈现出有规则的和对称的圆圈现象。

经新闻媒体报道后，英国的麦田怪圈引起了很多人的兴趣，到威尔特郡考察观光的游人络绎不绝。但是，因为这种奇观仅仅在收获季节前的几周内出现，而且是在尚未收获的田地里，所以并不是每一个到威尔特郡的人都能看到这种奇观。

科学家根据观察到的现象猜测，可能是一股小的台风导致了这一奇观。但后来却出现了包括三角形在内的其他几何图案，而小旋风的涡旋只能形成圆圈，因此，这个谜团又笼罩上了一层迷雾。这个据说容易出现外星人削平庄稼的地方竟然成了旅游热点，农田主也趁机向来参观的游客收取费用，发了一笔小财。但是这种奇异的现象到底是怎么发生的呢？热衷于此的人对此仍然好奇不已。

此后不久，在英国汉普郡的 Chilbolton 天文台附近的麦田里，人们再次发现了两个图案。其中之一是一个如同电影里常常虚拟的外星人形象的脸形，另一个是人类 1974 年 11 月向 M13 球状星云发射的信息修改后的图案。

自此以后，每年都有麦田怪圈在世界各地被发现，并且地域逐年扩大，形状逐年复杂，数量也逐年增多。

2000 年 6 月 24 日，一家名为“公众”的俄罗斯电视台插放了一组画面，显示发生在俄罗斯南部斯塔夫洛波尔地区的一块成熟的大麦田里的四个有规则的对称的圆圈，似乎有人以顺时针的方向把圆圈中的庄稼削平。这 4 个圆圈中最大的直径长达 20 米，其余 3 个的直径分别为 3 ～ 5 米。另外，人们发现一个深 20 厘米的土洞，位于最大的圆圈的中心处，洞面光滑。

安全官员排除了是人力所为的可能，但是在现场也没有发现任何化学物质和辐射现象。这样，他们就猜测这个麦田怪圈是外星人造成的，而且推测“他们可能使用了与人类不同的起飞和着陆原理”。而当地的一些居民也声称，他们曾经看见了所谓的外星人降落。据说这些外星人从降落到重新起飞离去只用了几秒钟时间，那么，外星人制造的那个深 20 厘米的土洞又是干什么用的呢？“公众”电视台将此解释为这是外星人用来“土壤取样”的。

这些麦田怪圈究竟是怎样形成的呢？这成了世界各国科学家和相关媒体关注的话题，并提出了各种推断和假说。大致可以分为两类：一种认为是大自然的杰作，一种则说是外星人所为。

支持前种说法的大都是考古学家、气象学家、物理学家、地质学家、动物学家和农学家等。

一些考古学家认为：可能在怪圈生成的地下埋藏有石器时代的圆形巨石建筑，或是青铜器时代的埋葬品呈圆形分布。这些地下的埋葬品和建筑可能影响到土壤结构，因而农作物也作出特定的反应。气象学家则提出：大量尘埃包含在陆地上生成的小型龙卷风中，在风的作用下，尘埃与空气剧烈摩擦产生静

⊙ 麦田怪圈现象在 20 世纪 70 年代后期才开始引起公众注意。

⊙ 1980 年英格兰西部出现的倒伏的麦田怪圈

电荷。神秘的怪圈就是在带有静电荷的小型龙卷风的作用下产生的。一些气象学家提出了“球形闪电说”：球形闪电和其他因素即“等离子体旋流”共同形成了怪圈，此外，太阳表面黑子活动增强亦与怪圈有一定关系。日本科学家声称,根据“球形闪电说”，他们在实验室里利用球形闪电设备已成功地模拟了怪圈现象。还有一些地质学家认为由地球核心发出的大地射线导致了怪圈这一奇怪现象。植物会因这种射线发生有规则的倒伏，动物和人也会因此而得病。动物学家则提出：动物发情求偶的季节一般在 5 ~ 7 月，雄性动物围绕雌性动物打圈，从而制造出怪圈。那些有在田间做窝习性的动物如刺猬和一些鸟类也可能有类似的创作。农学家则称：田地之所以出现怪圈，是因为其土壤成分不一。霉菌病变及施肥分布的不均都有可能使农作物发生某种形状的倒伏，让人们误以为是一种奇异的现象。

⊙ 有的麦田呈现出巨大的规则和对称的圆圈。

除以上说法外，仍有许多人坚持认为：这些出现在各地的麦田怪圈是天外来客——外星人留下的。当他们乘坐飞碟光临地球时，飞碟刚好降落在麦田上，旋转的强烈气流造成了一个个怪圈。

正当持这两种不同论调的人们争论不休时，1990 年，8 个法国青年向世界宣布：所谓的怪圈不是什么大自然的创作，而纯属某些人的恶作剧行为。

这一年的夏天，8 名法国青年出于对自然的热衷慕名来到英国，对麦田怪圈进行科学考察。在多次出现怪圈的麦田附近的山丘上，他们架设了高清晰度的夜视仪及敏感度很高的红外摄像机。7 月 24 日，在发现麦田里出现了 10 个怪圈、3 条直线之后，他们随即观看录像带，结果发现其中有一些模糊的影像。经分析，确认这些模糊的痕迹是人体物质的热辐射留下的。第二天夜里，摄像机里又出现了 6 个不太清晰的影像。

1991 年 9 月，英国名叫多格·鲍尔和戴维·柯莱的两名男子向公众宣布，是他们制造了麦田怪圈。利用一根弹簧、两块木板以及一个将其固定在棒球罩上的古怪器具，就可以制造这样的怪圈。研究怪圈的英国专家德尔加多闻讯后承认自己上当受骗，并指责这是十分肮脏的把戏。

麦田怪圈真的是某些人的恶作剧吗？但为什么所有怪圈的周围都没有留下任何人的足迹？一些人也曾守候在麦田边，希望当场捉住这些恶作剧者，但至今却什么也没有发现，而怪圈却不断地出现。由此看来，这个问题似乎并没有我们想象的那么简单。怪圈的神秘恶作剧者到底是谁呢？

地球上的飞碟基地

地球内部可能存在着飞碟基地？根据飞碟专家的深入研究发现，飞碟的来源存在三种可能性，即外太空、内太空和穿过时间隧道的未来人。这里的内太空就是指从地心到大气层的地球本身。

⊙ 这张拥有经典外观的 UFO 照片拍摄于 1967 年美国罗得州。

曾任美国海军少将的拜尔德公布的驾机探访地心飞碟基地的神奇经历，使地心存在飞碟基地的说法得到佐证，也使飞碟和外星人再次成为美国人关心的焦点。

根据拜尔德的日记，他曾于 1947 年 2 月率领一支探险队从北极进入地球内部，发现那里存在着一个庞大的飞碟基地，并生活着许多种原已在地面上绝种的动植物，并且他们还在这个基地上发现拥有高科技的“超人”。

在北极，拜尔德只身驾驶飞机进入一个地方，发现地势更加平坦，而且还分布着闪闪发光的城市，而飞机似乎被某种浮力托着，在这种无形力量的支配下，拜尔德无法控制飞机，这时在舱门右侧和上端出现带有神秘符号的碟形发光飞行器，更不可思议的是，竟从无线电传出英语“欢迎将军的光临”，并让拜尔德放心，说过不了 7 分钟，飞机将完全降落。话一说完，飞机的引擎停止运转，在轻微的震动中，飞机平安着陆，这时几位没有携带任何武器的、金发碧眼、皮肤白皙、体形高大的人出现了。

在这里，他通过与那些人交谈，得知这个地下世界名叫“阿里亚尼”。这个基地的人对外界的关注始于美军在日本广岛投下两颗原子弹，为了调查那个时代发生的事，他们派遣许多飞行器到地表活动。他们自称地上世界的文化和科技要比地下世界落后数千年，他们原先对地上世界的战争不加干涉，但因原子武器破坏性太强，他们不愿再见到人类使用原子武器，因此曾派人与超级大国交涉，希望能劝他们停止使用原子武器，可惜未成功。这次借邀请将军的机会警告地上世界可能会走上自我毁灭。那些人还对地上世界对他们派出的使者的待遇发出抱怨，声称飞行器经常遭到战机的攻击。但他们也提到人类一旦因战争而陷入劫难，他们会协助重建世界。

结束会晤后，拜尔德沿原路前往通信员停留的地方，与他会合。临行之前，无线电传来英语“再见”。拜尔德等经由两架飞行器的引导而升空至 823 米，27 分钟后，他们平安地在基地着陆。

拜尔德一回到美国就参加了美国国防部的参谋会议，并且向杜鲁门总统作了汇报。为了证明他所作汇报的真伪，他被最高安全部门及医疗小组调查，后被有关方面告知严守机密。拜尔德身为军人，只能服从命令，因此，关于那个基地的秘密，被美国政府封锁了多年，但在 1965 年 12 月 24 日的日记中，他写道：“那块土地在北极，那个基地是一个巨大的谜。”

拜尔德日记的真伪一直为世人所争论。“阿里亚尼”是否真是一个飞碟基地也一直为科学家争论不休，但无论如何，内太空作为飞碟的来源之一的存在可能还有待于科学家的进一步研究来确定。

⊙ 1939 年出版的科幻杂志对 UFO 的模样做了艺术的再现。

太阳系地外生命探疑

地球是拥有生命的唯一天体吗？人类是孤独的吗？在广袤无垠的宇宙中，是否还有同样具有生命的天体？

自从人们知道了地球不是宇宙的中心，就开始猜测有地外文明的存在，也创造出了关于外星生命的神话传说。

随着现代天文学、生物学、无线电技术和航天技术的日益发展，更多的人开始接受这样的观点：宇宙中的天体数目如此庞大，其中不可能没有适合生命生存的另一个天体，不可能没有与我们地球人相似的、有智慧的、能创造自己文明的生物存在；甚至很有可能有些球外生物创造出的文明比我们地球上的人类文明更为先进，更为优秀。对地球外文明的研究早已不是人们所传说的神话故事，而成为一门严肃的科学。

人类对地外生命的研究由来已久，离地球较近的月球首先进入了人类的视野。早年有人猜想月球很可能是一个空心体，里面居住着外星人。其主要理论依据是因为当年阿波罗登月飞船在月球上登陆的时候，指令舱中的记录仪记录到的持续震荡波长达 15 分钟，这一结果使科学家感到极为惊异。

有学者认为，如果月球是实心体，那么在碰击后产生的震荡波至多维持 5 分钟。由此，便出现了月球可能是空心体的设想。但在仔细研究月岩标本后，科学家发现其中金属含量较高，而且其中的亲氧金属如铁等并没有被氧化。据此有人得出了一个大胆的假设：月球很可能是一个空心体，而且是外星人人工制造的。也有了诸如月球的内部可能是一个奇特的生态系统，也许居住着一些比人类更文明的“月球人”，那里可能是外星生命为了监视地球而设置的一个巨大的航天站等各种奇思妙想。但是这种种设想都被无情的事实推翻了，一切不过是人类依据科学观测所做出的主观猜想，也可以认为是半真半假的神话故事。

而在 19 世纪 30 年代，曾出现过一个“月亮骗局”的故事，影响极大，轰动一时。事情的经过是这样的：1835 年 8 月，美国新创办了《纽约太阳报》，该报为吸引读者和打开销路、扩大销量，诚邀英国作家洛克为自己撰稿。当时英国天文学家约翰·赫歇耳正前往非洲南部的开普敦去观测研究南天星空。洛克便选中了这件事，用自己的生花妙笔杜撰出了一个神奇而又引人入胜的月亮的理性生物的故事。

他在故事中说，赫歇耳的望远镜在不久以前已能分辨出月球表面有约 18 英寸，即大小约 45 厘米的物体。用这样高分辨率的望远镜，他看见了月亮上有鲜花和紫松等树木，也有一个碧波千里的湖泊，还有一些类似野牛、齿鲸等动物的大型动物。他还惊讶地看到了一种长有翅膀并且外貌有些像人的动物。文章这样写道：“他们的姿势看上去充满了热情而且很有力度，因此我们推论这种生物是有理性的。”结果许多人对这一重大新闻深信不疑，人们奔走相告，该报一度成为当时最畅销的报纸。

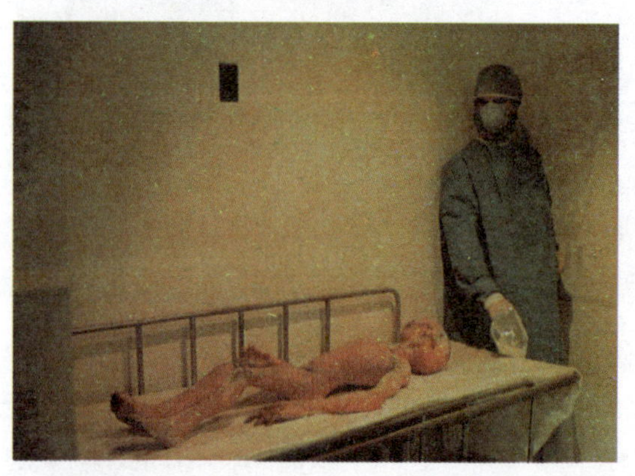

⊙ 美国新墨西哥州 UFO 博物馆中陈列的死亡外星人模型

天文学家们很快把这个骗局拆穿了。科学证明，如果要把月面上 45 厘米大小的物体

知识档案

它是外星微生物吗

1984年，地质学家在北极进行科学研究时搜集到一块拳头大的石块。经过研究，科学家们在1993年确定它来自火星。可能是在火星受到大型流星撞击时被抛出来的，成为一颗小流星，于13000年前降落到地球上。人们利用显微镜在这块岩石中发现了一些类似微生物的形状，比头发丝的百分之一还要细。这些是火星微生物的化石吗？科学家到现在还没有找到答案。

分辨出来，光学望远镜的口径至少需要 570 米那么大，这么大的望远镜到今天人们仍没有能力造出来。同时，当时虽然还没有一位天文学家登上月球亲眼目睹月球的样子，但由地面天文观测分析也能推知，月球上没有水，也没有大气，是一个死气沉沉的荒凉世界。

⊙ 围绕太阳飞行的不明飞行物

随着科学技术的发展，人类对地外生命的研究也变得更加科学。为了寻找地外生命，科学家们首先研究了地球人的进化过程。他们认为：地球人虽是“万物之灵”，具有很高的智慧，但起源也和地球上的动植物一样，是从地球上进化出来的。换言之，地球上的碳、氢、氧、氮等元素，先是发生了长期的化学变化和物理变化，后来又经历了复杂而漫长的生物演化过程，最后才演化出了人类。

⊙ 三趾外星人模型

科学实验也已经证明，人类生命的化学基础是蛋白质和核酸，而蛋白质又是由各种氨基酸构成的，氨基酸则是由复杂的有机分子组成的。在宇宙中，不仅碳、氢、氧、氮等元素广泛存在，而且在温度极低的星际空间也发现了几十种复杂的有机分子，在许多陨石中甚至还发现了十几种重要的氨基酸的存在。这就可以认定，只要地球外的星球环境适于生命体的存在，那么就很可能会发生大量的有机体演化。

当然，如果以我们地球生命的形成、演化历史作为标准，还需要很多条件才能从氨基酸逐渐演化成生命。如合适的温度，足够厚的大气层的保护，水的存在，液态的氨或甲烷的存在，足够长时间而且较为稳定的光和热。

在宇宙中，地球只是一个再平凡不过的行星，但对于人类来说，它是我们生命的摇篮，是最重要也是最熟悉的天体。地球是如此适合我们人类生活，有充足的水，空气中富含氧气，温度不冷不热，这与它距离太阳的位置等条件有关系。譬如水星和金星是离太阳最近的两颗行星，水星的白天热得如火，夜晚却冷得比冰还凉；厚厚的金星大气成分以二氧化碳为主，温室效应很明显，导致环境极为恶劣，任何生物根本就生存不下去。火星在地球轨道以外，虽说距离太阳并不是很远，但比起地球来，不但气候极其寒冷，而且根本没有水，生物在这种情况下也不可能生存下去。土星和木星上没有任何生命存在，这一点十几年前就被宇宙飞船的空间探测所证实了。位于太阳系边远空域的 3 颗大星是天王星、海王星和冥王星，科学家们通过空间探测以及各种地面观测知道，它们同样不具备适宜智慧生命生存的环境。到目前为止，所有的太阳系探测结果都表明，太阳系的行星中只有地球是适于像人类这种智慧生命生存繁衍的星球。

不过一些科学家，尤其是化学家认为，生命可能不需要以碳和水为基础。在高温情况下，生命的化学基础有可能是硅。另一种有理性的生命不一定有物质外壳，其存在形式可能是以能的形式。

由此看来，太阳系中是否存在有生命的星球，至今仍无定论。不过，随着科学技术日新月异的发展，人类探索太空的足迹将会出现在更多的星球上，到那时这个问题一定会大白于天下。

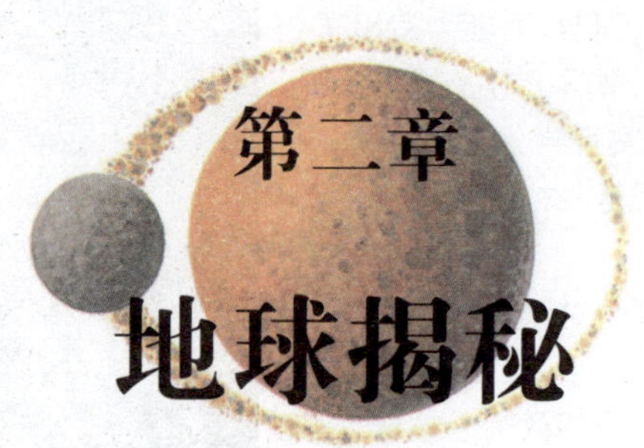

第二章 地球揭秘

地球是怎样诞生的

早在远古时代，人类就对地球充满了好奇。那时的人们认为自然界存在的一切都是由上天创造的，一切都是与生俱来的。西方的“上帝创世说”曾经在相当长一段时间内占据统治地位，人们都相信有一个超乎人力之上的上帝创造了一切。然而，随着认识水平的提高和科学技术的发展，人们已经渐渐不相信“上帝创世说”那样荒谬的答案了。

在关于地球起源的各种理论中，较早就产生且比较普遍被人接受的是星云说。科学家们认为，在距今约 50 亿年前，宇宙大爆炸后，太阳系星云收缩，形成了以太阳为中心的太阳系。约 4 亿年后，地球开始形成。大概在 46 亿年前，地球发展成现在的大小和形状。其后可能又过了 15 亿年，地球上的环境才适宜早期的生物生存。

另外，法国生物学家布丰在 18 世纪就创造了“彗星碰撞说”。他认为彗星落到太阳上，把太阳打下一块碎片，碎片冷却以后形成了地球，即地球是由彗星碰撞太阳所形成的。这一学说打破了神学的禁锢，曾一度引起人们的注意。此后，其他科学家继承和发展了布丰的学说，将

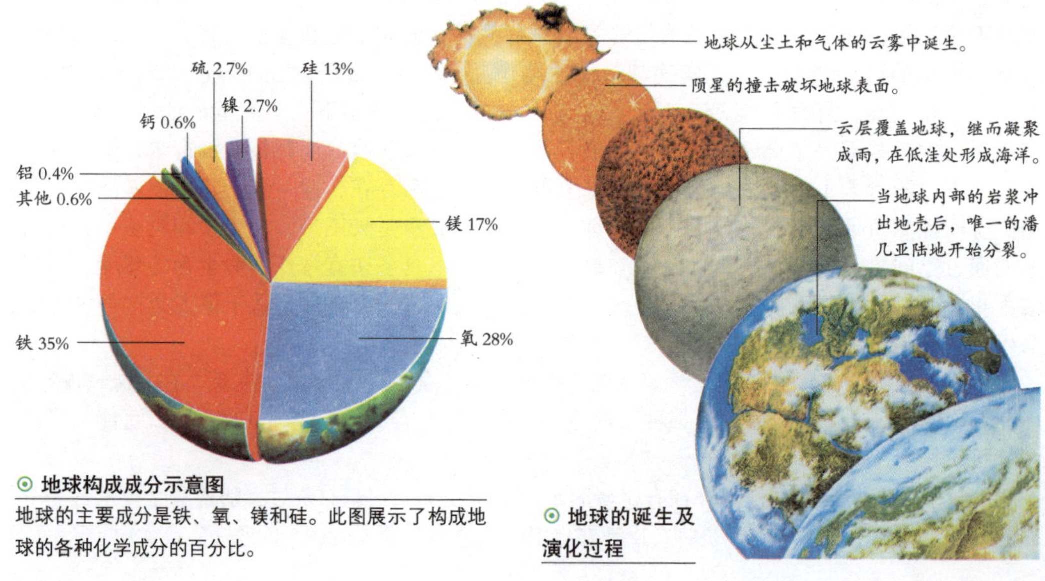

⊙ **地球构成成分示意图**

地球的主要成分是铁、氧、镁和硅。此图展示了构成地球的各种化学成分的百分比。

⊙ **地球的诞生及演化过程**

地球形成原因的研究又向前推进了一步。

然而，1920 年，英国天文学家阿瑟·斯坦莱·爱丁顿却指出，从太阳或其他恒星上分离下来的物质都很热，以至于它们扩散到宇宙空间前还来不及冷却就消散掉了。即使在某种未知的过程中凝聚成了行星，运行的轨道也不会像现在太阳系中的轨道那样有规律。1936 年，美国天文学家莱曼·斯皮特泽又证实了这一理论。

1945 年，德国科学家冯·韦茨萨克对以往的“星云假说”进行了进一步发展，他认为是旋转的星云逐渐收缩形成了行星。如果把星云中的电磁作用考虑进去，就可以解释角动量是以什么形式由太阳转移到行星上去的。

随着人们在该领域研究的不断深入，目前科学家们提出的有关地球起源的学说已多达十余种。除以上两种外，主要还有以下几种学说：

1. 陨星说

1755 年，康德在《宇宙发展史概论》中提出了该学说，他认为太阳系最初是一团由尘与气形成的冷云，并不停地旋转。今天的天文学家利用现代望远镜，看到遥远星际间漂浮着暗黑的尘云，这种云看起来就像康德想象中的太阳系旋转云。

2. 双星说

此学说认为行星都是由除太阳之外的另一颗恒星产生的。假定太阳最先产生，还没有行星。后来太空中有另一个星球从太阳附近掠过，把一块物质扯了出来。掠过的星球继续飞行，而那些被扯出来的物质则凝聚成了太阳系的行星。

3. 行星平面说

该学说认为所有的行星都在一个平面上绕太阳转，原始的星云盘产生了太阳系。

随着人们认识水平的提高和科技水平的进步，人类对地球的形成的认识将越来越深入和趋向统一。我们有理由相信，揭开地球起源之谜并不是一件遥远的事情。

是谁驱使地球在运动

远古时代，人们认为地球是平的，太阳落到地平面下面，天就黑了。也有人认为，地球是不动的，太阳嵌在天幕上，由于天幕不停地转动才引起太阳东升和西落。现在，人们已经明白：每隔 24 小时经历的一次白天和黑夜是由于地球自转造成的。在围绕地轴自转的同时，地球又在一个椭圆形远轨道上环绕太阳公转，带来昼夜交替和季节变化，使人类及万物繁衍生息。那么，是什么力量驱使地球如此永不停息地运动呢?

宇宙间的天体都在旋转，这是它们运动的一种基本形式，但要真正说明这个问题，首先要弄清楚地球和太阳系是如何形成的，因为地球自转和公转的产生与太阳系的形成密切相关。

天文学家普遍认为，太阳系是由古代的原始星云形成的。原始星云是非常稀薄的大片气体云，因受到某种扰动影响，再加上引力的作用而向中心收缩。经过漫长的演化，中心部分物质的气温越来越高，密度也越来越大，最后达到了可以引发热核反应的程度，从而演变成了太阳。太阳周围的残余气体，慢慢形成了一个旋转的盘状气体层，经过收缩、碰撞等复杂的过程，在气体层中凝聚成固体颗粒、微行星、原始行星，最后形成了一个完整的太阳系天体。

大家知道，如果要测量物体直线运动的快慢，应该用速度来表示，但是如何来衡量物体旋转的状况呢？有一种办法就是用“角动量”。一个绕定点转动的物体，它的角动量就是质量乘以速度，再乘以该物体与定点的距离。物理学中有一条非常重要的角动量守恒定律，就是说，一个转动的物体，只要不受外力作用，它的角动量就不会因物体形状的变化而发生变化。例如一个芭蕾舞演员，当他在旋转的时候突然把手臂收起来（质心与定点的距离变小），他的旋转速度就会自然而然地加快，因为这样才能保证角动量不变。这一定律在地球自转速度的产生中有非常重要的作用。

原始星云原本就带有角动量，在形成太阳系之后，它的角动量仍然不会损失，但已经发生了重新分布，各个星体在漫长的演变过程中都从原始星云中得到了各自的角动量。由于角动量守恒，行星在收缩的过程中转速也将越来越快。地球也是这样，它获得的角动量主要分配在地球绕太阳的公转、地月系统的相互绕转以及地球的自转中。

我们很容易产生错觉，常常以为地球的运动是匀速运动，否则每一日的长短也会改变。物理学家牛顿就这样认为，他把宇宙天体的运动看成是上好发条的钟，认为它们的运行准确无误。而实际上地球的运动也是在变化的，而且非常不稳定。有人研究“古生物钟”（研究保存有反映周期性生长变化的饰纹等特征的化石，如珊瑚、双壳类、叠层石等。可利用它们计算生物的年龄，研究地球自转速率的变化等）时发现，地球的自转速度逐年变慢。距今 4.4 亿年前的晚奥陶纪，地球公转一个周期需要 412 天；而到了 4.2 亿年前的中志留纪，每年只有 400 天；到了 3.7 亿年前的中泥盆纪，一年为 398 天；到了 1 亿年前的晚石炭纪，每年大约是 385 天；到了 6500 万年前的白垩纪，每年是 376 天；而现在一年是 365.25 天。科学家认为，产生这种现象的原因，是由于月球和太阳对地球潮汐作用的结果。在地球上，面向月球及其相反方向的海面会因潮汐力而发生涨潮现象，面向月球一侧的涨潮是因月球的引力大于离心力之故，而相反一侧则是因为离心力大于引力的缘故。当发生潮汐时，海水与海底产生摩擦，使得海面发生变化需要一段时间，因而对地球的自转产生牵制作用。这种牵制力会使地球自转减慢。

由于人类发明了石英钟，便可以更准确地测量和记录时间。通过一系列观测和研究发现，在一年内，地球自转存在着时快时慢的周期性变化：春季自转比较缓慢，秋季则加快。科学家认为，这种周期性变化的原因，与地球上大气和冰的季节性变化有关。另外，地球内部物质的运动，如重元素下沉，轻元素上浮等，都会影响到地球的自转速度。

除此之外，地球公转也不是匀速运动。地球公转的轨道是椭圆形的，最远点与最近点相差大约 500 万千米的距离。当地球由远日点向近日点运动，离太阳近的时候，受太阳引力的作用就会加强，速度也就变快。由近日点到远日点时则相反，地球的运行速度会减慢。

另外，地球自转轴与公转轨道并不是垂直的，地轴也并不是稳定的，而是像陀螺一样在地球轨道面上作圆锥状旋转。地轴的两端也不是始终指向天空中的某一个方向，而是围绕着一点不规则地画圆。地轴指向的不规则，是地球运动所造成的。

由此可知，地球的公转和自转包括了许多复杂的因素，并不只是简单的线速或角速运动所能概括的。

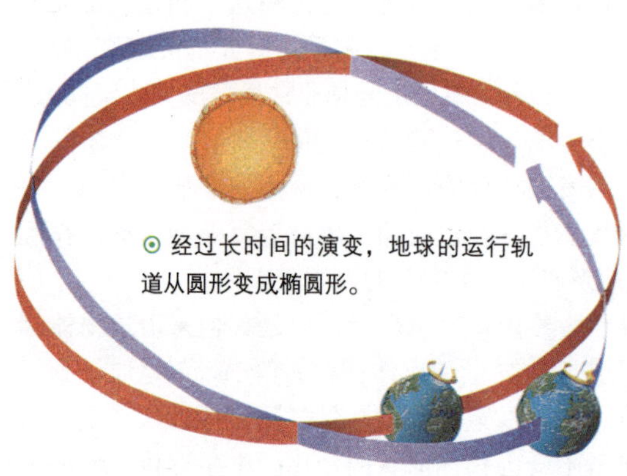

⊙ 经过长时间的演变，地球的运行轨道从圆形变成椭圆形。

地球还同太阳系一起围绕银河系运动，并随着银河系在宇宙中飞驰。地球在宇宙中运动不息，这种奔波可能在它形成时便开始了。地球仍然在运动着，它的加速、减速与太阳、月亮以及太阳系其他行星的引力有关。那么，地球最初是怎么运动起来的呢？是否存在所谓的第一推动力呢？ 17 世纪，意大利科学家伽利略发现了惯性定律：一个运动的物体，只要不再受到外力的作用，惯性就会使它保持着原来的速度和方向一直运动下去。后来，物理学家牛顿在发现了三大运动定律和万有引力定律之后，曾用他后半生的全部精力来研究和探索第一推动力。他得出了这样的结论：上帝设计并塑造了这完美的宇宙运动机制，且给予了第一次动力，使它们运动起来，但这显然与现代科学格格不入。

那么，地球运动的能量又从何而来？假如地球运动不需要消耗能量的话，那么它是“永动机”吗？这些问题现在都还没有答案。

追寻地球的年龄

我们知道，树有年轮，一棵树生长的年数会在树干横切面上的圆圈数上显示出来，层与层之间的界线非常清晰。与此类似，地球也有“年轮”。科学家通过对地球上岩层的性质和变化的研究，测定地球至少有46亿岁了。地球形成以后，在其不断运动、变化和发展的演变中留下了许多痕迹。组成岩层的主要成分火成岩、沉积岩和变质岩等，其来历都各不相同。通过对各种岩层的探测，人们就可以知道一些地方的地质历史。

⊙ 科学家研究地球的历史，是为了了解随着自然力量不断改变地形，地球是如何发展变化的。

20世纪放射性元素和其衰变成的同位素的发现，使人们找到了一个比较精确计算岩石年龄的方法。

根据科学方法鉴定出，在格陵兰岛西部地区发现的阿米佐克片麻岩是地球上最古老的岩石。英国牛津大学的研究人员使用铷－锶放射性同位素法，测定它已有38亿岁。不久前，科学家把放射性年代测定法运用到对陨星碎块年龄的测定中，发现太阳系碎屑的年龄大都在45亿～47亿岁间。他们认为，在同一时期，太阳系的成员大多形成了，因此也可以推测地球大约有多少岁了。

近年来，澳大利亚地质学家在澳大利亚西部的纳耶山沙石中发现了4块岩石晶粒，它们是锆石碎块或锆的硅酸盐。探测研究表明，这些锆石大多是地球原始表壳的碎块。人们使用离子探针谱分析法，测定了这些矿物样品中铀和铅的同位素离子的相对度，从而对这些岩石的年代做出了判断。这种岩石晶粒至少已有41亿～42亿年的历史，它比格陵兰西部岩石还要早3亿年。

根据这一发现，地质学家们认为，早在46亿年前地球就同太阳系的其他行星和月球一起形成了，而且地球在它起源以后一直受到陨石的重力冲击，时间至少长达5亿年，从而使得地球原始表壳的全部形迹遭到毁坏。

在发展过程中，地壳形成了各个不同年代的地层，保存在各种地层中的各种岩石从低等走向高等，从简单走向复杂。

地质学家把地球的历史分成太古代、元古代、古生代、中生代和新生代五个时期：

太古代：从距今约40亿年前到25亿年前。那时，地球上是一片汪洋，海面散布着一些火山岛；陆地面积还很小，上面尽是些秃山。地球上的生命刚刚孕育发生，原始细菌开始繁衍发展。

元古代：距今25亿～5.7亿年前。这个时候大片陆地出现，在海洋中海洋藻类和无脊椎动物开始繁衍。

古生代：距今5.7亿～2.5亿年前。地壳运动剧烈，亚欧和北美大陆已形成雏形。最早出现的三叶虫兴盛一时，随后大批鱼类繁殖起来。两栖动物作为陆上脊椎动物之一，已成为当时最高级的动物，爬行类动物和有翅昆虫也出现了。

中生代：距今 2.5 亿 ~ 0.65 亿年前。大陆轮廓基本形成，太平洋地带地壳运动剧烈，大山系和丰富矿藏开始形成。那时候是爬行动物的时代，以恐龙为盛。原始的哺乳动物和鸟类也开始出现了。

新生代：6500 万年前到现在。地球上出现规模巨大的喜马拉雅造山运动，使得地球上海陆面貌同现在基本相似了。新生代的第三纪哺乳动物开始大量繁殖，第四纪则是人类起源和发展的时代。

随着科技的进步，人类一定能更加准确地测定地球的年龄。

地球未来大揭秘

近年来，据日本东京技术学院的一项研究，在 10 亿年之后地球的海洋将会完全干涸，地球表面一切生物都会灭绝，地球将会有与火星一样的命运。

在研究报告中这项研究的责任人、东京技术学院地球及自然科学教授村山成德指出，大地板块与海洋正逐渐向地幔处下沉。地幔位于地球高热核心（地核）的外层，是地壳中的疏松岩石。村山教授说："依据当前水分消失速度加快的情形来看，约在今后 10 亿年内，地球表面的水将会消失殆尽。"

⊙ 美国科幻电影《后天》，讲述的是全球温室效应改变了海洋暖流的运动，从而使得地球在几周时间内进入到了冰川期。冰可以反射 85% 的太阳光，而海面对阳光的反射率不足 10%。冰川越多，暴露于阳光之下的海面也就越少，那么地球吸收的阳光能量就越少，气温就会越来越低。一旦地球被冷冻，单细胞微生物就会死亡或退化。

村山说，这项研究报告是建立在测量地表下温度的实验以及 2000 项以计算沉积岩生成时间为目的的学术工作的基础之上所得出的有关结论。他指出，由于地心逐渐冷却，使地表下 100 千米深的岩浆降温收缩，每年被抽进地壳的水超过 11 亿吨，但重新被释放出来的只有 2.3 亿吨。

报告指出，大量海水自 7.5 亿年前就已经开始从外围向地幔方向流动，导致今天大陆露出水面。报告还称，这样就为为何大部分大陆在 7.5 亿年前还在海底沉睡带来了新的解释。

倘若上述理论正确，那么关于那段时期大气中氧的含量急速增加的原因就可以得到进一步的解释了。报告称，生活在石头上的制氧浮游生物，因为大陆露出水面而在空气中暴露，把大量氧气释放进大气层，不同的生命形态也逐渐被充沛的氧气所孕育。

但是村山指出，自此地面的水量不断减少，这种情形意味着最终这个星球上的生物将会成为历史。

村山指出，在每一个拥有水源的星球上存活的生命体，都将会一遍又一遍地上演在水分完全消失后的"灭绝"的历史，无可避免。他指出，在火星上早已发生过这种情况。科学家们推测火星上曾经有河流流动，但一直找不到水源消失的原因。

不过，村山所指出的地球终会"干涸"的预言并不可以说明地球人类将会面临所谓的"世界末日"。第一，对人类而言 10 亿年实在太漫长了，漫长到令世人没有办法去想象；第二，以地球人类的智慧，相较于 10 亿年而言，在不到弹指一挥间人类即能找到在地球以外的新的定居点。人类目前所掌握的空间技术就已经对这一蓝图进行勾画。因此，哪怕真有那么一天地球不再适合人类居住，人类也早就在其他的地方繁衍、进化了。

地球内部的奥秘

一直以来，人们力图探寻地球内部的奥秘。18 世纪，人们计算出地球的平均密度后发现：地球内部的平均密度为 5.52 克 /cm^3，而地球表面岩石的平均密度是 2.67 克 /cm^3，两者相差 1 倍多。这说明地球内部一定存在着某种重物质。

19 世纪中期以后，人类开始大规模地探索地球内部的奥秘。地球物理学家通过地震仪测量发现，每当发生巨大地震时，受到强烈冲击的地下岩石会产生弹性震动，并以波的形式向四周传播，这种弹性波就是地震波。地震波分为纵波（P 波）和横波（S 波）。纵波可以通过固体、液体和气体传播，且传播速度较快；横波只能通过固体传播，传播速度较慢。由此可知，随着所通过物质性质的变化，纵波和横波的传播速度也会发生变化。

1909 年 10 月 8 日，萨格勒布地区发生了一次强烈地震，南斯拉夫的地震学家莫霍洛维奇经过研究发现，地震波在传到地面下 33 千米处发生了折射现象，于是他认为这个发生折射的地带正是地壳和地壳下面物质的分界面。1914 年，在一次地震中，美国地震学家古登堡又发现在地表下面 2900 千米处，纵波的传播突然急剧变慢，横波则完全消失了，这说明存在着另一个不同物质的分界面。后来，人们为纪念他们，将以上两个不同的界面分别命名为“莫霍面”和“古登堡面”。

地球内部以莫霍面和古登堡面为分界，分为地壳、地幔和地核 3 个圈层。地壳是地球的最外层，指从地面到莫霍面之间很薄的一层固体外壳。地壳主要由各种岩石组成，高低不平，平均厚度为 17 千米。其中，大陆部分远比海洋部分厚，平均厚度为 35 千米，高山、高原地区甚至厚达 60 ~ 80 千米；海洋地壳平均厚度仅有 6 千米。

地幔位于地壳和地核之间，是从莫霍面以下到古登堡面以上的一层固体物质。这一层的主要成分是铁镁的硅酸盐类，其含量由上而下逐渐增加。这一层分为上地幔和下地幔，深度为从地下 5 ~ 70 千米以下到地下 2900 千米以上，从莫霍面到 1000 千米深处是上地幔，地下 50 ~ 250 千米是上地幔顶部，这里存在一个软流层，岩浆可能就是发源于此。地下 1000 ~ 2900 千米深处是下地幔，其温度、压力和密度都比上地幔大，物质状态可能不再是固体，而是可塑性固体。

地核是地球的中心部分，位于地球的最里层。1936 年，丹麦地质学家莱曼通过对地核中传播的地震波速度的测量，发现地核又可分为外核和内核两部分。外核在 2900 ~ 5000 千米深处，物质状态接近液体。内核又叫“铁镍核心”，在 5000 千米以下深处，其温度、压力和密度更高了，物质成分近似于铁镍陨石。

美国科学家做了大量的模拟试验后发现：地核温度从内到外温度逐渐降低，地球中心的温度大约是 6880℃；内外核相交面的温度是 6590℃，略低于地球中心；外核与地幔的相交面的温度更低，是 4780℃。除此之外，科学家还发现，地球内核的压力极大，每 6.5 平方厘米为 2200 万千克，是海平面的地球大气压的 330 万倍。

近年来，借助大型计算机，研究人员从地面上

地壳
地幔
外核
内核

⊙ 从地表到地核中心大约有 6400 千米。地球是由不同的岩石和金属层构成的。它主要分三部分：地壳、地幔和地核。最外层的地壳是由岩石组成的，分为大陆地壳和海洋地壳。位于地壳下边的是地幔，它是由熔融岩石构成的，厚度大约为 2800 千米。地核主要由金属铁和镍构成。它分为两部分：液态外核和固态内核。

3000 个监测站收集到了大量的地震观察情报，并对之进行了综合分析，描成一张总图，结果发现：地核表面布满“山头”和凹凸不平的地带，结构与海洋相似，充满了低密度流体。

20 世纪 90 年代，在中欧的一个小城温迪施埃中巴赤，人们钻探出了一个直径 22 厘米、深 14 千米的世界上最深的洞。这个地区地理情况十分特殊，这里的岩石有 30 千米厚，并向地表突出。历史上古老的欧洲板块和非洲板块在这里相互碰撞，彼此推挤和啮合。正是由于这种地理情况的存在，地质学家们打算用管状的、中空的特殊钻孔器旋出岩心，把这些岩心提取上来，但这次努力最后还是以失败而告终。

经过多次的失败，人们不得不暂时承认，肉眼不能直接看到地球内部的情景。但是我们相信，总有一天人类能够揭开地球内部的奥秘。

地球磁场为什么会“翻跟头”

为什么指南针会始终指向南方，这在古代曾是一个无法解答的谜，一直到 1600 年才由英国宫廷医生吉尔伯给出科学的解释。原来地球本身就是一个大磁场，北磁极（N 极）在地球的南端，南磁极（S 极）在地球的北端。正是这个大磁场，吸引着磁针始终指向南方。

但是，法国科学家布容 1906 年在法国司马夫中央山脉地区对这里的火山岩进行考察时，却意外地发现那里的岩石的磁性与磁场的方向相反。此后，这一类现象被越来越多地发现，对它的研究也越来越深入。人们终于发现，地球的磁场并非永恒不变的，现在位于南端的北磁极会转到北端去，而位于地球北端的南磁极则会转到南端去。这就是物理上所谓的“磁极倒转”。

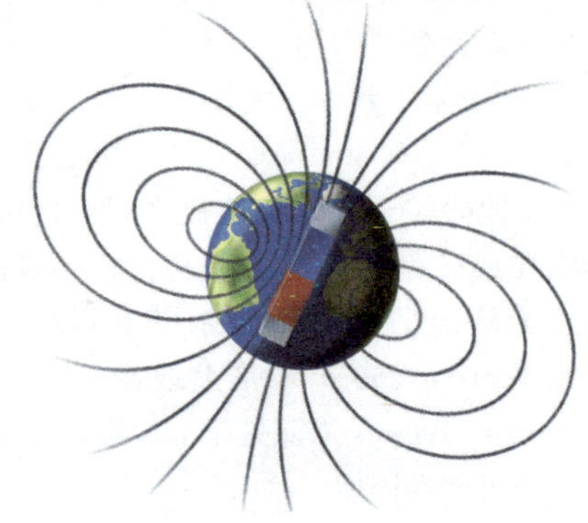

⊙ 地球磁场是无形的，向太空中延伸。

在研究中科学家还发现磁极倒转的现象曾在地球的历史上发生过许多次。据统计，仅在最近的 450 万年里，就可以划分出 4 个极性相异的时期，地磁场的方向从现在到 69 万年前称为“布容正向期”，基本和目前一样；从 69 万年到 253 万年前，称为“松山反向期”，地磁场方向和现在恰好相反；从 253 万年到 332 万年前，称为“高斯正向期”，地磁场方向又与现在相同；从 332 万年到 450 万年前，称为“吉尔伯反向期”，地磁场又同现在相反。

但是，地磁场方向在每一个磁性时期里，也并不是始终如一的，有时会发生被人们称为“磁性事件”的短暂的极性倒转的现象，例如，在布容正向期里，就发生过被称为“V 带”和“X 带”的反向事件；在松山反向期中，则发生过“吉尔赛”、“贾拉米洛”等正向事件。

当然，在更古老的地质历史时期里也同样存在着地球磁场的这种“翻跟头”式的变化，只不过是时间太过久远，我们还没有办法对其变化的具体时限进行确定。

那么为什么地磁场会发生变化呢？有人认为，这可能是地球被巨大的陨石猛烈撞击后导致的结果，因为猛烈的撞击能促使地球内部的磁场身不由已地翻转一个跟头；也有人认为，这与地球追随太阳在银河系里漫游相关，因为银河系自身也带有一个磁场，这个更大的磁场会对地球的磁场产生影响，从而促使地球的磁性会像罗盘中的指南针一样，随着银河系磁场的方向而不断地变化；还有人认为，由于地球本身的演变导致了磁极倒转的发生。总之，关于地磁场变化的原因，至今仍众说纷纭，莫衷一是。

氧气是否会被耗尽

氧是构成生命的重要元素之一，它是以气体形式存在于自然界中的合成物，氧气是地球上大多数生命进行各种活动所必需的物质之一，在空气中大量存在。不过，也有人担心氧气会被耗尽，那么，这种担心是不是真的像杞人忧天那样毫无根据呢？

在空气中氧气占 21%，我们和其他生物呼吸空气中的氧，释放出二氧化碳，即体内废气。一个健康的成人每天大约需吸入 500 升的氧气，呼出约 400 升的二氧化碳；除人类外大部分其他生物同样也吸收氧而释放二氧化碳。通常，大气中的水蒸气和二氧化碳的含量是不变的。一般二氧化碳含量为百万分之三，但是生产的发展使煤、石油、天然气等含碳燃料被大量使用，造成了大气中的二氧化碳逐年增加。美国世界观察研究所公布了一份报告统计，100 年前全世界每年进入大气的二氧化碳仅为 9600 万吨，而目前则达到 50 亿吨，预计在最近 10 年将递增到 80 亿吨，增长速度惊人。

早在 100 多年前，就已有人为二氧化碳含量的增加而担心了。1898 年，英国物理学家凯尔文曾指出：随着工业的发展和人口的增多，这种情况十分让人担心。地球上的氧气 500 年后将全部被消耗光，只剩下日益增多的二氧化碳。

二氧化碳增多的直接后果是地球的“温室效应”。同时，它还使地球的温度上升，冰川融化。据科学家预测，如果南极大陆的冰川因高温而融化，其增加的水量则可使美国的摩天大楼淹没 20 层，并淹没掉荷兰等一些地势较低的国家，使它们不复存在。那时的陆地面积很可能只占地表面积的 5% ~ 10%。在更为狭小的陆地上将生存全世界 60 ~ 70 亿的人口，人类恐怕也会逐渐灭绝。

那些和凯尔文一样担心氧气将会被耗尽的人们，只看到了问题的一个方面。事实上，除了绿色植物在消耗二氧化碳外，科学家们还发现在二氧化碳和水的作用下，岩石中所含的碳酸钙会变成酸式碳酸钙，这种形式的碳酸钙可以溶解在水中。据分析，每年由于岩石风化耗掉大约 40 亿 ~ 70 亿吨二氧化碳，这些风化的岩石随着江河流入大海，它再与石灰化合并重新形成石灰石，并以新的岩石的形式沉入海底。

当然不必担心氧气会被耗尽的主要理由是，地球上生长着种类丰富、数量众多的绿色植物。世界上大量的绿色植物在光合作用中会吸收大量的二氧化碳，同时排出氧气。据科学家们实验分析，三棵大桉树每天吸收的二氧化碳，相当于一个人每天所呼出的二氧化碳的量。因而一些人乐观地认为，地球不会变成二氧化碳的世界，但二氧化碳的含量也会略有增加。各国科学家积极探索一些新途径，希望能减少二氧化碳的排放量，并尽可能将其再生利用，但是却没有更好的方法增加氧气的生成。专家们认为，减少森林面积的流失、保护绿色植物就是人类最好的保护氧气的方法。这些绿色植物生产了我们人类赖以生存的氧气。

我们可以想象，如果有一天地球上的氧气被消耗殆尽的话，将会出现多么恐怖的场景。而地球上的氧气是否真的会耗尽，则取决于人类的努力程度。如果人类不加克制地乱砍乱伐林木，破坏生态平衡，势必会造成氧气生成机制的阻碍，那么我们真的可能会在某一天面临缺乏氧气的危机。反之，若人类能未雨绸缪，尽早地采取相应措施，就有可能避免氧气被耗尽的窘境。一切都取决于我们人类自身的行为。

植物吸收阳光、水分和其他生物呼出的二氧化碳，释放出氧气，而氧气又为其他生物体吸收利用。

探秘大陆漂移说

在世界地图被绘制出来之前，几乎没有人对我们生活于其中的这个星球的海陆分布状况产生过疑问，人们对大陆形状的兴趣产生于第一张世界地图产生之后。在对现有海陆分布情况做出解释的各种学说中，大陆漂移说影响最大，也最具争议。那么，大陆漂移说到底成不成立呢？

麦卡托是一名荷兰学者，他于 16 世纪末结合人类长期积累的地理资料，依据地理大发现，绘制出人类第一张世界地图。由此，人们对地球表面的基本地理状况有了比较准确的了解，许多人还因此对大陆状况产生了兴趣。科学家在 19 世纪末发现了一种蚯蚓，叫作“正蚯蚓”，它在欧亚大陆与美洲东海岸广泛分布，但在美洲西部却没有。这显然说明，正蚯蚓很可能是从大西洋彼岸的欧亚大陆“迁徙”到了美洲东海岸。这一发现令当时的许多科学家百思不得其解。

魏格纳是一名德国气象学家，1910 年，30 岁的他曾因病住院。有一天他躺在床上出神，床对面墙上有一幅世界地图。突然他从地图上获得了某种灵感，发觉大西洋两岸的轮廓非常吻合，他还发现非洲一边的海岸线与南美洲一边的海岸线看上去就像一张被撕成两半的报纸，凹凸相对。他认为美洲与非洲原来是连在一起的，但这个念头一闪而过，并没有深究。

1911 年秋天，魏格纳读到了密卡尔逊写的关于蚯蚓奇怪分布的书。读后魏格纳不禁想到他在一年多以前注意到的那个奇怪现象，即非洲的西海岸与南美洲的东海岸中一个大陆的凸出部分正好与隔海相望的大陆的凹入部分相似，且遥相呼应。他不由地猜测，本来就是一整块的大西洋两岸大陆后来破裂漂移开来，成为现今的东西两个海岸线。如果是这样，蚯蚓就不是横渡大洋了。沿着这个思路，他又进行了许多研究。魏格纳在 1912 年发表了一篇论文，在论文中他提出了“大陆漂移说”。1915 年他出版了一本轰动世界地质界的著作，书名叫《大陆与海洋的起源》。他认为，地球在远古的时候只有一块陆地，这块陆地叫作“泛古陆”；一个统一的大洋包围着这块泛古陆，这个大洋叫作“泛大洋”。大约 2 亿年前，地球上发生了一次重大的变化，泛古陆在这次变化中开始发生破裂。破裂了的大陆在地球自转和天体引力的影响下向外漂移，像航行在水面上的船舶一样。这些漂移的大陆在距今约两三百万年前，终于漂到了今天的位置，形成了七大洲、四大洋，即现代地球版图的基本面貌。

许多人对大陆漂移说持怀疑态度，因为人们不相信庞大的大陆可以在水中漂移。另外，限于当时的研究水平，魏格纳的理论也存在着许多破绽和缺陷。1930 年，在第四次前往格陵兰考察时，魏格纳不幸遇难，大陆漂移说也因此沉寂下来。这一学说一度几乎被人们完全遗忘。

随着海洋地质研究的深入，古地磁研究所总结的大量资料，魏格纳的大陆漂移学说在 20 多

⊙ 大陆漂移示意图

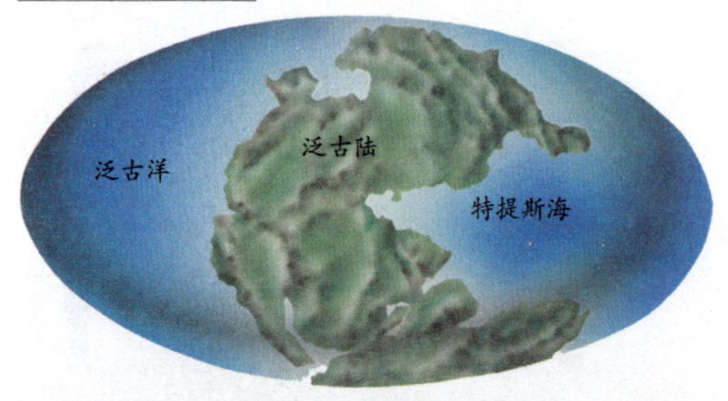

1. 大约 2.2 亿年前，地球上只有一块超级大陆称为泛古陆，被无边无际的泛古洋所包围。这时泛古洋中一个巨大古海——特提斯海开始向泛古陆扩展。

2. 大约 2 亿年前，泛古陆以特提斯海为界，分裂为两部分。北面是劳亚古陆，包括亚、欧、北美的古大陆；南面是由南美洲、非洲、大洋洲、南极洲以及印度次大陆拼合而成的冈瓦纳古陆。

3. 大约 1.35 亿年前，在非洲和南美洲之间开始出现南大西洋，印度次大陆脱离非洲大陆，向亚洲大陆方向漂移，欧洲大陆和北美洲大陆这时仍然是连在一起的。

4. 大约 6000 万年以前，北美洲大陆和欧洲大陆分离，印度次大陆也投入了亚洲大陆的怀抱，大洋洲与南极洲最后分离。经过逐渐漂移，南极洲大陆最后移到了南极地带。

年后，又在新的理论基础上重新获得了生命力。

英国物理学家布莱克特是专门研究古代地磁学的专家。1954 年，他找到了大陆漂移的直接证据。1961 年英国人赫兹依据沿大洋海岭对称分布有磁性条带这一新发现，提出了地幔对流和海底扩张说。他设想新地壳的诞生处是大洋的海岭，地幔中的物质不断从海岭的裂缝中流出来，并凝结在海岭两边，造成海岭不断向外扩张，并以一浪接一浪、后浪推前浪的方式运动。赫兹认为，迄今这种运动仍然在持续进行。

1968 年，法国人勒皮雄提出板块构造理论。这种理论认为地球的外壳由二十几个大板块组成，其中最基本的是太平洋板块、印度洋板块、美洲板块、欧亚板块、非洲板块、南极洲板块等 6 大板块。根据他的板块构造理论，地壳不断发生变化，在整个地质时代载着大陆的板块都在运动着，地球大陆在漫长的年代里实际上被“撕裂”过若干次。新的海洋就在它们被撕裂时形成了，但有时大陆在板块相互碰撞的情况下又粘接在一起，原来的海洋地带就变成了陆地，在别的地方又撕裂成了新的海洋。

通过大洋海岭的扩张，海底也同样不断扩张，这一点成功地解释了目前地球海陆的分布状态。板块学说是一种全新的地理学观念，它指出：大陆和海洋都有分有合，有生有灭，并非永恒不变。

随着更多的观测事实的积累，20 世纪 60 年代以后，大陆漂移论又在新的理论基础上复活。现在通过人造卫星的精密测量，人们已经证实：大西洋在以每年 1.5 厘米的速度扩展，太平洋上的夏威夷群岛与南美大陆和北美大陆相互靠近的速度是平均每年 5.1 厘米，澳洲与美洲大陆分离的速度则达到了每年 1 厘米。但是，这并不意味着这一学说已经被所有的人无条件地接受了。

时至今日，人们仍不太相信这个理论。一些科学家就认为大陆漂移说的前提是地球体积和地表总面积固定不变，这是从对地壳变动的认识来分析问题的，因而有许多疑点无法解释。他们认为相似的板块构造说也是如此。但勒皮雄关于大陆本来连在一起的思想启发了许多研究者，包括后来怀疑、反对他的研究者。

关于大陆漂移说成立与否的争论还在继续，许多新的学说还在不断涌现，到底孰是孰非，尚无定论。但是可以肯定的是，随着对该问题探讨的深入，人类对它的认识必将日益接近真相。

红海是怎样形成的

亚洲阿拉伯半岛与非洲东北部海岸之间有一个狭长的内海，那就是红海。红海所处的地理位置极为重要，它是沟通欧亚两大洲、连接印度洋与地中海的天然水道，每年都会从这里通过成千上万艘船只。但是，你知道红海是怎样形成的吗？

大陆漂移与板块学说诞生以后，我们可以从一个全新的角度解释红海的形成。科学家们认为，大约在4000万年以前，红海并不存在。那时非洲与阿拉伯半岛并未分开。后来，地壳在今天红海的位置上发生了断裂，阿拉伯半岛的陆地不断北移，红海各地不断拓宽；通过曼德海峡，印度洋的海水灌了进来，今天的红海才得以形成。

板块学说认为，先前陆地分裂并不断移向两侧才形成了如今的大洋。世界海洋的发育历史被这一学说分成若干阶段。比如，大西洋发育正旺盛，叫壮年海；太平洋正处在发育后期，叫老年海；地中海在不断变小，叫残留海；而红海则刚刚开始发育，称为幼年海。

据科学家研究，目前红海正在“发育”，每年向两侧扩张大约2厘米。

那么，红海有没有变成大洋的可能呢？

板块学说认为，只要红海不停止扩张，随着时间的推移，红海最终一定会变成一个名副其实的大洋。但也有人持有另一种观点，他们认为，即使红海今天的扩张运动一直在进行，但却并不是海底扩张会一直持续下去的有力保证。据现在所知的材料介绍，在以往漫长的地壳发展过程中，有的板块移动不止，最后有大洋形成;有的板块则在移动过程中，由于其他板块的阻挡，移动中途停止，并未有大洋形成。

那么，红海会不会变成大洋呢？结果尚未可知，我们只能等待时间的证明。

地震为何难以预测

地震是一种自然灾害，它的破坏力十分强大，让人谈之色变，使居住在地球上的人们缺乏安全感。许久以来，人类一直渴望能找到一种可以准确预报地震的方法，以减少和预防地震带来的损失。但直到现在，这个愿望仍没能真正地实现。

地震的形成有两种原因，一是火山爆发，一是地下岩石运动。一些地震发生在地下至少10～20千米的岩石圈中，有的甚至深达数百千米，这种深度大的地震和坚硬的岩石圈给人类的观测造成了一定难度。更何况，地震是由多种因素引起的，人们很难一一预测到。所以，想要预测地震是件很困难的事，尤其是临震预报和近期预报。有许多历史资料记载了从自古至今的许多重大的地震的情况和损失，但少有说到抗灾防灾、预防地震的。

现在，科学家们终于找到了一种新的预测地震的方法——运用卫星预测地震，科学家们借助卫星遥感技术进一步了解和观测气象活动。

⊙ 1999年8月，发生在土耳其北部的大地震剥夺了大约3万人的生命。

科学家们发现，当情况异常时，地表温度就会比周围正常温度高 2℃ ~ 6℃。这与地震的发生关系密切，因为，在地震将要发生的地区，地壳会先产生很大的力，挤压震中周围的岩石。这些岩石由于受挤压就会变形而产生裂缝，顺着这些裂缝会释放出二氧化碳、氢气、氮气和甲烷等气体。由此可知，如果一个地方将要发生地震，那么在震前，这个地方的低空大气会局部升温。又因为热物体向外辐射红外线（红外电磁波）时，它的强度大小是受物体温度影响的。所以，当一个地方产生热红外异常现象时，那肯定是因为这个地方的低空大气升温，而卫星上的红外探测器就是专门帮助科学家们探测并及时捕捉地球表面温度瞬间变化的。这样，就可以及时掌握地震前发出的信息，从而很好地预测地震。

当然，只有这种热红外地震前兆信息是不够的。地震专家还要结合地质构造、地震带分布以及气象等情况进行全面分析，这样才能准确预测地震发生的时间、地点和震级。

现在，这种新的预测方法已得到了实际的运用，并取得了初步的成效。例如，1997 年，地震工作者对日本列岛做过 7 次预报，除了 1 次失误，其余 6 次都是比较准确的。

在对“卫星热红外图像震兆”的研究中，地震工作者已经取得了引人注目的成就，虽然仍有许多难题没有解决，但地震预测技术必将日益完善。

地球上的水来自何处

从太空中看地球，它是一个大部分为蓝色的圆球，那些蓝色的部分便是水。在太阳系中，地球是唯一拥有液态水的天体。

地球上有多少水？联合国统计资料显示，地球上总共有约 138.6 亿立方米的水。

长久以来，人们对地球上水的来源问题一直争论不休。对此，有两种完全相反的看法，一种观点认为水是从天上（降水）掉下来的；另一种观点认为，雨雪是地面上的水蒸发后才到了天上的。

⊙ 有的科学家认为，地球上的水来自太空由冰组成的彗星。

有些科学家说，太阳风导致了水的产生，地球水是太阳风带来的，是太阳风的杰作。首先提出这一观点的科学家是托维利，他认为太阳风是太阳外层大气向外逸散出来的粒子流，电子和氢原子核——质子是其主要成分。根据计算，托维利得出这样一个结论：从地球形成到今天，地球已从太阳风中吸收的氢的总量达 1.70×10^{23} 克。我们知道，氢和氧结合就会产生水，如果把这些氢全部和地球上的氧结合，就可产生 1.53×10^{24} 克的水，现在地球水的总量与这个数字是较为接近的。更重要的是，地球水中的氢与氚含量之比为 6700 ： 1，这同太阳表面的氢氚比也是十分接近的。因此托维利认为，根据这些计算和成分对比，可以充分说明地球水来自太阳风。

研究地球物质成分和内部构造的科学家认为，地球上的水其实是从地球内部挤压出来的，地球表面原本是没有水的。水最早是从星云物质中带来的，在地球形成时，通过地球的演化，后来不断从地球深处释放出来。几乎在每次火山喷发时总会喷出大量气体，水蒸气要占到 75% 以上。地下深处的岩浆中有水分，即使是由岩浆凝固结晶而成的火成岩，水也以结晶水的形式存在其中。

但是，随着人们对火山现象研究的深入，上述观点被推翻。人们发现同火山活动有关的水，是地球现有水循环的一部分，并不是什么从深部释放出来的“新生水”。

科学家克莱因分析了世界各火山活动区与火山有关的热水中的氚，证明它们与当地的地面水

是相同的，从而确认它们是渗入地下的地面水，在火山热力的作用下重新变为水蒸气上升。

后来，科学家根据对某些地区火山热力所导致的氚进行分析，发现人工爆炸能够导致氚含量的升高，这就进一步说明其实是新近渗入地下的雨水变成了火山热水。这些研究成果使那些主张地球水来自“娘胎”的研究者修正了对火山水的看法。

水的来源并无定论，美国衣阿华大学的弗兰克等科学家还提出了一个引人注目的新理论：太空中由冰组成的彗星才是地球上水的来源。

原来，科学家发现，大气中水蒸气分子在太阳紫外线的作用下，会分解成氢原子和氧原子。氢原子向外飘扬，当它到达 80 ~ 100 千米气体稀薄的高热层中时，氢原子的运动速度会超过宇宙速度，能摆脱地球引力离开大气层从而进入太空。这样一来，地球表面的水就流失到了太空。人们经过计算发现，飞离地球表面的水量差不多等同于进入地球表面的水量。可是，有一个奇怪的现象似乎不符合这种说法，那就是地质学家发现，2 万年来，世界海洋的水位涨高了大约 100 米。地球表面水面为什么不断增高呢？这至今还是个谜。

自 1918 年以来，弗兰克等人通过对从人造卫星发回的几千幅地球大气紫外辐射图像进行仔细研究，发现总有一些小黑斑出现在圆盘形状的地球图像上。每个小黑斑面积约有 2000 平方千米，大约存在 2 ~ 3 分钟。经过仔细研究和检测分析后，弗兰克等人发现这些黑斑是因为一些肉眼看不见的由冰块组成的小彗星撞进地球大气层融化成水蒸气造成的。这些小彗星频繁地坠入大气层，每 5 分钟大约有 20 颗平均直径为 10 米的这种冰球进入大气层，每颗融化后能变成 100 吨左右的水，地球因此每年可增加约 10 亿吨水。如果地球从形成到今天大约有 46.5 亿年的历史，照此计算，这种冰球一共为地球提供了 460 亿吨水，比现在地球水体总量还多。

关于地球水的来源有许多各不相同的认识，各有各的道理，但真相究竟如何，还有待科学家们收集更多的客观证据，以揭开这个谜。

巨雹是怎样形成的

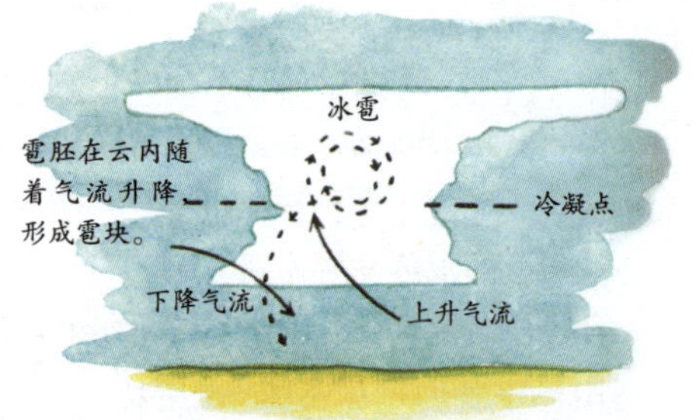

⊙ **冰雹形成过程示意图**

强大的上升气流循环流动，引起雹块增大。当雹块增大到气流托不住的时候，就落到地面上成为冰雹。

从春末到夏季，是冰雹经常出现的季节。但是按常理来说，只有在冬天那种寒冷的天气里才会结冰，可为什么在炎热的夏天也能形成冰？这实在令人费解。

中国面积辽阔，各地的气候条件各具特点，有些地方就常常发生冰雹灾害。冰雹的分布有这样一个特点：西部多，东部少；山区多，平原少。冰雹在中国东南部地区很少见，常常几年、几十年也遇不到一次；而青藏高原则是冰雹常光顾的地区，局部地区每年下冰雹的次数超过 20 次，个别年份达 50 次以上。唐古拉山的黑河一带是中国冰雹最多的地方，平均每年下冰雹 34 次之多。

世界上冰雹最多的地方则是肯尼亚的克里省和南蒂地区，那里一年 365 天中有 130 天左右下冰雹。

⊙ 冰雹的中间是雹胚，一般是个小冰粒，外面包裹着一层透明、一层不透明的冰层，好似夹心饼干一样。这种透明与不透明的交替层，可达 4 ~ 5 层，最大冰雹的直径有 10 多厘米。

1928 年 7 月 6 日，在美国内布拉斯加州的博达，下了一次规模较大的冰雹，冰雹堆积有 3 ~ 4.6 米高，其中最大的一个冰雹周长 431.8 毫米，重 680 克，

知识档案

冰雹的类型和结构

从冰雹云中降落的冰雹，按照其大小、软硬程度、结构形式等特点，大体可以分为4种类型：

冰雹：直径在5毫米以上的冰块，比较硬，落地会反弹。它由内部不透明的核心和外部层层不透明和透明交替出现的冰层组成，是危害性最大的冰雹。

软雹：结构比较松散，重量较轻，着地容易破碎。这种冰雹多在高纬度或者高原地区出现，危害较小。有人认为利用高空爆炸的方式，可以将冰雹变成软雹。

冰丸：直径在5毫米以内的冰块或者冰球，结构比较硬，落地会反弹，它所造成的危害仅次于冰雹。

霰：白色或乳白色不透明颗粒状冰球，直径2～5毫米，结构松软，着地易破碎，常呈球形或圆锥形。

冰雹的内部结构很不均匀，中间有一个雹核，主要由霰粒或软雹构成，也有的是由大水滴冻结而成的透明冰核。雹核的外面包裹着透明和不透明的冰层，这些冰层最多有30多层，在各冰层中还夹杂着大小不同的气泡。

是当时世界上最重的冰雹块。

1968 年 3 月，在印度比哈尔邦降下的冰雹中，有一块重 1000 克，一头小牛被当场砸死。这是人类历史上一次严重的冰雹灾害，十分罕见。

那冰雹是怎么产生的呢？它为什么会在夏天出现呢？

原来，在夏天，大量水汽在强烈的阳光照射下，急剧上升，到高空遇冷迅速凝结成小冰晶往下落，一路上碰上小水滴，掺合在一起变成雪珠。雪珠在下降过程中被新的不断上升的热气流带回高空。就这样，雪珠在云层内上下翻滚，裹上了层层冰外衣，越变越大，也越来越重，终于从空中落下，成为冰雹。冰雹小如黄豆，大如鸡蛋，最大的像砖块那么大。冰雹形状并不规则，多数呈球状，有时呈块状或圆锥状。冰雹内部构造很不均匀，中间有一个核，叫雹核，主要是由霰粒或软雹构成，也有由大水滴冻结而成透明冰核的。雹核的外面交替地包裹着几层透明和不透明的冰层，有的冰雹多达十几层甚至 30 层，在冰层中还夹杂着大小不同的气泡。

1894 年 5 月 11 日下午，在美国的博文纳一带下了一场大冰雹。人们发现其中有一块冰雹直径竟然长达 15.2 ~ 20.3 厘米。仔细观察后发现，冰雹里居然有一只乌龟，外面才是层层厚冰。原来，在博文纳，那天正刮着旋风，这只不幸的乌龟被旋风卷上天空，直上云霄，在云海里被当作核，被冰晶层层包裹，等到超过上升气流的承托力时，才坠落到了地面。

有趣的是，有时一场冰雹过后，人们会发现一些特大的冰雹，有的重几十千克，足有面盆大；有的竟有汽车那么大。如 1957 年，中国内蒙古自治区下了一场冰雹，人们在山谷中发现了一块像一辆吉普车那么大的巨雹。更令人惊奇的是，1973 年 6 月 13 日，在中国甘肃华池县山庄桥发现的一块巨雹比房屋还高。

这些巨雹真是从天上降落下来的吗？但上升空气是托不住一个重 10 千克的巨雹的，所以巨雹来自天空的可能性微乎其微。那它又来自何方呢？

由于没有足够的证据，科学家只能对巨雹之谜进行推测。他们认为，在降雹过程中，冰雹云后部受到干冷空气的侵袭，结果降落到地面的雨滴仍保持着冷却性，随风飘下的雨滴聚集在某一冷的物体侧面上，边冻结，边增厚，形成棱形的巨雹。因此，它的原料来自于天上，成品却是在地面上加工形成的。这种推测有一定的道理，但目前也只是推测。

巨雹究竟是怎么回事？我们只能寄希望于气象学家的研究。相信有一天，这个谜会被解开。

龙卷风成因探秘

在美国俄克拉何马州阿得莫尔市曾经发生过这样一件怪事：两匹马拉着一辆大车在路上行走，车夫坐在车上，由于天气闷热，他打起了瞌睡，突然一声巨响把他惊醒。睁眼一看，两匹马和一

⊙ 龙卷风

根车辕都已经无影无踪了，而自己和车子却是安然无恙。

俄克拉荷马州的一对夫妇也遭到过这种厄运。在1950年的一个晴朗的夏日，他们躺在床上休息。一声刺耳的巨响将他们惊醒，他们俩起来看一看什么也没有发现，以为这声音是梦中听到的，于是重新又躺了下来。但是，他们忽然发现他们的床已被弄到荒无人烟的旷野，周围没有房子，没有任何建筑物，也没有牲畜。只有一只椅子还留在他们的旁边，折叠好的衣服仍好端端地摆在上面！人们事后才得知，这件怪事的罪魁祸首是龙卷风。

龙卷风是云层底部下垂的漏斗状的云柱及其伴随的非常强烈的旋风。文献上记载的下降银币雨、青蛙雨、黄豆雨、铁雨、虾雨，还有血淋淋的牛头从天而降等现象，都是龙卷风把地面或水中的物体吸上天空，带到远处，随雨降落造成的。龙卷风中心气压极低，中心附近气压梯度极大，产生强大的吮吸作用。当漏斗伸到陆地表面时，把大量沙尘等物质吸到空中，形成尘柱，称陆龙卷；当漏斗伸到海面时，便吸起高大的水柱，称水龙卷或海龙卷。龙卷的袭击突然而猛烈，产生的风是地面上最强的。

在强烈龙卷风的袭击下，房子屋顶会像滑翔翼般飞起来。一旦屋顶被卷走后，房子的其他部分也会跟着崩解。龙卷风的强大气流还能把上万吨的车厢卷入空中，把上千吨的轮船由海面抛到岸上。在美国，龙卷风每年造成的死亡人数仅次于雷电。它对建筑的破坏也相当严重，经常是毁灭性的。1925年3月18日，一次有名的“三州旋风”遍及美国密苏里、伊利诺伊和印第安那三个州，损失达4000万美元，死亡695人，重伤2027人；1967年3月26日，上海地区出现的一次强龙卷，毁坏房屋1万多间，拔起或扭折22座抗风力为12级大风两倍的高压电线铁塔；1970年5月27日，一个龙卷风在湖南形成后经过沣水，在沣水的江心卷起的水柱有30米高、几十平方米大，河底的水都被吸干了。

龙卷风在世界各地都曾出现过，中国龙卷风不多见，而在美国、英国、新西兰、澳大利亚、意大利、日本出现的次数却很多。龙卷风在美国又叫旋风，是常见的自然现象。1879年5月30日下午4时，在堪萨斯州北方的上空有两块又黑又浓的乌云合并在一起，15分钟后在云层下端产生了旋涡。旋涡迅速增长，变成一根顶天立地的巨大风柱，在3个小时内像一条孽龙似的在整个州内胡作非为，所到之处无一幸免。龙卷风旋涡竟然将一座新造的75米长的铁路桥从石桥墩上“拔”起，把它扭了几扭然后抛到水中。事后专家们认为，这次龙卷风旋涡壁气流的速度已高于音速，威力巨大。

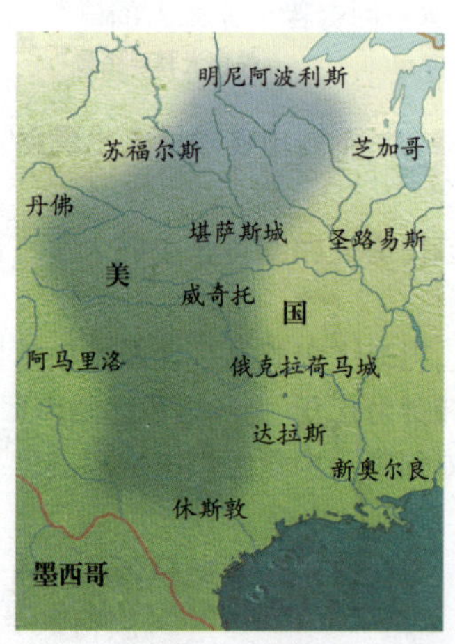

⊙ 美国中西部的广阔区域以“龙卷风道”（图中深色区域）最为著名。

把高于音速的龙卷风比喻为一个魔术师一点也不为过。1896年，美国圣路易市发生过一次龙卷风，使一根松树棍竟轻易穿透了一块一厘米左右的钢板。在美国明尼苏达州，1919年也发生了一次龙卷风，使一根细草茎刺穿一块厚木板，而一片三叶草的叶子竟像模子一样，被深深嵌入了泥墙中。更让人不解的是一次龙卷风将坐在家中的一对夫妇和他们的大儿子和小儿子吹到一条沟里，而她的次子则被刮走不见影踪，直到第二天才在另一个市被找到。尽管他吓得魂不附体，但丝毫未受损伤。令人奇怪的是，他不是顺着风向被吹走的，而是逆着风被吹到那个市的。

尽管人们早就知道龙卷风是在很强的热力不稳定的大气中形成的，但对它形成的物理机制，至今仍没有确切的了解。有的学者提出了内引力—热过程的龙卷成因新理论，可是用它也无法解说冬季和夜间没有强对流或雷电云时发生的龙卷风。龙卷风有时席卷一切，而有时在它中心范围内的东西却完好无损；有时它可将一匹骏马吹到数千米以外，而有时却只吹断一根树干；有时把一只鸡的一侧鸡毛拔完，而另一侧鸡毛却完好无缺，龙卷风造成的这些奇怪现象的原因至今都不清楚。

龙卷风的风速究竟有多大？没有人真正知道，因为龙卷风发生至消散的时间短，只有几分钟，最多几个小时。作用面积很小，一般直径只有 25 ~ 100 米，在极少数的情况下直径才达到 1000 米以上，以至于现有的探测仪器没有足够的灵敏度来对龙卷风进行准确的观测。相对来说，多普勒雷达是比较有效和常用的一种观测仪器。多普勒雷达对准龙卷风发出微波束，微波信号被龙卷风中的碎屑和雨点反射后再被雷达接收。如果龙卷风远离雷达而去，反射回的微波信号频率将向低频方向移动；反之，如果龙卷风越来越接近雷达，则反射回的信号将向高频方向移动。这种现象被称为多普勒频移。接收到信号后，雷达操作人员就可以通过分析频移数据，计算出龙卷风的速度和移动方向。为了制服龙卷风，预测龙卷风，人们正努力探索龙卷风形成的规律，以解开这个自然之谜。

球形闪电之谜

夏天，雷电交加的晚上雷声隆隆，火花在天空中闪亮，一道道明亮刺眼的闪电划破寂静的夜空。闪电是人们司空见惯的一种自然现象。专家计算过，全世界平均每秒钟就要发生 100 次闪电。人们常常见到的闪电大多是分杈的枝条状而非平直的线条状，科学家对此有着不同的解释。

⊙ 一般情况下，像空气这样的气体并不导电，因为空气中没有带电荷的原子和分子。不过，气体受热或遇到强电场时就会导电，这种情况下，中子从中性原子和分子上被剥离下来，形成等离子体。等离子体是不带电的离子、中子和正离子的高温混合物，等离子体中带电荷的离子可以导电。

荷兰科学家曼努埃尔·艾里亚斯解释说，大气放电过程中存在两种媒介，即中性气体和一个充斥着电离气体的“通道”，“通道”在一定的时机会成为一个导体，放电时电流进行自由的流动，而电离气体和中性气体由于界限的不稳定就会出现交融，因而出现了分岔的枝条状现象。

科学家还解释说，分枝现象是否出现取决于电场的强度。如果电场强度大，也有可能使阴极和阳极气体迅速形成“枝繁叶茂”的闪电现象。

除了树枝状的闪电以外，还有一种球形闪电也是多年来科学家研究探索的焦点之一。几乎所有的报道都表明，球状闪电出现在雷暴天气，且尾随于一次普通闪电之后。它出现时常飘浮在离地面不远的空中，接触地面后常反弹起来，而被接触的物质通常会被烧焦，目前，国内外有很多关于球形闪电的报道。

10 多年前，出现在德国的球状闪电却很奇特。人们看到一个大火球自天而降，击在一棵大树顶上，当即分散成 10 多个小火球，纷纷落地，消失了，犹如天女散花一样。

在苏联的一个农庄，两个孩子在牛棚的屋檐下躲雨。突然，屋前的白杨树上滚落下一个橙黄色的火球，直向他们逼来。慌乱中一个孩子踢了它一脚，轰隆一声，奇怪的火球爆炸了，两个孩子被震倒在地，但没有受伤。事后，人们才知道那个火球是罕见的球状闪电。

⊙ 暖湿空气迅速上升，急剧降温，就形成了雷暴云。在雷暴云的内部，部分水分结成冰，强烈的气流使冰晶和水滴相互碰撞，冰内的带电粒子电子即受撞后产生电荷，通过闪电的形成释放出去。闪电可使周围的空气达到 30000℃的高温，是太阳表面温度的 5 倍。巨大的热能使空气迅速膨胀，以致膨胀速度比声速还快，并因此产生爆裂的雷声。

在美国一个叫龙尼昂威尔的小城里曾发生过一件怪事：一位主妇清楚地记得，她放进冰箱的食品是生的，可是在她从市场回到家里，打开电冰箱一看，发现所有的食品都成了熟食。后来，经过科学家的研究才明白，这是球状闪电开的玩笑。不知怎么搞的，它钻到电冰箱里把冰箱变成了电炉，奇怪的是，冰箱竟没有损坏！

一位名叫德莱金格的奥地利医生，在钱包被盗的当天晚上，被请去为一个遭雷击的人看病，他发现那个人的脚上印着两个“b”字，同自己丢失的钱包上的“b”字大小相同，结果钱包就在这个人的口袋里。

1962 年 7 月 22 日傍晚，我国科学工作者在泰山顶上对雷暴进行研究时，亲眼目睹了一次奇怪的球状闪电。随着一声巨响，在窗外冒雨工作的科学工作者发现一个直径约 15 厘米的红色火球从西边窗户的缝中窜入室内，大约几秒钟后，又从烟囱里飘出。在离开烟囱口的瞬间，发生了爆炸，火球也消失了。桌子上的热水瓶、油灯都被震碎，烟囱也被震坏。火球所经过的床单上，留下了 10 厘米长的焦痕。

1979 年 1 月 6 日，在我国吉林市，有人曾经看到一个落地球状闪电在气象站办公室转了数圈，然后又腾空而起，往东方飞去。它像个大探照灯，一路照得通亮，最后落入松花江里消失了。

1981 年 7 月 9 日，随着一声惊雷，人们看到两个橘红色的大火球，带着刺耳的呼啸声，从乌云中滚滚而下，坠落在上海浦东高桥汽车站。两个火球在地面相撞，发生一声巨响，消失了。

1993 年 9 月 16 日晚大约 19 时 45 分，江苏省滨海县城天气异常闷热，气压很低，突然一条红火龙从该县东坎镇东村东园组的村东向西飞来，飞到杨某家上空时，变为一只火球窜进屋内，紧接着一声巨响，一人遭雷击身亡，身上衣服头发均被烧光，还有二人被击昏在地，身上多处烧伤，后经抢救脱险。

球状闪电这种罕见的自然现象给充满好奇心的人类带来了无尽的遐想。古人在很长一段时间只能借想象来解释它。把它描绘成骑着火团的矮精灵，或者是口吐火焰、兴风作浪的怪物。

在 19 世纪初，科学家们开始了对球状闪电的漫长的探索。球状闪电虽然罕见，但两个世纪来，人们还是得到了大量的直观资料，其中包括一些科学家的目击纪录。球状闪电是一种奇特的闪电，但它的形成原因至今尚未弄清。有人认为它是一团涡旋状的高温等离子体；有人认为它本身就是一种特殊形式的大气放电等。

最新的科学进展导致了一些科学家将分形理论引入球状闪电的研究，提出分形球状闪电模型：在普通闪电的一次放电瞬间产生的颗粒极小的高温微尘与周围介质碰撞并粘结成一种错综复杂的网状结构—— 一种分子形结构。它有相对稳定的形状，但密度极小，绝大部分体积是空隙。正是这些空隙储存了球形闪电的能量，它是一种化学能，可能通过一个链式的化学反应来释放能量。

从人类已掌握的自然规律出发，科学家们已提出了几十种模型，他们都能不同程度地解释球状闪电的一部分性质。然而，因为不能在实验室中对球状闪电直接研究，无法获得充分的数据，而目击报告中许多现象又似乎矛盾重重，所以，能得到普遍认可的模型至今还没出现。200 年已经过去，自然界仍在炫耀它天才的创造，它里面究竟隐藏着什么奥秘？相信总有一天人类能够解开这其中的谜团。

海市蜃楼

19 世纪时，欧洲的许多探险队进入非洲撒哈拉大沙漠进行探险。探险队进入沙漠后，所携带的饮用水一天比一天少。有一天，他们忽然发现在前方不远的地方有一个很大的湖泊，湖水在刺眼的烈日照耀下波光粼粼，湖边还映着大树的倒影。探险队员看到这一幅景象，喜出望外，欢呼雀跃地拿着水桶兴奋地向湖边跑去。但跑了很久，也未能靠近那片湖泊。

英国探险家李温士敦在非洲卡拉哈里沙漠旅行时也曾被这种现象欺骗过。当时，他正在沙漠中行走，忽然发现前面出现一个湖泊，干渴难耐的他于是朝湖的方向奔去，结果可想而知，他根本无法接近那片湖泊。

20 世纪 80 年代人们在叙利亚沙漠地区还见到过更奇怪的景观。当时，雨季刚过，夏季即将来临。火红的太阳还悬在天空中，乌云飘过后，天空洒下一阵急雨。这时在天际突然出现一弯彩虹，与虹影相辉映的是，在它下面隐现出一座市镇，蓝色的湖水、绿色的树木、白色的房屋。这些奇景是怎么回事呢？

古代人将这些奇异的现象称为“海市蜃楼”。传说蜃是一种会吐一股股气柱的蛟龙，它吐出的气柱仿佛海上“城市”中的幢幢楼台亭阁，远远看去，若有若无。

其实，海市蜃楼是光在密度分布不均匀的空气中传播时发生全反射而产生的。在沙漠中，由于强烈的太阳光照射在沙地上，接近地面的空气被迅速加热，因此其密度比上层空气的密度小，折射率也就小。从远处物体射向地面的光线，进入折射率小的热空气层时被折射，入射角逐渐增大，也可能发生全反射，人们逆着反射光线看去，就会看到远处物体的倒影，仿佛是从水面反射出来一样。沙漠中的行者就常常被这种景象所迷惑。

在海面上也会出现这样的奇景。夏季，海上的上层空气在阳光的强烈照射下，空气密度小，而贴近海面的空气受较冷的海水影响变得较冷，空气密度大，就出现下层空气凉而密，上层空气暖而稀的差异。从两层密度悬殊的空气穿越而过的光线由于短距离内温度相差 7℃～8℃时，在平直的海面上或海岸，就会出现风景、岛屿、人群和帆船等平时难得一见的奇景。这是为什么呢？其实，岛屿等虽然位于地平线下，但岛屿等反射出来的光线会在密度大的气层射向密度稀的气层时发生全反射，又折回到下层密度大的空气层中来。上层密度小的空气层会使远处的物体形象经过折射后投进人们的眼中，而人的视觉总是感到物像是来自直线方向的，从而出现“海市蜃楼”的奇景。

⊙ **海市蜃楼景象**

这是一个出现在南极的海市蜃楼，它下边的山是真山，上边的一切则是幻像。由寒冷空气形成的海市蜃楼都是正像，出现在物体上方；沙漠里的海市蜃楼，都是倒像，出现在物体下方。

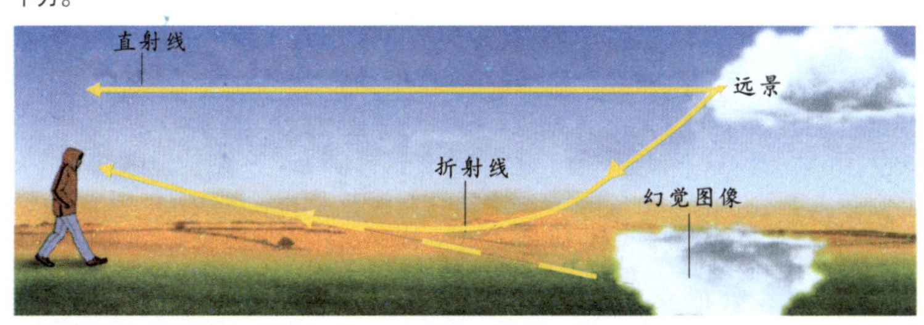

⊙ **蜃景成因示意图**

蜃景与地理位置、地球物理条件以及那些地方在特定时间的气象特点有密切联系，不仅能在海上、沙漠中产生，柏油马路上偶尔也会看到。柏油马路因路面颜色深，夏天在灼热阳光下吸收能力强，同样会在路面上空形成上层的空气冷、密度大，而下层空气热、密度小的分布特征，所以也会形成蜃景。

对于这种奇异的景象，长久以来，人们迷惑不解，以致闹出了不少笑话。

1798 年，拿破仑率领大军攻打埃及，军队在沙漠中行进时，茫茫沙漠中突然出现一个大湖，顷刻间又消失了。不久又出现一片棕榈树林，转眼间又变成荒草的叶子。士兵们被弄糊涂了，以为世界末日来临，纷纷跪下祈求上帝来拯救自己。

第一次世界大战时，在一次会战中，德军潜艇已达美国东海岸之外，从潜望镜内向海上窥探的艇长却惊讶地发现纽约市就在自己头上，他以为自己指挥的潜艇走错了航线，进入美国海域，赶紧下令撤退。

臭氧层真的会消失殆尽吗

我们头上 20 ~ 48 千米处，是环绕着地球的臭氧层。空气里的大部分氧分子（O_2）由两个氧原子组成，而每个臭氧分子（O_3）内包含 3 个氧原子。

阳光对于臭氧的形成起到了重要的作用。阳光里的紫外线在穿过大气层的过程中使普通的氧分子分解。自由的氧气单原子与邻近的氧分子（O_2）结合，就形成了臭氧分子（O_3）。

臭氧层的臭氧浓度极低，如果将延伸 30 千米的臭氧分子集中到一起压缩为固体层的话，厚度仅为 3 毫米。

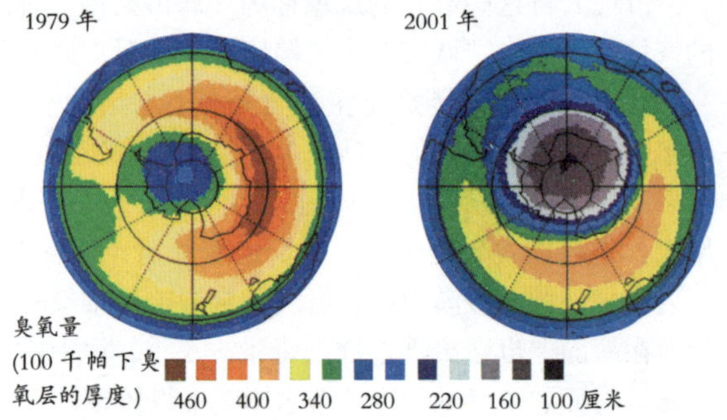

⊙ **臭氧洞的扩大**

8 月至 10 月相当于南极的冬天，这时在南极的上空 15 ~ 20 千米附近，会出现被称为“极域同温层云”的云朵。这种云的粒子和阳光中的紫外线使氯气活化，导致臭氧层急速破坏，从而生成臭氧洞。

在地面附近也会存在臭氧。阳光会与汽车尾气或工厂排出的烟中的化学物质发生反应生成臭氧。地面附近的臭氧含量会在闷热的烟雾天里达到警戒水平。吸进臭氧分子对身体是有害的，因为臭氧分子会对肺部形成伤害。练习长跑的人如果过多地吸入含有臭氧分子的污染的空气，会感到肺部疼痛，呼吸困难。生长在公路两侧的树木和其他植物往往会因为臭氧污染而生长缓慢。

但是我们头上几十千米处的臭氧层不但不会对我们的健康构成威胁，相反还保卫了我们人类的健康。臭氧会吸收来自宇宙中的紫外线：紫外线会使我们的皮肤颜色变深；如果接受过多的紫外线照射，我们的皮肤会被灼伤，甚至患上皮肤癌。

从 20 世纪 70 年代起，科学家们一直关注臭氧层的变化。他们发现氯氟烃（CFCs）会破坏臭氧层，而氯氟烃是一种温室气体，被广泛地应用于冰箱、空调和气溶胶罐中。每次使用发胶、摩丝、空气清新剂时，或者当冰箱和空调被送去维修或报废时，都会有部分氯氟烃气体泄漏进入空气。

科学家认为，氯氟烃气体在空气中会慢慢地向上飘，最终进入臭氧层。在太阳辐射的作用下，氯氟烃会放出氯原子。氯原子会夺去臭氧中的一个氧原子，使臭氧变成普通的氧气分子，从而使臭氧层遭到破坏。如果这种反应不停地进行下去，臭氧层终究有一天会从地球上永远消失！

在 1985 年的时候，一位英国科学家公布了一个重大的发现：南极洲的上空出现了一个巨大的臭氧层空洞。这个臭氧层空洞的面积相当于整个美国的大小，每年春天都会出现。当季节改变，风向发生变化时，周围的臭氧分子会被吹过来填补这个臭氧层空洞，但与此同时周围地区的臭氧水平就会显著下降。1992 年冬天，欧洲和加拿大部分地区上空的臭氧含量下降了 20%。

研究人员在南极洲的上空还同时发现了大量含氯的一氧化物，这是一种在氯气分解臭氧反应过程中释放出的化学物质。由此可见，日常生活里广泛应用的氯氟烃的确是一大隐患。

据估计，臭氧含量每下降 1%，到达地面的紫外线就会上升 2%，同时皮肤癌的发病率会上升 3% ~ 6%。紫外线对人体的免疫系统也会造成伤害，使人们更容易患上疟疾一类的疾病。此外，紫外线还会破坏植物细胞，使植物生长受阻。

科学家们还担心臭氧层变薄会导致全球范围内的气候变化，而此后的一系列结果将不堪设想。臭氧层有保温作用，而随着臭氧层逐渐变薄，臭氧层附近的空气温度下降，会导致全球风模式的变化，从而导致气候变化。随之而来的可能是长期干旱、庄稼歉收、粮食短缺，甚至大饥荒。

据科学家计算，即使全世界人民都行动起来，采取一切可行的措施阻止破坏臭氧层的活动，使臭氧水平恢复到从前的水平也需要多年的努力。

探寻沙漠的成因

辽阔的大漠给人以壮美的感觉，但也吞噬了无数美好的生命。如今，沙漠正以非常快的速度向人类的生存地带延伸，人类的未来面临着严峻挑战。人们在治理沙漠的同时，也在思索着沙漠的形成原因。

从地球上沙漠的分布来看，沙漠是地球上干旱气候的产物。然而，并不是所有沙漠的成因都能用这一观点来解释。例如，塔尔沙漠在平时上空总是湿润多云，而当西南季风来临时，空气中的水汽含量几乎可与热带雨林区相比，即使如此这里仍然形成了一片沙漠。

经过研究，科学家们认为形成沙漠的主要原因是尘埃。塔尔沙漠上空平均每平方千米飘浮着 1 吨半多的尘埃，是芝加哥上空的好几倍，而且尘埃分布高度也较高。塔尔沙漠没有降雨的条件，也没有成露的条件：白天尘层增温，空气因地面缺少加热而不能上升；夜间，尘埃以散热冷却为主，空气下沉使地面散热减弱。尘埃使空气变得十分干燥，地面只能形成沙漠。

那么，这么多的尘埃又源于何处呢？有的学者指出，人类是破坏生态环境、制造沙漠的真正凶手。

世界上最大的沙漠——撒哈拉沙漠的演变进一步证实了这一观点。谁能想到，在远古时代，撒哈拉的大部分地区曾经是一片植物茂盛的肥沃土地。然而，人类常常为了眼前的利益，乱砍乱伐，大肆破坏自然，造成了土地的严重沙化，从而加快了沙漠化的进程。

也有人反驳说，有些沙漠产生时，地球上还没有人类。人类不适当地开发自然，固然会使丰美的草原、森林退化成沙漠，但沙漠本身作为一种生态类型，早在人类出现以前就存在了。

到底是人类还是气候制造了沙漠？或是二者共同制造了沙漠？人们对这个问题仍然争论不

⊙ 非洲纳米比沙漠中的这些巨型沙丘是世界上最高的沙丘之一。在纳米比，海风使沙一直处于移动状态，沙丘也就像缓慢的海浪一样慢慢向着内陆爬行。

休。但有一点是无需争论的，那就是为了人类的将来，当务之急应抓紧治理沙漠，大面积植树造林，努力保护我们的地球家园。

深海海沟中的秘密

长期以来，由于技术水平的限制，人们对大海的深处知之甚少，总以为大海的底部是平坦的，后来人们才发现海洋的底部与大陆一样，有宽广的海底“平原”和“高原”，也有纵横相交的海底山脉，甚至还有深达万米的海沟。

海沟被称为“倒过来的山脉”，是海洋底部最深凹的地方，它是一种地质形态构造。深海沟大多位于大洋的边缘，是大陆与海洋过渡的最外边的一种地质构造单元，它具有特殊的形状（代表大陆、大洋两种不同地壳的接缝）和极大的深度（约为 6000 ~ 10000 米），比一般洋底要深 3000 ~ 5000 米。

近年来，科学家们对海沟地形做了大量勘测。他们对大量勘测结果进行分析后发现：世界大洋中深度超过 7000 米的海沟有 19 条分布在太平洋，只有 4 条分布在其他的海洋中。

世界最著名的一些海沟，如日本海沟、马里亚纳海沟、菲律宾海沟和汤加海沟等就位于太平洋西部边缘的岛屿外侧。这些海沟的横截面均呈“V”形，由于松散物的堆积，海沟最深处或海沟底部总有一段平坦的地形。可能由于海沟运动缓慢，这种海沟平底又并不是完全水平的，而是稍微向岛弧方向倾斜。

从阿拉斯加沿岸起有一连串的岛弧山脉直达新西兰海沟，这些岛弧的结构并不单一，大陆一侧的内弧多为火山弧，而位于大洋一侧的外弧则多为非火山弧。

这些神秘的海沟是怎样形成的呢？

大量的历史资料表明，海沟众多的太平洋地震带位于太平洋边缘地区。1876 年 1 月，伴随着斐济 - 克马德克群岛间海沟的 8 级强震，这里发生了大规模的地面变形、断裂和崩塌等现象。1891 年 10 月，日本横滨的地面裂开了一条长达 160 千米的裂缝。1899 年，阿拉斯加大地震使许多岩块离开原位置 10 ~ 15 米，它还使岸边森林也陷入海中。

随着 20 世纪 60 年代地震学的发展，一些人开始从地震机理入手研究海沟形成的原因。地幔下面温度高的部分发生热膨胀后就会产生热对流，形成地球内部的物质对流，就像锅中经过反复加热的水会发生膨胀，水的体积增加，密度变小变轻，锅底较热的部分上升，相反表面上的冷水就会下降。于是，科学家们推测：海沟形成的原理也与此相似。

后来，科学家们据此模拟了海沟的形成过程：大洋中央海岭顶部异常大的地热流，在张力作用下，与从海岭下方上升的地幔热对流，为地震提供能量来源，就是这种对流和地幔上升的张力，造成了大洋海岭中央部位的裂谷带和断裂带。到达大洋边缘部位的地幔流与大陆相碰撞，然后就在那里沉潜。地壳被下降的地幔流带动而发生凹陷，于是在大陆边缘部位就产生了像深海沟那样的凹地。

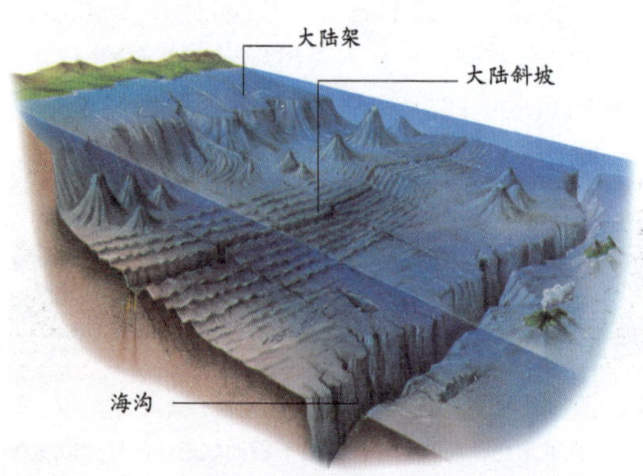

⊙ 与陆地上一样，海底的地形各异，也有山脊、峡谷和山脉。

但是，让科学家们感到棘手的是，地幔对流说看似简单，实则不然。至今他们仍不能证实大规模的地幔对流的存在；即使存在，也无法证实它能在地壳之下沿着大洋底部横向流动。科学家们仍在努力探索着，以期早日破译海沟的秘密。

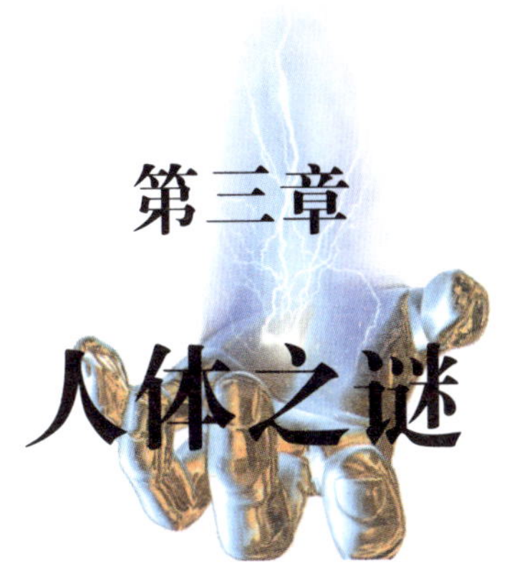

第三章 人体之谜

神秘的人体自燃现象

人体自燃现象最早见于17世纪的医学报告，时至今日，有关的文献更是层出不穷，记载也更为详尽。那么，什么是人体自燃呢？它是指一个人的身体未与外界火种接触而自动着火燃烧。

1951年，佛罗里达州圣彼得堡的利泽太太被人发现在房中化为灰烬，房子却丝毫未受损坏。在这个案件中，调查人员使用各种现代科学方法，以确定这一神秘意外的来龙去脉。可是，虽然有联邦调查局、纵火案专家、消防局官员和病理专家通力合作研究，历时一年仍然没有把事件弄清楚。

在发生事故的现场除了椅子和旁边的茶几外，其余家具并没有严重的损毁，可是在屋内却出现了一种奇怪的现象：天花板、窗帘和离地1米以上的墙壁，铺满一层气味难闻的油烟，在1米以下的墙壁却没有。椅子旁边墙上的油漆被烘得有点发黄，但椅子摆放处的地毯却没有烧穿。此外在3米外的一面挂墙镜可能因为热力影响而破裂；在3.5米外梳妆台上的两根蜡烛已经熔化了，但烛芯依然留在烛台上没有损坏；位于墙壁1米以上的塑料插座也已熔化，但保险丝没有烧断，电流仍然畅通，以至于护壁板的电源插座没有受到破坏。与一只熔化了的插座连接的电钟已经停摆，上面的时间刚好指在4点20分。当电钟与护壁板上完好的插座连接时，仍然可继续走动。附近的一些易燃物品如一张桌子上的报纸以及台布、窗帘，却全部安然无损。

⊙ 燃烧中的人体

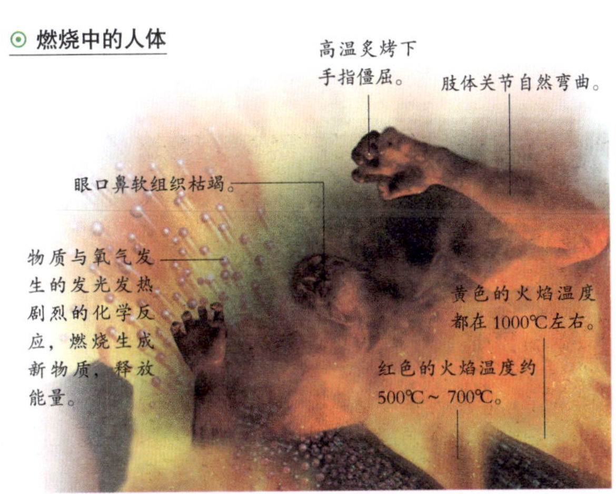

在世界其他地区也有像利泽太太这样人体自燃的案例，而且自燃的形式多种多样，有些人只是受到轻微的灼伤，另一些则化为灰烬，更令人不可思议的是，受害人所睡的床、所坐的椅子，甚至所穿的衣服，有时候竟然没有烧毁。还有些人虽然全身烧焦，但一只脚、一条腿或一些指头却依然完好无损。在法国巴黎，一个嗜好烈酒的妇人在一天晚上睡觉时自燃而死，整个身体只有她的头部和手指头遗留下来，其余部分均烧成了灰烬。

在以前发生过的人体自燃事件中，男女受害人的数目比例大致相同，年龄从婴儿到114岁的老人都有，其中很多是瘦弱的。他们有的人是在火源附近自燃，有的人却是在驾车时或是毫无火源的地方行走时莫名其妙地着火自燃的。

有人虽然曾经提出一些理论，但是一直没有合理的生理学论据来说明人体是如何自燃甚至于化为灰烬，因为如果要把人体的骨髓和组织全部烧毁，只有在温度超过华氏3000度的高压火葬场才有可能。至于烧焦了的尸体上尚存有未损坏的衣物，或者是一些皮肉完整的残肤，就更令人觉得有些神秘莫测了。

奇异的人体发电现象

在如今这个电气化的时代里，人们的生活可以说时时处处都离不开电。于是有人幻想，如果人体自身能发电该多好啊。事实上，世界上确实存在着这样的人，对于身体会发电的人来说，能发电可并不见得是一件好事。

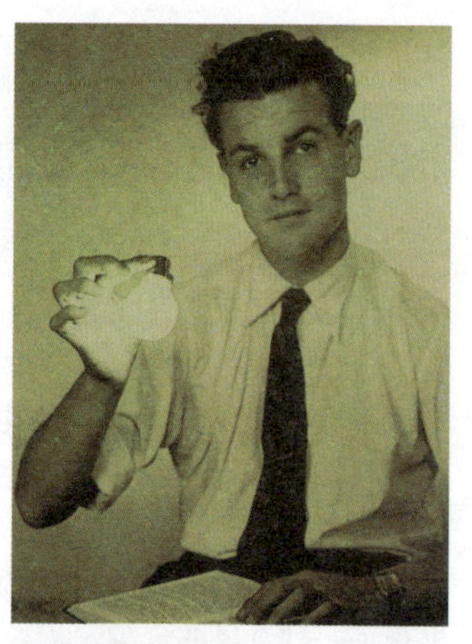

⊙ 能使灯泡闪亮的人

威廉·布莱恩有一种奇异的功能，他在没有电源的情况下，仅靠摩擦几下自己的身体就可以使灯泡闪亮，而本人与常人无异。不知这种能力是否与辉光有关。

在意大利罗马南方的一个村子里，住着一位名叫斯毕诺的16岁的年轻人，他的叔父艾斯拉模·斯毕诺在1983年8月首先发现了他的奇异之处：每当斯毕诺来到他家时，他家里的电气产品就会发生故障，而且他身边的床还会无缘无故发生自燃，油漆罐也会着火爆炸。

英国的贾姬·普利斯曼夫人是另一个会发电的人。贾姬的丈夫普利斯曼先生是位电气技师。但他的夫人却时时“发电”：一旦她靠近电器，电器制品就会损坏，电视会自己转台、灯泡会爆炸……她已经毁坏了24台吸尘器、9台除草机、12台吹风机、19个电饭锅、8台电炉、5只手表、3台洗衣机。

科学家用尽各种办法来研究这个不可思议的人体发电现象。他们从电鳗的健康与发出电能的相关关系得到启发，纽约州立监狱的南萨姆医师用囚犯做实验，用“肉毒菌”让被实验者暂时得病，暂时发电的现象在病人身体上出现了。这时从病人的体内可以检测出大量的静电。不过，病人的身体一旦恢复健康，发电的现象便消失了。

这个实验证明，是人的生理机能的失衡引起了人体的发电现象。

而韦恩·R.柯尔博士认为，从理论上来讲，约3立方厘米的人类肌肉细胞可以产生40万伏特的电压。他试验利用冥想在肌肉中产生静电，实验取得了成功。

正常情况下，人体是否隐藏着发电的潜能，还有待科学家们的进一步研究。

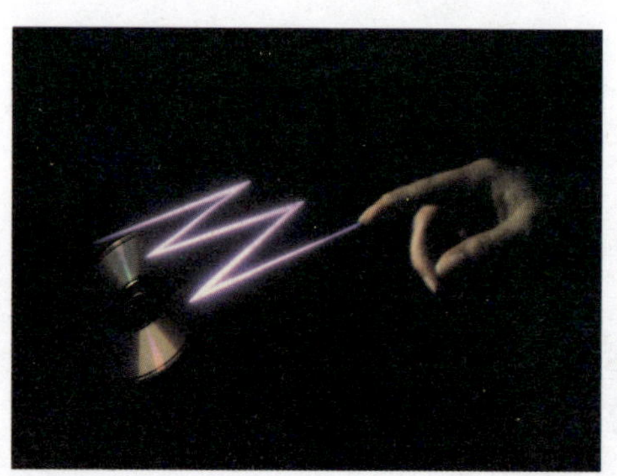

⊙ 每个人都隐藏着发电的潜力，如果利用冥想真的能够产生电，那么我们就可以通过自己的身体对一些电器进行遥控了。

肉眼看不见的“人体辉光”

在许多古今中外的宗教绘画中，为了显示神佛的超凡、伟大，往往其头上都有光环存在。其实，撇开宗教上的象征意义不谈，即使是生存在现实世界中的任何一个凡夫俗子，他们身上同样也有一道光环，只不过不为人的肉眼所见罢了。

英国一名医生华尔德·基尔纳早在 1911 年采用双花青染料涂刷玻璃屏，首次意外发现了环绕在人体周围的宽约 15 毫米的发光边缘。其后不久，苏联科学家西迈杨·柯利尔通过电频电场的照相术把环绕人体的明亮而有色的辉光拍摄了下来。于是，这一有趣的发现受到了世界各国科学家们的广泛关注。20 世纪 80 年代后，日本、美国等相继使用先进高科技仪器对“人体辉光”进行研究，试图把“人体辉光”之谜公之于众。日本新技术开发事业团采用了具有世界上最高敏感度的、用于检测微弱光的光电子倍增管和显像装置，成功地实现了对“人体辉光”的图像显示，并把这种辉光称为“人体生物光”，他们还把这一科研成果应用到医学研究上去。他们对志愿接受检查的 30 位病人进行了生物光测试，最后的测试结果表明，甲状腺功能衰退者、甲状腺切除者及正常人在夜间睡眠时，在新陈代谢减缓的同时，其生物光强度也会减弱。

尤其令人惊奇的是，科学家在研究“人体辉光”的照片时发现，照片中的光晕明亮闪光处，恰恰与中国古代针灸图上标出的针灸穴位相吻合，而每一个人又都有一种独特的辉光样式。另外，美国科学家研究指出，辉光在人体内疾病产生前，会呈现出一种模糊图像，好像受到云雾干扰的“日冕”；而当人体内有癌细胞扩散时则会出现一种片云状的辉光。苏联研究人员曾对酗酒者进行“人体辉光”追踪拍摄，他们发现饮酒者在刚刚开始端杯时，环绕在手指尖的辉光清晰、明亮。当人喝醉酒之后，指尖光晕会变成苍白色，同时他们还发现光圈无力，并且向内闪烁着收缩，变得暗淡异常。他们对吸烟者也做了类似的试验：一天只吸几支烟的人，其辉光基本上保持正常状态；而当吸烟量逐步增大时，“人体辉光”便会呈现出跳动和不调和的光圈；如果是位吸烟上瘾的人，辉光就会脱离与指尖的接触而偏离中心。

研究表明，经常参加锻炼的运动员身体发出的辉光要强于普通人的辉光。

现在，对“人体辉光”的研究正在深入地进行中。各国专家试验将其应用到医学上，甚至还有人设想把它应用到保健上，如在家庭中设立“辉光档案”，通过电脑监测装置进行“遥控保健咨询”。另外，“人体辉光”会随着大脑活动的变化而发出程度不同的光辉，所以有人据此想把它应用到犯罪学上，譬如在对犯人进行审问时可以发现其是否企图说谎等。

但是，截至目前，“人体辉光”的成因还是个谜。有人认为，这是人体的密码文字；有些科学家则认为，“人体辉光”是自然界一切生命的特别现象，是好像空气一样的复合物；还有人说这是由水汽和人体盐分跟高电场相互反应的结果。总之，众说纷纭，莫衷一是。但“人体辉光”确实以其特殊的魅力吸引着众多的科学家为之不倦探索着。

人类为何会得癌症

癌症这个词现在频繁出现在人们的嘴边，可谓谈癌色变。它夺去了无数人的生命，已经成为威胁人类健康的最可怕的“杀手”之一。有资料显示，全世界每年因癌症死亡的人数多达几百万，近年来，儿童患癌率显著增加，这一现象令医学家们大为震惊。癌症如此可怕，不禁令我们疑惑：究竟是什么导致人类得这种致命的绝症呢？

⊙ 癌细胞示意图

带着这个疑问，科学家们进行长期的研究，现今已经了解和掌握了一定的规律，并取得了一些临床治疗上的进展，但是科学家们并未找到致癌的真正原因，每年仍有大量的人因患癌症而死亡。所以说，要想彻底攻克这个难关并揭开它的秘密，还有相当长的路要走。

科学家们首先把注意力放在了寻找致癌物质上。他们通过研究患肿瘤的动物发现，诱发癌症的主要因素有：一定的化学物质和物理、环境方面的因素。举例来说，在广岛的原子弹大爆炸中因核辐射患血癌的人和长期工作在铀矿的矿工患肺癌的几率均远远高于普通人，而且死亡率也相当高。

然而，科学家们在进一步的研究中发现，日常生活中也不乏患癌症的人，那么日常生活用品中自然也含有致癌物质，到底哪些东西中含有致癌物呢？经过统计发现，诱发癌症的因素还有煤油、润滑油、香烟中的尼古丁、发霉的爆米花和粮食中的黄曲霉素等。

还有一些科学家提出，癌症还与遗传因素有关，致癌物可能通过基因突变传给后代。根据一部分医学工作者研究的结果，有一种癌症属于“遗传性癌”，它是直接由遗传决定的。进一步的研究之后，医学专家们又发现，那些属于非遗传型的癌症，竟也呈现出明显的遗传倾向。比如，胃癌患者的子女得胃癌的几率比一般人高出 4 倍；母亲患乳腺癌，女儿的乳腺癌发生率也比一般人要高。很显然，遗传因素对癌症的影响是不容忽视的。相关研究还表明，某些人对癌症具有易感性，主要因为体内某些酶的活性降低，染色体数目异常或畸变。总之，遗传上的缺陷很有可能促发癌症。但遗传因素是怎样促发癌症的，却仍然令医学家们感到费解。

近年来，有一些医学专家提出，绝大多数癌症与环境因素有关，例如，土壤中镁含量低的地区，胃癌的发病率就相对较高一些；皮肤癌的发病率和饮用水受砷污染的程度密切相关；饮用水中的碘的含量如果过低，甲状腺癌的发病率就会上升等。可见，环境因素对癌症的发生起着不可忽视的影响。

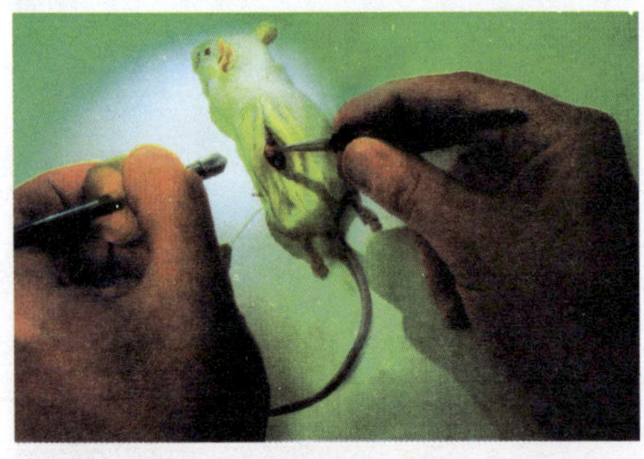

⊙ 图为对一只老鼠进行基因注射，通过基因处理使其感染癌症，然后进行癌症治疗实验。在癌症还没有被征服前且基因技术的可靠性仍受到质疑时，以其他哺乳动物作为研究对象也是一种不得已的选择。

综上所述，我们看到，诱发癌症的因素很多，但是这些致癌因素之间并没有什么共同点，这到底是为什么呢？经过一系列临床研究实验后，医学家们发现，同样的致癌因素，并不一定都能诱发癌症。也就是说，所有的致癌因素可能都不过是外在因素，还有可能存在着内在因素。因此，科学家们又开始了致癌的内在原因的探寻过程，经研究发现，癌组织是由正常组织细胞病变而来，具体来说，人的肌体内都存在着克服致癌因素的抑癌因素，在这种抑癌因素的作用下，细胞才会健康发展。如果抑癌因素的作用减少或消失，正常细胞就会发生基因突变，代谢功能紊乱，细胞也因此无限地分裂、增生。一般来说，正常细胞演变成癌细胞，再引发癌症是一个相当漫长的历程，大约需要10多年的时间。同时，科学家们又发现人体基因内存在着癌基因，这是造成正常细胞癌变的关键。其实，人体内不仅存在癌基因，还有抗癌基因。抗癌基因的发现，使人类对癌症的研究有了突飞猛进的进展，是人类最终战胜癌症的前提。科学家们把培养的抗癌基因注入动物身上，取得了初步成功。如果研究能够再深入一步的话，有望在不远的将来把这种方法应用于人类的癌症治疗上。

一部分医学专家在不断研究细胞癌变的过程中还发现，癌细胞的氧含量很低，而蛋白质含量却很高，而且癌细胞的表层组织越深入其裂变能力越差，直至坏死。因此，细胞缺氧可能也是诱发癌症的因素之一。当局部组织受到损坏，并进入窒息状态时，会改变其生存方式，癌细胞由此生成。

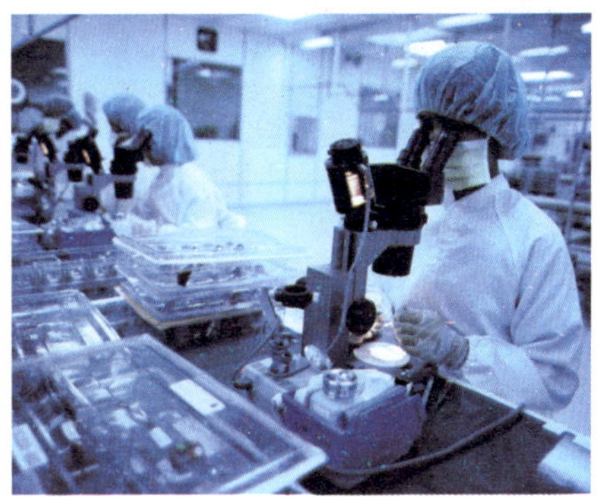

⊙ 随着科技的不断发展，也许不久以后人类就能研制出彻底治疗癌症的药物。

关于癌症的成因，可以说是林林总总，莫衷一是，但这些都只是具体细节方面的分歧，大体上来说，都有一定的合理成分在其中。但从根本上讲，人们并没有把癌症的病因彻底弄清楚，仍处于推测假说阶段。面对癌症这个疯狂病魔的肆虐，医学家们在大多数情况下仍然是束手无策，无能为力。但随着科学的进步，经验的累积，研究的深入，相信终有一天，人类会彻底弄清楚癌症的病因，降服这个恶魔。

人为什么会做梦

梦究竟是怎样产生的？它究竟能不能预卜吉凶？它受不受人世间自然力量的安排和支配呢？这些问题一直都吸引着历代学者去探讨。然而真正系统而科学的研究还是近现代的事。

1900年，世界著名心理学家弗洛伊德从心理学的角度解释梦的原因。他认为，梦是一种愿望的满足。在多种多样的愿望中，他更为重视性的欲望。认为性欲是人的一种本能，而本能是一种需要，梦就是满足这种需要的形式之一。弗洛伊德还认为，梦是有意义的精神现象，是一

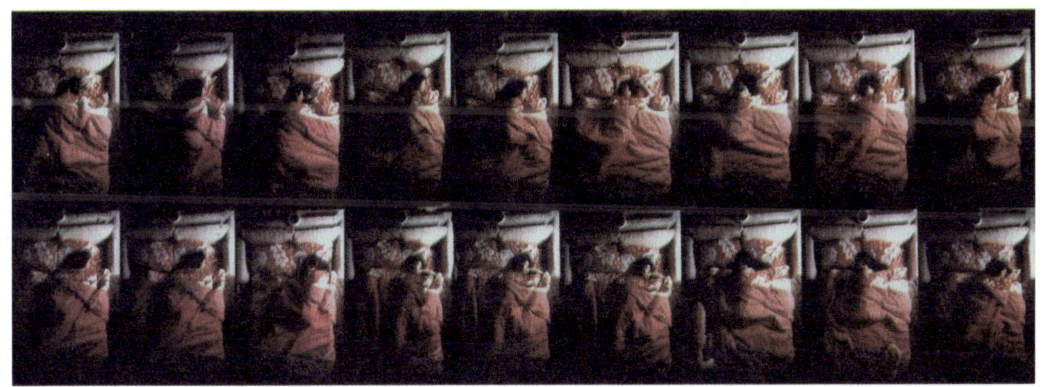

⊙ 摄影师席尔多里·斯巴尼亚拍下的一系列关于睡眠的定时照片。每帧照片隔15分钟。他拍摄它们是为艺术创作，但神经生理学家霍伯森指出这些照片对睡眠研究的价值，因为图中人的姿势变化与脑的变化吻合。有一连几帧姿势没有变化——例如从上排第五帧起，其后睡姿发生变化，统称表示快速眼动睡眠或开始做梦。

⊙ 左图为史提芬·拉伯基的眼睛在睡眠中快速抽动时，眼镜便发出柔和的红光，表明梦即将发生。柔光不会惊醒清醒梦实验者，而提醒他在梦中发挥主动角色。

⊙ 右图为在睡眠实验室的暗淡红光中，一个志愿者昏昏入睡。她的头和脸上贴着电极，用以侦测脑和肌肉活动，为研究者提供与做梦相关现象的记录。

种清醒的精神活动的延续。借助梦可以洞察到人们心灵的秘密。梦是无意识活动的表现，人在睡眠时，意识活动减弱，对无意识的压抑也随之减弱，于是无意识乘机表现为梦境的种种活动。

弗洛伊德的学生阿德勒则认为，做梦是有目的的。梦是人类心灵创造活动的一部分，人们可以从对梦的期待中，看出梦的目的。梦的工作就是应付我们面临的难题，并提供解决之道。梦和人类的生活是息息相关的。每个人做梦时，都好像在梦中有一个工作在等待他去完成一般，都好像他在梦中必须努力追求优越感一般。梦必定是生活样式的产品，它也一定有助于生活样式的建造和加强。人在睡眠时和清醒时是同一个人，由白天和夜里两方面表现结合起来才构成了完整的人格。人在睡梦中并没有和现实隔离，仍在思考和谛听。梦中思想和白天思想之间没有明显的绝对界限，只不过做梦时较多的现实关系暂时被搁置了。梦是在个人的生活样式和他当前的问题之间建立起联系，而又不愿意对生活样式做出新要求的一种企图。它是联系做梦者所面临的问题与其成功目标之间的桥梁。在这种情况下，梦常常可以应验，因为做梦者会在梦中演习他的角色，以此对事情的发生做出准备。

弗洛伊德的另一名学生荣格认为，梦就是集体潜意识的表现。重视潜意识，尤其是集体无意识，是理解和分析梦的前提，梦具有某种暗示性。梦所暗示的属于目前的事物，诸如婚姻或社会地位，这通常是问题与冲突的根源所在。梦暗示着某种可能的解释。同时，梦还能指点迷津。

可以说，弗洛伊德、阿德勒和荣格对梦的心理机制、梦的成因以及梦的作用和意义等方面，都有自己独到的见解和贡献。

世界著名生理学家巴甫洛夫从生理机制方面解释了人为什么做梦的问题。他认为，梦是睡眠时脑的一种兴奋活动。睡眠是一种负诱导现象。大脑皮层的兴奋过程引起了它的对立面——抑制过程，抑制过程在大脑皮层中广泛扩散并抑制了皮层下中枢，人便进入了睡眠状态。人进入睡眠时，大脑皮层出现了弥漫性抑制，也就是抑制过程像水波一样扩展，当人熟睡时，弥漫性抑制占据了大脑皮层的整个区域以及皮层更深部分后，这时就不会做梦，心理活动被强大的抑制过程所淹没。当浅睡时，我们大脑皮层的抑制程度较弱，且不均衡，这便为做梦提供了条件。

现代科学发达，可以通过实验分析来逐步揭开梦的奥秘，有的科学家认为：梦是快速眼球运动中“意象”的集合，在快速眼球运动期间睡眠就会产生梦境，此时脑电波振幅低、频率快，呼吸和心跳不规则，周身肌肉张力下降。当这时候叫醒睡眠者，他会说：“正在做梦。”如果不断地叫醒（打断其梦），会使其情绪低落、精神不集中，甚至暴躁和性急。

有的科学家做过这样的实验：将乙酰胆咸类药物注射到猫的脑干里。经研究发现，当脑干里某神经元放出乙酰胆碱进行信息沟通时，另一种神经元就停止释放去甲肾上腺素和羟色胺，前一种神经元将信息传至大脑皮层，皮层的高级思维和视觉中心，借助已存的信息去解释、编织成故事，梦就产生了。在梦境里为什么只见“镜像”，尝不出五味，闻不到香臭，这是因为快速眼球运动期间发射出的是视神经元，而不是味觉、嗅觉神经元。为什么梦醒片刻就记不住梦的内容，这是由于梦的储存仅在短暂记忆里，而长期记忆库的去甲肾上腺素和羟色胺处在封闭状态。

当然，心理学家和生理学家对梦的解释和研究也不是完全正确的，有些解释还欠妥和过于简单。但可以相信，随着心理学和生理学的发展，当代和未来的心理学和生理学家们会对梦作出更准确、更完善的解释。

梦与灵感

每个人都有做梦的经历，在梦中，我们经常会遇到千奇百怪的事情。然而直到今天，人类还不清楚梦究竟是怎么一回事。更有意思的是，有些人还能从梦中得到启发，从而获得新的发现。众所周知的化学元素周期表就是这么被发现的。

以前，化学家们只知道有 63 种化学元素，而且这些元素之间毫无关联。

1857 年，年仅 23 岁的门捷列夫成为俄罗斯著名的彼得堡大学的副教授。他工作勤勉认真，31 岁时又被聘任为化学教授，负责该校化学基本教程的授课工作。作为一名教授，他有很好的工作条件和生活环境，出于对化学的热爱和对工作的负责，门捷列夫一直勤勤恳恳地准备讲义，不敢有丝毫的懈怠。

然而，由于元素之间毫无联系，这些化学物质的性质非常多，就算连续讲上几个月可能都讲不完。而且，随着授课内容的增加，听的人可能由于不理解而对化学的认识越来越少。但是这块领域实在是太混乱了，以致没有一点系统性可言。门捷列夫在授课的过程中遇到了很大的困难，难道在这些化学物质中真的没有一点儿规律可言吗？难道这些组合真的是随机的吗？

门捷列夫试图寻找这些元素间的规律和统一性，然而苦思良久，却仍然得不到一个圆满的答案。那些元素就像散落在迷宫中一样，对于它们之间的联系，门捷列夫毫无头绪。

于是门捷列夫决定先找出元素之间的规律再继续写书，他在笔记本上画画涂涂，然而始终没有找到其中的规律。但他并没有气馁，在一张卡片上写上元素的名称、原子量，在底下写上化合物的化学式和一些主要的性质，然后他把这些元素一个个剪开来进行重新排列。

他用许多方法给写好的卡片进行分组，还尝试着用各种方式进行排列，希望以此来找出各种元素之间的内在联系，并用一张表格表现出来。但令人失望的是，他仍然找不到答案。

平时，门捷列夫总是从清晨就开始工作，一直工作到深夜。有一次他废寝忘食地工作，竟然完全忘掉了时间，一连干了三天三夜。

门捷列夫真是累极了，趴在工作室的桌子上就睡着了。然而即使是在梦中，他还是在继续工作，竟然还做了一个梦。一张元素周期表突然清晰地出现在自己的面前，各种元素犹如一个个训练有素的士兵，各自站在各自的岗位上。强烈的责任心使门捷列夫立刻从梦中清醒过来，刚才那张表还清晰地在眼前晃动。他拿起笔，在一张纸上记下那张表。他对表格进行反复验算后，发现除了一处需要加以修改外，梦中的那张表格简直是完美的！

1869 年 3 月，门捷列夫发表了元素周期表。在表格中，

⊙ 奥地利精神分析学家弗洛伊德著有《梦的解析》一书，通过对梦境的科学探索和解释，打破了几千年来人类对梦的无知、迷信和神秘感，同时揭示了左右人们思想和行为的潜意识。

他还为许多化学元素留出了空位。后来他又继续对元素周期表进行研究，预言了三种新的化学元素：类硼、类铝和类硅。

然而，门捷列夫的这些预言在当时被许多科学家当作无稽之谈。而他却十分相信周期律的科学性，并认为它一定能得到证实。

法国一位化学家于1875年用科学的方法发现了镓这种新元素。门捷列夫发现这种新元素其实就是类铝，是他5年前预言过的。化学元素周期律取得了第一次胜利。

世界科学界轰动了，化学元素周期表和它的发明人门捷列夫立刻享誉全球。世界上的许多科学家在门捷列夫的元素周期表的激励下，废寝忘食地工作，努力探索，试图发现新的元素。欧洲几十家有名的实验室中的众多科学家紧张地工作着，渴望获得新的发现，以进一步揭开化学物质的谜底。

1879年，瑞典一位化学教授又发现了一种金属元素，命名为钪，它其实就是门捷列夫所预言的类硼。1885年，德国化学家温克勒也发现了一种新元素，这个叫作锗的新元素恰好可以填入周期表中预留的一个空格中，正是门捷列夫所预言的类硅。

元素周期律成为物理和化学界的一个基本定律，对于推进现代化学和物理学的发展起着举足轻重的作用。可谁能想到，这一切居然是在梦中发现的呢？

能预测天气变化的关节炎

目前受阳光照射而患皮肤癌的人数激增，这使我们更加关注天气和健康的关系。最近皮肤癌的危险性备受关注，而疾病和天气的关系至少可以追溯到公元前4世纪希波克拉底的年代，许多那个时候的传说中都讲到下雨和疼痛的关系。我们知道，一些人说他们能“预测天气”，在天气晴朗的时候，经常有年过半百的阿婆注视着窗外，抚摩着有关节炎的肩膀，一脸严肃地说：“要下雨了。”

关节痛和天气潮湿之间有科学的联系吗？目前还没有得到确定的证据。1948年，科学家爱德斯特姆最先对这一问题进行了研究。他发现，风湿性关节炎患者在温暖干燥的环境中感觉很好。1961年，宾夕法尼亚医科大学的荷兰籍博士约瑟弗·赫兰德做了一个实验，让12个人（8个患风湿性关节炎，4个患骨关节炎）进入特殊的“天气室”中，里面的温度、气压和湿度可以调节。他们中间有8个人之前说自己能预感天气，而这8个人中有7个在湿度增大、气压降低的时候症状加重。

气压降低之后经常出现暴风雨。有一种理论说，大气压降低能引起关节周围的组织肿胀，导致关节疼痛，这可能是细胞渗透性所造成的结果。关节炎患者的血管壁一般渗透性比较好，因此有较多的血液进入组织。血液受到的压力总是比其周围的身体组织大，当外界环境压力降低的时候，就有很多血液进入组织。如果关节已经又疼又肿，那么增加的体液会令疼痛加剧。为了证实这个观点，人们利用放在气压室里的气球作为模拟装置进行了实验。外面的气压降低，气球中的空气就膨胀起来。如果发炎的关节周围也发生类似现象，加剧的肿胀就会刺激神经，引起疼痛。神经对气压非常敏感，即使有微小的变化也会发生反应。

这个解释听起来非常可信，但它尚未得到科学的验证，还只是一种理论。部分原因是气压降低引起的人体关节肿胀程度十分微小，不能用科学手段检测出来。其实，和暴风雨相关的气压变化与乘电梯的时候所生产的气压变化差不多。因为在医学文献中还没有乘电梯使关节炎加重的记载，所以这个解释还没有得到认可。

另一个使天气和健康难以联系起来的障碍是大气状况的变化多端。气压、温度、湿度和沉积物都可能使疼痛加重。而且，患者之间说法不一。有的说天气变化之前感到疼痛；有的说是同时发生的；还有更多的人说变天之后才有感觉。怪不得解决了这个问题的科学家少之又少。

⊙ 对关节炎患者的测试表明，女性的关节对天气变化的敏感性明显比男性强。

荷兰人后来做的实验对证明关节炎痛和天气有关更加不利，让事情变得扑朔迷离。1985 年，他们对 35 名骨关节炎患者和 35 名风湿性关节炎患者进行了研究。在受调查者不知道的情况下改变气压和湿度，虽然 62% 的人自称对天气敏感，但是结果却是在天气状况和关节痛之间没有找到确定的联系。对 62 名以色列关节炎患者的研究得到了稍稍令人欣慰的结果。风湿性关节炎患者中只有 25% 的人感觉到了天气变化，而骨关节炎患者中有 83% 感觉到了。温度变化、下雨和气压波动都影响着骨关节炎患者的关节痛，他们中 80% 以上的人能准确地预测降雨。其中，女性对天气变化比男性敏感，但一些女性说男人对什么东西都不敏感！然而，美国关节炎研究协会主任弗朗西斯 · 威尔德最近进行了研究，却没有发现关节炎和天气变化之间有任何有意义的联系。但威尔德保持乐观，他说："我想也许是科学还没能抓住有力的证据。"

即使天气和疼痛之间确有联系，但也可能不是身体的关系，而是心理关系。人们在潮湿天气里心情不好，郁闷的情绪可能使疼痛更难以忍受。还有另一种可能，雨天让老年人喜欢长时间待在床上或舒适的沙发里，缺乏运动使他们感到关节僵硬。怀疑者还指出，如果你很想相信一些坏事情，那就真的会发生。有的疼痛和痛苦受心理影响。美国气象学教授丹尼斯·崔西科说："如果你确信天气和疼痛有关，那么，天哪，真的有关。每当气压计读数下降，阴云密布，凉风骤起，如果你想着关节炎又要发作了，那它就真的会疼起来。"

虽然对于是什么使天气潮湿和关节痛联系在一起还有相反的观点，但有一点绝大多数专家都表示赞同：不要急于搬到气候干燥的地方——变换环境带来的压力可能让症状加重，而且经过几个月，身体适应了新的气候之后，感觉不会比原来更好。

另据《朝日新闻》报道，名古屋大学环境研究所的佐藤纯副教授等人研究了患类风湿关节炎的老鼠对气压和气温变化的反应。他们先在实验室内制造出与台风来临时相似的低气压环境，然后用针刺激老鼠的腿部，记录老鼠抬腿和腿部晃动等回避动作的次数。结果发现，健康的老鼠对轻微和强烈刺激的回避次数在气压下降前后没有变化，而有关节炎的老鼠对轻微刺激的回避次数在气压下降后比气压开始下降时多 2 ～ 4 次，其对强烈刺激的反应在气压下降后比气压开始下降时多 6 次。此外，这些老鼠对气温下降的反应也是如此。

研究人员认为，导致这一现象的原因是，在气压、气温开始降低时，患关节炎的老鼠炎症加重，其对刺激的敏感性下降。但气压、气温下降了一段时间后，老鼠的炎症有所减轻，其对刺激的敏感性又增强。

在实验中，研究人员还设法使老鼠下半身的交感神经麻痹，结果老鼠对气压变化没有反应，但对气温变化仍有反应。这说明，在上述条件下，交感神经以外的传达疼痛的神经还在起作用。但研究人员仍不了解，为什么气压、气温降低会加重关节炎症状。

佐藤纯说，实验说明，气候变化与关节炎疼痛症状的变化有因果关系，患者可在感到天气要显著变化时服用预防药物。

人脑之谜

人类在世界的历史上创造了许多伟大的奇迹，而这些奇迹的创造要归功于我们人类有一个与众不同的脑。尽管人类创造出了种种的奇迹，但是对于人脑的认识却充满了未解之谜，等待着我们去探索，去发现。

人脑之谜面临的问题很多，最首要的问题就是大脑的工作机理和它的微观机制。目前人们对这个问题的认识仍然是很少的。例如：人脑是如何处理信息的？是序列式还是并列式处理？他们又是怎样具体进行的？人脑中信息的表象是什么？怎样对化学密码做出阐释？其次是关于脑功能和结构异常引起的疾病问题。占首要地位的可以说是精神分裂症，病人有思维障碍、幻觉、妄想、精神活动与现实活动脱离等症状。大约有 1% 的人可患此病，这个比例意味着在我国将有上千万的患者。对于它的病因目前仍不很清楚。另一种疾病是癫痫，大约有 0.5% 的患病几率，对人类的健康构成严重的威胁。病因也不是很清楚。再有一种疾病就是阿尔茨海默病，在病人的脑中可以看到一种特殊的蛋白质的沉积，但是它是如何产生，在发病过程中所起的作用如何，都还是一个未解之谜。

最后一个问题就是人类对自己大脑的认识。在近代科学史上，生理学家一致认为：大脑皮层是智力和意识活动的中枢，并且认为大脑的发达程度和智力的高低与脑子的大小有密切的关系。为了弄清这个问题，医学家们甚至解剖过许多杰出人物的大脑。通过无数的实验得出结论：正常成年男子的脑重 1.42 千克左右，女子的脑重比男子要轻 10%，如果男子脑重轻于 1 千克，女子轻于 0.9 千克，人的智力就会受到影响。

但是，随着科学的发展，往往可以得出一些与定论相悖的结论。例如英国的神经科专家约翰·洛伯教授就指出：人类的智力可能与脑完全无关。一个完全没有脑子的人一样可以有极好的智力。他提出的理论根据是：英国的谢菲尔德大学数学系有一个学生，每次考试成绩都名列前茅，可是在对他的脑部进行探测时却发现，这个学生的大脑皮层的厚度仅有 1 毫米，而正常人是 45 毫米。而在他的脑部空间充满脑脊液。另外，教授还发现一位医院女工作人员，根本就没有大脑这一部分，而她的智商却高达 120。

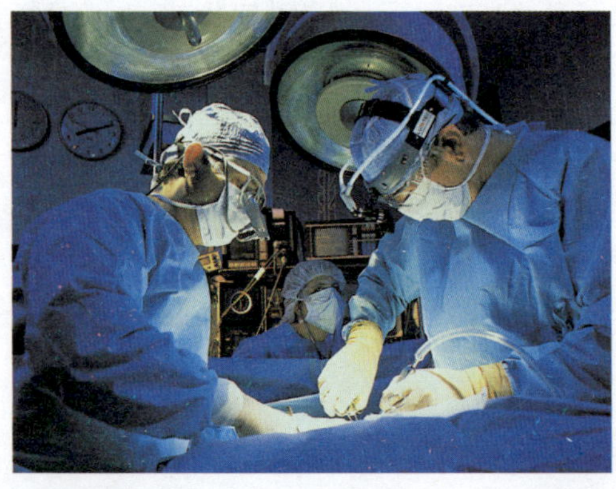

⊙ **智力水平**

智力这个术语涵盖了许多方面的能力。例如，手术操作要求医师具备高水准的专业知识和在压力下作出决定的能力，医师之间还需要相互配合。其他工作所要求的具体技能有所不同，不过同样具有难度。

如果说大脑皮层是智力和意识的活动中枢，那么我们如何解释“没有脑子的高才生”的现象？洛伯教授发现的“水脑症”，不是根本没有大脑，而是有脑，但不及正常人的 1/4，既然如此，对于他们的超常智力又作何解释？

在人脑探秘中，科学家们现在进行的另一个关于人脑中枢的研究是：人脑中是否存在着嗜酒中枢。我们经常见到一些嗜酒如命的人，为了帮助这些酒鬼戒酒，有些科学家首先想到这样一个问题，在大脑中有负责正常人进食和饮水的延脑，那么有没有嗜酒的中枢呢？有的话，这种中枢又位于哪里呢？

苏联的科学家们首先进行了这方面的研究。他们发现下丘脑与嗜酒有一定的关系。苏联医学科学院的苏达科夫经过研究认为，酒精破坏了下丘脑神经细胞的作用，从而形成了一些副作用。在对许多的动物和人类中的酒鬼的下丘脑检测实验中，他发现了酒精破坏的痕迹。酒精破坏了神经细胞的正常工作，被损坏的神经细胞会发出“索取”酒精的指令，于是酒鬼们就会无休止地沉湎于酒精的麻醉中。为了证实这一点，他做了这样一个实验：他让一群老鼠连喝了一个月的酒，结果把这些老鼠全都变成了酒鬼，接着再破坏一部分老鼠的渴中枢，并一连数天不让所有的实验鼠喝水，最后，当把清水和酒精放在这些老鼠面前的时候，在 90 只老鼠中，只有 6 只选择了清水，其余的 84 只全部选择了酒精。而未喝过酒和动过手术的老鼠选中的都是清水，这个实验有力地说明，动物大脑中的嗜酒中枢可能是渴中枢受酒精的刺激转化而成的。有些科学家由此断言，嗜酒中枢就是渴中枢。

⊙ 人弹奏吉他时，大脑每秒钟都会沿着运动神经向手臂、双手和手指发出数千个神经信号，从而以惊人的速度和准确度控制人体的运动。

这个实验在学术界产生了很大的影响，但是一些生理学家和医学家对于人脑中存在着嗜酒中枢却持怀疑的态度。他们认为，首先，在动物身上获得的结果能否在人体重新获得还有待于证实，动物的嗜酒是一种人工形成的生理需要，而人的嗜酒情况是很复杂的。还有遗传、环境、习惯、性格等各种因素的作用。其次，动物脑中的嗜酒中枢，仅仅是实验证明的一部分，对于所有动物来说是否成立还需要实验的证明。至于人脑中是否存在着嗜酒中枢就更需要进一步的实验来证明了。

科学本来就是在辩论中不断更新和发展的，法国著名的文学家巴尔扎克说：打开一切科学的钥匙都毫无异议地是问号；我们大部分的伟大发现都应归功于不断的疑问，而生活的智慧大概就在于逢事都问个为什么。究竟哪一种结论是正确的，这还需要科学家们用实践来证明。

可怕的整体免疫紊乱

医学界对整体免疫紊乱这种病有许多种叫法：复合化学物质过敏症；自发性环境过敏症；整体过敏综合征；环境过敏症；生态病；整体免疫紊乱综合征；化学免疫缺乏综合征；20 世纪病。从每个名字都能看出这种病的原因、病理或症状。但是对这种病的定义和名字难以统一，阻碍了人们对它进行科学的认识。

然而专家们普遍赞同的一点是，这种疾病是近代才出现的。这种广为接受的理论说，第二次世界大战之后，新的化学产品得到了广泛使用，包括杀虫剂、香水、涂料、胶、溶剂、塑料、地毯、香波、清洁剂、药物、肥皂、咖啡因和食品添加剂等，不计其数。这些产品已经融入了日常生活，在我们吃的食物里、穿的衣服上和呼吸的空气中，它们无处不在。许多化学产品的潜在毒性没有得到充分的测试，导致人体产生不良反应。20 世纪 50 年代，美国芝加哥的过敏症医师赛隆·伦道夫就发现了一些人因为环境而生病，此后不到 10 年，环境污染成为严重的影响健康的因素。70 年代，建筑业的发展提高了房屋建造的效率，这使新式建筑中的通风方式发生变化。通风方式的改变和材料中化学物质的挥发导致了我们现在所说的病态建筑综合征，所以在办公室工作的人们经常会产生头痛、恶心和其他不良反应。

复合化学物质过敏症（MCS）的症状与传统的过敏症相似，但是由于不同的人对不同的产品发生反应，所以人们对此病的表现多种多样。MCS 的症状包括呼吸困难、偏头痛、皮疹、头晕、恶心、疲乏、失眠、疼痛、注意力不集中和健忘等。女性比男性更容易患上 MCS。科学家认为，虽然女性容易患病可能是因为比男性接触更多的化学产品，例如化妆品和清洁剂，但是男性分泌的睾丸激素掩盖了他们初期的症状和身体的预警信号，直到病情严重了才会发现。

⊙ MCS 的一部分病因是心理方面的，多数患者同时还患有抑郁症或焦虑症。

希拉·罗素就是一个著名的例子，她是 20 世纪 70 年代流行乐组合的歌手，忽然间她对人造纤维、塑料和经过加工的食品产生过敏，导致水肿和呕吐。因为她似乎对身边所有的东西都过敏，所以只能住在英国布里斯托尔一所黑暗的房间里，里面的空气是经过过滤的。但是她的体重还是下降到 39.9 千克，一度连抬头的力气都没有了。

是什么使人体产生如此强烈的反应？临床生态学家认为，人体长时间暴露在某些化学物质中会导致身体丧失解毒能力。

有一名 MCS 患者无法去除体内的化学物质，因为这些物质进入他身体的速度比被排出去的速度还快。化学物质储存在人体一些含有脂肪的组织中，例如心脏、肝脏和大脑。人们刚开始对某些物质没有变态反应，但是一旦体内处理毒素的功能受到破坏，就抵挡不住化学物质了。这说明患者的免疫系统失灵了，因此对其他人没有影响的东西却可以对他们造成伤害。一位科学家试图给 MCS 下定义，他描述说："它是由多种化学物质引起的多种器官的慢性疾病，表现出多种症状，影响到多种感觉。"

让事情变得更加复杂的是，有证据表明，MCS 及其相关的病症不仅仅由化学物质引起，还和病毒、情绪过激、创伤（尤其是儿童时期受到的创伤）、肝脏损伤和代谢紊乱有关。一些专家还确定地说，MCS 的一部分病因是心理方面的，多数患者同时还患有抑郁症或焦虑症。最近，多伦多大学的研究人员发现 MCS 也与恐惧症有关。

虽然 MCS 常常与过敏症联系在一起，但它与过敏症在一个重要的方面表现出很大的差异。研究人员做了一项实验，他们事先掩盖了过敏源的特征，比如溶剂的气味，然后让不知情的 MCS 患者密切接触过敏源，结果一部分患者没有出现症状。作为对比，他们也对花粉或坚果过敏者做了类似的实验，这些过敏者接触过敏源的时候都出现了症状。

由此，多伦多的研究人员意识到 MCS 的病理有认知的成分，并观察到 MCS 的症状和恐惧症相似，所以他们决定研究一下这两种病是否有联系。此前曾有研究显示，恐惧症患者对一种称为缩胆囊肽的化学物质很敏感。缩胆囊肽是在人的内脏和大脑中产生的激素。在内脏中，它有助于消化；在大脑中，它与忧虑和愤怒的情绪有关。它被看作恐惧基因的媒介，意思就是它会使恐惧症患者发病。但是，对于没有恐惧症的人，缩胆囊肽不会引起发病。实际上，用它可以判断出一个人是否患有恐惧症。MCS 和恐惧症有许多相似之处，所以研究人员想看看它们在基因方面有没有联系。

我们每个人都有两种缩胆囊肽的感受器——A类和B类。B类有15种不同的变种，称为等位基因。遗传密码决定了我们携带的是哪种等位基因。在恐惧症患者中，携带 7 号等位基因的人所占比例比正常人高。因此，克伦·宾科勒博士领导的多伦多研究小组对 11 名 MCS 患者进行了测试，并与 11 名正常人进行比较。MCS 患者中有 41%的人携带 7 号等位基因；而正常人中，这个数字只有 9%。

显然实验的测试对象数量有限，要想给 MCS 在心理方面的因素下定论还需要做大量的工作。

但是，宾科勒博士认为她的研究方向是正确的，她有信心找出这个令人烦恼的疾病的病因。“我觉得心理和身体的差别是人为提出的。它们其实是一个整体，不能单独看待。”

奇怪的幻肢

在伤口痊愈后的很长一段时间内，80%以上的截肢者仍然可以感觉到失去的肢体。这种感觉可能在刚截肢之后出现，也可能几个月甚至几年之后才出现。1866年，美国神经学家S.韦尔·米切尔经过对内战伤员的观察，第一次将这种感觉称为“幻肢”。

幻肢常常表现为刺痛感，并幻觉到与截肢前的胳膊、手或腿形状类似的肢体。残肢被触摸的时候，截肢者经常感到失去的手臂或腿正在受到压力。他们在走路、坐下或伸展四肢的时候会觉得肢体还在正常运动。刚开始，幻觉中肢体的大小和形状与正常肢体一样，截肢者甚至想伸出幻肢拿东西，或者试图用虚幻的腿站起来。但是，一些体验过这种感觉的人说，幻肢的形状会随着时间的推移而发生变化，感觉越来越模糊，有时完全消失，只剩下半截手脚在半空中摇晃。而另一些人说感到幻肢逐渐缩进残肢里，直到完全缩进去。

许多幻肢感发生在截肢断口处受伤之后。因此，一些生来就缺少肢体和从未有过肢体感的人在断口受伤的时候也可能感觉到幻肢。一名18岁的姑娘就是一例。她生来就没有左前臂，某一天她骑马的时候从马背上摔下来，左臂前端着地。此后她产生了幻觉，感到前臂、手掌和手指都还在。她说这种感觉令人愉快而且没有痛苦，持续了1年之后才消失。

另一个病例是一名15岁的女孩，她因癌症失去一条腿，之后她详细地记录下幻肢的体验。手术刚结束的第1天，她在原来脚趾的地方感到痒和刺痛。第2天，给另一只脚按摩的时候，那种感觉减轻了，幻觉中的脚好像睡着了。每次幻肢的感觉都能持续10分钟。10天之后幻肢感开始减轻，并在1个月之内完全消失。然而有些人的幻肢感能持续好几年。

是什么导致了幻肢？有研究显示，我们对肢体的知觉是“硬连线”到大脑中的。肢体的感觉与大脑网络具有对应关系，人们往往从小就把对肢体的印象记在大脑里，肢体被截掉或者失去功能的时候这种印象还继续存在着。幻觉过一段时间后就会消失，因为患者纠正了对肢体的印象。但是如我们所见，一些生来就缺少肢体或4岁之前就截肢的人仍然会产生幻肢感。因为他们对完整身体的印象没来得及保存在大脑中，所以幻肢感一般只发生在残肢端部受伤的情况下。

伦敦大学学院的科学家最近对这一现象进行了实验，并在实验中对受试者的大脑活动进行监测。受试者把右手藏在桌子下面，一只橡胶假手摆在他们面前，看上去很像是身体的一部分。然后实验者用笔杆同时敲击假手和藏起来的真手，并用核磁共振成像仪器扫描受试者的大脑。仅仅11秒之后，受试者就开始将假手看作是自己的，而且稍后让他们指出右手在哪儿，多数人指向假手而不是真手，这说明大脑已经做出了调整。

科学家们发现，大脑中一个特殊的区域——前运动皮质，能通过视觉、触觉和本体感受（位置感）3种知觉识别身体。但是，当得到的各种信息不一致的时候，大脑更相信视觉信息，因为它是三种知觉中最强的一种。研究主任亨利克·埃森说：“此项研究表明，大脑通过比较对外界的不同知觉来分辨自己的身体。可以说，身体本身就是大脑形成的幻想。”

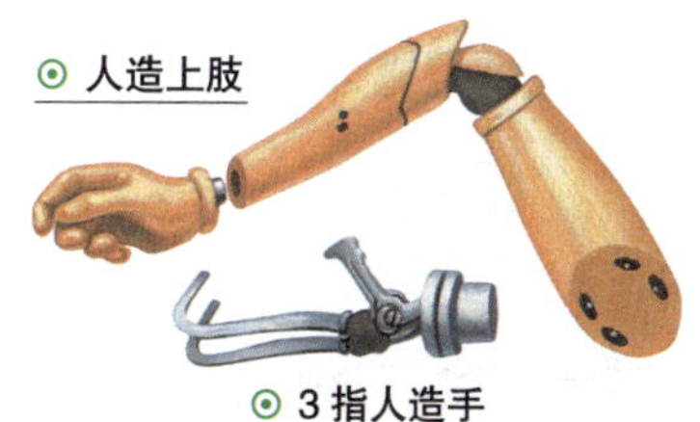

人造上肢

3指人造手

严重的幻肢表现为剧痛、灼痛、痉挛痛或刺痛等。一般认为，幻肢痛由神经末梢受损引起。这些受损神经继续扭曲地再生长，引起残肢异常的神经痛，有时也会改变断肢神经与脊髓神经元的连接方式。

有一种理论说，断肢失去的感觉使大脑的神经活动发生改变，有实验结果证实了这种说法。幻肢痛的治疗方法之一是反复触摸断口皮肤，增强那里的感觉和判断力。事实证明此法十分有效，这可能是因为触感代替了断肢以前传递到大脑中的感觉。

虽然断肢痛属于物理疾病，但是在1996年，加利福尼亚大学的维拉亚诺·罗摩占罗博士利用心理测试进行了一系列的实验。他让断臂的幻肢痛患者把手臂放进一个镜盒，这样他们就能看到残肢在镜子中的映像，看起来就像是截下去的断肢又回来了。然后再把完好的那只手臂放进镜盒，一边运动手臂一边假想那就是断肢，此时疼痛减轻了。10个受试患者中有6个立即感到幻肢在动，少数人感到幻肢变得灵活。有一名患者甚至通过改变大脑对身体的印象而彻底消除了幻肢。

在另一个实验中，患者想象失去的手臂正在随着面前屏幕上的手臂一起运动。这次实验也获得了成功，并改变了治疗幻肢痛的侧重点，即不再注重受损的肢体本身，而是关注产生痛觉的中心——大脑。

幻肢引起了诸多不便和痛苦，但它也有一个好处：由于患者对断肢的感觉增强了，所以他们可以通过幻肢感更快地学会使用假肢。

能接收广播的牙齿

在都市奇谈中，最常听到的就是人们有时候能通过牙齿听到广播。虽然这种故事常常被认为是异想天开虚构出来的，但是此类传闻一直接连不断，屡次出现。实际上，美国牙科协会说每个月都有人向他们咨询这个问题。

芝加哥的一名男子说，他小时候掉了一颗牙齿。大约在1960年，牙医用金属丝将一个套子拴在他的牙床上。从那以后，他开始明显地听到脑袋里有音乐声，尤其是在户外的时候。他说音乐轻柔而清晰，但他分辨不出是哪个电台。一两年之后，新牙医解下了金属丝套子，音乐也停止了。另一个美国人在1947年也曾有过类似的经历，当时她乘火车从家乡克利夫兰去罗德岛上学。她说自己的头部接收到了某个广播电台，并持续了大概10分钟，她记得听到的是商业节目，还有一个广播员的声音。她曾有几个牙齿里面填充过银，但她记不清楚是不是在这件事之前填充的。

最有名的例子发生在喜剧女演员露西·鲍尔身上。她说在1942年，自己临时用铅填充了几颗牙齿，过了几天，她晚上在加利弗尼亚开车的时候忽然听到了音乐。她写道："我弯下腰去关收音机，但它本来就关着。音乐声越来越大，我才发现声音是从嘴里发出来的。我甚至听出了是哪首曲子。我的牙齿嗡嗡作响，被鼓点敲击着，我以为自己昏头了。我想，这是见什么鬼啦？然后声音开始平息。"第2天，她在摄影棚里满腹狐疑地把这件事讲给演员巴斯特·基顿听，基顿笑着告诉她说，那是因为她牙

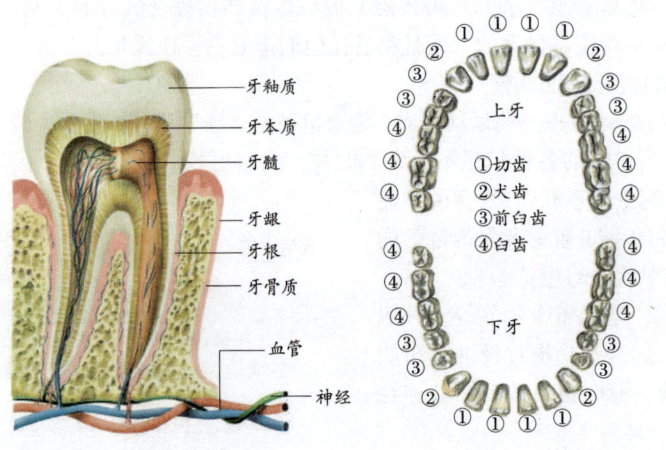

⊙ 牙齿

牙齿用于切断、撕裂和磨碎进入口腔中的食物。牙根嵌入上下颌骨的牙槽内，牙齿最外层的牙釉质是人体内最坚硬的物质。婴儿出生时没有牙齿，到2岁左右长齐乳牙，共20个。6岁左右，乳牙自然脱落，长出恒牙，共32个。

齿里的填充物收到了广播，他有个朋友也遇到过这种事。

当然，这个故事可能被好莱坞夸大了，但是在20世纪30年代和40年代，当美国各地安装了功能强大的AM发报机之后，的确有许多当地居民说从栅栏的铁丝、浴缸和牙齿填充物上发出了音乐。这完全是民间传说，还是具有科学依据的事实呢?

一些科学家说，只要有合适的条件，人的嘴完全可以像收音机电路一样工作。收音机电路最基本的构成只需要3部分：天线，用来接收广播电磁信号；检波器，一种把无线电波转换成人耳可以听到的声音信号的电子元件；转送器，即任何能实现喇叭功能的东西。他们说，在极少数情况下，人的嘴能够达到这种构造。人体具有导电性，可以充当天线。牙齿里的金属填充物和唾液反应，能像半导体一样检验波音频信号。转送器可以是嘴里任何能振动并产生声音的东西，例如松动的填充物。

其他人不认同这种想法，说听起来像无线电波的东西，其实只是一种化学反应，由嘴里的填充物和唾液中酸的奇特作用引起。当然，这只是理想化的情况。

不管怎样，虽然通过牙齿听到音乐的报道偶然还会出现。这是否与收音机的过时或与牙齿填充物类型的变化有关呢？我们只能继续等待谜底揭晓的那一天。

奇异的人体第六感

2000多年以前，亚里士多德总结出人类有五种主要感觉：视觉、听觉、味觉、触觉和嗅觉。不过，人们有时候会忘记自己还有一种感觉，它被称作本体感受，字面意思是“对自己的感觉”。这个术语是英国生理学家查尔斯·谢林顿爵士发明的，他称之为“神秘的感觉、第六感”。

本体感受由神经系统产生，目的是保持方位感并控制身体不同部位的运动。知道自己在哪里，知道自己的手臂、腿和身体其他部位的相对位置，这非常重要。正是本体感受使我们闭着眼睛也能摸到鼻子，并能准确无误地给头部抓痒。

大脑每天接收到大量的感觉信息，为了防止负担过重，必须区分出优先次序。它学会了忽略一些预料之中的信号，并用无意识的部分对这些信号作出反应，比如大脑不去理会走路时部分皮肤受到的伸展。只有新的、没有预料到的信息可以到达大脑有意识的部分。我们的每个动作都是由大脑的指令而来。我们决定做某个动作的时候，大脑的运动皮质发出命令，让相关肌肉做出这个动作，不到60毫秒，感觉系统就把实际运动情况报告回大脑。大脑不停地接收从身体发来的信号，以便及时发现任何身体位置和动作协调方面的错误。例如，即使我们站着不动，也会一直轻微地左右晃动。如果晃动的幅度太大，本体感受信号就给大脑发出警报，使它立即命令肌肉做出必要的调整。

特殊的本体感受器遍布在身体各处，与前庭系统（在内耳中由液体构成的网络，能察觉头部位置、保持身体平衡）协同工作。例如，从本体感受器发出的反馈信号使大脑计算出需要运动的角度，然后精确地命令肢体移动相应的距离。在关节、肌肉和肌腱中的本体感受器能察觉出细微的位置变化。它们从眼睛、耳朵和其他感觉器官得到新信息并传递给大脑，使身体平衡，动作协调。这样就保证了身体各个部位不会孤立地运动。

多数人都不知道我们有这种“第六感”，但它对人体的运动至关重要。如果没有本体感受，我们就无法行走、托举、伸展肢体或舞蹈。尽管大脑最重视从眼睛反馈来的信息，但视觉信号的处理速度远远低于本体感受信号。所以当舞蹈者对着镜子练习的时候，与其依靠镜子中的形象判断动作，还不如自己来感受身体。

幸运的是，虽然我们有时候失去嗅觉或味觉，但很少失去本体感受。然而一旦失去它，将产生严重后果。全世界至今只发现 10 个人不能无意识地协调动作，英国南安普敦的伊恩·沃特曼就是其中一例。1971 年 5 月，他割伤了手指并引起感染，很快连手臂也红肿、发炎了。他开始感到忽冷忽热，全身无力，只好停止了屠夫的工作。当他攒足了力气去修剪草坪的时候，发现自己无法控制剪草机，只能任由它乱跑。一个星期之后，他起床的时候摔倒了，被送往医院。当时他不能正常行动，手脚能感知温度和疼痛，却察觉不到触感和压力。

病毒感染损坏了他控制本体感受和触觉的神经，使他从脖子以下失去所有的触觉。控制肌肉运动的神经还完好无损，但是大脑命令肌肉运动的时候接收不到反馈信号，所以他不知道动作是否执行完毕，只能靠眼睛判断四肢的位置。因此他可以做出动作，却没办法控制它们。他瘫痪了，而更糟糕的是，医生不知道病因。一开始医生将他诊断为末梢神经紊乱，说他很快就能康复，但 7 个月过去了，他还是行动困难。最后医生说他没救了，下半生只能在轮椅中度过。

感觉系统正常的人可以轻松地前后移动手指，但失去本体感受之后，大脑感觉不出手指在做什么，所以正常人轻松的动作却需要患者大量地思考和计划。沃特曼发现，用视觉来弥补缺失的反馈信号是唯一的解决办法。通过观察自己的身体，同时专注地移动相关部位，他终于可以费力地坐起来了。“我先看看腿、胳膊和身体都在哪里，然后一点点地坐起来。第 1 次自己坐起来的时候我太高兴了，可是一没留神就险些跌下床。”

对我们认为很简单的基本动作，沃特曼却需要花费很多心思，所以他把每天的努力比做跑马拉松。他必须训练自己看出物体的重量和长度。他试图举起一件东西的时候，感觉不出有多重，只有凭眼睛来判断应该用多大力气。他花了整整一年学习站立，并以此为基础学会了行走，成为这种罕见疾病的患者中第一个能够走路的人。通过一步一步地分解每个动作，他还学会了其他动作。

“我先分别练习一些动作，比如抬腿、移动胳膊，然后再同时做，一点点取得进步。熟练掌握这些基本动作之后，就可以在这个基础上学会更多的动作，实际上我能够很安全地到处走动。虽然练习的过程中摔了很多跤，但这是必要的。”

仅凭视觉的缺点是如果忽然没有了光亮，他就会瘫倒在地，直到有了光线才能动弹。

尽管伊恩·沃特曼一直没有恢复本体感受，但他通过几年的练习之后出院，开始了新的生活。他利用视觉训练出了准确估计身体运动速度和方向的独特能力，不仅能走路，还会照顾自己，甚至开车。最后他找到工作并成了家。他成功地克服了看似不可逾越的障碍，除非发生意外状况使他失去平衡，否则见过他的人只是觉得他的动作有一点机械，很少有人怀疑他身体有毛病。但他最近承认说：“运动还是要耗费大量的心思，花太多力气。”

伊恩·沃特曼的例子让科学家对本体感受有了更多的了解。沃特曼举起物体的时候对重量的估计相当精确，这使科学家们感到惊讶。一般认为，人们要依靠肌腱和肌肉拉伸程度的反馈信号才能判断出物体的重量和长度。而沃特曼没有这些反馈信号，拿起东西的时候只能用眼睛观察身体对运动的反应。肢体动得越快、越高则说明物体越轻。其实他的眼睛已经锻炼得极为敏锐，能够根据身体反应辨别出不同物体之间 1/10 的重量区别，而闭上眼睛的时候只能分辨出一半的区别。

美国著名舞蹈指导阿妮莎·迪米欧也失去了本体感受，必须努力训练自己再次学会运动。1975 年 5 月的一天，她想签署一项合约的时候忽然发现手不好使了。她此前曾患中风，虽然没有任何疼痛，但右侧身体失去了感觉和控制能力。扫描显示，中风影响到了丘脑，而丘脑是大脑中负责接收、处理并传递感觉信号的区域。她失去了本体感受。

然而，尽管她已将近 70 岁高龄，并经历了一次心脏病和若干次轻微中风，却能鼓起勇气与瘫痪作战。像伊恩·沃特曼一样，她用视觉弥补了失去本体感受带来的不便。虽然她没想到能平安度过最后一次中风，但她又顽强地活了 18 年，甚至重返舞台，在轮椅上指挥舞蹈。1988 年，观众对她长时间起立鼓掌，向她的艺术才能和勇气致敬。

第四章 动植物探奇

动物之间为什么会发生争斗

在地球上，除了人类以外，动物界也是经常发生大大小小的争斗。在以往的很长时间内，动物学家们都认为大多数的动物并不会杀害它们的同类。动物之间经常会发生侵犯的行为，主要是一种耀武扬威的姿态，而不是残杀性的。有时为了集体的利益，它们通常是相互合作的。

比如说在草原上生活的土狼，为了捕捉长耳兔经常采用接力的方法来弥补体力的不足。当第一条土狼追到体力不足的时候，就把长耳兔沿着对角线的方向追赶到一个隐蔽处，等在那里的另一条土狼会跳出来接着追赶，第一条土狼趁机抄近路跑到前边，等到充分的休息后，再接着追下去，就这样两条土狼轮番地追赶，直到兔子筋疲力尽成为土狼的口中美食。

还有一种长鼻浣熊，生活在中南美洲。喜欢吃栖息在树上的一种蜥蜴，可是对于浣熊来说，到树上捉蜥蜴是不容易的，它们就采取兵分两路的方法，一个在树下等，另一个则到树上把蜥蜴赶下树，彼此配合来捕捉蜥蜴。

几十年来，通过大量的观察，科学家们发现，在动物中间也存在着争斗的现象。而且在争斗的过程中还有着一定的规则，任何一方都是严格遵守，绝不违背。

蝙蝠的争斗方式是身体倒挂在石岩上，彼此通过鼻子的碰撞来发泄愤恨。

蛇类相斗时从不以毒牙加害对方，常常采取的方式是将尾部交缠在一起，挺起胸膛竭力将对方的头部按下，谁将对方牢牢按压住几秒钟，谁就是胜者。

雄旱龟在彼此相斗时，仅仅将对手翻个仰面朝天失去战斗力就算赢家。

鸟类之间的竞争准则很多。如鸽子之间仅仅是以发怒的一方羽毛横竖，挺着胸在另一方面前踱步的方式来进行对抗。谁的外貌显得雄壮威武谁就为胜利的一方。红眉雄黑

⊙ 狮群的生活一般都是很平静的，但是当不同的狮群相遇时，战争却常常不可避免。在肯尼亚马赛－马拉国家公园中，一个狮群里的狮子正在为保护领地而与入侵者进行斗争。这些战争看上去很危险，事实上大多数进攻只是虚张声势而已，很少会出现真正严重的伤势。

⊙ 无论是长颈鹿、斑马或是羚羊，它们的争斗行为基本上是为了争夺配偶、领地或食物等，所以它们的争斗往往只是分出胜负即可，并非定要将对手置之死地才罢手。

禽鸡在争斗时要先发出一阵啾啾声，然后张开翅膀像公鸡一样厮杀，胸脯碰撞，相互击打，看起来就像一大团羽毛在狂飞乱舞。

大型的动物中，争斗方式比较奇特的要数棕熊了。雄性的棕熊在发情期间会变得格外地凶悍，不仅会因争夺配偶斗得头破血流，还会疯狂地袭击附近的民宅。

对于动物来说在争斗中总是以最强壮的器官作为理想的兵器。袋鼠的争斗很像是“拳击”，因为它们自信自己的后爪最有力。海狸争斗的武器是尾巴，而长颈鹿是用脖子来击打对方。有蹄类的动物常常将角作为自卫的武器。但是对于过于锋利的武器，动物之间也是要遵循一定的规则的，直角羚从不在同类的争斗中使用角。而鹿和驼鹿则在准备争斗的时候，目不转睛地盯着对手，直到弱小的一方认输为止。狼和狗在争斗中如果认输时，会把身体中最薄弱的咽喉暴露给对方，而胜者绝不会再碰负者一下。

对于动物之间的这种争斗和残杀，有一些是可以找到原因的。比如为了争夺配偶、领地或者食物等。美国动物学家曾经亲眼目睹过象海豹为了争夺首领而撕打的场面。当两头雄性象海豹中的一头被打得晕倒在地的时候，一群雄性的象海豹扑到战败者的身上，把它折磨致死。在1990年的6月，澳大利亚曾发生过一起大群企鹅自相残杀的事件。这场残杀导致大约7000只企鹅丧生,其中有雏企鹅6000只。而科学家们对于事件的原因却是无法解释。

社会生物学家对于动物之间的争斗现象是这样解释的：这完全是出于动物的一种自私的本性。所有的动物都想把自己的基因或者亲属的基因传到下一代去。所以，它们进行漫山遍野的厮杀，只是为了让自己的后代进行繁殖，并不是为了种族的利益去牺牲。因此在一个亲属关系比较稳定的群体里很少发生激烈的厮杀。

而动物学家却认为，动物是不存在传宗接代的自觉意识的。它们所进行的争斗和残杀原因很可能是偶然的。随后发生的大规模的征战很可能是由于受到刺激而引起的。而且在缺乏信息交流的动物中是很容易发生这种情况的。

动物学家们有着不同的观点，但是有一点意见是统一的，他们一致认为动物之间进行的不流血争斗有着积极的生态学意义。年轻而健康的动物虽然在争斗中败北，却为以后获得幸福准备了条件，而在争斗中以流血殆命的动物也是自然淘汰的一种途径，也就是说残杀的威胁可能有助于形成动物的行为，对于物种遗传是有利的。但是，真正引起动物们争斗的谜底是什么？人类至今不得而知。

动物为何冬眠

冬眠是一些不耐寒动物度过不利季节的一种习性。许多动物都会冬眠，每年的霜降前后，气温逐渐降低，池塘里的蛙鸣消失了，刺猬、仓鼠等也进入了洞穴开始了它们的长睡。进入冬眠的动物在体温、呼吸以及心率等方面都要发生改变，新陈代谢会降到最低。而且热血动物和冷血动物的冬眠也不尽相同：在冬眠的时候，冷血动物体温的升降是一种被动的形式，完全由外部的环境来决定；而热血动物则是有目的地对体温加以控制，调节到冬眠时的最佳温度后才开始冬眠。而当它们苏醒的时候，制造热量的器官会充分地调动起来，在几小时内把温度恢复到原来的水平。

研究人员经过研究发现，刺猬在冬眠的时候会把身体蜷缩起来，不吃不喝。呼吸变得极其微弱，心跳缓慢，每分钟只跳 10 ～ 20 次，一只清醒的刺猬放到水里几分钟就会淹死，而冬眠的刺猬半小时也淹不死。黄鼠在冬眠的 130 多天中总共放出的热量才 29 焦耳，而在冬眠过后的 13 天中却能放出 2420 焦耳的热量。

动物在冬眠的时候，白血球还会大大地减少。通过对土拨鼠的实验发现，平时土拨鼠 1 立方毫米的血液中含有的白血球数是 12180 个，而冬眠时平均只有 5950 个。

科学家们对动物冬眠时制造热量、补偿体温消耗和保持恒温的复杂生理现象非常感兴趣，作了许多的研究，但迄今为止，有关动物冬眠诱因和生理机制还是众说纷纭，莫衷一是。

有的科学家认为，外界的刺激是导致动物冬眠的原因。外界的刺激主要有温度下降和食物不足两个方面。有人对蜜蜂做过这样的实验，当气温在 7℃ ～ 9℃的时候，蜜蜂的翅膀和足就停止了活动，但轻轻的触动还是能微微抖动的；当气温降到 4℃ ～ 6℃的时候，就完全进入了麻痹的状态；如果再降低温度，蜜蜂就会进入更深的睡眠状态。由此可见，动物的冬眠和温度的关系密切。实验中还发现，笼养的小囊鼠在供食充足的情况下，冬季的时候不会进入冬眠的状态。

但是有人提出，人工降温并不能保证所有的冬眠动物都能进入冬眠的状态；不少冬眠动物

⊙ 獾栖息和冬眠的地点

在进入冬季的时候就会自动地停止进食或拒绝进食，并不是由于食物不足的原因。以此来反对上述的观点。

还有的科学家提出了生物钟学说，认为是生物的节律控制了每年冬眠动物的代谢变化，恒温动物的冬眠变温现象是进化生态的一种次生性的退化，是和动物迁徙和冬季储藏食物相似的一种生态的适应，是在进化中已固定下来的一种生物节律。但是这种学说缺少事实性的根据。

⊙ 冬眠是一种适应性习性。它帮助动物熬过天气寒冷、食物匮乏的冬季。

科学家们发现在冬眠动物的体内存在一种诱发冬眠的物质。在对黄鼠进行的实验中，科学家在人工条件下冬眠的黄鼠身上抽取出血液，然后注射到活蹦乱跳的生活在夏季的黄鼠体内，这些黄鼠很快进入了冬眠状态。目前在冬眠动物的血液中还有 3 种颗粒无法鉴定。与正常的黄鼠相比，冬眠黄鼠的血液红细胞较结实，不容易分解，一种还呈褶皱状。而且进入冬眠时间长的动物的血液比刚进入冬眠的动物的血液诱发冬眠的作用更强烈。诱发动物冬眠的物质存在于血清中。我们知道，通常不同动物之间会发生物质的排异反应，但令人奇怪的是，将正在冬眠的旱獭的血清注射到清醒的黄鼠的体内，黄鼠不仅不会发生排异的反应，反而会呼呼大睡。科学家们还发现，在冬眠动物的体内不仅存在诱发冬眠的物质，还存在和冬眠物质相对抗的另一种物质。这种物质可以维持动物的正常活动和清醒状态，它和冬眠物质相结合形成复合体，当冬眠物质超过抗冬眠物质的时候，动物才会冬眠。

由此看来，动物何时开始冬眠，不仅取决于诱发的物质，还取决于诱发物质和抗诱发物质的比例。科学家推断：冬眠动物可能全年都在“制造”诱发物质，而抗诱发物质是在进入冬眠之后才产生的。该物质产生之后就会不断地上升，直到春天开始的时候才会开始下降。当它在血清中的浓度高于诱发物质的浓度时，动物就会从冬眠的状态苏醒过来。但是，对于冬眠诱发物质和抗冬眠物质到底的性质如何，为什么会引起动物生理发生这么大的变化，科学家们还是不了解。

1983 年，科学家从松鼠的脑中提取到了一种抗代谢的激素。把这种激素注射到没有冬眠习惯的小鼠的体内，发现小鼠的代谢率会明显地降低，体温也会降低到 10℃左右，看来激素可能也是诱发动物冬眠的一个因素。最近，又有科学家想从细胞膜的角度来探讨动物冬眠的机理。但是细胞膜的变化和神经传导是如何联系的，这对于动物的冬眠是否具有关键性的作用还有待于研究。

⊙ 刺猬在冬眠的过程中，通常躲在用树叶或干草做的窝里，并且将身体蜷缩起来，不吃不喝，心跳速率减慢，不过在天气稍暖的日子里，它们也可以醒来，到外面觅些食物，以提供消耗的热量。

到现在为止，人们还没有完全地揭开动物冬眠的秘密。科学家们还在继续探索。让我们踏着前人的足迹，透过历史的帷幕，在奇妙的大自然里去大胆地探索寻觅吧，谜底终究会有揭开的一天。

动物治病之谜

古书中早就有过类似记载：“熊食菖蒲叶，可治胃病；龟食薄荷以解蛇毒；野猪食荠苨，可治箭毒；野兔食马莲叶子，可治腹泻。”春天来临时，生活在北美洲的一种熊冬眠醒后，为了迅速恢复长夜冬眠带来的疲倦，就会去寻找一种能引起轻微腹泻的植物果实。更有意思的是，当幼獾的皮肤生病后，母獾会带它们去洗温泉，以利于皮肤早日痊愈。许多动物都有自疗行为，这些行为都出于它们生存的本能。人类是从动物进化而来，所以，原始人类依然保留着动物自疗的本能，并且通过观察动物自我治疗，而获得许多启示，学会了应用某些天然药物的本领。

在乌干达的达基巴拉森林里生活着一群黑猩猩，它们有时候会吃一种茜草科植物的叶子，而当地人也常用这种植物来治疗胃病。动物学家还发现非洲热带雨林中的黑猩猩也会自疗。每当它们食欲不振、大便不畅时，它们就会去嚼一种苦扁树的枝叶，然后再吐掉残渣。这种植物中的苦汁是治疗胃肠不适的良药。在坦桑尼亚的贡贝国家自然公园，黑猩猩有时会吞食一种向日葵科植物的嫩叶。药物学家进一步研究发现，这种植物中有一种特殊的药物成分，能治疗寄生虫和细菌引起的疾病。

⊙ 黑猩猩不仅能用药物进行自我治疗，还能够不断地尝试、发现新药物。

生活在南美洲亚马孙河两岸的一群吼猴，当雄性吼猴数量偏少，不能保持群猴雄雌性别平衡时，雌性吼猴就会吞食一种草，此后生下的小猴中，雄性的比例就会占优势。科学家们检验了这种草，原来这种植物中含有某些药物成分，能使雌猴阴道的酸碱度发生改变，因此有可能影响后代的性别。

一位英国生态学家在野外考察时发现，怀孕的母象会吞食一种紫草树的叶子，母象吃了这种叶子后，没过几天便产下了一头活泼可爱的小象。原来这些叶子中含有催产的成分。

动物的自疗行为虽然只是一种本能，但是人类从动物的这些行为中受到了许多启发，从而把最原始的医疗活动发展为现今的医药学，这不能不说是人类的进步啊！

动物肢体再生的奥秘

动物世界是一个弱肉强食、适者生存的世界。大自然中的竞争如此激烈，使得动物在进化过程中逐渐具备了各自的防御本领。其中有一部分动物为了自卫，可以瞬间舍弃自己的一部分肢体，掩护自己逃生，过不了多久，它们的肢体又会重新长出来。这让人惊叹不已。

动物世界中的肢体再生之王当属海绵，它有着无与伦比的再生本领。若把海绵切成许许多多的碎块，非但不会损伤它们的生命，相反，在海中它们中的每一块都能逐渐长大形成一个新海绵，各自独立生活。即使把捣烂过筛的海绵混合起来，只要条件良好，它们重新组成的小海绵的个体也只需要几天的时间即可成活。

海星也分身有术。海星是养殖业的大敌，因为它吃贻贝、牡蛎、杂色蛤等养殖场的饲养物。养殖工人把海星捉起来，碾成粉末后再投入大海，结果每一块海星碎块都繁殖出了新的海星。这令养殖工人大为光火。

还有海参，遇到敌人时，它倾肠倒肚，把内脏抛给敌人，过不了多久，只剩躯壳的它又再造出一副内脏。再生，成了海参逃命的重要工具。

章鱼也有利用触手逃生的本领。章鱼的触手在平时是很结实的，当有人抓住它的某只触手时，这只触手就像肌肉回缩被刀切一样地断落下来，掉下来的触手还会用吸盘吸在某种物体上蠕动。当然这只是障目法，章鱼并不是整个触手都断了，而是在整个触手的4/5处，触手断掉后，它的血管自行闭合，极力收缩以避免伤口处流血。6 小时后，闭合的血管开始流通，受伤的组织也有血液的流动，结实的凝血块将触手皮肤伤口盖好。第二天伤口完全愈合后，新的触手就开始慢慢长出。一个半月后，触手就能恢复到原长的 1/3 了。

不仅海星等水中动物有肢体再生的能力，陆地上的动物也有这方面的高手，我们最熟悉的莫过于壁虎了。处于险境的壁虎，可以自行折断尾巴，当进攻者被断了却仍在扭动的尾巴所迷惑的时候，壁虎已逃进了洞穴。不久，壁虎尾巴折断的地方就长出了新的尾巴。

兔子也有弃皮的本领。当兔子的肋部被别的动物咬住时，它会丢掉被咬住的皮，自己逃跑。兔皮跟羊皮纸一样薄，被扯掉皮的地方没有一点儿血，并且很快地，新的皮毛就在伤口处长出来了。还有山鼠，它毛茸茸的尾巴一旦被猛兽咬住，皮很容易脱落，山鼠则秃着尾巴逃跑了。据说黄鼠、金花鼠都具有再生的本领，遇到危险时，它们也会露上一手绝技。

⊙ 海绵是动物界的肢体再生之王。

动物的这种“丢卒保车”般的再生本领实在令人羡慕。那么人的断肢能否重新长出来呢?研究动物的再生能力，无疑对人类有很大的启发。

⊙ 海星的肢体可以再生，甚至整个身体都会再生。

在美国，贝克尔在研究中发现了一种生物电势：蝾螈的肢体被截断了，在未复原时，有一种生物电势产生了，残肢末端的细胞通过电流获得信息，开始分裂，形成新的组织，最后新的肢体长出来了。研究表明青蛙之所以不能再生失去的肢体就是因为体内没有这种电流产生。老鼠前腿的下部被切断，并让电流从此断裂处通过。实验的结果让人震惊，老鼠失去的肢体开始复原了。

我们是否揭开了动物再生的秘密呢？答案是否定的，因为现在还没有充足的实验证据，而且并非所有的有再生能力的动物都遵从这一理论。但是，可以肯定地说，不久的将来，我们一定能揭开动物再生之谜，那时人类肢体的再生将不再是梦想。

鲸鱼集体自杀现象

1976 年的一天，突然有 250 条鲸鱼出现在佛罗里达州的海滩上。当潮水退下时，这些被搁浅在海滩上的鲸鱼无法动弹，很快就会死掉。美国海岸警卫队员们和数百名自愿救鲸者进入冰冷的海中，企图阻止那些鲸鱼自杀;有的人用消防水管在鲸鱼身上喷水，想以此延续它们的生命;有的人甚至开来起重机，试图把鲸鱼拖回大海，由于鲸鱼重量过大，反而把起重机拖翻了。

鲸鱼冲上海滩集体自杀的现象在许多地方都发生过，没有人驱赶，没有人捕捞，鲸鱼为什么要自杀呢？这真是令人费解。

对于鲸鱼集体自杀的原因，大多数人认为是由于某种原因干扰了鲸鱼对方向的判断，从而使其“误入歧途”。

鲸鱼并不是靠它的眼睛辨别方向的，这一点同海豚相似。鲸鱼的眼睛与它的身材是极不相称的，一头巨鲸的眼睛只有一个小西瓜那样大，而且一般只能看到 17 米以内的物体，能看到的距离还没有自己的身体那么远。但鲸鱼具有一种天生的高灵敏度的回声测距本领。它们发射出的超声波频率范围极广，这种超声波遇到障碍后会立即反射回来，形成回声。鲸鱼就根据这种超声波的往返时间来准确地判断自己与障碍物的距离，定位非常准确，误差很小。

由于鲸鱼具有这个特点，如果非自然原因影响了鲸鱼的回声定位系统，就有可能使鲸鱼找不到方向。学者们对制造鲸鱼自杀惨案的“凶手”进行了追捕，并且找到了几个“嫌疑犯”。

1975 年 7 月，在美国佛罗里达州发生了一群鲁莽的逆戟鲸在洛捷赫特基海滩集体搁浅的事件，动物学家发现鲸鱼的内耳中有许多圆形的昆虫。研究人员因此认为，耳内寄生虫破坏了鲸鱼的回声定位系统，可能是一些鲸鱼搁浅、不能正确收听回声而犯致命错误的原因。

此外，那些污染海水的化学物质也有可能会扰乱鲸鱼的回声定位系统，所以环境污染也可能是鲸鱼搁浅的原因之一。另一些科学家通过解剖数头冲进海滩搁浅的自杀鲸鱼后发现，绝大多数死鲸的气腔两面红肿病变，因此科学家们认为，可能是由于鲸鱼定位系统发生病变使它丧失了定向、定位的能力，导致其搁浅海滩。鲸鱼的恋群性特征表明，只要有一只鲸鱼冲进海滩而搁浅，那么其余的就会奋不顾身地跟上去，造成接二连三的搁浅，最终形成集体自杀的惨剧。

伦敦大学生物系的西蒙德斯教授和美国拉斯帕尔马斯大学兽医系的胡德拉教授却认为，军舰发动机的噪音以及水下爆炸等才是鲸鱼集体自杀的真正原因。因为他们在将一系列鲸鱼集体自杀事件进行分析之后，发现了其中的巧合。

这种观点认为，在海洋深处定向、定标的发达的定位系统是每头健康的鲸鱼都拥有的，而那些军舰声呐和回声探测仪所发出的声波及水下爆炸的噪音，破坏了鲸鱼的回声定位系统，从而导致鲸鱼集体冲上海滩自杀。

美国海军曾进行过一系列实验，实验中产生了巨大的海底噪音，结果 24 小时之内，有 16 头鲸在巴哈马群岛群体触礁。哈佛医学院和伍兹霍尔海洋研究所对在该事件中死亡的两只鲸部分取样后进行了研究分析。鲸类听觉及解剖学专家通过研究发现，鲸的一些对强烈压力都很敏感的部位出现了损伤，如内耳出血，并伴有大脑、听觉系统和喉部的损伤。在其中一具鲸尸中，甚至连接耳鼓鼓膜的韧带都断裂了，这显然是由于受到了强烈的肢体冲撞而造成的。触礁事件之前的 10 年里，该地区的鲸类科学研究报告中都没有发现有类似状况的鲸。

为此，国际爱护动物基金会的海洋生物学家表示 :“我们希望通过不杀害或威胁海洋哺乳动物的其他方式进行研究，尽管我们很清楚海军所致力的研究对国家安全至关重要。”许多环保组织则对低频活动声呐表示关注。

对鲸鱼自杀之谜，科学家们做了种种推测后，普遍认为是人类社会的某种原因导致的悲剧。但联想到其他动物群体中一些难解的现象,鲸鱼的集体自杀也许是其“社会”中的一次集体行动。

⊙ 1984 年，95 头鲸鱼集体冲上美国马萨诸塞州海滩，随后全部丧生。

抹香鲸为何有如此惊人的潜水能力

⊙ 这头在海面游荡的抹香鲸已经准备好又一次的深潜了。它可以潜水达 1 个小时以上，而每次到海面呼吸只要 5 分钟时间即可。

拥有“海上巨无霸”之称的抹香鲸是海洋中的潜水冠军，海里的其他动物都难以与之相媲美。抹香鲸屏气潜入水下的时间可以长达一个多小时之久，而且其潜水深度可达 2200 米。它的潜水时间之长，入水之深都令人惊叹不已。科学家们对抹香鲸充满了好奇，为什么它会有如此惊人的潜水能力呢?

据海洋生物学家考察，抹香鲸是一种生活在海洋中的肉食性哺乳动物，它的主要食物是生活在深海中的头足类动物，例如乌贼等。大王乌贼个头很大，已发现的长达 17 米的乌贼伸展开来的触角足有 6 层楼高。与这些庞然大物搏斗对于抹香鲸来说绝非易事。抹香鲸经常潜入深海来捕食这些动物，因此，时间一长，它练就了一身深潜的好本领。鲸的呼吸系统也随之发生了相应的变化，其右鼻孔通道的容量差不多与肺相等，演变成了一个空气贮藏室。因此，抹香鲸的肺容量可以说增加了一倍。

人类在潜水时不能像抹香鲸那样下潜到如此深处，在海中更不能逗留过久。潜水员上浮时也不能太快，否则就会使得压力骤降，导致组织遭到破坏或神经受压，引起血管闭塞或麻痹，甚至死亡。然而，令人感到不解的是，抹香鲸却能自由地下潜和上浮，它下潜、上浮的速度甚至达到每分钟 120 米，也毫无不适之感。那么，为什么抹香鲸能自由地下潜和上浮而人却不能呢?

原来，鲸类在潜水时，胸部会随着外部压力而进行调节。压力大时，肺部会随着胸部收缩而收缩，因而肺泡就不再进行气体交换，防止氮气自然溶解到血液中去。这就是一位名叫斯科兰德的科学家于 1940 年创立的“肺泡停止交换学说”。

我们期待着人类有一天也能像抹香鲸一样自由地上浮和下潜，希望科学家利用鲸鱼的“肺泡停止交换”原理，早日研究出适用于人体的肺泡停止交换器。

鲨鱼抗癌之谜

迄今为止，癌症仍然是威胁人类生命的主要疾病之一，而且目前科学家仍未找到治疗癌症的特效药物。因此，寻找抗癌治癌良药，已成为了科学上的一座难攻的堡垒。

然而，近年来，生物学家发现，鲨鱼的身体异常健康，它们即使受了很大的创伤，也能迅速痊愈而且丝毫不会引发炎症，更不会感染疾病。

美国著名的生物化学博士鲁尔，在闻名的玛特海洋实验室工作，他对鲨鱼的生理和病理做了长期的研究。在 25 年间，他先后对 5000 条鲨鱼进行过病理解剖研究，只发现 1 条鲨鱼生有肿瘤，而且还是良性肿瘤。

在全美国低等动物肿瘤登记处连续 16 年的纪录中，鲨鱼患癌症是最少的。鲁尔还发现在科学家所调查的 25000 多条鲨鱼中，只有 5 条长有肿瘤。鲁尔的这个发现，引起了科学家对鲨鱼的极大兴趣，各国科学家都开始了对鲨鱼的研究。

美国佛罗里达州的科学家曾用一种极猛烈的致癌剂——黄曲霉去饲养鲨鱼。在将近 8 年的饲养试验中，未发现 1 条鲨鱼长出 1 个肿瘤。可见鲨鱼的抗癌能力是极强的。那么，它的抗癌绝招是什么呢？

有的科学家认为，鲨鱼的抗癌绝招是它的肌肉里能产生一种化学物质，这种化学物质能抑制癌细胞生长，因此不易患癌。

鲁尔博士则认为，鲨鱼的肝脏能产生大量的维生素 A。实验证明维生素 A 有使刚开始癌变的上皮细胞分化、恢复正常细胞的作用。所以鲁尔认为保护鲨鱼免于患癌的秘密武器是维生素 A。

另一些科学家则认为，在鲨鱼的血液中能产生一种抗癌物质。中国上海水产学院的科学家也支持这一观点。1984 年，他们从鲨鱼的心脏中采血，然后提取一定浓度的血清，再把它注入人体红血球性白血病细胞株中（是一种血癌）。经过一段时间，他们发现一些癌细胞的正常代谢作用被破坏，大部分癌细胞已死亡。这说明鲨鱼的血清具有杀伤人类红血球性白血病肿瘤细胞的作用，可见鲨鱼的血液中有抗癌物质。

还有科学家认为，鲨鱼的软骨组织中有秘密武器。从前，科学家已发现牛犊的软骨有一定的防癌作用。1982 年，美国麻省理工学院的科学家朗格尔在研究中发现：鲨鱼的骨骼全部由软骨组成。这些软骨组织中有一种能阻断癌肿周围血管网络的化合物，它能断绝癌细胞的供养而使癌肿萎缩，同时能杀死癌细胞。他通过实验证实了鲨鱼软骨中的物质能完全阻止癌细胞的生长而无任何副作用，其抗癌作用比牛犊软骨中的物质强 10 万倍。

美国哈佛大学科学家曾用鲨鱼软骨提取物治疗 32 个晚期癌症病人，结果 11 人治愈，其余人的癌肿也明显地缩小了。1991 年，墨西哥康脱拉斯医院用鲨鱼软骨提取物治疗晚期癌症病人 8 例，他们的癌细胞不同程度地缩小了 30% ~ 100%。分子生物学家扎斯洛夫认为，鲨鱼的抗癌武器在胃部。他在实验研究中发现：鲨鱼的胃部能分泌一种叫“角鲨素”的抗菌素，它的杀菌能力比青霉素还要强，并且它还能同时杀死原生物和真菌，还能抗艾滋病和癌症。

结论真是五花八门。

鲨鱼体内真的含有抗癌物质吗？这种抵抗癌症的秘密武器到底是什么？上述问题到现在仍是个谜。相信这个谜底被揭开之时，便是人类送走癌症瘟神之日。

用从鲨鱼体内提炼出来的鱼肝油制成的药片

旅鼠投海自杀之谜

旅鼠在北欧斯堪的纳维亚半岛的挪威和瑞典一带生活。它们属于小型哺乳动物，最大的身长也不过 15 厘米。它们平时居住在高山深处，以树根、草茎、苔藓为主食。在食物极度缺乏的灾年里，它们就会几十万甚至几百万的大规模地迁移。可人们迷惑的是，是什么原因使它们偏偏要拼命地奔向大海，走向死亡呢？

据史料记载，早在1868年，这种奇怪现象就已经出现过。那是一个阳光灿烂、晴空万里的春日，一艘满载旅客的轮船正航行在碧波荡漾的海面上。突然，船上的人们发现一大片东西在远离挪威海岸线的大海中蠕动，后来人们才知道这是一大批在海中游泳的旅鼠。它们从海岸边一群接一群地向大海深处游去，那些游在前面的旅鼠精疲力竭时，便溺死在大海里。但令人不解的是，跟随其后的旅鼠却仍奋不顾身、继续前进，直到溺死为止。数以万计的旅鼠就这样溺死了，海面上漂浮着大片大片黑色的尸体。

1985年春季，一群旅鼠成群结队，浩浩荡荡地向挪威山区挺进，所到之处庄稼被吃得一塌糊涂，草木也被洗劫一空，它们甚至还把牲畜也咬伤了。一时间，成群的旅鼠使当地蒙受了极大的损失，人们日夜为此烦忧。但是，不知为什么，旅鼠大军在4月份的时候却突然每天前进50千米，直奔挪威西北海岸。一旦在行程中受到河流阻挡，那些走在前面的旅鼠便毫不犹豫地跳入水中，用身体为后来者架起一座“鼠桥”；一旦遇上了悬崖峭壁，自动抱成一团的旅鼠们就会形成一个个大肉球，勇敢地滚下去。一路下来，尽管伤亡惨重，但活着的仍会继续前行。就这样，它们遇水涉水，逢山过山，前仆后继，勇往直前，几乎沿着一条笔直的路线向大海挺进。来到海边后，它们纷纷跳下大海，毫无惧色，奋力往前游去，直到所有的旅鼠都在水中溺死。

旅鼠要集体“自杀”的原因到底是什么呢？至今还没有一个解释能够让人信服。

有一种解释是“生存压力说”。根据这种说法，由于旅鼠的繁殖力过强，导致数量太多，无法得到充裕的食物和生存空间，所以它们必须另找生路。但是它们为什么非得自杀呢？而且为何只有在北欧生活的旅鼠，才会有这样的举动？一些生物学家因此又进一步解释说，几万年前的挪威海和北海比现在要窄一些，因此旅鼠很容易便能游过大海，从此旅鼠迁徙的习性就作为一种本能遗传下来。可是如今的挪威海和北海比过去宽得多，而旅鼠仍在起作用的遗传本能下迁移，淹死在海中便也不足为怪了。可这也不是一种令人信服的解释，原因在于旅鼠一般以北寒带所有的植物为食，按理说，即使它的数目达到每公顷250只的密度，也不愁没有食物可吃。再说在迁移过程中，旅鼠通常也会遇到食物丰富、地域宽广的地带，但是这并不能使它们停住不前。所以认为旅鼠集体自杀是因为缺少足够的食物和生存空间才向外迁徙的说法不是很可信。

苏联科学家认为，在1万年以前，地球正处在寒冷的冰期，北冰洋的洋面在这个时期形成一层厚厚的冰，由于风和飞鸟的原因，大量的沙土和植物的种子被带到冰面。所以，一到夏季，这里水草丰盛，旅鼠在此生存不成问题。但是后来气候变化，原有的冰块不复存在，旅鼠之所以要向北方迁徙并且最后跳入巴伦支海，正是为了寻找当年居住的“乐土”。虽然这一解释听起来很有道理，但是也由于没有充足的证据而显得有些牵强。

还有观点认为，急剧增加的旅鼠的种群数量，使它们的神经变得高度紧张，社群生存压力也大为增加，旅鼠的肾上腺增大，因此变得急躁不安。与此同时，它们的运动欲望又非常强烈，所以便进行分散和迁移。擅长游泳的旅鼠们妄图横渡江河湖泊甚至大海，可是最后还是因为体力不支而被淹死。

当然，这种说法也颇为牵强。一些科学家指出，旅鼠通常情况下不可能很快看见群体密度高的后果，这种影响要到下一代才

⊙ 北欧寒冷地区是旅鼠的生活栖息地。

⊙ 旅鼠的耳朵很小，掩在浓毛中，毛色会因时变化。它们在迁移途中的“自杀”行为至今令科学家们迷惑不解。

会显现出来。早期时，一片葱郁的冰块完全适合旅鼠的生存，到了后来气候发生了变化，冰块消失了。为了寻找昔日的居住地，它们集体向北迁徙，并且义无反顾地跳入巴伦支海。这个解释不乏一定的合理性，但也因证据不足而不能使人信服。

除此之外，还有些科学家以旅鼠的生命周期为研究对象，他们的发现表明，在数量急剧增加的时候旅鼠体内的化学过程和内分泌系统会发生变化。有人认为，这些变化可能正是生物体内的“开关”,它们以此来控制其种群数量。当其数量多到一定程度时,该种群大量的“集体自杀”现象就会出现。

总而言之，科学家认为，应该把旅鼠自身生理上、行为上和遗传上的因素，加上外部环境条件的影响作为研究其自杀之谜的基本着眼点。但是旅鼠真的是“集体自杀”，还是在迁移过程中“不小心”坠海而死,至今仍是生物学界中解释不清的谜题。看来,人类要想最终破解这个谜,还需假以时日。

骆驼不怕干旱的奥秘

骆驼素有“沙漠之舟”的美称，它是常年穿行于沙漠地带的人的必备工具，也是他们的忠实伴侣。骆驼之所以在沙漠中受到如此“器重”，与它能耐干旱酷热的特性有关。那么，到底是什么使骆驼有如此能耐呢?

⊙ 在北非、中东和中亚地区，骆驼被用来提供奶、肉的历史已经至少有 4000 年了。

许多游牧民族能在沙漠中生存下来，靠的就是骆驼。骆驼早在几千年前就被驯服，并被用做重要的驮畜。骆驼可以在炎热和缺少水源的条件下，日行 30 千米以上。同时骆驼的奶、肉、皮对人类都很有用。

骆驼的身体结构非常适应干旱酷热的沙漠生活。骆驼的四肢长,两个脚趾岔开,脚柔软、宽大,脚底有宽厚的纤维质弹性脚垫，有利于在平坦松软的沙地或雪地上行走。它的肘部、膝盖和前胸长着 6 个角质垫,休息时,蹲伏在地上就不会被灼热的沙砾烫伤。骆驼两眼的长睫毛是双重的,能像帘子一样挡住沙子，不被风沙迷眼。它的耳朵外布满细毛，能阻挡风沙侵入。骆驼灵敏的视觉和嗅觉能让它轻而易举地发现距离很远的水源，带领在沙漠中迷路的人找到水草丰美的绿洲。寒冷的沙漠夜晚，骆驼依靠蓬松的皮毛保暖。炎热的白天，骆驼的体温可以随外界温度的升高而自动调节，避免自己被晒伤。

有的学者认为，骆驼抗旱的关键在于它的驼峰内贮存着大量胶质脂肪，驼峰可以随着气温而增大或缩小。天气炎热时，驼峰里的脂肪被消耗得差不多了，驼峰就变得又低又软；到了秋天天气转凉，驼峰又渐渐鼓起来。骆驼不吃不喝时就靠驼峰里的脂肪氧化分解来补充营养、能量和水分。据统计，贮存在驼峰中的 1 克脂肪经过氧化后，可产生 1.37 克水。因此，假定一只骆驼的驼峰中有大约 40 千克的脂肪，也就相当于骆驼贮存了 50 多千克的水。

还有学者认为是骆驼的肝脏在起作用，才使得它特别能耐干旱。骆驼的肝脏的作用可以使大部分尿素得到循环利用，这样，骆驼体内流失的水分大大减少，尿中毒的情况也不会发生。

另外，科学界还有一种“水囊”说，这是由意大利自然科学家蒲林尼提出的。他认为骆驼的胃有三个室，其中最大的一个叫瘤胃，瘤胃里有许多肌肉带将其分隔成几个部分，起到了“水囊”的作用。在取水方便时，骆驼能利用“水囊”贮存一些水；不方便时，则可以取出贮存的水用以解渴。

然而“水囊”说很快就被美国生理学家施密特·尼尔森推翻了。通过解剖，他发现“水囊”其实很小，根本起不到贮水器的作用，而且它并不能真正地与瘤胃的其他部分隔离开。他认为骆驼耐旱的秘密在于骆驼本身禁得住脱水。在沙漠中，失去 12% 的水，人就会中暑死亡，而骆驼即便失去相当于体重 25% 的水时，也不会妨碍它的生存，只是体重略微下降。对此尼尔森是这样解释的:人失去的水来自血液，人一旦失水，血液浓度就会大大提高，心脏的负担就加重了。而骆驼失去的水却是来源于它的体液和组织，而不是血液，因此不会有什么危险。而且骆驼即使严重脱水，一旦补充水分，就会马上恢复。

尼尔森对骆驼为何耐旱的解释看起来很合理，但也有很多人不同意这种说法，并且似乎也不是没有道理。例如日本学者太田次郎曾写过一本名为《生命的奥秘》的书，他在书中表示，骆驼出色的保水能力才是它耐旱的主要原因。因为骆驼很少出汗，体温也很稳定，只有在最热的时候才稍微出点汗。

最近，科学家又有新的发现：骆驼呼出的空气湿度较低。据研究，骆驼独一无二的鼻子是这个系统的关键所在。一般动物在呼气时，由于排出的空气温度和体温相同，肺部的水分被大量带出。而骆驼呼出的空气温度比体温低。由于冷空气比热空气含水汽量少得多，因此，骆驼通过呼吸丧失的水分比一般动物少 45%。

尽管目前人类对骆驼为何抗旱已经提出了多种不同的解释，但似乎并没有人能够提出一种足以征服各家学说，彻底解释这一现象的理论。“沙漠之舟”的秘密对于我们而言仍是迷雾重重。

蝙蝠夜间“导航”的诀窍

蝙蝠为什么在黑暗中飞行却不会撞到任何障碍物呢?

蝙蝠会在深夜出现在牛棚里，牛棚里伸手不见五指，但蝙蝠却可以避开所有的柱子、房梁和酣睡的牲畜。事实上，蝙蝠并没有特别的夜间视觉，在黑夜里，如果只凭双眼辨别环境的话，蝙蝠会和人一样到处乱撞。

⊙ 很多蝙蝠有着超大的耳朵，能捕捉回声形成“声波图像”，导向追踪目标（例如蛾）。很多蝙蝠在聚居地一起栖息，用脚爪钩住岩壁或树枝等倒悬。

蝙蝠有一种在黑暗中认路的方法，它们靠听力辨别周围的环境。

蝙蝠通常会在日落之后外出觅食。白天里，它们大都待在自己的巢穴里，要么倒挂在岩洞里，要么在树上，甚至是待在阁楼的屋顶。

蝙蝠会花很长时间来为夜晚的宴会做准备，它们“梳妆打扮”，用爪子梳理毛发，用舌头把翅膀舔干净，还会在“梳妆”的间隙打个盹，休息一下。

夜幕降临时，蝙蝠就开始拍着翅膀出门寻找食物了。有的蝙蝠专吃水果。热带的吸血蝙蝠靠吸食鸟类、牲畜和其他动物的血液为生。但是大多数蝙蝠以各种小虫子为食。蝙蝠喜欢在夜间捕食是因为黑暗能让它们避开天敌，并且能使它们宽大无毛的翅膀避免被阳光灼伤。

蝙蝠利用声音在黑暗中为自己导航，这与潜艇上发出声波用来测量水深的声呐相似。蝙蝠用嘴或鼻子发送声音脉冲，这些脉冲遇到物体反射回来，传进蝙蝠的耳朵里，蝙蝠就知道障碍物的轮廓了，这个过程叫作回声定位法，蝙蝠就是用这种方法来确定位置并捕获猎物的。蝙蝠的大耳朵形状古怪，但它却是接收回声、辨别方向的得力工具。

⊙ 大部分果蝠都栖息在树上，但是这些非洲果蝠却喜欢生活在岩石缝和洞穴中。每天晚上，它们集体出行，飞出 25 千米之远，寻找食物。

即使是在凌晨三点钟误闯进你家的客厅，蝙蝠也不会在黑暗中到处乱撞。声波遇到沙发、椅子和电视都会发生反射。而对于开着的窗户，声波就会传播到户外去，没有反射。这样，蝙蝠就知道如何离开了。

蝙蝠发出的声波遇到小物体也会发生反射。一旦有晚餐（比如一只苍蝇）在屋子里转悠，蝙蝠一定会发现它。

在寻找食物时，通常蝙蝠会用声波扫描整个屋子，发射稳定频率的声波脉冲，比如说每秒 10 次。如果声波遇到苍蝇发生反射，回波中每秒内的脉冲数就会增加，达到每秒 20 多次。这些信息可以告诉蝙蝠，苍蝇在什么位置，正在向着什么方向飞。然后蝙蝠会瞄准猎物，向其进攻。

蝙蝠越接近猎物，它发出声波脉冲的频率就越高，每秒钟多达 200 次。如果没能一次捕获猎物的话，会在附近盘旋，准备下一次捕猎。

蝙蝠是捕猎能手，整个捕猎过程可以在半秒钟之内完成。蝙蝠可以在半个小时之内吃掉相当于自己体重 1/4 重量的食物，其中有些像蚂蚁这样的昆虫几乎没什么重量。所以，有些蝙蝠可以在一个小时内捕获 1200 多只昆虫，也就是说平均每 3 秒钟一只。

蝙蝠探测物体的能力极强，使用回声定位的方法，蝙蝠可以辨认出头发丝粗细的电线，然后敏捷地绕开。

蝙蝠是人类的好朋友，消灭了大量害虫，对创造美好的生活环境功不可没。

希腊毒蛇“朝圣”之谜

世界上虔诚的教徒千千万，有谁听过毒蛇也朝圣，且坚定执着之心丝毫不逊于人类呢？

传说在很久以前，希腊有一个美丽的小岛，人们安居乐业，过着自由自在的生活。突然有一天祸从天降，一帮强盗袭击了这个岛，并不怀好意地将年轻漂亮的修女关押起来。圣母显然明白这帮强盗的歹意，为使纯贞的修女们免遭强暴，于是就把她们都变成了毒蛇。眼看着美女变成了毒蛇，强盗们吓得落荒而逃，可是毒蛇却再也不能变回到美貌的女子了。为了报答圣母的恩德，它们每年在希腊人纪念上帝和圣母的日子里，都会不约而同地到这个小岛朝圣。它们从居住地爬出来，一直爬到这个小岛上的两座教堂，最后停靠在教堂的圣像下面，像是受谁指挥似的，在这里盘结 10 多天后，才渐渐离去。这种毒蛇带有剧毒，被它咬了，毒性会扩散全身致死，但它们却似乎颇通人性，世代与小岛居民和平共处，从不伤害这里的居民。岛上的居民也敢触摸它们，或将它们缠绕于身上，据说这样可以驱邪治病，保佑岁岁平安。

然而，让人百思不得其解的是毒蛇朝圣的日子，为什么都选在希腊的重要节日，而它们又是怎么知道纪念上帝和圣母的日子的呢？难道教堂会在这几日发出吸引它们的特殊气味引诱它们前来？更奇怪的是前来朝圣的毒蛇头上，都有一个跟十字架极为相似的标记，难道它们会发出同类能识别的声音，让同类成群结伴来此朝圣？据说这种朝圣现象已持续了100多年，毒蛇也会言传身教，教育自己的后代继续去朝圣吗？

但对于蛇类成群结队聚居到一起还是有据可查的，人们发现在发情期，成千上万的蛇会涌向某一特定的地点互相纠结在一起进行争夺和完成传宗接代的工作，希腊岛上的“毒蛇朝圣”据说也是这种“恋爱盛会”的变体。

候鸟迁飞之谜

曾经有这样一个说法：“衡阳有回雁峰，故雁飞万里，至衡阳即北归。”王勃也有诗说：“雁阵惊寒，声断衡阳之浦。”说的都是大雁迁徙的情景。

然而令人意想不到的是，我们熟悉的大雁竟然不是“本国鸟”。雁的老家在西伯利亚一带。每年秋冬季节，它们成群结队地向南迁飞，主要沿两条路线飞行：一条路线经由我国东北经过黄河、长江流域，到达福建、广东沿海，甚至远至南沙群岛；另一条路线经由我国内蒙古自治区、青海，到达四川、云南，甚至远至缅甸、印度。它们虽然选择了温暖的地方越冬小住，但对故土念念不忘，第二年春天，又经过长途跋涉飞返故乡西伯利亚。

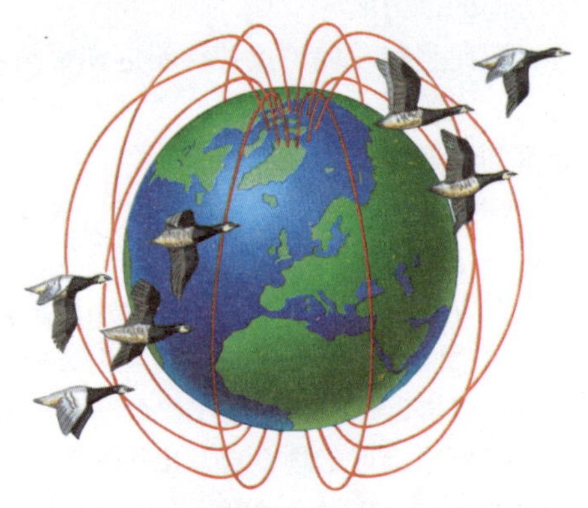

⊙ 迁徙的鸟儿大脑内有一些含铁量丰富的化学物质，能感知地磁场。

每年秋天，北雁南飞是鸟类世界里一道独特而美丽的风景。像大雁这样因季节而迁徙的鸟类，我们称之为候鸟。而这种因季节不同而变换栖息地的习性则叫作季节性迁飞。

迁飞不是候鸟的专利，有些昆虫也有迁飞的习性。美洲有一种君主蝶，外形非常漂亮，被喻为百蝶之王。每年秋天，这种蝴蝶便成群地从北美出发，飞越3000多千米的距离去南方过冬。冬天，它们在墨西哥、古巴、巴哈马群岛和加利福尼亚南部生活，到第二年春天又开始北飞。在途中它们会进行繁殖，随着老的一代死亡，新一代君主蝶被孵化出来以后，又沿着父辈的路线飞往南方过冬。君主蝶就这样一代接一代地传下去。

鸟类和昆虫为什么会具有这种迁飞的特性？它们每年又是怎样迁飞的呢？

科学家们推测，候鸟随季节迁飞的原因可能有两个：一是因为冬天北方寒冷，南方温暖，候鸟迁往南方可以躲避严寒；二是为了寻找充足的食物源。因为秋季以后，北方一派肃杀的景象，万物失去生机，食物非常缺乏。候鸟到南方可以找到比北方丰富得多的食物。但这些说法都不足以让人信服，比如，为什么其他鸟类不迁飞呢？它们不也需要寻找食物吗？另外，既然南方温度适宜、食物丰富，为什么候鸟不在南方留居，却要在来年春天辛苦地迁回北方呢？这些问题都得不到很好的解答。

另一个问题是，候鸟是怎样准确无误地按照一成不变的路线往返于南北方的栖息地？它们在迁飞过程中靠什么来定向？这是一个十分有趣而又难解的问题。视觉定向对于短距离飞行虽

⊙ 秋季，一群雪雁南下迁徙至墨西哥湾的过冬地。

然适用，但对于长距离飞行就不够了。

关于鸟类怎样定向的问题，科学家提出了许多推测。有人认为鸟类可以根据太阳的位置来定向，按照这种说法，由于太阳位置移动而产生的那部分时差，鸟类又是通过什么办法补偿的呢？因此，科学家认为，候鸟体内可能有一种能够精确计算太阳移位的生物钟存在，利用这个生物钟，它们能对白天的时间进行校准。但候鸟在没有太阳的夜晚也不会迷路，这种说法就无法解释了。于是，又有了星星定向的推测。可是没有星星的夜晚，它们仍旧照飞不误，这样星星定向的推测也被排除了。因此科学家又转而研究地球的磁场、气压、气味等因素是否与候鸟的定向有关。

目前，科学家已经初步确认，蝴蝶的季节迁飞是遗传因素作用的结果，但自然界多种鸟类和昆虫季节性迁飞的谜仍没有完全解开。人们期待下一步的研究能使我们揭开大自然更多的奥妙。

候鸟渡海之谜

候鸟渡海曾引起四方学者的各种争议，就是到了今天仍是不得其解，但诸家之言也并非全无道理。

英国学者奥烈史提出了自然淘汰说：树的果实或昆虫到了冬天就会减少，鸟儿为了寻找更丰富的食料而准备向南方转移。最初只是移至很近的地方，但是飞得愈远者获得的食物愈好。鸟自然领悟了此点，渐渐地延长了移动的距离。所以奥烈史认为鸟类是为了寻求食物才移动的。

另有学者把“渡海”的起源与冰河时代结合在一起说明。按照他们的说法，过去地球有 3 ~ 4 次被大冰河掩盖的时期，此时鸟也随着冰河的成长期及衰减期向南北移动，从而慢慢地养成了渡海的习惯。

还有一种学说与鸟的所谓“趋光性”有关，认为鸟喜欢去光线最多的地方，所以在太阳因四季变动而在赤道的南北移动时，鸟也自然跟随而去。于是，有科学家通过调查研究得出了如下结论：在渡海期之前，鸟因阳光照射时间延长，而在体内积储脂肪，并且因为性荷尔蒙的作用活泼而无法稳定下来，所以鸟儿只能渡海移至别处。

很多候鸟迁徙途中都要飞跃海洋。

除此之外，候鸟又是依赖什么准确地飞往远方目的地的呢？

德国教授克黎玛利通过实验确认了候鸟决定渡海方向的事实，并于1950年发表了这个学说。由此证实了鸟具有与太阳时间、方位有关的感觉，这种感觉被称为“体内时间”。

至于鸟在晚上渡海一事，德国的科学家凭借天象仪通过实验证实鸟可凭借星空判定方向，但是在阴天或没有星星的晚上候鸟该怎么办呢？

瑞士的莎达博士利用雷达进行实验，他在渡海季节，把雷达指向候鸟渡海路线上经常经过的地点。结果表明，在晴天时候鸟的踪迹总是会通过雷达的涵盖区域，但在云变厚之后这种现象便不再出现，说明了在完全阴天时鸟会迷失方向。

孰是孰非，候鸟专家们仍然在进行不懈的探索与追寻。

青蛙大战之谜

战争与和平是人类社会永恒的话题，战争与和平也是动物世界不变的定律。

1970年11月7日，马来西亚森吉西普的一处大泥潭里，成千上万只青蛙互相撕咬，声震四方。事后池水中蝌蚪、蛙卵和死蛙的遗尸遍地都是。

1977年，在中国广州市郊也发生过群蛙大战。春夏久旱，直至9月初才下了一场大雨。雨后的第二天，在近郊公路旁的一个水坑里，数百只青蛙叫声大作，有的在水面追赶，有的用前肢打架，也有的十几只抱成一团，相互鏖战。

美国史密逊博物院为揭示青蛙大战等自然奇景的秘密，于1956年专门成立了“短暂现象研究中心”。这个研究中心虽然只有6名职员，但是分布在185个国家、岛屿和地区的2800多名科学家却都是该中心的通讯员，至今已经报告了1000多宗类似事件。

动物学家调查研究后认为：青蛙的战争是蛙类“群婚”及繁衍后代的一种特殊现象。

一般来说，在中国南方1～10月，在北方4～8月，是青蛙的

动物学家认为，青蛙的战争是蛙类“群婚”及繁衍后代的一种特殊现象。

繁殖季节，这期间，尤其是某个雨后清晨，常会看到成群青蛙聚集在池塘、水田里，雄蛙的外鸣囊像小布袋一样不断地扩大和缩小，这是青蛙在争鸣求偶。这个时候，雄蛙尤显活跃，常游于水面，有时还搂抱其他雄蛙，向对方挑战。

蛙类争鸣求偶的现象在风调雨顺的年头比较分散，但若是遇上久旱无雨的年头，蛙类本着寻觅水源的习性，会从各方汇聚到有水的池塘或水田里，可能就会出现成千上万只青蛙大汇聚的奇异景象。有时青蛙还会在“群婚”中死得不明不白，这极有可能是它们的叫声引来了若干蟾蜍，而蟾蜍皮肤会分泌一种毒素，使青蛙中毒而死。

众多青蛙殊死搏斗，难道仅仅只是为了追求心爱的配偶吗？爱情的力量是否太伟大了？目前，科学家们仍在对此大战进行深入探查，希望不久以后就能真相大白。

蝌蚪尾巴自动脱落的奥秘

相信大家都不会忘记《小蝌蚪找妈妈》这个童话故事。在这个童话的结尾，那群身体扁圆、屁股后面拖着一条长尾巴的小蝌蚪渐渐长大，后肢与前肢都慢慢长了出来，尾巴也悄悄地自动脱落，终于变成了青蛙的样子。对于青蛙来说，由蝌蚪到活蹦乱跳的“田园卫士”似乎只是个简单的生命现象，但细心的科学家们却一直在思考：蝌蚪尾巴为什么会自动脱落呢？思考的结果为“细胞凋亡学说”的诞生奠定了一个有力的理论基础。

⊙ 不管是这个世界上最大的还是最小的生物，其度过的每一天都是一场生存的竞争。对于这些小蝌蚪而言，生命是以非常艰难的方式开场的，因为这个池塘已经开始干涸了。

科学家们经过研究发现，在生长过程中，细胞自身可能已经被编制好了一道“程序”。在这个“程序”的控制下，哪些细胞该自动死亡，都已经被精密地计算过了。由此看来，蝌蚪的尾巴细胞便在规定的时间自动死亡。大自然中还有一些类似的例子，例如在冬天到来之前，大树之所以会自动落叶是因为在发育的某个阶段，枝芽中间的某些细胞自动死亡了。人类胚胎时期的小拳头会逐渐分为五指，也是因为这个原因，否则不就变成鸭蹼了吗？

科学家们称这种细胞按照程序死亡的现象为“细胞凋亡”，或者“程序死亡”，认为这可能是受一种“自杀基因”的控制。“细胞凋亡学说”对于研究肿瘤的生长和消亡具有非常重要的理论意义和实际价值。肿瘤细胞本是应该自动死亡的，可是在这些细胞内的“程序”出现了问题的情况下，“自杀基因”不能行使自己的功能，以至于它们竟不听“指挥”，反而持续不断地扩充壮大，无序生长，越繁殖越多，从而无限制地繁殖下去。

科学家们设想，假如可以设计出某些有效药物，提醒那些应该“自杀”的细胞死亡的时候已经到了，或者诱导肿瘤细胞自我凋亡，使“自杀基因”清醒，到了那一天，人们也就不会“闻癌色变”了。

癌症的死亡率在现代社会中一直居高不下，虽然科技不断进步，医药事业发展迅猛，但目前人们对这个“黑色杀手”——癌症却依然无可奈何。如果上文中所提到的科学家们的设想可以成真，人类就可以彻底战胜可怕的癌症，挽救无数宝贵的生命。

龟类长寿之谜

⊙ 沙漠龟的前肢特别发达，还有一双宽大的脚和结实有力的爪子，可以在沙土里挖掘地洞，以使自己钻进洞中躲避炎热。

为什么人们将龟比做“老寿星”，龟为什么长寿百岁？虽然人们说法不一，却不能否定龟是一种长寿的动物。

1971年，人们在长江里抓住了一只大头龟，龟甲上刻有“道光二十年”(即公元1840年)字样，这分明是记事用的。1840年，正是中国的鸦片战争发生的那一年。换一种说法，从刻字的那年算起，到抓获的时候为止，这只龟至少有132年的寿命了。另外，据说有一只龟经过7代人的饲养，足足有300年，一直到抗日战争时候才中断了对它的喂养。

1737年，在印度的查戈斯群岛有人捕到一只龟，那个时候科学家鉴定它有100岁左右。后来，它被送到了英国，在一个动物爱好者的家里生活了很长的一段时间后，被送到伦敦动物园。到20世纪20年代，它有了300年左右的寿命。

1983年，一只海龟在中国人民革命军事博物馆展览，重120千克，在展览的过程中，它还生了30个蛋。根据有关人的鉴定，这只海龟已经活了3个世纪。

龟虽然堪称动物世界中的“长寿冠军”，可是，不同种类的龟，它们的寿命也是长短不一的。有的龟能活100岁以上，有的龟仅能活15年左右。就算是长寿的龟种，事实上也不是每一只都能“长命百岁”。因为疾病和敌害从它们诞生的那一刻起就时刻威胁着它们，人类的过量捕杀和海洋环境的污染，也直接威胁到它们的生命。

人们都认为龟是长寿动物，可是对于龟的长寿原因能不能下定论呢？

有的科学家认为，龟的寿命跟龟的个子大小有关联。个头小的龟寿命短，个头大的龟寿命就长。有记录表明，龟类家族的大个子像海龟和象龟都是长寿龟。但在中国上海自然博物馆的动物学家并不认同这样的观点，因为前边提到的那只大头龟至少已经活了132年了，可是它的个头就不大，这又如何解释呢？

有些养龟专家和动物学家认为，食素的龟要比杂食或食肉的龟活得久。生活在印度洋和太平洋热带岛屿上的象龟，是世界上最大的陆生龟，它们以吃青草、仙人掌和野果为生，所以寿命十分长，能活到300岁，大家都认为它是长寿龟。但另一些龟类研究人员却并不这样认为。比如以鱼、蛇、蠕虫为食的大头龟和一些杂食性的龟，寿命超过100岁的也不少见。

⊙ 雌海龟在夜间爬到岸边沙滩上，挖一个大坑，在坑内产卵，然后回到海中。雄海龟则除了到干燥的沙地孵卵外从不离开海洋。

目前，一些科学家还从细胞学、生理学、解剖学等方面去研究龟的长寿秘密。有的生物学家将一组寿命较长的龟和另一组寿命较短的普通龟进行了对比实验。研究结果表明，那组寿命较短的龟细胞繁殖代数一般较少。这也就得出结论，龟体内细胞的繁殖代数多少，跟龟的寿命长短关系非常密切。

有的医学家和动物解剖学家还对龟的心脏进行了检查，他们把龟的心脏取出来之后，整整两天龟的心脏还在跳动。这表明，龟的心脏机能很强，跟龟的寿命长也有直接的联系。

还有科学家认为，龟的长寿跟它的新陈代谢较低、行动迟缓和具有耐旱耐饥的生理机能有着直接的联系。

总而言之，科学家从各种不同的方面对龟的长寿原因进行探索和研究，得出的结论却各不相同，为什么会不同呢，还需要科学家们进行深层次的论证。

蝴蝶为什么要迁飞

蝴蝶漂洋过海时总是成群结队、浩浩荡荡。

它们为何要兴师动众地进行如此庞大的迁移工程呢？

有昆虫学家认为，昆虫迁飞是为了逃避不良的环境条件，此乃物种生存的一种本能行为。它与遗传和环境条件有关。针对这一现象，他们提出两种假说：

第一种认为：迁飞就是昆虫对当时不良环境条件的直接反应，如食物缺乏、天气干旱、繁殖过盛等等。如大菜粉蝶，如果它寄生的植物不能为它提供美味可口的食物来源，它就会迁飞，去寻找适合自己的。相反，如果它寄生的植物已能满足它的需要，它就不用迁飞了。

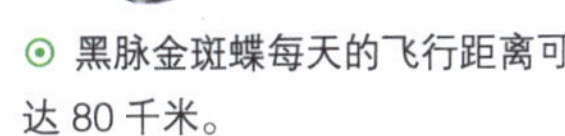

⊙ 黑脉金斑蝶每天的飞行距离可达 80 千米。

第二种认为：某些环境条件的变化，会影响到昆虫的个体发育，致使昆虫发育成为一种迁飞型的成虫。它们往往在形态、生理状况和行为方面与居留型成虫有明显的不同。光照周期、温度、种群密度、食物条件的不同，都可能使成虫在生理和飞行能力上产生明显的分化。

但以上两种假说，并不能解释众多种蝴蝶迁飞的现象。如美洲的大斑蝶，每当冬天来临之前，它们就纷纷结群，从寒冷的加拿大出发，飞到墨西哥的马德雷山区过冬。来年春天，它们又成群结队地飞回北方。每当蝴蝶迁飞时，蝶群如行云一般，遮天蔽日。有人曾测算过迁飞的蝴蝶数量，约有 300 多亿只。且个个目标明确，直飞目的地，从不开小差。它们每年定期在固定的两地之间迁飞，不会错走他乡。科学家目前仍觉不可思议。

弱不禁风的小小蝴蝶，为什么有飞越崇山峻岭、漂洋过海的巨大能量？这股能量是从哪里来的呢？从动力学角度来看，蝴蝶是飞不了那么远的。

苏联科学家米哈伊洛夫娜和斯维塞尼戈夫认为，蝴蝶迁飞时使用了先进而节能的“喷气发动机原理”。某种粉蝶在飞行中有 1 / 3 的时间翅膀是贴合在一起的，它们巧妙地利用自己翅膀的张合，使前面一对翅膀形成一个空气收集器，后面一对翅膀形成一个漏斗状的喷气通道。在每次扇动翅膀时，喷气通道的大小、进气出气口的形状及长度，还有收缩程度都有序地变化着。两翅间的空气由于翅膀连续不断地扇动而被从前向后挤压出去，形成一股喷气气流。一部分喷气气流的能量用来维持飞行的高度，另一部分所产生的水平推力则可用来加速。蝴蝶就是用这种“喷气发动机原理”来漂洋过海的。但它们又是如何操纵这个“喷气通道”的呢？

谜中有谜，近年来有科学家正在用雷达对蝴蝶迁飞进行跟踪追查，但愿蝴蝶群迁之谜底早日公布于众。

蚂蚁王国中的“公路”之谜

不单人类讲求全面发展，动物也是如此。譬如蚂蚁，不但能自制空调，还会铺桥架路。

⊙ 蚂蚁的腹部能分泌出一种物质，称为追踪素，通常蚂蚁出洞的时候，一般都是很有秩序地排成一纵队前进，前边蚂蚁分泌出这种带有象征气味的追踪素，边走边散发在路上，留下痕迹，后边走的蚂蚁闻到这种气味，就能紧紧地跟上，即使有个别的蚂蚁暂时掉队，也能沿原路前进不会迷路。

在南美洲亚马孙河的热带雨林中，狂风暴雨常常会骤然而降。在雨林中，蚂蚁和白蚁主要在大树上活动，亚马孙雨林中的蚁类与众不同，它们会在自己活动的大树皮上啃咬出一条条凹槽，就像工兵在地上挖出的壕沟，并在这样的“壕沟”里行走，从来不曾逾越。在一次狂风暴雨中，美国博物学家赫尔墨观察到，所有正在行进中的蚂蚁、白蚁都静静伏在凹槽底部一动不动。如此一来，无论风吹雨打，都不会被冲跑冲走。后来，他又发现，在地面上，蚂蚁和白蚁也会用小石子、砂粒修筑成类似的凹槽“公路”，为了避免被雨水冲毁，它们还在这样的“公路”上加盖树皮、树叶。

蚁类的“公路”纵横交错，路面异常狭窄，在这样狭窄的“公路”上列队而行，会不会出现人类城市公路中的交通拥挤和阻塞呢？它们又该如何解决？仔细考察了雨林中错综复杂的蚁类“公路”系统后，赫尔墨惊奇地发现，凡是十字路口或三叉路口，蚁类“公路”都并非直接交叉，而是在交叉处筑成一个圆环形，分支的“公路”都从这个圆环的不同位置延伸出来。这样，当几支蚁类队伍交叉通过时，谁也不会碍谁的路，自然也就不会出现交通阻塞的情况了。令人不解的是，蚁类设计的交叉路口，也正是人类设计现代公路的交叉路口的方法，但却要比人类早好几千万年。

弱小的蚁类如何能想出如此妙不可言的交通疏导方法？看来大自然的奥秘还有待我们人类去努力探索和研究。

蜜蜂为什么有如此高的筑巢技能

蜜蜂不仅十分勤劳，而且还是一个高明的建筑师，它的筑巢技能常令人叹为观止。从教学角度来看，如果整个平面都由正多边形来铺满，那么只有正三角形、正方形和正六边形这三种图形可完成。然而，蜜蜂在建筑蜂房时，正是选择了角数最多的正六边形。整个蜂房由无数个正六棱柱状的蜂巢组成，紧密而有序地排列在一起。这种结构不仅非常符合实际需要，而且还十分精巧奇妙。

长期以来，蜜蜂筑巢的技能引起了许许多多科学家的注意。早在2200多年前，古希腊数学家巴普士就仔细地观察并研究了精巧奇妙的蜂房结构。在其著作《数学汇编》中，巴普士这样写道：“蜂房里到处是等边等角的正多边形图案，非常匀称规则。”而著名的天文学家开普勒也曾经说过：“这种充满空间的对称蜂房的角，应该与菱形

⊙ 普通黄蜂筑巢，是通过咀嚼木质纤维，然后将之像纸一样层层铺摊而成的。图1和图2显示的是一只黄蜂蜂后新建的蜂巢。而图3和图4显示的是同一个蜂巢在3个月以后的样子。工蜂将蜂巢扩建了，并且添加了很多额外的“楼层”。这些“楼层”中有发育中的幼虫细胞。

12 面体的角相同。”法国天文学家马拉尔弟则亲自测量了很多的蜂房，结果发现：每个正六边形蜂巢的底，均是由 3 个完全相同的菱形拼成的；同时，他还测量出每个菱形的锐角均为 70° 2′，钝角都是 109° 28′。

18 世纪初，法国自然哲学家列奥缪拉提出这样一个设想：以这样的角度建造起来的蜂房，应当是相同容积中最省材料的。为了证实自己的这个猜测，列奥缪拉便向巴黎科学院院士、瑞士数学家克尼格请教。克尼格用高等数学的方法对这个数学上的极位问题做了大量计算，最后的结论是要建造出相同容积中最省材料的蜂房，每个菱形的锐角应为 70° 34′，钝角应该为 109° 26′。这个结论与蜂房的实际数值仅差 2′，这么小的误差当然可以忽略不计了。

⊙ 蜜蜂从卵发育为成年蜜蜂需要 21 天时间。

⊙ 蜜蜂用蜂蜡做成蜂巢，蜂巢的卵室中含有从蜂后所产的卵孵化而来的幼虫。

就在人们对蜜蜂的这一小小误差表示惊讶时，著名数学家马克劳林在研究中发现，要建造相同容积中最省材料的蜂房，每个菱形的钝角应该为 109° 28′ 16″，锐角应该为 70° 31′ 44″。这个结论与蜂房的实际数值正好吻合。原来，数学家克尼格在计算时使用了印错了的对数。

小小的蜜蜂在人类有史以前就已经将人类到 18 世纪中叶才计算出并证实的问题运用到蜂房上去了。所以，人类虽说是万物之灵，但小动物的智慧力量也是不可忽视的。

珊瑚褪色之谜

近年来，澳大利亚悉尼大学生物科学院的古尔贝格教授，根据自己 15 年来对珊瑚礁进行的调查研究，向人类提出了一个严正警告：美丽的珊瑚正出现白化现象，假如海水的温度再比夏天的水温升高一度，那么大部分珊瑚都会白化并随之死去。

⊙ 不断升高的海水温度和较低的海水盐度可能导致珊瑚变白或死亡。

在澳大利亚的布里斯班港，那里的珊瑚五光十色，非常壮观。红的、粉的、紫的、绿的、黄的……五颜六色的珊瑚有的像一窝峰巢，有的像孔雀开屏，有的像一丛鹿角。龙虾、海蟹、海龟、海鳗以及各种贝类都喜欢在珊瑚丛中漫游繁衍。这种美丽的生物把整个海底打扮得美丽异常。可是大约 100 年后，五彩斑斓的珊瑚将从我们这个星球上彻底消失。珊瑚为什么会失去色彩，患上“白化病”呢？

珊瑚礁在地球上所占的位置非常重要。作为海洋生态生物链中的一环，珊瑚如果消失，那么所有依赖其生存的生物都会受到影响，最后很可能发展到威胁整个海洋生物系统。科学家们迫切需要搞清楚珊瑚失去色彩的原因。

原来，海洋中生活着一种叫作珊瑚虫的生物。这种腔肠动物附着在海底的礁石上，与一些五颜六色的藻类共生。藻类通过光合作用生成营养物质，并将其提供给珊瑚，这同时也是珊瑚形成外骨骼的原料和美丽颜色的来源。比如，与绿藻共生的珊瑚就呈现出漂亮的绿色。作为“交换”，珊瑚虫提供生活的场所给共生的藻类。假如与珊瑚虫共生的藻类弃珊瑚虫而去，珊瑚虫就会因为失去营养物质的来源而死去。而失去共生藻类的颜色点缀，珊瑚当然也就会变成白色了。

一位研究生态气候学的专家加西亚说：“珊瑚出现白化病，都是由于海水温度升高引起的。”由于目前大气中二氧化碳含量过高，地球气候越来越暖，而海水温度也随之升高，就迫使与珊瑚共生的藻类不得不离开珊瑚虫。

人类要想制止珊瑚白化现象的蔓延，就必须控制海水温度的升高，降低空气中二氧化碳的含量。为了不让地球成为一个无色的星球，让我们所有的人都从点滴做起，去爱护和保护整个地球家园的生态平衡。

植物血型之谜

我们都知道，人类和动物的血液有不同的类型，科学家们将其称为“血型”，不同的人血型是不相同的，目前已知道的人类基本血型有 4 种，即 A 型、B 型、AB 型和 O 型。对于血型的区分可以避免在给病人输血的过程中，由于血型的不吻合发生危险。不仅人类的血型不同，动物的血型也是不相同的，这一点已经得到了科学家的证实。然而，令人感到惊奇的是，人们发现植物也有血型。大家知道，人和一些动物的血液呈现红色是因为里面有红细胞，在红细胞的表面有一种特殊的抗原物质，是它决定了血液的类型（即血型）。植物既没有红色的血液，又没有红细胞，怎么会有血型呢？这个提法立即引起了科学家们的研究兴趣，纷纷要揭开植物血型的秘密。

日本警察研究所的法医山本茂最早提出植物具有血型。他对植物血型的发现源于一起凶杀案，在侦查案件时，他在一点血迹都没有的现场，发现在一个枕头上竟有微弱的 AB 型反应。为了弄清事实的真相，他对装在枕头里面的荞麦皮进行了血型的鉴定，鉴定的结果却让他大吃一惊：荞麦皮显示出 AB 血型的特征。山本茂随后又对 150 种蔬菜、水果以及几百种植物的种子进行了实验检测，结果显示有 79 种的植物有血型反应。在这些植物中，大多数的血型是 O 型，其余为 AB 型、B 型。进行了大量的实验后，山本茂在世界上首次宣称：植物也有血型。他还认为，在植物的血型中，O 型是最基本的类型，B 型和 AB 型是从 O 型发展而来的。

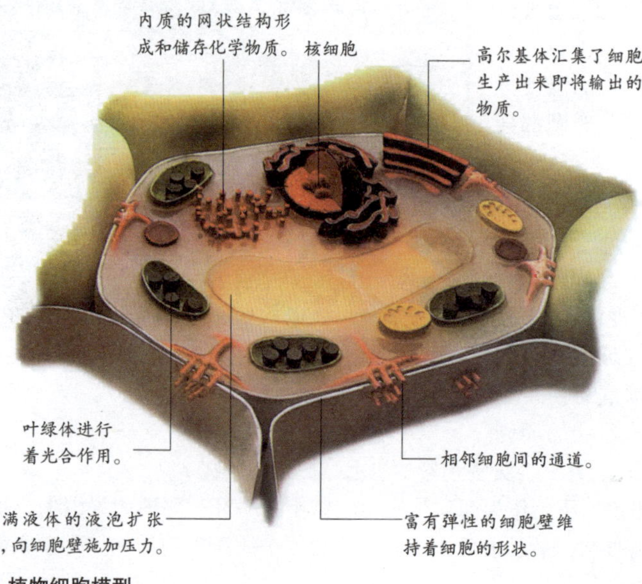

⊙ 植物细胞模型

后来，世界上的许多科学家对植物的血型进行了研究。科学家通过研究发现，植物体内有和人类很相似的附在红细胞表面上的血型物质，即血型糖。科学工作者还发现，大多数植物的种子和果实都含有血型物质，并且植物的血型物质在果实成熟和发育过程中，从无到有逐渐增多，到发育成熟后，血型物质便达到最高点。

⊙ 云杉

据说杉树也有一种“流血”的本领，在威尔士有一株700多年的云杉，树干上有一条2米多长的裂缝，里面长年流出一种像血液一样的液体，引起科学界的注意。

植物体内血型物质的发现，不仅为植物的分类测定、细胞融合、品种杂交等提供了新思路，还可为案件的侦破提供方便。举例来说，通过对被害者胃里食物的检测，确定食品的类别，可以为侦破案情提供线索。

⊙ 植物纤维中潜藏着植物血型的区别内因。

现在人们已知道，大多数的生物机体内部有血型物质，氨基多糖和蛋白质是决定血型抗原性的基本物质，不同生物的血型物质是不同的。即使是同种生物，血型物质也不相同。这是由于各种氨基多糖的差别很大，结构也不稳定，导致血型物质种类很多。

对于生物界存在血型物质的原因，目前还不十分清楚。但是，科学家对血型物质的作用目前有几种不同的看法。有的科学家认为血型物质起一种信号作用。比如，通过实验发现，生物体内的糖链合成达到一定长度时，在它的顶端就会形成血型物质，然后合成就停止了。有的科学家认为，植物的血型物质，具有贮藏能量的作用；还有科学家认为植物的血型物质的粘性大，似乎担负着保护植物体的任务。

虽然目前还没有全部揭开植物血型之谜，但是一些研究成果已开始在侦破案件中应用。据报道，在日本中部地区的某县发生了一次车祸，肇事司机把一名儿童撞伤后，开车跑掉了。后来警察发现了这辆汽车，对车轮子上的血型进行验证后发现，除了有被撞儿童的O型血外，还有B型血和AB型血。当时警察怀疑，这辆汽车除了撞伤这位儿童外，还撞伤或撞死过其他人，但司机只承认撞伤了那名儿童，不承认还撞过其他人。后来经过科学研究所的验证，原来其余两种血型是植物的血型，这样才使案件得到正确处理。

现在日本已研究出了检验荞麦、胡萝卜等一些植物的抗血清。山本茂等人称，一旦有了已经确定血型的植物的全部抗血清，就能准确地判断植物的种类，这样，利用植物血型侦破案件的时代就将到来。

现在，对植物血型的探索还刚刚开始，植物体内存在血型物质的原因以及血型物质对植物本身有什么意义，还需要科学家们去进一步研究和探索。

光合作用之谜

作为地球上最重要的化学反应，光合作用对大多数人来说，好像并没有什么太大的秘密，它的过程无非就是吸收二氧化碳，放出氧气。然而，尽管光合作用的发现距今已有200多年的历史，并且已有多位科学家在光合作用前沿研究上频频摘取诺贝尔奖，但其内在复杂机理仍被重重谜团笼罩。科学家坦言，要真正揭开“绿色工厂”的全部谜底，仍有很长的一段路要走。

为什么科学家们要对光合作用进行研究呢？这是因为人类所需要的各种生产生活资料都是由光合作用产生的，如果没有光合作用就不会有人类的生存与发展。所以，对光合作用的研究是一个重大的生物科学问题，同时又与人类现在面临的粮食、环境、材料、信息问题等密切相关。现在世界上每年通过光合作用产生 2200 亿吨生物质，相当于世界上所有能耗的 10 倍。要植物产生更多的生物质，就需要提高光合作用效率。通过高新技术转化，我们甚至可以让有些藻类在光合作用的调节与控制下直接产生氢。根据光合作用原理，还可以研制高效的太阳能转换器。

光合作用与农业的关系同样密切，农作物干重的 90% ~ 95% 来自光合作用。高产水稻与小麦的光合作用效率只有 1% ~ 1.5%，而甘蔗或者玉米的效率则可达到 50% 或者更高。如果人类可以人为地调控光能利用效率，农作物产量就会大幅度增加。

近年来，空气里面二氧化碳不断增加，产生温室效应。光合作用能否优化空气成分，延缓地球变暖，也很值得探索。光合作用研究，还可以为仿真模拟、生物电子器件、研制生物芯片等提供理论基础或有效途径，对开辟 21 世纪新兴产业产生广泛而深远的影响。正是这些，使得光合作用研究在国际上成为一大热点难点。

早在一个多世纪以前，科学家就已经知道了光合作用，但真正开始研究光合作用还是在量子力学建立之后，人们也越来越为它复杂的机制深深叹服。

现在，科学家们已经知道，光合作用的吸能、传能和转化均是在具有一定分子排列及空间构象、镶嵌在光合膜中的捕光及反应中心色素蛋白复合体和有关的电子载体中进行的。但是让科学家们觉得不可思议的是，从光能吸收到原初电荷分离涉及的时间尺度仅仅为 10^{-15} ~ 10^{-17} 秒。这么短的时间内却包含着一系列涉及光子、激子、电子、离子等传递和转化的复杂的物理和化学过程。

更让人惊奇的是，这种传递与转化不仅神速，而且高效。在光合膜系统中，在最适宜的条件下，传能的效率可高达 94% ~ 98%，在反应中心，只要光子能传到其中，能量转化的量子效率几乎为 100%。这种高效机制是当今科学技术远远无法企及的。

那么，光合系统这个高效传能和转能超快过程到底是如何进行的？其全部的分子机理及其调控原理究竟是怎样的？为什么这么高效？这些都是多年来一直困扰着众多科学家的谜团。有科学家说：要彻底揭开这一谜团，在很大程度上依赖于合适的、高度纯化和稳定的捕光及反应中心复合物的获得，以及当代各种十分复杂的超快手段和物理及化学技术的应用与理论分析。事实上，当代所有的物理、化学最先进设备与技术都可以用到光合作用研究中。

光合作用的另外一个谜团是：生化反应起源是自然界最重大的事件之一，光合作用的过程是一系列非常复杂的独立代谢反应，它究竟是如何演化而来的？美国亚利桑那州立大学的生化学家罗伯特教授说：“我们知道这个反应演化来自细菌，大约在 25 亿年前，但光合作用发展史非常不好追踪。有多种光合微生物使用相同但又不太一样的反应。虽然有一些线索能把它们联系在一起，但还是不清楚它们之间的关系。”罗伯特教授等人还试图透过分析 5 种细菌的基因组来解决部分的问题。他们的研究结果显示，光合作用的演化并非是一条从简至繁的直线，而是不同的演化路线的合并，把独立演化的化学反应混合在一起。也许，他们的工作会给人类这样一些提示：人类也可能通过修补改造微生物产生新生化反应，甚至设计出物质的合成的

⊙ 加拿大水草在水中进行光合作用。

反应。这样的工作对天文生物学家了解生命在外星的可能演化途径，也大有裨益。

我国著名科学家匡廷云院士曾深有感触地说："要揭示光合作用的机理，就必须先搞清楚膜蛋白的分子排列、空间构象。这方面我们最新取得的原创性成果就是提取了膜蛋白，完成了LHC-Ⅱ（获光复合物）三维结构的测定。由于分子膜蛋白是镶嵌在脂质双分子膜里面的，疏水性很强，因此难分离，难结晶。"现在，中国科学院植物所经过多年努力已经提取了这种膜蛋白，在膜蛋白研究上，我国已经可以与世界并驾齐驱。

那么是否可能会有那么一天，人们可以模拟光合作用从工厂里直接获取食物，而不再一味依靠植物提供呢？科学家们认为，这在近期内不可能的，因为人类对光合作用的奥秘了解得还不够透彻，还会很多问题需要进一步弄清楚，要实现人类的这一长远理想，可能还要付出更为艰辛的努力。

植物也能用语言交流吗

英国专家在很早的时候就知道植物有"语言"了。他们的研究结果表明，在正常情况下，植物发出的声音节奏轻微、曲调和谐，但遇到恶劣的天气情况或某种人为的侵害时，它们就会发出低沉、混乱的声音来表达它们的痛苦。据英国专家介绍，植物的语言被称为"微热量语"。人们通过一种特殊的仪器——植物探测仪，把仪器的线头与植物连接，人戴上耳机，就能够听到植物说话的声音了。

受到攻击的植物可以散发一种气体信息。

周围的植物接到这种危险信号，会继续把信号传递给其他植物。

⊙ 植物之间的会话

遭受昆虫的攻击，植物可以通过根部传递信息，或通过茎叶散发诸如乙烯之类的气体，通知其他植物有危险。某些植物也可以通过改变体汁的味道，使攻击者知难而退。

但是，除了能够听到植物说话之外，人们还想知道植物到底说了什么。研究表明，各种植物在生长过程中，能量交换的过程是时刻进行的。这种交换虽然很缓慢、不易觉察，但交换过程中微弱的热量变化和声响还是可以察觉的。如果把这些"动静"用特殊的"录音机"录下来，经过分析，我们就能解开植物语言的密码，明白它们说什么了。如果你能听懂植物的话，那么它会告诉你什么样的温度、水分和养料是它最喜欢的。

苏联的科学家通过电子计算机与植物进行交谈。据苏联《真理报》1983年2月2日的报道，将计算机与植物进行特殊的连接后，根据它所"听到"的在屏幕上打出数据。然后，另一台计算机来解读这些数据，绘出简单的图表。人们根据这些图表就能明白植物说了什么，人与植物的交流就是这样进行的。

其实，这个过程并不神秘。科学家们用计算机询问植物一些问题，植物通过自身的形状变化、生长速度等向人们传递一些信息。这些信息必须通过仪器解码才行，而且即使是解码之后的信息，也只有专家才懂。但目前这种状况已经有所改善。意大利的科学家发明了一种能与植物直接交流的对讲仪。只是在目前来看，这种先进的对讲仪也只能与植物进行很初级、很简单的交流，因为它只能辨别出诸如"热"、"冷"、"渴"等单词。

美国学者在研究中证实：植物缺水时也是会发"牢骚"的。因为植物缺水时，其运送水分的维管束会绷断，而维管束绷断时会发出一种"超声波"。这种声音很低很低，一般情况下是听不到的，因为它比两人说悄悄话的声音还低1万倍。目前，人们发现，渴了能发出这种"超声波"

的植物有苹果树、橡胶树、松树、柏树等。

尽管人类对植物语言的了解到目前为止仍然是非常有限的，但是，不管怎么说，能听到植物“说话”，能知道植物说些什么，仍然算得上是科学的一大进步。如果人类能真正听懂植物的语言，那人类的农业生产将发生一个历史性的飞跃。但愿人与植物间的交流能获得成功，届时人类的粮食短缺问题将会有所缓解，人类也将彻底从饥荒中解放出来。

植物也有感情吗

相对于人类和各种动物而言，植物常被认为是一种低级的生命形态。它们不言不语，默默地生长着，正如人们所说的——“草木无情”。其实不然，植物虽然不像人类或动物那样具有丰富的情感，但是它们对外界各种刺激作出的反应，却远远出乎人们意料。所以，从这个意义上说，植物也是有感情的。

如果你用手碰一下含羞草，它就会像少女一样羞涩地低下头；花生、大豆的叶子到了夜晚就会紧紧合拢……这一切都是植物对外界刺激所作出的反应。

令人感到惊奇的是，植物对人类才会欣赏的音乐也有很高的鉴赏能力。法国一位园艺学家曾做过这方面的一个实验。他把耳机套在一个番茄上，每天播放 3 个小时的音乐。结果，这个番茄成熟后比一般番茄大许多。

还有人曾专门用仪器对植物的感觉做了记录。美国著名的测谎机实验者克里夫·巴克斯特曾在 1966 年把测谎机的电极连在一种热带植物——龙舌兰的叶子上，然后浇上充足的水，结果测谎机把植物饥渴喝水的“情景”记录了下来，很像人在短暂的感情冲动时反应的情景。

日本“新世纪”公司经过长期研究后发明了一种能够测定植物对外界刺激反应的机器。为了了解花草的“感性状况”，他们先用一种叫“蜘蛛抱蛋”的花草做试验，把这个用电池做动力的小装置放在花盆边，把两根电线分别夹在“蜘蛛抱蛋”的叶子和茎上，第二根电线插进土里。“蜘蛛抱蛋”受到外界刺激时会发出一种电脉冲，装置会感受到任何细小的变化，然后通过电线把植物脉冲传导给装置里面的扬声器，扬声器会发出一种类似鸡蛋在杯子里煮爆了的噼啪声，声音随着脉冲增强而提高。更让人惊奇的是，若植物的主人与它对话时它则会很高兴，当主人走近它以至于它能感受到他的呼吸和体温时，植物能够感受到将要发生什么，并在 10 秒钟内快速作出反应。

⊙ 鬣刺草是极为干旱的澳洲红色中心地区常见的景观。由于每棵草都向外部生长，最内部的草会死去，所以形成一个草圈。

专家认为，未来人与植物的“联网”也许会成为现实。人与植物交流的效果比对植物放音乐的效果要好得多。

仙人掌“步行”的奥秘

动物之所以被称为动物，是因为它们有自由行动的能力。而植物没有腿，没有脚，只能留在原地不动。然而，奇怪的是，有些植物似乎打破了这一常理，它们不会常年厮守着方寸之地，而是四处“行走”。

葡萄是我们常见的一种植物，它伸出的卷须能不停地向周围四处探索，如果遇到可攀援的物体，就会紧抓不放，同时“顺竿爬”，从而开花结果，长得枝繁叶茂。此外，很多住宅、教堂的墙壁从远处看是一片令人心旷神怡的翠绿色，这就是人们常说的“爬山虎”。它的学名叫地锦，又名常青藤、红葛。虽然葡萄能到处“游走”，地锦能“漫游”四壁，可它们的根茎依旧立在原地而无法动弹半步。因此，它们还不能算是真正会“走路”的植物。

在戈壁、沙漠地区生长着一种“步行仙人掌”，它可以称得上“步行高手”了。与葡萄、地锦不同，这种仙人掌能够连根带茎一起四处“行走”，可谓居无定所、四海为家。

可是，不管怎样，“步行仙人掌”仍旧是植物，它又怎么会“步行”呢？

植物学家经研究发现，“步行仙人掌”的根由一些带刺的嫩枝组成，它不会扎进土壤很深。因为戈壁、沙漠经常刮风，“步行仙人掌”就可以在风的帮助下四处“走动”，风停后，它就在新的地方“落脚”生长。

但是，“步行仙人掌”的根既然不能深深地扎进土壤，在干旱的环境里，它如何吸收养分呢？原来，奥秘在“步行仙人掌”的叶茎里。它的叶茎非常肥厚，既能从空气中吸收营养，又能将其贮存。而它的根只管“步行”，吸取养料的作用并不大。

⊙ 世界上有 2000 多种仙人掌，而树形仙人掌是其中体型最大、寿命最长的种类之一。储存在一株树形仙人掌中的水分可以超过 1 吨重。

植物长寿之谜

在我们生活的这个地球上，植物可以说是品种繁多，且寿命长久。在植物王国里，年龄超过 100 岁的树木还真不少。比如，苹果树可以活 100 ~ 200 年，梨树能活 300 年左右，枣树可以活 400 年，榆树可以活 500 年，樟树可以活 800 年以上，松树的寿命则在 1000 年左右。有人说，雪松能活 2000 年，银杏能活 3000 年，红桧能活 4000 年。

由此可见，植物长寿的现象是普遍存在的。在世界各地，年龄达数百、数千岁的老树到处可见，而在动物界，即使是被视为长寿象征的乌龟，顶多不过能活几百岁，“千年王八万年龟”只是一种夸张的说法。那么为什么植物的寿命远比动物的长呢？

从生命的起源来看，植物和动物完全是一个祖宗的，但其后代经过千万年的漫长岁月，怎么会产生这样大的差异呢？植物长寿的原因究竟是什么？我们人类能够从中获得哪些启迪呢？

带着这些问题，科学家们对植物和动物进行了广泛的研究和比较，结果发现：不论人类还是其他动物，只要是相同的物种，都会以大致相同的速度生长：性成熟，产子，随年龄的增长而老化，最后以大致相同的寿命结束一生。但是，植物却能够在一生中的某个阶段休眠一段时间：比如冬天停止代谢，春天再开始生长。从同一棵树上同时掉落地面的多粒种子，有的第二年立刻发芽，有的则躲在地下休眠数年乃至数十年后才发芽，有些种子甚至经过几百年之后才发芽。差别之大，令人惊叹。

为了形象地说明这个道理，不妨举一个具体的例子。在春天，撒下牵牛花种子，到了夏天，人们在田野里、小路旁便会看到许多盛开的牵牛花。入秋之后，这些花朵便会立即枯萎。因此在一般情况下，牵牛花的寿命只有半年。如果把发芽的牵牛花置于阴暗之处，使它照不到光线，它在刚刚长出双子叶还没有抽蔓时就开花结果，进而枯萎。这时，它的寿命只有短短几个星期而已。与此相反，如果把牵牛花移入温室，一到夜晚便点起电灯，那么它将始终不会开花，而是一个劲儿地伸蔓长叶，持续生长好几年。这样，牵牛花的寿命就被延长了。

⊙ 在美国加利福尼亚州的白山上，刺松的生长年龄可以超过 5000 岁。在高高的山坡上，它们在恶劣气候的摧残下扭曲着，长出多个节瘤。

由此看来，牵牛花好像可以“随意”改变一生的长度，没有固定的寿命。

此外，植物和动物在繁殖后代方面也有着根本不同的机理。动物的繁殖离不开精子和卵子的结合，即使是“克隆”也需要有卵细胞或者胚胎细胞的参与。而植物却不是这样，它可以借助自身细胞(单细胞)不停地分裂来繁殖，不断地创造出新的植物个体。

科学家早已通过实验证明了植物单细胞繁殖的特性。1963 年，英国植物学家史基瓦德切下一小块胡萝卜放在培养液中，不久，胡萝卜块中有不少细胞游离出来，他便将这些细胞放到培养基上。很快，令人惊奇的现象出现了：细胞开始繁殖，在试管中长成了整个的胡萝卜。

在这个实验中，史基瓦德第一次证明了构成植物体的每一个细胞都具有重新发育成新个体的能力，而人或者其他动物都不具有这种功能。

可不能小看植物的这个本领！因为具有这一超常的本领，植物才能够适应各种恶劣的环境，顽强地生存下来。

有时，火灾会将漫山遍野的植物烧成一片惨状，但到了第二年的春天，烧焦的树干上又奇迹般地出现稀稀疏疏的新绿。“野火烧不尽，春风吹又生”这句古诗不就是最好的注脚吗！

另外，包括人类在内的一切动物个体都具有特定的形状和外貌，以便显示物种特征，而同一种类的植物在形状和外貌上却有很大差异。同样是落叶松，如果生长在不同的地方，可能完全是两个模样。即使是生长在同一地方的相同种类的两棵树，形体也可能相去甚远。

研究植物长寿之谜对于延长人类的生命有着重要价值。几乎每个人都怀有“不会衰老而永远活着”的欲望，但这只是一个无法实现的梦。与 19 世纪相比，人们的平均寿命已经提高了 20 ~ 30 岁。人虽然不可能长生不老，但在目前的基础上延长生命还是大有潜力的。

从生命的起源来看，植物与动物有相同的祖先，但后来为什么会有如此大的差别呢？植物长寿的原因究竟是什么呢？也许当植物长寿之谜被最终解开之际，人类也就真正掌握了延长自身寿命的秘诀了吧！

植物自我保护机制的成因

植物学家们经过长期观察发现，面对敌害，植物并不是无动于衷，它们会用独特的方法保护自己。比如，受到舞毒蛾的侵害以后，橡树的叶子就会集中地分泌一种叫作单宁酸的化学物质。吃了以后，舞毒蛾就像吃了迷魂药一样，它们迷迷糊糊，反应迟钝，行动缓慢。

有一种赤杨树受到枯叶蛾的攻击时，它们的树叶就会转移营养，并迅速分泌出更多的单宁酸和树脂。吃不到好东西，这些蛾子就只好飞向另一棵赤杨，以为可以寻找美味佳肴。结果那棵赤杨已经接到了敌害入侵的信号，也迅速把营养成分转移到身体的其他部分，而且还分泌出大量有毒液体，等待着那些枯叶蛾。

植物的这种自我保护方式引起了科学家的兴趣，他们通过各种方式观察、研究植物，试图搞清这种自我保护机制形成的原因。他们发现，植物对于防碍自己生存的其他植物，也会表现出自我保护的行为。有一个实验：科学家们从种植着野草的花盆里取出一些水来，浇到苹果树的根部，苹果树也在花盆中，经过观察，发现苹果树吸收这些水后，生长速度明显地减慢了。经过分析，科学家得出结论认为，野草能够分泌一种化学物质对苹果树造成危害。

奥瓦迪树长长的刺使动物不能伤害它的短叶子。

这种香槐幼小时有坚硬的刺，长大后刺脱落变成硬皮。

植物的“武器”

植物用针或刺来保护它们的叶子不被饥饿的动物吃掉。有些植物上的刺是弯曲的，在动物咬食叶子时，植物的刺可以刺入动物的嘴里并突然断掉，留下断刺使动物长时间疼痛。这种防御对于那些小而易接触到的嫩植物来说非常重要。当植物长大了，它们的“软茎”变得坚硬如柴，刺或针就会自行消失。

那么，植物为什么会作出这种似乎是有意识的反应呢？目前，科学家对这一问题还无法作出令人满意的解答。但可以肯定的是，植物的自我保护机制是普遍存在的，它们独特的保护方式应该是在长期的生存竞争中，通过自然选择而逐渐形成的。至于自我保护机制形成的具体过程和原因，还有待科学家的进一步研究。

大树“自杀”之谜

自然界中有很多未解之谜。例如，大量的海豚和鲸曾经集体自杀，究竟是什么原因至今未被世人所知。

据报道，一只印度大象因踩伤一个小孩而跳河自杀。在我国东北的大兴安岭林区，有一种老鼠看到自己偷来的粮食被人挖走，就会爬到树上，找一个三角形的树杈，把脖子伸进去，四肢下垂，“畏罪”自杀。这些动物自杀已经让人惊奇不已，但更令人惊讶的是植物也会自杀！

生长在非洲赤道地区的一种“自焚树”，阳光照射 1 小时左右，这种大树就会连枝带叶化成一堆灰烬。

在我国天山山脉中部有一种白藓树，一到冬末春初就会第一个破土、开花，而夏天到来时，正当硕果累累的时候，这种树就会自焚身亡。

大树为什么会自焚？原来，白藓树的叶片中有一种叫作“醚”的物质。由于夏季干旱炎热，气温较高，当气温超过燃点时，就会发生自燃现象，从而导致整棵树被焚。

还有一种树更为奇特。在毛里求斯岛上有一种棕榈树，寿命长达 100 年。当末日来临之时，它会在一天之内散落全部的花朵和树叶，然后干枯而亡。由于这个原因，人们为其取名“自杀树”。这种百年老树为什么要“自杀”呢？人们百思不得其解，还有待科学家们去探究其原因。